RENÉ GIRARD

É Realizações
Editora

Les Cahiers de L'Herne são originalmente publicados sob a direção de Laurence Tacou

Título original: *Cahier de L'Herne: René Girard*

Editor
Edson Manoel de Oliveira Filho

Coordenador da Biblioteca
René Girard
João Cezar de Castro Rocha

Produção editorial e capa
É Realizações Editora

Preparação de texto
Alexandra Orsi

Revisão
Alessandra Miranda de Sá
Gabriela Trevisan

Design gráfico
Alexandre Wollner
Alexandra Viude
Janeiro/Fevereiro 2011

Diagramação e adaptação de capa
Mauricio Nisi Gonçalves | Nine Design

É Realizações Editora, Livraria e Distribuidora Eireli
Rua França Pinto, 498 ·
São Paulo SP · 04016-002
Telefone: (5511) 5572 5363
atendimento@erealizacoes.com.br ·
www.erealizacoes.com.br

Este livro foi impresso pela Gráfica Assahi em novembro de 2021. Os tipos são da família Rotis Serif Std e Rotis Semi Sans Std. O papel do miolo é o Pólen Soft 80 g., e o da capa, cartão Supremo AA 300 g.

CIP-Brasil. Catalogação na Publicação
Sindicato Nacional dos Editores de Livros, RJ

G434d

Dôssie L'Herne : René Girard / organização Mark R. Anspach ; tradução Ana Ferreira Adão, Margarita Maria Garcia Lamelo, Pedro Sette-Câmara ; [coordenação da coleção João Cezar de Castro Rocha]. - 1. ed. - São Paulo : É Realizações, 2021.
644 p. ; 21 cm. (Biblioteca René Girard)

Tradução de: Les Cahiers de L'Herne : René Girard
Inclui bibliografia e índice
ISBN 978-65-86217-48-3

1. Girard, René, 1923-2015 - Crítica e interpretação. 2. Filosofia francesa. I. Anspach, Mark R. II. Adão, Ana Ferreira. III. Lamelo, Margarita Maria Garcia. IV. Sette-Câmara, Pedro. V. Rocha, João Cezar de Castro. VI. Título. VII. Série.

21-74225 CDD: 194
CDU: 1(44)

Meri Gleice Rodrigues de Souza - Bibliotecária - CRB-7/6439
03/11/2021 04/11/2021

RENÉ GIRARD

dossiê L'Herne: René Girard

organizado por
Mark R. Anspach

tradução
Ana Ferreira Adão
Margarita Maria Garcia Lamelo
Pedro Sette-Câmara

É Realizações
Editora

Esta edição teve o apoio da Fundação Imitatio.

IMITATIO

INTEGRATING THE HUMAN SCIENCES

Imitatio foi concebida como uma força para levar adiante os resultados das interpretações mais pertinentes de René Girard sobre o comportamento humano e a cultura.

Eis nossos objetivos:

Promover a investigação e a fecundidade da Teoria Mimética nas ciências sociais e nas áreas críticas do comportamento humano.

Dar apoio técnico à educação e ao desenvolvimento das gerações futuras de estudiosos da Teoria Mimética.

Promover a divulgação, a tradução e a publicação de trabalhos fundamentais que dialoguem com a Teoria Mimética.

sumário

apresentação
formas de consagração: *Les Cahiers de L'Herne*

João Cezar de Castro Rocha

Roteiros, roteiros, roteiros

O paradoxo é a marca d'água da obra e da vida de René Girard. A teoria mimética foi elaborada por meio de paradoxos sempre mais agudos e perfeitamente sintetizados no paradoxo-matriz: a mímesis é o núcleo das atividades que permitem a vida social e a cultura, *mas*, ao mesmo tempo, a rivalidade por ela gerada é motivo de desagregação e de ruptura.

(*Mas*: conjunção que vale por todo um ensaio sobre o pensamento girardiano.)

De igual modo, a vida acadêmica de René Girard produziu uma contradição que é quase uma fratura exposta.

Vejamos.

Em 1961, Girard lançou *Mensonge Romantique et Vérité Romanesque* (*Mentira Romântica e Verdade Romanesca*, publicado no Brasil em 2009), brilhante ensaio de literatura comparada que obteve reconhecimento imediato e merecido. Nem todos se deram conta da coisa oculta que se começou a revelar: a natureza mimética do desejo, com suas consequências por vezes trágicas. Dois anos depois, o pensador publicou um pequeno e notável ensaio, *Dostoïevski: Du Double à l'Unité* (*Dostoiévski: Do Duplo à Unidade*, publicado no Brasil em 2011), conciliando a análise acurada da obra com o estudo da conturbada vida do autor de *Crime e Castigo*. Poucos observaram a novidade: o estudo biográfico foi redescoberto, agora como antessala de uma experiência decisiva de conversão – seja religiosa, seja estética ou intelectual.

Ora, seu percurso parecia definido: muito em breve, o francês seria reconhecido unanimemente como um dos mais importantes estudiosos da literatura.

Primeira surpresa: de forma praticamente anônima, Girard mergulhou por quase dez anos na leitura da tradição antropológica. Em 1972, os frutos do esforço produziram um terremoto intelectual: *La Violence et le Sacré* (*A Violência e o Sagrado*). Os antropólogos decidiram ignorar a hipótese central do ensaio: a mímesis encontrou uma maneira propriamente mimética de lidar com a violência, isto é, relacionar intrinsecamente a *violência* e o *sagrado* por meio do mecanismo do bode expiatório. A conjunção aditiva *et* (e) destaca-se no título do ensaio, que propôs nada menos do que uma nova explicação, mimética, para a emergência da cultura e das instituições.

Mas, quem sabe, talvez Girard desejasse reinventar-se como antropólogo; afinal, Claude Lévi-Strauss não seguiu caminho similar, tornando-se antropólogo durante sua curta permanência no Brasil na década de 1930?

Segunda surpresa: em 1978, num longo diálogo com Jean-Michel Oughourlian e Guy Lefort, René Girard rematou sua complexa teoria sobre a condição humana e seus impasses com um ensaio denso, *Des Choses Cachées Depuis la Fondation du Monde*. Numa ambiciosa reflexão, que reuniu da etologia à etnologia, da psicologia à teologia, Girard principiou o projeto de leitura antropológica da Bíblia. Mais uma vez, o desconcerto foi geral: para os teólogos, a deriva mundana da exegese girardiana era claramente inaceitável; para os antropólogos, a preocupação teológica era propriamente alienígena; e os estudiosos de literatura não encontraram guarida no nutrido texto.

(*Desassossego*: sentimento provocado pelos livros do pensador francês.)

Sempre à margem, portanto.
Porém, não exatamente à deriva.

Roteiro de consagração

Eis o paradoxo que nos conduz a este livro-evento, organizado por Mark R. Anspach, um dos mais importantes girardianos, cuja perspectiva sempre original e aguda merece ser assinalada.

Explico: apesar de sua atitude ex-cêntrica, marcada por uma singularidade intelectual muito pouco comum, René Girard conheceu um roteiro de consagração completo.

Vejamos: a edição de um *Cahier* dedicado a um autor vivo é prova inconteste da importância invulgar de sua contribuição – e este número foi lançado em 2008.[1] E o que dizer da colaboração de nomes como os de J. M. Coetzee e Paul Ricoeur; ou do consagrado teólogo Raymund Schwager?

Em 2005, a consagração maior a que um intelectual pode aspirar já havia sido concedida a René Girard com sua eleição para a Académie Française, onde foi recebido com um discurso de recepção de Michel Serres.

[1] Para que se tenha ideia da importância da publicação, ver: https://www.editionsdelherne.com/catalogue/nos-collections/cahiers-de-lherne/.

Não é tudo: em 1990, colegas e admiradores criaram o COV&R (Colloquium on Violence and Religion), uma associação internacional voltada ao estudo da teoria mimética. Em 1993, o célebre Colloque de Cerisy foi devotado à discussão de sua obra;[2] dois anos depois, foi publicado o livro reunindo os trabalhos apresentados, *Violence et Vérite*.[3]

Os mitos, dizia Lévi-Strauss, são bons para pensar.

Os paradoxos também – como o comprova a edição deste fundamental *Cahier de L'Herne*.

(René Girard: um homem e uma obra rica em paradoxos.)

[2] Informações podem ser aqui encontradas: http://www.ccic-cerisy.asso.fr/girardprg83.html.
[3] Ver: http://www.ccic-cerisy.asso.fr/girardTM85.html.

prefácio

Mark R. Anspach

René Girard sempre foi um pensador *inatual* na melhor acepção do termo. Ele nunca tentou ficar colado à atualidade, mas a atualidade acabou demonstrando a fecundidade das suas hipóteses. É o movimento do mundo que nos obriga a descobrir ou a redescobrir *A Violência e o Sagrado* assim como as outras obras de René Girard.

Durante uma carreira vivida nas universidades americanas, esse originário de Avignon, com um olhar um pouco travesso, não parou de desafiar as modas intelectuais e os dogmas universitários para investigar as suas próprias intuições. Estudando a tragédia antiga ou o romance moderno, as comédias shakespearianas ou as Escrituras judaico-cristãs, ele não se interessa tanto pelos textos em si, mas sobretudo pelas verdades que contêm sobre os mecanismos fundamentais da vida social. Do desejo mimético à violência sacrificial contra as vítimas expiatórias, os conceitos criados por Girard pertencem agora ao saber contemporâneo – mesmo que às vezes tenham uma existência semiclandestina, ficando implícitos ou sendo somente citados de maneira fugidia.

Por que esses conceitos são mais difíceis de serem usados do que parece? Mesmo quando Girard se expressa num estilo simples e límpido, cada etapa do raciocínio vem seguida de um *mas* desconcertante:

1 A mímesis está presente na base de toda vida coletiva harmoniosa... *mas*, quando ela é exercida no campo do desejo, gera rivalidades violentas que ameaçam a sobrevivência do grupo.
2 O linchamento unânime salva o grupo dessa crise terrível que apazigua as violências que o ameaçam... *mas* ele o faz à custa de uma violência terrível que tem como alvo uma vítima inocente.
3 A vítima é falsamente acusada de ser a causa da crise... *mas* a eliminação dessa falsa causa traz uma verdadeira resolução; a vítima é vista, portanto, como a encarnação diabólica do mal, *mas*, como é graças a ela que o grupo é salvo, ela também será vista como a encarnação divina do bem.
4 Para evitar novas crises, a comunidade proíbe os comportamentos rivalizadores que haviam provocado a primeira crise... *mas* ela encena esses mesmos comportamentos durante ritos sacrificiais para reproduzir tão fielmente quanto possível o processo que levara à resolução da primeira crise.
5 Enfim, a revelação judaico-cristã do mecanismo vitimário acaba com o sacrifício ritualizado dos bodes expiatórios... *mas*, privando a humanidade desse meio de apaziguar as rivalidades violentas, ela corre o risco de desencadear violências ainda mais terríveis e de multiplicar os linchamentos espontâneos de bodes expiatórios.

J.M. Coetzee nos lembra um epíteto que Georges Duhamel inventou para Erasmo e que poderia muito bem ser aplicado ao próprio René Girard: o rei do *mas*.

Rei do *mas*, rei de maio ou rei do carnaval, Girard destrona facilmente os especialistas consagrados e mina as distinções estabelecidas. Sua vontade de voltar às "origens da cultura" o leva a desconstruir as nossas categorias familiares, tornando-as indiferentes a ponto de alcançar essa confusão primordial da qual somente a operação diferenciadora do mecanismo vitimário poderá tirá-las.

A abordagem de Girard tem poucos precedentes, por isso o reconhecimento formulado em *A Violência e o Sagrado:* "Não podemos reivindicar nenhuma disciplina reconhecida" (p. 111). Na verdade, com frequência nos esquecemos de que René

Girard é historiador de formação – e quisemos neste livro dar uma pequena ideia dos seus primeiros trabalhos de história medieval e moderna – *mas* trata-se de um historiador que se dedica imediatamente à crítica literária, um crítico literário que enfrenta a antropologia, um antropólogo que rapidamente passa para a exegese bíblica, uma exegese bíblica que interpreta a história contemporânea à luz das Escrituras.

Trata-se, sobretudo, desde a sua mais tenra idade, de uma mente rebelde que dificilmente suporta qualquer estrutura acadêmica opressora – ele não conta aqui as farsas carnavalescas que causaram a sua expulsão do liceu de Avignon? –, mas se trata também de uma mente *clássica,* no sentido do ensaio retomado neste volume sobre o Classicismo e a historiografia de Voltaire. Elogio do pensador que se interessa por todos os campos do saber e que escreve para o *honnête homme*, esse texto desconhecido de 1958 pode ser lido como um autorretrato: é compreensível que Girard não tenha podido encontrar um lugar na historiografia universitária.

Apesar de tudo, ele encontrou um lugar emocionante na Academia Francesa, recebido por seu amigo de sempre, Michel Serres, cujo discurso de recepção abre a primeira parte deste volume, em que estão reunidos elementos muito variados – entrevista e memórias inéditas, textos de juventude, testemunhos de colegas – que constituem marcos para compreender um homem singular e o seu percurso.

Não é o percurso desse homem singular, porém, que diversas seções deste volume detalham; antes, num certo sentido, trata-se do *nosso* percurso. A trajetória que se deve restituir é a do nosso mundo, tal como René Girard permite apreender. Ela parte dessas formas arcaicas do religioso e do político, que veem uma vítima divinizada se elevar ao nível do rei, e o seu duplo carnavalesco, o louco do rei, proteger este último do sacrifício que o espreita; passa pela revelação bíblica, que recusa os sacrifícios arcaicos, e pelo pensamento do Iluminismo – cuja relação com essa revelação, que por sua vez recusa, é muito mais complexa do que se pode imaginar –, proclamador de uma modernidade dessacralizada na qual se libera a mímesis desejante tão bem exposta pelos grandes escritores; chegando enfim nos desvios da história contemporânea: crises do sistema judiciário, explosões de violências genocidas, loucuras miméticas da economia financeira, caças aos imigrantes bodes expiatórios...

A nossa esperança é que esses fenômenos de uma atualidade trágica possam ser esclarecidos pelos instrumentos conceituais girardianos. Estes estão à disposição de todo o mundo; e não pressupõem a adesão à fé religiosa do homem que os elaborou. Como escreve aqui Sandor Goodhart: "É possível ser judeu, cristão, muçulmano, hindu ou budista, e ser ao mesmo tempo girardiano". Digamos ainda: é possível ser ateu. Afinal, quando *A Violência e o Sagrado* foi publicado, em 1972, Georges-Hubert de Radkowski, ao escrever no jornal *Le Monde,* atribui a Girard o mérito de ter construído a primeira teoria "realmente ateia do religioso", e Pierre Pachet, em *Critique*, reconhece a ambição científica de um trabalho que "propõe teses para que todos discutam, especialistas ou não, contanto que aceitem argumentar e considerar os frutos positivos da tese proposta. Se a ciência em questão é futura e os seus métodos hipotéticos, veremos que o convite à discussão não é uma dissimulação".

Eis o que pretende este volume: contribuir para relançar o debate.

agradecimentos

Queremos agradecer a Lucien Scubla por seus conselhos preciosos; Benoît Chantre e a Associação Recherches Mimétiques, que colaboraram com textos essenciais; Nikolaus Wandinger, que facilitou o acesso à correspondência entre Raymund Schwager e René Girard; Dietmar Regensburger, que nos ajudou de forma indispensável em relação às fotos reproduzidas aqui; Martha e René Girard, sempre dispostos a responder com paciência a nossas perguntas. Pascale de Langautier e Céline Perrissin, das Éditions de L'Herne, que sempre colaboraram durante a preparação do Cahier. *O diretor do* Cahier *também agradece a Peter Thiel, Robert Hamerton-Kelly e à Fundação Imitatio pelo apoio dado ao seu trabalho.*

parte I
marcos

capítulo 1
resposta de Michel Serres ao discurso de René Girard[1]
Recepção de René Girard na Academia Francesa

Pedaços de carne cheios de sangue e membros horríveis
Pelos quais cachorros brigavam entre si para devorá-los.[2]

De onde vêm esses latidos que chegam até aqui? Reconhecemos, da mesma forma, no relato de Teramena, os cavalos furiosos que arrastam o cadáver de Hipólito na praia, esquartejado? Quem são essas serpentes que assoviam por cima de vossas cabeças?

Obrigado, senhor, por nos ter feito ouvir, nesses latidos, relinchos, uivos de animais raivosos, nossas próprias vociferações; por ter desvendado, nessa matilha sangrenta, nesses animais embalados, nesse ninho de víboras, nesses animais atiçados, a violência abominável das nossas sociedades; por ter revelado, enfim, nesses corpos despedaçados, as vítimas inocentes dos linchamentos que perpetramos.

[1] Em volume da Biblioteca René Girard, *O Trágico e a Piedade*, este discurso já foi publicado, junto com o discurso de posse de René Girard. Decidimos reproduzi-lo para preservar a estrutura do *Dossiê L'Herne* dedicado ao criador da teoria mimética.
[2] Tradução literal dos versos de Racine em *Athalie* (1691, ato 2, cena 5): "*Des lambeaux pleins de sang et des membres affreux / Que des chiens dévorants se disputaient entre eux*".

Extraído de Racine, esse bestiário hominídeo poderia ter fugido, furioso, da Antiguidade grega, em que mulheres trácias esquartejam Orfeu, do Renascimento inglês ou do nosso século XVII clássico, em que cada tragédia traz em si mesma, cheia de imagens ou real, um vestígio inevitável dessa morte. As imprecações de Camille, em Corneille, reúnem contra Roma todos os povos que saem do fundo do universo, e, em Shakespeare, os senadores, reunidos, enfiam seus punhais no peito de César. A origem da tragédia que, sem encontrá-la, Nietzsche procurou, o senhor a descobriu; ela jazia, em plena luz, na raiz helênica do próprio termo: *tragos* significa, de fato, o "bode", esse bode expiatório que multidões prontas para a carnificina expulsam, carregando-o com os pecados do mundo, os seus próprios, que é o inverso da imagem do Cordeiro de Deus. Obrigado por ter iluminado a caixa-preta que escondemos entre nós.

Nós.

Nós, patrícios, no paul da Cabra, reunidos em círculos concêntricos ao redor do rei de Roma; nós, entre as trevas de uma tempestade atravessada por relâmpagos; nós, cortando Rômulo em pedaços, e quando ressurge a claridade, fugidio, vergonhoso, cada um de nós dissimula, na prega de sua toga, um membro do seu chefe decepado; nós, soldados romanos acotovelando-nos ao redor de Tarpeia, jogando nossos braceletes, nossos escudos sobre o corpo virginal da casta vestal; nós, apedrejadores da mulher adúltera; nós, perseguidores, jogando pedras no diácono Etienne, cuja agonia vê os céus abertos...

... nós, banindo ou elegendo um candidato, inscrevendo seu nome em pedaços de argila, lembrança esquecida dessas pedras de lapidação; nós, designando um chefe para nossos sufrágios, esquecendo que essa palavra fractal significa ainda os mesmos fragmentos, jogados no candidato eleito; com essas pedras assassinas, construímos nossas cidades, nossas casas, nossos monumentos, nossa cúpula; nós, designando rei ou vítima, entre nossos furores temporariamente canalizados por esse próprio sufrágio; nós, seus colegas, que, dos nossos sufrágios, o elegemos; nós, tranquilamente sentados ao seu redor, em pé, discorrendo sobre nosso padre

Carré, morto. Graças ao senhor, vejo pela primeira vez o sentido arcaicamente selvagem dessa cerimônia, os círculos concêntricos dos assentos, fixos no chão, imobilizados, separados; ouço o silêncio do público, acalmado pelo fascínio, ouvindo o senhor, eleito, em pé; descubro também pela primeira vez esta capela redonda ao redor do túmulo de Mazarin, os dois feitos das pedras de uma lapidação fria, reproduzindo, como num modelo reduzido, as pirâmides do Egito, resultado, estas também, sem dúvida entre as primeiras, de uma longa lapidação, a do corpo do Faraó, assolado, sob essa montanha. As instituições erguem necrópoles e metrópoles a partir desse suplício primitivo? Nossa cúpula ainda se forma segundo esse ritual esquecido?

O que significa o sujeito que denominamos "vós" ou "eu"? *Sub-jectus,* aquele que, deitado, jogado sob as pedras, morre sob os escudos, sob os sufrágios, sob nossas aclamações. E que liga abominável cola os coletivos nesse sujeito plural que denominamos "nós"? Esse cimento é composto pela adição dos nossos ódios, rivalidades, ressentimentos. Permanentemente renascida, mãe mimética de si mesma, madrinha dos grupos, a violência, molécula da morte tão implacavelmente copiada, imitada, retomada, reproduzida como as moléculas da vida, esse é o motor imóvel da história. Profunda lição de gramática elementar e de sociologia política: "o senhor" sob a caixa-preta das pedras, eis aqui o bode expiatório; "nós", na caixa-preta da noite, aí estão, sem que saibam, antigos perseguidores. Lição de antropologia e de hominização, retomarei o tema mais tarde.

De onde vem essa violência?

Observemos nossas vestes verdes. Por que um grupo se pavoneia assim de uniforme? Por que mulheres e homens seguem uma moda vestimentária, intelectual, de falar? Por que só desejamos ser vistos como singularidades excepcionais contanto que façamos como todo o mundo? Por que o chamado politicamente correto exerce tantas devastações na liberdade de pensamento? Por que é preciso tanta coragem para dizer aquilo que não se diz, pensar aquilo que não se pensa, fazer aquilo que não se faz? Por que a obediência voluntária funda os poderes?

Por que nos prostramos diante das grandezas das instituições, de que a cerimônia de hoje oferece um exemplo tão perfeito?

O senhor descobriu também essa outra liga primeira, cuja aderência constitui uma boa parte da ligação social e pessoal: a mímica, cujos gestos e condutas, palavras, pensamentos nos aproximam dos nossos primos, os macacos, chimpanzés ou bonobos, em relação aos quais, *Aristóteles dixit,* nós os superamos na imitação. Quantas vezes, observando, num ministério, uma recepção oficial, ou, num hospital, a visita de um professor de medicina à cabeceira de um doente, não vi, com meus olhos, grandes antropoides entregando-se aos jogos derrisórios da hierarquia, em que o macho dominante se pavoneia diante dos dominados ou para suas fêmeas submissas? A imitação produz o padrão de dominância mais ou menos feroz que exercermos ou ao qual nos submetemos.

Antropológico e trágico, o modelo que o senhor sugere como reflexão, iluminando nossa experiência, parte da imitação e do desejo que decorre disso. Alguém gosta da mulher do seu amigo ou o amigo da sua mulher; uma outra pessoa inveja o lugar ocupado por um vizinho próximo; que criança não exclama "Eu também!" quando seu irmão ou irmã recebe um presente, e que adulto consegue deixar de ter a mesma reação? O estado de ser igual cria uma rivalidade que, por sua vez, nos transforma em gêmeos, voltando a atiçar ao mesmo tempo o ódio e a atração. Toda a gama de sentimentos violentos, de emoções básicas, aparentemente variada e viva, brota do caráter gemelar uniforme, porém produtivo. Desejamos o mesmo, o desejo nos torna iguais, o idêntico cria o desejo, que se reproduz, monótono, na dupla carta da Ternura e do Ódio, que o senhor desenha com o pincel da mímica.

Melhor ainda, esse mimetismo surge do corpo, do sistema nervoso que compreende esses neurônios-espelho, descobertos recentemente por neurocientistas italianos e sobre os quais hoje sabemos que são acionados tanto ao fazermos um gesto quanto ao vermos uma outra pessoa fazê-lo, como se a representação fosse equivalente ao ato. Dessa forma, a imitação se torna um dos formatos universais das nossas condutas. Imitamos, reproduzimos, repetimos. A imitação propaga e difunde o desejo individual e as culturas coletivas, como os genes do DNA reproduzem e disseminam a vida: estranho dinamismo do idêntico cujo automatismo redundante, imitado indefinidamente, se repete.

O senhor tocou num dos grandes segredos da cultura humana, em especial daquela que conhecemos hoje, cujos códigos invadem o mundo exponencialmente mais rápido do que aqueles da vida – três bilhões, oitocentos milhões para uma, alguns milênios apenas para a outra –, porque suas grandes revoluções – pedra talhada no Paleolítico, escritura na Antiguidade, imprensa no Renascimento, indústria e linha de montagem há alguns séculos, novas tecnologias, mais recentemente – todas inventaram, sem exceção, replicadores, códigos ou operações de codificação, e sua superabundância dominadora caracteriza nossa sociedade de comunicação e de publicidade. Esses replicadores, cuja semelhança excita e reproduz o mimetismo dos nossos desejos, parecem imitar, por sua vez, o processo de reprodução do DNA vivo.

Os objetos ao nosso redor, carros, aviões, aparelhos domésticos, roupas, anúncios, livros e computadores... todos propostos para nossos desejos; então como nomeá-los, a não ser como reproduções de um modelo, com minúsculas variações?
O que dizer, também, do que a incultura das nossas elites chama de "gerenciamento", no caso das empresas particulares, ou de administração, no caso dos serviços públicos, a não ser que o terrível peso da sua organização tem como objetivo tornar homogênea e reproduzível qualquer atividade humana e dar, assim, o poder àqueles que não têm nenhuma prática particular nesse campo? O que dizer, então, das marcas, propagadas em todas as partes, cuja origem conhecemos: os vestígios de passos que deixavam ao caminhar, impressos na areia das praias, as prostitutas da Alexandria, revelando dessa forma seu nome e o trajeto para seu leito?
Ao longo do seu caminho duplicado, não vemos novamente o desejo? Que presidente de uma grande marca, cuja réplica se vê em todas as partes hoje, sabe que é – se não o sabe, tenho o prazer de informá-lo – filho dessas prostitutas da Alexandria? Criamos um meio em que o próprio sucesso e a própria criação dependem agora mais da reprodução que do inimitável.

O perigo maior que correm nossos filhos é o seguinte: os filhos das prostitutas, a quem venho lembrar sua digna linhagem, nos mergulham no universo de códigos copiados; nós os esmagamos com redundâncias. A crise da sua educação é a seguinte: baseada naturalmente na imitação, a aprendizagem nos ensina a nos tornarmos inimitáveis. Estrondosos, a mídia, a publicidade, o comércio e os jogos repetem, ao contrário: Imitem-nos, tornem-se os veículos automáticos da repetição das nossas marcas, para que seu corpo e seus gestos repetidos multipliquem, ao repeti-los, nossos sucessos comerciais. Tímida e praticamente sem voz diante desses potentados, a educação lhes diz: Não imitem ninguém a não ser vocês mesmos, tornem-se a sua liberdade. Tornada pedagógica, nossa sociedade tornou, portanto, a educação contraditória. A crise da criação é enfim a seguinte: num universo de replicadores, de modas e de códigos reprodutores – dentro de pouco tempo, de clones –, a obra inimitável fica escondida até a fundação de um novo mundo. Dessa maneira, o senhor nos revelou como o desejo pessoal e a cultura humana ampliam um dos segredos da vida, do nascimento, da natureza.

Cegos pela monotonia do mesmo, vemos mal a repetição. Compreendemos, por exemplo, como as técnicas, externas ao corpo, reproduzem, primeiramente, as funções simples dos nossos órgãos: o martelo bate como o punho; a roda gira como as articulações dos joelhos e dos tornozelos; o bebê mama na mamadeira como no seio... também imitam os sistemas: as máquinas de fogo imitam a termodinâmica do organismo; telescópios, microscópios imitam os sistemas sensoriais... também imitam certos tecidos: as redes ferroviárias, marítimas, aéreas, eletrônicas imitam o tecido nervoso... imitam, enfim, a própria imitação do DNA...?

Aqui temos outro mimetismo escondido: adequando-se ao corpo, as técnicas acabam entrando no seu segredo e se reproduzem à sua semelhança. Elas se reduzem a biotecnologias. Tendo saído do corpo, os aparelhos, bem nomeados, ressurgem nele hoje. Sua história conta como todos os objetos que fabricamos exploram os desempenhos da vida. Chamei isso de *exodarwinismo* das técnicas; graças ao senhor, compreendo que ele continua, que ele imita, culturalmente, o darwinismo natural. Eu o chamo agora de "novo Darwin das ciências humanas".

Desejo, com duas confissões, completar o quadro do mimetismo como o senhor o descreve: a primeira se refere às nossas psicologias. Se, por exercício ou necessidade, buscássemos, da forma mais leal possível, o que de fato desejamos, ou aqui e agora, ou globalmente para a nossa vida inteira, nós não entraríamos, por muito tempo, em outra caixa-preta, íntima, onde nos perderíamos, sem encontrar, nesse fundo sombrio de nós mesmos, o menor elemento de resposta para essa exigência, imediata ou ampla, de prazer ou de felicidade? Diante dessa inquietação induzida por essa perda, nós nos lançamos na imitação porque não podemos satisfazer, o mais rápido possível, um vazio tão angustiante.

Por outro lado, por mais difícil que seja a moral mais austera, ela não constitui, também, um substituto fácil para a mesma ausência? Evidência mais do que paradoxo: a árdua estrada da moral, como o caminho fácil da imitação, parece uma via de acesso mais acessível do que a busca inacessível do prazer autêntico. Visto que não sei o que quero, é melhor então desejar o que os outros parecem querer ou o que normas ferozes me impõem.

Segunda confissão, mais lógica e ao mesmo tempo mais pessoal: diz Karl Popper, num determinado momento, que certas teorias, o marxismo e a psicanálise, por exemplo, parecem nunca ter falhas. São teorias que têm sempre razão – mau sinal, pois, certo ou rigoroso, o saber é reconhecível por sempre conhecer lugares onde falha. Portanto, só há ciência falsificável. Pois bem, às vezes ouvimos dizer que seu modelo, muito universal, merece idêntica crítica. Não haveria, dizem, nenhuma exceção à sua teoria do duplo e da rivalidade mimética. Só poderíamos verificá-la; porém, repito, para que ela possa fazer parte da ciência, seria necessário falsificá-la.

Imediatamente, dedico-me à tarefa. Há quase trinta anos, desejando ser seu amigo, recebo do senhor marcas de reciprocidade amigável. Em público, nesta noite, posso jurar diante dos altares do mundo, e sem risco de perjúrio, que nunca tive nenhuma sombra de inveja nem de ressentimento em relação ao senhor, por mais admiração que tenha pelo senhor. Considere-me um monstro, sua réplica sem rivalidade, portanto falsificador do seu modelo; dessa forma, não podemos admiti-la na exatidão rigorosa do saber. O que há de mais agradável, o senhor há de convir, do que um verdadeiro amigo que faz papel de falso para poder demonstrar, falsificando-a, a verdade descrita por seu amigo?

E, como se trata aqui do senhor e de mim, por que não admitir, entrando mais nas confidências, que, entretanto, eu o invejo num ponto? O senhor nasceu em Avignon, expressão que me induz, e aqui temos a exceção, à rivalidade mimética; pois, sendo oriundo também – sempre como sua réplica – de uma cidade cujo nome começa com a letra A, não me beneficio, como o senhor e alguns de nossos amigos que nasceram, por sorte, no Haiti, da preposição "em", cuja eufonia poupa seus compatriotas do hiato abominável que persegue quem morou em Agen.[3] Aqui fico ardendo nas chamas da inveja. Mas, se, ao favorecê-lo e punir-me, esse ponto de gramática nos separa, duas pontes, como é de esperar, nos unem: enquanto o senhor dança na de Avignon, nós nos orgulhamos da nossa ponte-canal.

Praticamente gêmeos, nascemos, então, sob a mesma latitude, porém somente os parisienses, pessoas com ouvido não muito aguçado, acreditam que falamos, com o mesmo sotaque, uma mesma língua d'Oc. Acreditando que a França se divide somente em norte e sul, eles não a veem, como nós, também separada em leste e oeste: nós, os celtas, e até mesmo celtas iberos, e vocês, gauleses latinizados de Arles ou de Milão, prometidos ao Sacro Império Romano-Germânico; nós, atlânticos, voltados para um oceano aberto, vocês, continentais de um mar interior; nós, da barreira dos Pireneus, vocês, do arco alpino; nós, da Aquitânia, da Gália ou da Bretanha, úmidos e suaves, vocês, mediterrâneos, ventosos, mordazes e secos; nós, bascos ou gascões, primos dos escoceses, irlandeses, portugueses; vocês, provençais, vizinhos rodanianos do Reno ou Pó; vocês, Zola, Daudet, Giono; nós, Montaigne; vocês, Cézanne; nós, Fauré.

[3] Em francês, as cidades são precedidas pela preposição *à*, porém com frequência usa-se a preposição *en* diante de Avignon. Diz-se, então, em francês, "*en Avignon*", porém "*à Agen*". (N. T.)

Se o espaço nos separa, ele também nos uniu. No fim da última guerra, o senhor emigrou, aterrorizado, como eu, com as loucuras criminosas das nações europeias. Para melhor refletir sobre ela, sem dúvida o senhor interpunha, instintivamente, uma distância entre seu corpo e essa violência mortal. E, da mesma forma que falo com uma certa emoção da França rural de antes da ruptura do conflito, o senhor fala com frequência com a mesma nostalgia dos Estados Unidos que conheceu na época, país, como o nosso, de cultura rural e cristã, antes de se americanizar. Buscando a paz, o senhor se tornava, entre os primeiros, o que nós devemos todos nos tornar agora: mestiços de cultura e cidadãos do mundo.

Só me junto ao senhor vinte anos depois. O senhor se lembra dos navios, dessas benditas travessias cuja duração não custava para o corpo nenhum fuso horário? Perdendo-o, ganhávamos tempo, sendo que agora nós perdemos tempo, acreditando que estamos ganhando, empilhados em aviões. Desse momento, compartilhei em parte o seu deambular de *campus* em *campus* e de leste a oeste. O senhor se lembra das nevascas de Buffalo, dos invernos em que quebrávamos o gelo na estrada em que os montes, acumulados pela neve dos Grandes Lagos, nos impediam às vezes de sair das nossas casas? O senhor se lembra dos outonos luminosos de Baltimore, do belo tempo do início do outono em que os tons vermelhos da folhagem enviam ao céu uma claridade que o seu azul não conhece? O senhor se lembra dos calores úmidos do Texas, das florestas da Carolina? Com que tristeza, com a chegada da velhice, tive que deixar de revê-lo, como há mais de vinte anos, na costa do Pacífico, entre a Baía de São Francisco e o oceano?

Da mesma maneira que seu pensamento liga várias disciplinas, sua vida atravessou lentamente esse imenso continente. O senhor conhece o seu espaço, o senhor conhece, melhor do que ninguém, seus costumes, virtudes, excessos, grandeza, emoções, religiões, política e cultura. Dia após dia, eu aprendi sobre os Estados Unidos ouvindo o senhor e desejo com frequência que depois de Alexis de Tocqueville, cuja cadeira eu ocupo, o senhor escreva uma continuação, contemporânea e magnífica segundo o que ouvi, da *Democracia na América*. As lembranças da sua vida nos devem essa última obra.

O senhor atravessou o mar para fugir da violência; o senhor, principalmente, e eu, sua réplica na sombra, não digamos nada inutilmente, de fato. Desde 1936, nós dois tínhamos por volta de dez anos, nunca esquecerei essa lembrança: nós, os poucos filhos dos sobreviventes da Primeira Guerra Mundial, já recebíamos os refugiados da Espanha, vermelhos e brancos, gêmeos que fugiram das atrocidades de uma guerra civil que anunciava a retomada dos horrores vividos por nossos pais. O senhor se lembra, então, da sequência em cascata, o senhor se lembra dos refugiados do norte, motivados pela Blitzkrieg de 1939, o senhor se lembra dos bombardeios, dos campos da morte e do holocausto, das lutas civis entre resistentes e milicianos, da Liberação, alegre mas de ressentimento sangrento, o senhor se lembra de Hiroshima e de Nagasaki, catástrofes para a razão e para o mundo. Formada assim por essas atrocidades, nossa geração teve que, além disso, usar armas nas guerras coloniais, como na Argélia. Compartilhamos uma infância de guerra, uma adolescência de guerra, uma juventude de guerra, seguindo uma paternidade de guerra. As emoções profundas, próprias da nossa geração, nos deram um corpo de violência e de morte. Suas páginas emanam dos seus ossos, suas ideias do seu sangue; no senhor, a teoria jorra da carne. Esta é a razão pela qual, senhor, o senhor e eu, mesclada no nosso corpo de guerra, recebemos desde essa idade uma alma de paz.

Um dia os historiadores pedirão ao senhor que explique o inexplicável: essa formidável onda que envolveu nosso Ocidente durante o século XX, cuja violência sacrificou não somente milhões de jovens, durante a Primeira Guerra Mundial, em seguida dezenas de milhões na época da Segunda – de acordo com a única definição razoável da guerra e segundo a qual velhos sanguinários, dos dois lados de uma fronteira, entram em acordo para que os filhos de um grupo matem os filhos do outro, durante um sacrifício humano coletivo organizado, como os grandes sacerdotes de um culto infernal, por esses pais encolerizados que a história chama de "chefes de Estado" – e que, para coroar essas abominações com uma ponta de atrocidade, sacrificou não somente os seus filhos, mas, por uma inversão sem exemplo, sacrificou também seus ancestrais, os filhos dos nossos mais santos ancestrais, quero dizer, o povo religioso por excelência, o povo a quem o Ocidente deve, sob a figura de Abraão, a promessa de parar o sacrifício humano. Na fumaça atroz que saía dos campos da morte e que nos sufocou, assim como a atmosfera ocidental, o senhor nos ensinou a reconhecer aquela que saía dos sacrifícios humanos perpetrados pela selvageria politeísta da Antiguidade, aquela, simplesmente, cuja mensagem judaica, depois cristã, tentou desesperadamente nos liberar. Essas abominações ultrapassam demasiadamente as capacidades da explicação histórica; para tentar compreender esse incompreensível, é preciso uma antropologia trágica, tendo uma dimensão como a sua. Um dia compreenderemos que esse século expandiu para uma escala desumana e mundial o seu modelo societário e individual.

Novamente, de onde vem essa violência? Da imitação, o senhor nos dizia. O mesmo existe em abundância nos campos do desejo, do dinheiro, do poder e da glória, há pouco amor. Há tanta imitação quanto antigamente, no vazio, do mesmo modo em átomos, palavras ou letras, para a fundação do mundo.

Pois bem, quando todos desejam o mesmo, isso atiça a guerra de todos contra todos. Ainda não há nada a contar a não ser essa inveja detestável do mesmo que transforma seres idênticos e gêmeos em irmãos inimigos. Quase divinamente performativa, a inveja produz, diante dela, indefinidamente, suas próprias imagens, à sua semelhança. Os três Horácios se parecem com os Curiácios trigêmeos; os Montéquios imitam os Capuletos; São Jorge e São Miguel imitam o dragão; o eixo do bem age simetricamente, segundo a imagem, praticamente não invertida, do eixo do mal. Assim generalizado, cobrindo todo o espaço pela imitação, o conflito pode suprimir até o último dos guerreiros. Aterrorizados com essa possibilidade de erradicação da espécie pela própria espécie, todos os beligerantes se voltam, nessa crise, contra um só. Multidões de humanos matam o único humano, num gesto ainda mais repetitivo porque os assassinos não sabem o que fazem.

Até aqui, não temos nada a contar porque o relato, redundante, sempre repete a mesma ladainha, esse pesadelo monótono de imitação e de assassinato que em geral chamamos de "história". Não há nada a contar porque, cegos ou hipócritas, nós escondíamos, sob mil circunstâncias multicoloridas da história – o verbo "historiar" significa essa mistura enfeitada por blá-blá-blás –, essa uniformidade de uma mensagem sem nenhuma informação. Do caleidoscópio dos seus furores, dos seus disfarces de arlequim, a história cobre o seu vazio de informação, oriundo da monotonia imitada da violência.

Então, só nesse momento começa o relato: aquele que conta ao mesmo tempo o livro dos Juízes (9,34-40) e a tragédia grega e que posso enfim relatar. Se eu ganhar essa guerra, suplica Jefté, general do exército, oferecerei ao Senhor em holocausto a primeira pessoa que eu encontrar. Se os ventos se levantarem novamente para dirigir minhas velas para Troia, diz Agamemnon, almirante da frota, sacrificarei, nos altares de Netuno, o primeiro que vier na minha direção. Uma boa brisa enche as velas dos navios de guerra gregos, e esse pai, rei dos reis, vê se aproximar sua própria filha Ifigênia. O exército judeu esmaga os filhos de Amon e, dançando e tocando tambores para festejar a vitória, sai de sua casa, em Mispá, a própria filha de Jefté, correndo, alegre, na direção do seu pai triunfante, mas rasgando suas vestes. Nas planícies mornas das batalhas e brigas dos mesmos contra os mesmos, os dois desejando o mesmo, sem notícias e sem informação, sobem, então, e até o céu, a mensagem mais improvável, o cúmulo do horror e da crueldade. Os mais nobres dos pais se tornam os piores.

A vida, o tempo, as circunstâncias e a história fazem ao acaso essas primeiras aparições. O deus Baal e o Minotauro, escondido no labirinto de Creta, devoram os primogênitos dos nobres de Cartago ou de Atenas. Os filhos e as filhas, sempre as crianças. A vítima da violência parece ser selecionada ao acaso, mas a escolha sempre recai no mais jovem, no noviço... escondendo assim o segredo, que eu adivinhara, da guerra: o assassinato da descendência, cuja organização, por esses pais desleais, se esconde no acaso.

Nessa segunda monotonia do sacrifício humano, agora sempre retomado, a primeira notícia verdadeira veio de Abraão, nosso ancestral, pelo menos adotivo, que, chamado pelo anjo do Senhor (Gênesis 22,10-13), parou sua mão no momento em que ia degolar Isaac, seu filho. Isso mostra, melhor ainda, que Agamemnon e Jefté haviam sacrificado sua filha voluntariamente e escondiam essa abominação com o pretexto do acaso e do primeiro que aparecesse, como outros, aliás, a dissimulavam à noite, numa tempestade. A piedade monoteísta consiste, há pouco tempo, na eliminação do sacrifício humano, substituído pela vicariedade de uma vítima animal. A explosão de violência bifurca e, misericordiosamente, poupa a criança. Aliás, para reforçar sua ideia sobre a domesticação dos animais, o senhor havia observado o enredamento dos chifres do carneiro no matagal? Ficar assim preso quer dizer que o animal já havia deixado a selvageria?

A segunda veio da Paixão de Jesus Cristo; na agonia, ele disse: Pai, perdoai pois não sabem o que fazem. Aqui, a boa-nova é sobre a inocência da vítima, o horror do sacrifício e a visão dos carrascos cegos. A terceira vem do senhor, que desvenda essa verdade que não se mostrava para nós nem para eles.

Menos conhecida hoje, embora ensurdecedora, a quarta exigiria longos desenvolvimentos. Através do que é impresso, pela palavra e por imagens, a mídia de hoje retoma o sacrifício humano; ela o representa e multiplica com um frenesi tal que essas repetições cobrem nossa civilização de barbárie melancólica e fazem com que passe por uma imensa regressão em termos de hominização. As mais avançadas tecnologias fazem recuar nossas culturas para as eras arcaicas do politeísmo sacrificial.

O senhor também diz que a revelação do mecanismo vitimário abusou do seu remédio. Certamente, não dispomos mais de rituais para matar homens. Salvo nas nossas telas, todos os dias; salvo nas nossas estradas, com frequência; salvo nos nossos estádios e ringues de boxe, às vezes. Porém, refletindo a respeito, creio que a lei soberana que nos fez passar do assassinato à carnificina, essa lei, que transfere nosso furor da vítima humana à vítima animal, nossa violência não a transfere, hoje, para esses objetos que provêm, justamente, dos nossos corpos, por um processo copiado do seu mimetismo? Há algumas semanas, conhecemos na França, pela segunda vez, revoltas sem mortos, violências desencadeadas sem vítimas humanas. Nós vimos, nós, velhos, testemunhas dos horrores da guerra e para quem a guerra mostrou, contra a mensagem de Abraão e de Jesus, Joana d'Arc na fogueira ou Giordano Bruno; não vimos os insurgidos em questão botar fogo, por mimetismo, nos carros; observamos a polícia, parada diante deles, poupar também vidas humanas? Vejo aqui uma continuação infalível da sua antropologia, em que a violência coletiva passou, antes, do homem para o animal e, agora, do animal, ausente das nossas cidades, para objetos técnicos. Nessas revoltas fumegam, por assim dizer, cavalos-vapor.[4]

Como uma aparição, o sacrificial não para de nos perseguir. Por quê? Quando éramos crianças, aprendíamos na escola que Zeus, Ártemis e Apolo povoavam o panteão das religiões antigas. Falsas, essas denominações fazem esquecer que, para os homens da Antiguidade, existiam somente as divindades específicas das cidades. Coberta de seios, a Ártemis de Éfeso era diferente da amazona caçadora de outra cidade; Apolo reinava em Delfos e Atena na comunidade exclusiva dos atenienses; esses nomes próprios unificavam um coletivo local.

Esses ancestrais acreditavam nas deidades assim chamadas? Não. Nenhum verbo, na sua língua, designava uma fé. Acreditavam nelas, sem dúvida, porém somente como alguns, inclusive eu, participam às vezes com ardor das aventuras do seu time regional ou nacional de rúgbi, como um cidadão confessa sua confiança na República. Essa confiança é dominada pela sensação de pertencimento. À sombra do Partenon, Atena simboliza um território epônimo como um time de futebol ou de outros partidos designam outros lugares. Às vezes, agita-se um estandarte sangrento diante de soldados ferozes, cujas palavras racistas ainda expressam o sangue impuro. Dessa noção de pertencimento decorre todo o mal do mundo. Conflitos perpétuos entre cidades e impérios erradicaram Grécia, Egito e Roma e, em três guerras sucessivas, os nacionalismos do Ocidente quase se suicidaram. Felizmente, nossa geração inventou uma Europa que, pela primeira vez na história

[4] Unidade dinâmica (equivalente a uma força que num segundo de tempo levanta a um metro de altura 75 kg de peso). [N. T.]

ocidental, vive em paz há sessenta anos. Seu politeísmo assassino do sagrado, eu o generalizo em religiões belicosas e militantes da noção de pertencimento. A fé as abandona, desgastadas.

Os politeísmos e mitos associados dão coesão aos coletivos com uma eficácia sangrenta, porém essa solução, sempre temporária - devendo, portanto, permanentemente recomeçar -, se desgasta, enquanto essas sociedades morrem em virtude dessa solução. A Antiguidade morreu por causa de suas religiões. Quando o judaísmo e o cristianismo apareceram, aos poucos criou-se a fé nos indivíduos. Antes de Santo Agostinho e Descartes, São Paulo inventou o *ego* universal.

Há dois tipos de religiões: as antropólogas e sociólogas esgotam o sentido daquelas que fundam o sentimento de pertencer, em que reinam a violência e o sagrado. De forma inversa, para as religiões da pessoa, a expressão "sociologia, política das religiões" recorda um oximoro. A distinção monoteísmo/politeísmo não se reduz à crença em um ou vários deuses, mas designa uma separação mais radical entre crença e fé, entre social e individual. Quando o Evangelho recomenda a dissociação entre Deus e César, ele diferencia a pessoa do seu coletivo. O imperador controla o "nós"; Deus se dirige ao "eu", fonte pontual sem espaço da minha fé Nele. Devo impostos à sociedade dominada pelo poder imperial; salvo minha alma. Por não ter lugar no mundo, a nova religião funda sua santidade no íntimo do interior da pessoa.

Entretanto, a nova religião funda também uma Igreja que se fecha, primeiramente, nas catacumbas, ao lado dos túmulos, não somente para escapar das perseguições de Roma, mas para se esconder de uma sociedade violenta extremamente desgastada, para tentar constituir um coletivo novo, deixando o pertencer sagrado para a comunhão dos santos. Vejo os primeiros cristãos, senhoras patrícias, escravos, estrangeiros da Palestina ou Iônia, sem distinção de sexo, de classe, de língua, sempre voltando seu olhar e sua atenção fervorosa para a imagem da vítima inocente, compartilhando uma hóstia simbólica em vez de membros esparsos de um linchamento. Se compreendêssemos esse gesto, não mudaríamos de sociedade?

Se a Igreja realizou essa aposta ou não, a história, breve demais, pode julgar a respeito disso? Só sei que toda a sociedade, essa, tanto quanto as outras, se encontra, assim que nasce, presa na necessidade de gerar sua violência inevitável. Nenhuma comunidade escapa dessa lei implacável, nem mesmo a dos teólogos, filósofos, cientistas, historiadores, acadêmicos... tão perseguidora quanto qualquer grupo em fusão. A força societária da violência e do sagrado prepondera sobre as doces virtudes dos indivíduos e devasta rapidamente a comunhão dos santos. Ela pode escapar do mimetismo, da rivalidade, dos mecanismos cegos do bode expiatório? Então aqueles que pretendem lutar por Deus caem e só assassinam por um fantasma de César. No meio das guerras religiosas, Montaigne observava que não encontrava um furioso em mil que confessasse matar por sua fé. A violência sempre está presente entre nós e também no divino. Vivemos, ainda hoje, o retorno desses espectros.

Considerar a religião um fato de sociedade ou de história, longe de caracterizar uma abordagem científica, ao contrário, faz parte da regressão contemporânea na direção das religiões sacrificiais da Antiguidade. O saber, aí, se presta à mesma cegueira que a mídia; nos dois casos, Deus estando morto, nossas condutas se voltam para as religiões arcaicas; desde que o monoteísmo se calou, nós perambulamos, tendo nos tornado de novo politeístas, entre os espectros do sacrifício humano.

Por que todos os dias, ao meio-dia e à noite, a televisão apresenta com tanta complacência cadáveres, guerras e atentados? Por que o público fica paralisado com a visão de sangue derramado? Ratos para os outros homens, nós, homens, ficamos boquiabertos diante da violência e de seus espectros. O politeísmo sacrificial dá tanta coesão ao coletivo que eu o denominaria de "natural do cultural". Os profetas escritores de Israel conhecem bem esse retorno fatal do sacrifício, numa sociedade que não conseguia viver a dificuldade de um monoteísmo que a privava disso.

Como nos tempos bíblicos, isso acontece hoje conosco. Só um profeta pode lembrar-nos disso; devemos ouvi-lo.

Há dois tipos de religiões. Quase naturalmente, as culturas criam as religiões do sagrado, que se diferenciam daquelas que essas próprias coletividades mal podem tolerar, visto que, por serem santas, elas proíbem o assassinato. Raro e difícil de ser vivido por sua exceção insuportável, o monoteísmo faz a crítica mais devastadora dos politeísmos comuns, que sempre retornam na sua fatalidade. O santo critica o sagrado, como o monoteísmo critica a idolatria.

O senhor desvincula a fé dos crimes da história, inclusive daqueles perpetrados em nome do divino, não para justificar a religião, mas para restabelecer a verdade, cujo critério aqui está: nunca derramar sangue.

Meditando dessa forma, o senhor traz a razão para pensar sobre questões de violência que pareciam excluí-la. Ela não pertence, legitimamente, a ninguém, a nenhum saber, a nenhuma instituição, mas é conquistada somente por exercício. Parece, sem dúvida, fácil praticá-la nas ciências exatas; porém, o senhor a introduz em campos difíceis. Vê-se com frequência, hoje, a religião ser reduzida a um fideísmo insípido e irracional fora de todo racionalismo; como se, vinda de um coração doentiamente doce, a fé desse as costas à razão. O senhor a restabelece, pelo contrário, com a maior das nossas tradições, em que uma busca a outra, reconciliando-as.

O senhor o faz, além disso, seguindo um caminho de uma extensão pouco comum. Eu avalio a importância da sua hipótese com a extensão da sua projeção; ela renovou, de fato, a *crítica literária*: eu tentei fazer compreender, ao começar, que agora líamos de uma maneira diferente a tragédia grega, renascentista e clássica; mas deixamos um exercício que, limitado a si mesmo, seria inútil, para pensar melhor, graças ao senhor, nas tragédias que vivemos. De igual modo, sua hipótese renovou a *história*: interpretamos agora de outra maneira a fundação de Roma, os conflitos, os movimentos da multidão, as revoluções; mas deixamos um exercício que, limitado a si mesmo, seria inútil, para compreender melhor, graças ao senhor, o horror do nosso século XX; ela renovou também *a psicologia*: se o triângulo à francesa refresca a leitura dos romances dos séculos XVIII e XIX e suas mentiras românticas, nós deixamos um exercício que, limitado a si mesmo, seria inútil, pois seu mimetismo permite interpretar melhor o narcisismo, as relações amorosas, a homossexualidade, até reler a psicanálise; compreender melhor também os mecanismos do desejo e da concorrência que modelam *nossa economia*. Avançamos, também graças ao senhor, na *antropologia*, na *história das religiões* e na *teologia*, voltando a dar importância ao sacrifício, voltando a situar as religiões, a judaica e a cristã, em relação aos diversos politeísmos; mas logo deixamos um exercício que, limitado a si mesmo, seria inútil, para apreender melhor enfim as novidades monótonas da Idade Contemporânea. Para compreender nosso tempo, temos não somente o novo Darwin da cultura, mas também um doutor da Igreja.

Seu pensamento, com certeza, me traz sempre ao momento presente. Tenho pressa de encontrá-lo.

Há pouco, eu dizia que o espaço nos separa e nos une; mas o tempo também nos reúne; nós dois nascemos intelectualmente através de uma mulher cuja vida e rosto posso evocar por gratidão; aproximadamente na mesma idade, lemos Simone Weil; seu gênio e as atrocidades da guerra fizeram dessa mulher inspirada, judia e ao mesmo tempo cristã, a última das grandes místicas, a filósofa derradeira para quem o heroísmo e a espiritualidade tinham tanto, senão mais densidade, do que a própria vida. Lembro-me das reuniões, na Califórnia, entre alemães e franceses, inimigos em tempos apagados da nossa memória, que se tornaram depois amigos, que confessavam de comum acordo ter começado a meditar sob a doce égide dessa heroína que dedicou sua existência à santidade.

De fato, poderíamos viver, escrever e pensar sozinhos, nós outros, homens frágeis, sem outras mulheres santas? Sua obra, senhor, converte quem a lê à certeza do pecado original, cujo rastro constante na história nos obriga continuamente a criar entre nós uma violência irreprimível. Diante desse modelo duro, sua vida também vem acompanhada de uma segunda imagem feminina, mais doce, amável, insubstituível. Além dos seus doze apóstolos homens, até Jesus Cristo precisou de mulheres santas, e, entre elas, de uma Maria Madalena, para derramar sobre ele o seu perfume, e de uma Marta, para a vida cotidiana. Aqui temos duas figuras da inspiradora necessária para quem se joga, sedento, no deserto da obra. Aquela que derramou o nardo precioso, açambarcadora da melhor parte, recebeu, na história santa, muitos elogios e serviu de modelo de tantas representações profanas que não preciso mencioná-la e posso beneficiar, enfim, a segunda, de quem ninguém diz uma palavra sequer. Sempre na labuta, nunca na celebração.

Eu a vejo americana, portadora de uma tradição cristã tão antiga quanto a imigração, consistente, leal, generosa e doce, retirada. A senhora encarna as virtudes que admiramos, há séculos, na cultura do seu país: a fidelidade, a constância e a força, o conselho, a correção de julgamento, a fineza na apreensão dos sentimentos do outro, a dedicação, a reação viva depois da prova, o dinamismo e a lucidez diante das coisas da vida. Sem a senhora, sem sua presença inimitável, poucas pessoas o sabem, que o saibam hoje, a grande obra, que hoje eu tenho a enorme responsabilidade de louvar, sem dúvida não teria surgido. Com seus filhos e netos, cujos rostos amigos vejo neste momento, a senhora representa também a ligação entre o que aconteceu há muito tempo no meio oeste do seu Novo Mundo e o que se diz hoje em Paris, com vestes antigas. Aqui temos: um cidadão francês, eu, professor da Universidade Stanford, recebe na Cúpula, uma das mais antigas instituições da França, um cidadão americano, francês de nascimento, ele mesmo, René Girard, professor na mesma universidade. Seria somente uma réplica, se a senhora não estivesse presente nesta sessão e não completasse o triângulo, uma nova e milagrosa vez sem mimetismo, sem rivalidade. A senhora nos liga pelo afeto que tenho pelo seu marido e pela senhora; a senhora liga também nossos dois países, cuja amizade infinitamente preciosa celebro. Ela conheceu a prova de nuvens passageiras, mas a própria relação que é das mais próximas o comprova.

Sobre seus ombros repousa a ponte do mundo. A paz reinará, a humanidade será construída, mesclada, menos através da ajuda de tratados entre nações, da política, do direito ou de trocas comerciais, do que através de modestas ligações amorosas tecidas pelas mulheres nos casamentos sem fronteiras. Então, nos seus lares vibrarão, que maravilha, duas línguas maternas. A harmonia vindoura se abre nessa música mestiça, multiplicando as cantigas e as passarelas entre as culturas. Senhora, ouço há muito tempo a ponte da sua voz.

Senhor, dirijo-me novamente ao senhor, que encontrou a hipótese mais fecunda do século. Encontrei um pouco de descanso nessas doces confidências, pois foi difícil sustentar a elevação para a grandeza das coisas que o senhor diz. Ficando com só uma lição, anunciarei aquela com que gostaria de terminar.

"Pedaços de carne cheios de sangue e membros horríveis", cujo horror eu bradei no começo: o senhor generalizou as ações sacrificiais às quais se entregam as culturas conhecidas. A hemoglobina jorra do corpo das vítimas humanas e animais, enfim, desses assassinatos coletivos cuja repugnância o senhor nos revela irremediavelmente. Pois bem, julgando a vítima culpada e os assassinos inocentes, as fábulas que os relatam mentem. O senhor nos ensina, portanto, que a falsidade acompanha o crime, e a mentira, o homicídio, um seguindo o outro como sua sombra.
Do sangue derramado nascem os deuses, antigos ou contemporâneos, sempre falsos. Gêmeos, o erro e o assassinato continuam inseparáveis. Sublime racionalismo.

De forma inversa, inocentar a vítima significa não matar, desvendando por isso mesmo a verdade. Buscas a verdade? Não matarás! A revelação de inocência equivale, então, a uma genealogia da verdade, à qual o Ocidente, pelo monoteísmo judaico, pela geometria grega e pelo cristianismo judeo e grego, todos os três sistemas críticos dos mitos, deve seu domínio único das razões e das coisas. Da verdade decorre a moral. Racionalismo sublime.

Dessa forma, o senhor ensinou-me, o que mudou minha vida, a distinguir o santo do sagrado, nada mais nada menos do que o falso do verdadeiro. Teologia, ética, epistemologia falam, em três disciplinas, com uma só voz.

Relato a seguir o episódio que vivi há cerca de quinze anos e que, a meu ver, mostrou-se como uma experiência praticamente fundamental relativa à legitimidade da sua hipótese. Nunca tive diante de mim alunos comparáveis aos prisioneiros de Fresnes ou da Santé; pois, ao contrário dos alunos comuns, eles têm tempo, portanto exageram no silêncio e na atenção. Sentindo-me à vontade nesses lugares, eu tinha em comum com eles a experiência de ter vivido, durante longos anos de adolescência, interno em colégios com arquitetura parecida com sua reclusão. Pediram-me, um dia, que eu falasse sobre o sagrado. Um deles protestou, dizendo que os rolos de pergaminho, o cálice, a pedra negra... reduziam-se a uma simples convenção. Arbitrária ou não, essa era a questão. Fiel a um método cuja exigência descarta a aula magistral, eu pedi a eles que se preparassem para responder a essa pergunta, refletindo sobre a morte durante alguns instantes, à parte. Retomando rapidamente o que havia dito, corrigi minha proposta, acrescentando: não somente a morte que os senhores e eu vamos viver, necessariamente, mas também aquela que podemos causar, acidentalmente ou pela vontade. Então, de repente três deles se levantaram, como se tivessem sido picados por uma serpente: Eu, eu, eu sei o que é o sagrado! Eram condenados por assassinato. Nunca obtive um silêncio tão contemplativo, extático e prolongado diante da prova. Os falsos deuses nos visitavam.

O santo se diferencia do sagrado. O sagrado mata, o santo pacifica. Não violenta, a santidade se afasta da inveja, dos ciúmes, das ambições das grandezas de estabelecimento, asilos do mimetismo, nos liberando assim das rivalidades cuja exasperação conduz às violências do sagrado. O sacrifício destrói, a santidade cria.

Vital, coletiva, pessoal, essa distinção engloba a distinção cognitiva do falso e do verdadeiro. O sagrado une violência e mentira, assassinato e falsidade; seus deuses, modelados pelo coletivo em fúria, transpiram o fabricado. De forma inversa, o santo dá amor e verdade. Genealogia sobrenatural do verdadeiro cuja modernidade não se suspeitava: só somos francos ao amarmos inocentemente; não descobriremos, não produziremos nada a não ser tornando-nos santos.

Durante reuniões em que lamentei sua ausência, os presentes hesitaram, recentemente, em definir a palavra "religião". O senhor fala de duas famílias: as que unem as multidões agressivas em ritos violentos e sagrados, criadores de deuses múltiplos, falsos, necessários; as que, ao revelar a mentira das primeiras, param todo sacrifício para jogar a humanidade na aventura contingente e livre da santidade, para lançar a humanidade na aventura contingente e santa da liberdade.

Desejo terminar por algo que, sem dúvida, poucas pessoas podem ouvir na vida, algo que ainda não pronunciei diante de ninguém: senhor, o que seus livros dizem é verdade; o que o senhor diz faz viver.

Uma vez esgotado o sacrifício, só lutaremos contra um inimigo: o estado a que desejávamos reduzir o inimigo quando, antigamente, brigávamos. Então, o único adversário nesse novo combate, a morte, vencida, dá lugar à ressurreição, à imortalidade.

capítulo 2

entrevista

René Girard e Mark R. Anspach

Mark R. Anspach: René Girard, o senhor nos confiou para este *Cahier de L'Herne* um texto autobiográfico no qual nos conta com uma franqueza extraordinária as suas primeiras experiências e o seu estado de espírito depois da sua chegada nos Estados Unidos. Aqui eu gostaria de falar sobre a sua juventude na França para esclarecer uma questão muito simples e até inocente: *como alguém se torna René Girard?*

O que suscita de imediato a curiosidade é o caráter insólito do seu percurso. Depois de ter escrito duas teses que ficaram inéditas,[1] uma sobre Avignon no século XV, para obter um diploma de arquivista-paleógrafo, a outra, sobre a opinião americana relativa à França durante a Segunda Guerra Mundial, que lhe deu um doutorado em História Contemporânea, o senhor se torna professor de Literatura Francesa, e publica um livro sobre a mediação do desejo no romance moderno.

Depois o senhor mergulha numa vasta literatura etnológica para construir uma teoria dos fundamentos religiosos das sociedades humanas, essa teoria do bode

[1] O leitor encontrará trechos dessas duas teses no presente volume: ver "A Infância em Avignon" e "O Declínio Temporário da Influência Cultural Francesa na América depois da 'Estranha Derrota'".

expiatório, cujas premissas o senhor encontra em seguida na Bíblia judaico-cristã. Enfim, agora, o senhor está terminando um livro sobre a guerra, baseado na sua leitura pessoal de Clausewitz.[2]

Poderíamos dizer que, apesar dos seus inúmeros diplomas e uma longa carreira universitária, o senhor sempre trabalhou só, praticamente como autodidata.

René Girard: É verdade. Comecei a trabalhar sozinho muito cedo. Quando eu era menino, não suportava o ambiente das escolas. Então, a minha mãe me tirou da escola para ter aulas em casa.

M. A.: Que aspecto da escola o senhor achava impossível de suportar?

R. G.: Tudo! A professora era para mim uma senhora apavorante. Eu não suportava a classe, o recreio, todas aquelas crianças... Na realidade, eu não suportava a multidão.

Então, a minha mãe me inscreveu nesse curso particular em que só havia dois outros alunos e eu. O meu pai chamava isso de "escola de mimados". Dessa forma, até a idade de dez anos, não tive escola de fato. As minhas horas de classe eram muito limitadas, e pude ler tudo o que eu queria.

M. A.: Entre os livros que o senhor leu quando era jovem, há obras que o influenciaram mais do que outras?

R. G.: Três livros foram muito importantes para mim. O primeiro é *Dom Quixote*. Eu o li pela primeira vez por volta dos dez anos, numa versão para crianças com ilustrações. Quando eu falo de *Dom Quixote* no meu livro *Mentira Romântica e*

[2] Livro publicado na Biblioteca René Girard: *Rematar Clausewitz: Além da Guerra – Diálogos com Benoît Chantre*. Trad. Pedro Sette-Câmara. São Paulo, É Realizações, 2011.

Verdade Romanesca,[3] são essas imagens que tenho na cabeça. Inclusive há expressões que vêm desse livro: "Piruetas e fantasias", "Estás sentado confortavelmente num navio"... Eu ainda tenho essa edição. A minha mãe fez com que eu a encadernasse de novo quando as páginas começaram a cair. Esse é um livro que reli com regularidade.

M. A.: O senhor se identificou com a figura cavalheiresca de *Dom Quixote* quando era criança?

R. G.: Não muito, o lado satírico era particularmente visível nessa edição infantil, com ilustrações muito engraçadas. Isso deve ter influenciado a minha interpretação não romântica do protagonista.

Depois, mais tarde, justamente antes de partir para os Estados Unidos, descobri Proust na biblioteca de Avignon. *Combray* me interessou. E foi assim, já nesse momento, que eu tive a intuição essencial de *Mentira Romântica*, a ideia da mediação do desejo: lendo Proust e pensando no Quixote.

M. A.: E qual é o terceiro livro que o marcou?

R. G.: O *Livro da Selva*, de Rudyard Kipling. É absolutamente formidável para o tema dos bodes expiatórios. Isso funciona de maneira fantástica. Não há uma única história sem bode expiatório. Há mesmo histórias de bodes expiatórios dentro de histórias de bodes expiatórios. E isso funciona de maneira mimética e sacrificial em um nível extraordinário.

Mogli é um menino que, ao ser perseguido por um tigre, se refugia numa gruta habitada por lobos. Ele é adotado e literalmente naturalizado pela tribo. Mais tarde, ao voltar a viver entre os homens, ele se torna guardador de rebanhos, e sabe

[3] *Mentira Romântica e Verdade Romanesca*. Trad. Lilia Ledon da Silva. São Paulo, É Realizações, 2009.

o que ele vai fazer para matar o seu inimigo, o tigre? Vai dividir o seu rebanho de búfalos em dois grupos e atrair o tigre para um barranco. Aí os búfalos vão atacá-lo dos dois lados. Ele será literalmente linchado. Aliás, esse tigre é manco, é um sinal vitimário típico.

M. A.: Como no caso de Édipo, cujos pés haviam sido perfurados e amarrados quando, recém-nascido, seria abandonado na montanha. Porém, no caso de Kipling, a ligação com a violência coletiva me parece ainda mais transparente. De fato, o tigre não somente manca, mas também um velho caçador diz que ele é a reencarnação de um agiota que mancava por causa de uma agressão durante uma rebelião.

R. G.: Eu havia esquecido desse detalhe. Mas a violência coletiva está presente em todas as partes de *O Livro da Selva*. Por exemplo, vejamos a invasão dos Cachorros Vermelhos n'*O Segundo Livro da Selva*. Mogli quer salvar a selva desses cães ferozes que, caçando em grupo, abatem e despedaçam tudo o que encontram. Então, ele os provoca e depois vai embora com toda a matilha no seu encalço, correndo em direção ao rio em que se encontram as abelhas selvagens. Ao chegar ao rochedo, Mogli mergulha na água para escapar dos cachorros. Eles o seguem e enfrentam o enxame de abelhas já despertadas por Mogli.

Os milhões de abelhas que vivem nesse enorme rochedo atacam os cachorros, e os cachorros são obrigados por sua vez a se jogar no rio, porém, não formam mais uma matilha compacta. Um pouco mais abaixo, quase afogados, são mortos pelos lobos, amigos de Mogli, que os esperam nas margens.

Dessa forma, há um primeiro bando, o dos cachorros, que ataca Mogli, e depois um segundo, infinitamente mais numeroso, de abelhas, que destruiu o primeiro.

M. A.: Sem contar os lobos de Mogli que constituem por sua vez um terceiro bando.

R. G.: Todas as histórias são construídas dessa maneira.

M. A.: As histórias mais reveladoras são talvez aquelas em que, em vez de perseguir um inimigo exterior, os bandos se voltam contra o próprio Mogli. De fato, o menino se tornará o bode expiatório do grupo no meio do qual vive, e isso não uma vez, mas duas vezes seguidas. Primeiramente, o Clã dos lobos o expulsa reclamando que ele é um pequeno homem, depois o vilarejo de homens que o adota acaba expulsando-o sob o pretexto de que é um lobinho...

R. G.: Segundo o meu amigo Robert Hamerton-Kelly, o próprio Kipling teve uma experiência de expulsão nos Estados Unidos. Ele escreveu *O Livro da Selva* num pequeno vilarejo de Vermont. A sua mulher era americana, a sua família tinha uma casa na região. Porém, quando Kipling brigou seriamente com o cunhado, todas as pessoas do vilarejo se voltaram contra ele e obrigaram-no a ir embora. Ele teve que voltar para a Inglaterra.

M. A.: Quando o senhor leu o livro de Kipling pela primeira vez?

R. G.: Aos dez anos, creio, minha mãe comprou um exemplar da tradução francesa. Essa tradução formou minha imagem mental de um dos personagens principais, a pantera Bagheera. Em francês, é claro, uma pantera é necessariamente fêmea, porque a própria palavra é feminina. Quando, mais tarde, li o texto original, fiquei surpreso ao descobrir que Bagheera era um macho. Essa versão me pareceu muito inferior à minha, a tradução francesa. Essa pantera é um animal selvagem, capaz de lutar contra um bando de macacos, mas é também a protetora de Mogli, com um lado feminino, terno, quase maternal.

M. A.: Mas todas essas histórias de violência coletiva e de bodes expiatórios o marcaram quando o senhor leu o livro pela primeira vez?

R. G.: Não sei. Mas a leitura de *O Livro da Selva* foi uma experiência fundamental para mim.

M. A.: Como explicar então o fato de o senhor nunca ter escrito nada a esse respeito? Talvez seja um pouco sagrado para o senhor?

R. G.: Sem dúvida, é um pouco sagrado, e eu me dou conta de que *O Livro da Selva* contém *toda* a teoria mimética, o que é bastante extraordinário.

M. A.: Além das histórias de multidões e linchamentos, o mimetismo está presente também?

R. G.: O mimetismo está presente visto que os macacos são puramente miméticos, são incapazes de fazer o que for por si mesmos. É uma depreciação, uma sátira do mimetismo. Os macacos nunca fazem nada sério, os animais sérios da Selva fazem de conta que não os veem. Os macacos os bombardeiam de galhos, tentam provocá-los para chamar sua atenção. Dizem: "Somos muito grandes, vamos fazer coisas extraordinárias", e depois, no minuto seguinte, já pensam em outra coisa. Então, o senhor sabe o que se imagina? Que se trata de uma sátira dos franceses! [risos]
Eu não sei se é verdade.

M. A.: O senhor gostava muito das histórias de animais quando criança?

R. G.: Sim, eu chegava a fazer animais com massa de modelagem. Eu fazia um teatro e fazia os animais encenarem para mim mesmo.

E também brincava com soldadinhos, encenava grandes batalhas. Eram brincadeiras solitárias em que eu representava todos os papéis.

M. A.: O senhor não brincava com amigos?

R. G.: Sim, mas essa era a minha brincadeira favorita.

M. A.: O senhor reproduzia também guerras reais, históricas?

R. G.: Sim, reproduzia muitas guerras históricas, guerras medievais ou napoleônicas, Austerlitz ou Waterloo. Eu também lia livros sobre Napoleão, aprendi todos os chavões, como: "Só a primeira e a última batalha contam".

O senhor está vendo essa biblioteca Luís XVI? Era do meu pai, que era historiador. Ela continha livros que me interessavam, por exemplo, a história da Revolução, de Louis Madelin.[4] Eu achava isso magnífico.

Muito cedo, aos doze anos, eu era fascinado por política. Sentia-se a guerra vir, já em 1932-1936.

M. A.: O senhor tinha medo do futuro nessa idade?

R. G.: Eu sentia mais uma espécie de estranha excitação política, a impressão de um perigo e, apesar de tudo, algo cativante.

M. A.: O seu pai devia ficar contente com o seu interesse por história.

R. G.: Sim... sim, mas ao mesmo tempo eu era turbulento e bagunceiro no colégio. Então ele se preocupava com o meu futuro. De fato, fui expulso do colégio. Passávamos trotes, alguns amigos e eu, telefonando ao Diretor. Fazíamos de conta que telefonávamos do Ministério da Educação nacional de Vichy, anunciávamos que íamos aposentar muitos professores...

Ligávamos do correio central de Avignon, colocando um lenço no telefone. Uma vez, dissemos que íamos mandar um grupo de pessoas de Vichy para uma cerimônia solene de saudação à bandeira, de manhã, na abertura do colégio. Tudo

[4] Louis Madelin (1871-1956), historiador francês e membro da Academia Francesa, especialista na Revolução Francesa. Autor de livros como *Les Hommes de La Revolution* (1928). (N. T.)

tinha que ser organizado com rapidez, porque era sexta-feira e a cerimônia estava prevista para a segunda de manhã.

M. A.: Alguém caiu na armadilha?

R. G.: Dessa vez, acho que não. Só uma vez, depois de ter feito um desses trotes para brincar, mal tínhamos saído do correio quando a polícia chegou para nos prender. Eles sabiam o que acabávamos de fazer. Os telefones tinham escuta, além disso, havia telefonistas no correio nessa época, não tinha a tecnologia de hoje.

M. A.: O senhor cruzou com a polícia ao sair?

R. G.: Quase. Se tivéssemos saído um pouco mais tarde, teríamos sido pegos.

M. A.: Por que o senhor foi o único dos farsantes a ser expulso do colégio?

R. G.: O meu amigo Paul T. era um pouco reservado demais para fazer bagunça no colégio. Ele participava das coisas externas, como os telefonemas, mas a bagunça no colégio não era o seu estilo. Era o meu!

Nós tínhamos um professor de Filosofia que provocávamos muito. Ele era muito ativo na Sociedade Protetora dos Animais. Era um personagem muito cômico para nós, no fundo um homem bom, que perseguíamos sem nos dar conta. Ele vinha de Villeneuve, uma colina do outro lado do Rhône, pedalando uma bicicleta estranha com um guidão encurvado, como os primeiros ciclistas do Tour de France em 1900. Usava uma espécie de polaina muito antiga que subia até a coxa e um capacete. Ninguém usava capacete na época, nesse aspecto ele estava adiantado! Toda a cidade de Avignon via nele o que se denominava um "excêntrico". Um dia, nós aprontamos com ele: tiramos a porta da sua sala de aula e a colocamos atravessada, no sentido do comprimento. Todos os alunos tinham que escalar essa porta para entrar na sala.

M. A.: Foi ele quem denunciou o senhor a respeito dessa história da porta?

R. G.: Não creio, ele era totalmente inofensivo. Meu pai fazia parte do conselho da administração, então, não fui oficialmente expulso, o meu pai me tirou do colégio. Mas é claro que ele não estava satisfeito.

M. A.: Na edição de *O Livro da Selva* em inglês que me mostrou, o senhor destacou essa frase que o Mogli diz a respeito de sua expulsão do Clã dos lobos: *"I will always remember that I have been cast out of the Pack"*.[5]

R. G.: Sim, eu tive que destacá-la por essas razões. Mas seria demais me apresentar como um verdadeiro *scapegoat*, um verdadeiro bode expiatório. Ou, então, seria um bode expiatório um pouco cômico.

M. A.: O senhor não era exatamente um bode expiatório, pois, afinal, poderíamos dizer que o senhor o provocou...

R. G.: Sim, isso tinha até um lado revolucionário, um lado um pouco heroico.

M. A.: O senhor ficou conhecido pelos seus amigos de classe.

R. G.: Alguns amigos se mostraram um tanto hostis. Creio que nos colégios franceses, ao contrário das escolas americanas, há uma dupla classificação hierárquica. Tem a classificação oficial, baseada no trabalho escolar, e, entre o quinto e o sétimo ano, eu pertencia a essa categoria. E depois tem a categoria dos bagunceiros, com seu próprio prestígio. E, de certa maneira, eu tentei fazer parte das duas ao mesmo tempo. [riso]

M. A.: Havia alunos no grupo dos bagunceiros que sentiram algum ressentimento em relação ao senhor por causa do seu excelente desempenho escolar?

[5] "Sempre me lembrarei de que fui expulso do Clã" (Rudyard Kipling, *Le Livre de la Jungle*, trad. Louis Fabulet e Robert d'Humières. 1. ed., Mercure de France, 1899; Gallimard, 2005, p. 81. [Coleção "Folio"].)

R. G.: O meu excelente desempenho escolar caiu bruscamente a partir do momento em que a bagunça predominou. O meu quinto ano foi muito ruim. Tive que repetir. Depois da famosa "escola dos mimados", o choque foi grande demais. Em seguida, tive o melhor prêmio na segunda vez que fiz o quinto ano, assim como no sexto e no sétimo. A bagunça começou no oitavo. Os professores foram convocados, substituídos por mulheres, e a desordem aumentou em todas as partes. O meu período de trotes e brincadeiras está ligado ao curso da história!

M. A.: Penso num verso de Charles Cros que talvez seja mais apropriado para o senhor do que a frase de *O Livro da Selva!*

"Sou o expulso dos velhos pagodes

Por ter rido um pouco durante o Mistério."

R. G.: Sim, sim, foi um pouco assim. Eu ri muito. Mas, às vezes, tive medo também. Por exemplo, no momento que a polícia veio nos buscar no Correio, de fato tive medo. Se isso tivesse ultrapassado o âmbito do colégio para ganhar o âmbito da cidade de Avignon, o episódio teria sido muito mais grave.

M. A.: Qual era o ambiente na cidade durante a Ocupação?

R. G.: Repete-se com frequência que o sul da França apoiava muito o "Regime de Vichy", mas isso é um exagero. Evidentemente, *Maréchal, Nous Voilà*[6] foi composto em Avignon, por um autor local. Contudo, nos cinemas, fazia-se muito barulho durante as notícias nazistas. Eu acho que *Le Chagrin et la Pitié* é enganador a esse respeito.[7] No cinema, as pessoas aplaudiam abertamente a Inglaterra e, mais tarde,

[6] "Maréchal, nous voilá!" é uma canção composta em 1941 em homenagem ao marechal Phillipe Pétain (1856-1931), ou seja, em apoio ao "Regime de Vichy". (N. T.)

[7] René Girard refere-se ao documentário de Marcel Ophüls lançado em 1969, considerado um marco no estudo da memória coletiva francesa relativa ao período da "ocupação alemã". (N. T.)

os russos. Eles não resistiam ativamente, mas desejavam a vitória dos Aliados, muito passivamente, sem dúvida, mas com muito ardor. Nossa brincadeira sobre a saudação à bandeira era para ridicularizar o regime. Todos os membros do meu grupo eram contra Vichy. Entretanto, Paul T. aceitou mais tarde ser mandado para a Alemanha para fazer trabalho obrigatório. O pai de Jacques C. era comunista. Ele se tornou oficial das Forças francesas livres na África do Norte, sob as ordens de uma mulher na época muito famosa, Joséphine Baker.

Jacques C. era poeta e discípulo de René Char. Char pertencia a uma boa família burguesa, mas gozava de um imenso prestígio depois da Liberação como coronel dos FTP, Franco-Atiradores e Partidários. Eu não era influenciado por ele. Nessa época eu mergulhava na leitura de Proust com deleite. Char e os seus amigos surrealistas não gostavam de Proust, que achavam insuficientemente revolucionário.

Char era próximo de Yvonne Zervos e do seu marido Christian, um dos grandes agentes da Escola de Paris. Christian Zervos organizou a primeira grande exposição de arte moderna em Avignon, no Palácio dos Papas. Como o meu pai era curador do Palácio e o pai de Jacques C., o secretário adjunto das Belas-Artes do município de Avignon, Zervos, para conquistá-los, nos nomeou "diretores" dessa exposição. Havia doze telas de Picasso, doze de Matisse, doze de Braque, muitas de Klee e inúmeros quadros menos importantes...

Picasso veio a Avignon para verificar se Matisse e Braque tinham dado o mesmo número de quadros que ele. Sentia-se uma certa rivalidade mimética nele em relação a esses dois pintores.

Uma pequena história verdadeira sobre Picasso... Na entrada da exposição, havia uma mulher bem bonita que vendia entradas. Picasso chega, olha para ela, e tira das mãos dela o álbum de reproduções de suas próprias obras que a moça estava vendo. Ele abre, então, o álbum e desenha com lápis, em alguns segundos, uma cara de diabo tipicamente "picassiana" na folha de guarda. Ele a assina e devolve o livro à mulher, inclinando-se acentuadamente. Uma homenagem à sua beleza.

Foi Zervos também quem sugeriu a Jean Vilar a ideia de um festival de teatro no Palácio dos Papas para atrair espectadores à sua exposição.

M. A.: Voltemos um pouco e retomemos o fio cronológico a partir do momento em que o seu pai teve que tirá-lo do colégio. O senhor disse que ele não estava muito contente...

R. G.: Certamente. Ainda por cima, eu acabava de passar no meu primeiro exame de *bac*.[8] Mas em filosofia, depois de ter sido expulso no mês de outubro e de ter estudado para o exame sozinho, eu obtive o conceito "bom". A partir desse momento, meu pai voltou a ter confiança em mim. Era a minha desforra, mas era um pouco a dele também.

Daí, eu fui para Lyon fazer um curso preparatório para a Escola Normal Superior. Porém, algumas semanas depois, fui embora. Era o início da Ocupação; havia problemas materiais. Comíamos mal. O trote, particularmente, era insuportável. Eu voltava a sentir os terrores da escola. Eu "voltei para casa" dizendo à minha mãe: "É impossível, insuportável". Foi assim que renunciei à Escola Normal Superior. Então, meu pai sugeriu que eu me preparasse para o concurso da École des Chartes, sozinho em casa, como eu fizera para o *bac*, e dessa vez também passei, mas entre os últimos colocados.

O meu pai, ele próprio ex-aluno da École des Chartes, havia conhecido a grande época dessa escola, quando os seus alunos demonstraram que o famoso dossiê não fora escrito por Dreyfus. O meu pai falava com frequência dessa epopeia *chartista*. Ele era dreyfusianista, um pouco o radical-socialista da grande época. Fui criado na dupla religião do dreyfusianismo e do catolicismo (por minha mãe), porém, só conheci Péguy muito mais tarde.

[8] *Baccalauréat*: exame no fim do colegial que dá acesso aos estudos universitários. (N. T.)

M. A.: Finalmente, então, o estudo na École des Chartes não está desvinculado da revelação da inocência dos bodes expiatórios.

R. G.: É verdade. Aprende-se em particular a desconfiar de documentos, que podem facilmente ser falsos, e é esse trabalho o verdadeiro fundamento do saber histórico real.

Para estudar sozinho para o exame da École des Chartes, inventei todos os tipos de exercício. Estudei temas latinos sem dicionário. Durante toda a minha vida, só pude trabalhar fora das instituições e, inconscientemente, contra elas. E uma vez mais, é claro, a mesma situação recomeçou. Passei no concurso e, depois de estar instalado na Paris glacial e famélica de 1942, o meu único desejo, como de costume, era "voltar para casa". Felizmente, era impossível, por causa do que se chamava de linha de demarcação entre a França ocupada e a França de Vichy. Resumindo, foi graças aos ocupantes alemães que consegui terminar os meus estudos na École des Chartes.

M. A.: O senhor achou essa formação fastidiosa?

R. G.: Algumas aulas eram de um arcaísmo extremo. Bibliografia da história medieval, bibliografia do século XV, bibliografia do século XVI... A verdade é que eu estudei muito pouco por causa das condições materiais e morais da existência dessa época. Na École, porém, as condições de estudo eram boas: havia muito espaço, todos os livros de que precisávamos ficavam à nossa disposição, era possível se isolar ou estudar em grupo, ficava ao nosso critério. Ainda é assim. Era a Paris ocupada que me paralisava. Eu tinha péssimas condições de vida, especialmente no primeiro ano, quando estava no hotel. Felizmente, no segundo ano, graças a um *chartista* caridoso, fui aceito na Residência dos Estudantes, Rua de Vaugirard, n. 104. Entre os antigos alunos havia nomes como François Mauriac e François Mitterand. Havia ali filhos de grandes proprietários de terra da Normandia ou da Île-de-France que nos mandavam toneladas de batatas. Eu recebia poucas coisas para comer de Avignon. A minha família não tinha uma situação privilegiada no mercado negro individual, pois meu pai, curador do museu, não dispunha de moeda de troca para conseguir comida.

M. A.: Mas o seu pai deve tê-lo ajudado quando o senhor escreveu a sua tese sobre a vida privada em Avignon no século XV.

R. G.: Sim, de fato, ele me ajudou muito, não somente na concepção, mas na realização da tese.

M. A.: O seu pai quis que o senhor se tornasse arquivista também, depois da École?

R. G.: Ele não queria, pois percebia que não fazia muito o meu gênero. Contudo, na época, as possibilidades eram muito limitadas.

M. A.: Afinal, o senhor escolheu ir para os Estados Unidos.

R. G.: Então, graças ao meu diploma, fui para os Estados Unidos em setembro de 1947. Soube por um colega que era possível trabalhar dois anos nos Estados Unidos como professor-assistente de francês, e encontrei um cargo em Bloomington, Indiana. Viajei no mesmo navio, o *De Grasse*, que Etienne Bloch, o filho de Marc Bloch, o historiador da derrota de 1940.[9] Era uma viagem longa de nove dias, mas divertida, nós íamos juntos atrás das meninas.

Eu dei aula de Francês no primeiro ano, e logo depois também de Literatura.
Em seguida, comecei a fazer um doutorado em História Contemporânea para justificar o meu visto de estudante. Escrevi para a embaixada francesa em Washington, e eles me enviaram uma caixa cheia de recortes de jornais, de artigos sobre a França publicados pela imprensa americana durante a guerra: tudo o que era

[9] René Girard refere-se ao livro de Marc Bloch (1866-1944), *L'Étrange Defaite*, escrito em 1940 e publicado postumamente em 1946. O historiador francês foi morto pelos alemães em 16 de junho de 1944.

necessário para escrever uma tese sobre "a opinião americana relativa à França, 1940-1043"! Em 1951, casei-me com uma estudante da universidade que vinha de uma pequena cidade situada na fronteira entre Indiana e Ohio. Pouco tempo depois, perdi o meu cargo, por falta de publicações, e tive que procurar trabalho em outro lugar, pois, depois de cinco anos de ensino, eu não havia produzido nenhuma publicação "científica". No começo da minha carreira, fui vítima da famosa lei das universidades americanas: *publish or perish.*

M. A.: É o que o senhor explica no texto autobiográfico que encontramos nos seus manuscritos e que publicamos pela primeira vez[10] nas páginas a seguir. Obrigado por ter querido lançar, sobre os seus anos de formação, essa dupla luz.

[10] Ver nesta obra "Memórias de um Jovem Francês nos Estados Unidos" (capítulo a seguir, página 59).

capítulo 3
memórias de um jovem francês nos Estados Unidos

René Girard

Deixei a França para ir aos Estados Unidos aos 23 anos. Dei aula em várias universidades, casei-me, tive filhos. Acompanhado por minha família, passei muitas férias de verão na França e na Europa, assim como vários anos sabáticos. Resumindo, uma existência bastante banal para a segunda metade do século XX. O fato de ter escrito uma meia dúzia de livros tampouco é excepcional em uma época tão inflacionária quanto a nossa em relação ao livro impresso, e num país em que o número de publicações tem um papel decisivo no progresso dos professores.

Aliás, é em virtude desse princípio que comecei a escrever, por volta da década de 1950, depois de dois ou três anos dedicados essencialmente aos alunos e carros. Eu desconhecia o sistema norte-americano e era muito desorientado para prestar atenção aos avisos do meu "chefe de departamento", avisos cada vez mais diretos e até mesmo brutais, conforme a sua paciência se esgotava. Durante muito tempo, eu procurava não ouvir nada. Depois dos anos temerosos da guerra, da Ocupação, e do pós-guerra, a vida da universidade era muito fácil, e a América recompensava muito generosamente os serviços escassos e medíocres que eu lhe prestava. Talvez eu estivesse muito impregnado de hábitos franceses para imaginar que um professor, uma vez no posto, deveria ser inamovível.

Mas também, curiosamente combinado com essa leveza e desatenção, havia em mim um temor relativo ao que me esperava, um temor lancinante o bastante para suscitar em mim um trabalho de repressão. O fato de dar aula numa universidade na época muito provinciana, e num departamento de estudos franceses onde o simples fato de ser francês nativo me dava de antemão uma competência que não dependia de forma alguma do talento pessoal, mantinha em mim, em relação a tudo o que estava ao meu redor, um sentimento de superioridade cultural, que se manifestava com mais arrogância ainda porque afinal dissimulava dúvidas angustiantes e traumatismos acumulados da derrota, da Ocupação e, sobretudo, da vitória americana, vitória libertadora em todos os outros aspectos, mas psicologicamente esmagadora para aqueles que foram libertados.

Sem ser exclusivamente francesa, longe disso, a ambivalência em relação à América de Roosevelt e de Truman era particularmente forte nos franceses. Eu a vivi, portanto, durante anos, de uma forma bastante aguda, por ser muito francês e até mesmo muito intelectualmente francês, e também por residir nos Estados Unidos, o que me expunha ainda mais diretamente às vantagens e problemas do *American way of life*. A imersão no meio americano, em particular em uma região tão conservadora e chauvinista quanto era na época o *Midwest* – a leitura dos jornais locais, particularmente empobrecidos, os contatos cotidianos com a América mais atrasada numa época em que não havia nada para abalar uma confiança imperturbável na própria infalibilidade –, só podia exasperar essa ambivalência.

É muito difícil falar dessas coisas de forma justa, encontrar o tom conveniente. Na realidade, eu gostaria que a França e a Europa fossem vítimas de injustiças compatíveis com a minha indignação. Mas era a época em que os Estados Unidos lançavam o plano Marshall, particularmente para reerguer um mundo esgotado pela guerra, que não fizera jamais no passado nenhum vencedor, e, mesmo que suas razões fossem egoístas e maquiavélicas, isso não mudava em nada a situação.

Eu queria escrever panfletos vingativos, eletrizar as multidões, porém, como os seres que me importunavam eram medíocres demais para virar a minha obsessão no sentido da mediocridade, eu abandonava o meu olhar em coisas que não eram representativas.

> E vós, homens em grande número e da massa, não peseis os homens de minha raça. Viveram acima de vós nos abismos do opróbrio.
> Eles são a espinha da vossa carne; a própria ponta da espada da mente. A abelha da língua está na sua fronte...
> (Saint-John Perse, *Vents,* IV, 4)

De repente tudo fica claro, o texto se abre; o exílio americano do poeta e o que eu estava vivendo se tornam uma coisa só.

No caso de Saint-John Perse, o ponto de partida já se encontrava nos Estados Unidos, não do outro lado do Atlântico; porém, isso não tinha importância, visto que o poeta se lançava em direção ao Ocidente, para os países novos e foi, sobretudo, o desgosto da biblioteca, dos seus livros empilhados, do seu saber empoeirado, símbolo de todos os mundos velhos e desgastados, que alimentou a sua vontade de evasão, que fez dele a folha carregada pelo vento e o dotou dessa força centrífuga irresistível, que também existia em mim.

Eu já tivera o texto em minhas mãos, brevemente, antes de deixar a França, e para mim era letra morta, completamente ininteligível. Eu ficara distante dele pelos próprios elogios que haviam feito a respeito dele, por todo o esnobismo literário que o rodeava e que me impedia de ter qualquer impressão real; para apreciá-lo, era preciso ter na minha boca o gosto dessa América da qual ele falava, mas também ter, longe da minha boca, essa aura de esnobismo literário, que tornava inacessível tudo o que ela tocava, tudo ao que eu não tinha acesso por meus próprios meios. Mesmo hoje, não posso ler livros, não posso ver quadros, que sejam objeto de um certo tipo de elogio. Tenho dificuldade de ler qualquer obra cuja leitura me foi sugerida por outra pessoa. Não posso me concentrar no que é o objeto do meu trabalho do momento, tudo o que apresenta a sombra de uma obrigação me desestimula. Marcel Proust só se interessava por obras que lhe fossem indicadas por escritores, por pessoas a quem julgava dotadas de um grande prestígio intelectual. Não se deve deduzir disso que eu fora poupado da doença mimética da qual ele próprio sofria. Pelo contrário, o meu caso era mais adiantado do que o dele e estive muito próximo, no plano intelectual, da impotência total, irremediável.

Que maravilha, então, poder reencontrar nessa poesia tida como obscura, nessa língua que ainda na véspera me repelia, como essas mulheres extremamente admiradas, assim me parecia, para não desprezar a minha voracidade demasiadamente visível, as minhas mais vivas e íntimas impressões, evidentemente consideradas por mim inaptas para serem a matéria de um livro, inconfessáveis, sobretudo por escrito, visto que consistiam em vomitar, eu pensava, tudo o que provinha direta e indiretamente do livro, visto que eu me distanciava da minha própria cultura livresca com horror. Da erudição à poesia, tudo o que se referia de perto ou de longe à cultura transmitida pelos livros, nada me atraía.

Eu descobria com encanto, primeiramente um pouco incrédulo, o caráter satírico da passagem destinada à Biblioteca:

> Um homem foi rir nas galerias de pedra dos Bibliotecários. – Basílica do Livro! [...]
> Em que festas da Primavera verde teremos que lavar esse dedo sujo de pó dos arquivos – nessa florescência de envelhecimento, nessa maquiagem de Rainhas mortas, de flâmines – como nas jazidas das cidades santas de cerâmica branca, mortas por excesso de lua e de atrição?
> Ha! Que me estripem todo esse loess[1]! Ha! Que me estripem todo esse artifício! Seca e fraude de altares... os inúmeros livros tristes, na sua fatia de giz pálido...

[1] Trata-se solo fértil, formado por sedimentos depositados pelo vento. Encontrado em parte da Europa (França e Países Baixos) e principalmente na China. (N. T.)

> E o que é isso ainda, no meu dedo de osso, todo esse talco de desgaste e sabedoria [...], todas essas coisas favosas no limite do ínfimo, depósitos de abismos nos seus sedimentos, limos e lias no extremo da degradação, cinzas e escamas da mente.

Um exotismo de todos os lugares e de lugar nenhum, de nunca e de sempre, penetra o discurso de Perse. Tudo o que ele toca se mostra com uma luz de sagrado arcaico, ou melhor, intemporal, se recarrega com uma poesia que, para nós, não está presente nas coisas, pelo que há de especificamente moderno no nosso mundo, ao passo que, na verdade, é o olhar que lançamos sobre as coisas que as despoetiza.

Nessa noite, devorei Perse. Devo a ele e a algumas outras pessoas a cura, não total, mas parcial e seletiva, da estranha doença da qual nunca deixei completamente de sofrer. Conservei toda a minha aversão pela erudição e também por toda uma língua desencarnada, abstrata e filosófica. Doença muito ambígua, aliás, pois, limitando-me a determinados modos tradicionais de apreensão do real, ela obrigou-me a forjar os meus, e se é que há algo de novo na minha maneira de abordar os textos, algo a bem dizer de inclassificável, é a ela, certamente, que eu devo. É através desses modos tradicionais, de fato, ou das variações que no essencial os mantêm, que a crítica moderna pensa sobre tudo o que comenta, e eu estava ao abrigo de todas essas formas de pensamento, minhas próprias intuições não se inclinavam a moldes vindos de fora e eram ainda mais impositivos por serem muito difundidos ao meu redor.

Portanto, para mim, Perse sempre foi fraternal, mas, depois de ter escrito sobre ele meu primeiro ensaio a ser publicado,[2] não encontrava nele alimento para a minha fome de revelação interior. As cadências suntuosas e as palavras raras me seduziam, mas tudo se limitava a um tecido de alusões que, uma vez decodificadas

[2] René Girard, "L'Histoire dans l'Oeuvre de Saint-John Perse". *Romanic Review*, 44, 1953, p. 47-55. Alguns anos mais tarde, Girard também publicaria um artigo sobre *Vents*: o leitor encontrará trechos significativos da obra no anexo 1 do presente texto. (Nota da edição original.) O ensaio citado foi posteriormente recolhido em *A Convenção da Arte*. Trad. Lilia Ledon da Silva. São Paulo, É Realizações, 2011, p. 39. (N. T.)

e recolocadas na ordem, constituíam um discurso ao qual eu aderia de forma demasiadamente completa para não suspeitar que ele correspondia essencialmente às ideias preconcebidas de um determinado grupo de intelectuais do qual eu, sem dúvida, fazia parte, visto que eu compartilhava as suas ideias. Embora, na época, eu não tenha sido capaz de dizer por que razão, o meu apetite não ficava saciado, e o prazer dessa leitura me fez buscar outras.

Fui buscar Malraux, mas não tive praticamente nenhum interesse pelos romances do início, de inspiração pseudorrevolucionária. Os textos sobre a arte,[3] em contrapartida, emocionaram-me, e em particular nas partes contemporâneas, aquelas que falam da adaptação da arte moderna e contemporânea às destruições das guerras do nosso século. Rapidamente, vi-me obrigado a reprimir essa predileção.[4] Os textos sobre a arte não encontravam a simpatia do público intelectual, e colocavam em particular sob questão o que me parecia uma evidência abrasadora. Em outras palavras, a correspondência, praticamente a harmonia preestabelecida, entre a evolução contemporânea das formas e da arte em geral, a sua desumanização e a desumanização do mundo ao nosso redor, a entrada na violência absoluta. Relação secreta, mas estreita, entre a moda da arte primitiva, o uso que fazemos dela, o modo ávido como economizamos as formas do mundo inteiro, e o que fazemos para o mundo. Os estetas, que não são verdadeiros artistas, nem verdadeiros pensadores, ficam aterrorizados com as implicações dessa relação, querendo primeiramente que a arte continue, que as pequenas desordens estético-críticas, a agitação pequena e profícua que se faz ao redor da arte se perpetuem na segurança. Eles querem se tranquilizar, e havia algo de verdadeiramente insólito e inquietante na maneira como Malraux colocava o problema. Preferiu-se, então, esmagar o mensageiro de más notícias sob as mais diversas acusações, às vezes merecidas, porém, injustas, pois não tinham relação com a verdadeira importância do livro. Foi tratado como

[3] André Malraux, *Les Voix du Silence*. Paris, La Pléiade, 1951.

[4] René Girard, entretanto, publica um breve artigo em que mostra que as análises de *Voix du Silence* já estavam esboçadas na obra romanesca do mesmo autor: o leitor encontrará trechos significativos deste no anexo 2 do presente texto. (Nota da edição original.) Ensaio também publicado em *A Conversão da Arte*, p. 91. (N. T.)

amador, incompetente; os especialistas ficavam furiosos. E ficavam ainda mais furiosos porque o gaullismo tornava Malraux mais do que suspeito para todo um grupo de intelectuais voltado para o discurso marxista e pró-marxista. Depois de tê-lo executado, deixou-se completamente de falar dele e da sua obra mais ou menos até a sua morte. Os intelectuais praticaram, pois, uma dessas execuções radicais, uma dessas expulsões sacrificiais cujo segredo eles detêm.

Retrospectivamente, compreendo o interesse ardente que eu tinha por esses textos de Malraux. A cultura que não levava em conta o que eu vivera, o que eu não ousava e não podia dizer a mim mesmo, a cultura que só exaltava a minha própria vontade de ignorância, a minha própria tendência a não penetrar no mais profundo, essa cultura que fazia de conta que se ligava à vida, mas que, justamente, estava morta porque não encarava a morte que ameaçava todos nós, essa cultura me repugnava, era a poeira dos arquivos da qual fala o Perse de *Vents*... Por outro lado, por mais excessivo, por mais vilmente romântico que Malraux fosse em *As Vozes do Silêncio,* ele ousava romper o tabu infernal que me rodeava, tabu dos eruditos e tabu dos estetas, tabus dos quais toda a universidade é feita para perpetuar: ela só me parecia feita para a mentira... Por outro lado, eu ficava profundamente tocado quando lia o seguinte:

> A história – a história que é obsessão da Europa, assim como a interrogação do Buda devastou a Ásia – nasceu: não mais uma cronologia, mas a ansiosa interrogação do passado para descobrir o destino do mundo. A civilização ocidental começou a ser colocada em questão. Da guerra, demônio maior, aos complexos, demônios menores, a parte demoníaca, presente mais ou menos sutilmente em todas as artes bárbaras, voltava à cena.
>
> O seu campo é tudo o que, no homem, aspira a destruí-lo; os demônios de Babilônia, da Igreja, de Freud e Bikini têm a mesma aparência. E, quanto mais a Europa via surgir os

> novos demônios, mais as civilizações que haviam conhecido os antigos traziam seus ancestrais para a sua arte. O diabo – que os filósofos e jesuítas queriam excluir, uns porque o negavam, outros porque compreendiam que não devia ser mostrado – o diabo, que pinta de preferência em duas dimensões, é o artista mais eminente dos desconhecidos de ontem; quase tudo o que ele ajudou a pintar ganha vida. Um diálogo subterrâneo tenta se estabelecer entre os grandes fetiches e o Portail Royal,[5] tão diferente que o som de uma acusação fascinante possa ser o de uma acusação redentora. Todas as forças são válidas para uma arte que busca a sua verdade tateando, para acusar as formas sobre as quais ela sabe que mentem.
>
> A nossa Europa de cidades-espectros não está mais devastada do que a ideia que ela criou do homem. Que Estado do século XIX teria ousado organizar a tortura? Acocorados como Parques nos seus museus em chamas, os fetiches proféticos observam as cidades de um Ocidente, que se tornou fraternal, misturar suas últimas fumaças tímidas com as dos fornos crematórios.

Esses textos escritos, logo depois da guerra, faziam todos os fantoches indulgentes fazer caretas de desgosto. Um grito geral se ergueu contra o autor, mas, para mim, era como um sopro de liberdade, uma abertura na prisão.

Para mim, esses textos eram muito estimulantes, sobretudo aqueles que eram objeto da mais completa reprovação dos nossos sábios, sem que eu seja capaz de

[5] Portal da Igreja de Notre-Dame, da cidade de Chartres, cujo trabalho artístico é referência para toda a escultura gótica europeia que a ele se seguiria. (N. T.)

dizer o que me emocionava. Não eram ideias, certezas sociológicas; tratava-se, antes, da constatação, a respeito da qual eu ainda não compreendia por que era essencial para mim, de que era possível falar, por assim dizer, ao coração do nosso tempo, sem fazer como se não fosse nada. Era como se levantássemos um pouco uma pedra tumular colocada sobre o segredo horrível da nossa época. A maioria dos intelectuais se sentou na pedra e discursa até perder o fôlego. Eu descobria de repente, num universo em que somente os discursos mais insípidos são admitidos, os discursos mais inúteis, os jogos de formas mais gratuitos, que é possível atingir, com a palavra, o que há de essencial não nas vidas de épocas passadas ou de povos estranhos, mas na nossa própria vida.

Esse prazer que eu sentia, eu ainda era incapaz de tornar produtivo, de apreender os seus contornos, de ter uma participação ativa. Ele conservava algo de clandestino; eu sentia que não se tratava de falar sobre isso, mas já sabia o suficiente para buscá-lo e cultivá-lo, e, mesmo que eu ainda não fosse suficientemente forte para evitar as obras que não me davam esse prazer e que eu me infligisse duras penas inúteis por obediência aos sacrossantos modos filosóficos, eu multiplicava cada vez mais as excursões nas regiões para as quais me levava o meu gosto pessoal.

Contudo, o fator mais importante na liberação dos laços que me prendiam, o verdadeiro remédio para a doença que me paralisava, foi a própria América. Ela não me impunha nada disso intelectualmente e as imposições que ela criava para mim eram demasiadamente pragmáticas para manter essa paralisia. Diante das ameaças que a minha inércia fez pesar no meu trabalho depois de três ou quatro anos de despreocupação, eu não reagia, certamente, de modo totalmente sadio, isto é, elementos patológicos subsistiam; eu me organizava um pouco para sacralizar a coisa, mas as pessoas que exerciam essas imposições eram de fato demasiadamente desprovidas de prestígio, a meu ver, para interromper desde o início o que poderia resolver a minha situação. Embora fosse difícil, não me parecia impossível que publicassem meus textos nas revistas universitárias americanas; o seu lado prático e a própria indiferença que elas me inspiravam as tornavam mais acessíveis.

Em relação à universidade em que eu me encontrava, era tarde demais para reagir, eu não podia mais obter de novo um *sursis* e o balanço das minhas pesquisas durante os cinco anos em que eu estivera lá era totalmente virgem. Eu deixava, portanto, de ser visto como um *promising young man* e tiveram que se livrar de mim.

Na época desse emprego perdido – e apesar de tudo o que eu dizia, apesar do meu esforço, pensando, para provar o contrário – tive que me render às evidências no mais profundo de mim mesmo: eu não tinha nenhuma vontade de deixar a América. Voltar para a França significava recair no que eu começava a temer de forma ativa, depois de ter experimentado passivamente... Portanto, eu tinha que encontrar a qualquer preço um outro lugar, e não era fácil; devido aos anos vazios da grande crise, os tempos eram relativamente duros para as universidades. Eu estava à beira do desastre; porém, como alguns dos meus artigos já tinham sido aceitos, não recaí no estado de inação semicataléptico em que antes mergulhava quando a mera perspectiva do fracasso se me apresentava.

Depois de inúmeras cartas inúteis, uma acabou dando frutos e consegui um cargo, tão medíocre quanto o de Indiana, sempre no grau mais baixo da hierarquia, mas que me agradou mais do que o primeiro. Era na Duke University, na cidade de Durham, na Carolina do Norte. Era uma região de barro rodeada de pinheiros, no centro da grande região do tabaco, colorida por vastos galpões em que as imensas folhas amarelas eram cuidadosamente colocadas para secar. Tenho lembranças muito vivas dessa primeira estada no sul dos Estados Unidos: a prodigiosa explosão floral da primavera, o aspecto paradisíaco de seus subúrbios, as casas tão limpas quanto brinquedos novos, acomodadas em bosques multicoloridos, eles próprios cercados por folhagens centenárias; o jardim ilimitado atrás das casas; a grande vidraça da sala de estar dando para pequenos bosques com reflexos esverdeados de aquário... As pessoas se imaginam numa espécie de cápsula de ficção científica, subitamente mergulhada num universo deslumbrante, com todas as seduções do nosso, porém, mais intenso e ordenado.

Contudo, assim que o verão chegava, um calor esmagador pesava sobre as pessoas como uma fatalidade, fazendo surgir uma angústia que não se deixava viver como um fenômeno puramente físico, e que eu não podia separar na minha mente do mal-estar racial que sempre pesava nessa região, e que continuava igual àquele descrito pelos grandes escritores do Sul, em particular, Faulkner. Eu neguei o valor da tendência de uma certa crítica de reduzir tudo a simples construções literárias: essa literatura era grande porque ela se apoderava de um sentido que existia de fato e estava presente em todas as coisas, justamente porque a maioria dos homens se recusava a assumi-la. Lembro-me do escândalo desse Congresso, que nunca aprovava a lei que teria feito passar automaticamente para o nível federal, com as maiores garantias da justiça real, tudo o que se referia ao linchamento.

Essa experiência teve para mim uma importância capital. Mas isso é uma outra história.

Agradecemos a René Girard por ter autorizado às Éditions de L'Herne a publicação dessas memórias, escritas por volta de 1979, nunca antes publicadas.

Anexo 1.
Ventos e a experiência poética[6]

[...] Os ventos dispersam os homens e suas obras na superfície da terra; eles causam "grandes desastres intelectuais"; eles propagam

> o erro e o prodígio, e a rã verde do sofismo (*Ventos*, I, 3)

mas também são uma força positiva da qual o poeta espera muito. Eles trazem a ordem e o caos, a destruição e a construção. [...] O poeta reconhece a presença de

[6] Trechos de René Girard, "'Winds' and Poetic Experience". *The Berkeley Review*, vol. 1, inverno 1956, p. 46-52. Trad. Mark R. Anspach.

algo mais elevado e maior do que ele, algo tão grande e poderoso que ela exerce uma influência em todos os homens.

> Eram ventos muito grandes sobre todas as faces deste mundo [...]
> Que não tinham proteção nem dimensão, e nos deixavam, homens de palha,
> No ano da palha no seu rasto... (I, 1).

Toda a ambiguidade já está presente nessa primeira imagem do poema. Homens de palha no ano de palha, somos todos privados de estabilidade e integridade; somos cúmplices dos ventos no seu trabalho de corrupção e de apodrecimento, prontos para sermos levados por sua mensagem de grandeza. Ninguém quer escapar da ambiguidade num momento de caos. Nada, até aqui, distingue o poeta dos outros homens. [...]

De todos os homens de palha, o poeta é o mais leve e a viagem não é senão as suas andanças à mercê dos ventos. Graças à viagem, o trabalho negativo dos ventos se realiza perfeitamente. O absurdo ocupa um lugar cada vez maior à medida que acaba o inventário de todas as coisas que existem ou que existiram no passado. E o fim da terra também é o fim de toda significação; a chegada ao Pacífico é um encontro com o nada.

Como a viagem poderia contribuir para a destruição das crenças que já vacilavam? Não é difícil responder a essa pergunta para nós, ocidentais, que vemos desmoronar o nosso humanismo sob a pressão da nossa consciência histórica e antropológica. A viagem vê os deuses e os absolutos de várias tribos se enfrentarem, nações e civilizações numa batalha sem vencedores, uma batalha em que não há vítimas. O poeta se abandona aos ventos da época que tornam os nossos esforços de estabilidade derrisórios e destroem todas as nossas crenças, todos os nossos valores. [...]

[Entretanto,] *Vents* não é niilista; ao contrário, o tom do poema é de uma exaltação constante; o poeta, no meio das desordens e desastres, anuncia um novo mundo, novos valores [...]. O niilismo, que é o encontro fatal dos absolutos e das crenças, o liberou desse absoluto particular que era seu. O poeta não é mais prisioneiro do seu mundo cultural, de sua *Weltanschauung*. [...] O poeta e o mundo novo são qualificados de modo idêntico como sendo "fora de costume e de estação" (IV, 5). Visto que ele não pertence a nenhum mundo, o poeta já pertence ao mundo do futuro.

A versão nova e poética das coisas só pode aparecer enquanto os valores do passado ainda não morreram. Somente o niilismo pode ser ultrapassado em direção a valores de fato vivos, o que permite

> a maturação, de repente, de um outro mundo em pleno meio-dia da nossa noite (III, 5).

Dessa forma, o niilismo é, ao mesmo tempo, justificado e condenado; justificado como o único meio para atingir um fim que todos os homens devem buscar, condenado, visto que esse fim é justamente o contrário do niilismo. [...] *Vents* é cheio de injunções urgentes. Os homens devem se apropriar de um machado; eles devem ajudar os ventos que dispersam a poeira do saber livresco, que canalizam águas torrenciais através da podridão e da lama dos pensamentos e sentimentos ultrapassados.

> Esse novo mundo é a América? O poeta da renovação,
> Na entrada de um grande país novo sem título nem divisa (II, 2),
> encontra-se num estado de espírito de espera e de questionamento. Nenhuma resposta direta parece vir, entretanto:
> Eu te pergunto, plenitude! – E é um tamanho mutismo... (II, 2).

As "sementes novas" que o viajante relata não vêm essencialmente da América, e não são somente os seus concidadãos que têm necessidade disso. Elas vêm de todos os lugares e de lugar nenhum, e todo o mundo precisa delas. [...] Há dois mundos novos em *Vents*, um mundo novo, no sentido absoluto, que nasce em todo o planeta no meio de um caos planetário, e um mundo novo no sentido relativo, que é a América. [...] As partes americanas de *Vents* não são desprovidas de sátira, mas os dois mundos novos se fundem, entretanto, em um só [...].

Vivemos em uma época de niilismo e o niilismo é o quinhão do poeta. Se recuarmos diante dele, não encontraremos a coerência e o sentido que se encontram *além* do niilismo. O poeta deve viver a experiência do absurdo e preparar-se para o advento dos novos deuses que cabe a ele – nisso reside o seu dever e a sua grandeza – anunciar aos homens. [...]

[O poeta] forja um conjunto de unidade tranquila e de beleza a partir dos próprios ingredientes do niilismo, desses fragmentos de história que são uma lembrança constante da morte do homem, da fragilidade e da vaidade de suas obras. Embora histórica num momento de agitações históricas, a poesia de Perse ignora tanto a obstinação da tradição quanto o frenesi da revolta. Daí vem a qualidade única de uma sátira que enobrece aquilo que estigmatiza. O que o poeta nos diz sobre as forças do vento já é verdade sobre as suas próprias imagens:

> e nos passos precipitados da noite, entre as piores desordens do espírito, elas instituíam um novo estilo de grandeza em que se erguiam os nossos atos vindouros (I, 3).

Anexo 2.
As reflexões sobre a arte nos romances de André Malraux[7]

Se recusássemos ver em *As Vozes do Silêncio* a meditação de um artista sobre a sua arte e a obra maior de um pensador cujos temas essenciais ela retoma, não

[7] Trechos de um artigo de René Girard publicado com esse título, em francês: *Modern Language Notes*, LXVIII, dezembro de 1953, p. 544-46.

seria possível separar, em nome da distinção dos gêneros, o escritor de arte que é Malraux do romancista que foi, pois os heróis criados por ele não deixam de invadir o campo que lhe é reservado. [...]

Desde *A Tentação do Ocidente*, os heróis são perseguidos pelas ideias fundamentais da estética de Malraux. O chinês Ling, que chega de um país sem museus, descobre que estes convidam o visitante "a comparar". *O Museu Imaginário* só estenderá à totalidade das obras de arte essas confrontações incompletas. Acredita-se que se assiste à gênese de *A Criação Artística*, quando Ling observa que o museu "faz sobretudo sentir, numa obra nova, a diferença que ela traz". Já está presente, reagindo contra tantos trabalhos particularmente preocupados com "fontes" e "influências", essa ruptura, entre o artista e a arte já feita, em que Malraux buscará o segredo das obras de arte. [...]

Quando Ling observava, a respeito de um bronze chinês, "que ele evoca o terror. Ele não o inspira, ele o evoca. A boca que, em todas as esculturas primitivas ocidentais, expressa os sentimentos não é nem mesmo figurada", ele já buscava a distinção de *As Vozes do Silêncio* entre "o expressionismo", ao qual, para tantos profanos, se limita o campo dos possíveis artistas, e os "meios de expressão específica", que são sempre conquistados e precedem a sensibilidade de uma época em vez de submeter-se a ela. [...]

Muito semelhante a Ling é Kama-San, o pintor japonês de *A Condição Humana*. Se a sua concepção da arte não é a que Malraux defenderá, nem por isso ela deixa de se inscrever nas categorias estéticas que definem *As Vozes do Silêncio*. É por pertencer a um mundo em que a sensibilidade do artista não se opõe àquela da multidão que Kama pode acreditar que está a serviço do "real". Quando ele se situa diante da arte moderna, resume todas as análises que Malraux fará: "Quanto mais os seus pintores fazem maçãs, inclusive linhas que não representam coisas, mais falam de si mesmos. Para mim, o que conta é o mundo".

capítulo 4
a infância em Avignon nos tempos de outrora

René Girard

As crianças

A versão provençal do século XV das vidas de Elzeário e de Delfina de Sabran descreve a tristeza e a decepção dos pais que não veem a jovem esposa dar sinais de uma maternidade próxima. Preocupam-se, fazendo com que tome "medicamentos" recomendados em casos semelhantes; mas Santa Delfina, que fizera voto de castidade, não queria usá-los. Os jovens esposos foram então enviados a Marselha para que consultassem um médico de grande renome, Arnaut de Villeneuve. Colocado a par da situação através de um frade franciscano de Apt, confessor de Delfina, o médico trata os jovens com benevolência e, apoiando as suas intenções, dá-lhes prescrições inofensivas sobre "*la manyere de dormir*". Os pais começam então a ter "*gran suspicio de leur contenensa*". Decidem, assim, fazer com que durmam no seu quarto "*alcunas feminas mundanals*", para induzi-los ao "*carnal ajustamen*"; porém, cada vez que as comadres apareciam, Delfina e Elzeário faziam de conta que dormiam, de tal modo que acabaram renunciando a essa inquisição indiscreta. Dessa forma, os dois jovens santos puderam continuar livremente com o seu comportamento pio.

As pecadoras também tinham as suas razões, menos puras, de temer a maternidade. Como as duas viúvas de Monteux, sendo que uma, a mãe, deu para a outra "*certa pocula ad fines et effectus opprimandi partum ipsum in ventre*", o que permitiu que a filha fosse liberada de contrair um novo casamento. Essas manobras constituíam um grave crime severamente punido, "*gravia et enormia delicta non parva punitione digna*". Mas havia acordos com a justiça. Um "amigo íntimo" das duas mulheres compareceu diante da autoridade do legado em 12 de maio de 1489. Ele insistiu, afirmando que as acusadas eram pessoas dignas, incapazes de vilania e inocentes em relação ao crime que lhes atribuíam; que, para dar um fim a essa história deplorável, estavam dispostas a transigir e a pagar uma quantia honesta, "*honestam compositionem facere*". Essa quantia foi fixada em 200 florins; feito isso, foram liberadas e um silêncio perpétuo, "*silentium perpetuum*", foi imposto ao fisco apostólico.

Esses fatos, mesmo não sendo raros, não deixavam de ser excepcionais. De forma geral na Idade Média, o filho era mais desejado do que temido. Para estimular a filha a ter vários filhos, um tesoureiro de Avignon, Antoine de Ortis, prometeu dar-lhe 15 florins cada vez que ela colocasse um filho no mundo; tendo voltado a se casar, ele se compromete a livrar a sua mulher dessa obrigação.

A história de Santa Delfina mostra que davam remédios às mulheres estéreis; registros de cartório conservaram fórmulas de poção "*pro muliere ingrossando*", assim como tratados feitos com médicos para curar a esterilidade.

Dessa maneira, quase sempre os filhos eram numerosos. Louis Merles, um jurisconsulto, casado três vezes, teve um filho com a sua primeira mulher, quinze com a segunda e doze com a terceira, com quem se casou aos sessenta anos. Mas, tirando esses poucos casos extraordinários, as famílias de dez a doze filhos não eram raras; as de cinco ou seis eram comuns. O famoso Raymond de Turenne, que não tivera filhos com a sua mulher legítima, teve seis com a amante. O notário, Denis Hale, teve seis filhos; Gilles Berton, descendente dos Crillon, teve cinco; o emigrante florentino, Luc Gambi, ancestral da família nobre de Avignon, os Cambi, teve doze filhos. O agente de câmbio, Dominique Anselmi, que financiou a impressão de um dos primeiros livros publicados pela imprensa de Avignon, teve onze filhos, seis de um primeiro casamento, cinco do segundo. O fabricante de tecidos Thomas de Farets teve sete, cinco filhas e dois filhos.

Esses números fornecidos pelos testamentos só consideram os filhos vivos no momento da morte do testador. Não correspondem ao número exato dos nascimentos, pois se sabe que a mortalidade infantil era considerável. No seu testamento de 8 de dezembro de 1481, a viúva de um construtor de barco pede para ser inumada num túmulo da igreja Saint-Agricol, "onde estão enterrados os seus quinze filhos". Quando Louis Merles morreu em 1509, aos 83 anos, dos 28 filhos que tivera, somente 12 sobreviveram a ele; os outros já tinham morrido, 13 pequenos, outros 3 da peste.

Criar uma família numerosa nessa época era uma carga muito pesada. O correspondente de Avignon do negociante florentino, Francesco Datini, escreveu sobre um jovem pai: "Ele se lançou numa grande despesa, porque terá uma família bastante numerosa e aqui a família dá muitos gastos para o seu responsável. Da mesma forma, Jean Martin, senhor de Puyloubier, chanceler do rei René, escreveu no seu testamento do dia 10 de janeiro de 1475: "Tive muitos filhos, e a sua educação, juntando-se às preocupações das minhas funções, foi para mim uma carga pesada. Que Deus seja louvado". De forma semelhante, ainda, Louis Merles, depois de ter criado a numerosa família citada acima, deixou uma sucessão das mais difíceis; "*cum omnia fuerunt in confuso*", dirá o seu herdeiro.

O nascimento

Temos poucas informações sobre os nascimentos. Contudo, sabemos que nem os médicos nem os cirurgiões faziam partos. O relato de um milagre do beato Pierre de Luxembourg, que descrevemos em seguida, concerne ao nascimento do filho de um barbeiro que veio ao mundo não com a ajuda deste, mas com a de uma *obstetrix*.

Certas cidades tinham uma parteira municipal. Dessa forma, a comunidade chamada Thor contrata uma nas seguintes condições: 1) ela deve visitar todas as mulheres que tiverem necessidade dos seus serviços e deve ajudá-las "*onec puerperaverunt*"; 2) depois do nascimento da criança, ela deve lavar a sua roupa e visitar a mãe, assim como a criança, até a queda do cordão umbilical; 3) ela se encarregará dos avisos relativos ao batismo e à missa; 4) agentes da administração pública devem lhe fornecer uma moradia subsidiada pela comunidade durante dois anos, mais um salário de 2 florins; 5) ela ganhará, por cada criança que nascer com a sua assistência, uma hemina de trigo, ou duas, se forem gêmeos.

Em Carpentras, havia também duas parteiras remuneradas, pela cidade, "*pro necessitate civitatis et rei publice ejusdem*"; quando uma delas morria, contratava-se outra imediatamente.

Em Avignon, recusavam-se a seguir esses exemplos; em 1476, rejeitam as propostas de uma parteira que queria ser contratada pelo município, o que, acreditava-se, poderia criar um precedente lastimável, "*trahere ad parvam consequenciam*". Conhecemos, por algumas certidões, o nome de uma parteira dessa época, Guillaume Audiberte, que residia "numa travessa que ia da esquina da Peixaria na direção da prefeitura".

Entre os milagres do beato Pierre de Luxembourg, há vários casos de crianças natimortas que foram reanimadas pela intercessão do santo. O processo de canonização do pio cardeal contém o relato de uma parteira sobre uma criança que ficou fria e sem movimento durante mais de uma hora depois do nascimento; ajudada por uma comadre, a parteira tentava reanimá-la, mergulhando-a na água quente e insuflando na boca especiarias e vinho quente, esforços inúteis até o santo ser invocado; nesse momento, a criança começou a respirar. Outro relato fala do filho de um barbeiro, que veio ao mundo completamente negro e parecia morto, "*totum nigrum et mortuum*". Enquanto a parteira se esforçava para fazê-lo respirar, os pais prometeram ao beato Pierre de Luxembourg uma "imagem de cera" pesando o mesmo que a criança. Assim que foi salva, levaram a criança à paróquia para ser batizada.

Os relatos mencionam com frequência “mortalhas do pós-parto”, espartilhos (vestes) do pós-parto, camisolas e *“corcet à tenir quant on gît d’enfant”*, presentes dados à mãe durante o pós-parto.

A *gésine* era o que se seguia ao parto. Em geral era mais fatal para a mãe do que hoje. Dessa forma, Hélène Cambi, esposa de François Merles, não pôde se restabelecer do parto do seu quarto filho.

Quando tudo dava certo, o período do pós-parto era motivo de júbilo. “*Or viennent commères de toutes pars”*, dizem *Les XV Joyes de Mariage*; Quicherat, em seu *Histoire du Costume,* descreve as visitas da seguinte forma:

Durante um mês ou seis semanas, a parturiente ficava em exposição na sua cama, vestida com um penhoar no qual ela encontrava um jeito de colocar todas as suas joias. A louça bonita ficava exposta num aparador no mesmo quarto. Todas as mulheres da família, todas as amigas, todas as pessoas conhecidas e as comadres ligadas a essas pessoas vinham por sua vez ficar perto da cama para entabular conversações que tornavam, antigamente, as *fofocas da parturiente* uma coisa proverbial.

O fim dessa exposição teatral era a missa de retorno da parturiente, quando ela aparecia com sua roupa de noiva, ou seja, um vestido escarlate ou cor maravilha; pois as mulheres costumavam, no fim da Idade Média, e ainda mais tarde, se casar de vermelho.

Segundo Siméon Luce, citado por Charles de Ribbe, as mães normandas na Idade Média não amamentavam os seus filhos. De Ribbe diz que se costumava fazer o contrário na província. Era assim em Avignon? Quando a mulher de um carteiro de Datini deu à luz, o colega do seu marido escreveu: “Tenho a impressão de que querem manter a criança em casa e que a sua mulher vai amamentá-la, por economia ou por causa do amor que têm pela criança”. Esse texto parece mostrar que a amamentação materna era excepcional na burguesia e nas famílias ricas, observação confirmada por um certo número de certidões encontradas nos originais dos cartórios.

Aqui temos uma atestando a amamentação de uma criança fora do próprio lar, por uma ama. Mediante um salário de 16 florins por ano ou de 16 "gros" por mês, a ama (*bajula*) devia manter a criança na sua casa, amamentá-la, cuidar dela e mantê-la limpa. Ela tinha que manter os pais informados sobre tudo o que acontecia com a criança, *sive sint prospera sive adversa,* e devolvê-la para a família se o seu leite ficasse escasso.

Há, em número maior, documentos relativos a amas empregadas em domicílio. O salário era variável, 12, 18, 22 florins, 12 ou 15 florins, mais um chapéu, 19 florins e um bastão. Num desses documentos, o marido se compromete, enquanto a sua mulher estiver amamentando, a se abster "*ab ea debitum nature petere*".

Os anúncios públicos da corte temporária proibiam que as amas se retirassem antes do fim do seu comprometimento, "*locationis non completo*", sob pena de 25 libras de multa.

Uma miniatura do missal do papa Urbano V contendo o nascimento de São João Batista nos mostra um recém-nascido enfaixado e amarrado como uma múmia. Um desenho do século XV nos dá uma representação parecida. Muitos inventários mencionam faixas (*fayssas*), espécies de lençóis (*drapelletos*), mantas (*pattes*), panos (*pedessos*) usados para enfaixar e limpar as crianças. Constam também berços (*bres*), assim como *banastons* de vime *ad portandum pueros* e, quando são maiores, as cadeiras em que comem e as cadeiras de banho.

O batismo

"Ninguém se interessa pela data de nascimento na Idade Média, disse Calmette. É o batismo que conta, porque marca a entrada na comunidade cristã."

O padrinho e a madrinha seguram a criança na bacia do batismo. Um estatuto de um sínodo de Avignon do dia 7 de maio de 1337 se indigna com o fato de que vários recém-nascidos morreram sem batismo em função da dificuldade que tiveram para encontrar-lhes um padrinho devido aos gastos excessivos com que este tem que arcar, dos presentes para a criança, para a mãe, para a comadre e para a ama. Portanto, prescreve-se aos pais que não demorem mais de um dia com a cerimônia, *ultra unum diem naturalem*, e a pessoa que faz o batismo só deve à criança, mãe, comadre e ama a camisa e a vela de cera para o batismo, *nisi solam albam et cereum in baptismo.*

Em Carpentras, um regulamento relativo a gastos promulgado em 1417 proíbe que o padrinho e a madrinha ofereçam outros presentes além das "bebidas e comidas"; além disso, só vinte pessoas podiam ser convidadas à refeição, dez pelo padrinho e dez pela madrinha.

Em Avignon, respeitou-se o regime determinado pelo sínodo de 1337. Foi só no século XVI que novas disposições foram estabelecidas. No dia 15 de dezembro de 1548, expõe-se na câmara da cidade que diversas pessoas se reúnem nas casas das parturientes e que isso causa muitos inconvenientes. Seria bom que os padrinhos só fossem acompanhados ao batismo por oito ou dez pessoas e que não dançassem durante o pós-parto. Uma comissão é nomeada para redigir um estatuto com essa finalidade.

Os estatutos de 1568-1570 decretam que os padrinhos e as madrinhas só poderão convidar à cerimônia quatro pessoas além de seus filhos e empregados, salvo quando são bispos, duques, marqueses ou condes.

A criança levada ao batismo era coberta com um véu que se conservava com cuidado na família.

Os filhos naturais

Embora a Igreja fosse hostil a eles, a Idade Média foi particularmente indulgente com o filho ilegítimo. Sabe-se que personagens ilustres mostravam com orgulho o fato de serem bastardos. De toda maneira, o filho natural reconhecido raramente era excluído. Pode-se ver Antoinette de Turenne, mulher do marechal de Boucicaut, tratar com afeto Marie de Turenne, "*sua irmã bastarda*", assim como as outras filhas e filhos naturais do seu pai, desejando que o seu marido desse dotes às filhas e bens aos filhos.

A leitura dos testamentos, como veremos, é edificante a esse respeito; não somente os filhos naturais não são esquecidos neles, mas não é raro, quando são menores, que sejam confiados aos cuidados do filho ou da esposa legítimos.

O reconhecimento de um filho natural podia revestir as formas mais diversas. No dia 28 de agosto de 1460, Guillaumette, esposa de Antoine Passor, pelo que ela afirma, aos 69 anos, apresenta-se diante do notário em busca de Augustin Bilhoti e atesta que ela tivera relações carnais com este e que ele era o pai do seu filho de treze meses. No dia 23 de maio de 1488, Antoine Alberti, de Carpentras, antes *famulus* (empregado) de Veran Malhard, fabricante de cordas e comerciante de Avignon, declara saber que o seu antigo patrão fora condenado injustamente pela corte temporária de Avignon por estupro e adultério cometido com a sua empregada Jeanne, no momento casada, que dera à luz no sexto mês do casamento. Antoine Alberti declara que, como trabalhava na casa de Véran Malhard ao mesmo tempo que a empregada Jeanne, ele tivera relações com ela e reconhece ser o pai da criança.

Num outro caso, trata-se de um cônego de Notre-Dame-du-Grès em Carpentras, processado como *criminaliter* por Siffreine Motas, grávida; ele promete pagar as despesas do parto, depois de se responsabilizar pela criança, de alimentá-la e sustentá-la, etc.; além disso, ele pagará 20 florins a Siffreine, quando ela se casar; a garantia disso é dada por outro cônego da mesma igreja, prior de Saint-Donat, sob a autoridade do prior de Notre-Dame-du-Grés.

Os filhos naturais podiam se tornar legítimos por um casamento posterior de pais e mães, quando estes já não eram casados ou não eram separados por um impedimento canônico ou por uma conveniência qualquer.

Nesses últimos casos, recorria-se à legitimação por ato do poder soberano. O notário, Jacques de Brieude, observara nos seus originais, a título de modelo, uma "*légitimationis forma multum pulchra*"; era uma carta de legitimação, pelo rei René, do filho que um sapateiro de Isle tivera com a sua empregada. É por um ato semelhante proveniente do cardeal da Rovère, legado de Avignon, que foram tornados legítimos o filho natural de Baptiste de Brancas e os filhos naturais de Pons Lartessuti e de Thore de Médicis. Porém, em Avignon, as legitimações eram feitas normalmente pelos condes palatinos.

Os condes palatinos ou mais exatamente os "condes do sagrado palácio do Latrão" eram instituídos pelo imperador ou pelo papa. Em 1475, o papa Sisto IV deu esse poder ao cardeal Julien de la Rovère.

Os condes palatinos tinham o duplo privilégio de criar os cartórios e de dar as cartas de legitimações, o que representava, diz Villet, uma "fonte de renda bastante importante".

Conhecemos um grande número de documentos através dos quais filhos naturais e até filhos adúlteros deviam a sua legitimação a um conde palatino. Esse é o caso da filha de um notário de Villeneuve em 1448, da de um sacerdote da diocese de Mende em 1492, da filha de um "proxeneta" de Marselha e de uma religiosa, em 1500, etc.

Contudo, nem todos os filhos naturais tinham um destino tão favorável.

Num desses testamentos sucessivos, o último dos Boucicaut recomenda ao seu herdeiro um filho "encontrado na porta do dito senhor testador e que ele alimenta por honra a Deus, pedindo-lhe que o colocasse na escola e lhe desse uma profissão, algo que lhe permitisse viver no futuro".

Quando não eram recolhidas por almas caridosas, as crianças encontradas ficavam a cargo da comunidade. Em Avignon, são chamadas pelo nome pitoresco de "filhos da cidade". A cidade os criava. Assim, em 1493, o Conselho vota por 26 florins para colocar um "filho da cidade" interno na casa de um professor da escola. No ano seguinte, decide-se colocá-lo no ciclo de aprendizagem; na realidade, é confiado a um comerciante de armarinho que receberá 100 florins e dará 30 para a criança, quando o seu ciclo de aprendizagem acabar. Em Thor, a comunidade criava uma criança encontrada por uma família que se afeiçoara a ela e conseguira que lhe fosse dada.

Doações de crianças

Vários documentos se referem a "doações de crianças". Labande quis ver nisso uma forma de adoção. De fato, em alguns casos, trata-se de um documento dessa natureza. No dia 19 de junho de 1479, Henri Mollin, notário de Avignon, e a sua mulher recebem de seus pais uma menina de sete anos que lhes é dada como filha adotiva, *et hoc in eorum filiam adoptivam.*

Em outros casos, a doação é um acordo que Ourliac qualifica de caritativo. Isso só é interessante na maioria das vezes para os filhos naturais. No que se refere à doadora, normalmente ela é coagida pela miséria, mas, para os donatários, ela pode constituir um meio de ter servos domésticos com poucas despesas. Dessa maneira, uma mulher pobre de Thor, sem marido ou parente para ajudá-la *in puerperio*, doa o filho que está sendo gerado a um trabalhador que pagará as despesas do pós-parto e da mãe durante um mês; no fim desse período, se as duas partes não estiverem de acordo em relação ao salário da mãe, o donatário poderá escolher uma outra ama, sem que a mãe tenha direito a nada, mas lhe será permitido instalar-se em outro lugar como ama. Num outro caso, é uma viúva que dá o seu filho de cinco anos, porque não tem meios para criá-lo; o donatário, um construtor de barcos, deverá alimentá-lo, vesti-lo e educá-lo.

A intenção de adoção caritativa só se apresenta quando se trata de um homem rico que assegura, através da doação, o futuro do seu filho, mantendo-o, porém, numa condição modesta. Foi o caso de Astorge de Passi, burguês de Avignon, que confiara a sua filha natural a uma família de camponeses do vilarejo de Angles. Como essa família se afeiçoara à criança, ele decidiu doá-la, assim como uma quantia de 100 florins, que iria permitir a compra, nas terras de Angles, de uma propriedade, *possessio,* cuja renda os pais receberiam até a criança chegar aos quinze anos ou ao seu casamento, o que poderia ocorrer sem o consentimento do pai natural.

Citemos outro caso excepcional, o de um pai que quer resolver o futuro espiritual do seu filho. Foi assim que um judeu convertido deu a sua filha ao prior de Sault para que a tirasse da comunidade dos judeus e a batizasse.

Enfim, parece-nos que há uma terceira categoria de doação de criança, a que ocorre quando a criança é um incômodo moral. Uma viúva de Valreás que tivera relações com um jurisconsulto de Avignon, nesse intervalo de tempo em Valréas, dera à luz uma menina; para ver-se livre da criança, ela declara que o juiz é o pai e a doa a ele. Da mesma forma, uma mulher que voltara a se casar, não podendo manter no seu novo lar a filha que tivera no seu primeiro casamento, faz a sua doação, de acordo com o irmão do seu marido anterior; os donatários se comprometem a alimentar a criança, a criá-la, a cuidar dela e a castigá-la *diligenter et discrete,* como fariam o pai e a mãe, assim como a dar-lhe um dote e a casá-la, quando esse momento chegasse.

Nos meios nobres ou burgueses, havia uma forma mais hipócrita de se livrar do filho incômodo: colocá-lo no convento. A família Merles de Beauchamps dá vários exemplos disso. Assim, o filho mais velho de Louis Merles, reconhecido como indigno de continuar a linhagem, é relegado à abadia de Montmajour, onde morre aos dezessete anos.

Um afastamento parecido foi destinado às duas filhas que a segunda mulher de Louis de Merles, Catherine Forbin, de Marselha, viúva de Jean Guiramand, tivera com o seu primeiro marido. Elas não viveram na nova família da mãe; foram colocadas como internas no monastério de Sainte-Praxède, inclusive tendo lhes sido reservado um refúgio diferente do dos Merles quando a peste obrigou todo o mundo a fugir. A mãe tinha uma contabilidade à parte para os gastos delas. O internato em Sainte-Praxède era de 12 florins por ano; suas roupas e joias eram modestas; às vezes, só tinham para usar velhos vestidos reformados. A mais velha casou-se com Etienne de Sade, oferecendo um dote de mil florins, e veio a falecer depois de quatro ou cinco anos. A irmã mais nova se tornara freira para facilitar esse casamento, renunciando em seu favor a todos os seus direitos paternos e maternos.

Nas famílias numerosas em que havia muitas filhas, era raro que uma ou várias delas não fossem destinadas ao convento.

O poder paterno

Embora enfraquecida em relação à Antiguidade, a família ainda é fortemente organizada. A autoridade paterna é onipotente e exercida em todos os acontecimentos da vida. Vimos que o pai tinha inclusive a faculdade de dar o seu filho e transmitir ao donatário todos os direitos de que era investido, até o de castigar, *castigare diligenter et discrete*.

Era ele que determinava o destino de cada um dos filhos, em particular quando se tratava de casamento, e não são raros os testamentos em que se vê decidir, por exemplo, que o filho mais velho será herdeiro universal e continuará a linhagem, enquanto outro será padre; que duas das filhas destinam-se ao casamento e que a terceira entrará para o convento.

A maioridade legal é a maioridade romana de 25 anos. Porém, continuando na casa dos pais, o filho casado se submeterá ao pai.

É excepcional que um pai renuncie à sua autoridade. Ourliac descreve desta forma a cerimônia da emancipação: "O pai e o filho comparecem diante do juiz; o filho, com a cabeça descoberta, ajoelha-se diante do pai e suplica que o libere da autoridade paterna; o pai consente, retira a sua mão da mão do filho, enquanto o juiz pronuncia a emancipação".

É mais excepcional ainda ver um pai dar todos os bens aos seus filhos, como é o caso de Jacquinot Drouin, em 8 de fevereiro de 1492, comerciante de Avignon, embora conserve o usufruto.

O pai é a ligação que une os filhos dispersos, e a sua casa permanece o refúgio daqueles que passam necessidade; muitos testamentos contêm uma cláusula nesse sentido. É pelo fato de não terem mais o pai que dois irmãos fazem um acordo de "união fraterna", comprometendo-se a alimentar a respectiva mãe bem assim como a dar um dote para a irmã.

A autoridade moral do pai sobrevive a ele. Agathe de Sault, ao escrever o seu testamento, jura não mais modificá-lo, a não ser que o seu pai defunto reapareça para dizer-lhe: *"Agatha, tu ordinasti tuum testamentum quod mihi non placet; volo illud per te revocari"*.

capítulo 5
o declínio temporário da influência cultural francesa na América depois da "Estranha Derrota"[1]

René Girard

A queda da França suscitou um eco sincero e profundo em muitos corações americanos. A França, esse bastião da civilização ocidental, parecia bem protegida em sua "torre de marfim". Ela caiu em um mês e a catástrofe foi tão súbita que muitos americanos tinham dificuldade para compreender a extensão do fato. [...] O choque foi particularmente brutal para os intelectuais. Abbott Joseph Liebling explicava por que se convencera de que a França não podia mais ser destruída:

> Nunca me ocorreu a ideia de que Hitler pudesse destruir a França, pois conceber um mundo sem a França teria sido tão difícil para mim quanto imaginar a minha existência depois da perda de um lóbulo do cérebro. A França representava para mim a continuidade histórica da inteligência

[1] Trecho de René Girard, *American Opinion of France, 1940-1943*, tese de doutorado em História, Universidade de Indiana, jun. 1950, Cap. III. The Temporary Decline of French Cultural Influence in America, p. 72-75, 77-81.

> e de um modo de vida razoável. Quando essa continuidade se rompe, nada mais pode ter sentido.[2]

Muitos jornais americanos tentaram definir as qualidades particulares que faziam da França um país único entre as nações ocidentais. Segundo o *New York Times* de 18 de junho de 1940, os franceses eram as "pessoas mais cultas do mundo" devido a seu "apreço pela liberdade, inteligência, alegria e beleza". Esse jornal tinha o cuidado de não julgar a França em função do aparelho político da Terceira República – um simples cenário que não tolheu "uma civilização tão brilhante, tão humana, tão graciosa e bela, à qual a humanidade será sempre reconhecedora".[3] No seu elogio da "civilização francesa", o *New York Times* chegou a dizer que "a ordem francesa era muito mais coerente do que a nossa".[4] Todos os jornais insistiram no fato de que a queda da França era uma catástrofe para toda a humanidade. [...]

Muitas revistas publicaram memórias nostálgicas de Paris escritas por americanos ou refugiados. Doravante inacessível, Paris se tornou tão popular que os autores de canções sentiram necessidade de explorar a sua atração sentimental. *The Last Time I Saw Paris* era o título de um livro e de uma canção popular. Todos os dois se tornaram *best-sellers*. O livro refletia as opiniões americanas mais correntes sobre a França.[5]

> *The last time I saw Paris*
> *Her heart was warm and gay*
> *No matter how they change her*
> *I'll remember her that way.*[6]

[2] Abbott Joseph Liebling, *The Road Back to Paris*. Nova York, 1944, p. 11.
[3] *New York Times*, 23 jun. 1940.
[4] Ibidem.
[5] Elliot Paul, *The Last Time I Saw Paris*. Nova York, 1942.
[6] Oscar Hammerstein II, *The Last Time I Saw Paris*. Copyright Chappel and Company, 1940.

A queda da França tinha outras consequências muito mais tangíveis do que essa moda, e que muitos intelectuais americanos temiam. Aqueles que pensavam que o destino do mundo ocidental estava ligado à França precisavam admitir que a influência francesa na vida americana corria o risco de desaparecer. Todo o mundo tentava determinar que chances de sobrevivência tinha a civilização francesa. Para a maioria das pessoas, a França estava condenada a não ser mais uma grande potência. A única questão que restava era saber se ela continuaria a ser um fator na civilização ocidental ou se ela se tornaria uma província do grande Reich. [...]

Todos os aspectos da vida e as realizações francesas em todos os campos da atividade humana foram examinados durante o verão de 1940. Às lamentações e angústias provocadas pela derrota vinham se acrescentar inúmeras críticas em relação à "civilização francesa".

Mesmo entre certos intelectuais americanos que haviam vivido em Paris, havia, em 1940, uma tendência a reduzir a importância da contribuição francesa para a civilização ocidental a "um ambiente ideal para a criação de arte por expatriados". Verificando *Paris France* de Gertrude Stein, o crítico do *The Nation* observa que "Stein não concede aos franceses nenhum papel a não ser o de 'pano de fundo inevitável' para a criação da arte do século XX".[7] Essa "atitude condescendente" caracterizava somente uma parte dos refugiados americanos ou estrangeiros que haviam frequentado os círculos intelectuais parisienses antes da guerra.

Entretanto, outros escritores evocavam o abismo "que separa e sempre separará a civilização latina da *Kultur* alemã",[8] reduzindo a guerra às dimensões de um conflito do século XIX e recusando à França o lugar que ela sempre reivindicou, o de uma ponte entre o Mediterrâneo e a Europa do Norte. Os franceses gostam de pensar que a sua herança cultural era uma síntese perfeita da tradição

[7] *The Nation*, 27 jul. 1940.
[8] Ibidem, 22 fev. 1941.

clássica greco-romana com o misticismo romântico dos celtas, dos alemães e dos anglo-saxões, que era também a única encarnação do espírito ocidental na sua totalidade. A França era "a ponte giratória intelectual da Europa".[9]

Longe de aceitar esse ponto de vista, muitos escritores americanos descobriram que havia certamente algo que não ia bem nessa civilização tão admirada no passado. A maioria decidiu que o problema residia na compreensão incompleta dos princípios democráticos. Partindo de observações opostas, chegavam às mesmas conclusões que os pensadores fascistas. A França padeceu de um déficit de democracia – de um excesso, diziam os fascistas; a França pereceu por não ter compreendido a democracia – por não ter se livrado dela, diziam os fascistas. Assim, a destruição da França se tornara necessária pelas insuficiências do pensamento francês, e isso não podia ser evitado. Sob esse prisma, ela não era uma catástrofe, mas somente a consequência final de uma situação que tornava o país não somente inútil, mas até mesmo nocivo para o desenvolvimento da civilização ocidental.

Resenhando a obra *The Ground We Stand On* do escritor John Dos Passos, o crítico John Chamberlain, de *Harper's*, formulou essa teoria.[10] Segundo ele, os revolucionários franceses, cujas mentes ainda sofriam a influência totalitária de Richelieu, podiam compreender a "liberdade" somente como o que dá direito a um grupo político de suprimir os seus oponentes. Ele via na queda da França a prova de que o seu povo jamais compreendera a democracia. Via o verdadeiro espírito democrático na revolução de Cromwell e supunha que os Estados Unidos e os domínios britânicos, os únicos verdadeiros herdeiros dessa revolução, eram a única esperança para o mundo futuro. Ele comparava a democracia francesa com a democracia latino-americana. Os dois sistemas se preocupavam mais em substituir os "*ins*" pelos "*outs*" do que em proteger a essência e o espírito verdadeiro do governo democrático.

[9] William A. Nitze e E. Preston Dargan, *A History of French Literature*. Nova York, 1927, p. 6.
[10] *Harper's Magazine*, out. 1942; cf. John Dos Passos, *The Ground We Stand On*. Nova York, 1942, p. 285-380.

Essa desconfiança em relação ao espírito democrático francês se baseava no fato de que a França não suprimira a sua tradição antidemocrática, tão fortemente enraizada no solo francês. Essas condenações tão gerais talvez já fossem esperadas. Entretanto, mesmo um observador tão superficial quanto Thomas Kernan, que pudera avaliar as questões francesas depois do armistício, distinguia cuidadosamente duas Franças, a democrática e a autoritária; como esta última se voltara para o passado, os seus olhos se fecharam para o resto do mundo.[11] Contudo, era particularmente difícil distinguir as duas Franças no momento do armistício, e a tentação de generalizar era muito forte. [...] Uma suspeita pesava doravante sobre todas as produções da atividade intelectual francesa.

Dessa forma, quando o filósofo Henri Bergson morreu, no final de 1940, o crítico Erwin Edman acusou-o de ter contribuído, sem dúvida involuntariamente, à desintegração da consciência democrática na França: "Para um poeta, o impulso vital significa um renascimento; para um bárbaro, significa a força bruta. As forças reacionárias que reinam agora na França são também um exemplo do impulso vital".[12] Esse comentário é típico de como alguns intelectuais americanos reagiram diante da derrota francesa. Acostumados a acolher favoravelmente tudo que era francês, começaram a se mostrar mais críticos, até mesmo a adotar o preconceito oposto e a condenar toda a produção intelectual francesa. Era um pouco desconcertante ver a rapidez com que certas pessoas puderam esquecer quinze séculos de cultura depois de um mês de derrotas militares.

[11] Ver Thomas Kernan, *France on Berlin Time*. Nova York, 1941, p. 235-40.
[12] *The Nation*, jan. 1941, p. 77.

capítulo 6
o Classicismo e a historiografia voltairiana[1]

René Girard

Voltaire estava convencido de que se tornaria imortal graças aos seus textos históricos, então, ele os revisou incansavelmente até a morte. Esse julgamento de Voltaire, como outros, não foi ratificado pela posteridade. Admiramos o *Século de Luís XIV,* mas lemos Saint-Simon e Retz. Fazemos o elogio de *O Ensaio sobre os Costumes,* mas os monges beneditinos são os fundadores da erudição histórica moderna.

Voltaire detestava cordialmente tanto a paixão dos memorialistas quanto a minúcia dos beneditinos. Porém, parece-nos que esses dois grupos de historiadores merecem a nossa admiração por razões diferentes, e talvez até opostas. Por sua vez, Voltaire tinha em relação a eles uma única crítica, denunciando o aspecto ridículo de escrever textos muito longos sobre assuntos sem importância.

Para o pesquisador moderno, essa crítica é de uma futilidade que esbarra no absurdo. Nós temos muito – ou muito pouco – respeito por Voltaire para levar o

[1] Artigo publicado com o título "Classicism and Voltaire's Historiography" na revista *The American Society Legion of Honor Magazine*, vol. 29, n. 3, 1958, p. 151-60.

seu julgamento a sério. A primeira virtude de um historiador não é ser exaustivo? Pode-se conceber algo que seja insignificante aos seus olhos? A história não tem como objetivo uma "ressurreição integral do passado"?

Não, responde Voltaire. A tarefa mais nobre do historiador consiste, pelo contrário, em eliminar o supérfluo para que somente os fatos verdadeiramente dignos de ficar para a posteridade possam majestosamente ocupar o seu lugar. E se, para os predecessores de Voltaire, isso significava só selecionar os atos históricos dos príncipes reinantes, não é o caso para ele: os critérios de escolha histórica são modificados, mas o princípio permanece o mesmo.

Não teríamos razão para ficarmos surpresos. Afinal, o princípio de escolha histórica equivale à regra clássica do respeito às proporções. A história deve se adaptar a isso, senão ela não seria clássica, e Voltaire tem o firme propósito de merecer glória eterna por ter tornado a história clássica. As suas observações sobre o gênero têm um interesse particular para o crítico que se interessa pelo Classicismo. Não é tanto pelo que Voltaire pensa, é muito mais pelo que *nós* pensamos. Em história, a admiração pelos clássicos se limita a um sentimento que, para a maioria de nós, é mais intenso: nossa devoção aos *princípios científicos.* Fica difícil reconciliar o espírito clássico e o espírito moderno.

Voltaire distingue entre a *história geral,* da qual todos os "detalhes" devem ser impiedosamente extirpados, e a *história particular,* ou seja, a história de uma determinada guerra, de um determinado reino: na *história particular,* esses detalhes podem ser integrados, mas com parcimônia.

> [...] esses detalhes exigem muita arte, e é difícil conservar um determinado evento no grande número de todas essas revoluções que transformam a terra. Tantos projetos, tantas alianças, tantas guerras, tantas batalhas se sucedem, que um século depois o que parecia no seu tempo tão grande, tão importante, tão único, dá lugar

> a novos eventos que ocupam os homens, e que fazem os anteriores caírem no esquecimento. Tudo é absorvido nessa imensidão, tudo se torna enfim um ponto no mapa, e as operações de guerra causam com o tempo tantos problemas quanto causaram inquietação, quando o destino de uma nação dependia delas.[2] (Carta de 10 de junho de 1752.)

Se o historiador não sabe ser breve, se não sabe podar os fatos tão seriamente quanto um jardineiro de Versalhes poda os seus arbustos, cedo ou tarde os leitores o abandonarão. As palavras reproduzidas acima são trechos de uma carta dirigida ao marechal duque de Richelieu, que acabava de enviar para Voltaire uma carta de 32 páginas sobre o seu papel nas guerras de Luís XIV. Voltaire explica com polidez ao marechal que ele não pode utilizar todos esses fatos. Evidentemente, o sobrinho-neto do cardeal queria ficar para a posteridade com a maior parte do quinhão. Ele é avisado por Voltaire: é preciso ter bom senso, senão vamos contra o objetivo a ser atingido. Se buscarmos demasiadamente a imortalidade, acabaremos por perdê-la.

Voltaire foi tentado, várias vezes, a abandonar a história, devido a estar tomado por lembranças cheias de egotismo, de comentários pedantes sobre coisas insignificantes, de dissertações sem fim sobre incidentes esquecidos, discursos elogiosos intermináveis e crônicas ingênuas que jamais poderíamos, com toda a boa vontade do mundo, qualificar de *gerais* ou de *particulares*. Voltaire perseverou na sua tarefa; porém, para ele, o preço foi exorbitante. Certas páginas do *Ensaio sobre os Costumes* custaram-lhe, segundo ele, "semanas de leituras e pesquisas".

Voltaire era um historiador consciencioso, mesmo baseando-se em nossas práticas. Mas por que ele achava que eram um pouco indignas dele as labutas que são o

[2] Voltaire, *Correspondance*, vol. 3. Paris, Gallimard, Editions de la Pléiade, 1975, p. 695-96.

pão de cada dia do historiador moderno? Ele poderia ser acusado de preguiça se a acusação não fosse contestada pelas provas onipresentes da sua atividade. Parece que nenhum campo da investigação humana foi completamente negligenciado por Voltaire. E, evidentemente, é a universalidade dos seus interesses que explica a impaciência do nosso historiador. Todos os trabalhos intelectuais têm a mesma importância aos seus olhos. Ele não deixará um se sobrepor ao outro. Discípulo entusiasta de Mme. du Châtelet, que era a sua amiga e uma cientista de renome, ele rejeitou com indignação a sugestão que ela lhe fizera para que abandonasse a poesia e se dedicasse exclusivamente à física.

O autor clássico critica nos historiadores a sua verborragia, pois ela impede que o *honnête homme* se aventure no passado. Alguns vão dedicar toda a sua vida à história, e os outros simplesmente não terão acesso a ela. Independentemente do lado em que se está, não é possível assim ser um *honnête homme*. Este desaparecerá, pois não saberia abrir mão da história, entretanto, é menos possível ainda só fazer história. Nas nossas escolhas históricas, portanto, está em jogo a sobrevivência do *honnête homme*, assim como no respeito às regras clássicas da proporção.

De fato, são as regras clássicas que permitem que haja interesse em relação a tudo e que nada seja negligenciado. Todas as artes e todas as disciplinas clássicas são as divisões de uma esfera no centro da qual está o *honnête homme*. Mesmo a preocupação clássica de servir à posteridade, vista hoje, em geral, como prova de uma vaidade desmedida, é de fato uma forma de esquecimento de si. O ponto de vista do escritor será o do leitor mais distante no tempo, portanto, o mais distante de suas próprias preocupações. Dessa forma, tem-se a certeza de que todos os pontos de vista serão levados em conta. Aquilo que, dentro de um século, terá a aparência de um ponto no mapa deve ser representado como um ponto no mapa. O arquiteto clássico renuncia aos pequenos enfeites num grande palácio, porque a fachada é construída para ser vista do fundo do parque; da mesma maneira, o historiador clássico suprime os detalhes, porque ele escreve para o *honnête homme* de amanhã e para o de todas as épocas.

A sociedade clássica está inteiramente presente em cada um dos seus componentes, e ela serve ao indivíduo. Para empregar um jargão moderno, poderíamos dizer que, graças à discrição clássica, o *honnête homme* pode reagir a todos os estímulos culturais e emitir os seus próprios estímulos. A sociedade clássica garante *a quantidade máxima de troca intelectual* ou, em francês clássico, ela permite *o comércio das mentes*. Ela acolhe gênios tão variados quanto Newton, Leibniz, Montesquieu e Rousseau com a mesma complacência. Não há outra sociedade que permita às ideias um eco maior, e novas formas que suscitem mais reações. Em última análise, os escritores e os artistas têm o benefício de sua própria discrição.

Quando a conversa se generaliza, a mente e o talento serão imediatamente apreciados por todos os convidados. Um salão brilhante repousa não somente na mente e no talento, mas na boa educação de todos. Quando uma pessoa fala interminavelmente do seu tema favorito, quando recorre a termos pedantes e esotéricos, quando se entrega a confissões íntimas para ganhar toda a atenção dos outros convidados, aí temos um salão. Um convidado tão imbuído de si criará rivais que também vão usar essas estratégias em relação ao seu público. O salão logo ficará fragmentado em pequenos grupos que vão se ignorar mutuamente.

Dessa forma, sob a pressão de egos insaciáveis, o mundo clássico "explode", e esses fragmentos – nossos campos de especialização – distanciam-se uns dos outros. É justamente isso que Voltaire teme. Poderíamos falar de um universo em expansão, à maneira dos físicos. Contudo, a imagem é ruim, porque é uma imagem e, enquanto tal, sempre compreenderá o seu objeto, mesmo que estivesse em expansão acelerada. Quando o universo cultural está em expansão, em contrapartida, não há nenhuma imagem mental capaz de representá-lo, e nenhuma mente individual que possa pretender englobá-lo. Enquanto o homem ocidental conquista o mundo material, perde o poder sobre o seu universo cultural. *Quem* poderia afirmar hoje que tem orgulho do que ainda chamamos de *nossa* cultura? Cada campo abriga alguns especialistas que escrevem numa linguagem esotérica textos destinados a seus semelhantes, os únicos que, vistos sob o ângulo do desenvolvimento individual harmonioso, não precisam dos seus textos. As várias disciplinas falam de línguas tão diferentes que não somente cada uma ignora a existência das outras, como às vezes chegam a se anular mutuamente, sem mesmo sabê-lo. Para aqueles que rechaçam o pragmatismo estreito dos diversos especialistas, só resta a tagarelice ou o silêncio do espaço infinito, o vazio interplanetário.

No século XX, as regras clássicas se tornaram para nós tão estranhas que Paul Valéry, ultrarromântico, apesar das aparências, quis renovar a afirmação da sua excelência com base no seu caráter arbitrário. Para Valéry, de fato, a observância escrupulosa de regras desprovidas de sentido constitui o auge do refinamento estético. Invadido por um egotismo sem limites, ele não podia compreender a razão de ser da disciplina clássica. A vida intelectual é uma forma de vida social, e não poderia haver vida social sem conciliações. Se o escritor não sabe se apagar diante do seu público, ele se beneficiará com isso por um tempo, mas, depois, sofrerá. Se o marechal Richelieu exige demasiada imortalidade, ela lhe será recusada. Se os escritores se atribuírem toda a atenção do público sem respeitar as regras clássicas, um dia se encontrarão no vazio interplanetário da cultura dos especialistas. Os especialistas em literatura poderão, então, escrever vastos estudos sobre os escritores, mas o sentimento intenso de presença que víamos como adquirido na sociedade clássica será aos poucos substituído pela angústia que nos é tão familiar no mundo contemporâneo. Essa angústia tão pouco natural pode nos ajudar a compreender melhor o que os clássicos tinham a intenção de dizer quando queriam permanecer fiéis à natureza humana.

É em nome da natureza que os clássicos estabeleceram regras que os românticos sempre rejeitaram, também em nome da natureza. Pareceria, portanto, que por natureza não se compreende a mesma coisa nos dois casos. Os românticos devem ter "descoberto" uma natureza mais nova, mais moderna, mais complexa e mais completa. Porém, a citação da carta de Voltaire poderia ser assinada por qualquer autor romântico ou pós-romântico. Se essa citação tratasse do passado individual mais do que do coletivo, ela poderia ser assinada por Proust. *Tudo se perde na imensidão do passado*: o método histórico de Voltaire e *Em Busca do Tempo*

Perdido têm a sua origem na mesma observação. Quem disse que os clássicos viviam na eternidade, que para eles o tempo era menos destruidor do que para nós, e que ignoravam a relatividade?

Voltaire e Proust são fiéis a uma única e mesma natureza, ainda que as consequências literárias se oponham diametralmente. Onde está, portanto, a diferença? Ela é quase evidente demais para ser percebida: o clássico respeita a natureza do leitor; o romântico só pensa *nele mesmo*. O clássico quer adaptar a literatura aos limites que a existência finita impõe ao "comércio das mentes"; o romântico visa salvar a "sua própria existência" para que ela escape da imensidão do passado.

Os clássicos sabem que a civilização constitui um desenvolvimento não natural, e não sobreviveria a não ser que imitasse a natureza. Visto que o crescimento natural é harmonioso e equilibrado, quer do indivíduo quer da espécie, o mesmo deve ocorrer com o crescimento cultural. A relação do *honnête homme* com o seu meio cultural deve ser semelhante àquela de uma criatura viva com o seu meio natural. E a sociedade clássica é semelhante a um tecido vivo, e cada célula desse tecido é capaz de efetuar as trocas necessárias para a vida do conjunto. Porém, esse crescimento organizado que se observa na natureza se alimenta de destruição, violência e morte. No mundo cultural, não existe uma lei de seleção natural. Para alcançar esses mesmos fins, o homem deve ter recurso a meios opostos: a discrição e a polidez. Numa sociedade clássica, a natureza e o refinamento social mais extremo são inseparáveis e complementares. Eles só se tornarão contraditórios depois que os românticos tiverem "descoberto" a natureza.

Para os clássicos, a relação com a natureza é mais orgânica; para os românticos, é a relação de uma imagem com a realidade. A arte se torna um espetáculo que absorve, e que se preocupa muito pouco com o espectador absorvido. As disciplinas clássicas se preocupavam muito com a garantia de uma repartição igual em relação ao conjunto da personalidade humana; o *honnête homme* era uma síntese harmoniosa porque a sua literatura era analítica. Quando cada disciplina e cada autor exigem o conjunto da esfera, quando a própria literatura se torna uma síntese, é a personalidade do leitor que deve se tornar "analítica", portanto, fragmentada, mutilada, "especializada".

A concepção de Voltaire sobre a "polidez" do historiador talvez seja um pouco estreita, mas certamente não tão frívola quanto se quer às vezes mostrar. Nossos vários cânceres culturais e o curioso sintoma da angústia, que se estendem agora a setores cada vez mais numerosos da nossa vida intelectual, bem poderiam ser o preço a pagar por termos renunciado inteiramente à discrição clássica.

A crítica de Voltaire à extensão dos discursos dos seus colegas historiadores é, portanto, perfeitamente legítima num quadro clássico. Ela parece superficial tanto para o nosso subjetivismo extremo quanto para o nosso objetivismo extremo. A partir da perspectiva de Voltaire, é a oposição entre essas duas atitudes modernas que é superficial. Lembremos que ele não distingue entre memorialistas e beneditinos, entre os extremamente imbuídos de si mesmos e os que são tão imbuídos da sua ciência que esquecem todo o resto. Os filósofos e os poetas com frequência imaginam ser a última linha de defesa contra o mundo desumano da ciência. Mas, por trás da busca do filósofo ou do poeta que procura uma linguagem que teria a novidade de um solo ainda não pisado e não pertencente a mais ninguém, da mesma forma que por trás da busca científica do poder – e da destruição – ilimitada, Voltaire denunciaria a mesma força motriz: um ego desenfreado. A sua interpretação do nosso mal-estar cultural não separaria os fatores estéticos e metodológicos daqueles morais. *O eu é detestável.* Voltaire está menos longe do seu inimigo Pascal do que está do século XX. Se fosse o contrário, nós não poderíamos classificá-lo de clássico.

Porém, Voltaire se entregou a uma batalha perdida de antemão. O *honnête homme,* muito mais modesto do que o homem do Renascimento, estava se transformando num ideal absurdamente ambicioso na cultura do século XVIII, já em rápida expansão. Voltaire, o último *honnête homme,* também é um fenômeno internacional de criação febril. Aí está o seu paradoxo. Toda a sua vida, ele exigiu menos livros; suas obras completas têm, entretanto, perto de uma centena de volumes, e as cartas que deixou para a posteridade chegam a dezenas de milhares. Voltaire também foi vítima do egotismo romântico. Tudo o que ele podia fazer era evitar o lirismo que geralmente o acompanhava. Mas ele também podia ser tão mesquinho quanto Saint-Simon, quanto um beneditino, ou um poeta romântico. E, ironicamente, em geral, é por ter se deixado levar por sua mesquinharia que Voltaire passou para a imortalidade. Uma posteridade não clássica o recompensou no ponto em que deveria tê-lo punido. Voltaire não compreenderia. Ele não era capaz de conceber um mundo em que, dado que os terrenos de acordo literários haviam sido abandonados, o que os substitui, pelo menos durante certo tempo, são paradoxalmente as emanações amargas do ego. Essa ignorância constitui ao mesmo tempo a inocência de Voltaire e o seu classicismo.

capítulo 7
memórias de uma existencialista bem-comportada[1]

René Girard

Não é a *Angst* (angústia) heideggeriana que domina desde sempre a existência de Simone de Beauvoir – como exige a ortodoxia e como textos anteriores deixavam entender –, mas a busca incansável da *felicidade*. Esses americanos que veem ainda no existencialismo francês uma escola de indolência e uma indiferença quase budista em relação às coisas deste mundo deveriam ler *Memórias de uma Moça Bem-comportada* e *A Força da Idade*. Se esses dois volumes não corrigirem as suas equivocadas concepções, nada mais as corrigirá. Simone de Beauvoir nos dá a chave da sua vida em uma frase que teria encantado o sociólogo Max Weber: no meu caso, ela diz, a ideia de salvação sobreviveu ao desaparecimento de Deus, e a minha mais forte convicção é que cada um deve se salvar.

Aqui temos uma definição excelente desse espírito moderno, competitivo e puritano, que erige tanto sistemas filosóficos quanto impérios industriais. Não é um pequeno prazer sentar-se numa poltrona confortável para observar Madame de Beauvoir se salvar – através de centenas de páginas de prosa muita viva e alguns

[1] Artigo publicado sob o título "Memoirs of a Dutiful Existentialist" em *Yale French Studies*, 27, 1961, p. 41-46.

decênios de atividade febril. Na sua infância, ela elaborou o projeto de visitar inclusive os lugares mais obscuros do planeta, até mesmo o mais ínfimo bosque e último fosso. Durante inúmeras viagens, ela é perseguida pelo temor de perder *alguma coisa*, e *folheia freneticamente* as páginas dos seus diversos guias. Quando está em Marselha, ela faz excursões solitárias e caminha por mais tempo, ela vai mais rápido e mais longe do que qualquer outra pessoa. Ela lê tudo, de *Was Ist Metaphysik* a *Fantomas* e *Chéri-Bibi*; vê todas as peças de teatro e todas as exposições; ela estuda música, pintura, escultura, geografia e fisiologia, além de filosofia. Dá aulas e escreve muitos livros. Simone de Beauvoir pratica esportes de inverno e aprende a andar de bicicleta. A sua capacidade de absorver o que ela chama de "felicidade" é de fato assustadora. E a salvação que ela busca é típica da nossa época, no sentido de ser estritamente individual; ela deve construir a sua felicidade *sozinha, sem ajuda*. Mesmo a sua aproximação do anticapitalismo se caracteriza por uma avidez tipicamente capitalista. Simone de Beauvoir é inteligente demais, é claro, para não perceber as consequências dialéticas tenebrosas desse apetite tão voraz.

Como podemos nos salvar, concretamente, na ausência de Deus, senão ultrapassando os nossos semelhantes em todo tipo de empreendimento terrestre? Cedo na vida, Simone de Beauvoir foi uma criança-prodígio, ganhava todos os prêmios na escola e recebia conceitos *muito bom*, importunando assim a vida dos seus irmãos e primos mais indolentes. Na França, essas meninas são uma verdadeira instituição nacional. O sucesso escolar dos filhos é uma questão de grande importância no que se refere à competição entre famílias de classe média. As meninas em geral são mais adiantadas do que os meninos, pois são mais impacientes no sentido de agradar os pais. Imediatamente depois do *baccalauréat*, entretanto, espera-se que abandonem a atividade intelectual para serem esposa e mãe. A competição se desloca subitamente para outros campos. É comum essas meninas, dotadas de genialidade, com as mentes repletas de trigonometria e de filosofia kantiana, nunca mais abrirem sequer um livro durante o resto das suas vidas.

Como era uma pessoa particularmente brilhante, Madame de Beauvoir não podia suportar a ideia de renunciar aos conceitos *muito bom*, e ela simplesmente rejeitou a ideia de reconverter-se à vida doméstica, manifestando assim pela primeira vez esse espírito de revolta que a tornou célebre e que ainda a habita. Se tivermos que admirar essa proeza, não devemos exagerar o alcance da revolução. Beauvoir só rejeitou os aspectos moribundos da moralidade burguesa francesa com o único propósito, na realidade, de manter mais vigorosamente o seu princípio essencial, aquele que exige que tudo seja concurso e que todo o mundo tente ganhar o prêmio de excelência. Para uma mulher assim, o existencialismo e o marxismo eram dois temas acadêmicos que podiam ser dominados com a mesma facilidade que os outros, e que a influenciaram muito mais do que teriam influenciado a trigonometria e a filosofia kantiana, se ela tivesse aceitado se tornar uma dona de casa e uma simples mãe. A jovem bem-comportada se tornou uma existencialista bem-comportada. Beauvoir é provavelmente menos revolucionária do que pensa, mas é uma boa escritora e uma intelectual brilhante da *rive gauche*. Só na França, talvez, uma pessoa como ela poderia se tornar a porta-voz dessa categoria em expansão que são as mulheres de carreira inteligentes e progressistas. Beauvoir dá voz a todas as outras mulheres acostumadas a ganhar o primeiro prêmio. Ela reinterpreta a cultura tradicional da França a partir da perspectiva de uma mulher de carreira; ela expressa uma perspectiva inteiramente nova dentro do contexto social francês, numa linguagem digna de um longo passado intelectual.

Beauvoir percebe e formula certos conflitos inerentes à situação da mulher de carreira, mas nega outros, e esses conflitos não resolvidos atiçam o fogo da justa indignação, que arde de forma tão viva no coração dessa mulher extraordinária, cada vez que a *alienação* parece ameaçar a sua preciosa liberdade. Beauvoir e Sartre nunca se casaram porque tinham medo de uma alienação recíproca. A *alienação* volta a surgir quando Beauvoir se sente absorvida por um desejo sexual indiferenciado. Uma mulher pode ter a liberdade de escolher amantes com a cabeça mais do que com os sentidos? Ela pode permanecer fiel ao homem eleito dentro dos limites rigorosamente definidos de um programa de garantia sexual? Estreita é a porta entre a *alienação* relativa à sociedade e a *alienação* relativa ao instinto. Mas Beauvoir, como uma heroína corneliana, ganha todas as suas batalhas; ela pode sentir os arrebatamentos de uma paixão secreta, conservando perfeitamente a sua dignidade e a sua independência: "A alegria amorosa devia ser tão fatal e imprevista quanto a onda dos mares, quanto a floração de um pessegueiro". Ela se lança num frenesi de abandono de si mesma sem perder de vista o seu Adversário, o diabinho *Alienação*. Trata-se, indubitavelmente, da jogada mais bonita realizada há 2 ou 3 mil anos. Sartre, entre outros, dedicou várias centenas de páginas à tentativa de provar que o amor não poderia se parecer com a floração de um pessegueiro. Mas Sartre fica evidentemente bem atrás de Beauvoir na busca da felicidade.

O amor livre, feliz e espontâneo, caro para Beauvoir, não vem de Sartre, mas de Rousseau, de Madame de Staël e de Lamartine, assim como de George Sand e do primeiro Musset, aquele que ainda não havia encontrado George Sand. A mulher de carreira moderna é, na realidade, uma romântica disfarçada. Às vezes, é verdade, ela evoca mais Jules Romains do que Lamartine. Porém, Jules Romains é também um romântico disfarçado. Lemos constantemente o nome de Sartre em *A Força da Idade*, mas só ouvimos *Jallez*, ou talvez *Jerphanion*. Já havia um vago perfume de *boa vontade* nas passagens mais pessimistas dos *Caminhos da Liberdade*. Talvez todos os existencialistas que estudaram na Escola Normal Superior evoquem Jules Romains quando passam do pensamento negativo para o positivo.

Beauvoir realmente sucumbe, em algumas partes de *A Força da Idade*, ao velho mito romântico da espontaneidade. O mito não está ausente da noção sartriana de liberdade, mas a grandeza de Sartre reside no fato de ter tentado desesperadamente acorrentar esse dragão incontrolável, e limitado tanto quanto possível o lugar a ele atribuído na sua filosofia. Entretanto, não poderia destruir o mito, o que explica, talvez, por que ele era capaz de conduzir uma contraofensiva tão poderosa nos livros recentes de Madame de Beauvoir. A partir de *Os Mandarins*, o mito conseguiu retomar todas as posições de que Sartre o havia penosamente expulsado; ele prolifera em todas as partes como a flor do pessegueiro. Com a diminuição da influência de Sartre, Beauvoir recai numa forma muito mais inocente e elementar, e, em geral, encantadora, de individualismo romântico.

Consequência curiosa dessa evolução, os anos heroicos de *A Náusea* se transformam, nos textos de Beauvoir, na sua exata antítese. Ao contrário de Roquentin, que não acredita na "aventura" e acha as viagens chatas, Beauvoir e o seu companheiro encontram o inesperado em cada parte do caminho e o acolhem com paixão. O Sartre, que imaginamos matutando seriamente sobre a contingência, estava na realidade bebendo *manzanillas* e ouvindo violão nos terraços dos cafés da velha Madri; explorando avidamente o pitoresco Bairro Chinês de Barcelona; fotografando mentalmente as touradas e os policiais com chapéus tricornes. É difícil avaliar quanto havia de ironia na criação dessa *antináusea*.

Sigamos os dois turistas felizes ao entrarem no museu do Prado. Antes de encontrar Simone de Beauvoir, o pobre Jerphanion – perdão, Jean-Paul Sartre – estava aflito por causa de uma concepção definitivamente pouco sofisticada da arte da pintura. Ele prestava mais atenção na "história" de um quadro do que no seu estilo; era fácil para ele comentar os sentimentos expressos pelos personagens, mas ele caía num silêncio deplorável quando se tratava de formas e cores. Pior ainda, ele se permitia gostar de um pintor tão desprezível, segundo a escala moderna de valores, quanto Guido Reni. *Horresco referens*. Madame de Beauvoir, é claro, rapidamente curou o seu amigo desses caprichos heréticos. Ela ensinou-lhe a verdadeira espontaneidade e ele aprendeu a lição tão bem que exclamava automaticamente "É uma Ópera!" cada vez que se via diante de um quadro figurativo. Tendo se livrado da sua ignorância, ele adotou a fé rígida do neófito, o que ressalta ainda mais as nuances delicadas do gosto de Beauvoir. Um desses refinamentos é a afeição que a autora tem por Ticiano, um mestre supostamente com tendências operísticas. Essa inclinação subversiva revela uma grande indiferença quanto aos valores estabelecidos; ela também combina bem com o papel de Beauvoir, que exalta a "felicidade" e a "vida", ao contrário do intelectualismo de Sartre.

Os "monstros, demônios e mancos" de Hieronymus Bosch devem ser preferidos à "crueldade" dos retratos de Goya, e à "loucura negra" de suas obras tardias? Diante de tantas belezas cativantes, é difícil ver corretamente, e a Beauvoir de 1929 decidiu que Bosch era supremo; a de 1959 retifica esse erro grosseiro e dá o primeiro lugar a Goya. As duas preferências são espontâneas, é claro, pois Beauvoir só aceita experimentar os sentimentos "provocados espontaneamente por seu objeto". É preciso notar, entretanto, que Beauvoir concedia o seu crédito quando a estética surrealista reinava e ela transferia a sua lealdade a Goya quando todo o mundo via esse pintor com olhos de André Malraux. Como tantas mulheres escritoras que dão importância à espontaneidade, Beauvoir nos dá a impressão de que o que está na moda hoje ficará para sempre. De fato, ela quase consegue nos convencer de que as modas não existem. As críticas severas que ela faz contra o seu próprio período pré-existencialista contribuem muito a produzir essa sensação de eternidade. Em 1929, a humanidade só estava tateando; mesmo a sua elite ainda não havia encontrado a resposta definitiva para cada pergunta. Beauvoir não para de ressaltar como o *idealismo*, nesse período antediluviano, o espírito burguês, ainda estava presente na sua revolta contra a burguesia. Nós compreendemos que a cura é total, pois as opiniões mais recentes não estão submetidas às críticas ferozes que pulverizam as opiniões do passado. Não há nada de relativo, nada de *historicamente* ou *socialmente* condicionado na última palavra de Beauvoir sobre o casamento, a felicidade, Guido Reni, Hieronymus Bosch, o Bairro Chinês e *Was Ist Metaphysik*. O que acontecerá quando *Was Ist Metaphysik* cair do seu pedestal atual? O que acontecerá no dia em que Guido Reni será novamente colocado nas nuvens? Deve-se temer que a força de uma idade se torne a fraqueza de outra, e que muitas páginas das memórias de Beauvoir assumam, com a passagem do tempo, esse ar antiquado que os textos de Jules Romains começavam a ter no começo da Segunda Guerra Mundial.

Mas outras páginas permanecerão. Com a aproximação da guerra, os eventos históricos se tornam mais importantes do que a busca da felicidade. O período de 1940-1944 é a melhor parte do livro. Há menos turismo, menos exploração das superfícies e mais aprofundamento. É impossível não admirar Beauvoir durante os anos da Ocupação, não simpatizar com grande parte do que ela escreve e faz. Ela nunca perde o seu sentido de valores e nunca abandona a esperança. Ela nunca deixa a sua repulsa pelo mundo chauvinista e louco dos primeiros anos de 1940 tornar-se esse fascínio estupefato que caracteriza tantas obras artísticas da época.

O que *A Força da Idade* contém de melhor é o hino à liberdade individual e à vida do intelecto; mas é também um compêndio da vida dos intelectuais franceses da época entre as duas guerras e da Segunda Guerra Mundial; trata-se de uma descrição do seu modo de vida e um repertório das suas opiniões e tendências intelectuais; é, de qualquer forma, um documento precioso para os futuros historiadores do estilo. Ele também contém um imenso volume de informações sobre a gênese das ideias da literatura sartriana – embora Roquentin seja constantemente, e talvez de forma significativa, escrito de maneira errada: *Roquantin.*

Beauvoir, de qualquer modo, não pensa na posteridade; ela pensa no presente, e o presente lhe pertence, independentemente do critério que escolhemos para decidir a respeito disso. *A Força da Idade* é um livro encantador e o seu sucesso é plenamente merecido. Uma vez mais, a primeira-dama do existencialismo ganha o prêmio de excelência.

capítulo 8
René na América[1]
Jean-Pierre Dupuy

Gostaria, ao começar, de falar do meu reconhecimento pela honra que me é concedida de participar desta cerimônia. Devo esse privilégio, penso, à longa amizade, pessoal e intelectual, que me une a René Girard. Alguém devia evocar a *carreira americana* do *professor* René Girard, e essa tarefa me foi destinada. Agradeço calorosamente ao presidente do "Comité de l'épée",[2] nosso anfitrião de hoje, Michel Albert.

René na América: imagino que o Sr. Fumaroli, ao ouvir essas três palavras, pensa num outro René – François-René de Chateaubriand, que escreveu, na sua "Introdução" à *Viagem na América*: "Hoje, aproximando-me do fim da minha carreira, não posso deixar, olhando para o passado, de pensar quanto essa carreira seria diferente para mim se eu tivesse alcançado o objetivo da minha viagem: [...] É provável que eu jamais tivesse tido a infelicidade de escrever; meu nome teria permanecido

[1] Discurso pronunciado na cerimônia de entrega da "Espada de Acadêmico" ao professor René Girard por Marc Fumaroli, na Sorbonne, Paris, quinta-feira, 8 de dezembro de 2005.
[2] 'Comité de l'épée', ou seja, o comitê composto pelos "padrinhos" na recepção de um novo acadêmico em instituição de prestígio. (N. T.)

desconhecido, ou a ele ficaria ligada *uma dessas reputações tranquilas que não suscitam a inveja e que anunciam menos glória do que felicidade*".

René, o nosso René, René Girard, confiou-me recentemente que, sem dúvida, jamais teria escrito se não tivesse ido para a América – para a nossa infelicidade e a infelicidade do pensamento; ele não teria então conhecido a glória que o acolhe hoje, não teria suscitado a inveja que, aliás, analisou tão magistralmente.

Eu me perguntei, então: o que, na América, fez com que René Girard pudesse inventar a teoria mimética e sacrificial? Verifiquei diversas hipóteses. O fato de a América, campeã da mímesis, constituir um laboratório antropológico inesperado? Inúmeros bons autores escreveram a esse respeito. Tocqueville: "A fé na opinião comum" se tornou na América "um tipo de religião da qual a maioria [é] o profeta". Keynes: as pessoas dedicam-se na América a adivinhar "a ideia que a opinião comum tem da opinião comum" [*what average opinion believes average opinion to be*].

Não quer dizer, ao contrário, que a América possui essa *inocência da infância* que René diz jamais ter perdido? "Tive uma infância muito feliz", ele afirma numa entrevista recente, e "sempre procurei cercar-me de coisas ligadas à minha infância". Aqueles que hoje criticam a América deveriam se lembrar de que um filósofo cristão como Jacques Maritain pôde ver nela o país da Providência. Um dia de 1940, quando estava em Washington, vivendo uma grande angústia pessoal, ele foi servido por uma garçonete que lhe deu "o mais doce sorriso americano anônimo". Maritain não se deixou enganar. Ele sabia perfeitamente que "se tratava de pura ilusão, qualquer coisa de tão irreal quanto o 'sorriso de um gato ausente'". Todavia, cito, "subitamente tive consciência do significado desse símbolo, fui tomado pelo sentimento geral, elementar, profundamente inculcado, de peregrinação comum e de fraternidade humana que existe nesse país e que estava ali, atrás daquele sorriso. Sou grato a essa garçonete por ter me ajudado um dia contra o desespero. No segundo plano do sorriso americano anônimo, há um sentimento de origem evangélica – a compaixão pelo homem, o desejo de tornar a sua vida tolerável". Não temos aí uma possível saída do inferno mimético? É possível que René Girard não se oponha ao que digo, ele que falava recentemente da camaradagem que conheceu na Avignon da sua infância para dizer que todas as relações humanas não caem nas armadilhas do desejo mimético.

Pareceu-me subitamente que nenhuma dessas hipóteses era correta e que a resposta à pergunta colocada era muito mais simples. Se René inventou a teoria mimética na América é porque, ao estar na América, não estava na França. Um dos seus ex-alunos fez com que observasse: "Em seu trabalho e em sua vida, há um sentimento constante de não pertencer a nenhum meio específico. Em Avignon, sentia-se pouco à vontade entre os amigos. Como europeu na América, viveu a experiência de ser estrangeiro". René Girard respondeu: "Por isso não pertenço estritamente a nenhum meio, mas também não sinto que sou um *outsider*, e provavelmente essa é a razão de eu nunca ter perdido meu sotaque francês!". Acrescentou: "Não posso considerar-me um *outsider* no sentido clássico. Nunca me senti rejeitado, como muitos intelectuais gostam de representar a si mesmos".[3]

Eu gostaria de convidá-los a refletir um pouco sobre a *situação* tão particular que se descreve nesses termos. René Girard escapa do desejo mimético? Supor tal coisa seria contraditório com a teoria que tem esse mesmo nome. Esta, nos diz Girard, "não tem nenhuma exceção. Ela renuncia à distinção romântica entre o autêntico e o inautêntico". Essa distinção "corresponde a um desejo inautêntico, mimético, no observador, de excluir-se da lei que ele descobre". Portanto, só há acesso à verdade da teoria mimética através de uma conversão anterior, "pois o essencial para cada um é tomar consciência do seu próprio desejo mimético".[4] Temos, portanto, boas razões para crer que o inventor da teoria mimética é um ser hipermimético, que conseguiu fazer essa conversão. E que uma condição de possibilidade, necessária, mas não suficiente, seria essa posição de *não*

[3] René Girard, *Les Origines de la Culture. Entretiens avec Pierpaolo et João Cezar de Castro Rocha.* Paris, Desclée de Brouwer, 2004, p. 34-35.
[4] Ibidem, p. 59.

enraizamento sem sentimento de exclusão que encontrou ao deixar a França. Pensamos, evidentemente, em Simone Weil.

Em um dos seus mais belos textos, René Girard desconstrói *O Estrangeiro* de Camus em termos de autoexclusão. Como todo rabugento, Meursault quer dar de si mesmo a imagem de um ser solitário e marginal. Porém, é preciso que os outros compartilhem essa representação. O estrangeiro deve, portanto, comunicar a sua ruptura de comunicação. Estranho paradoxo da *má-fé* que só pode se resolver num ato incompreensível. Meursault atira no árabe com um desapego extremo, é com negligência e inadvertidamente que a criança põe fogo nas cortinas. Esse gesto, em princípio, não deveria ter nenhuma importância: é a sua marginalização e a sua diferença que lhe custam o castigo que recai sobre ele, e não o gesto em questão. É por essa razão que ele o comete como se não o cometesse. Ele não se sente mais responsável por isso do que um acaso ou uma manifestação do destino. Sem esse não ato, entretanto, nunca a representação teria se tornado realidade.

Essa "lógica" invadiu o nosso mundo hoje. Em todas as partes, vemos seres humanos dispostos a sacrificar a sua vida e seus bens para fazer o maior mal possível aos seus semelhantes, e isso reivindicando o estatuto de vítima. A universalização da preocupação com as vítimas revela da maneira mais estridente que a civilização se tornou uma só no plano de todo o planeta. Em todas as partes, é em nome das vítimas, que os outros de fato ou pretensamente fizeram, que se persegue, mata, massacra ou mutila. É, de forma "coerente", em nome das vítimas de Hiroshima que os *kamikazes* islâmicos atacaram a América. No Oriente Médio, os israelenses e os palestinos (oh, paradoxo!) "brigam para ser a vítima". Aqui temos uma perversão abominável dessa preocupação com as vítimas, que, segundo Nietzsche, o mais anticristão dos filósofos, é a marca do cristianismo e da moral de escravos que ele criou. Ao que se pode replicar com as palavras de Chesterton, retomadas por Bernanos, segundo o qual, de fato, "o mundo moderno está cheio de ideias cristãs... que se tornaram malucas". Fica mais clara aqui essa frase terrível do Evangelho: "Não penseis que vim trazer paz à terra. Não vim trazer paz, mas espada" (Mateus 10,34).

Poderíamos supor que o "comunitarismo" – palavra, diga-se de passagem, que é ao mesmo tempo um anglicismo e um contrassenso – ameaça a nossa bela República. O essencial do debate político gira hoje no nosso país em torno da questão: deve-se deixar o nosso "modelo" ir na direção de uma sociedade multicultural à americana, ou deve-se lutar para defender os nossos valores de integração e de laicidade? Devo confessar que, ao ler a imprensa francesa, tenho o sentimento desagradável da minha completa estupidez: um fulano que acreditava ser progressista é catalogado como novo reacionário, outro que luta em nome do antirracismo aparece como extremamente racista aos olhos dos outros: não entendo mais nada. Ou, antes, procuro consolar-me dizendo que entramos na era do que René Girard chama de violência essencial, quando as hierarquias se invertem e as diferenças se desesperam. *Não há mais diferenças,* pois os violentos se parecem mais ainda quando querem se diferenciar uns dos outros.

Choque de culturas? Girard não acredita em nada disso. Na conclusão de *Coisas Ocultas desde a Fundação do Mundo*, ele escreveu: "Sobre as conjunções inéditas que testemunhamos, sobre a reunião, cada vez mais eficaz, de toda a humanidade numa única sociedade, não haveria (portanto) nada de decisivo a dizer, nada de pertinente?" E convida a uma "reflexão que abordaria enfim diretamente o enigma de uma situação histórica sem precedente, *a morte de todas as culturas*".

Quanto à pretensa alteridade dos terroristas do 11 de setembro, eis o que ele disse a respeito: "De todos os lados, pretende-se explicar, através de tradições ancestrais, fenômenos que têm a sua raiz, pelo contrário, certamente, na perda dessas tradições, e essa perda até aqui não tem nenhuma contrapartida. O ódio ao Ocidente e a tudo o que ele representa provém não do fato de sua mente ser verdadeiramente estranha para esses povos, não por se oporem realmente ao 'progresso' que, ao contrário, nós encarnaríamos, mas porque o *espírito competitivo* é tão familiar para eles quanto para nós mesmos. Longe de se afastarem do Ocidente, eles não podem deixar de imitá-lo, de adotar os seus valores sem admiti-los para si mesmos, e são tanto quanto nós devorados pela ideologia do sucesso individual ou coletivo".

Não, a conversão de que fala René e o desenraizamento que a acompanha não têm relação nenhuma com a lógica traiçoeira da autoexclusão; o sacrifício daqueles que se matam para matar os seus irmãos humanos é a caricatura monstruosa do sacrifício de Cristo.

O professor René Girard: eu poderia lembrar que René é um excelente professor, adorado por seus alunos, e que ele formou uma plêiade de pensadores de todos os tipos que seguem a sua obra, na América, na França e no mundo. Tudo isso é verdade, sou testemunha disso, mas suponho que Michel Albert espera que eu diga algo de mais *rebuscado*.[5] Eu me arriscaria, então, a dizer o seguinte: é impossível ensinar a teoria mimética – pelo menos ensiná-la como se ensina a matemática, a biologia ou a história. Vou dar três razões.

A primeira vem do que precede. Sem comprometimento pessoal, ninguém pode compreender nem reconhecer os mecanismos da mímesis, pois são muito proteiformes. É na nossa própria carne que sentimos a verdade e a força da teoria. René Girard escreve em algum lugar: "Sou muito curioso; e evidentemente a curiosidade e a compreensão estão ligadas. Sempre tive a impressão de que o livro que estou lendo vai transformar toda a minha existência". Há muitos nesta sala, tenho certeza, que podem dizer que toda a nossa existência foi transformada pela leitura de *Mentira Romântica e Verdade Romanesca* e *A Violência e o Sagrado*.

A segunda razão tem relação com o nosso momento. Somente um louco, que ignora tudo sobre as normas da pesquisa nas ciências humanas, pode hoje proferir as seguintes barbaridades. Apesar de, ou sobretudo por, seu próprio som e fúria, a história da humanidade, vista na sua globalidade, tem um sentido. Esse sentido, hoje, nos é acessível: a ciência do homem é possível, mas não foi o homem

[5] Como dizem os americanos.

que a fez. Ela lhe foi dada por uma Revelação divina. A verdade do homem é religiosa. A religião é antes de tudo ciência do homem. Isso é verdade em relação a qualquer religião, mas somente uma detém sobre o mundo humano, portanto, sobre todas as religiões que a antecederam, o conhecimento da verdade. Trata-se do cristianismo, por fundar-se nos Evangelhos, ou seja, nos relatos da morte e ressurreição de Cristo.

Girard insiste nesse ponto: a superioridade do cristianismo é apreciada antes de tudo em termos de *força intelectual*. Desde o século XVIII, julga-se a religião do crucificado de forma irrelevante, e os próprios cristãos se veem como seres desprezíveis e imbecis. Levantem a cabeça, diz-lhes Girard, pois a sua fé lhes dá uma Razão infinitamente superior a todas as ciências humanas, porém, não demasiadamente, porque essa Razão, justamente, não lhes pertence, ela lhes foi dada e vai muito além.

Celebramos hoje René Girard com grande pompa, mas jamais devemos esquecer o ostracismo de que a sua obra é objeto no *establishment* universitário. Conheço muitos colegas que, desafiando a proibição e inspirando-se nas ideias de Girard, acham prudente não dizer nada. Antes que o galo da Sorbonne cante, protestarão três vezes em vez de uma: "Não conheço esse homem!". O mais incrível é que a teoria girardiana pode se dar ao luxo de explicar e prever a própria violência da rejeição de que é objeto. É preciso citar aqui João 12,37-43: "Apesar de ter realizado tantos sinais diante deles, não creram nele. [...] Contudo, muitos chefes creram nele, mas, por causa dos fariseus, não o confessavam, para não serem expulsos da sinagoga; *pois amaram mais a glória dos homens do que a de Deus*".

A terceira razão se deve à própria estrutura da teoria, semelhante a uma pirâmide que repousaria na sua ponta. Tudo resulta da hipótese mimética. Mas essa simplicidade aparente engana. O que muitos leitores têm dificuldade de perceber e compreender é o incrível poder *morfogenético* da hipótese. Dediquei com outros colegas inúmeros trabalhos para esclarecer esse ponto, que procede da lógica e da epistemologia, e que aproxima a teoria girardiana às mais avançadas teorias

físicas. Em 1915, Einstein teve uma ideia genial, que de uma só vez resolveu as aporias enfrentadas pela física newtoniana da época. Ele compreendeu que a gravitação não é uma força como Newton a concebia, mas a consequência da geometria "curva" do espaço-tempo. Que um corpo pudesse exercer à distância uma influência sobre outro corpo se mostrou a ele como algo da ordem da magia e até da crença numa causalidade diabólica, aquela que nos faz atribuir os males que assolam um indivíduo ou uma comunidade à má intenção de uma pessoa má. Resumindo, a mecânica newtoniana é herdeira da lógica do bode expiatório.
De uma só vez, Einstein saiu desse universo tradicional e abriu perspectivas radicalmente novas. O choque foi imenso e ainda sentimos os seus tremores. Entretanto, o que louvamos num gênio da ciência da natureza, nós recusaríamos a um gênio da ciência do homem – *o Einstein do mundo moral*?

E se fosse verdade? Se Girard tivesse acertado, não somente na sua teoria do desejo e na antropologia da violência e do sagrado – hoje, muitos são aqueles que as aceitam –, mas também, e sobretudo, na sua teologia?

O que sempre me incomodou no Deus girardiano é que ele se interessa de forma exclusiva demais por nossas pequenas questões. Se Deus existe, eu o imagino mais preocupado com *quarks* e galáxias do que com as nossas brigas de família insignificantes, mesmo que fossem a única lenha com que a história se aquece. Um dia desses, eu estava lendo um artigo de James Gleick em que ele critica a física das partículas elementares, responsável, segundo ele, por querer reduzir todo o edifício do mundo natural às propriedades dos blocos fundamentais que o constituem, e a leitura me parece monótona, quando descubro a seguinte passagem: "Há leis fundamentais dos sistemas complexos que desaparecem quando nos fixamos em seus componentes individuais – *da mesma maneira que a psicologia de uma multidão que está linchando um inocente desaparece ao entrevistarmos os participantes individualmente*". Meu Deus, Tu terias então colocado o mecanismo sacrificial até no mais íntimo dos últimos componentes da matéria?

capítulo 9
a willing suspension of... belief [suspensão espontânea da... crença]

Michel Deguy

A René Girard

Há algum interesse para um público girardiano em ler um esboço da história do que quase foi uma amizade? Se existir para mim – durante o que Alain chamava de "história dos meus pensamentos" –, não estou certo de que o famoso *leitor* veja nisso um valor de exemplaridade: o caso pode aspirar à objetividade? Vou me aventurar.

Em dois momentos. Vou contar primeiramente o encontro e a atração. Em seguida, mostrarei – a duros passos – os principais motivos de uma separação de pensamento. Não envelheceremos juntos.

Fui um dos primeiros admiradores, utilizadores e fanáticos de *Mentira Romântica e Verdade Romanesca.* A revista *Critique,* de fato, publicou a minha leitura (1962). René, professor em Johns Hopkins, convidou-me já em 1967. Graças a ele descobri a América. Um a um, não deixei de ler os grandes livros de René Girard na sua impressionante sucessão. Nossos encontros frequentes em Buffalo, Stanford, Paris, muitas vezes com Michel Serres, Jean-Pierre Dupuy, Eric Gans, Gérard Bucher, Georges-Hubert de Radkowski, Lucien Scubla (tantas amizades; mencionadas aqui sem ordem cronológica), permitiram, acredito, uma compreensão inteligente e uma influência do pensamento girardiano. Cheguei, junto com Jean-Pierre Dupuy, a dedicar a ele um livro publicado por Grasset, cujo título é: *René Girard et le Problème du Mal* (1982). René não respondeu às minhas perguntas, pois a sua inteligência só se preocupa com o que reforça a sua busca e as suas intuições – não com o que a freia.

O pensamento de René Girard é monotético. A célula-tronco inteligível é a seguinte ideia: todo o *cultural* no sentido antropológico, ou seja, codeterminado pelo *natural*, de uma parte e de outra dessa linha de separação que Claude Lévi-Strauss traça na "proibição do incesto" – todo artefato, ou invenção humana no sentido mais geral, é *sacrificial*. Um mito é o que resta, irreconhecível, de um relato de assassinato. O rito é reconstituível numa outra reelaboração dos mitemas diferente da "estrutural". Surge um quadro de linchamento: o "mecanismo" da vítima expiatória, tão arbitrariamente "escolhida" quanto numa "loteria", permitindo ao coletivo humano, a uma "sociedade", sair subitamente da desordem violenta em que a fratura browniana das forças desejantes antagonistas a mergulha. A unanimidade perseguidora transforma o bode expiatório em deus. É o desejo *mediado* que criou a efervescência invejosa desenfreada, o "ódio" empedocliano. Pois o desejo não inventa originalmente o que deseja. Esse objeto lhe é mostrado, revelado, ensinado, por um terceiro, rival, mediador. As obras-primas da literatura romanesca o *sabem*, bem antes dos antropólogos, psicólogos e sociólogos, e melhor do que eles. "Romântica" é o contrassenso da leitura, da encenação, da crítica, que conspiram para a identificação com o herói "sozinho contra todos", esse demônio dostoieviskiano. "Romanesca" é a verdade que revela o que promove o "esnobismo" geral (Proust) e a banalidade do mimético. Todo o social é "esnobismo". E Girard chega a felicitar Lévi-Strauss por ter declarado que os sistemas de clãs australianos eram "esnobes".

Essa chave universal, aperfeiçoada pela erudição e força analítica de René Girard, abre tudo. Shakespeare ou a Bíblia, nada resiste. No campo antropológico, René Girard "demonstra" o erro de Lévi-Strauss, e do estruturalismo em geral, que ignora o *real* dos ritos sacrificiais, esse quadro que não interessa aos "mito-lógicos". No campo sociológico, psicológico e histórico, ele esclarece o aspecto radical do esnobismo proustiano, da mundanidade ambiente (as rivalidades), em particular acadêmica universitária.

Quanto a mim, encontrei nessa leitura recursos esclarecedores. Por exemplo, para compreender Molière e recusar as interpretações "românticas" que fazem de Alceste, de Tartufo ou de Don Juan, heróis que atraem a identificação enganosa. Não é bom imitar o irascível apaixonado. Nem o trapaceiro erótico, nem o impostor devoto. Outro exemplo da minha prática da leitura girardiana: eu dediquei um semestre das minhas aulas de Paris VIII aos famosos *Exercícios de Estilo* de Queneau, analisando-os através da ótica pela qual raramente são lidos: pelo seu conteúdo, ou relato de um fato: a cena da pequena intriga "insignificante" de Queneau é uma cena de linchamento, de vítima expulsa, de unanimidade pacífica recuperada à custa de uma vítima.

Num livro de juventude, da época das minhas primeiras viagens transatlânticas (*Made in USA*, Seuil, 1978), eu ainda não havia compreendido essa lei girardiana, que, para dizer a verdade, não estou seguro de que seja reconhecida por René Girard, tanto o seu "republicanismo" parece fazer exceção do seu país de adoção, e a sua veemência sarcástica poderia se explicar talvez pelo "antiamericanismo primário" do intelectual francês médio, ao passo que se trata da posição de "habilidade" (Pascal) a qual chamo de antiantiantiamericanismo: o *remake* é uma chave do *Made-in-USA* que fascina "o mundo". É uma "ideia" girardiana... Mas eu creio que, no coração dos Estados Unidos, Girard não lhe daria essa força de lei a respeito da qual elaboro a hipótese, dado que o seu pensamento, fiel ao sentido antropológico do "cultural" estritamente etnográfico-etnológico, desconhece a essência do *cultural* como "época" da Técnica na generalidade em que tento compreendê-la – cuja proveniência heideggeriana ele acusaria.

De que se trata?

O contágio mimético é ainda mais forte quando o próprio modelo imita a si mesmo. É o aspecto automímico que aumenta a sua força de atração. A imitação ou simulação da sua própria *mímica*, o prazer narcísico absorvido por seus próprios reflexos, reforça constantemente o fascínio do modelo primeiramente assombroso para si mesmo; autocomplacência e presunção das *gnosis* da americanidade para si que pasmam os outros. A semiótica dos sinais de reconhecimento entre si das representações americanas da América, estas por sua vez representadas pelas estrelas, que são as únicas a serem mundiais, do esporte, da imagem, do cinema, da política, funciona na base do *remake*. Todos os outros – "o resto do mundo", como dizem nos seus grandes jogos esportivos – nunca poderão imitar tão bem. Imitar o quê? A maneira como a América se imita. A imagem de marca *Homem* ("mão de obra") que impulsiona a humanidade, o retrato-robô que *deslumbra*, toda a imitação, é a *imagem* do tropo americano. A América é um antropomorfismo do tropo americano. Poderíamos dizer que o gênero humano só deseja, "sonha" se parecer com a sua imitação. O que há de insuperável nos Estados Unidos é que em todos os lugares é como na América. Bagdad Café, Mainstreet em Nashville ou em Sheriff's Town, o menor lugar está no centro, uma réplica entre mil, e réplica perfeita do modelo americano. Tudo fora é menos "como na América". Chamemos isso de homotetia (*homothétie*); o segredo do fascínio reside nessa relação. E enroscando à sua maneira e em si mesmos a sua *localidade*, os americanos são e fazem o global.

Junto com Jean-Pierre Dupuy, endereçamos a René Girard um livro de perguntas *sobre o Mal*. Pergunto sobre o desejo, usando citações de Aristóteles e Agostinho. René Girard não respondeu. Quem não está com ele está contra ele. Pode-se admirá-lo por isso: a vida é curta demais, o tempo destinado ao trabalho é tão curto que perdê-lo respondendo a perguntas é inútil. Todos os adversários são semi-hábeis aos seus olhos: em particular a esquerda intelectual, e René Girard, como o hábil pascaliano, coincide com a posição chamada "do povo"; em outras palavras, a direita, às vezes dura e, por que não, neoconservadora; ele deposita aí o peso do seu "pensamento implícito" (Pascal), da sua obra sábia, combativa, importante – e ainda mais mediática ao se colocar como vítima dos "intelectuais".

Há no pensamento girardiano o que teríamos chamado antigamente de contradição; digamos, a composição de dois movimentos poderosos e discordantes, que classifico em dois lados: Girard é católico, por conversão, como contou numa publicação autobiográfica; a fé e o fideísmo pedem a confidência. Porém, o tom desta não muda este fato: o pensamento de um homem é uma confidência, por mais complexo que seja. É o mesmo ser que crê e que, não menos confiante na cientificidade da sua pesquisa, constrói as hipóteses.

A fé de René Girard e a sua crença não podem ser subtraídas do seu pensamento. A certeza da "divindade de Jesus", "verdadeiro Deus e verdadeiro homem", consubstancial ao Pai "criador de todas as coisas visíveis e invisíveis", não pode deixar de ter influência sobre a interpretação do destino, a "salvação" da humanidade. Não se pode "fazer abstração" disso no caso de Girard, não mais do que a crença no "pecado original", no caso de Carl Schmitt.

"O outro lado", de fato, mas simplesmente, é constituído de ciência, de antropologia da religião, diria a classificação. A crença em Deus aqui não é um monoteísmo deísta monocelular que serviria de pano de fundo. Nela prevalece e ela comporta conhecimento da teologia dogmática assim como um sistema de *verdades*. Dessa forma, ele buscava, por exemplo, estabelecer que o catolicismo não é "sacrificial", em oposição a muitos textos e teólogos. O meu propósito aqui não é entrar na argumentação, mas observar que a convicção se alia em Girard a uma propensão profunda ao *realismo* causal e a uma "condenação das teses do modernismo", como diria o Vaticano. A sua interpretação do "niilismo" (como um "engano", em suma, que o Ocidente poderia ter evitado para a humanidade) o convence de que Nietzsche, Heidegger ou a poética do "nada" de Mallarmé, toda essa delicada ligação terrestre da arte, e agora a "desconstrução" (de Derrida) são, terão sido, aberrações. A sua confiança nativa, ingênua, independentemente da profundeza e fineza do imenso trabalho realizado, se deixa resumir nessa fórmula trivial: *ele acha que aconteceu*, simplesmente. E eu faço com que constatem com a seguinte história:

Defensor ardente do filme de Mel Gibson, *A Paixão de Cristo*, e como sempre atacando os adversários (em *Le Figaro*), nesse caso, desprezados por "terem medo de sangue" (*sic*), ele lança o seu argumento decisivo, a afirmação de que "Foi assim que aconteceu!" (*sic*). Enorme. A insondável credulidade realista é garantia dos *fatos*, e parece omitir que o termo comparativo que mostra, o "assim", é um artefato, uma força de ficção letheica (*léthéïque*),[1] ou seja, fazendo-se esquecer; esquecendo, enfim, "a literatura".

A insondável hominização, ao longo de milênios, de dezenas de milhares de anos, para sempre "irreconstituível em laboratório", de onde o homem, como é chamado, sai todo armado, jorra do cérebro de Zeus, de fato, *sapiens, loquens, e sapiens sapiens,* retórico *aculturado* de teogonias, de mitologias, em seguida filosofemas e teologemas, empresta a sua interminável e obscura pré-história para todas as *teorias.*

A desvinculação de toda crença em relação ao "foi assim que aconteceu"; a disposição geral cuja fórmula invertida encontrei em Coleridge, *willing suspension of belief,*[2] eu a chamo de *deposição ou profanação*: é a minha, que me mantém a uma distância respeitosa e admirativa do grande trabalho de René Girard e de sua bela prosa esclarecedora. Busca de aperfeiçoamento do ateísmo, essa "saída do religioso", de forma equivalente oriunda da infância da humanidade, faz um trabalho impossível. Estimulada, entretanto, pelo espetáculo terminal e interminável de etnocídios, guerras de religiões, inter e intrarreligiosas, portanto, suicidárias, de fato, "secularizadas", e "laicizadas", em ódio e desprezo recíprocos dos chauvinismos, em contenciosos vitimários jamais absolvidos, imprescritíveis – tudo isso mergulhado de qualquer modo na iminência do genocídio.

[1] Na mitologia grega, Lete ou Lethe é um dos rios de Hades. Todo aquele que bebesse de suas águas se esqueceria completamente da vida terrena. (N. T.)

[2] Na verdade, a fórmula de Samuel Taylor Coleridge (1772-1834) foi desenvolvida no capítulo XIV de *Biographia Literaria* (1817). Michel Depuy inverte, deliberadamente, a fórmula. (N. T.)

capítulo 10
carta a Pierre Pachet sobre *La Violence et le Sacré* [*A Violência e o Sagrado*]

René Girard/Pierre Pachet

Pierre Pachet teve a amabilidade de enviar as seguintes linhas para explicar as circunstâncias em que René Girard lhe escrevera a carta sem data, reproduzida abaixo:

René enviou-me esta carta depois que escrevi para reagir – com entusiasmo – ao seu artigo de *Critique* sobre *L'Anti-Oedipe* [*O Antiédipo*],[1] um livro cujos autores eu conhecia, em particular Guattari, mas que eu desaprovava; e o tom satírico de Girard me agradou. Lembro-me da minha excitação ao lê-lo numa sala de Censier (Universidade de Paris III), onde então começava a ensinar...

Lembro que René não me escrevera imediatamente depois da publicação de "Violence dans la Bibliothèque", artigo que publiquei na revista *Critique*, em 1972. Porém, Michel Deguy dissera-me que, certamente, René não apreciara que a violência da qual falava o seu livro[2] (livro sobre o qual fiz um relato entusiasmado

[1] Trata-se do artigo de Girard "Système du Délire", publicado em *Critique*, em novembro de 1972 (p. 957-96), e que aborda o livro de Gilles Deleuze e de Felix Guattari, *L'Anti-Oedipe, Capitalisme et Schizophrénie*. Paris, Minuit, 1972.

[2] Trata-se, é claro, de *La Violence et le Sacré* (Paris, Grasset, 1972).

em *La Quinzaine Littéraire* de 16 de julho de 1972, depois que o seu editor Dominique Fernandez me recomendou), essa violência "real", fosse reduzida por mim a uma "violência na biblioteca". Daí vem o esclarecimento paciente que a sua carta comporta.

Depois dessa carta, René e eu esclarecemos as nossas posições, começamos a nos relacionar e tornamo-nos amigos, em particular quando estive em 1972 na Universidade do Estado de Nova York em Buffalo, onde ele dava aulas. Nesse ínterim, as suas ideias me inspiraram a escrever o que veio a ser o meu primeiro livro, *Le Premier Venu. Essai sur la Politique Baudelairienne* (Denoël, 1976), ensaio cuja leitura ele me dissera ter apreciado.

No fundo, em relação aos seus livros, sempre oscilei entre excesso de entusiasmo e distância (uma oscilação sobre a qual ele sem dúvida teria algo a dizer). Às vezes me sentia tocado e me convencia; às vezes eu ficava com raiva de mim por ter cedido, sacrificando assim distinções ou diferenças que me eram importantes. No colóquio de Cerisy dedicado a ele, em junho de 1983, observei essa distância, com afeto, e René respondeu de uma forma também afetuosa.[3]

*

Seguem alguns trechos curtos do artigo de Pierre Pache, "Violence dans la Bibliothèque" (Critique, *n. 303-304, agosto-setembro, 1972, p. 716-28), ao qual René Girard se refere na sua carta:*

A ideia que domina a mente de René Girard tem um raro vigor; por ter tantas leituras, meditações, e tempo, ela produz ao tornar-se mais precisa e, ao mesmo tempo, amplia o seu campo de ação com os livros que a encarnam. Sua forma

[3] Ver o artigo de Pachet "René Girard et la Diversité des Pensées", e o debate que o segue, em *Violence et Vérité. Autour de René Girard*, sob a direção de Paul Dumouchel. Paris, Grasset, 1985, p. 385-94.

é preferencialmente circular, ou seja, aquele que a examina deve perguntar, por sua vez, as motivações do seu trabalho, e é levado a encontrá-las num determinado aspecto da própria ideia. Estrutura viva, nesse sentido, a ideia não para de englobar e expulsar, de associar e eliminar. [...] A esse respeito, a leitura da obra do pensamento como violência e resposta à violência parece particularmente adaptada ao próprio estilo da intervenção de Girard. [...] Ele reduz, pela imposição violenta do seu espírito de síntese, todas as formas de sacrifício, não a uma oferenda aos deuses, mas à expulsão visível ou mascarada de uma vítima expiatória. Para Hegel, que sintetiza efetivamente séculos de reflexão, "a ação do culto começa com o puro *abandono* de uma possessão" [...]: o sacrifício refere-se, portanto, ao indivíduo nas suas relações com o objeto. Para Girard, o sacrifício refere-se ao grupo [...] (p. 716, 720-21).

Poderíamos seguir passo a passo, ao longo de um capítulo, esse procedimento ao mesmo tempo poderosamente racional e estranhamente ziguezagueante. Veríamos então se desenhar o mapa de uma biblioteca, cujas estantes se comunicariam entre si, desafiando todos os critérios reconhecidos de classificação, uma biblioteca semelhante talvez à famosa Warburg Library de Hamburg [...]. Até o destino histórico dessa biblioteca (que teve que resistir à violência nazista), que lembra as profecias de Girard sobre a violência que se aproxima, e sobre a urgência de um pensamento do indiferenciado.

Somos tentados a descrever *La Violence et le Sacré* e *L'Anti-Oedipe* como duplos ou então como pares. Identidade dessas oscilações que não o são, visto que a violência alimenta o sagrado assim como o capitalismo produz a esquizofrenia. [...] Ainda no plano de uma convergência profunda, o apoio encontrado em Bateson e a sua formalização da esquizofrenia [...]. Para Bateson, a situação esquizofrênica resultaria de uma dupla obrigação imposta ao sujeito [...]. Para Girard, esse *duplo vínculo* constitui um apoio notável para a sua própria teoria do "desejo mimético" [...]. Como na sua teoria do sacrifício, Girard apaga a relação com o objeto, exalta o papel do modelo, do obstáculo, de rival, do Outro. Entretanto, essa volta ao "mimetismo" também adquire a forma de um retorno a Freud:

algumas das páginas mais impactantes do livro são dedicadas à análise dos textos de Freud, oscilações que estão presentes entre o edipianismo em processo de esclerose e uma concepção análoga à do *duplo vínculo*. [...] De fato, a psicanálise não tem nenhum interesse em Girard, visto que ela paralisa o movimento que constitui o pensamento freudiano. [...] Entretanto, há entre Girard e Freud pontos em comum. Todos os dois colocam no início uma certa força ou energia, que Girard chama de violência, mas que ele descreve em termos que lembram muito a *libido* freudiana (p. 723-26).

Todavia, o pensamento teórico que escreve [*La Violence et le Sacré*], em si mesmo, não pode descrever a violência que o anima, e deve citar obras artísticas.
A de Dostoiévski é capital [...]. Ou os filmes de Fellini, com o tema das "férias que começam a dar errado", atormentadas por uma força ruim e inelutável. Mas, num sentido, essas referências nos distraem; mesmo correndo o risco de ser convencido de idealismo, eu preferiria evocar o que eu chamaria de "violência na biblioteca", aquela que possui o escritor, o sábio, emparedado por livros que se mexem e o destroem, presa do desejo violento de um reconhecimento criminoso, totalitário. Aqui o temos dominado por modelos esmagadores, sem os quais ele não seria nada; driblando os mestres impiedosos, inacessíveis às lisonjas, deuses sombrios que para esclarecer queimam as mentes dos seus súditos. [...] A verdadeira vítima expiatória é "a ideia": todos se voltam para ela, coroam-na, carregam-na de forças e a lapidam, expulsando-a [...].

A interpretação de Girard não nasce de uma consulta imparcial de um conjunto de ritos, mitos, textos, como um vapor na superfície de um lago. Senão, como ele produziria uma teoria que, para explicar os sacrifícios, deve reduzi-los a uma única forma da qual decorreriam as outras? Como escaparia à necessidade de *classificar*? A ideia vem antes de um entrecruzamento dos campos: a tragédia serve para ler os mitos sacrificiais, a etnologia africana para ler a tragédia. A violência está exatamente na operação de *releitura* [...] (p. 727-28).

Carta de René Girard a Pierre Pachet:

Caro amigo,

A sua última carta me deu um enorme prazer. Não tinha certeza de não me ter enganado ao escrever o artigo sobre *L'Anti-Oedipe*; eu temia que fosse mal interpretado e o senhor me tranquiliza.

O senhor diz algumas coisas que coincidem com o seu artigo de *Critique*. Eu também o li com imenso prazer, pelo menos a maior parte. Entretanto, não estou de acordo em relação a alguns pontos. Sem dúvida, sou um péssimo juiz do sentido último do meu livro, porém, não estou menos convencido de que o seu principal interesse reside na teoria da vítima expiatória. Devo ao senhor, portanto, explicações a esse respeito, não somente porque o senhor se interessa pelo livro, mas também porque o senhor diz a respeito dele coisas que me parecem muito pertinentes.

O que sou obrigado a rejeitar na sua leitura é o que eu chamaria de seu caráter temático ou, se o senhor preferir, estruturante, isto é, com um único plano, ao passo que, no meu pensamento, temos um esquema em dois planos: o real, abaixo, que se define esquematicamente como ordem cultural – crise – mecanismo da v.e.[4] – nova ordem cultural. E, acima, os mitos, o ritual, a sua decomposição, a "crítica", a história, etc. Se o mecanismo da vítima expiatória escamoteia a realidade violenta ao substituí-la criando o mito, é porque ela constitui o motor, o gerador do que Lacan denomina "o simbólico", contudo ele o concebe de modo estático, absoluto, e a partir de um simbolizado psicanalítico que me parece *irrelevante* (p. 720); o senhor diz que reduzo todos os temas míticos e gestos sacrificiais a um outro tema, ou visível, ou mascarado, mas sempre a um tema (p. 727), o senhor diz que reduzo tudo a uma única *forma*. Não se trata de jeito nenhum de uma forma, pois se trata

[4] v.e.: vítima expiatória.

de um *anátema* que deve desaparecer enquanto único tema *verdadeiro* para fazer surgirem todos os *temas* propriamente míticos e culturais.

Se assistirmos a um linchamento como espectadores, veremos que a vítima é *arbitrariamente* escolhida, ou escolhida por razões insignificantes, por ter a pele negra, talvez. Estaremos na posição de Antígona argumentando que não há diferença entre Polinices e Etéocles e que é preciso tratá-los da mesma maneira. Impede-se a reconciliação da cidade ao redor da vítima unanimemente condenada, tida, portanto, como culpada. Se participarmos do linchamento, acreditaremos na culpabilidade da vítima; portanto, para nós, não há linchamento. Há a sujeira de um lado, o sarnento de onde provinha todo o mal, aquele que levou a *peste* para a cidade,[5] e que deve ser expulso pela violência para curar a comunidade, como diz o oráculo. De um lado, temos o transgressor horrível, portador de tudo que é maléfico, parricida e incestuoso; do outro, temos a comunidade contaminada pela peste. Trata-se aqui do mito edipiano. Se formos primitivos, em vez de simplesmente continuar a detestar a vítima, o processo será tão eficaz, a solidariedade da comunidade ao redor da vítima será tão forte que esta nos parecerá benéfica depois de ter se mostrado maléfica: a partir de sua execução teremos o sagrado, a divindade, o monstruoso, às vezes temeroso e contaminador, às vezes tranquilizador e construtor.

Parece um truque, um "*gimmick*", como diz o americano, mas comece a ler nos sistemas mítico-rituais dos africanos, sul-americanos, leia *O Ramo de Ouro* (*The Golden Bough*),[6] e verá que sempre funciona, só que o substituto da vítima expiatória é às vezes vítima, às vezes rei, às vezes homem, às vezes animal, e não vemos a unidade. É, sobretudo, o nosso vocabulário que não nos permite perceber; acreditamos que há ideias inatas do *rei*, da *vítima*, etc. Não vemos que são distinções que vêm de uma interpretação e de uma repetição ao mesmo tempo sempre análoga e

[5] "[...] esse maldito animal, esse louco, esse sarnento, de onde vinha todo o mal" (La Fontaine, *Les Animaux Malades de la Peste*).

[6] René Girard refere-se ao clássico estudo de James George Frazer, no qual se encontram inúmeros mitos envolvendo bodes expiatórios. (N. T.)

sempre diferente do mesmo mecanismo, todas as vezes interpretado de forma diferente, pois nunca é de fato identificado. O sacrifício como dom, etc., faz parte de uma ideologia necessariamente sugerida pela própria natureza do processo.

Quando o senhor diz que o que se expulsa é a ideia, isso é perfeitamente válido para hoje. Mas a ideia expulsa, hoje, é o próprio religioso, expulso no imaginário gratuito, na fantasia sem raízes, o que nos permite não ver a funcionalidade do religioso primitivo, e, portanto, a um certo nível, perpetuá-la. Se essa leitura é a mais violenta, não é porque ela forçaria os textos a entrarem numa forma que não lhes conviria, que não teria de fato a mesma *forma*; é nesse sentido que ela corta na raiz qualquer possibilidade de violência sacrificial, revelando o significado do sacrifício, a sua função cultural. Portanto, ela é também a leitura menos violenta, aquela que não tem que forçar nada, pois mostra em todo texto cultural uma interpretação, ou seja, um desconhecimento (*méconnaissance*); do quê? Justamente, sempre do próprio mecanismo, desse mecanismo sempre mitificado, o mecanismo do bode expiatório.

Sendo assim, eu não adoto de forma alguma a substantificação da violência praticada pelos mitos e rituais. A violência como corrente elétrica, magnetismo, fluido sutil, etc., o senhor tem razão, é um pouco como a "libido freudiana" e os "fluxos deleuzianos", mas não é de forma alguma o que quero dizer; quero dizer que é por não ver o desejo como mímesis, e a mímesis como mímesis afinal sempre violenta, que os homens recorrem a esses mitos. É por essa razão que a análise do desejo como "vaidade para o outro", em Stendhal, ou como esnobismo em Proust, é mais verdadeira, mais científica do que a *libido* freudiana ou os fluxos deleuzianos (*le flux deleuziens*). Não acredito que se trate aí de uma redução da literatura a um esquema científico ou de uma utilização literária de temas científicos. Cervantes e Shakespeare sabem mil vezes mais sobre as relações estratégicas que os Goffman e outros sociológicos da "interação", pois eles se perguntam: "como é possível que os antagonistas estejam numa situação de estratégia, por que desejam a mesma coisa, e essa coisa que desejam, como é possível que seja ao mesmo tempo 'tudo' e 'nada'?" Goffman e os sociólogos simplesmente se perguntam "o que se deve fazer para ganhar?"

É possível que a tese batesoniana do "duplo vínculo" (*double bind*) seja regressiva em relação a Freud, que ela queira dizer algo como sedução precoce, mas eu *emprego duplo vínculo* num sentido que não é especificamente batesoniano, que é simplesmente o da expressão inglesa de duplo comando contraditório. Acredito que essa ambivalência está presente em *Mentira Romântica* numa época em que eu não conhecia essa expressão, tampouco o uso específico que Bateson fez. No meu caso, a tese da sedução primitiva também está tão ausente quanto o complexo de Édipo; trata-se apenas de compreender que toda mímesis constitui uma resposta para uma aparente injunção "imita-me", em princípio proferida pelo desejo do outro, à qual se sobrepõe necessariamente, em função da rivalidade, outra aparente injunção "não me imite". É o desconhecimento do caráter automático da rivalidade que constitui o *duplo vínculo* implícito. A teoria mimética é simplesmente a teoria *mínima* do desejo, entretanto, ela é suficiente para criar não somente as formas patológicas, perversões, etc., mas, o que é mais importante, a crise dos duplos, requerendo, portanto, uma resolução que só pode ser aniquilação, ou seja, vítima expiatória, o sistema mítico-ritual.

Quando o senhor diz que não posso deixar de classificar, temos que nos entender. Não nego de forma alguma as diferenças na natureza, nos produtos do homem, diferenças individuais fundadas na identidade das espécies, etc. Não tenho que recuperar nada da positividade verdadeiramente científica, em física, etc., sempre fundada, parece-me, na lógica aristotélica. Mas a cultura é diferente, o que temos são classificações *entre os homens*, as classificações que fazem reis, sacerdotes, ou homens do clã do castor e homens do clã da coruja. É isso que não tem realidade alguma, senão pela graça desse operador diferencial que constitui, a partir da vítima expiatória, todo o sistema mítico-ritual.

A astúcia da cultura sempre foi a de fazer com que os homens acreditassem que as diferenças entre eles eram do mesmo tipo que a diferença entre o castor e a coruja. Isso ainda é verdade hoje, de uma forma dissimulada, nas filosofias da diferença, em todos os niilismos que se opõem de forma mais ou menos aberta à ciência, como se o desmoronamento das diferenças entre os homens ameaçasse também o nosso saber sobre a natureza. O que digo, entretanto, é que não podemos nos contentar e rejeitar os mitos como puro imaginário, dos quais nós próprios estaríamos completamente liberados, pois essa rejeição violenta é ela mesma um sucedâneo da operação mítica, e é principalmente esse sucedâneo que o senhor vê, o que é muito bom; porém, eu creio que, numa inversão ao mesmo tempo paradoxal e lógica, não é senão a inversão e a reduplicação da operação mítico-ritual original, uma verdadeira cópia em que se revela a unidade de toda cultura humana. É preciso começar pelos "verdadeiros" sacrifícios, pois é aí que se encontra o começo e porque a unidade do sacrificial é identificável, analiticamente demonstrável.

Se estou certo, há violência no meu trabalho no sentido de que participa do recuo moderno da violência sacrificial, da decodificação, mas não há nenhuma violência, pelo contrário, no sentido de uma imposição formal, de um esforço para fazer caber todas as formas num molde formal que não lhes conviria. Não há molde formal, há o mecanismo estruturante, o operador diferencial que só pode ser uma violência arbitrária sobre um dos duplos. Para ultrapassar o *tematismo* (*thématisme*), o que nenhuma forma de interpretação conseguiu fazer, é preciso compreender os duplos como destruição de todos os temas, mesmo no plano textual, peste textual, no sentido da peste de Artaud. Os duplos não são uma ilusão narcísica nem um motivo decorativo, mas o que acontece nas relações quando a estrutura à Lévi-Strauss desmorona, quando não se pode mais pensar como no estruturalismo, ou seja, quando a tragédia está presente. Mas a tragédia não existe simplesmente na biblioteca; ela está na bomba a hidrogênio que gira ao nosso redor, mostrando que os homens estão bem protegidos pela violência, mas num sentido que não é mais completamente ritual, até porque essa violência se revela cada vez mais: digamos o instinto de conservação, que faz doravante que os homens compreendam que a vingança dos deuses é o *feedback* de uma violência demasiadamente forte para não cair na cabeça deles quando a ela recorrem. Acredito que não sou de forma alguma obcecado pela violência, mas pelo fato de a violência, sacrificial, ter sempre ajudado os homens a não verem a violência. Hoje, isso acabou: não há mais deuses, não há mais sagrado, não há mais proibições e o "instinto de conservação" não será sempre suficiente. O problema da reconciliação sem sacrifício é, portanto, de uma urgência cada vez maior, e o seu caráter formidável é mascarado tanto pelas utopias filosóficas quanto pelas utopias políticas e sociais, o mito do contrato social, o mito da "boa violência" que poderia nos salvar da má, ou as tentativas absolutamente reacionárias de refazer o sacrificial à luz da verdade, o que é propriamente a essência do nazismo e de tudo o que se pode denominar assim, o massacre científico, etc.

O meu método, portanto, não é de forma alguma circular ou oscilante, ele pretende ir ao centro, que não é um tema, repito, mas um princípio de *estruturação* universal. Para ver a necessidade desse princípio, é preciso aceitar a dissolução de todos os temas nos *duplos*. A verdade humana não está nunca presente a não ser na crise que faz surgir a reciprocidade absoluta das relações humanas, na violência. Como os homens são incapazes de renunciar à violência, só houve sociedades, até hoje, graças ao mecanismo mítico-ritual que nos é cada vez mais extirpado. Daí decorre tanto a revelação e a urgência atual quanto a tentação de evasão em mitos cada vez mais temerosos e sinistros. O meu centro talvez não seja o correto, mas, ao escrever o meu livro, eu tinha a impressão de repetir demasiadamente a mesma demonstração, até torná-la cansativa. Édipo e Dioniso são a mesma coisa; o mito tsimshian é a mesma coisa, os reis africanos são a mesma coisa, os ritos de passagem são a mesma coisa, etc. O *pharmakós* também é a mesma coisa; e se falo dele é porque todo o mundo fala disso hoje, como eu teria insistido mais, talvez, no sacrifício do camelo na época de *Totem e Tabu,* mas não há o tema específico do *pharmakós* no meu livro. Se o *pharmakós* é particularmente surpreendente, em termos de perspectiva, é porque ele evidencia o processo da vítima expiatória, pelo menos num certo nível. Os ritos de "bode expiatório" são tão transparentes que talvez sejam os mais perigosos para a minha tese; são eles que fazem com que o senhor acredite no caráter "temático" do meu sistema; que o senhor tenha a impressão que reduzo tudo a esse tema do *pharmakós* que Derrida e Vernant recolocaram em circulação. Se o senhor ler com atenção o meu artigo de *Critique*,[7] o

[7] René Girard, "Symétrie et Dissymétrie dans le Mythe d'Oedipe", *Critique*, n. 249, fev. 1968.

senhor verá que o *mecanismo* da vítima expiatória já está desenhado nele, embora de maneira mais desajeitada do que em *La Violence et le Sacré,* e que já se trata de um sistema operatório, de um operador diferencial.

O último texto de Vernant sobre Édipo[8] me parece surpreendente porque, dessa vez, ele reúne todos os temas necessários para o andamento do sistema, para ultrapassar o *tematismo* – da mesma forma, aliás, que em todos os "frazerianos" do começo do século. Falta, contudo, o princípio motor da vítima *suprimida* em todos os relatos, da peça que falta, sem a qual o sistema se torna uma reunião inerte de temas analógicos. Se esse artigo consta em uma nota no meu livro é porque tomei conhecimento disso muito tarde, num momento em que o livro estava concluído; portanto, não pude integrar a referência ao texto. Leia o fim dessa nota (p. 157), e o senhor verá que a diferença entre o *tematismo* de Vernant e a minha perspectiva é nitidamente marcada. Vernant só vê uma superstição na expulsão do contrarrei; eu vejo nisso um mecanismo real, gerador de todos os temas, ele próprio nunca completamente *tematizado.* Se o senhor reler o meu livro em função desse mecanismo, verá que não há sequer um exemplo de mito, ritual, ou de instituição cultural, que não se mostre como resultado dessa operação, ou seja, interpretação deficiente do mecanismo, que eu pretendo revelar, ou interpretação dessas próprias interpretações.

Nada é mais difícil, para o pensamento, do que a passagem do *tematismo* para esse plano que Lacan chamaria de simbólico, mas eu acreditava que a coisa fosse facilitada pelo tipo de análise que pratico, em particular no caso de Édipo. Sem dúvida, os dois planos não são nitidamente marcados, nem o caráter fundamentalmente antitemático dos *duplos.* É justamente por essa razão que insisti nisso no artigo sobre Deleuze. Aliás, eu me pergunto se não persiste, aí também, o mal-entendido, talvez reforçado, visto que a programação "por um centro invisível", no livro, lhe

[8] Jean-Pierre Vernant, "Ambiguïté et Renversement. Sur la Structure Enigmatique d'*Oedipe Roi*", in *Echanges et Communications*, sob a direção de Jean Pouillon e Pierre Maranda. La Haye, Mouton, 1970.

parece lamentável. Eu diria que o centro é totalmente visível, ou eu gostaria que fosse, e que tudo deve irradiar a partir dele de modo absolutamente sistemático, mesmo quando o trabalho, na maioria dos casos, é simplesmente esboçado.

Eu lhe digo isso muito francamente e espero que essa franqueza não lhe desagrade. Se eu me dirijo ao senhor, não é porque as outras leituras do meu livro sejam "boas" e a sua "ruim", não há outra leitura além da sua, e todas as vezes que tenho reações, ou apreciações diversas, tenho a impressão de que o livro é amputado do mecanismo da vítima expiatória, que há uma recusa geral desse fundamento, em quase todos os raros julgamentos de fato críticos que chegaram a mim até hoje. Aliás, é sobre esse ponto que eu gostaria que fosse a discussão, pois a supressão desse mecanismo, *mesmo que fosse unânime,* sobretudo, talvez se fosse unânime, não poderia me convencer. Sou obrigado a interpretar essa supressão em termos sacrificiais, uma vez mais, e cabe ao senhor convencer-me de que me engano! Creio necessariamente que o meu livro é uma consulta imparcial, científica da enciclopédia mítica, ritual e cultural. Mas rápida demais para não passar por um simples truque, ou lenta demais para que os elementos da demonstração estejam todos presentes no momento desejado na cabeça do leitor. O livro, por outro lado, reflete o seu próprio itinerário, e, mesmo que o mecanismo intelectual não seja mais circular, o método de exposição não pode deixar de ser. Creio que vou escrever um ensaio sobre a religião primitiva e os mitos em que não se tratará de forma alguma de textos literários, pois o preconceito contra a literatura, a falsa diferenciação científica – falsa somente nas ciências humanas e em breve destinada a ser eliminada, se eu estiver certo – impede o leitor de levar certas análises a sério. Eu gostaria de partir de diferenciações instáveis nos mitos e rituais, para chegar à crise e vítima expiatória sem referências literárias. Obrigado mais uma vez e até breve, espero.

Desejo muito vê-lo, em Paris, em janeiro.

capítulo 11
do meu encontro com René Girard a *Coisas Ocultas Desde a Fundação do Mundo*

Jean-Michel Oughourlian

Verão de 1972 – Estou em Paris e sou o chefe clínico, no hospital Sainte-Anne, do serviço de saúde mental e de terapêutica do professor Pierre Deniker. Uma grande parte da minha atividade se desenvolve no laboratório de eletroencefalografia do doutor Georges Verdeau. Ele me ajuda propiciando-me tempo livre para preparar a prova de mestrado de Psiquiatria, que vai ocorrer dentro de alguns meses. Assim, estarei apto a defender na Sorbonne a minha tese de doutorado em Psicologia. Essa tese feita sob a supervisão do professor Henri Faure aborda o problema das toxicomanias que chamo de "atuais", contrapondo-as a toxicomanias clássicas, patológicas ou etnológicas.[1]

Bem, todas as minhas pesquisas bibliográficas e clínicas sobre as drogas e os toxicômanos, *hippies* ou *junkies*, como dizíamos na época, levam ao problema da violência: a violência combatida no Vietnã (faça o amor, não a guerra) e a violência contra si mesmo (é mais autodestruição do que agressão). Busco sem sucesso uma obra capaz de me ajudar a compreender esse problema de violência, que todas as condutas "atuais" de intoxicação voluntária apontam.

[1] J.-M. Oughourlian, *La Personne du Toxicomane*. Toulouse, Privat, 1974.

Foi com esse espírito que fui ver o meu livreiro, Marcel Gizard. Trata-se de um velho amigo do meu pai, que constituiu toda a sua biblioteca graças a ele; eu também me tornei seu amigo. Fui vê-lo na Avenida de Friedland, em sua livraria "À la Page", que desapareceu quando M. Gizard se aposentou. Eu lhe expus as minhas pesquisas e falei sobre a minha angústia diante da impossibilidade de encontrar, nas bibliotecas, referências capazes de me ajudar a dar esse sentido à violência que aflora em todas as condutas das toxicomanias "atuais". M. Gizard ouviu-me com sua bondade de sempre, encorajou-me e prometeu, por sua vez, sair à caça.

Outubro de 1972 – Com o outono e os primeiros dias frios, estou na cama com a minha angina habitual e 39 graus de febre. Por volta das sete da noite, toca a campainha. Não esperávamos ninguém, mas Helena, a minha esposa, vai abrir. Ela vê nosso amigo Marcel Gizard, ensopado de chuva, com um livro na mão, dizendo: "Acho que é isso que Jean-Michel está procurando. Esse livro acaba de ser publicado. É preciso que ele o leia com urgência".

Alguns dias mais tarde, com a ação dos antibióticos, saio do meu embrutecimento e vejo essa obra na minha mesa de cabeceira. Trata-se de um volume robusto, publicado pela editora Grasset. Escrito por um certo René Girard, ele tem um título que me entusiasma: *A Violência e o Sagrado.*

Os meses de outubro, novembro e dezembro de 1972 serão dedicados a quatro leituras consecutivas dessa obra genial que mudou a minha vida. Terminei a redação da minha tese, inspirando-me na teoria de Girard. Passei no meu mestrado de Psiquiatria, terminei a clínica.

No mês de fevereiro, decidi encontrar René Girard para expressar a minha admiração e dizer-lhe a que ponto eu julgava as suas teorias passíveis de serem aplicadas à psicologia e à psiquiatria. Eu me informei; o professor Girard trabalhava na Universidade de Nova York. Isso não me intimidou; peguei um avião para lá e fiquei na casa de um velho amigo do meu pai, um próspero industrial americano, M. Karnik Malikian. Expliquei a ele o objetivo da minha visita. No dia seguinte, ele me levou ao seu escritório e pediu à sua principal colaboradora que conseguisse o telefone e o endereço do professor Girard. Uma hora mais tarde, ela voltou sorrindo:

– Disseram ao senhor que o professor Girard dava aulas na Universidade de Nova York?

– Sim.

– Mas não disseram que ele dá aulas na Universidade de Nova York em Buffalo!

– E onde fica esse estabelecimento?

– Buffalo é uma cidadezinha no norte do estado, a 450 quilômetros aproximadamente.

– Como podemos ir até lá?

– Com dificuldade, pois está nevando há alguns dias sem parar, deve haver pelo menos de um a dois metros de neve lá e os aviões não podem aterrissar.

– É possível, pelo menos, falar com o Professor Girard por telefone?

– Vou tentar.

Alguns instantes mais tarde, consegui falar com o professor Girard por telefone, expliquei a ele que estava em Nova York para vê-lo e que me havia deparado com dificuldades inesperadas. Ele respondeu muito amavelmente que me agradecia o interesse manifestado pelo livro dele, mas que ele era, sobretudo, um homem de letras e não compreendia de que modo a sua teoria poderia – como digo – transformar a psicologia e a psiquiatria.

Diante da minha insistência e do meu entusiasmo, ele prometeu me dizer a data em que pretendia estar em Paris, na primavera. Imediatamente, perguntei se ele aceitaria fazer parte da minha banca de defesa de tese. Ele consentiu e pediu que eu lhe enviasse o texto da tese.

Maio de 1973 – Fiel à sua promessa, René Girard me telefonou ao chegar em Paris. Ele estava hospedado num hotel da Rua Jacob. Marcamos um encontro para o dia seguinte: "Vou esperar o senhor no *hall* às onze horas", disse-me.

No dia seguinte, como combinado, fui para a Rua Jacob. Nunca havia visto o professor Girard, mas, pelos seus textos, eu o imaginava como um velhinho de óculos e cabelo branco.

Na frente da porta do hotel, eu cruzei uma pessoa vigorosa com muito cabelo bem preto e sobrancelhas espessas. Não prestei nenhuma atenção e entrei no hotel. Perguntei sobre o professor Girard ao porteiro: "Ele estava aqui agorinha", disse-me, "ele deve estar fora, o tempo está bom". Voltei a sair e só vi o atleta que acabara de cruzar. Voltei a falar com o porteiro, disse-lhe que não o estava vendo. O porteiro veio na minha direção e se dirigiu ao senhor em quem eu não havia prestado atenção: "Professor Girard, este senhor está à sua procura". Morrendo de rir diante do meu ar de espanto, René Girard disse-me: "Duvidei que fosse o senhor". "Eu não, devo dizer, eu não o imaginava tão jovem!"

Fomos tomar algo e depois almoçar. A nossa conversa não acabava. Eu insistia muito para que René Girard se interessasse por psicologia e psiquiatria; ele ria e repetia que não pensara nisso. Alguns dias mais tarde, ele participou da minha banca de tese e voltou para os Estados Unidos, convidando-me para ir vê-lo.

Durante o verão de 1973, fui visitar René em Buffalo. Ele morava numa casa no bosque de uma cidadezinha do subúrbio: East Aurora. Foi assim que conheci a sua esposa Martha e os seus filhos: Martin, Daniel e Marie. Encontrei também alguns dos seus colegas e alunos que constituíam o primeiro núcleo dos girardianos. Foi nesse momento que peguei meu gravador e registrei várias entrevistas com René sobre certos pontos da sua teoria mimética, sobre *A Violência e o Sagrado*, sobre a Bíblia e, é claro, sobre psicologia, psiquiatria e psicanálise.

De volta a Paris, retomei as fitas gravadas, organizei-as e fiz com que fossem datilografadas. Eu as enviei para René esperando ter a sua opinião. Ele as enviou de volta com alguns acréscimos e comentários. Nós nos falávamos com frequência e tínhamos longas conversas graças ao apoio e à compreensão do diretor do Centro Hospitalar Sainte-Anne, o inspetor-geral da saúde, Oswald Rouquet. Este se tornou meu amigo, ele se interessava por meu projeto de pesquisa com René e tinha disponibilizado uma linha de telefone internacional que eu podia usar livremente no escritório do Dr. Verdeau.

Entusiasmado pela teoria mimética, apresentei-a a um colega psiquiatra, Guy Lefort, para compartilhá-la comigo. Ele se interessou tanto por essa nova linha de pesquisa que me perguntou se poderia me acompanhar quando eu voltasse aos Estados Unidos para encontrar René Girard.

Foi assim que, no verão de 1974, Guy Lefort e eu fomos para Buffalo. As nossas conversas continuaram com um gravador e a ideia surgiu, ou seja, organizá-las para talvez um dia publicá-las. Tenho dessa estada uma lembrança extraordinária: trabalhávamos muito, alegres e de bom humor, e tínhamos ao mesmo tempo o sentimento de participar de uma aventura intelectual extraordinária.

Em 1975 e 1976, continuamos a trocar ideias, as nossas conversas gravadas às vezes nos Estados Unidos, às vezes em Paris; o manuscrito começava a tomar mais corpo. Em 1977, René teve uma fase em que se sentiu desencorajado e se mostrava pessimista em relação ao nosso empreendimento. Ele achava que era complicado, demorado, não necessariamente coerente... Decidi então passar pelo menos três meses em Baltimore perto de René, que naquele ínterim fora nomeado professor na Universidade Johns Hopkins. René acolheu essa proposta com entusiasmo e decidimos trabalhar juntos, sem interrupção, até que o manuscrito ficasse pronto. Prometi a ele não deixar os Estados Unidos antes de ter o manuscrito pronto na minha bagagem.

Foi assim que, em junho de 1977, fui me instalar em Baltimore com a minha mulher e os meus filhos. René e Marta encontraram uma casa grande com piscina, a de um colega, professor de inglês, Stanely Fish. Nós nos instalamos nessa casa e já no dia seguinte retomamos o nosso ritmo: René chegava de manhã e começávamos a trabalhar na sala de jantar. Depois, ao meio-dia, almoçávamos, a minha mulher em geral fazia peixe para nós – delicioso em Baltimore –, em seguida, nós continuávamos a trabalhar até as dezoito horas, aproximadamente. Nós jantávamos, conversávamos, trocávamos ideias, discutíamos e assim preparávamos o trabalho para o dia seguinte.

Esse período, no verão de 1977, ficará na minha memória como uma das mais belas lembranças da minha vida. Eu aprendia, na exaltação, uma infinidade de coisas que ignorava até então. Tinha a sorte de trabalhar com um verdadeiro gênio, que tornava simples e límpidas as noções mais complexas. Um gênio se caracteriza por ver sempre algo de inesperado e apaixonante onde não vemos absolutamente nada, num filme, numa peça de teatro, num texto literário ou filosófico, até num jornal!

Guy Lefort nos ligava com frequência. Ele chegou a passar alguns dias conosco, sempre entusiasmado com o nosso trabalho. Essa visita deu lugar a diálogos interessantes e a reuniões amigáveis, jantares ou almoços, muito alegres e de convívio realmente agradável.

O trabalho continuou. Chego a acreditar que eu ajudava René, com a minha presença enquanto interlocutor entusiasta e também pelo fato de as minhas ideias ficarem claras e mais precisas ao serem expostas a um aluno interessado. Creio também tê-lo finalmente convencido de que a sua teoria poderia transformar a psicologia e a psiquiatria, e é por essa razão que decidimos escrever o Livro III, ao qual demos o nome da nova psicologia que queríamos promover: *Psicologia*

Interdividual. Essa denominação tinha como propósito retirar a noção de indivíduo, de mônade, de sujeito, para substituí-la por uma psicologia essencialmente centrada na relação mimética e *interdividual*.

Nós nos "divertíamos" muito e o riso acalmava René e o estimulava, creio, a escrever intrepidamente coisas que talvez não tivesse escrito, se não fosse isso. A nossa falta de reverência em relação aos grandes pensadores era total. Uma noite, estávamos trabalhando sobre Freud e René me disse que precisávamos ter um texto de *Além do Princípio de Prazer* à nossa disposição. Era tarde. Remexemos nos meus livros, na sua biblioteca, sem conseguir encontrar esse texto. René me disse então que só o seu colega erudito e bibliófilo, o professor Dick Macksey, poderia tê-lo. Saímos então a pé no calor úmido do verão de Baltimore. Tocamos a campainha da casa do professor Macksey por volta das dez da noite. Ele abriu a porta, perplexo com uma incursão tão tardia, e o seu espanto foi imenso quando René lhe expôs o intuito da nossa visita. Infelizmente, ele não tinha, disse-nos, o texto em francês, e emprestara a um colega o texto em inglês. Entretanto, ele tinha o texto em alemão: *Jenseitz des Lust-Prinzips*. René o pega rapidamente e descubro, nesse momento, que ele lê fluentemente alemão e também fala o idioma.

Esta era a atmosfera desse verão extraordinário. Foi para mim uma experiência inesquecível e o começo de uma amizade, de uma busca comum e de uma colaboração que existem até hoje.

No fim de setembro de 1977, René me anunciou triunfalmente que a sua secretária, que aceitara datilografar à máquina todo o manuscrito, tinha terminado: novecentas páginas datilografadas. René estava aliviado e muito feliz por ter acabado esse livro. Eu, do meu lado, fiquei entusiasmado e muito orgulhoso. Fizemos as nossas bagagens para voltar a Paris.

René veio nos buscar para nos levar ao aeroporto de Washington, onde íamos pegar um voo direto para Paris. Já fazia dez minutos que rodávamos de carro quando René e eu nos demos conta: havíamos esquecido... o manuscrito. Voltamos imediatamente, mas dessa vez com o manuscrito na minha pasta. No aeroporto, ele me fez as suas últimas recomendações: "Assim que você chegar, leve o manuscrito para o meu amigo Yves Berger na editora Grasset. Vou ligar para ele e avisar".

Dois dias mais tarde, Guy Lefort e eu estávamos na Rua des Saint-Pères, na editora Grasset, no escritório de Yves Berger, que se parecia fisicamente com René, mas com um sotaque meridional muito mais pronunciado. Quando ele fala, parece que estamos ouvindo Raimu, e o que nos diz é desencorajador: "O que é que deu no René para fazer uma coisa dessas?! Os diálogos não vendem. Enfim... para agradar vocês e porque gosto muito de René, vou passar esse manuscrito a Françoise Verny, mas não prometo nada".

Saímos arrasados e voltamos ao Hospital Saint-Anne para telefonar a René. Decidimos esperar, pois não havia nada mais a fazer. Oito dias mais tarde, eu recebi um telefonema da assistente de Françoise Verny e, no dia combinado, fui ao seu escritório, no fundo de um corredor da editora Grasset. Sentada à sua escrivaninha, ela me olhou "por baixo", com seus grandes olhos e um cigarro no canto dos lábios: "Foi você quem fez o René dar à luz esse bebezão? Você deveria ser ginecologista!". Eu morro de rir e uma simpatia imediata se instala entre nós. Ela me convida para almoçar e falarmos a respeito do livro. Durante o almoço, ela resmunga: "Esse negócio de vocês é genial, mas não vai vender..." Diante da minha expressão desolada, ela acrescenta, dando uma tragada no cigarro: "Mesmo assim vou publicá-lo. Não vou recusar uma obra de René Girard".

E foi assim que, alguns meses mais tarde, na primavera de 1978, a Grasset publicou *Coisas Ocultas desde a Fundação do Mundo* com uma bela capa representando o senhor com o chapéu de Magritte e uma maçã no rosto. O que se segue faz parte da história.

parte II
loucos e reis

capítulo 12
crise sacrificial e psicose nascente

Henri Grivois

Nenhum texto psiquiátrico sério ignora a força estranha que encobre a psicose desde os seus primeiros dias. Ninguém que depare com ela, profissional ou não, permanece insensível. A psicose se mostra mais num clima de horror do que de compaixão. Os sedativos utilizados contra a agitação, com frequência quase hipnóticos, são convenientes para todo o mundo.

De onde vem essa força estranha? Os pacientes têm a impressão de que é passada a eles e que pode se abater sobre eles. “Essa força que me habita às vezes e que é tão perigosa”, diz um paciente. Uma aura de temor envolve um evento inapreensível, mas iminente. Essa iminência emana da presença das pessoas ao seu redor como se o evento já tivesse começado.

> Para começar, S. se situa no centro do mundo. “É uma multidão, mulheres, homens, crianças, adolescentes, velhos.” Ela não conhece as intenções ou as define de modo muito variado. Hostilidade? Proteção? “As pessoas riem, choram, urram, zombam, se compadecem de mim...”
> Ou perseguem-na. A multidão de homens, como de cachorros, fica à sua volta. Às vezes são ameaçadores.

> Levam-na ao suicídio. Ela chega a falar sobre o seu cadáver, que seria abandonado por todos. Ela é o animal perseguido. E, ela acrescenta, "as vozes dos homens me cortejam..." Paradoxo que traduzo por "é uma caça com perseguição", calembur que ela aceita sem ver nisso o menor humor.

O fenômeno descrito aqui está no limite entre alucinação e interpretação, segundo os termos empregados pela ortodoxia psiquiátrica. Mas a experiência essencial é a da unanimidade e o fato de estar em seu centro. A unanimidade não é uma essência. Ela se amplifica à medida que se alimenta de outros encontros, com outras pessoas próximas ou representadas.

> J. sai de férias. Ruptura na sua vida rotineira. Ela se vê rodeada por pessoas que significam o seu interesse de múltiplas maneiras, mas, em geral, de forma derrisória. Nessa época, ela estava lendo Les Oiseaux se Cachent *pour Mourir*. Todo o mundo faz a mesma coisa, todos leem o mesmo livro que ela. Zombam dela, imitando-a. É um sinal. Ela é excluída em todos os lugares e de tudo e, no entanto, é o centro do interesse de todos. A viagem continua pela França; cada etapa é uma ocasião para verificar o fenômeno e, portanto, para experimentar a sua extensão extrema.

Uma faísca às vezes faz surgir um sentido: "Todos nós nos imitamos, eles me imitam, estão de acordo no sentido de reproduzir os meus gestos, talvez o meu pensamento". A primeira intuição não é "as pessoas estão bravas comigo", trata-se antes de: "Eles me imitam e são loucos por me imitarem". E esse registro da loucura ou da falta de sentido não faz senão declarar por sua vez o caráter contagioso e generalizado da unanimidade.

> H. G.: Então, o senhor viu pequenos sinais seus, cada um pegava do senhor uma coisinha e o imitava...
> R.: São o que eu chamo de sósias. Na realidade, cada um tem uma coisa, um tem os óculos e o ar, o outro o corte de cabelo e o jeito de andar, etc.
> H. G.: E assim por diante?
> R.: Ah, sim, em grande quantidade, não sei onde foram achar isso, são bons atores além do mais, acredito, porque francamente fazem isso muito bem, são talentosos.
> H. G.: Então, se são como o senhor, o senhor também é como eles. Quem começou?
> R.: É isso, eles começaram.
> H. G.: Eles?
> R.: Ah, sim, claro.

O paciente toca num ponto em que cada um de nós é, como ele, vulnerável. Vivemos todos, em geral, lidando com incitações recíprocas e muitos dos nossos movimentos reproduzem os dos nossos semelhantes. Num encontro, duas pessoas se cumprimentam: ninguém pensa em identificar o autor do primeiro gesto. Suponhamos que uma medalha esteja em jogo. Ela será ainda mais difícil de ser concedida porque os movimentos dos protagonistas são, ao mesmo tempo, miméticos e simultâneos. Pode-se imaginar que a simultaneidade mostra entre os indivíduos uma leve indiferenciação. Quanto mais as trocas forem miméticas, mais escapam da consciência, e mais a sua percepção cria uma ameaça potencial de indiferenciação. Na psicose, diante dessas trocas, o paciente não se encontra mais protegido. Uma armadilha fantasmagórica recai sobre ele. A origem dos seus movimentos não é mais atribuível, ela oscila entre ele e os outros. A simples presença desses pacientes desnuda as trocas interpessoais. Ela mostra de maneira evidente as ações elementares sem autor definido. Às vezes é caricatural.

> V., durante uma conversa, adota discretamente as minhas posições e os gestos das minhas mãos. A sua atenção

> se volta para a chegada ao meu lado de um residente. Quando trocamos simultaneamente a posição das nossas mãos, ela fica muito angustiada. Ela não pode adaptar o seu comportamento diante de duas pessoas. Fica imobilizada, inexpressiva. O residente sai, a calma volta a reinar, a conversa continua.

O ar que respiramos é imperceptível, mas se torna sensível quando o vento sopra. Amortecido ou estrondoso, o mimetismo humano emerge na fronteira da psicose. Como em outras patologias, é o disfuncionamento que faz o nosso conhecimento do fenômeno subjacente progredir. Os mecanismos desequilibrados na psicose nascente são os mesmos que, regulados, fazem o ser humano. Vista sob o ângulo de um desequilíbrio interindividual anterior a todo significado, a psicose não constitui, por assim dizer, um evento psíquico.

O teórico não poderia eliminar a dimensão coletiva da psicose.[1] Aqueles que conhecem a obra de René Girard não deixarão de ficar surpresos com as analogias que existem entre a nossa descrição da psicose nascente e a que faz Girard da crise social de indiferenciação ou "crise sacrificial". Sem dúvida, a psicose não leva necessariamente a um ato violento. Então, em que ela é comparável com a violência da multidão em crise, fundadora, segundo Girard, de toda cultura humana? Resposta: se a multidão unânime mata um dos seus, ela confere à vítima uma *posição central.*

A psicose e a multidão se unem em três pontos. Primeiramente, a centralidade sacrificial e a da psicose são isomorfas, só uma coisa está no centro de todos. Em segundo lugar, essas centralidades vêm ambas de mecanismos interindividuais. Terceiro ponto, quando nenhum sentido se dissimula no mecanismo, ele surge,

[1] Cf. Mark R. Anspach, "Délire Individuel et Effervescence Collective", em *Mécanismes Mentaux, Mécanismes Sociaux. De la Psychose à la Panique*, sob a direção de Henri Grivois e Jean-Pierre Dupuy. Paris, La Découverte, 1995, p. 97-107.

contanto que não esteja ausente do sacrifício e da psicose. A violência almejada pela inveja coletiva transforma a sua monstruosa vítima em promotor divino de paz. Quanto ao psicótico, ele se lança antes de tudo em interpretações opostas: ele é Deus, ele é um monstro, ele tem uma missão, querem fazer com que desapareça. Quando uma interpretação elimina as outras, ele se instala no delírio.

Trabalhando junto a pacientes com centralidade psicótica, tento evitar que esta se torne o combustível de delírios irreversíveis.[2] A passagem para uma montagem delirante, perseguidora ou de outra natureza, constitui de fato o ato de saída da psicose nascente e a entrada oficial na psicose no sentido tradicional do termo.

Há continuidade entre crise fundadora, sacrifício, psicose nascente e utilização da linguagem religiosa nos estados precoces, não delirantes da psicose. Estou ainda mais convencido de que não foi Girard quem me fez compreender os meus pacientes, mas os pacientes que me esclareceram sobre o texto de Girard.

O desejo é o que acontece nas relações humanas quando não há mais resolução vitimária, portanto, quando não há mais polarizações de fato unânimes, suscetíveis de desencadear essa resolução; essas relações não são menos miméticas, e vamos encontrar na forma "subterrânea" e às vezes enganosa dos sintomas individuais, o estilo dinâmico da crise sacrificial, mas que, dessa vez, na ausência de resolução vitimária e ritual, desemboca no que chamamos de psicose.[3]

Somente o psicótico atinge uma confrontação *metafísica* com a espécie humana. O psicótico se coloca de antemão além de um ponto que o neurótico nunca alcançará. A psicose nascente não é um grau do desejo mimético. Porém, Girard, sem dúvida, tem razão de postular que, na ausência de resolução vitimária ou ritual,

[2] Ver Henri Grivois, *Naître à la Folie* (Paris, Les Empêcheurs de Penser en Rond, 1991) e *Parler avec les Fous* (Paris, Les Empêcheurs de Penser en Rond, 2007).
[3] René Girard, *Des Choses Cachées Depuis la Fondation du Monde*. Pesquisas com Jean-Michel Oughourlian e Guy Lefort. Paris, Grasset, 1978, p. 312.

vamos encontrar nos sintomas individuais a dinâmica da crise sacrificial. Não desembocando numa exclusão e menos ainda num assassinato ritual, correm o risco de não se concluírem. Essa afirmação é em grande medida verificada por nossas observações e modo de lidar com os pacientes. Nesse sentido, a psicose nascente se aproximaria da estrutura de uma crise sacrificial sem resolução.

Pode-se considerar que o homem é um primata sacrificial: diante da sua violência autodestrutiva, ele teria, pelo linchamento arbitrário e unânime, resolvido os seus conflitos sem desaparecer. Mas esse mecanismo de polarização num só, mecanismo religioso original, deixa aos poucos o desconhecimento que lhe conferiu uma grande parte da sua eficácia. Não funciona mais até o seu término: a exclusão reconciliadora é uma página virada da história dos homens, ela está desaparecendo, pois não nos deixamos mais totalmente enganar.

O vocabulário religioso, durante longo tempo, foi o único a desejar expressar o inexprimível. Ele esgotou por vez. Entretanto, o recurso ao religioso emerge ainda com frequência. E ele é quase sempre espontâneo quando surge na psicose nascente.

Contudo, para o psiquiatra, o religioso é sempre suspeito. Dessa forma, as referências ao sagrado devem ser banidas da pesquisa racional e da prática psiquiátrica, como antigamente já foi um sacrilégio utilizá-las. Essa ausência de legitimidade exclui, portanto, o religioso do diálogo com os pacientes, não se verificando mais sua presença, a não ser de forma deteriorada ou metafórica.

Mas ainda é possível colocar entre parênteses o sagrado se quisermos acompanhar o doente no âmago da sua experiência, ou seja, no sentido do mecanismo da unanimidade arbitrária e violenta identificada no centro da psicose nascente?

Talvez digam que as metáforas do sagrado ou da transcendência despertem artificialmente o sagrado. Se nós as pressentíssemos, nós as proporíamos ao paciente, ou, se nós as ouvíssemos, nós as evidenciaríamos para eles. Isso faz com que levemos o paciente ao delírio? De fato, não são as metáforas do sagrado que oferecemos a ele; é ele que, não tendo nenhum outro termo, recorre ao sagrado, visto que na psicose nascente "é a primeira vez": ele não pode recorrer a outras referências. É possível que nós metaforizemos, ele não. O problema não é evitar a incitação do sagrado, mas deixar que o sagrado seja dito a partir do seu ponto de partida plausível, *a unanimidade menos um* da crise fundadora.

Para ser operacional, uma catarse deve ser intensa e global. *Intensa* significa que ela deve permanecer ligada na unanimidade dos homens; *global* significa conter interpretação mítica (perseguidora, por exemplo). A unanimidade garantiria a força do sistema; a experiência da polarização, o seu sentido último, daria um fim à pesquisa do sentido.

A saída mais radical do episódio central e o melhor retorno à comunidade são realizados nas melancolias mais difíceis, em que reina o sentimento de culpa. A melancolia em geral chamada de delirante associa a unanimidade e a sua mais simples interpretação, a mais congruente para a experiência de centralidade: a noção de culpa irreparável. Experiência global de submissão e de dor, essa experiência destruidora fixa a instabilidade das alternâncias cognitivas e afetivas observadas em outras evoluções de psicoses nascentes. A metáfora do luto foi usada com frequência para descrevê-la. Ela não é errada, só é fraca em relação à intensidade extraordinária que confere a unanimidade ao afeto. Para nós, o sujeito deveria ultrapassar a situação central, sobretudo porque ele se fecha nela. Em suma, se é possível falar de catarse, o seu sucesso se deve aqui à intensidade e globalidade, que permitem a reconstrução de uma ligação com a comunidade.

Quanto ao caráter sempre incerto e incompleto da evolução esquizofrênica, ele estaria ligado à incapacidade de identificar qualquer responsável pela incrível unanimidade, ao contrário do melancólico ou do paranoico. Na melancolia o sujeito designa a si mesmo como responsável; na paranoia, ele designa um outro.
É como se o esquizofrênico estivesse preso na pura busca de sentido. Economizando o sofrimento ou a exaltação, ele não pode recuar nem avançar, está condenado

a compreender o incompreensível. Isso não quer dizer que ele não sofra, mas o seu novo sofrimento não tem mais relação com a experiência de centralidade. Eliminado do centro, esse sofrimento ligado a construções delirantes nasce então dos transtornos da sua relação com os outros.

A psicose nascente seria, portanto, em muitos aspectos, uma oscilação entre um fulgurante encontro da experiência dos mecanismos fundadores e a fuga no desconhecimento (*méconnaissance*), através de vários meios. O delírio, que garante a qualquer preço a reconstrução do laço social, seria apenas um aspecto dessa fuga. A psicose nascente estaria na origem perdida de toda cultura como a vítima expiatória no centro da crise sacrificial. Esta nasceria no fundo do indivíduo que se tornou totalmente mimético e obrigado a refazer o caminho a partir de um novo ponto de partida sacrificial.

A nossa hipótese quer, de fato, que o psicótico, num curioso arcaísmo, produza um evento sacrificial. Este nunca se conclui. O psicótico continua vivo e a sociedade continua a funcionar. Não se encontram mais. A sociedade moderna, querendo ou não, responde cedo ou tarde à loucura de maneira impositiva. Podemos chamá-la de exclusão (Foucault) ou de inclusão democrática (Gauchet), não há outra resposta possível na ausência de um processo de conhecimento e de "revelação", sem dúvida impossível no momento presente.

De um lado, temos um sujeito funcionando no mimetismo puro, sem proteção cultural e, sobretudo, no absoluto desconhecimento; do outro, uma sociedade pós-sacrificial, sem rito e ela também no desconhecimento. Entretanto, essa sociedade está em processo de desconstrução. Todos se confrontam com o sacrifício, atraídos por ele e por suas falsas exigências. Certamente, o sacrifício não ocorrerá, mas a compreensão psiquiátrica atual é satisfatória? Uma reflexão sobre a psicose nascente poderia nos ajudar a sair desse desconhecimento sacrificial que encontramos, sob diversas formas, tanto no psiquiatra quanto no paciente.

capítulo 13
Erasmo: loucura e rivalidade

J. M. Coetzee

Escolher o lado

Mesmo tendo feito fama enquanto crítico da vaidade profana do clérigo, Erasmo de Roterdã teve dificuldades em se engajar ao lado dos extremistas luteranos em seu conflito com o papado. Simpatizava muito com os ideais da Reforma, mas estava perturbado pela intolerância e rigidez do movimento reformador; em geral, esforçava-se para manter uma distância entre sua própria crítica da Igreja e a de Lutero. Contra sua vontade, Erasmo encontrava-se implicado na rivalidade entre Lutero e o papa. Era antipático a qualquer conflito (o que não significa que sua repugnância a tomar partido dependesse apenas de seu temperamento: ele também era profundamente político). Quando o papa o incitou a denunciar as heresias de Lutero, replicou: "Eu preferiria morrer a pertencer a uma facção". Em razão de seu fanatismo, a controvérsia acerca da Reforma parecia-lhe insensata. Ele julgava que o assalto violento de sua rivalidade tornava os dois partidos cada vez mais semelhantes, mesmo que insistissem em suas diferenças de forma cada vez mais barulhenta. "É estranho ver como as duas facções estimulam-se uma à outra, como se estivessem em colusão", escreve. Mas, ao recusar escolher um lado (deve-se sublinhar, aqui, que "escolher seu bordo" nem sempre é escolher um aliado, mas, às vezes, escolher um inimigo), reivindicando uma posição a partir da qual poderia julgar (ou, a seu ver, arbitrar) o conflito, ele só conseguiu atrair a hostilidade das duas facções. Terminou seus dias isolado e sob o fogo dos ataques. Para Lutero, ele era o "Rei dos Anfíbios". O "rei dos *mas*", diz Georges Duhamel.[1]

Seria forçar a verdade ver em *Elogio da Loucura*, escrito durante uma viagem à Inglaterra em 1509, uma premonição da crise que aconteceria uma década depois. Entretanto, no monólogo da Loucura, Erasmo adapta um papel político bem conhecido: o do rei que reivindica o direito de criticar a todos sem represálias, uma vez que sua loucura o define como não sendo plenamente humano e, portanto, não sendo um sujeito político dotado de desejos e ambições políticas. O livro, assim, delineia a possibilidade de uma posição para aquele que critica a cena em que a rivalidade política opera, uma posição que não é simplesmente imparcial para com seus rivais, mas que é também, por definição, inteiramente exterior ao teatro da rivalidade: uma *não* posição. É essa posição paradoxal que, mais tarde, Erasmo não conseguirá encontrar entre o papa e Lutero.

No domínio da ação política, tais manobras, não muito hábeis, raramente têm êxito: a liberdade de criticar os dois lados e permanecer imune às represálias confere tanto poder ao farsante que os rivais se unem voluntariamente para eliminá-lo antes de retomarem suas disputas. Não há nada de novo no artifício que consiste em fingir loucura para exigir os privilégios do bufão. Entretanto, o *Elogio da Loucura* é mais que um advogar falsamente ingênuo pela posição não engajada, louca--mas-não-verdadeiramente-louca, e contra as posições engajadas e rivalidades: é também uma reflexão plenamente consciente dos limites intrínsecos a todo projeto de falar em nome da loucura.

[1] As citações de Erasmo e de Lutero são retiradas, respectivamente, de Roland H. Bainton, *Erasmus of Christendom*, Londres, Collins, 1972, p. 217; Richard L. DeMolen, *Erasmus*. Londres, Edwin Arnold, 1973, p. 131; e Bainton, p. 261. Duhamel é citado por Walter Kaiser, *Praisers of Folly*, Gollanez, 1962, p. 39. Nas cartas escritas em 1519, Erasmo considera "insensatos" os ataques lançados contra ele pelos teólogos de Louvain e descreve como "uma pestilência mortal" a discórdia crescente: "Eu jamais imaginaria que os teólogos pudessem ser tão maníacos. Considerar-se-ia uma infecção desastrosa. E, no entanto, esse vírus tóxico, tendo começado em um círculo restrito, propagou-se muito além, de forma que uma grande parte da universidade foi levada pelo contágio da paranoia epidêmica" (citado por James McConica, "The Fate of Erasmian Humanism", in *Universities, Society, and the Future*, Nicholas Phillipson (org.). Edimburgo, Edinburgh University Press, 1983, p. 45).

Na leitura de *Elogio da Loucura* proposta abaixo, na seção IV, eu me concentro na análise - uma análise dissimulada sob a forma de pilhéria, que se apresenta como loucura e que eu hesito em chamar de ironia - do problema de encontrar ou criar uma posição dentro-mas-não-dentro da dinâmica política, uma posição que não foi ainda dada, definida, limitada e legitimada pelo próprio jogo. Os contornos dessa análise aparecem de maneira particularmente clara se lermos *Elogio da Loucura* à luz de dois projetos de nossa época, dois projetos comparáveis em seu alcance e em suas consequências políticas. Um deles é o de Michel Foucault: restituir à loucura sua autoridade enquanto voz oposta à voz da razão. O outro, de Jacques Lacan: conceber novamente uma ciência em que o inconsciente realmente encontre sua voz. Esses projetos são esboçados na seção II.

Erasmo mostra-se mais lúcido quando desvenda a dinâmica da rivalidade, assim como mostra sua Loucura mais engenhosa quando se esquiva dos imperativos violentos dessa dinâmica. Em nosso tempo, a análise mais profunda das vicissitudes da rivalidade pertence a René Girard. Por isso, minha leitura de Erasmo também se inscreve no quadro do projeto girardiano - esboçado na seção III - que dá ao fenômeno da rivalidade uma dimensão antropológica e transistórica. Eu não procuro transformar Erasmo em um discípulo de Girard ou de Foucault, antes mesmo que estes existissem, e muito menos alistar Girard, Foucault e Lacan em uma pretendida escola de Erasmo. Por sua etimologia, a *teoria* é ligada à visão. Lendo Erasmo "à luz" das teorias do nosso tempo, eu aspiro simplesmente a tornar visíveis os traços de *Elogio da Loucura* que podem, até então, ter permanecido à sombra.

A denúncia da denúncia da loucura

Na década de 1960, partindo de horizontes diferentes, produz-se um ataque contra o *establishment* psiquiátrico, em nome da loucura e dos direitos da loucura. Entre os líderes do ataque, estavam Ronald David Laing, Thomas Szasz e Michel

Foucault. Uma vez que Foucault é o único dos três a situar sua crítica do hospício em um contexto histórico e filosófico, eu me limitarei a comentá-lo.

A partir da maneira como a Europa pós-cartesiana privilegia a razão com relação à loucura – calando-a e excluindo-a da sociedade –, Foucault revela uma estratégia que não conhecia a si mesma e que então é, segundo seus próprios termos, louca. Ela não conhecia a si mesma no sentido em que pretende ser fundamentada em uma plena consciência de si, uma consciência de si mesma enquanto voz da razão transcendente, enquanto é, de fato, apenas a voz de um certo poder.

A denúncia por Foucault da denúncia da loucura pela razão faz-se em nome de um conhecimento de si mais completo que aquele de que a razão se vangloria. Foucault tenta mostrar que a oposição da razão à loucura é uma oposição puramente política, ou seja, uma oposição entre rivais que estão no mesmo plano, quando um abafou e reduziu o outro ao silêncio.

Sobre o projeto de Foucault de uma arqueologia do "silêncio" da loucura, Jacques Derrida escreveu, em 1963,[2] as seguintes linhas:

> Foucault quis [...] escrever uma história *da própria* loucura [...], ou seja, a partir de seu próprio instante, de sua própria instância e não na linguagem da razão, na linguagem da psiquiatria *sobre* a loucura. Trata-se, então, de escapar da armadilha ou da ingenuidade objetivistas que consistiriam em escrever, na linguagem da razão clássica [...], uma história da própria loucura selvagem. [...] A vontade de evitar a armadilha é constante em Foucault. Ela é

[2] "Cogito et Histoire de la Folie", conferência de Jacques Derrida, pronunciada em 4 de maio de 1963 no Collège Philosophique, e publicada no ano seguinte na *Revue de Métaphysique et de Morale*, antes de ser coligida na compilação *L'Ecriture et la Différence*. Paris, Le Seuil, 1967 (Coleção "Tel Quel"). As referências das citações remetem à nova edição na coleção "Points" (Le Seuil, 1979).

> o que há de mais audacioso, de mais sedutor na tentativa. [...] Mas também é, e eu o digo sem rodeios, o que há de *mais louco* em seu projeto (p. 55-56).

Foucault compreendia a natureza paradoxal de seu projeto. No prefácio à edição original de *História da Loucura*, ele escreveu: "A percepção que procura apreender (as palavras da Loucura) no estado selvagem pertence necessariamente a um mundo que já as capturou".[3] Mas, mais precisamente, o que Derrida julga "louco" nesse projeto?

> A arqueologia do silêncio não seria o recomeço mais eficaz, mais sutil, a *repetição* [...] do ato cometido contra a loucura, e isso no próprio momento em que é denunciado? Sem contar que todos os *signos* através dos quais Foucault indica a origem do silêncio e da palavra cortada, de tudo que teria feito da loucura essa palavra interrompida e proibida, confusa, todos os signos, todos os documentos foram emprestados, sem exceção, da zona jurídica de interdição (p. 57).

Há, então, dois fios na crítica de Derrida: (a) o discurso da arqueologia de Foucault pertence à razão e não poderia ser de outro modo; (b) o método de investigação de Foucault consiste em reler a documentação histórica – principalmente (Derrida diz "sem exceção") a documentação jurídica – em que a loucura é denunciada: a loucura que fala por si mesma não se faz ouvir.

Nada nesta linguagem (a linguagem da razão) e *ninguém* entre os que a falam podem escapar da culpa histórica [...] de que Foucault parece querer fazer um processo. Mas é, talvez, um processo impossível, pois a instrução e o veredicto reiteram sem fim o simples fato de sua elocução (p. 58).

[3] Michel Foucault, *Folie et Déraison, Histoire de la Folie à l'Etage Classique*. Paris, Plon, 1961: citado por Jacques Derrida, op. cit., p. 60.

E Derrida conclui a fase geral de sua crítica à *História da Loucura* com a seguinte observação amarga:

> A infelicidade dos loucos [...] é que seus melhores porta--vozes são os que mais os traem: quando se quer falar de seu *próprio* silêncio, já se passou ao inimigo e do lado da ordem (p. 58).

Uma grande parte do resto da crítica é consagrada à tarefa de mostrar que a relação de exclusão mútua entre discurso e loucura não tem uma origem histórica definível – em Descartes, por exemplo –, mas tem a mesma função de definir a economia do discurso. Como diz Shoshana Felman,[4] cujo trabalho eu sigo de perto:

> O estatuto da linguagem é ser ruptura com a loucura [...]. Com relação à "própria loucura", a língua está sempre *algures*. A dificuldade de Foucault não é contingente, mas fundamental. A exclusão da loucura, longe de ser um acidente histórico, é o fato geral e constitutivo de todo projeto de *palavra* (p. 45).

Na resposta que endereça a Derrida em 1972, Foucault admite que o filósofo que quer penetrar na loucura, *no interior* do pensamento, não pode fazê-lo senão em um projeto fictício.[5] Mas a questão se impõe: tal ficção não se situaria no interior da filosofia? Felman comenta:

> Afirmar, como faz Foucault, que o sujeito delirante *não se faz notar* tão facilmente no interior de sua própria ficção, que, *dentro* da literatura, ele não sabe mais

[4] Soshana Felman, *La Folie et la Chose Littéraire*. Paris, Le Seuil, 1987.
[5] Ibidem, p. 48-50.

> *onde* está, é compreender que a ficção não se situa exatamente "*no interior* do pensamento", que a literatura, por sua vez, não se deixa assediar *no interior* da filosofia, que a ficção simplesmente não está presente na filosofia – ou seja, *presente* para si e, ao mesmo tempo, presente para a filosofia, porque ela nem sempre está onde pensamos que está, lá onde pensa pensar. [...] No campo das forças, em que as relações se delineiam entre loucura e literatura, entre ficção e filosofia, o problema crucial é o do *lugar* do sujeito, de sua posição com relação ao engano. Ora, a posição do sujeito não se define pelo *que* ele diz, nem por aquilo *sobre o que* fala, mas pelo lugar *de onde* fala (p. 50).

Assim, um dos resultados da campanha para libertar a loucura é inverter as posições da loucura e da poesia (ou da escrita): uma vez que a poesia esteve dentro da cultura e a loucura fora, a loucura é agora acolhida e a poesia assume a posição do não dito, do reprimido. Mas, a partir disso, o que mais importa: o que ocupa a posição externa, qualquer que seja – poesia ou loucura –, ou a própria posição? Derrida observa:

> Tudo acontece como se Foucault *soubesse* o que "loucura" quer dizer. [...] Na verdade, poder-se-ia mostrar que, na intenção de Foucault [...], o conceito de loucura recobre tudo o que podemos reunir com o título de *negatividade* (p. 60).

Dentro e fora constituem uma economia, mas uma economia com uma diferença. A posição externa do dentro, a que Derrida dá o nome genérico de negatividade, não pode ser ocupada *conscientemente*, não pode ser ocupada pela razão. Outrora, filosofar significava falar a partir do dentro, depois de ter expulsado e esquecido a loucura (e, logo, ter-se esquecido de si mesmo). Hoje, porém, filosofar é filosofar "no *terror* [...], no terror *admitido* de ser louco". O fora, hoje, é uma sombra sempre presente à margem da consciência, uma penumbra. No entanto, mesmo essa mudança não muda a natureza da economia do dentro e do fora. Ainda que a articulação da presença da sombra exponha o que não havia sido exposto anteriormente, a circulação continua a ser uma forma de proteção: no próprio movimento de desvendar, ela também esquece e, então, qualquer coisa como o levantamento de barreiras contra a loucura teria criado uma economia, que também cria ou permite uma economia.[6]

Que tipo de conhecimento é acessível a partir de uma posição externa, uma posição que não conhece a si mesma? Felman reformula a questão como algo que leva ao inconsciente: que tipo de conhecimento o sujeito pode esperar atingir através de uma psicanálise do inconsciente? Sua resposta: "um saber que não suporta que se saiba o que se sabe" (p. 220).

Esse não é um conhecimento acessível à razão. Na psicanálise clássica, só é possível chegar a ele através dos sonhos, dos lapsos, das brincadeiras – ou, dito de outra forma, dos erros. O que pode ser, então, a psicanálise senão uma teoria dos erros? Mas a partir de que posição se pode construir uma teoria dos erros que não seja ela mesma errônea? Fazer apelo a uma teoria dos erros é seguramente cair no mesmo paradoxo em que cai Foucault quando fala do silêncio da loucura, colocando-se na posição da razão. Assim como não é possível falar da loucura, não deveria ser possível falar do inconsciente sem traí-lo e sem trair a si mesmo – não é possível "isolar-se absolutamente de seu modo fundamental de engodo para enunciar sem engano a lei absoluta do equívoco" (Felman, p. 223).

Diante dessa impossibilidade, a resposta de Lacan é cortar o nó, suprimindo, ao menos momentaneamente, a distância entre o sujeito situado no exterior do dentro, que fala sem ser ouvido, e o sujeito que fala por ele, Lacan ou "Lacan", em seu nome, a partir do dentro – a distância, por assim dizer, entre o louco silencioso e o arqueólogo de seu silêncio. "Retenham ao menos o que testemunha este

[6] Jacques Derrida, op. cit., p. 96.

texto [...]: o meu empreendimento não ultrapassa o ato em que é tomado, ele só tem a sina de seu desprezo."[7]

Lacan renuncia à posição do "sujeito suposto saber" na esperança de encontrar-se na posição de um saber, o *saber suposto sujeito*. Ele propõe tal saber como uma fórmula que define a *escrita*. Felman comenta:

> A sina do desprezo reside no desabamento – desabamento textual – do "sujeito que deve saber". (O saber da escrita) é o saber da conexão dos significantes (e não dos significados), saber que escapa ao sujeito, mas que também o constitui enquanto aquele que justamente *sabe*, usando a língua como meio, *escapar-se* (p. 229-30).

Ela prossegue, citando um dos seminários de Lacan:

> Como observou [...] Platão, não é forçoso e é mesmo preferível que o poeta não saiba o que faz. É isso que dá um valor primordial ao que ele faz. A isso, não há outra saída senão curvar a cabeça [...]. Interpretar a arte é o que Freud sempre [...] repudiou; o que chamamos de "psicanálise da arte" deve ser ainda mais descartado que a famosa "psicologia da arte", que é uma noção libertadora.[8]

Obviamente, nem toda poesia (ou, na versão de Lacan, toda escrita) é traída quando se lhe dá a voz do discurso "filosofante": trata-se somente da poesia cuja diferença é perdida quando dita pela filosofia. Também não é toda poesia que se encontra expulsa em nome da razão. Eis, na *República* de Platão, o *locus classicus* dessa expulsão:

[7] Jacques Lacan, "La Méprise du Sujet Supposé Savoir", *Scilicet*, n. 1, p. 4: citado por Shoshana Felman, op. cit., p. 221.
[8] Seminário de 9 de abril de 1974, citado por Felman, op. cit., p. 230.

> Sócrates: [...] em matéria de poesia, não se devem admitir na cidade-estado senão os hinos em honra dos deuses e os elogios da gente de bem. Se, em vez disto, admitires a Musa voluptuosa, o prazer e a dor serão os reis da cidade-estado, em lugar da lei (*anti nomou)* e deste princípio que, por comum acordo, sempre foi considerado o melhor, a razão.
>
> Glauco: É verdade.
>
> Sócrates: Que isso seja dito para justificar-nos, uma vez que viemos para falar novamente da poesia, por ter banido de nosso Estado uma arte de tal natureza: a razão nos terá obrigado a isso (*o gar logos emas erei*).[9]

Mas o Platão da *República* não é o único Platão a que Lacan se refere. Lacan também fala pelo Platão que reconhece o estado de loucura em que se compõe a poesia. Não é necessário, diz ele (depois de Platão), que o poeta saiba o que faz. De fato, é preferível que não saiba – isso confere ao que ele faz um valor primordial. A questão que se impõe é saber se os dois modelos de Platão de Lacan são compatíveis entre si. Se o primeiro fala a partir da posição do sujeito que não sabe, de onde fala o segundo, senão da posição do sujeito que deve saber, uma posição que Lacan dobra em sua própria voz? Para o segundo Platão, a poesia é desejável-mesmo-que-indesejável e, apesar do esforço mostrado por Lacan para *não* incorporar a poesia, a fim de não a trair dando-lhe a bênção da razão, do desejável ("não há saída senão curvar a cabeça" diante dela), ele não é, na realidade, mais silencioso diante dela do que foi Foucault diante da loucura: ele *diz* o silêncio que reivindica.

[9] Platão, *A República* (X, 607). Trad. R. Baccou. Paris, Garnier-Flammarion, 1966, p. 372.

A violência mimética

Quando Foucault dá uma voz à loucura, ele não o faz, que fique claro, diante do tribunal que, a princípio, baniu a loucura. Com sua *História da Loucura*, procura detectar, na Razão da Idade da Razão, um simples poder escondido atrás de certo discurso e, então, recusa a autoridade (fundada na razão universal) em virtude daquela que pretendia julgar a loucura. Na leitura que René Girard faz de Foucault, este pertence a uma idade em que a lei perdeu seu mistério; ele tenta compensar a morte da lei, diz Girard, substituindo o cadáver por um Poder intangível, onipresente e onisciente.[10] Contudo, sem abandonar as metáforas girardianas, podemos aproximar Foucault de Erasmo: em *A História da Loucura*, Foucault politiza a loucura, reduzindo a razão e a loucura ao estatuto de inimigos gêmeos. Em tal perspectiva, cada um dos gêmeos crê que o outro possui um prestígio soberano (prestígio que se confunde, talvez, com o poder de que, segundo Girard, Foucault hipostasia), de que deve apropriar-se para si mesmo a qualquer preço. Isso poderia ajudar a entender por que as ações da razão findam por assemelhar-se cada vez mais com aquelas da loucura, assim como a loucura, em particular a loucura paranoica, tem semelhanças com o excesso de razão:[11] uma imita a outra.

Resumamos brevemente o esquema girardiano da violência mimética. Em uma série de livros e ensaios publicados desde 1961, Girard construiu uma antropologia apocalíptica que visa a nada menos que explicar as origens da religião, dar conta do conflito na história e profetizar o destino do homem. Seu esquema apoia-se em

[10] Cf. *Des Choses Cachées Depuis la Fondation du Monde*. Paris, Grasset, 1978, p. 310.

[11] O caráter duplo da paranoia sempre pareceu paradoxal aos observadores. De um lado, a paranoia manifesta-se por comportamentos cujas razões são pouco claras aos olhos de outrem; de outro lado, ela apresenta uma fachada altamente intelectual, uma fachada de racionalidade ou de pseudorracionalidade. Ela se caracteriza por uma propensão a emitir julgamentos, mesmo que eles pareçam sem fundamento. Por essa razão, sugere Lacan, a psiquiatria pré-freudiana acentuou a questão do julgamento na paranoia, tratando-a como uma síndrome que se distingue por uma perversão da faculdade de julgar (J. Lacan, *De la Psychose Paranoïaque dans ses Rapports avec la Personnalité* (1932). Paris, Le Seuil, 1975, p. 293).

uma concepção do desejo humano que vai não até Freud, mas até Sartre e, antes de Sartre, a Hegel, especialmente na leitura de Hegel feita por Alexandre Kojève.[12] O desejo não coloca apenas em jogo que um sujeito deseje um objeto desejado: o objeto adquire seu valor desejável graças ao olhar mediador de um Outro, cujo prazer serve de modelo ao sujeito que o imita. Encontramos ilustrações mais claras de tais desejos *miméticos* no romance: os desejos de Dom Quixote, por exemplo, são emprestados de Amadis de Gaula, os de Emma Bovary são emprestados das heroínas românticas.[13]

Desse modo, o desejo não conhece a si mesmo. Ele vem seguido de uma falta. O que falta ao sujeito que deseja, o que ele deseja em última análise, é a plenitude do ser. O modelo é adotado como modelo, pois parece dotado de uma essência superior. A imitação dos desejos do modelo é um meio para adquirir essa essência.[14]

Uma vez que os desejos do sujeito e do modelo coincidem por definição, a rivalidade acerca do objeto é imanente ao desejo mimético desde o princípio. No entanto, quando o conflito explode, parece fortuito, sem motivo. Não vemos sua inevitabilidade, porque supomos que a identidade implica a harmonia, mas a identidade dos desejos resulta no conflito.

Há uma contradição intrínseca ao fenômeno do desejo, contradição que o modelo não teria interesse em revelar: a saber, o fato de que o imperativo: "Imitem-me!" é invariavelmente acompanhado do imperativo paralelo: "Não se apropriem do meu objeto".[15]

O modelo torna-se rival, o rival torna-se obstáculo. Na verdade, uma dinâmica desbloqueia-se ao acelerar-se: quanto mais o modelo se transforma em obstáculo,

[12] Ver R. Girard, *Mensonge Romantique et Vérité Romanesque*. Paris, Grasset, 1961, p. 114-16.

[13] *Mensonge Romantique*, p. 11-14, 90-91.

[14] R. Girard, *La Violence et le Sacré*. Paris, Grasset, 1972, p. 217. (Coleção "Pluriel").

[15] Ibidem, p. 217-19.

mais o desejo tende a transformar o obstáculo em modelo. É por causa dessa dinâmica, e não porque os desejos em jogo são forçosamente poderosos em si, que o afrontamento dos desejos explode em violência. O desejo é mimético: ele procura modelos para si. Uma vez libertado, não pode se transformar em "busca e, se necessário, criação de obstáculo insuperável". Na ausência de tal obstáculo, "a própria indiferença pode ser transformada no obstáculo mais invencível".[16]

É essa perda de diferença, antes da própria diferença, que leva ao conflito, como sabiam a religião primitiva e a tragédia clássica.

A ordem, a paz e a fecundidade jazem nas diferenças culturais. Não são as diferenças, mas é a sua perda que move a rivalidade demente, a luta em excesso entre os homens de uma mesma família ou de uma mesma sociedade.[17]

A perda das diferenças faz nascer a rivalidade. À medida que esta se intensifica, cada um dos rivais "quer impedir o outro de encarnar a violência irresistível que quer encarnar em si mesmo".[18] Rivais que disputam um prestígio intangível, ou *kudos* (que Girard define, à luz de Benveniste, como o "talismã da supremacia"), disputam, no sentido mais profundo do termo, por *nada*. Possuir o *kudos* é deixar-se possuir por ele, deixar-se convencer de que sua própria violência é irresistível: os rivais não têm outra saída senão redobrar seus esforços para romper o encantamento e levar o talismã.[19]

Com a diminuição das diferenças e o aumento da violência mimética, no fim das contas, não existe qualquer coisa que seja feita e sentida por um dos antagonistas que não será feito e sentido pelo outro. Não há qualquer maneira de diferenciá-los:

[16] R. Girard, "To Double Business Bound", *Essays on Literature, Mimesis, and Anthropology*. Baltimore, Johns Hopkins University Press, 1978, p. 39, 73.
[17] *La Violence et le Sacré*, p. 78.
[18] *Les Choses Cachées*, p. 328.
[19] *La Violence et le Sacré*, p. 225-28.

os antagonistas tornam-se duplos. O surgimento dos duplos é um sinal de que o processo mimético chegou ao ápice: a cultura em seu conjunto, fundada em um princípio de diferença, revela-se arbitrária.[20]

A criação de um sistema judiciário impessoal permite ultrapassar a violência recíproca da vendeta. Ainda que ele mesmo seja fundado em um princípio de vingança, o sistema judiciário funciona melhor quando se nega tal fundamento e quando se evoca um princípio de justiça abstrata. O véu que esconde a instituição do sacrifício recobre agora o aparelho do direito. A justiça só evita que a sociedade caia na confusão dos duplos antagonistas quando está segura de ter a última palavra, ou seja, enquanto não se revela ela mesma tomada por uma dinâmica de vingança.

Quando sua pretensão em encarnar uma autoridade transcendente se vê acusada de ser uma mistificação, o sistema começa a desagregar-se.[21]

O arquétipo da não diferença é o gêmeo. Os gêmeos *representam* a não diferença. Mas, ao mesmo tempo, por serem tão insólitos, a chegada dos gêmeos é uma manifestação de diferença, de monstruosidade. No caso dos gêmeos, como no dos irmãos inimigos, "o símbolo dissimula-nos paradoxalmente a coisa simbolizada, que é a destruição de todo simbolismo". Eis o torno mais astuto, ou ao menos o mais complexo, da argumentação de Girard. O processo de reciprocidade violenta, que destrói toda diferença, *escapa ele mesmo da representação*, pois a linguagem é composta de diferenças. Isto explica a cegueira da filosofia, até aqui, diante do que Girard teve a perspicácia de ver.[22]

[20] *Les Choses Cachées*, p. 323-24; Cesareo Bandera, "The Doubles Reconciled", *MLN* 93, 1978, 1010.
[21] *La Violence et le Sacré*, p. 38-40, 202-03.
[22] Ibidem, p. 88, 99-100. No presente contexto, uma crítica do alcance escatológico da antropologia girardiana seria supérflua. A crítica mais evidente consiste na dificuldade em provar empiricamente a teoria, que talvez seja mesmo infalsificável. O fato de pretender revelar uma única verdade última é precisamente o tipo de ato violento que caracteriza, segundo o próprio Girard, as épocas que veem a crença em verdades universais desmoronarem-se.

O elogio da loucura

A narradora de Erasmo diz que existem dois tipos de loucura. Uma manifesta-se pelos furores da guerra, a sede do ouro, as paixões ilícitas; a outra "é uma outra, bem diferente da primeira, que se destina a trazer a felicidade a todos os homens, e é de mim que ela tira sua existência".[23] Ao primeiro tipo, pertence a loucura dos que, certos de suas próprias razões, abandonam-se às rivalidades sem limites. Quanto ao outro tipo de loucura, seu estatuto é problemático desde o princípio, uma vez que ela só é estabelecida como uma espécie distinta pela autoridade da Loucura, *Moria*, a própria.

> Que tipo de autoridade a loucura pode possuir? "Os reis, diz Moria, não amam a verdade." Isso não os impede de ouvir da boca dos meus loucos, não apenas verdades, mas mesmo as injúrias menos equívocas, e que um propósito, pelo qual alimentariam um filósofo, provoca um êxtase incrível (*voluptatem*) na boca do louco. A verdade, quando não ofende, tem certa ingenuidade que dá prazer (*delectandi*); apenas aos loucos os deuses ofereceram o dom de dizer sem ofender (p. 54-55, 67).[24]

A diferença com relação à verdade não está no conteúdo ou na substância da loucura, mas na fonte de onde ela vem. Ela não vem "da boca do sábio", mas da boca do sujeito que *não deveria saber*, que *não deveria dizer* a verdade. É o saber de um São Pedro, que "recebeu as chaves [...] e, no entanto, eu duvido que o santo apóstolo tenha sido sutil a ponto de pensar que as chaves poderiam tornar-se as chaves

[23] Erasmo, *L'Eloge de la Folie*. Trad. De Laveaux. Paris, Gibert Jeune, 1951, p. 56.

[24] A primeira referência de página sempre remete à tradução francesa de De Laveaux; quando há uma segunda, como aqui, remete-se à edição em latim citada pelo autor: *Stultitiae Laus*, edição I. B. Kan. La Haye, Nijhoff, 1898. Nós a modificamos segundo a necessidade da tradução francesa, para aproximá-la do texto de Coetzee (nota do original).

da ciência nas mãos de um ignorante" (p. 95). O *Elogio da Loucura* data de antes da explosão das disputas teológicas que a Reforma anunciava. Entretanto, a obra projeta indiretamente uma solução imaginária a um dilema real que Erasmo afrontará sem poder resolver: o problema de saber como *posicionar-se* enquanto crítico dos dois bordos. Essencialmente, o problema não é diferente daquele dos críticos da razão clássica, como Foucault, que procuram definir uma posição exterior à loucura e à racionalidade a partir da qual se endereça a ambos. Não se cria tal posição, diz a Loucura, ao simplesmente declarar-se fora do conflito. Só tem acesso a tal posição o sujeito que se declara fora do discurso que é comandado pelo – e que comanda o – conflito, ou seja, fora da razão, fora de um certo tipo de loucura. É nesse sentido que a questão inicial sobre a diferença entre os dois tipos de loucura se torna uma questão de posição. A primeira loucura posiciona-se no interior da razão, a segunda no exterior. Claro, nem uma, nem outra está verdadeiramente onde pretende estar. A loucura da primeira loucura é não saber onde está. Quanto à pretensão da segunda de saber onde está (ou seja, no exterior da razão e da loucura ao mesmo tempo), o saber é o saber da loucura e, por conseguinte, intrinsecamente suspeito.

Moria prossegue: a verdade dita pela loucura não é uma verdade rivalizadora (não é a marca de um prestígio ou *kudos* intolerável no rival), mas surge fora da ciência da violência imitativa, provoca um "êxtase incrível" que é provado cada vez mais intensamente pelas pessoas "naturalmente levadas ao prazer (*voluptatem... natura propensiores*)" (p. 55).

Qual é a ligação enunciada aqui entre o prazer (*voluptas*) e a verdade caprichosa, indomável, gratuita, "louca"? Para ter a resposta, devemos nos voltar para a discussão do amor e da loucura, que virá mais tarde.

Segundo Platão, diz Moria, a loucura dos amantes é o estado mais feliz que existe. Quanto mais perfeito é o amor, maior é a loucura. Que pode ser, então, a vida futura senão uma vida de conhecimento pleno, de amor perfeito, de loucura perfeita? Na via celestial, "o homem, inteiramente fora de si (*extra se*) só será feliz por essa feliz exterioridade que o faz provar a volúpia inefável (do *summum bonum*)".

Aqueles que já tiveram um antegosto na vida terrestre provaram uma "pequena gota de loucura": "Eles dizem coisas (sem) relação entre si [...]; eles choram, riem, suspiram; em uma palavra, estão completamente fora de si" (p. 168, 188).

Não é apenas em *Elogio da Loucura* que Erasmo conjuga mística cristã e loucura ("a religião cristã mostra um parentesco (*cognationem*) com uma certa espécie de loucura, enquanto não tem qualquer aliança com a sabedoria" (p. 159, 180): o tema está presente em todos os seus escritos, inclusive em suas anotações do Novo Testamento.[25] A loucura do segundo tipo é uma espécie de *ek-stasis*, existir fora de si mesmo, um estado em que a verdade é conhecida (e enunciada) a partir de uma posição que não sabe ser ela a posição da verdade. "Quanto a mim, diz Moria, sempre achei muito satisfatório (*gratissimum*) dizer tudo que me vem à cabeça" (p. 4, 9) – dito de outra forma, deixar a palavra ao inconsciente. Esse tipo de discurso, em que a força propulsiva linear da razão cede seu lugar à metamorfose imprevisível de rosto em rosto, produz uma felicidade que é o objeto de desejo daqueles que são mais sensíveis aos aguilhões do desejo; a primeira manifestação de tal felicidade é, evidentemente, o riso, a convulsão anárquica do corpo que marca o fracasso das defesas do censor.[26]

A loucura do segundo tipo é, então, não socializada, *rudis*, rude. "Nunca se deixa de perceber em meu rosto as aparências de um sentimento que não está em meu coração", diz a Loucura:

[25] Erasmo apoia-se em 1Coríntios 1,25 para fazer de Paulo – *to moron tou theou* – um *maníaco* no sentido platoniano. Em sua leitura de Marcos 3,21, a família suspeita que Cristo seja louco. Ver M. A. Screech, "Good Madness in Christendom", in *The Anatomy of Madness*, sob a direção de W. F. Bynum et al. Londres, Tavistock, vol. 1, 1985, p. 26-27, 31, 34, 1985.

[26] Terrence Cave comenta a linguagem empregada por Erasmo em seu manual de composição, *De Copia*: "Seu próprio discurso analítico revela-se figurativo, preso em seu movimento trópico; a terminologia da retórica está [...] subordinada a um sentido de possibilidades quase ilimitadas de deslocamento inerentes à linguagem natural. [...] O movimento centrífugo que se afirma e se reafirma constantemente (é um) movimento do discurso em direção ao prazer, em direção a um lugar de celebrações, que também é um lugar de ficção". *De Copia*, cuja primeira versão foi concluída em 1512, é mais ou menos contemporânea de *Elogio da Loucura*; Cave sustenta de maneira convincente que, enquanto mediação da natureza do discurso, ela ocupa um lugar de escolha na obra de Erasmo (*The Cornucopian Text*. Oxford, Clarendon Press, 1979, p. 24, 33, 9-10).

> Eu sou em todos os pontos tão parecido comigo mesmo (*mei undique simílima*) que ninguém poderia esconder-me, nem mesmo aqueles que querem fazer o papel dos sábios. [...] Apesar de tentarem, sempre aparece um pequeno pedaço de orelha protuberante (*prominentes*) que revela, ao fim, a cabeça do Midas. [...] São os mais fiéis entre meus súditos e, entretanto, têm tanta vergonha de dizer meu nome em público que chegam mesmo a reprová-lo nos outros, como uma marca de desonra e infâmia (p. 4, 6-7).

O que é essa coisa insensata que mesmo os homens razoáveis possuem, essa coisa obstinadamente protuberante que eles se recusam a reconhecer como sua, mas que nos projetam outros, essa coisa que permanece sempre tão idêntica a si mesma, que não poderia representar nada além de si mesma? O falo, claramente (ou não tão claramente), mas que espécie de falo? Não poderia ser o falo da primeira espécie, o "grande" falo, o pilar da lei atrás do qual se esconde o homem razoável; só poderia ser (provisoriamente, hipoteticamente, dubitativamente) um falo de uma segunda espécie, nu, ridículo, sem manto, coroa ou cetro, sem grandeza, o "pequeno" falo que fala por/de Moria: não o significante transcendental, mas uma *coisa* de esporte, de jogo livre, antes de disseminação indiferente que de patrilinearidade.

De quem se tira "o princípio e o começo da vida", diz a Loucura, senão desse *outro* falo?

> Não é nem a lança da orgulhosa Pallas ao pai poderoso (em grego: *obrimopatres*), nem a égide de Júpiter, mestre das nuvens que cria e multiplica os homens. O próprio Júpiter, o rei do céu e da terra [...] é obrigado a lançar seu raio com um tridente, a deixar o ar ameaçador que, ao seu bel-prazer, apavora todos os deuses e, enfim, a disfarçar-se como um pobre ator todas as vezes em que

> tem vontade de fazer um filho (em grego: *paidopoiein*). [...] E mesmo o sábio, se quer se dar aos prazeres da geração, é a mim, e só a mim (ou seja, à Loucura), que deve recorrer. Mas por que não querer falar ainda mais francamente? Digam-me, eu vos rogo, é a cabeça, o rosto, o peito, a mão ou a orelha [...] que gera os deuses e os homens? Nenhum deles. É esta parte tão louca e mesmo ridícula (*sulta adeoque ridícula*), a que não poderíamos nomear sem rir, a propagadora (*propagatrix*) do gênero humano. É desta fonte sagrada que jorra a vida de todos os seres (p. 9-10, 13-14).

O princípio e o começo, a propagadora (no feminino: Erasmo não recorre à forma masculina *propagator*), diz Moria, não é o raio do tridente do falo patriarcal, mas a coisa que faz rir. Todos os seres vivos derivam sua existência de uma "fonte que jorra" que, em seu simbolismo ambivalente, é tão feminina quanto masculina.
E Moria leva ainda mais longe sua reivindicação de ser que dá origem a tudo. Com o auxílio dos servos, diz ela, "eu submeto ao meu império tudo que existe no universo e governo aqueles que governam o mundo" (p. 8).

> A própria Vênus não pode negar que, sem meu auxílio divino, todo seu poder não teria qualquer energia, permaneceria sem força e sem efeito. É deste jogo extravagante e ridículo (*temulento ridiculoque lusu*) ao qual eu presido que vêm os filósofos presunçosos [...]; é daí que vêm os reis [...] e os padres [...] e os papas [...]; enfim, é daí que vem toda essa multidão inumerável de divindades (p. 10, 15).

Como é possível que Moria, com tais pretensões ao poder supremo, não suscite a hostilidade de todos os filósofos, reis, padres e papas? A resposta óbvia é que, não sendo exprimidas em um discurso que conte, a partir de uma posição que não conhece a si mesma, tais pretensões podem ser ridicularizadas e desdenhadas pelos que sabem mais. Mas não é simples assim. Moria fala:

> *Um macaco é sempre um macaco*, diz um provérbio grego, *mesmo revestido de púrpura*. Do mesmo modo, uma mulher é sempre uma mulher, ou seja, sempre louca, por mais esforços que faça para disfarçar-se. Eu não creio que as mulheres sejam suficientemente loucas para se zangarem com o que digo aqui. Eu sou de seu sexo, eu sou a Loucura: provar que são loucas não seria o melhor elogio que eu lhes poderia fazer? (p. 21).

Ficamos tentados a comentar a complexidade da ironia aqui. Mas isto seria, justamente, trair Moria. Atribuir-lhe ironia, chamá-la *o eiron*, acusá-la de dissimular seria recolocá-la na posição do sujeito que deve saber, posição que ela pretende (loucamente) não ocupar. Para dizer de outra forma: atribuir-lhe ironia seria atribuir-lhe o grande falo, a despeito de sua pretensão de ser a divindade do pequeno falo, em que os qualificativos *grande* e *pequeno*, como os qualificativos *primeiro* e *segundo* que distinguem os tipos de loucura, são sempre provisórios e potencialmente intercambiáveis. Moria não foi levada a sério, pois, como diz, é uma mulher. Por que um cardinal revestido de púrpura deveria se zangar com um provérbio que fala de um macaco e que, ainda por cima, é dito por uma mulher?

Já que os tiranos aceitam que seus bufões digam o que quiserem, que riam, que achem mesmo inconveniente ofuscá-los com suas piadas, parece extraordinário que essa gente (pouco importa quem seja) não possa suportar ouvir o que quer que seja da boca da Loucura – como se tudo que se dissesse sobre o vício devesse imediatamente aplicar-se a eles mesmos.[27]

[27] Desiderius Erasmus, *Adages*. Cambridge, Cambridge University Press, 1964, p. 357.

Se a Loucura provoca a raiva dos cardeais, ou mesmo a das mulheres, esta só pode ser atribuída a erros de referência. É uma cólera sem motivos, desproporcionada com relação a sua causa, de simples palavras que "vêm à cabeça" de uma mulher que se chama Loucura. Enfim, é uma cólera louca. Muitas e muitas vezes, a ideia é exprimida: tomar como rival e como alvo de violência uma pessoa que se declara fora da razão e, logo, fora de combate, é em si um sintoma de insensatez; e a raiva que provoca o caráter especioso de tal argumento (como o argumento poderia ser outra coisa senão especioso? – é o argumento da insensatez) só faz confirmar o diagnóstico da insensatez.

Deveria estar claro, a partir disso, que todo o projeto de Erasmo, que consiste em criar para si mesmo uma posição a partir da qual possa falar sem cair em uma dinâmica de rivalidade (Erasmo adotou Terminus, deus romano das fronteiras, como emblema pessoal), depende de uma elaboração massiva do paradoxo do mentiroso cretense, uma elaboração cuja complexidade ofuscante – sem falar da forma monológica de seu *declamatio* (ninguém tem a palavra, senão Moria) – é carregada de um poder discursivo que não poderia deixar de suscitar a inveja e, então, a vontade de fazer de seu detentor um modelo e rival.

Na passagem mais célebre de *Elogio da Loucura* – as páginas de *theatrum mundi* –, Erasmo responde, creio eu, ao caráter intrinsecamente autoneutralizante dessa experiência de poder, o projeto de traçar uma fronteira em torno de um sujeito definido como inviolável, pois desprovido de poder. Todos os casos humanos, diz Moria, são interpretados por personagens mascarados. Nada é verdadeiramente o que parece ser à primeira vista. Mas

> alguém, apressando-se em tirar a máscara dos atores no momento em que interpretam seu papel e mostrando aos espectadores seus rostos nus, não estaria estragando a peça (*fabulam*)? [...] Ao destruir a ilusão, acabar-se-ia todo o interesse do espetáculo. [...] Este mundo é apenas uma sombra passageira, mas a comédia não é interpretada de outra maneira (*haec fabula non aliter agitur*).

Sem as ficções sociais, não há sociedade. Tentar destruir *seriamente* tais ficções é de uma loucura do primeiro tipo, e não do segundo. Se um "sábio caído do céu" tentasse fazê-lo,

> seria visto em todos os lugares como um demente e furioso (*demens ac furiosus*). Ele é tão imprudente por ter uma prudência perniciosa (*perverse*) quanto louco por ter uma sabedoria deslocada. Ora, não há prudência mais perniciosa que não saber acomodar-se às coisas tais como são. [...] A verdadeira prudência consiste [...] em não querer ser mais sábio que nossa natureza suporta. Deve-se ou fingir nada ver das loucuras da multidão ou deixar-se levar de bom grado pela torrente de erros (*vel connivere libenter, vel comiter errare*) (p. 37-40, 48-50).

Criticando essa passagem, Ernesto Grassi comenta: se a essência da sabedoria fosse a percepção penetrante ou "insight" (*theoria*), poderíamos supor que a tarefa do sábio seria desmascarar os atores e destruir o espetáculo. Mas isso seria demência pura. Sucumbir à ilusão na história humana não é a pior das coisas: pelo contrário, não ser enganado é o que nos torna mais miseráveis (*falli... miserum est. Imo non falli, miserrimum*). "O desejo de não ser enganado destrói a vida. [...] O conhecimento, a forma mais elevada da loucura, da aspiração humana, é equivalente à 'demência'."[28]

Grassi compara o *Elogio da Loucura* ao *Momus* de Leon Battista Alberti. Diante da loucura da história de Grassi, "sempre podemos, à maneira de Erasmo, afirmar a loucura enquanto *ratio vivendi*, reconhecendo que, em outra época, a vida [...] não teria sentido" ou, alternativamente, seguir o partido da posição de Alberti

[28] "Folly as Illusion", in *Folly and Insanity in Renaissance Literature*, sob a direção de Ernesto Grassi e Maristella Lorch. Bringhampton, Medieval and Renaissance Texts and Studies, 1986, p. 60-61.

e, quando virmos que as máscaras só servem para esconder, retirar-nos de seu mundo ilusório: "Ou seja, não deveríamos mais encenar com os outros. É a atitude do 'último jogo' que não crê mais na divindade do fogo sagrado".[29]

Erasmo e Alberti pertencem ambos a um momento histórico em que a sanção metafísica da lei parece ter sido deixada de lado. (À primeira vista, tal afirmação poderia surpreender os cristãos, no caso de Erasmo, mas a concepção de Cristo que transparece em sua obra é a de um louco sagrado para quem a lei deveria ser irracional, absurda.) Se a vida é toda encenação (*fabula*) de forças adversas, que só funciona como uma peça graças às ficções coletivas, então a lei é também apenas uma força. Qual é, em tal momento, a posição do sábio, do homem da *theoria* que vê por trás das máscaras a verdadeira dinâmica que rege a peça? Qual é a posição de um Erasmo, de um Alberti, mas também de um Girard, que vê por trás de diversas máscaras a única peça de fato encenada, o drama dos gêmeos antagonistas? Desses três, Erasmo é o único que, em vez de dar uma resposta à pergunta, complica as coisas ao indagar: o que significa *assumir uma posição*? Existe alguma posição que não seja uma posição, uma posição *ek-stasis* em que se saiba sem saber, em que se veja sem ver? O *Elogio da Loucura* define tal "posição", desarmando-se prudentemente por antecipação, limitando seu falo às dimensões femininas, descartando-se do drama do poder, descartando-se da política.

Mas, evidentemente, o próprio sinal do sucesso do projeto paradoxal, que consiste em tomar o partido da posição do bufão, do eunuco, da mulher, é que, quando, para a surpresa geral, o poder da posição se manifesta, o paradoxo se dissolve e o caráter rivalizador do projeto é revelado. A pretensão do pequeno falo de ser incerto e provisório desfaz-se: ele cresce e ameaça o grande falo, ameaça tornar-se ele mesmo uma figura da lei. Quanto maior é o sucesso de *Elogio da Loucura*, mais Erasmo não pode reconhecer a obra, ou deve fingir não reconhecer. Seu

[29] "The Allegorical Fable", in *Folly and Insanity*, op. cit., p. 77-78.

amigo Thomas More incitou-o a escrever que, insiste ele, o livro não estava de acordo com sua verdadeira personalidade; em todo caso, é uma estupidez.[30] Suas tentativas falham ou têm êxito, é difícil julgar: quanto mais o livro diverte alguns, mas enraivece outros, quanto mais é condenado, mais é lido, quanto mais Erasmo consegue definir uma posição exterior de onde possa comentar o poder, mais é envolvido no jogo dos poderes rancorosos.

A incapacidade de Erasmo de definir uma posição fora da dinâmica das rivalidades foi prolongada para além de sua morte. Com efeito, o texto de Erasmo (como, a propósito, sua biografia) foi absorvido por outras rivalidades. Assim que a obra de Erasmo foi inscrita no *Index Librorum Prohibitorum* em 1559 e tornou-se, então, inacessível aos impressores católicos, os protestantes passaram a explorar sua notoriedade.[31] Quatro séculos mais tarde, todos os esforços para alistar Erasmo nas rivalidades da época não tinham acabado. Para concluir, eu gostaria de evocar dois exemplos desse fenômeno na Europa dos anos 1930, que se precipita na guerra.

Erasmo como modelo

O primeiro caso é o do historiador Johannes Huizinga. "A confusão de nossa época precisa de fortes estímulos", escreve Huizinga, ao resumir, não sem arrependimentos, sua alegação contra Erasmo. "Nosso interesse é por uma piedade ardente, nossa admiração atinge extremos." O que será preciso no século XX é o que foi preciso no século XVI: "a força de carvalho de um Lutero [...], o

[30] Huizinga, *Erasmus*. Haarlem, Willink, 1936, p. 81-82.
[31] Elizabeth L. Eisenstein, *The Printing Revolution in Early Modern Europe*. Cambridge, Cambridge University Press, 1983, p. 247. Erasmo entendia bem o mecanismo de apropriação. Em uma carta ao Papa Leão X, datando de 1520, ele adverte que os ataques contra os escritos de Lutero tinham por único efeito "incitar o mundo a lê-los" (DeMolen, *Erasmus*, op. cit., [nota 1 deste capítulo], p. 129).

corte de aço de um Calvino, o ardor inflamado de um Loyola, não a maciez de veludo de Erasmo". Este era "um espírito inteiramente apolítico", que, "quando viu que o conflito (da Reforma) levaria a lutas amargas, [...] quis limitar-se ao papel do espectador".[32]

No contexto da incapacidade dos intelectuais europeus de dar uma direção política a seus países nos anos 1920 – uma incapacidade tão marcada nos Países Baixos quanto em outros lugares –, podemos ler o julgamento que Huizinga pronuncia a respeito de Erasmo como um julgamento sobre seus próprios contemporâneos. O termo-chave do julgamento é, evidentemente, "apolítico" (*onpolitisch*), termo que assimila Erasmo à figura estereotipada de quem mostra não apenas falta de competência, mas uma aversão embaraçada à política. A caracterização é justa? O *Elogio da Loucura* (que é, segundo Huizinga, com os *Colloques*, a única obra de Erasmo que ainda merece ser lida) é uma reflexão complexa sobre a noção do político enquanto categoria totalizante e um esboço da possibilidade de uma postura exterior à política – a postura que consiste em "não querer ser mais sábio do que a nossa natureza pode suportar", mas também em fingir nada ver ou deixar-se enganar "de bom grado" – cuja viabilidade é, no entanto, objeto de ceticismo. Estamos longe da atitude puramente reativa e ligada ao temperamento pessoal que Huizinga diagnostica: poderíamos mesmo dizer que, com sua metáfora da comédia que "não pode ser encenada de outra forma", Erasmo prevê a incapacidade de seu próprio discurso de não se deixar engolir pelo de Huizinga; dito de outra forma, ele prevê como as diferenças (fronteiriças, *termini*) são eliminadas em um período problemático.

Tendo escrito em 1934, Stefan Zweig pinta Erasmo – o texto e a figura – sob um ângulo completamente diferente. Menos cidadão austríaco que cidadão de uma república de letras cosmopolita, cujas origens vão até o Iluminismo, e ainda mais longe, ao humanismo de Erasmo, antipático à noção de destino racial ou nacional,

[32] Huizinga, *Erasmus*, p. 204, 165, 164.

Zweig pensa que a Europa entreguerras assemelha-se perigosamente à Europa da Reforma. "O indivíduo é atacado por todos os lados pela força massacrante das massas e não há maneira de se proteger, qualquer modo de salvar-se da loucura coletiva." "O demônio da guerra (é) desencadeado." "O homem ordinário está enfeitiçado pelo ódio."[33]

Em uma época como esta, "um ideal supranacional e pan-humano como o erasmismo", o ensinamento do "menos fanático, do mais antifanático dos homens" que não deixa "qualquer espaço para o ódio", infelizmente sofre a falta do "atrativo elementar que exerce invariavelmente o afrontamento de um inimigo que vive além de uma fronteira, que fala outra língua e adere a um outro credo".[34]

E, no entanto, diz Zweig, Erasmo é um modelo para nossa época. Quando "a neutralidade é estigmatizada como um crime [e que] o mundo exige um Sim ou Não claros", Erasmo recusa-se a escolher seu bordo. Zweig (p. 120) cita Erasmo: "Eu preferiria sofrer vendo as coisas continuarem como estão a provocar novas agitações por minha intervenção".

A loucura evocada por Zweig é, antes de tudo, a loucura dos nacionalismos antagonistas, a começar pelo nacionalismo xenófobo alemão que vê ressurgir. Nesse contexto, Erasmo encarna a vontade de transcender os nacionalismos por um humanismo pan-europeu. Mas devemos agora estar conscientes da complexidade da postura de Erasmo. Como claramente indicam as palavras citadas por Zweig, Erasmo não poderia encarnar a vontade de sustentar o pan-europeísmo *contra* o nacionalismo. Sustentar um ou outro seria uma loucura de primeiro tipo, a loucura

[33] Stefan Zweig, *Erasmus (and) The Right to Heresy*, Souvenir Press, 1979, p. 9, 7. Ver também Thomas J. Schlereth, *The Cosmopolitan Idea in Enlightenment Thought*. South Bend, Notre Dame University Press, 1978, p. XXII, 105; A. Bance, "The Idea of Europe: From Erasmus to ERASMUS", *Journal of European Studies*, 22, 1992, p. 3.

[34] Zweig, *Erasmus [and] The Right to Heresy*, op. cit., p. 8, 7. Todas as referências de página no resto do texto fazem parte da edição do livro de Zweig.

daquele que se situa no interior da razão: seria erguer o pan-europeísmo em rivalidade com o nacionalismo e prolongar o conflito rivalizante.

Quando Huizinga imagina Erasmo de Deventer como um possível modelo para o intelectual europeu da década de 1930, considera-o fraco demais. Zweig, no entanto, considera-o largamente digno de ser imitado. Como mostra Klaus Heydemann, Zweig não apenas codifica seu próprio dilema na descrição que faz de Erasmo, mas vê o *Elogio da Loucura* como um texto que trata o dilema do intelectual que vive em uma época louca[35] de maneira esotérica análoga.

Mas o *Imitatio Erasmi* de Zweig é verdadeiramente erasmiano? Para Zweig, o homem ordinário é enfeitiçado pelo ódio, enquanto, no erasmismo, o ódio não tem qualquer espaço. Livre de todo fanatismo, escreve Zweig (p. 8), Erasmo é "ameaçado (de fora) por paixões irracionais", por "uma torrente de insensatez". "O indivíduo é atacado pela força massacrante das massas", por sua "loucura coletiva". Não é, então, o erasmiano em Zweig que está fora de si, *extra se*. Ao contrário, o erasmiano está em sua possessão certeira: ele é aquele que sabe. Em compensação, a certeza autossatisfeita das massas é ilusória: elas são as presas da loucura. Poderíamos nos perguntar: a certeza de ter razão torna o indivíduo erasmiano de Zweig e o fanático nacionalista-coletivista de Zweig mais ou menos semelhantes? Tal certeza faz dessas duas figuras contrárias ou gêmeas?

Um comentário (p. 202) sobre Calvino – que representa, para ele, o próprio tipo fanático convencido de ter a razão – indica uma cegueira no olhar do próprio Zweig: "Ao longo de toda a sua vida, esse homem tão lúcido em outros domínios nunca duvidou que era o único competente para interpretar a palavra de Deus, que

[35] Klaus Heydemann, "Das Beispiel des Erasmus: Stefan Zweigs Einstellung zur Politik", *Literatur und Kritik*, n. 169-70, 1892, p. 27-28, 34-35. Heydemann cita (p. 27) uma carta que Zweig escreveu a Hermann Hesse em 1933: "Na adversidade, eu tomei por auxílio Erasmo de Roterdã, o homem do centro, o homem da razão, esmagado pelo protestantismo e pelo catolicismo, assim como somos esmagados pelas forças opostas de hoje em dia".

era o único a possuir a verdade". A cegueira de Calvino diante da possibilidade de estar errado marca-o como um louco do primeiro tipo. Mas que posição autoriza a emissão de tal julgamento sobre Calvino? Ou trata-se de um julgamento baseado em um sentimento de certeza, como o que caracteriza o sábio de Erasmo, o homem que se crê "único" são de espírito (*L'Eloge de la Folie*, p. 41), ou trata-se do julgamento da Loucura, que sabe que é louca, mas que não tira sua máscara, pois sabe também que "a comédia não pode ser encenada de outra forma".

Enquanto Zweig e Huizinga utilizam Erasmo como referência para suas próprias disputas políticas, eu tento mostrar, por minha parte, a extraordinária resistência que o texto de Erasmo demonstra diante de toda tentativa de lê-lo e incorporá-lo a outro discurso. Estamos tratando de um texto que luta contra poderes de interpretação que pretendem fazê-lo dobrar-se a seu próprio significado (mas notemos que, ao usar a palavra "dobrar-se", começamos a estabelecer certo campo de rivalidade, na qual nos alinhamos). Apenas os esforços mais enérgicos poderiam obrigar o discurso da Loucura de Erasmo, esse Proteu (*"shape-changer"*, segundo o termo de Stephen Dedalus), a ocupar o campo da política: Erasmo desarma virtualmente aquele que (como Zweig) empreende uma defesa apaixonada da causa erasmiana ao dar-lhe o estatuto de *alguém que sabe*. O poder do texto reside, justamente, em sua fraqueza – sua renúncia sério-cômica ao estatuto de grande falo, sua (não) posição dentro *e* fora do drama -, assim como sua fraqueza reside no poder de amplificar-se, de propagar-se, de criar seguidores.

Traduzido do inglês por Mark R. Anspach.

Este artigo, publicado pela primeira vez com o título "Erasmus' Praise of Folly*: Rivalry and Madness" in* Neophilologus *76, 1992 (p. 1-18), é publicado aqui com a amável autorização de Springer Science and Business Media.*

capítulo 14
melhor rir. o poder do bufão
Roberto Escobar

O Ser que quis multiplicar a sua imagem não colocou na boca do homem dentes de leão, mas o homem morde com o riso.
Charles Baudelaire[1]

O bufão e o rei

Como Roberto Benigni nos incita,[2] é preciso proteger os comediantes. É preciso protegê-los porque "desobedecem às regras e só fazem o que lhes dá na veneta. [...] Contrabandistas sem licença, eles têm [...] o maior poder". O seu poder é desobedecer a todo poder e, de riso escarnecedor em riso escarnecedor, colocar e recolocar o mundo em movimento.

Se alguém se dá conta, é o rei Alboin da tradição medieval italiana, proveniente dos fortes humores populares, próprios das terras banhadas pelo Rio Pó. O rei tem, cotidianamente, essa experiência com um camponês rude e sábio, de espírito satírico, Berthold. Segundo Giulio Cesare Croce,[3] ele reme-

[1] *De l'Essence du Rire*, in Charles Baudelaire, *Ecrits sur l'Art.* Paris, Librairie Générale Française, 1999, p. 285.
[2] Falando no dia 9 de março de 2002, no Festival de Música de São Remo. Um jornalista próximo de Silvio Berlusconi, na época chefe do governo, ameaçara jogar ovos em Benigni por ter ousado fazê-lo rir.
[3] No começo do século XVII, Giulio Cesare Croce retoma os relatos populares referentes aos diálogos entre Berthold e Alboin (ver *Le Sottilissime Astuzie di Bertoldo. Le Piacevoli e Ridicolose Simplicità di Bertoldino.* Turim, Einaudi, 1978). Aqui seguiremos Croce, *Berthold et Bertholdin*, trad. Claude Perrus. Belfort, Circé, 2000.

dia cada uma de suas farsas com uma careta. E o perspicaz Alboin se presta ao jogo. Ele não ordena que se desfaçam do farsante. Ao contrário, ele gosta da presença desse bufão que serve para dissipar o tédio que os seus cortesãos obsequiosos lhe infligem. Como se trata de um rei perspicaz, ele sabe que as caretas e os risos escarnecedores, por mais incômodos que sejam para o poder, são importantes para ele.

É mais entre os cortesãos que Berthold é impopular. Aquele que se compraz curvando a cabeça, aquele que tem calosidades nos joelhos, tem dificuldade para suportar que outros arrisquem tudo pelo orgulho de lançar uma brincadeira cáustica. E, de fato, são os cortesãos que tentam convencer Alboin a despedir o bufão. Para se livrarem dele, portanto, aproveitam um debate filosófico entre Berthold e Alboin (p. 49 ss.) sobre a questão de saber se um homem (o bufão) deve se inclinar diante de outro homem (o rei). "Todos os homens, inclusive tu e eu, somos feitos de terra" argumenta Berthold, "e todos nós voltaremos para a terra. A terra não deve se inclinar diante da terra". Dessa vez, é de fato demais, não tanto pelo próprio rei, mas pelo humor execrável que ele deve suportar na corte. Levado, então, por seus cortesãos, Alboin decide colocar no seu lugar esse rude filósofo. Para tanto, ele "mandou abaixar a sua porta, de modo que aquele que quisesse entrar era obrigado a abaixar a cabeça: dessa forma Berthold, quando retornasse, deveria se inclinar e saudá-lo, querendo ou não".

Tendo curvado as costas, mesmo o mais cáustico dos bufões não se distinguiria de um cortesão obsequioso.

Sócrates e Berthold

Caretas e risos escarnecedores em si mesmos não têm nada digno de "risos". Parece, ao contrário, que as percepções da realidade que traduzem são das mais profundas que os homens e as mulheres podem ter.[4] De todas as formas, salvo uma exceção sobre a qual voltaremos a falar, somos os únicos seres vivos capazes de nos vangloriar disso. Rabelais[5] diz que o "riso é próprio do homem". Não menos, sem dúvida, do que a "porta do poder" de Alboin, abaixada intencionalmente.

Então, por que o rei e o bufão se frequentam com assiduidade, apesar das incompatibilidades hierárquicas recorrentes? Mas, antes de tudo: quem é o bufão? Acreditamos saber algo sobre o rei (e sobre chefes, grandes ou pequenos). Sabemos menos ainda sobre comediantes, esses indivíduos que fazem rir e que se expõem totalmente, desafiando o poder, às vezes, somente por gostar da brincadeira. Nós os consideramos vis e cômicos, justamente. Entretanto, são "pessoas capazes de ver além das aparências".[6] Essa definição é o contraponto do Teeteto de Platão (155d). É típico do filósofo, diz de fato Sócrates, ficar cheio de encantamento; a filosofia não tem outra origem.

Como os filósofos, os bufões também são sensíveis ao assombro. Na fronteira incerta entre o sentido e o absurdo, quando os primeiros são levados a pensar, os segundos lançam mão do riso escarnecedor. Os instrumentos são diferentes, mas não a inteligência. Não é por acaso que o Sócrates da tradição popular possui traços que lembram Berthold:[7] ambos escondem a sua sabedoria sob um corpo disforme, "desfigurado", quase demoníaco.

O bufão, conta Croce (p. 18), tinha uma cabeça grande, "redonda como uma bola, a testa enrugada e ressecada, olhos vermelhos como o fogo, longas sobrancelhas espetadas como cerdas de porco, orelhas de asno, a boca grande e um pouco torta, com o lábio inferior pendurado como o de um cavalo, e uma barba espessa de bode, caindo pela mandíbula, um nariz achatado, com vastas narinas, dentes

[4] Cf. Peter L. Berger, *Homo Ridens*. Bolonha, Il Mulino, 1999, p. 27.

[5] *Gargantua, Pantagruel*. Paris, Hachette, 2002, p. 26.

[6] Cf. Berger, op.cit., p. 105.

[7] Cf. Piero Camporesi, "Introduzione" a Croce, *Le Sottilissime Astuzie di Bertoldo*, op. cit., p. XXIII, e Diogo Lanza, *Lo Stolto*. Turim, Einaudi, 1997, p. 104.

salientes como as presas de um javali [...], pernas de cabra, como os sátiros, com pés largos e compridos e todo o corpo coberto de pelo [...]".

Quanto ao filósofo, Rabelais (p. 28) garante que "vendo-o de fora [...], o senhor não daria nada por ele, tamanha a feiura do seu corpo e o ridículo da sua atitude, o nariz pontudo, o olhar de um touro, o rosto de um louco [...]".

É possível, então, pelo menos no que se refere à deformidade, que filósofos e bufões se assemelhem. Não estamos falando aqui do fato infeliz de que, tanto hoje quanto antigamente, muitos filósofos adorem fazer o papel de saltimbancos da corte. Estamos falando aqui de filósofos mais sérios, e de bufões ainda mais sérios. O que significa o fato de que, exatamente como os primeiros, este últimos vejam também além das aparências? Para obter a resposta, ouçamos Totò, grande comediante italiano de teatro e cinema; seus traços e caretas lembram os de Berthold.[8] Totò diz que se pode rir de um enterro, e até rir muito, contanto que o observemos "a partir de um ponto de vista diferente daquele do defunto". Como dizer que está errado?

Como hienas

Do que rimos no mais trágico dos eventos? Talvez, justamente, por causa do seu caráter trágico. Por outro lado, diz ainda Totò, "quando um indivíduo cai na rua e se machuca, os passantes riem como de uma comédia de Zigoto". A situação é menos extrema do que um enterro, mas há uma semelhança. Nos dois casos, é como se déssemos um suspiro de alívio por ter escapado do perigo: poderia ter acontecido conosco, então, que seja antes ele...[9] E se esse *antes* escondesse o segredo de todo contrabandista cáustico e sem licença? Aprofundando um pouco esse advérbio,

[8] Cf. meu livro *Totò. Avventure di una Marionetta.* Bolonha, Il Mulino, 1998.
[9] Cf. também Baudelaire, *De l'Essence du Rire*, op. cit., p. 288.

vemos uma hipótese inquietante nas raízes do cômico, uma hipótese que explica ao mesmo tempo a pequena tragédia daquele que cai e a mais extrema do funeral.

Nesse campo, nós nos deixaremos guiar por Elias Canetti,[10] que, de maneira muito filosófica, fica espantado de saber que há também um senso do cômico nas hienas. Mostrem um pedaço de carne para uma hiena, ele sugere. Ela abrirá as suas mandíbulas e exporá os seus dentes, pronta para mordê-lo. Exatamente antes do golpe decisivo, tirem o pedaço de carne. A hiena ficará com a boca aberta e os seus dentes visíveis, trêmula no ato doravante vão de apertar as mandíbulas. O que ela fará para dar um significado a esse impulso enérgico privado do seu objetivo? A sua solução será uma risada estridente. Em vez de morder, ela irá descarregar o entusiasmo frustrado num riso sonoro.

A mesma coisa acontece quando abrimos as nossas próprias mandíbulas, menos poderosas, é verdade, para gargalhar diante de um infeliz que de repente cai no chão. O que nos lembra, ainda hoje, um homem caído no chão, senão uma presa entregue a nós? Por ter "caído", ele evidencia o nosso poder sobre ele, e talvez até a nossa *força*. Somos literalmente superiores a ele, no sentido físico do termo. E ainda hoje, argumenta Canetti, "poderíamos, se quiséssemos, tratá-lo como presa". Por sorte, *em vez de* devorá-lo, aqueles que o rodeiam mostram-lhe os dentes e dão urros de hiena (enquanto "os movimentos que saem do diafragma, específicos do riso, substituem e resumem, parece, toda uma série de movimentos peristálticos internos").[11]

Risos homéricos

O riso seria, então, uma agressão desviada do seu objetivo e que se tornou anódina. Isso se torna evidente quando se ri em grupo de um indivíduo ou minoria

[10] Cf. Elias Canetti, *Masse et Puissance*, trad. Robert Rovni. Paris, Gallimard, 1966, p. 237.
[11] Ibidem.

que se tornou objeto de *riso*. Térsites, o mais deformado e execrável[12] dos guerreiros que assediam Troia, sabe algo a respeito. Como se antecipasse Berthold, o seu corpo e as suas palavras já têm em si a surpreendente feiura – devastada e demoníaca – do bufão: "Coxo de um pé, ele tem ainda ombros encurvados, para dentro. Na sua cabeça pontuda há um pelo raro". E depois, o seu coração conhecia palavras "inoportunas, em abundância, e para provocar os reis, de todas as formas, tudo vale, contanto que pense em fazer os argivos rirem".[13]

Sobre ele – e sobre esses traços de *pharmakós* – Ulisses dirige a atenção dos aqueus quando, em massa, queriam levantar a âncora e voltar para casa. "A madeira dos nossos barcos está podre, suas precintas estão frouxas" (p. 57), disse-lhes o imprudente Agamenon. Já é a imagem de uma crise social iminente. De fato, ao recusar qualquer *diferença*, os soldados se revoltam: cada um deles quer ser rei. O mais sagaz dos aqueus os repreende: "Ter chefes demais não vale de nada: que um só seja chefe, que um só seja rei" (p. 59). O grupo está, portanto, prestes a se dissolver e o único remédio que Ulisses encontra é fazer todos rirem *juntos*, no lugar daquele que na maior parte das vezes se presta a esse espetáculo (*Térsites* significaria "o atrevido") e que é o mais vulnerável por causa de sua *deformidade*. Resultado: convencidos de uma cruel hilaridade *unânime*, como a sua unidade de intenções agora está garantida, os soldados aceitam a soberania de "um só".

Se os aqueus fossem menos refinados, em vez de ter um único objeto de escárnio, eles teriam ido todos juntos para cima de Térsites para despedaçá-lo. É o que sugere a teoria girardiana do homicídio coletivo como prática terrível da fundação da ordem, e de tudo o que é humano, demasiadamente humano. Em seguida, diante do corpo despedaçado, eles reencontrariam a paz, certos de que o responsável da crise

[12] Segundo Cícero, citado de Quintiliano (*Inst. or.*, VI, 3, 8), o escárnio e o riso têm ambos *sedem in deformitate aliqua et turpitudine*.
[13] Homero, *Iliade*, trad. Paul Mazon. Paris, Gallimard, 2005, p. 59. Sobre Térsites e sobre o riso no capítulo II da *Iliade*, ver também Mary Douglas, *Implicit Meanings*. Londres, Henley e Boston, Routledge & Kegan Paul, 1975, p. 99.

agora estaria morto, e com a suspeita bem fundada de que, considerando a sua aptidão de reconduzir à ordem, esse morto não é somente um horrível culpado, trata-se também *e ao mesmo tempo* de um salvador que merece o reconhecimento deles.

"Em vez do" rei

Aí está toda a ambiguidade da vítima, do *pharmakós*: os seus assassinos veem nele o diabólico e o divino, o infra-humano e o sobre-humano. René Girard nos ensinou[14] que o próprio rei não passa de uma vítima que tirou proveito do estupor encantado dos linchadores para convencê-los a esquecer por um momento o seu aspecto diabólico e prestar atenção no seu lado divino e, portanto, adiar a sua morte. Resultado: a vítima é provisoriamente poupada e até mesmo adorada e obedecida. Resumindo, ela se transforma em rei. Dessa forma, não é surpreendente que, em caso de crise social profunda, quando o grupo está prestes a se dissolver, a solução mais imediata seja pegar o rei e submetê-lo ao destino que o espera há muito tempo. É algo que já aconteceu e que, é de temer, continuará a acontecer. Os primeiros a saber disso são os reis. Porém, eles temem, sobretudo, os seus cortesões, e com razão. Por mais respeitosos que sejam, cedo ou tarde serão os linchadores mais determinados. Caso contrário, quando o rei "cai", eles próprios correm o risco de serem linchados com ele. Haveria algo nessa história que causa o riso? Certamente, antes da queda de um rei, não se ri dele. Em vez disso, é de um bufão que rimos. Aqui temos a resposta: de novo *em vez de*.

Um rei preocupado em evitar a morte procurará se garantir contra o entusiasmo assassino do grupo, desviando-o para outra vítima. Mas esta também poderá contar com certa admiração da parte dos linchadores. Entretanto, como o papel do rei

[14] Ver *Des Choses Cachées Depuis la Fondation du Monde. Recherches avec Jean-Michel Oughourlian e Guy Lefort.* Paris, Grasset, 1978, p. 59 ss.

na encenação social já foi atribuído, ele deverá se satisfazer com um papel menos central, porém, sempre de primeiro plano. No fim, o bufão – é ele, aquela outra vítima – estará muito "próximo" do rei. Ele será aquele que *responde*[15] por ele, aquele que orienta *em vez do* rei, para si mesmo, o ressentimento do grupo e que *reconduz* o escárnio.

Nascimento de um bufão

Como a segunda vítima poderá evitar também a morte? Encontrando motivo de riso. Ela evitará os "dentes" do social com um salto, um desvio, uma careta. E ela deverá sempre recomeçar, considerando que o seu papel na comédia não é determinado como o do rei. Em vez de parecer aos olhos dos linchados tal como é em si mesma – como um ser deformado ou disforme, como um ser abjeto sobre o qual recai a sua violência –, ela se esconderá sob uma máscara, "surgindo" como bufão.

Encontramos traços de tudo isso na biografia de um grande bufão. Num dia distante de 1905, aos sete anos, Antonio de Curtis – o futuro Totò – se vê obrigado a descer e brincar com os seus amigos de Rione Sanità, no centro popular de Nápoles, usando calças largas, com cintura alta, que a sua avó fizera para ele com o pano de um vestido da sua mãe, estampado de grandes rosas vermelhas. Fatalmente, ele se torna o alvo das zombarias cruéis dos amigos, que o circundam, gritando com desdém. Com todos os olhos voltados para si, Antonio se encontra na situação de um homem caído: indefeso, ele pode ser "despedaçado". Ele gostaria de desviar esses olhares de júbilo e ferozes de si, mas não pode fazê-lo, pois se encontra justamente *lançado* no papel trágico de vítima.

[15] Cf. René Girard, *La Violence et le Sacré*. Paris, Hachette, 1998, p. 25. Cf. também Luigi Alfieri, "Le Feu et la Bête. Commentaire Philosophico-politique de *Sa Majesté des Mouches* de William Golding", in *Politiques de Caïn. En Dialogue avec René Girard*, sob a direção de Domenica Mazzù. Paris, Desclée de Brouwer, 2004, p. 35-74.

A única saída que ele tem é um "jogo teatral" que acalma a excitação dos meninos. Ele deve procurar convencê-los de que, mesmo sendo o centro da sua atenção, ele não é uma vítima, uma presa a ser devorada, mas outra coisa: um bufão. Ele então tira a calça e, de cueca, muda a perspectiva dos seus perseguidores, do trágico para o cômico. Com as mãos no quadril, agitando as pernas finas como de uma marionete, ele encena uma pantomima tão surpreendente que os ritos perversos se transformam em aplausos ruidosos.

Como não pode agir sobre os seus amigos, ele age sobre si mesmo. *Em vez de* se mostrar a eles como a criança para a qual a crueldade deles se volta, ele se lhes mostra através de um véu e de uma máscara que serão, como Totò, mais tarde na vida, os traços deformados ou disformes do seu personagem cômico, maravilhosamente desajeitado e feio. Para afastá-lo de si mesmo, ele desvia todo o escárnio para o bufão que existe nele. E faz do seu próprio corpo "algo" que lembra e *substitui* o corpo despedaçado, inumano e sobre-humano, da vítima. Dessa forma, os perseguidores se transformam em espectadores alegres; deixam de ser ameaçadores, apesar dos seus dentes expostos. Nesse estágio, tendo-os agora "no seu poder" e não tendo sofrido nenhum atentado à sua integridade física, ele se despede e se refugia em casa.

A soberania da careta

Evidentemente, Alboin quer manter Berthold ao seu lado. Antes de chegar ao trono, o ódio unânime da multidão encontra a máscara do bufão. Se preferirmos: ele encontra o espaço marginal do *em vez disso* o cômico. E, aí, esse ódio se transforma e perde a sua "propensão crítica" popular e sanguinária (a expulsão vitimária "séria" é substituída por uma variante "ridícula").[16] No fundo, Alboin sabe que, para a preservação do seu poder e de sua pessoa, ele pode contar muito mais com Berthold do

[16] Cf. *La Violence et le Sacré*, op. cit., p. 378 ss.

que com seus cortesões. Se um transforma o ressentimento dos súditos, os outros podem multiplicá-lo como espelhos, ocupados com a busca do seu próprio interesse.

Mas Alboin deve pagar o preço. Ele deve deixar para Berthold a liberdade de ser bufão e reconhecer a sua soberania absoluta da careta. Nenhum limite deve lhe ser imposto, mesmo quando faz de conta que não inclina a cabeça. Senão ele deixaria de ser o que é e se tornaria um triste e pequeno fantoche do poder, semelhante a um triste e pequeno filósofo da corte. Enfim, o tipo de indivíduo que os cortesões acham tão simpático, e que brigam para exibi-lo – comediante ou mandarim – nos seus salões.

Mas o que sobraria do para-raios real? Que espaço do *em vez de* subsistiria entre o poder e a rua? O comediante se tornaria uma caricatura de si mesmo, como acontece hoje na televisão quando os risos dos espectadores são desencadeados sob encomenda. Deixaria de ser o lugar de transformação do ódio unânime e se tornaria o instrumento direto do poder: um comediante cortesão. Dessa forma, Alboin deveria desempenhar sozinho o seu papel na comédia, sem alguém que respondesse por ele, exposto ao ressentimento dos súditos, e entregue enfim – ou justamente antes do fim, quando ainda não é tarde demais para eles – à traição dos cortesãos.

Em movimento

Há uma outra faceta do poder em todo Berthold que se faz respeitar. Trata-se de uma soberania e, melhor ainda, de uma liberdade que nenhum Alboin pode restringir. Ele não se refere ao que o rei não deve *proibir* que se faça. Não é uma liberdade negativa que se resume na ausência de limites. Trata-se de uma liberdade positiva, algo que sempre coloca o mundo em movimento, algo que, de novo, o bufão tem em comum com o rei, mesmo utilizando de modo totalmente diferente.

Qual é o papel do rei na tragicomédia humana senão o de ser o centro e o responsável por uma metamorfose (que parece) concluída, por uma desordem que se transformou em instituição, por um caos que se transformou em mundo? Os antigos linchadores deixaram-no viver por essa razão também: para encontrar um "terceiro" a quem se remeter, para vencer a propensão destruidora de cada um em relação ao absoluto. Isso é o político: um artifício que sempre surge do conflito, e que sempre lhe dá um sentido, forma e limites. Um artifício, principalmente, que precisa de um centro (considerado) inviolável e sagrado, duro como uma pedra e alto como um monumento, quer se trate de um rei, de um totem ou de um príncipe razoável.

O fato de a genealogia desse centro exalar sangue, ou ser o fruto de mímesis violenta e de reciprocidade maléfica, não reduz o seu significado. Ao contrário, confirma a sua necessidade trágica e "satânica" (ou seja, submetida a um princípio ao mesmo tempo de ordem e de desordem).[17] E é a sua genealogia que nos incita a defender essa manifestação histórica ao mesmo tempo útil e frágil que chamamos de democracia: um sistema para contar as cabeças *em vez de* cortá-las, e para manter a morte fora da decisão política.

Porém, como o rei, o bufão também se situa na fronteira incerta entre o caos e o mundo. Ele aí está por razões biográficas. Foi aí que ele nasceu, no espaço de uma metamorfose que é aquela em que o rei nasceu e da qual o rei provisoriamente se libertou. É da desordem e do medo, desse conflito que opõe o absoluto de cada um ao absoluto de cada um, é desse *diabolon* (essa separação) que nasce a sua máscara. Entretanto, é ainda aí que ele vive. Assim, ao contrário da subjetividade hipertrófica do rei, a subjetividade do bufão nunca é concluída, ela fica em mutação permanente: é uma *forma informe*, um Proteu inacessível cujo maior milagre é existir e subsistir.

Tem uma vantagem, nessa forma informe e nesse eu nunca concluído, em relação ao eu de pedra que é próprio do rei e da forma monumental da instituição.

[17] Cf. René Girard, *Celui par Qui le Scandale Arrive*. Paris, Desclée de Brouwer, 2001, p. 74.

O caos se reflete *diretamente* na sua máscara. Não somente a sua metamorfose é precária, como tudo o que é humano, mas ela também *se manifesta* como precária. Conserva até uma memória direta e *material* da violência que a produziu: ela a conserva já nos traços do bufão, no seu corpo disforme, devastado. A vantagem é que, dessa maneira, ela permanece aberta à mudança, testemunha do *diabolon e* ponte para o *symbolon.*

A liberdade cômica

Estudando as brincadeiras rituais dos Lele da África Central, Mary Douglas indica bem a natureza da força que reside no *preferivelmente* cômico. Uma brincadeira, escreve Douglas, é um jogo sobre a forma que opõe, a um esquema socialmente aceito, outro esquema que é novo e inesperado. Melhor, ela "permite perceber que o esquema aceito é privado de necessidade. Ela excita a mente, sugerindo que toda a modalidade particular de ordenar a experiência poderia ser arbitrária e subjetiva".[18]

A brincadeira não produz um verdadeiro sentido alternativo, mas um sentido hilariante de liberdade em relação ao sentido em geral. Por outro lado, se não há modelos de ordem na desordem, se este "não expressa nenhuma organização [...], é capaz de criar ao infinito".[19] Eis no que consiste a liberdade do bufão: na sua capacidade de evocar uma infinidade de mundos, onde todos são possíveis, tanto quanto é o do rei, e nenhum necessário, não mais do que o do rei.

Em suma, quando ele se dirige a Alboin fazendo uma careta, Berthold opõe o seu próprio (não) sentido ao sentido do outro, mostrando o caráter arbitrário da ordem

[18] Mary Douglas, *Implicit Meanings*, op. cit., p. 96.
[19] Idem, *De la Souillure. Essai sur les Notions de Pollution et de Tabou.* Paris, La Découverte, 2001 (1967), p. 111.

na qual se baseia a sua corte. Dessa maneira, a sua *liberdade cômica* "transborda" o mundo do rei, mas sem "instituir" um mundo novo. Entretanto, como um filósofo que se espanta e entrevê o outro lugar do sentido, ele revela e indica a possibilidade de outros mundos, mundos em que, talvez, nós todos seríamos reis.

Resumindo, os bufões recolocam o mundo em movimento rindo e fazendo rir da pretensão absoluta e fixa de todo poder. Com o *preferivelmente* deles, a morte fica suspensa (mesmo a administrada pelo poder). Mas, ao contrário da suspensão garantida pelo rei - em torno do qual o tempo do político se fixa como na pedra, em outras palavras, a *duração* -, essa suspensão permanece fluida e viva durante a breve eternidade de um riso. Assim, em vez de fechar os limites do possível, os bufões voltam sempre para abri-los amplamente, mordendo-os com o riso e mudando incessantemente de forma, esses "contrabandistas" inacessíveis do sentido.

Post scriptum

Mas no que se transformou a astúcia do rei Alboin? E o que pode fazer Berthold para não baixar as costas? Na mesma situação, outras pessoas se adaptariam, e tirariam proveito disso para melhorar a sua condição. Mas o bufão tem o seu orgulho, e muita capacidade. Dessa forma, ao voltar para a corte no dia seguinte de manhã, e ao ver a porta mais baixa, "ele compreendeu imediatamente a astúcia (do Rei). Por conseguinte, (em vez de) abaixar a cabeça, ele deu meia-volta para entrar de costas, de tal forma que, em vez de fazer a reverência ao Rei, ele lhe mostrou o seu traseiro e fez a saudação com as nádegas" (Croce, p. 50).

Para quem quiser percorrê-los, os caminhos do *em vez de* são infinitos.

Traduzido do italiano por Mark R. Anspach.

capítulo 15
o terceiro que deve morrer. nos fundamentos da relação política

Luigi Alfieri

Os mais afastados são os que pagam o nosso amor
ao próximo; e quando vós juntais cinco,
deve morrer um sexto.

Assim falou Zaratustra ("Do amor ao próximo")

"*Um* só me assedia sempre excessivamente" – assim pensa o solitário. "Um sempre acaba por fazer dois!"
Eu e Mim estão sempre em conversações incessantes. Como se poderia suportar isso se não houvesse um amigo?
Para o solitário o amigo é sempre o terceiro; o terceiro é a válvula que impede a conversação dos outros dois de se abismarem nas profundidades.

Assim falou Zaratustra ("Do amigo")

Robinson e sexta-feira

A primeira passagem de Nietzsche citada no início oferece a hipótese central deste ensaio. Para Nietzsche, a reunião de alguns é a causa da morte de um outro, e a morte deste último é a condição para que os outros possam se reunir. Entre os dois fatos há uma ligação *necessária*, ao passo que a quantificação – os cinco e o sexto – é contingente. Para simplificar, convém reduzir o número ao mínimo indispensável: "Quando vós juntais *dois*, deve sempre morrer um *terceiro*".

Entretanto, para compreender o significado desse enunciado, primeiramente, devemos responder a uma pergunta que parece diferente: qual é o modelo mais simples de *relação política?* Quantas pessoas deve haver, no mínimo?

Apesar do amor das ciências econômico-sociais por "*robinsonnades*", não se pode atribuir a um indivíduo isolado uma dimensão política. Robinson não é suficiente. Sexta-Feira, tampouco basta. Entre dois indivíduos, pode haver amor ou ódio, amizade ou inimizade ou até dominação e submissão; mas a relação não poderia ser *política*. Entre dois indivíduos isolados, não há *desigualdade,* e o político é uma relação entre seres desiguais. Caso contrário não haveria a dimensão *institucional* que está sempre presente.

Entre dois indivíduos isolados, o mais forte poderia obrigar o mais fraco à obediência. Mas a situação pode mudar sem a existência de *regras* que orientem a mudança. O mais forte poderá se tornar o mais fraco: envelhecendo, adoecendo ou apaixonando-se pelo outro. A relação está sempre se modificando: ninguém se sentirá *obrigado* a ser escravo, nem *no direito* de ser o mestre. Não veremos, numa relação a dois, esse fenômeno singular que existe quando aquele que comanda e aquele que obedece *admitem* que é *justo* que haja ordem e obediência e que *ambos* vislumbrem o fundamento de uma identidade que os une.

Robinson e sexta-feira, mais um

Portanto, o modelo mais simples de relação política exige *três* indivíduos. Ou, melhor, dois indivíduos com um Terceiro. De fato, não basta acrescentar mais um indivíduo (o que só daria uma série de relações a dois); e ainda é preciso que o novo indivíduo *se situe num outro plano* em relação aos primeiros, o que introduz essa assimetria ou desigualdade que funda a relação política:

Esse modelo implica as seguintes formulações:

1 Os Dois são iguais porque cada um deles não é o Terceiro. A sua igualdade se torna permanente e necessária; ela deve durar enquanto o Terceiro estiver lá.

2 Os Dois juntos são Um só. O espaço dos Dois é comum, e não a soma dos seus espaços individuais.

3 Graças ao Terceiro, os Dois não são mais seres naturais abandonados ao seu destino biológico: eles pertencem a um conjunto que tem uma existência própria e que, embora seja composto por homens, não é em si humano, nem biológico, nem natural. A possibilidade de que o conjunto se reproduza no tempo (como família, tribo, povo) só concretiza a autonomia que já possui o conjunto em relação aos seus componentes.

4 Se um dos Dois se destacar do outro, ele não é mais ele mesmo, ele muda de identidade.

Agora, o que se pode dizer do Terceiro?

Grandeza e miséria do terceiro

1 O Terceiro é *diferente* – de cada um dos Dois e do conjunto: ele está em outro lugar, ele é outra coisa.

2 O Terceiro pode ser um indivíduo ou um sujeito coletivo, mas no sistema que ele forma com os Dois, ele está sempre *só*. Ele é a condição necessária da relação

entre os Dois sem que ele próprio esteja em relação com eles. Não há espaço em comum. Isso não exclui que possa haver uma comunicação intensa entre os Dois e o Terceiro, mas a relação essencial dessa comunicação será distinguir melhor os seus papéis respectivos.

3 A *identidade* dos Dois depende do Terceiro, mas a *existência* do Terceiro depende dos Dois. Se quiserem, podem eliminá-lo. Se não o fazem é só porque, sem o Terceiro, deixariam de ser os Dois, ou pelo menos *esses* Dois.

4 O Terceiro é *artificial.* Mesmo os Dois também o são, mas somente por causa da mediação do Terceiro, justamente. Esse último não pode existir sem um sistema simbólico (uma cultura): é preciso que haja *regras de identificação* para estabelecer quem *deve* ser colocado como Terceiro. Automaticamente o Terceiro se torna possessão dos Dois, em geral pelo nascimento: o Terceiro deve ser constituído por *separação.*

5 O Terceiro está em *outro lugar.* Os seus espaços não poderiam ser divididos: os outros não devem entrar nele e ele não deve sair dele. É preciso inventar mecanismos complexos para impedir que o seu estatuto de Terceiro seja comprometido pelos contatos inevitáveis com os Dois.

6 A posição do Terceiro é *neutra.* O modelo não permite dizer se ele é superior ou inferior aos Dois. Tudo o que se sabe é que ele se situa num outro plano. O estatuto de Terceiro comporta enquanto tal uma posição de superioridade-inferioridade.

O político e o sagrado

Esse modelo é tão geral que devemos verificar que apresenta pelo menos os contínuos mínimos da relação política.

Pode-se dizer que a *autoridade* e o *conflito* são dois fenômenos tipicamente políticos unidos por uma relação de polaridade. Há alguém que deve ser obedecido, honrado e protegido, e alguém que deve ser afastado, excluído, às vezes morto. Pois bem, o modelo implica os dois casos.

De fato, o Terceiro pode ser: 1) diferente por ser *superior*; 2) solitário porque é colocado *acima*, lugar ao qual nenhuma outra pessoa é digna de ser elevada; 3) *protegido*, pois a sua perda seria insuportável; 4) identificado como o *melhor*; 5) inserido num espaço puro, elevado, *sobre-humano*; 6) julgado como o ser *bom* por excelência.

Mas ele também pode ser: 1) diferente por ser *inferior*; 2) solitário porque é colocado abaixo, lugar para o qual ninguém quer descer; 3) *indigno de existir*, portanto, deve ser suprimido ou afastado; 4) identificado como o *pior*; 5) inserido num espaço impuro, *sub-humano* ou *inumano*; 6) julgado como o ser *mau* por excelência.

No primeiro caso, o Terceiro é detentor da autoridade; no segundo, ele é o alvo do conflito. O Terceiro como *chefe*, ou então o Terceiro como *inimigo*. Mas são dois modelos alternativos, ou o modelo é sempre o mesmo?

Aqui vemos a vantagem da generalidade do modelo, que não é somente política. Em outros campos, a coexistência de traços opostos é em geral admitida. É o caso em particular do sagrado, caracterizado, segundo R. Otto, pela ambivalência: o sagrado é *fascinans/tremendum*, e nenhum dos dois termos pode subsistir sem o outro.

O modelo proposto aqui pode, portanto, qualificar o Terceiro como sagrado. Não porque é superior, alto, nobre, mas porque é *simultaneamente* superior/inferior, alto/baixo, digno/indigno, melhor/pior, puro/impuro, fasto/nefasto.

É possível constatar uma ambivalência análoga na política? A hipótese é de que a autoridade suscita o conflito, que o chefe também é um inimigo, que só se pode obedecer à *vítima* de todos.

O Terceiro como presa

Poderíamos dar uma interpretação banal sobre essas qualificações opostas. O poder é objeto de desejos antagonistas, aquele que o detém é o alvo da inveja e hostilidade, e caso deixe de suscitar a obediência corre o risco de conhecer um triste destino.

Mas dessa maneira temos a existência do poder político, sendo que é preciso *explicá-lo*. Como é possível que os Dois obedeçam ao Terceiro? *Sempre* são mais fortes: são dois, justamente. O poder do Terceiro deixa de existir quando os Dois se recusam a obedecer. Essa posição que é objeto de inveja e de hostilidade, de medo e obediência, é *criada* por aqueles mesmos que são animados pela inveja, medo e ódio. Esse é o paradoxo do político: a autoridade nasce de um ato de obediência dos mais fortes em relação ao mais fraco. Tudo acontece como se os Dois utilizassem o Terceiro para representarem para si mesmos o seu próprio poder, porém, de maneira a não mais reconhecer como sendo deles.

O modelo teórico que pode explicar esse enigma é o de René Girard, que pressuponho aqui. Em vez de expô-lo ou aplicá-lo, porém, eu o manterei como pano de fundo, enquanto tentarei construir um modelo mais elementar, mais purificado, reduzido o máximo possível ao essencial. A questão é saber se o modelo reduzido nos revela algo sobre o mistério dos fortes que se submetem ao fraco e sobre a ambivalência constitutiva do Terceiro.

O Terceiro é superior/inferior. O enigma reside no fato de poder ser superior. Não há nada de enigmático no fato de que possa ser inferior. Na posição do Terceiro, a possibilidade mais compreensível é de que seja perseguido, eliminado. Diante do mais fraco, nenhum comportamento é mais evidente do que a manifestação simples e direta da força. Na hipótese em que o simples antecede o complexo, a inferioridade do Terceiro seria a posição *originária*. Seguindo esse raciocínio, a origem do político vem da relação entre os Dois e um Terceiro que deve ser perseguido, e essa situação originária também é aquela à qual se reduz o político em última análise, quando a ordem entra em colapso.

Sabemos que o político teve um começo semelhante. De fato, as primeiras comunidades humanas dependem de uma relação violenta com um Terceiro: são comunidades de caçadores que precisam de presas.[1] A violência coletiva exercida contra a presa não é somente um meio de obter o alimento, mas um fator de confiança recíproca: é daí que surge a consciência relativa a ser um conjunto integrado. O grupo de caçadores, *com a sua presa*, representa, portanto, a primeira forma do político.

Não é estranho que o Terceiro possa ser um animal. Entre o caçador primitivo e a sua presa, não há uma diferença de "espécie" (o caçador poderia imaginar que é "parente" do animal, graças a um ancestral mítico comum). Ainda não há fronteira exata entre o homem e o animal, e mesmo o homem pode ser uma caça legítima. Não há tampouco fronteira exata entre a caça e qualquer outra forma de perseguição ou de morte de um ser "diferente": a guerra, o sacrifício.

Portanto, é plausível que a manifestação originária do Terceiro seja aquela em que ele é perseguido, e que o político comece com um Terceiro que não é chefe, rei ou deus, mas *vítima*.

Do Terceiro que deve ser morto ao Terceiro poderoso

Essa tese coincide essencialmente com a de Girard. Porém, limitar-se à argumentação desse último seria inutilmente repetitivo. Talvez fosse mais significativo chegar a conclusões análogas partindo de pressupostos e seguindo outro método. Isso indicaria, de fato, que não se trata de simples construções teóricas, mas de um problema suficientemente "objetivo" para emergir através de outra via.

[1] Mesmo Girard atribui um papel importante à caça, mas ele vê nela uma atividade exclusivamente ritual, uma forma de sacrifício, o que provavelmente é excessivo (cf. *Des Choses Cachées Depuis la Fondation du Monde*. Paris, Grasset, 1978, p. 80-81). Não parece necessário minimizar a esse ponto a função alimentar da caça para reconhecer seus aspectos sociais e religiosos.

Portanto, a forma inicial do Terceiro é a vítima. Mas não é a sua forma final: a posição do Terceiro é ambígua, em movimento entre dois extremos. Devemos compreender por que é assim.

A lógica do modelo nos proíbe recorrer a fatores externos sob pena de cair no arbitrário. É preciso que a manifestação inicial do Terceiro como vítima *já* contenha os desenvolvimentos sucessivos. De fato, o Terceiro enquanto tal é determinante para a identidade simbólica dos Dois, e pode ser para a sua subsistência física também. Sem o Terceiro, os Dois seriam *diferentes* ou não seriam *nada*. Mas, se a existência dos Dois depende do Terceiro, o Terceiro é *sempre* poderoso, *sempre* superior. E os Dois, de maneira mais ou menos obscura, estão cientes disso.

O que acabamos de dizer é válido mesmo na hipótese do Terceiro-presa. Caçar uma presa nunca é somente um meio para obter alimento; mesmo o comportamento mais necessário do ponto de vista biológico é, no homem, carregado de significados. A natureza tem pouco a dizer, por exemplo, sobre uma das escolhas fundamentais da civilização saber se o homem será um alimento ou não. Porém, a natureza não basta nem para decidir se o animal o será. Por natureza, tudo o que é digerível e não tóxico pode ser comido, mas nenhuma sociedade nunca se atribuiu uma gama de escolha tão vasta: somente uma parte mínima do que se poderia tratar de alimento o é de fato. Portanto, o Terceiro *nunca* é um alimento por natureza. No máximo, ele *se torna* um alimento porque é Terceiro "por natureza"; ou seja, porque foi investido de valores simbólicos que o colocam a certa distância do grupo dos caçadores: não demasiadamente longe a ponto de parecer indiferente, porém, não demasiadamente próximo a ponto de ser considerado um igual, um dos Dois, cuja execução seria um delito.[2]

Mesmo o Terceiro que se deve matar é um Terceiro poderoso. A sua execução jamais o reduz à insignificância; ao contrário, ela o investe de um sentido: alimento

[2] Aí temos um ponto essencial da teoria girardiana do sacrifício. Ver Girard, *La Violence et le Sacré*. Paris, Grasset, 1972, p. 23-27; 401-07. (Coleção "Pluriel").

que dá vida, presente trocado entre dois grupos humanos ou entre o humano e o divino, troféu de vitória, ou tantas outras coisas ainda. Os Dois dependem do Terceiro, e de qualquer forma eles sabem disso, mesmo quando o veem de maneira particularmente negativa, mesmo quando lhe impõem o pior tratamento possível.

Portanto, a negatividade do Terceiro contém uma positividade. O Terceiro sempre é inferior a todos *e* superior a todos. Começar pelo Terceiro perseguido e morto é só uma simplificação heurística. Toda a complexidade do Terceiro, o fato de pertencer a dois extremos contrários, tudo isso está presente desde o início. Se o Terceiro que deve ser morto *já* não era um Terceiro poderoso, praticamente não haveria motivo para matá-lo.

Também seria possível dizer que o Terceiro é *sagrado* – contanto que se compreenda tratar-se de uma tautologia. O conceito de "sagrado" não expressa a transcendência ou a divindade: não exprime nada a não ser o Terceiro. Todo Terceiro é sagrado, e tudo o que é sagrado é Terceiro. Isso é verdade mesmo em relação ao Terceiro que deve ser morto, como mostra o caso da matilha de caça primordial. Como é preciso matar o Terceiro, ele é *feito* para ser morto, ele *merece* a morte; mas, como a sua morte é condição de vida, o Terceiro é o salvador que os seus próprios assassinos deverão venerar. A presa caçada é sagrada, o alimento é sagrado: toda cultura tradicional o compreende.

Mas até aqui o caráter político do Terceiro permaneceu implícito. Nós o vimos mais como condição geral da *sociabilidade* do que como elemento propriamente político. É preciso, portanto, variar o ponto de vista e uma vez mais partir do extremo negativo, do Terceiro *morto*.

O político e o Terceiro excluído

Sabemos que quando certas pessoas se reúnem uma outra *deve* morrer. Mas, por que uma outra – um Terceiro – deve morrer? Porque se não fosse assim, os primeiros não poderiam se reunir: é a única explicação possível dentro do nosso modelo.

Aqueles que se reúnem – os Dois – não o fazem *para matar o Terceiro*. Ao contrário: eles matam o Terceiro *para poder se reunir*. A violência é o meio, não o fim. Os Dois não são "maus" nem "bons": simplesmente, eles querem, *devem* ser os Dois, e não têm outra maneira de fazê-lo.

A sociabilidade se baseia no princípio do Terceiro excluído. Se, evidentemente, toda organização comporta um princípio de inclusão que dá a cada membro o sentimento de fazer parte do todo, não poderia haver inclusão sem um exterior, um radicalmente diferente do qual seja possível se diferenciar. Qualquer reunião social se realiza através da construção de fronteiras que supõem a existência de alguém que fica fora: um Terceiro excluído, justamente. Inclusão e exclusão, uma implica a outra; são as duas faces de uma única e mesma realidade. Como nós já sabemos, os Dois não seriam os Dois (não haveria inclusão) sem o Terceiro; e o Terceiro é excluído por definição.

Que o Terceiro seja excluído não significa, entretanto, que ele seja inexistente ou insignificante. A "ausência" do Terceiro é o fundamento do sentido da reunião social constituída pelos Dois. Desse ponto de vista, o Terceiro é *presente*, *interior* ao grupo dos Dois, no máximo *idêntico* a eles. O não nós que nos rodeia faz de nós o que somos, e, como medida do nosso ser, entra entre nós, *em* nós. A presença ameaçadora de um inimigo, por exemplo, reforça a coesão interna de um grupo. Porém, aí se trata do caso-limite de um fenômeno muito mais geral. O Terceiro excluído pode muito bem ser um inimigo (que, se vencido, nos remete ao Terceiro vítima ou presa), mas pode sê-lo conforme graduações diversas: num conflito violento ou numa competição pacífica. E ele também pode se tornar aliado ou amigo. A sua exclusão geradora de sentido pode inspirar os sentimentos mais variados: ódio, desprezo, medo, mas também curiosidade, simpatia, respeito, gratidão. Não se pode relacionar tudo à violência: para que o Terceiro seja assim, basta na realidade que ele seja *diferente*, e que a sua diferença seja *proibida*. E mesmo a proibição do Terceiro apresenta diversas graduações possíveis: do horror religioso diante da impureza ao reconhecimento de uma especificidade legítima. O essencial é que exista uma fronteira (não necessariamente geográfica) e alguém que viva além dela; portanto, algo que nos contenha e nos encerre num espaço simbólico, apoiando-nos e consolidando-nos pelo próprio fato de nos limitar.

O político nasce com o Terceiro. Sem um Terceiro, Robinson e Sexta-Feira são dois, porém, eles não se tornam *os* Dois: continuam sendo indivíduos e não formam uma coletividade. Essa é a razão por que as "*robinsonnades*" nunca nos dirão nada sobre a origem do político.

Mas o grupo dos Dois tem uma identidade complexa que exige um princípio *interno* de mediação entre as diferenças: algo que poderíamos definir como uma estrutura de governo. Haveria sob esse aspecto até mesmo um Terceiro para os Dois?

O poderoso como Terceiro incluído

Há uma ordem externa do grupo, garantida pelo Terceiro excluído: pelo inimigo, poderíamos dizer. E há uma ordem interna, que é garantida pela autoridade. Mas a própria autoridade é uma forma do Terceiro, ou seria outra coisa? Se fosse outra coisa, seria preciso abandonar o modelo, visto que não daria conta do político como um todo. Devemos, portanto, supor que a autoridade também é um Terceiro. Mas trata-se do *mesmo* Terceiro?

É claro que essa nova manifestação do Terceiro não é idêntica à anterior: há uma diferença entre aquele que combatemos e aquele que nos governa. Porém, se essas duas formas do Terceiro fossem independentes uma da outra, o modelo fracassaria. Sabe-se que este compreende polaridades alto/baixo, superior/inferior, amigo/inimigo. Agora é preciso verificar se ele compreende também a polaridade externo/interno. Já vimos que, mesmo permanecendo externo, o Terceiro excluído tem uma função simbólica dentro do grupo; ele chega a ser o próprio centro. Aqui, entretanto, trata-se de passar para um Terceiro *incluído*, presente inclusive fisicamente dentro do grupo, situado, porém, num outro plano, numa dimensão própria que não permite considerá-lo sendo um dos Dois.

Seria mais fácil se pudéssemos identificar uma figura *intermediária*, que tivesse ao mesmo tempo as características do Terceiro excluído e as do incluído. Na lógica do nosso modelo, essa figura deveria ser um *inimigo do interior.*[3] Há um exemplo histórico que corresponde perfeitamente a essa figura: os hilotas de Esparta. Eles não eram escravos, mas inimigos derrotados vivendo dentro da sociedade dos vitoriosos como prisioneiros de guerra permanentes e dotados de um estatuto de inimigo sempre renovado: anualmente, declarava-se a guerra aos hilotas. Devemos, porém, dar um passo a mais para chegar a um Terceiro detentor da autoridade política.

E se existisse um inimigo interno que, em vez de derrotado, fosse *vencedor*? E isso pela própria escolha dos derrotados? Frequentemente supomos que as classes dominantes sejam descendentes de uma linhagem de conquistadores, e os dominados, de uma linhagem de perdedores. Uma vitória antiga não poderia garantir uma dominação durável se os dominados não aceitassem renovar às suas próprias custas (mas isso deveria comportar uma vantagem oculta) o que os seus ancestrais sofreram. Todas as aristocracias tiveram uma origem desse tipo. Mas não convém fazer aqui uma análise histórica. O que nos interessa é antes uma generalização conceitual: podemos afirmar que a autoridade política, enquanto Terceiro excluído, é *sempre* uma espécie de inimigo interno?

Uma generalização semelhante não deveria surpreender. Sabe-se que o poder suscita reações ambivalentes: desejo e ódio, emulação e desprezo, admiração e horror.

[3] Também poderíamos falar de "estranho do interior". Ver Roberto Escobar, "Rivalité et Mimésis. L'Étranger de l'Intérieur". In: *Politiques de Caïn. En dialogue avec René Girard.* Paris, Desclée de Brouwer, 2003.

Além disso, falando de poder, com frequência recorre-se à linguagem da guerra. O poder deve ser *conquistado*, o que implica uma *luta*, a recompensa de um *vencedor*. Poderíamos dizer que o poder é investido de uma espécie de *desejo destrutivo*. A sua função é imbuída de valor ao mesmo tempo em que polariza a hostilidade.

Esses dois aspectos podem estar *simultaneamente* presentes a um grau extremo. É o caso, analisado por Girard, das monarquias tradicionais africanas, nas quais o rei é, *ao mesmo tempo*, um ser sagrado que pode tudo e um crápula infame.[4] O próprio Girard observou que na Grécia antiga a figura do rei ou do poderoso evoca a do *pharmakós*, o indivíduo de valor ínfimo que a comunidade utiliza como bode expiatório.[5]

O parentesco entre o poderoso e o perseguido é explicado por Girard como o resultado de uma evolução histórica. No começo, há a vítima ocasional do linchamento ao redor da qual o grupo se reúne; depois, o processo vitimário se institucionaliza no sacrifício, cujas vítimas designadas se sacralizam progressivamente até se tornarem intocáveis: da vítima nasce o rei sagrado, diante do qual a violência fica suspensa, dando lugar a uma submissão dedicada.[6]

Parece, portanto, razoável ver no detentor da autoridade um Terceiro incluído. Comparando ao Terceiro excluído, é o aspecto *positivo* que ocupa, dessa vez, a frente da cena: O Terceiro construtor de sentido, pacificador, mediador universal das diferenças. É por essa razão que os Dois assim o desejam, como "vencedor" que depende totalmente dos "vencidos". Quando o Terceiro falha no seu papel, ele recai na sua função oposta, a do inimigo. Um inimigo que pode facilmente desempenhar de novo o papel do qual o poderoso parece estar mais distante: o do Terceiro que deve morrer.

[4] *La Violence et le Sacré*, p. 157-67, 377.
[5] Ibidem, p. 142-50; cf. também o ensaio de Jean-Pierre Vernant citado por Girard, "Ambigüité et Renversement. Sur la Structure Enigmatique d'*Oedipe Roi*", 1970; retomado em J.-P. Vernant e P. Vidal-Naquet, *Mythe et Tragédie en Grèce Ancienne*, t. 1. Paris, La Découverte, 1986, p. 99-131.
[6] Ver *Des Choses Cachées Depuis la Fondation du Monde*, p. 59-76.

O Terceiro como amigo

O modelo do Terceiro não é uma teoria geral do político, mas parece dar conta de alguns dos seus traços mais importantes: sob o signo, entretanto, desencorajador da violência e da morte. Mas não totalmente.

Certamente, a violência e a morte são fenômenos profundamente enraizados na política. Mas, isso não significa que *todo* o político é violência e morte, longe disso.

E aí temos uns dos limites de Girard. Da hipótese segundo a qual a ordem nasce da violência e a reproduz necessariamente. Girard chega muito precipitadamente à conclusão de que toda a existência humana é dominada pela violência. Mas, isso pode levar a uma *metafísica* da violência ou, pelo menos, à sua *reificação,* enquanto a violência não é uma *coisa,* mas um conceito classificatório através do qual certos comportamentos humanos são interpretados. Sem dúvida, o desejo, no seu caráter *mimético,* pode levar ao conflito violento, porém, não é exagero pensar que ele seja *intrinsecamente* violento? E mesmo se admitirmos que a política tem a sua origem em atos violentos e tende a produzir novas violências, não haveria um salto lógico na afirmação de que a política é violência?

De fato, a maioria das relações humanas não é violenta, o delito é menos frequente do que o respeito espontâneo da lei, os períodos de paz são mais longos do que os de guerra, os conflitos encontram quase sempre uma solução pacífica. Certamente, uma teoria do político que só visse o consenso, ignorando a violência, sem dúvida valeria pouco. Mas, uma teoria, que faz da paz um caso particular da guerra, única "verdade" das relações humanas, teria um cheiro fétido de arbitrariedade. A abordagem mais razoável constituiria antes em elaborar um modelo capaz de dar conta não somente de um dos extremos, mas da sua polaridade, captando numa *ambivalência estrutural* a essência do político.

Pode-se propor o Terceiro "que deve morrer" como figura do político somente se considerarmos o fato de que a sua morte é *sempre* simbólica *(mesmo, e sobretudo, quando ela é real).* "Matar" o Terceiro significa situá-lo diante de nós para que seja nós mesmos e para nos distinguirmos dele. Entre os Dois e o Terceiro, deve haver uma diferença que nada possa ultrapassar. A diferença "ideal" desse ponto de vista é evidentemente aquela que existe entre o vivo e o morto: o Terceiro morto seria a "perfeição" do Terceiro. Mas, compreende-se mal a linguagem dos símbolos quando não se percebe a sua capacidade de valer um pelo outro: se a morte é a fronteira imutável, a diferença absoluta, pode-se atribuir ao símbolo da "morte" o sentido de "fronteira" ou de "diferença". *Todos* os pais são "mortos", aí está a própria "essência" da paternidade; mas, quase nenhum é morto fisicamente, porque isso não acrescentaria nada. E o pai é, sem dúvida, uma das figuras mais típicas e mais fortes do Terceiro.

A segunda passagem citada de Nietzsche nos mostra outra figura do Terceiro: o Terceiro como amigo. No texto nietzschiano, o amigo é aquele que *para a identidade,* que nos impede de nos perder na complexidade do nosso mundo interior. Nietzsche fala da esfera privada, mas o mecanismo é o mesmo no caso do Terceiro como figura do político. Aliás, o de "amigo" não é um conceito menos político do que o de "inimigo". E se o amigo para nós é Terceiro, no sentido de não deixar que afundemos no precipício *plural* da nossa solidão, a mesma coisa não pode acontecer quando se trata do Terceiro político? Nada, no nosso modelo, exclui essa possibilidade. Sem dúvida, não é um acaso que na nossa época pareça impossível compreender o político sem a categoria da violência. Porém, a nossa época não engloba todas as épocas, e o possível é sempre mais vasto do que o real. Não seria um pequeno mérito do modelo do Terceiro se ele conseguisse conjugar realismo com utopia.

No original, traduzido do italiano para o francês por Mark R. Anspach.

capítulo 16

em busca dos últimos reis bodes expiatórios

Simon Simonse

Como um etnólogo de campo se torna adepto das ideias de René Girard? Que valor agregado a teoria mimética traz ao seu trabalho de africanista? E como as suas pesquisas empíricas o levam a repensar ou a moderar hipóteses iniciais? São essas as questões de que tratarei aqui, tomando como exemplo o meu próprio itinerário de pesquisador.

O meu primeiro encontro com o pensamento de Girard foi em 1967, quando eu era estudante em Leyde. Em antropologia, a *Leiden School* era conhecida pelo seu estruturalismo bem antes de Lévi-Strauss haver tornado o termo conhecido. Como eu devia escrever uma monografia sobre o romance africano pós-colonial para um curso de doutorado em sociologia da literatura, fui dirigido para o método estrutural do crítico marxista Lucien Goldmann. Apoiando-se em Girard para descrever o duplo vínculo que se encontra no centro da relação entre o herói romanesco e o seu mediador, Goldmann desenvolvia a ideia do seu próprio mestre Georg Lukacs, segundo o qual o romance enquanto gênero se define pelo dilema do protagonista que, num mundo caracterizado pela ausência de valores absolutos, deve buscar uma justificativa para a sua própria existência.

De imediato, fui atraído por algumas das intuições de *Mentira Romântica e Verdade Romanesca* – a noção de desejo triangular, a distinção entre mediação interna e externa –, mas eu não captava a visão global. Num campo literário dominado por abordagens estruturalistas e marxistas, René Girard ocupava um lugar à parte. Quanto a mim, eu devia continuar meus estudos de antropologia. Eu mantinha a lembrança do livro – com a capa verde da primeira edição – e do nome do seu autor, que ficara para mim associado ao de Goldmann.

Depois dos meus estudos em Leyde, fui para Paris passar um ano com Claude Lévi-Strauss. Como muitos jovens da minha geração no período que se seguiu a 1968, eu me sentia inclinado pelas interpretações marxistas da sociedade. E me esforçava para compreender em termos de "modos de produção" a posição das sociedades colonizadas não capitalistas no seio do sistema-mundo. Essa orientação continuava a me guiar quando dava aula de ciências sociais em universidades africanas, bem como quando voltei para a Holanda visando a dar aula de filosofia num instituto de formação de assistentes sociais.

Mesmo que um jovem da minha idade só pudesse ser seduzido pelo lado subversivo e desmistificador da análise marxista dos fenômenos culturais, eu via claramente os limites de uma abordagem que se limitava a explicar como a cultura é utilizada e deformada por forças que lhe são exteriores. No caso do marxismo, essas forças exteriores são o mercado e a necessidade de justificar a dominação de classe. Eu acreditava – e ainda acredito – que nenhuma outra teoria supera a marxista quando se trata de identificar a natureza da mutação em geral destruidora que o tecido cultural e social do Ocidente sofreu. Entretanto, a determinação das "superestruturas" pela "infraestrutura" econômica não me parecia capaz de explicar a coerência interna dos fenômenos culturais.

O estruturalismo parecia preencher essa lacuna. A demonstração da coerência interna dos fenômenos culturais era justamente um dos pontos fortes dessa metodologia oriunda da linguística. Além disso, ao estudar as formas sociais e os mitos como transformações de estruturas subjacentes comuns a uma pluralidade de sistemas, Lévi-Strauss foi capaz de dar conta da diversidade das culturas em uma determinada área cultural. Práticas curiosas e relatos estranhos eram reduzidos a um certo número de imposições lógicas presentes na operação da mente humana.

Restava uma questão delicada: por que deveria haver uma tamanha proliferação de formas culturais? Por que essas inexoráveis permutações formais? Qual era o significado disso? Essa criatividade surpreendente estava ali somente para mostrar a força da mente humana? A cultura humana não passava de uma aberração em relação à evolução? Ela não tinha nenhum valor para a sobrevivência da espécie?

Foi então que, na estante de etnologia de uma livraria em Amsterdam, dei de cara com o nome do autor cuja obra sobre o romance me havia intrigado tanto oito anos antes. O homem do desejo triangular havia se voltado para a antropologia? Esse era o caso. *A Violência e o Sagrado* apresentava uma nova teoria da cultura e demonstrava a sua pertinência em relação a questões essenciais, baseando-se numa abundância de dados etnográficos. Contra Lévi-Strauss, cujos trabalhos haviam sido cuidadosamente analisados, essa teoria argumentava que várias manifestações da cultura humana – os mitos, ritos, o tabu do incesto, as trocas sociais – não eram o resultado do jogo gratuito da criatividade mental, mas respondiam a um objetivo preciso: evitar que as sociedades sucumbissem às dissensões internas que sempre as ameaçam. Essa vulnerabilidade ao conflito era uma consequência da ampliada capacidade mimética no *Homo sapiens*. O drama triangular que *Mentira Romântica* identificava no romance se apresentava agora como uma força que produzia efeitos decisivos no plano da evolução.

Para explicar a emergência da cultura, Girard havia construído um cenário que formalizava o assassinato primordial freudiano. No lugar do drama familial de um grupo de filhos envolvidos com o remorso por ter matado um pai que se apoderava das mulheres, temos o cenário mais verossímil de um grupo vítima das divisões, que reencontra a sua unidade depois de expulsar um bode expiatório acusado de ter provocado o mal. A *cultura* – o sacrifício, a mitologia, o casamento, a troca cerimonial, os jogos, etc. – compreende todas as maneiras que as comunidades humanas têm de celebrar, representar, fazer reviver e prolongar a reabsorção das dissensões internas assassinas. Apesar do lado sombrio dessa tese, eu achei a leitura de *A Violência e o Sagrado* prazerosa. Era extraordinário ver como uma única sequência de interações podia esclarecer uma gama tão vasta de práticas humanas, ao mesmo tempo em que ultrapassava impasses teóricos e distâncias disciplinares durante muito tempo vistos como invencíveis.

Um elemento que chamava a minha atenção em particular em *A Violência e o Sagrado* era o estatuto teórico dado ao conceito de desconhecimento. Para Girard, o desconhecimento da fonte violenta do consenso social não provém da simples ignorância, nem de uma manipulação deliberada, mas é parte integrante do mecanismo vitimário. Para impedir a violência de ressurgir, a comunidade que tem o benefício da paz salvadora esconderá de si mesma a verdade da violência. Questões suscetíveis de relançar o conflito – *A vítima era culpada? A violência era justificada?* – são eliminadas em nome da paz social. O desconhecimento é constitutivo das formas culturais que reproduzem a perseguição consensual de bodes expiatórios, começando pelo sacrifício. Na prática, os ritos e mitos são necessariamente um compromisso entre dois imperativos simultâneos, o de fazer com que "a coisa" ainda funcione e o de esconder a sua natureza monstruosa. Isso abre a porta para uma proliferação sem fim de formas rituais e mitos, cada um pretendendo possuir uma eficácia superior e uma verdade única sobre a condição humana. A exigência contraditória de imitar a violência produtora do consenso e, ao mesmo tempo, dissimular é o que cria miríades de deslocamentos e substituições de significados presentes nos mitos e ritos.

O desconhecimento descrito por Girard não surge em função de interesses de um determinado grupo ou da classe dominante; as ideologias no sentido marxista se escondem em deformações da realidade social existentes desde tempos imemoriais. O desconhecimento das fontes da coesão social não é algo que deforma ou substitui um conhecimento verídico preexistente. Conhecimento e desconhecimento são, no início, inseparáveis. Todo saber verdadeiro que possuímos sobre a sociedade teve que ser arrancado das "coisas ocultas desde a fundação do mundo". O desconhecimento é nossa condição normal, e toda mistificação deliberada se constrói dentro dessa visão deformada da realidade social, intrínseca à cultura humana.

Na concepção girardiana do desconhecimento, encontrei um remédio para o que eu via como uma inclinação nefasta conspiradora ou paranoica na abordagem marxista.

Até esse momento eu via René Girard como um companheiro de estrada secularista, preocupado em levar a chama do Iluminismo aos lugares inexplorados da coesão social sacrificial. Portanto, não foi sem certa perplexidade que descobri, com a publicação de *Coisas Ocultas desde a Fundação do Mundo*, que Girard inscrevia o seu pensamento no caminho da Revelação cristã, atribuindo as suas descobertas intelectuais à inspiração evangélica. Para Girard, não parecia haver oposição entre as conquistas do Iluminismo e a revelação bíblica. Ele declarava que a história do judaísmo e do cristianismo corresponde a um processo gradual de revelação das fundações violentas das sociedades humanas. O suplício de Cristo marca uma etapa decisiva nesse processo, no sentido de revelar a influência que exerce nos seres humanos a perseguição unânime dos bodes expiatórios. Apesar da resistência das próprias instituições cristãs, a Revelação evangélica constitui uma das fontes da progressão do Iluminismo no mundo ocidental.

A proclamação por Girard da sua fé cristã influiu muito na recepção da sua teoria. Os seus discípulos mais aplicados se encontram agora nos teólogos. Afora faculdades de religião ou de literatura, os meios universitários se mostraram reticentes em reconhecer o valor de uma teoria que declara a sua inspiração cristã. Se existe um debate sobre os méritos científicos da teoria mimética, ele tende a tratar de questões *a priori*, como a primazia do sacrifício ou a troca na "cena originária",[1] ou a privilegiar a releitura dos grandes clássicos da antropologia.[2] Em geral, os pes-

[1] Ver Eric Gans, *The Origin of Language. A Formal Theory of Representation* (Berkeley, University of California Press, 1981) e *The End of Culture. Toward a Generative Anthropology* (Berkeley, University of California Press, 1985), e Mark R. Anspach, "Le Sacrifice qui Engendre le Don qui l'Englobe". *La Revue du MAUSS Semestrielle*, n. 5, 1995, p. 224-47.

[2] Ver Lucien Scubla sobre A. M. Hocart (em particular o seu prefácio para a obra de Hocart *Au Commencement Etait le Rite. De l'Origine des Sociétés Humaines*, Paris, La Découverte, 2005) e sobre Lévi-Strauss (*Lire Lévi-Strauss. Le Déploiement d'une Intuition*, Paris, Odile Jacob, 1998), e Mark R. Anspach sobre Mauss (*A Charge de Revanche. Figures Elémentaires de la Réciprocité*, Paris, le Seuil, 2002).

quisadores em ciências sociais que leram Girard o mantêm à distância. Quando se permitem usar sua fórmula contundente ou ao rejeitarem a sua pretensão ultrapassada de propor uma "grande teoria", constantemente deixam de analisar os seus argumentos. Os poucos etnólogos de campo que foram sensíveis à contribuição de Girard[3] fazem pouco caso dela nos seus trabalhos.

Perto do fim dos anos 1970, tive a possibilidade de voltar para a África para dar aula em Juba, no sul do Sudão. Esse cargo me permitiu reunir dados em uma região objeto de estudos etnográficos importantes entre 1930 e 1960, mas que se tornara inacessível desde então por causa das guerras civis. Foi a ocasião ideal para testar a teoria mimética em campo. Numa visita preliminar, eu decidira que o regicídio devia ser o centro das minhas pesquisas. Informantes haviam evocado casos recentes de morte de "fazedores de chuvas", descendentes diretos dos reis e chefes pré-coloniais. Acreditava-se que tinham poder sobre a chuva e a seca. Manipulando habilmente essa crença, podiam se tornar poderosos no plano político e ricos por causa dos tributos pagos. Mas, se a chuva demorasse, ou se jogassem mal as suas cartas, eram tidos como responsáveis pela seca e assassinados.

O regicídio era um tema que me interessava por três razões. Parecia ser uma instituição fundada de maneira relativamente direta no mecanismo vitimário identificado por Girard. Ele tivera, por outro lado, um papel crucial em certas teorias da antropologia clássica (por seu famoso estudo sobre o "deus que morre" em *O Ramo de Ouro,* Frazer escolhera como ponto de partida observações feitas por um dos seus discípulos no sul do Sudão, junto aos Shilluk). Enfim, eu via aí a possibilidade de marcar pontos contra os desconstrucionistas que, na década de 1980, haviam começado a tratar fantasias da imaginação ocidental como fenômenos tais quais o regicídio ou o canibalismo.[4]

[3] Como Jean-Claude Muller (*Le Roi Bouc Emissaire. Pouvoir et Rituel chez les Rukuba du Nigeria Central,* Québec, Serge Fleury, 1980) e o meu próprio orientador de tese, J. M. Schoffeleers (*River of Blood. The Genesis of an African Religious Cult, A.D. 1600.* Madison, Wisconsin University Press, 1992).

[4] Ver, por exemplo, W. Arens, "The Divine Kingship of the Shilluk. A Contemporary Reevaluation". *Ethnos,* vol. 44, n. 3-4, 1979, p. 167-81.

No início desse meu trabalho, eu não tinha uma estratégia de pesquisa feita sob medida para revelar processos miméticos. Simplesmente tentei fazer tudo o que podia para ser um participante-observador eficaz. Comecei a aprender a língua local, e organizei uma série de sessões de trabalho festivas para construir a minha casa num lugar em que pudesse esperar receber muitas visitas, à beira do terreno de dança dividido em dois. Participei das danças e caças cada vez que a situação se mostrava conveniente, e procurei assistir aos rituais comunitários realizados de manhã cedo. Condicionado por circunstâncias do lugar onde eu morava, tornei-me membro de uma seção e de uma das divisões. O grupo de idade dominante aceitou-me como um dos "coproprietários do vilarejo". Fui adotado no clã da chuva, deram-me um nome ancestral, e conquistei uma reputação modesta como "fazedor de chuva". A minha inserção na vida comunitária deu-me acesso a informações confidenciais e a capacidade de verificar o que os meus informantes contavam nas entrevistas. Todos os fins de semana e feriados, e todos os períodos em que a universidade ficava fechada por questões políticas, eu ficava no vilarejo, fazendo perguntas aos meus informantes sobre a realeza, as crises de seca e as confrontações históricas entre as classes de idade e seus "fazedores de chuva".

Essa vida de etnógrafo tranquila só durou um ano. Em 1984, a guerra começava a afetar o nosso vilarejo. Rebeldes saquearam a minha casa. Tive que encontrar uma solução para terminar a minha pesquisa sem estar em campo. Visto que todos os habitantes do vilarejo da totalidade da região iam a Juba para ficarem seguros, decidi retomar o projeto numa situação comparativa. Confrontando as variáveis do regicídio em várias comunidades vizinhas que, sem falar a mesma língua, eram estruturalmente semelhantes, pude analisar as diferenças nas representações e as práticas como sendo transformações no centro de um repertório simbólico compartilhado.

Tudo isso não tinha nada de novo em relação à abordagem estruturalista habitual. Para considerar a violência do regicídio e estudá-la como resultado de um processo mimético, eu precisava de dados de outra ordem: os detalhes do desenrolar das negociações e confrontações hostis entre uma comunidade e o seu fazedor de chuva. Reuni 24 casos de regicídio ocorridos entre 1850 e 1985, a maioria proveniente da história oral, os outros de relatos escritos por missionários ou viajantes do século XIX. O relato mais completo do assassinato de um rei (a vítima, na realidade, era uma rainha) foi feito por meu amigo e colega, Eisei Kurimoto, que trabalhou com os Pari, um dos grupos da minha amostra. Ele pôde recolher informações de primeira mão durante a escalada da tensão que antecedeu o assassinato e pouco tempo depois.

Os estudos sistemáticos dos *dramas* são pouco frequentes em etnologia. A abordagem estrutural-funcionalista, que dominou a disciplina desde a década de 1920, buscava a chave da explicação dos fenômenos sociais nas relações sincrônicas. Quando havia um interesse pela dimensão diacrônica, referia-se à história ou, como na obra de Victor Turner, *The Ritual Process,*[5] à ordem sequencial das ações rituais. Mas, os dramas que eu estudava não eram tão bem definidos. O resultado não era controlado como em um rito. Mesmo que todos os participantes soubessem que o assassinato do rei constituía um desfecho possível, a situação não era estabelecida antecipadamente. Um quadro conceitual para a análise desses dramas – que deveria compreender noções tais como escalada, confrontação, suspense, etc. – falta no arsenal metodológico da antropologia. Gregory Bateson era um dos raros etnólogos a ter consciência desse desafio. Com o conceito de esquimogênese, ele quis descrever sequências cumulativas de interações que levam a uma confrontação ou à opressão de um lado pelo outro. Enquanto Bateson estabelecia assim uma distinção entre interações simétricas e assimétricas, Girard mostrava como uma relação assimétrica semelhante àquela entre o modelo e o discípulo pode evoluir para uma confrontação simétrica à medida que o modelo se transforma em obstáculo.[6] É esse tipo de evolução que me interessava no caso da relação entre o rei e o seu povo.

[5] V. Turner, *The Ritual Process. Structure and Anti-Structure*, Ithaca, Cornell University Press, 1969; na tradução francesa: *Le Phénomène Rituel. Structure et Contre-Structure*. Paris, PUF, 1990.

[6] Mais recentemente, o etnólogo Simon Harrison, que escolheu como campo o mesmo vale da Nova-Guiné em que Bateson estudara a cerimônia do Naven, parece trabalhar em um espírito "dramatúrgico" análogo, ao mesmo tempo que recorre ao termo "mimético". Ver S. Harrison, *Fracturing Resemblances. Identity and Mimetic Conflict in Melanesia and the West*. Oxford, Berghahn, 2005.

Para Girard, o rei bode expiatório abre uma porta para a compreensão da natureza da divindade. Rei e deus são elaborações da mesma dinâmica, o deus é um rei que salvou o seu povo graças ao fato de ter sido morto. A violência do assassinato coletivo é própria dos deuses primordiais. Nas religiões históricas e, sobretudo, nos monoteísmos, o deus é progressivamente depurado do seu aspecto violento. Mas a ligação (*religio*) que une os participantes ao assassinato do rei tem a mesma substância que a ligação celebrada no culto do deus. Os dois complexos institucionais – a realeza e o culto da divindade – mostram elaborações diferentes de um mesmo drama da salvação.

Qual é a contribuição principal para a antropologia da minha pesquisa de campo sobre os reis bodes expiatórios,[7] e que novidades ela traz para a teoria mimética? Primeiramente, o meu estudo mostra que o regicídio não se adapta bem às categorias tradicionais do rito, do processo político e do teatro. O regicídio não é a simples realização de uma liturgia ritualizada à qual o rei se submete passivamente enquanto objeto sacrificial. É dessa forma que se descreveu com frequência o regicídio na África ocidental e banta, e é essa imagem do regicídio africano que foi popularizada no livro de Calasso, *La Ruine de Kasch,* por exemplo. Pois bem, nas sociedades nilóticas do Sudão, o regicídio não segue uma encenação preestabelecida. Ele se desenrola em função das evoluções do contexto, que dependem por sua vez de inúmeros atores, adivinhos, pessoas mais velhas e líderes das classes de idade de diversos vilarejos. O objetivo que todos esses atores buscam atingir é acabar com o desastre que afeta a comunidade e cuja responsabilidade é imputada ao rei, porém, a morte do rei nunca é um objetivo em si.

Um ponto acessório se refere mais particularmente à concepção girardiana da apoteose do rei morto. Depois de ter sido morto, o rei nilótico não se transforma em divindade benévola como postula Girard. Espera-se antes que ele se

[7] S. Simonse, *Kings of Disaster. Dualism, Centralism and the Scapegoat King in Southeastern Sudan.* Leyde, Brill, 1992.

manifeste como espírito vingativo, no prolongamento dos fatos que levaram à sua morte. A divinização póstuma a curto prazo é um destino que só é reservado aos reis que morrem pacificamente, rodeado por sujeitos fiéis. Como Girard se baseia em dados etnográficos provenientes de outras regiões da África, ele descreve o rei morto como entidade positiva, depurado do antagonismo violento que acompanha o assassinato.

O assassinato do rei tampouco é um ato puramente político. As rivalidades dinásticas e os assassinatos políticos, frequentes nas sociedades nilóticas, seguem um roteiro muito diferente. Nenhum indígena poderia confundir as duas situações. O tipo de regicídio que estudei é o resultado de um processo longo e gradual, pontuado por uma série de consultas públicas, fazendo intervir um número cada vez maior de grupos sociais e de indivíduos. Perto do fim do processo, as mulheres participam também das decisões. É um processo *bottom-up*, que parte da base e tende para o tipo de unanimidade previsto por Girard. Um assassinato político é, ao contrário, uma ação *top-down,* lançada por um pretendente ao trono que só mobiliza os seus homens mais próximos, agindo o mais rapidamente possível.

Os conceitos que descrevem melhor o quadro conceitual do regicídio vêm do teatro. Há uma forte intensificação do suspense e, no desfecho, um grande relaxamento de tensão. Todavia, não se trata de montar uma peça. O processo vitimário pode ser interrompido a qualquer instante: por exemplo, perante a melhora das condições climáticas cuja responsabilidade é atribuída ao rei. Se, ao contrário, as coisas acabam mal, a violência que o rei sofre é perfeitamente real. A diminuição de tensão na comunidade não é simplesmente catártica, como no teatro. O próprio assassinato é fonte de poluição; ele precisa da realização de ritos purificatórios.

Nem encenação ritual, nem drama político, nem tragédia ou Mistério da Paixão, o regicídio nilótico é o elemento-chave de um conjunto de instituições mais vasto. Ele constitui o que Marcel Mauss chamou de *fato social total.* Essa conclusão confirma a intuição teórica de Girard, indo mais além do que ele queria e podia fazer baseado nos materiais etnográficos que conhecia.

Outra contribuição do meu estudo se refere à questão das origens do Estado. Descobri uma grande semelhança entre, de um lado, as interações da comunidade com o rei, e, de outro, da comunidade com os seus inimigos. Os mesmos intermediários que serviam de embaixadores de paz entre comunidades hostis eram enviados junto ao rei quando a comunidade queria lhe lembrar os seus deveres ou, quando se achava que estava bravo por uma boa razão, para acalmá-lo. Os inimigos eram responsabilizados por crises ecológicas tanto quanto o rei. Caso houvesse seca por um longo período, o grupo de idade dominante podia decidir-se a enfrentar o rei, ou ainda a declarar guerra a uma comunidade hostil, considerada culpada de criar obstáculos para a chuva. Se o rei fosse morto, isso se fazia normalmente no mesmo lugar, que servia de campo de batalha para as guerras contra os inimigos, isto é, fora do vilarejo. O cadáver do rei era abandonado no próprio lugar em que fora morto, exatamente como no caso dos corpos dos inimigos mortos durante a batalha. Os matadores do rei e os matadores de inimigos deviam realizar os mesmos ritos de purificação depois do assassinato. Mas se os matadores de inimigos exaltavam as suas vítimas, elevando dessa forma o respectivo prestígio, os matadores do rei, por seu lado, evitavam evocar o respectivo papel nessa morte, baseando-se na comunidade e buscando ter certeza de que o assassinato não provocaria novos conflitos.

Dessa forma, para restaurar a unidade do grupo e consolidar a sua determinação política diante de uma crise, duas respostas eram possíveis: começar os preparativos de guerra ou desencadear um processo de regicídio. A semelhança estrutural entre a guerra e o regicídio e o fato de representarem dois modos alternativos de responder a uma crise sugerem que se deve lidar com um único mecanismo para duas aplicações diferentes: uma aplicação externa voltada para o inimigo e outra interna voltada para o rei. Cada aplicação é a fonte de um modo fundamental de estruturação social: um modo organizado ao redor do centro – gerador de hierarquia interna –, e um modo que opõe unidades separadas e iguais internamente. Visto que ela ainda trai uma inspiração evolucionista, a antropologia social tende a conceber o Estado como uma etapa mais avançada num longo processo de evolução política cujo ponto de partida situa-se nas sociedades sem Estado. Os materiais analisados, do Sudão, sugerem que as sociedades estatais e sem Estado são os resultados divergentes mas contemporâneos de dinâmicas intimamente ligadas. Essa hipótese é confirmada por sua repartição geográfica. Na bacia do Alto Nilo, os sistemas políticos hierarquizados e os sistemas sem Estado são distribuídos de maneira totalmente aleatória.

Dessa maneira, ao dar uma importância crítica à dimensão vitimária da realeza, podemos lançar uma nova luz sobre as dinâmicas presentes na origem da autoridade centralizada, da hierarquia e do Estado. Eis aqui, a meu ver, um desafio importante para as pesquisas futuras.

Quanto à teoria mimética, que lições ela poderia tirar dessa pesquisa de campo? Por seu modo de mobilizar as energias miméticas, o regicídio nilótico é uma instituição sacrificial extraordinariamente transparente. É incomum que o entusiasmo mimético primordial seja tão imediatamente reconhecível por sob a forma cultural que se acrescenta a ele. Entretanto, seria um erro reduzir o regicídio à simples perseguição de um bode expiatório. Mesmo podendo desembocar num linchamento, o fim do processo não é determinado antecipadamente. Cada etapa é submetida a deliberações públicas que opõem, em níveis sociopolíticos diferentes, partidários e adversários da ação regicida. Fatos novos, mudanças meteorológicas, revelação de atos de sabotagem e declarações dos adivinhos são levados em conta. Enquanto os jovens invocam em geral medidas radicais, os mais velhos, conscientes das consequências potenciais do recurso à violência, pregam a moderação. O clã real, normalmente um dos maiores e dotado de um poder político importante, não vai deixar que um dos seus sucumba sem que haja uma boa razão. O regicídio é um processo lento que só culmina em conclusão violenta numa minoria de casos. É uma forma cultural que protege a sociedade do mimetismo destruidor, regulando-a. A visibilidade relativa do processo vitimário subjacente não significa que a sociedade seja menos bem integrada do que outras, nem que seja a mais inclinada a buscar bodes expiatórios.

Quais são então as consequências dessa visibilidade do processo vitimário? A crucificação de Cristo mostra o caráter irresistível do mecanismo vitimário, mesmo quando a vítima é inocente. A questão é saber se o ensino pela Igreja do poder da multidão e da inocência da vítima tem um efeito real na incidência histórica da perseguição a bodes expiatórios. As sociedades cristãs são menos vulneráveis às violências coletivas internas do que as que confiam em barreiras sacrificiais? Um exame dos fatos históricos não confirma essa correlação. A história do cristianismo não é avarenta em termos de perseguições de minorias ou de caça às bruxas. Alguns dos piores genocídios históricos foram perpetrados por membros de sociedades profundamente marcadas pelo cristianismo.

Um terceiro ponto se refere ao saber que possuem ou não os participantes do regicídio: eles reconhecem a sua verdadeira natureza? O cristianismo – adotado por essas comunidades nilóticas na década de 1960, durante uma guerra contra sua integração num Estado majoritariamente islâmico – os torna mais sensíveis ao caráter arbitrário de uma condenação à morte motivada pela seca? A resposta não é evidente. A ligação entre a atitude do fazedor de chuva e a presença ou ausência de chuva sempre foi objeto de especulações animadas. Não há ortodoxia reinante. Como em nossas sociedades, as opiniões variam consideravelmente. Uma pluralidade de atores é suscetível de ser considerada responsável por uma seca. Ela pode ser o resultado de um pecado grave, como o incesto, ou de um jogo político.

O comportamento dos mais velhos sugere que eles não ignoram completamente o elemento vitimário. O seu papel habitual é frear toda escalada violenta e evitar encontros perigosos. Idealmente, os mais velhos só admitem ações extremas quando não há outra maneira de diminuir a tensão acumulada e quando a sua moderação corre o risco de afastar os mais jovens e de provocar conflitos. A sua preocupação principal é só gerar a violência para garantir a sobrevivência da comunidade.

É pouco provável que os mais velhos desempenhem esse papel sem possuir um certo saber local relativo à função unificadora do sacrifício e do regicídio. Nada leva a pensar que esse saber reflita a influência do cristianismo. No Sudão, o cristianismo representa um modo de vida que elimina completamente as velhas tradições. Ele condena sem reserva as práticas pagãs que pretende explicitamente substituir. A luz evidente do ensino dos missionários é incompatível com o claro--obscuro do saber intuitivo que faz com que os mais velhos compreendam quando é preciso permitir a violência e quando é preciso contê-la.

Uma vez um informante me contou, hesitante, a sua impressão de que o fazedor de chuva era "exatamente como Jesus". Ele pensava na sua inocência e no suplício que ele sofre pelo bem dos outros. A hesitação do informante se devia provavelmente ao fato de que os missionários teriam desaprovado essa analogia. Creio que os mais velhos das comunidades nilóticas teriam facilmente assimilado os dilemas provenientes do processo de Jesus, e em particular a ideia de "que é de vosso interesse que um só homem morra pelo povo e não pereça a nação toda" (Jo 11,50). Alguns teriam contestado a sabedoria da decisão de entregar Jesus em virtude do risco de agravar as divisões dentro da comunidade; outros teriam cedido aos interesses sectários ou às pressões populares. Porém, o projeto de acabar com a violência contra os bodes expiatórios os teria tornado incrédulos, não porque vissem a violência como desejável, mas porque sabem como é difícil controlá--la.

Traduzido do inglês por Mark R. Anspach.

capítulo 17
René Girard ou o renascimento da antropologia religiosa

Lucien Scubla

A publicação de *A Violência e o Sagrado* em 1972 é um dos grandes eventos científicos da segunda metade do século XX. Não por ter "transformado totalmente as ciências humanas", como foi dito às vezes com menos lucidez do que zelo, mas por ter reatado com a tradição, injustamente abandonada, da grande antropologia religiosa, que acabou sendo extinta, por volta de 1939, com a morte de Freud e de Hocart.

René Girard possui o mérito de ter buscado a sua herança ou encontrado novamente os seus principais frutos e por ter sabido enriquecê-los com a mesma liberdade de espírito que os seus predecessores, sem se preocupar com convenções acadêmicas e separações universitárias.

O descrédito que continua a afetar os trabalhos dos antigos autores é mais surpreendente ainda porque, apesar das diferenças e até das divergências que são inerentes ao debate racional e à atividade científica, os seus principais resultados se encaixavam relativamente bem reciprocamente e contribuíam aos poucos para formar uma obra comum.

Em *Cité Antique,* Fustel de Coulanges mostrou que a estrutura das grandes sociedades da Antiguidade clássica era de natureza religiosa. A casa era um templo, a propriedade um santuário, e era em torno do culto dos ancestrais que se organizavam todos os costumes de família e, aos poucos, todas as instituições. Meio século mais tarde, Durkheim generalizou essa descoberta, estabelecendo que as estruturas elementares da vida social provêm, no seu conjunto, das "formas elementares da vida religiosa". E ele tentará retraçar a gênese do próprio fato religioso, determinando a origem da oposição do sagrado e do profano, que lhe parece ser o seu traço mais característico.

Nesse intervalo, nas suas "lições sobre a religião dos semitas", Robertson Smith enfatizou o fato de a religião ser quase sempre constituída de ritos mais do que de mitos, de práticas e cerimônias mais do que de crenças ou dogmas. Para compreender o fenômeno religioso, era necessário estudar o ritual e, visto que o sacrifício – ou seja, a morte e o consumo cerimoniais de uma vítima – era o rito central das religiões da Antiguidade, e provavelmente também das religiões primitivas, uma teoria da religião exigia antes de tudo uma boa teoria do sacrifício. Herdeiros espirituais de Robertson Smith, Frazer, Durkheim, Hocart e Freud viriam em seguida consolidar ou desenvolver, cada um segundo seu próprio gênio, várias hipóteses de seu prestigioso predecessor – a propósito do qual se pode deplorar que nunca tenha sido traduzido em francês.

No seu célebre e monumental *O Ramo de Ouro*, Frazer apresenta uma teoria da monarquia sagrada com base na execução ritual do rei, sobre a qual ele encontrava testemunhos, vestígios, ou indícios em todas as regiões do mundo. Longe de parecer atípico, o estranho costume do rei do bosque de Nemi, sacerdote de Diana, cujo titular do cargo teve que matar o seu antecessor antes de ser morto por seu sucessor, parecia-lhe um resumo surpreendente da instituição monárquica e das suas inúmeras variáveis. Mas ele não explicava a estranha complexidade da violência e do sagrado que permitia ao mesmo indivíduo assumir a um só tempo ou sucessivamente as funções de assassino e de rei, de sacerdote e de vítima sacrificial.

Na sua obra *Formas Elementares,* Durkheim expôs uma teoria geral do fenômeno religioso, oferecendo a solução para uma dificuldade que havia incomodado

Robertson Smith. Este último via na refeição da coletividade, que reúne os homens ao redor da vítima e do deus, o elemento essencial do sacrifício e até, originalmente, o elemento único; a oferenda da vítima para a divindade parecia-lhe um tema tardio e repetitivo, pois ele achava contraditório que os deuses esperassem qualquer coisa dos homens, enquanto estes deviam tudo a eles. Mas, suponhamos que a divindade não seja senão a sociedade hipostasiada e transfigurada, o paradoxo desapareceria e a impressão de circularidade seria legitimada, pois a sociedade não pode existir sem os indivíduos tanto quanto estes sem a sociedade. Sem a linguagem e a moral que receberam da sociedade, os indivíduos deixariam de ser homens; mas, se os homens abandonassem as suas tradições linguísticas e éticas, a sociedade por sua vez desapareceria. Então, se os deuses eram somente a expressão simbólica da sociedade, eles teriam tanto necessidade dos seus fiéis quanto estes, dos reis. O sacrifício não se reduziria a um ato da comunidade do qual os únicos beneficiários seriam os homens; ele seria também, num certo sentido, uma oferenda para a divindade, como afirma com razão o pensamento religioso.

Entretanto, não mais do que Robertson Smith, Durkheim tampouco explicava o lugar central ocupado pela imolação da vítima no ritual do sacrifício. Menos ainda, a estranha semelhança que a análise dos ritos semíticos revelava entre o sacrifício e o assassinato ou, de maneira mais precisa, entre a imolação de um animal e a execução de um criminoso. Como explicar que a execução da vítima, como a de um membro do clã culpado de um crime, pareça exigir não somente o consentimento, mas também a participação de toda a comunidade?

Hubert e Mauss, discípulos de Durkheim e autores de um ensaio sobre o sacrifício, que se tornou justamente célebre, tampouco conseguiram elucidar esse enigma, sabendo que se tratava de um ponto fundamental. Se, segundo o próprio Robertson Smith, o ato de comensalidade sacrificial é sempre acompanhado por uma espécie de "exorcismo" ou de "expulsão de um caráter ruim", não há nenhuma razão, diziam, para se considerar esse elemento secundário e desnecessário. É antes a prova de que "a eliminação de um caráter sagrado, puro ou impuro, é uma engrenagem primitiva do sacrifício, tão irredutível quanto a comunhão". Mas eles mesmos concluíam, muito rapidamente, que, "se o sistema sacrificial tem a sua unidade, ela deve ser buscada em outro lugar". Eles não viam (como todo leitor de *A Violência e o Sagrado* pode fazer hoje) que é possível conciliar, e mesmo explicar um pelo outro, os dois aspectos opostos – de agregação e segregação – do rito, sem recorrer a um fator externo, mas apoiando-se somente no único fato de que "a expulsão de um caráter ruim", se for coletiva, é suficiente para realizar a unidade de um grupo humano cujos membros comungam numa mesma execração.

Em compensação, tiveram a capacidade de identificar outro traço essencial do rito sacrificial que, em geral, não é percebido por aqueles que o comentam. A função do sacrifício não é aproximar os homens dos deuses, mas mantê-los à distância. Embora se trate, segundo a sua célebre definição, "de estabelecer uma comunicação entre o mundo sagrado e o mundo profano através de uma vítima", esta age antes de tudo como um isolante que evita que o sacrificador tenha o contato temível, e afinal mortífero, com o divino. Graças à vítima, que é destruída durante a cerimônia, "o sacrificador é protegido, os deuses pegam-na em vez de pegá-lo. Ela o redime.[1] Como dirá Mauss alguns anos mais tarde: "O objetivo do sacrifício é devolver as coisas, e em particular as coisas mais sagradas; mandar embora os deuses que, sem o sacrifício, pesariam indefinidamente sobre o sacrificador; afastando os deuses, fazendo o que se deve para eles. [...] O homem salda a sua dívida, ele se sacrifica para que o deus vá embora".[2] Voltaremos a falar sobre isso.

A contribuição de Hocart é de outra natureza. Indo muito mais longe do que havia sido feito antes dele, a "dissecção" e "o estudo anatômico" do ritual, ele estabelecerá primeiramente o parentesco de todos os ritos de instalação do rei, depois, aos poucos, a unidade de todos os ritos em geral, mostrando que cada um deles era, por assim dizer, uma peça separada da cerimônia real, que se tornara autônoma e se difundira, por mimetismo, em todas as camadas da sociedade. Foi

[1] Henri Hubert e Marcel Mauss, "Essai sur la Nature et la Fonction du Sacrifice" (1899). In: *Mauss, Oeuvres*, I. Paris, Editions de Minuit, 1968, p. 303.
[2] Marcel Mauss, *Manuel d'Ethnographie*. Paris, Payot, 1967, p. 242.

assim, por exemplo, que o casamento, primeiramente reservado ao rei e à rainha durante o rito de entronização, em seguida imitado pelos nobres, adquiriu finalmente uma dimensão universal. Corroborando a hipótese da origem religiosa de todas as grandes instituições, o autor de *Rois et Courtisans* evidenciará as fontes rituais da divisão social do trabalho e estudará em particular a passagem da organização ritual para a organização política, mostrando como uma função ritual se transformara em poder político. Partindo da ideia de que o sacrifício não passava de um elemento entre outros do ritual, e não necessariamente o mais importante, ele acabará reconhecendo não somente que estava presente em todas as grandes cerimônias, mas que constituía a origem de todos os outros ritos. De fato, radicalizando a tese do regicídio real, a sua última obra chegava à conclusão de que os primeiros reis teriam sido reis mortos, em outras palavras, vítimas sacrificiais.[3] De ponto final que ela era para Frazer, a execução ritual se tornava o ponto de partida do reino. Pois bem, visto que todos os ritos e todas as instituições derivavam das cerimônias reais, o sacrifício humano se tornava assim o ancestral de todas as formas de vida social organizada. Porém, Hocart constata esse resultado inesperado sem poder explicar o paradoxo que ele contém: como a destruição de um ser vivo pode passar como fonte de vida e até contribuir de fato para a gênese e a viabilidade dos grupos humanos?

Leitor atento da antropologia do seu tempo, Freud será, sem dúvida, o primeiro a levantar uma ponta do véu. Em *Totem e Tabu*, ele trará uma contribuição essencial para a teoria do sacrifício, postulando que a imolação da vítima comemorava um antigo assassinato – o assassinato da horda primitiva – que teria feito passar os homens de uma sociedade de tipo animal para uma sociedade de forma propriamente humana. Contudo, a sua hipótese vai se deparar com a hostilidade conjugada dos sociólogos, que o acusarão de "psicologismo", etnógrafos positivistas, que jogarão na sua cara o fato de não poder se apoiar em nenhum dado preciso ou de

[3] Arthur Maurice Hocart, *Au Commencement Etait le Rite. De l'Origine des Sociétés Humaines*, trad. J. Lassègue com Mark R. Anspach, prefácio de L. Scubla. Paris, La Découverte, 2005 (ed. original, 1954), cap. 10.

se basear em fatos fabricados, e teóricos, que o criticarão por pressupor as próprias estruturas que ela deve engendrar. Em *Moisés e o Monoteísmo,* publicado em 1939, Freud apresentará uma segunda vez a sua hipótese, com uma bela independência de espírito, mas sem mais sucesso. "Várias vezes fui criticado com veemência por não ter, nas edições recentes da minha obra, modificado as minhas opiniões, enquanto etnógrafos modernos, com um conjunto perfeito, rejeitaram as teorias de Robertson Smith para substituí-las por outras completamente diferentes. A isso respondo que, ao mesmo tempo em que estou bem a par de seus pretensos progressos, não estou convencido da sua pertinência, nem dos erros de Robertson Smith."[4]

Freud queria, dessa forma, marcar a sua posição, sabendo que, naquele momento estava limitado a pregar no deserto. De maneira geral, depois da Segunda Guerra Mundial, haverá uma tendência a apagar o passado e a considerar como nulas e sem valor as publicações anteriores. Sem habilidade nos métodos científicos e imbuídos de preconceitos, os viajantes, missionários, administradores, e até os primeiros etnógrafos teriam uma visão distorcida, seriam traídos por sua memória ou enganados pelos relatos dos seus informantes. Portanto, uma única observação "científica" recente será suficiente para reduzir a nada uma infinidade de testemunhos mais antigos, mesmo independentes e convergentes; e os estudantes de antropologia logo saberão que todas as pesquisas sérias pulverizaram as reconstruções brilhantes, mas arriscadas, ou mesmo gratuitas, de Robertson Smith, Frazer ou Freud e seus rivais. Durkheim, mesmo sendo um sociólogo de grande porte, Hocart, etnógrafo escrupuloso, não serão poupados.

Entretanto, a etnologia religiosa sofreu muito mais com o descrédito que recaía sobre os antigos autores do que, por exemplo, a etnologia do parentesco. Nesse último campo, os trabalhos dos pioneiros foram "ultrapassados" e completados, sem serem totalmente rejeitados ou abandonados. Tratando-se da religião, o contexto histórico parece ter desempenhado um papel determinante. Se os pesquisadores

[4] Sigmund Freud, *Moïse et le Monothéisme.* Paris, Gallimard, 1967, (ed. Original, 1939), p. 176.

do fim do século XIX e começo do século XX se interessaram muito pelos cultos dos povos primitivos, é em grande parte porque o cristianismo estava, naquele momento, em crise no mundo ocidental, e dava lugar a debates passionais que eles mesmos alimentavam, criando afinidades inquietantes entre as religiões chamadas superiores e as selvagens – por exemplo, entre a comunhão católica e o canibalismo ritual. Porém, depois que a crise passou e as mentes fortes venceram, é como se, instalados num ateísmo ou num agnosticismo plácidos, os antropólogos tivessem perdido totalmente o interesse pelo estudo do ritual. Uma sondagem feita nas publicações de um instituto britânico revela que, entre 1930 e 1960, as que abordaram o tema dos ritos chegaram a menos de 5%.[5]

As antigas teorias foram, portanto, na verdade, muito mais abandonadas do que seriamente invalidadas pelos novos trabalhos de campo. E, se os fatos capazes de corroborar essas teorias às vezes ainda estão demasiadamente ausentes, é justamente porque foram abandonadas as hipóteses que permitiriam estudá-los e descobri-los. Apesar dos empiristas, é a ausência de intuições teóricas que explica a insuficiência das observações, e não o inverso. Hocart disse muito bem: "Se fosse preciso, para enunciar uma hipótese, ter em mãos todos os elementos do problema, é provável que nunca a formularíamos, pois, para fazer a pesquisa do material, já é necessário ter consciência dos problemas a serem resolvidos".[6]

De fato, sem novas hipóteses, a antropologia religiosa entrará num torpor e não progredirá nada durante mais de trinta anos. Foi René Girard, espírito livre e formado pela Escola des Chartes, com habilidade na decodificação das escrituras e análise de textos, que em 1972 contribuirá, mais do que qualquer outra pessoa,[7]

[5] E. E. Evans-Pritchard, *La Religion des Primitifs dans les Théories des Anthropologues.* Paris, Payot, 1971, p. 133.
[6] A. M. Hocart, *Le Mythe Sorcier.* Paris, Payot, 1973, p. 93.
[7] Por uma feliz coincidência, 1972 também é o ano da publicação de um livro importante de Walter Burkert, *Homo Necans*, recentemente traduzido em francês (Paris, Les Belles Lettres, 2005). Burkert, como Girard, tirou a sua concepção do sacrifício de uma análise da tragédia grega (ver os seus primeiros textos em *Sauvages Origines.* Paris, Les Belles Lettres, 1998). Os dois autores confrontaram as respectivas interpretações do sacrifício em *Violent Origins*, obra dirigida por R. Hamerton-Kelly, Stanford University Press, 1987.

a despertá-la e a dar-lhe novo impulso, graças à sua então recente hipótese, a do mecanismo vitimário, cuja descoberta e vigor explicativo serão expostos em *A Violência e o Sagrado*. Ele partiu de uma análise original do romance, que lhe revelara o caráter mimético das relações humanas e os conflitos agudos que resultam espontaneamente disso. Em seguida, o estudo minucioso dos trágicos gregos lhe permitira compreender que o contágio mimético podia ter dois efeitos opostos e complementares. Ele podia causar a guerra de todos contra todos e desfazer completamente o laço social, apagando todas as diferenças e barreiras culturais que, em tempo normal, contêm a violência. Mas, nessa situação crítica de violência recíproca, ele podia de forma também mecânica produzir uma coalizão unânime do grupo contra uma vítima expiatória que, depois de ser morta, divinizada por ter misteriosamente restabelecido a paz, permitiria que a ordem cultural se restabelecesse ao seu redor e que o tecido social fosse recomposto.

Para explicitar e colocar à prova essas intuições que ele extraíra das obras de ficção, Girard naturalmente se voltou para os textos antropológicos. Retomando o trabalho exatamente no lugar em que Freud o deixara, ele tentou articular melhor do que os seus predecessores os principais elementos que haviam reunido: a origem social das representações religiosas (Durkheim), unidade de todos os ritos e fonte ritual de todas as instituições (Hocart), lugar central do sacrifício no ritual (Robertson Smith), perigo de um contato demasiadamente íntimo com o sagrado (Hubert e Mauss), ligação do sacrifício com a violência (Freud).

Durkheim mostrara que a origem da religião e a emergência do sentimento do sagrado deviam ser buscadas nas experiências mais intensas que o homem sempre pôde experimentar na vida coletiva (grandes reuniões, rebeliões, pânicos, etc.), e não no medo ou impotência que teria sentido antes, diante de uma natureza ainda mal domesticada. Mas não se compreendia bem se, de fato, era o social que, nele, explicava o religioso, ou o religioso que explicava o social; se a religião só expressava uma sociedade já constituída ou se ela mesma era o núcleo constitutivo de toda sociedade. De resto, a noção de sociedade era em seus textos deploravelmente equivocada, oscilando entre aquela de multidão (ou de coletividade) e aquela de cultura (ou de civilização). A transcendência da "Sociedade" em relação aos seus membros deveria explicar a transcendência dos deuses em relação aos homens. Porém, essa transcendência era, às vezes, da língua, das normas morais e de todas as outras tradições, em suma, da cultura, cuja exterioridade os homens percebiam como se fossem somente os seus herdeiros e depositários; às vezes, era a dos fenômenos de multidão em que os indivíduos sentiam, com angústia ou exaltação, o seu eu se perder ou se dilatar como numa realidade estranha. De tal forma que Evans-Pritchard podia criticar Durkheim por se contradizer, ele próprio recaindo no "psicologismo" que no começo desprezara. As descrições e análises do grande sociólogo, embora corretas, pediam uma articulação melhor. Para fazer desaparecer a contradição, bastava mostrar que o mecanismo vitimário conduzia espontaneamente da multidão efervescente para a sociedade estruturada; que, enquanto operador de diferenciação, produzia efetivamente a gênese da cultura a partir da multidão em fusão; e que dessa forma o religioso era o fundamento e não somente a expressão da vida social organizada.

Por outro lado, Robertson Smith, Durkheim, Freud e, por último, Hocart concordaram, de uma maneira ou de outra, no sentido de tornar o sacrifício a peça central do ritual religioso. Porém, excetuando-se Freud, eles minimizavam o fato de o sacrifício ser, no seu princípio, um ato violento; e se não um ato violento, uma execução que, por ser submetida a regras, não deixava de ser a destruição espetacular, e às vezes exacerbada, de um ser vivo. O fundador da psicanálise compreendia bem que a imolação da vítima era a repetição ritual de um assassinato coletivo espontâneo, a domesticação religiosa de um ato de violência selvagem. Porém, por não identificar o mecanismo vitimário subjacente ao assassinato, ele era obrigado seja a inventar um novo mito, buscando deduzi-lo das estruturas recorrentes de um evento singular e enigmático, seja a fechar-se num círculo, explicando o assassinato arcaico pelas próprias estruturas, no caso edipianas, que tinha a incumbência de criar. Por outro lado, a sua concepção de sacrifício e religião em geral era extremamente ambígua. Pois, sob seu ponto de vista, ao mesmo tempo em que comemora legitimamente o ato fundador da sociedade humana, a religião era antes de tudo uma fixação neurótica num passado longínquo. O sacrifício não tinha a função catártica claramente designada, visto que, ao relembrar uma culpa antiga, começava a restabelecer a culpa que supostamente deveria mitigar, reconduzindo indefinidamente à experiência traumatizante do assassinato do pai. Poupando os indivíduos da árdua tarefa de criar uma neurose particular, a própria religião tinha uma natureza neurótica, e foi somente como neurose universal da humanidade que ela conseguiu se encarregar das neuroses individuais.

Ao contrário, ao mostrar que o mecanismo vitimário, matriz dos sistemas religiosos, era um mecanismo de autorregulação da violência, capaz de agir sempre e em todos lugares, Girard fugia da mitologia do assassinato fundador único, e estabelecia claramente a função social das religiões, começando pela do sacrifício, que se mostrava como a forma prototípica da violência legítima, aquela que transcende todas as violências, privadas ou públicas, selvagens ou civilizadas, que podem ocorrer entre indivíduos ou grupos. Compreendia-se assim o papel fundamental que esse ritual desempenhara nas sociedades desprovidas de instituições judiciárias ou políticas – as próprias instituições oriundas do sacrifício que, ao se desenvolverem, acabaram por torná-lo caduco. Voltando ao mecanismo vitimário de que provinham, apreendia-se a razão derradeira da unidade de todos os ritos, que Hocart observara; e inúmeros aspectos de instituições, que já se sabia terem origem ritual, ficavam claros pela revelação de sua fonte propriamente sacrificial.

Isso não é tudo. Hubert e Mauss viram de fato que o sacrifício, mais do que uma oferenda para um deus protetor, era um meio de afastar um deus ameaçador. Porém, eles haviam se limitado a constatar a coisa, ao passo que Girard explica essa face negativa do divino, assim como o temor e o tremor que ela inspira ao sacrificador, mostrando que os deuses do sacrifício não são senão a violência humana reificada, exteriorizada, e constantemente mantida à distância através de novos atos sacrificiais que purgam a sociedade de todas as forças letais de que é portadora. Enquanto a maioria dos antropólogos define o sacrifício como uma relação entre homens e deuses, pressupondo, se não a existência dos próprios deuses, pelo menos a crença na sua realidade, Girard pode explicar essa crença só pelos efeitos do mecanismo vitimário, o assassinato fundador e a repetição dos sacrifícios que dão origem à ideia de forças sagradas e destinatários transcendentes. Reencontrando e corroborando instituições fugitivas de Hubert e Mauss, ele expõe a primeira teoria rigorosamente agnóstica da religião.

Um exemplo extraído do seu ensaio sobre o sacrifício pode nos ajudar a mostrar a força explicativa do modelo girardiano. Trata-se do sacrifício de um touro, oferecido a Rudra como vítima expiatória.[8] Rudra é um deus védico que se apresenta na forma de três figuras diferentes e extremamente contrastadas. Rudra é primeiramente o mestre dos animais, aquele que pode destruir os animais e os próprios homens, pela febre ou pela peste. É o Rudra dos bosques, deus perigoso, que deve ser mantido longe dos homens e do gado através de sacrifícios apropriados. Porém, Rudra também está presente no gado. Ele é então o Rudra dos animais, espécie de deus coletivo, que se identifica com a multidão dos animais. Mas como ele pode ser ao mesmo tempo uno e múltiplo, exterior e imanente à multidão dos animais? Os autores do *Ensaio* não levantam a questão, mas, para um leitor de Girard, ela precisa ser colocada e a sua resposta não deixa dúvida. O Rudra dos animais é a violência imanente à multidão dos animais (ou à dos homens) e potencialmente destruidora. O Rudra dos bosques é essa mesma violência exteriorizada e, por isso mesmo, neutralizada. É a hipótese sugerida em *A Violência e o Sagrado* e a sequência do texto confirma isso totalmente.

Rudra tem, de fato, um terceiro aspecto. Para afastar o perigo que ele representa no centro dos animais, "ele é concentrado no mais belo touro do gado". Dessa forma, o touro se torna o próprio Rudra. Passa-se, então, a homenageá-lo, depois ele é eliminado, sendo sacrificado longe do vilarejo. Em vez de um sacrifício para Rudra, o que se tem é um sacrifício *de* Rudra, ou seja, "a expulsão de um elemento divino". É esse ponto que Hubert e Mauss enfatizam com razão, mas sem elucidá-lo. "O Rudra dos animais", escrevem, "juntou-se ao Rudra dos bosques". Certo. Mas seria melhor dizer que o Rudra dos animais se tornou o Rudra dos bosques, e

[8] Hubert e Mauss, op. cit., p. 260-61.

que o sacrifício que opera a sua identidade não é somente um sacrifício de Rudra, mas uma gênese de Rudra. Pois, evidentemente, é o sacrifício do touro que opera a gênese do deus. Através da sua execução e de sua expulsão, ele permite ao Rudra dos animais, entidade múltipla e difusa que se concentrou nele, transformar-se no Rudra dos bosques, divindade bem específica e localizada. Dessa forma, tudo se esclarece, e Rudra tem necessariamente três figuras, pois ele designa sucessivamente a violência intestina, a vítima emissária em que ela se concentra, e o deus propriamente dito criado por sua execução. A teologia védica descreve aqui perfeitamente a passagem da violência ao sagrado, realizada pelo mecanismo vitimário.

Essa rápida análise mostra que a contribuição de René Girard para a antropologia religiosa é ao mesmo tempo profundamente integradora e inovadora. Longe de apagar o passado, ele dá à antropologia a sua profundidade histórica. Mas a sua contribuição é original. Nem variável nem recapitulação das teorias passadas, ela integra todas num sistema ao mesmo tempo mais simples e mais amplo. Pois, ainda que todas as peças do *puzzle*, ou quase todas, tenham sido inventariadas por seus antecessores, faltava-lhes o elemento necessário para compor com elas uma imagem coerente da realidade. Revelando o mecanismo vitimário, Girard preenche essa lacuna e fornece para a antropologia uma base axiomática que ultrapassa o campo religioso. Ele dá, em particular, ao estruturalismo o complemento morfogenético de que precisava.[9] De fato, são todas as forças vivas da antropologia que ele permitiria então reagrupar.

[9] Ver L. Scubla, "Vers une Anthropologie Morphogénétique: Violence Fondatrice et Théorie des Singularités", *Le Débat*, n. 77, 1993, p. 102-20, e *Lire Lévi-Strauss*. Paris, Odile Jacob, 1998.

capítulo 18
o que é a religião? testemunho de um louco

Mark R. Anspach

As ciências religiosas têm como objeto os deuses e o divino; elas deveriam
ser capazes de definir esses objetos com rigor. Não são.
René Girard[1]

Não ouvistes falar daquele homem louco que em plena manhã acendeu uma lanterna, correu ao mercado e se pôs a gritar incessantemente: "Procuro Deus! Procuro Deus!"?
Friedrich Nietzsche, *A Gaia Ciência*, aforismo 125

Talvez eu seja o próprio Louco reencarnado, o do aforismo...
René Girard[2]

O que é a religião? O culto dos deuses e dos seres transcendentes. Mas de onde vêm os deuses, como nascem os seres transcendentes? Essa é uma questão elementar à qual, porém, é difícil responder. Tão difícil, talvez, que só um louco tentaria responder. Não causa espanto se, ao pretender descrever o nascimento dos deuses, René Girard chamou a atenção dos psiquiatras. "Não foi Girard quem me fez

[1] *La Violence et le Sacré*. Paris, Grasset, 1972, p. 473. (Coleção "Pluriel").
[2] "Le Meurtre Fondateur dans la Pensé de Nietzsche". In: *Violence et Vérité. Colloque de Cerisy autour de René Girard*, sob a direção de Paul Dumouchel. Paris, Grasset, 1985, p. 601.

compreender os meus pacientes, nota o doutor Henri Grivois, mas os pacientes que me esclareceram sobre o texto de Girard."[3]

Para entendermos mais claramente o texto de Girard, interroguemos o homem tachado de louco, o do aforismo de *Gaia Ciência*,[4] cujas primeiras linhas são citadas em epígrafe. O louco de Nietzsche é famoso por ter falado sobre a morte de Deus em vez de falar sobre seu nascimento. Veremos isso mais adiante. Primeiramente, contudo, retomemos a leitura do início da passagem, em que se fala da recepção que tem esse homem que fala de Deus na praça do mercado:

> E como lá estavam muitos daqueles que não acreditavam em Deus, ele suscitou uma grande explosão de risos. Ele se perdeu? Disse um deles. Ele se perdeu como uma criança? Disse outro. Ou então ele está escondido em algum lugar? Ele tem medo de nós? Ele partiu? Imigrou? Assim gritavam e riam ao mesmo tempo.

A massa dos indivíduos presentes riu dele porque não levam mais a sério a própria noção de Deus. Quanto ao louco, ele próprio não tem certeza de saber onde está Deus, ele simplesmente o busca. E, como Diógenes, ele busca com a sua lanterna na mão, o que o torna ainda mais ridículo. Essa lanterna é um instrumento menos eficaz ainda quando os modestos raios que emite se perdem na luz brilhante do meio-dia.

Pois bem, esse detalhe da lanterna acesa em pleno dia é certamente significativo. Nós poderíamos lê-lo como um comentário implícito sobre as palavras do louco. Com a lanterna, esse homem procura iluminar, e não vê que já tem luz, ao redor de si. Se, em seguida, ele declara na praça do mercado que busca Deus,

[3] Ver a contribuição de Henri Grivois no presente volume, "Crise Sacrificial e Psicose Nascente".
[4] In: Friedrich Nietzsche, *Oeuvres Complètes*. Paris, Robert Laffont. (Col. "Bouquins", tomo II).

aparentemente isso significa não ver que *Deus* já está lá, ao seu redor. Mas quem está lá, ao redor dele, na praça do mercado, senão a multidão indiferenciada das outras pessoas presentes? É possível que Deus esteja escondido, não em *algum lugar,* mas em todas as partes, na própria multidão.

Esta é pelo menos uma primeira hipótese a ser explorada: o conceito de divindade traduz a presença da coletividade, da totalidade das pessoas que rodeiam o indivíduo. Visto que essa totalidade incorpora uma força que o ultrapassa realmente, ele faz surgir a ideia de uma força transcendente.

Como sugere Durkheim, o deus da sociedade é a própria sociedade. Ou melhor, o deus dos *membros* da sociedade é a própria sociedade. A sociedade é transcendente em relação aos seus membros, ela é transcendente em relação aos indivíduos que a compõem. Mas, trata-se, falando como Jean-Pierre Dupuy, de uma autotranscendência porque, longe de vir do exterior, essa transcendência é produzida pelos próprios indivíduos de modo puramente endógeno, graças a um tipo de mecanismo coletivo. Mecanismo, pois os indivíduos produzem a transcendência apesar deles, ela emerge de sua associação por um efeito de sistema.[5]

Para compreender melhor o tipo de mecanismo coletivo de que se trata, vamos examinar agora um mito védico, o do castigo de Prajapati por Rudra. Esse relato da Índia antiga nos mostra como, todos juntos, os indivíduos fazem nascer os seus deuses. O leitor do artigo que antecede este reconhecerá no assassino de Prajapati uma nova figura do deus perigoso já evocado por Lucien Scubla.[6] Mas quem é o pobre Prajapati?

[5] Sobre o conceito de autotranscendência, ver Jean-Pierre Dupuy, *La Panique.* Paris, Les Empêcheurs de Penser en Rond, 1991, e Mark R. Anspach, *A Charge de Revanche. Figures Elémentaires de la Réciprocité.* Paris, Seuil, 2002.

[6] Ver a contribuição de Lucien Scubla para o presente volume, "René Girard ou o Renascimento da Antropologia Religiosa".

Prajapati é nada menos que o "Senhor das Criaturas", o pai primordial, aquele que, sozinho, criou o conjunto dos outros membros da comunidade. É por essa razão que os outros deuses lhe devem um respeito sagrado. Infelizmente, Prajapati tem um comportamento pouco compatível com seu estatuto tão elevado. Tendo relação com a própria filha, ele obriga os outros a reagirem. Mas deixemos a palavra a Charles Malamoud:

> Indignados com a paixão incestuosa que leva Prajapati a procurar a sua filha, Aurora, os outros deuses buscam entre si quem seria capaz de puni-lo. Ninguém tem a capacidade de se encarregar dessa tarefa. Eles retiram então, cada um de si mesmo, aquilo que têm de mais terrível no próprio corpo, e fazem disso uma massa única que se torna Rudra: ele terá a força e a crueldade necessárias para perfurar Prajapati, irá se especializar na parte violenta do sacrifício, e em particular na ferida que inflige no corpo da vítima o punhal do cortador.[7]

Todos ficam indignados com Prajapati. Todos concordam em julgá-lo culpado. O problema é encontrar quem seria capaz de puni-lo. Ninguém está preparado para bater no Senhor das Criaturas, o mais poderoso e mais sagrado. Daí a necessidade de recorrer a um procedimento estranho, reunir os corpos mais terríveis de todos para fazer emergir o funesto deus Rudra.

Não é fácil compreender em que consiste justamente esse procedimento estranho. Já se viu a reunião de corpos terríveis criar uma divindade assassina? Sem ter assistido ao suplício de Prajapati, como saber o que aconteceu de fato? Nós teríamos que perguntar a uma testemunha presente no momento dos fatos, o que evidentemente não é possível. Tudo o que podemos fazer, é tentar imaginar o que essa testemunha teria dito.

[7] Charles Malamoud, *Cuire le Monde. Rite et Pensée dans l'Inde Antique.* Paris, La Découverte, 1989, p. 266.

Talvez, se lhe perguntássemos onde está o Senhor, ele teria respondido o seguinte:

> Onde está Deus... eu vou lhes dizer! *Nós o matamos* – vocês e eu! Somos todos seus assassinos. Mas como fizemos isso? [...] Como nos consolar, nós, os assassinos dos assassinos? O que o mundo tinha de mais sagrado e de mais poderoso até então perdeu o seu sangue sob os nossos punhais – Quem apagará esse sangue de nós?

Certamente, diante de um testemunho tão constrangedor, os outros participantes teriam, sem dúvida, respondido da seguinte forma: "Mas o que o senhor está dizendo? Nós não fizemos nada disso! Foi Rudra quem o fez". E eles teriam recusado as palavras da nossa testemunha como sendo as de um homem louco...

Com razão, certamente, pois são as que pronuncia o louco de Nietzsche um pouco mais adiante na passagem de *A Gaia Ciência* citada no começo. Trata-se do aforismo 125, aquele que se tornou famoso pela fórmula "Deus morreu", mas, como observa René Girard, o Deus de que fala Nietzsche "não morreu de morte natural; ele foi vítima de um assassinato coletivo."[8]

E o Deus de que fala o nosso mito védico? Não podemos reconhecer, na voz do louco, essa *voz desconhecida do real* que Girard nos convida a buscar atrás do discurso mítico?

No relato da execução de Prajapati, essa voz se faz ouvir com uma clareza incomum. Certamente, imagina-se que foi Rudra que o fez, mas diz-se também que Rudra é pura criação coletiva, o produto dos esforços conjuntos de todos aqueles que se revoltam contra Prajapati. E, se procurarmos bem,

[8] René Girard, *La Voix Meconnue du Réel. Une Théorie des Mythes Archaïques et Modernes*. Trad. B. Formentelli. Paris, Grasset, 2002, p. 173.

descobriremos talvez que o próprio Prajapati, tal como o mito o descreve, é uma criação coletiva.

"Podemos nos irritar sem ter razão; só nos indignamos quando temos razão", diz Hugo. Os outros membros do grupo têm razão de estar indignados pela paixão incestuosa de Prajapati? Ele é de fato mais culpado do que eles? Na realidade, se Aurora é a filha de Prajapati, ela é ao mesmo tempo irmã de todos os outros membros do grupo, também filhos de Prajapati. Portanto, a paixão de qualquer pessoa por Aurora seria incestuosa. Nesse pequeno mundo, o incesto desponta em todos os horizontes. Há, portanto, algo de suspeito na indignação unânime que os outros manifestam em relação a Prajapati. E se Aurora inspirasse neles uma paixão também repleta de culpa?

Essa suspeita é confirmada por outro mito que fornece uma versão sensivelmente diferente dos mesmos fatos. Segundo essa versão, Aurora "se transformou em ninfa, apresentou-se diante dos seus próprios irmãos e começou a dançar na presença deles. Do sêmen produzido na excitação dessa visão, nasce Rudra, ser com mil olhos e mil pés, nascido, assim, do incesto [de Aurora] com os seus irmãos".[9] Aí temos então a paixão incestuosa imputada aos irmãos em vez de ao pai. Só que os irmãos não se unem de fato a Aurora. Na realidade, o sêmen emitido é recolhido por Prajapati em um vaso de ouro, e é daí que surgiu Rudra.[10]

Apesar dos inúmeros pontos de detalhe que distinguem essa nova versão do mito, encontramos nele o mesmo tipo de ação coletiva: a reunião das contribuições de cada um. Desta vez, Rudra emerge do sêmen que manifesta o desejo de todos por Aurora, e não dos corpos aterradores que manifestam a indignação de todos contra Prajapati. Pois bem, poderia se tratar do reverso da medalha. Sem dúvida, a indignação não é estranha ao fato de Prajapati ser o único a possuir aquela que todos

[9] "Rudra", *Dizionario delle Religioni Orientali*. Milão, 1993, p. 265.
[10] Ver o artigo de Jean Scheuer sobre Rudra-Siva, sob a rubrica "Sacrifício", no *Dictionnaire des Mythologies*, dirigido por Yves Bonnefoy. Paris, Flammarion, 1981.

os outros cobiçam. Dessa maneira, longe de serem contraditórias, as duas versões da história se completam. Aqui temos uma síntese das duas: Aurora é uma mulher excitante. Ela excita todos os jovens, mas só se dá a Prajapati. O desejo sexual frustrado e a indignação aterrorizante de todos os outros juntos formam uma massa única, que será chamada de "Rudra", e que se vinga de Prajapati.

Prajapati não é senão a vítima inocente de um furor coletivo? Nesse sentido, estaríamos aparentemente esquecendo um detalhe essencial: Prajapati é pai de Aurora, então é culpado de incesto. Mas, Prajapati é pai de todo o mundo, o que deveria constituir uma circunstância atenuante. Com quem ele poderia se unir a não ser com a sua filha? Nessas condições seria bastante injusto condená-lo ao suplício por incesto. É um pouco como se fosse executado pelo próprio fato de ser o pai de todos.

Antes de prosseguir, é preciso se perguntar em que sentido exatamente Prajapati pode ser chamado de pai de todos. Diz-se que ele engendrou sozinho o conjunto da coletividade. Isso é plausível? No sentido literal, certamente não. Um homem só não poderia engendrar fisicamente os outros, nem hoje, nem, pelo que se saiba, nos tempos védicos. Prajapati não pode ser *realmente* o pai de Aurora e dos seus irmãos. Mas, se não é o pai deles, quem é ele? Quem é Prajapati, de fato?

"Prajapati, na realidade, é o sacrifício", diz um comentário védico.[11] Ele está ligado ao sacrifício porque foi a primeira vítima, o primeiro indivíduo em torno do qual todos os outros se reuniram, aquele que, então, sozinho, engendrou o conjunto da coletividade – não no sentido físico, mas no sentido de ter engendrado a coletividade *como conjunto*. Não se executou Prajapati pelo fato de ser o pai de todos, ele é o pai de todos *pelo próprio fato de ter sido executado*. Foi o assassinato coletivo que o tornou poderoso e sagrado, foi o assassinato coletivo que o fez nascer como Senhor.

[11] Ibidem.

Entretanto, o esplendor póstumo do Senhor não faz somente esquecer a sua origem modesta. Ele torna infinitamente mais terrível o crime de que foi vítima. Como justificar o fato de ter executado o que o mundo possuía de mais sagrado e poderoso?

Como nos consolar, nós, os assassinos dos assassinos?

Talvez, acusando o deus por ter cometido ele mesmo um crime, o tipo de crime que justifica com tanta frequência a perseguição de vítimas, o incesto, por exemplo. Segundo Jean Scheuer, o incesto de Prajapati é visto pelos outros como um mal necessário, pois "Prajapati-Sacrifício" é a origem do mundo e daqueles que o habitam.[12] Dito de outra forma, o mundo e os seus habitantes têm a sua origem no suplício de Prajapati, e o suplício de Prajapati tem a sua origem na acusação do incesto.

Como nos consolar, nós, os assassinos dos assassinos?

Talvez, acusando um deus por ter cometido o crime no nosso lugar, pois o assassinato do Senhor é um ato que parece ultrapassar nossas capacidades de simples mortais. *Como fizemos isso?* Mas nós jamais teríamos podido fazer isso, só um deus terrível como Rudra teria tido a força e a crueldade necessárias para transpassar Prajapati. Rudra, cujo nome vem da raiz *rud* ("chorar"), não é justamente aquele que "faz chorar"?[13] Portanto, foi Rudra que deve ter feito Prajapati chorar, não nós. E, se quisermos evitar que o seu furor por sua vez nos atinja, é melhor acalmá-lo, oferecendo ao deus terrível a oblação *satarudriya*...

Como nos consolar, nós, os assassinos dos assassinos?

Talvez nos entregando a ritos expiatórios, como prevê o homem louco:

[12] Ibidem.
[13] Segundo Angelo Morretta, *I Miti Indiani*. Milão, Longanesi, 1982, p. 75.

> Quem vai tirar esse sangue de nós? Com que água poderemos nos purificar? Que expiações, que jogos sagrados seremos forçados a inventar?

Nós sabemos, a morte de Deus proclamada pelo homem louco não significa de modo algum a morte da religião. Ao contrário, a morte violenta de Deus leva fatalmente à instituição de ritos religiosos.

"O próprio ato que parece dar fim ao processo religioso é de fato a sua origem, o seu verdadeiro núcleo, o processo religioso por excelência", observa René Girard. Os jogos sagrados que o louco anuncia "reproduzirão certamente o assassinato coletivo de Deus. Existirão ritos sacrificiais". E esses ritos que reproduzem a morte de Deus não teriam nenhum sentido sem ela. De fato, os deuses "não existem antes de terem sido mortos". Eles "só começam a existir, pelo menos aos olhos dos homens, depois que são assassinados". Em uma palavra, a "morte de Deus também é o seu nascimento".[14]

Hubert e Mauss expressaram uma ideia semelhante em seu ensaio sobre o sacrifício: "Para que um deus possa assim descer ao papel de vítima, é preciso que haja alguma afinidade entre a sua natureza e a das vítimas. Para que se submeta à destruição sacrificial, é preciso que ele tenha a sua origem no próprio sacrifício".[15] Mas, se o deus tem a sua origem no sacrifício, qual poderia ser a origem do próprio sacrifício? O sacrifício já não pressupõe a existência do deus?

A formulação de Hubert e Mauss é prisioneira de um círculo vicioso que é o do próprio discurso religioso. Esse círculo vicioso provém da incapacidade dos fiéis de atribuir ao rito sagrado e ao deus uma origem puramente humana. Do ponto de vista

[14] Girard, *La Voix Méconnue du Réel*, p. 172-73.
[15] Henri Hubert e Marcel Mauss, *Essai sur la Nature et Fonction du Sacrifice* (1899). In: Marcel Mauss, *Oeuvres*, vol. 1. Paris, Minuit, 1968, p. 284.

retrospectivo dos fiéis, a vítima divinizada já teve que ser um deus para começar, e se o sacrifício reproduz a sua execução é porque a sua execução já era um sacrifício.

Girard nos permite sair do círculo vicioso estabelecendo uma distinção elementar, entre a primeira execução e o sacrifício que a reproduz.[16] Confundir as duas é confundir o original e a cópia. O deus tem a sua origem não no sacrifício, não numa ação já ritualizada, mas num fato espontâneo que o sacrifício ritual repete: o assassinato coletivo que faz de um só a encarnação transcendente de todos aqueles que se reúnem ao redor dele.

Essa transformação da vítima é tão deslumbrante que ela impressiona não somente os próprios fiéis, como também os descrentes mais céticos, como aqueles que, reunidos na praça do mercado, riem do homem louco quando ele lhes fala de Deus. "Ele tem medo de nós? Ele foi embora? Ele imigrou?" Mesmo para essas pessoas que tampouco acreditam nele, Deus continua sendo um ser necessariamente transcendente. *Ele tem medo de nós?* O humor da brincadeira reside no absurdo que seria imaginar um ser transcendente fugindo, apavorado diante de uma multidão de pessoas comuns como aquelas. Ainda mais distante de suas mentes estaria a ideia de que uma multidão de pessoas como eles poderia ter executado um ser como esse. "Essa ação ainda está mais distante deles do que os astros mais longínquos", diz o homem louco, "entretanto, são eles que a realizaram!"

O Senhor das Criaturas jamais teria tido medo da multidão. Somente um outro deus transcendente, um deus ainda mais forte e mais terrível do que ele poderia tê-lo amedrontado. Somente Rudra teria podido fazer Prajapati chorar. Mas de onde vem Rudra, como nasceu esse deus tão terrível?

[16] Freud já introduz uma distinção do gênero em *Totem e Tabu*. Mas Freud postula na origem dos ritos um evento único, que teria ocorrido uma única vez. Girard postula antes uma classe única de eventos, que teriam acontecido em número indeterminado de vezes. A esse respeito, ver as observações de Lucien Scubla neste volume.

Nós já examinamos duas variantes do mito que conta o nascimento de Rudra. Aqui temos uma terceira:

> Depois de Prajapati ter sido desmembrado, os outros deuses se vão. Só fica um: Manyu, o Furor. [...] Prajapati chora (*rud-*) e as lágrimas caem sobre o Furor, que se torna Rudra... Esse Rudra, com suas cem cabeças e mil olhos, vai embora, com o arco estendido, à procura de alimento. Os outros deuses ficam aterrorizados. Para acalmá-lo, oferecem-lhe o *satarudriya,* recitando: "Homenagem, ó Rudra, ao teu furor, homenagem à tua flecha, aos teus dois braços!".[17]

Na primeira versão do mito, os outros todos juntos criam Rudra, que depois mata Prajapati. Aqui o nascimento de Rudra sempre é associado à morte de Prajapati, mas a sequência é invertida. Desta vez, é a morte de Prajapati nas mãos dos outros que depois engendra Rudra. Em vez de fazer Prajapati chorar, dessa vez Rudra nasce das lágrimas dele.

Para compreender a inversão temporal constatada aqui, é preciso ler a nova versão do mito como se o nascimento que ela contava fosse menos o de Rudra do que o da *crença* em Rudra. A crença é de fato posterior ao evento. A nova versão é a mais verídica então. O que ela nos diz é que a crença em Rudra nasce do encontro entre o furor e as lágrimas da vítima.

Não é a execução que conta essa versão, mas o seu epílogo. Os membros da multidão se dispersam, eles não formam mais uma horda selvagem, uma massa única dotada de força e crueldade extraordinárias. A crença em um deus aterrorizante surge entre eles quando, depois que se tornaram novamente comuns, veem, apavorados, o que o furor realizou, esse furor que doravante se mostra a eles como uma

[17] Scheuer, op. cit.

coisa exterior e transcendente, tão distante deles quanto os astros. Para dominar essa força que escapa deles e que ameaça se fundir em outras presas, eles dedicam um culto ao deus terrível, homenageando o seu furor. Mas o furor, para começar, não era seu. Antes mesmo do nascimento de Rudra, Manyu já estava presente no meio da multidão. E Rudra conserva o vestígio da sua origem nas cem cabeças e mil olhos que fazem dele uma encarnação monstruosa do coletivo.

Pois bem, se Rudra, o assassino divino, encarna a violência de todos reunidos contra um só, que podemos dizer enfim de Prajapati? Quem é Prajapati de fato?

Pai de todos, além das divindades do panteão, Prajapati é paradoxalmente o menos bem definido. Senhor "vagamente abstrato",[18] também é chamado de "deus desconhecido", e ele é designado com o simples pronome interrogativo *Ka*: "Quem?".[19]

Quem é Prajapati? Prajapati é *Quem*? Como o Soldado desconhecido, o Deus desconhecido é uma vítima anônima, aquela cuja memória é honrada sem que se saiba o seu nome, aquela que se comemora em nome de todas as vítimas mortas como ela.

Prajapati não tem rosto, só tem lágrimas.

O que é a religião? Uma lembrança que nos reúne: as lágrimas de Prajapati.

O que é a religião? Uma empresa que nos reúne: esquecer as lágrimas de Prajapati.

Esse texto é uma versão condensada e modificada de artigo publicado na Revue de Mauss, *semestral, n. 22, segundo semestre 2003, p. 222-34.*

[18] Ibidem.
[19] Pio Filippani-Ronconi, *Miti e Religioni dell'India*. Roma, Newton Compton, 1981, p. 51.

parte III
a vítima inocente nas escrituras: controvérsias

capítulo 19
satanás e o escândalo
René Girard

Pela primeira vez na vida, falo em alemão em uma universidade alemã para um público de língua alemã. Isso é extraordinário. Tão extraordinário que talvez os senhores não venham a compreender os sons que saem da minha boca. Meu caríssimo amigo traduziu meu texto, acreditando que sou capaz de fazer o resto. Ele afirma que sou capaz de me fazer compreender no idioma de Goethe, de Kant e Hegel. Espero que ele não chegue a lamentar seu otimismo.

Sinto-me ainda mais incomodado em alemão porque tudo aquilo que posso dizer em francês também pode ser dito pelo padre Schwager. Há, porém, uma coisa que posso dizer e que ele mesmo não dirá, devido a sua modéstia. Trata-se do imenso papel que ele tem no empreendimento que nos reúne e do reconhecimento que tenho por ele.

Sinto-me como uma criança que acaba de nascer. Lamento não ter diante de mim uma segunda juventude para consagrá-la ao estudo da língua e da cultura alemãs.

Para os franceses que se interessam pela vida intelectual, a cultura alemã tem a primazia. Nós a veneramos porque vemos nela o fruto incomparável de duas virtudes que consideramos mais admiráveis entre todas: a primeira, porque acreditamos possuí-la também, é a agilidade intelectual, a aptidão para a complexidade; a segunda, que tantas vezes, enfim, não possuímos, é a continuidade, a persistência, a perseverança no esforço.

Adquirir o uso de uma língua e de uma cultura é tomar por modelos aqueles que as possuem, é imitá-los com a máxima fidelidade possível. Os senhores me compreendem neste exato momento na medida em que, por pior que eu o faça, imito o modo como os senhores mesmos falam.

Sem imitação não há aprendizado. Sem a imitação, os homens não teriam vida cultural, nem sequer conseguiriam comunicar-se. Tudo isso sabemos desde sempre, isto é, desde Platão e Aristóteles. Sabemos isso tão bem que a imitação entedia. Quando não conseguimos evitar falar disso, tentamos dar a impressão de que encontramos outra coisa, que renovamos o assunto. Freud, por exemplo, fala muitas vezes de *identificação*. Os psicólogos americanos falam de *role models*.

Prefiro falar francamente de imitação e até ampliar seu papel, reconhecendo sua presença num fenômeno ao qual ela nunca é associada, ao menos não diretamente: o desejo.

Aquilo que denomino desejo é a contaminação recíproca da imitação e dos apetites. É essa a minha ideia principal, talvez a única, porque tudo que digo decorre dela e retorna a ela. Ela sequer é original: é possível encontrá-la nos grandes escritos, e de maneira ainda mais forte nas Santas Escrituras.

Em meu primeiro livro, sob a influência da cena contemporânea e também dos romances franceses desmistificadores, inclinei-me para um erro que consiste em reservar o mimetismo para aqueles seres antes de tudo ridículos, as madames Bovary e os demais pequenos burgueses flaubertianos. Minimizei um pouco o desejo, do alto de uma ilusão individualista mal superada, talvez insuperável. Trata-se de uma condescendência do amador para consigo mesmo, e cabe-lhe pagar o preço dela, como, aliás, o de todas as leviandades. Aqui, o preço é uma diminuição da tensão trágica.

Na ordem antropológica ou literária, a tragédia constitui o único pano de fundo apropriado para abordar a questão do papel desempenhado pelo desejo mimético e pelo mecanismo vitimário no Novo Testamento e sobretudo nos Evangelhos. Creio que esse papel é essencial, mas permanece dissimulado a nossos olhos por nossa incompreensão de duas noções evangélicas, das quais falarei um pouco.

A primeira é a noção de Satanás, que a nossos olhos é uma superstição, porque trocamos a concepção de Satanás dos Evangelhos pela nossa. A segunda é a noção de escândalo, que não foi objeto de nenhuma interpretação, ao que me parece, porque os exegetas e os teólogos guardam a respeito dela um silêncio que deveria deixar-nos estupefatos. É claro que o escândalo não é uma vaga metáfora; o termo designa um processo intersubjetivo essencial para a compreensão do pecado.

Para não me limitar a ideias gerais e até para não falar por tempo demais, restrinjo-me a essas duas noções, cujas riqueza e racionalidade se esclarecem no contato com a tese mimética. Num segundo momento, seria preciso demonstrar que, na realidade, é o contrário que acontece. A tese mimética deve sua fecundidade às noções evangélicas de Satanás e do escândalo. Quer ela o saiba ou não, é dali que ela tira a inspiração que lhe permite definir-se de maneira racional.

É preciso associar o escândalo e Satanás para compreender um por meio do outro. O papel tradicional atribuído a Satanás na gênese dos sentimentos que nos colocam uns contra os outros, sobretudo a inveja e o ciúme, não precisa ser ressaltado. O que precisa ser, por outro lado, sublinhado é o elo entre essa ação subversiva e a afinidade de Satanás pelo mimetismo em todas as suas formas, os simulacros, as paródias, os espetáculos sedutores e escandalosos.

Se o mimetismo de Satanás e seu poder de dividir os homens se interpenetram, a concepção evangélica não poderia ser estranha ao desejo mimético. O *modus operandi* do personagem confirma essa relação. Ele se apresenta como guia e como modelo, mas, se tivermos a infelicidade de segui-lo, imediatamente ele se coloca entre nós e o objeto de sua promessa, a fim de irritar cada vez mais o desejo que ele nunca para de frustrar.

Satanás é o *dia-bolos*, o obstáculo que contraria nossos desejos. Ele refere a metamorfose da boa imitação em má, o modo como o desejo mimético se opõe a si mesmo e se exaspera, transformando os modelos em obstáculos fascinantes.

O termo "escândalo", por si, refere o processo inteiro. *Skandalon*, do grego *skadzein*, é o obstáculo no qual tropeçamos não apenas uma vez, mas repetidas vezes, porque ele atrai e fascina na mesma medida em que fere e repele. É o mesmo mecanismo de Satanás, mas apreendido em sua lógica inter-humana, sem ser necessariamente projetado fora do mundo em uma transcendência enigmática. Trata-se do mecanismo da rivalidade mimética, com todas as suas consequências.

O texto evangélico que recomenda não expor a infância ao escândalo atribui-lhe uma virulência tão maior, ao que parece, quanto mais jovem for o indivíduo afetado. Trata-se exatamente de um mecanismo de repetição, e a força com que ele se imprime em nós é tão maior quanto mais formos impressionáveis.

Para tornar-se presa do escândalo e de seu propagador, basta preferir a glória que vem dos homens à glória que vem de Deus. Basta, em suma, trocar Deus por um modelo humano, e essa é a própria definição do desejo mimético. O homem não pode nem prescindir da glória nem glorificar a si próprio, autodivinizando-se. Todos os individualismos, todos os narcisismos não passam de avatares do desejo mimético, de modos disfarçados de visar a glória que vem dos homens.

A indignação fascinada, os puritanismos, os exibicionismos exacerbados, tudo aquilo que em nosso mundo encobre a palavra "escândalo" se inscreve sem dificuldade no *skandalon* evangélico, mas limitar o sentido do termo a suas conotações sexuais, como tantas vezes se faz, de certos Padres da Igreja ao pansexualismo freudiano-burguês, é equivocar-se quanto à lógica intersubjetiva que subjaz ao escândalo, e fechar-se à compreensão dos fenômenos governados por ele, e dos textos que o descrevem.

O escândalo é aquilo de que foi amputada a concepção filosófica da imitação que nos foi legada por Platão e por Aristóteles, e o erro de nossas ciências do homem é que, em vez de observar sua própria incompletude e completá-la, elas se distanciaram da imitação e se perderam na busca da novidade a qualquer preço.

Se o escândalo designa o modo como o desejo mimético transforma seus modelos em obstáculos fascinantes, e tudo aquilo que sai desse processo, ele deve estar na origem da violência e do sagrado, de tudo aquilo que a Bíblia refere como idolatria. E é exatamente aquilo que o termo hebreu refere no Antigo Testamento que *skandalon* traduz em grego, o obstáculo que faz os homens caírem na idolatria.

Fazer de Jesus ou do pai um *skandalon* é transformá-los em ídolos, é experimentar em relação a eles a mistura de adoração, de terror supersticioso e até de ódio que caracteriza as formas satânicas e puramente humanas da religião.

Nas "Tentações do deserto", Satanás simultaneamente obstrui o caminho a Cristo e lhe oferece todas as formas de onipotência. Sua exigência suprema, que é ser adorado, simboliza perfeitamente a unidade entre desejo mimético e idolatria.

O *skandalon* impulsiona os homens para formas fantásticas de mitologia, num processo que obrigatoriamente leva ao assassinato coletivo, que exige a catarse coletiva do sangue derramado para apaziguar e para cristalizar em monstros míticos as alucinações das grandes crises miméticas. O *skandalon* é o ódio assassino, e o elo fica explícito na primeira Epístola de João.

Na boca de Cristo, Satanás e o escândalo parecem muitas vezes intercambiáveis, por exemplo, na passagem em que o Senhor chama Pedro de Satanás e simultaneamente o censura por ser *skandalon* para ele. Pedro acaba de responder ao anúncio da cruz com repreensões: "Senhor, isso jamais te acontecerá". Em outras palavras: "Você tem de agir como um verdadeiro chefe. O mundo tem de reconhecer o seu valor e recompensar seus méritos, tratar você como um ídolo, um rei, uma celebridade".

Escandalizado pela cruz, Pedro se esforça mimeticamente para escandalizar o Cristo, que lhe diz: "Afasta-te de mim, Satanás, porque não pensas as coisas de Deus, mas as dos homens".

Satanás governa o pensamento dos homens. Cristo passa de Satanás ao escândalo e vice-versa sem a menor dificuldade, mas o estudo estatístico desses textos sugeriria, creio, que ele prefere a lógica humana do *skandalon* à linguagem da transcendência satânica, ainda que no caso dos discípulos seja o contrário. Eles se sentem mais à vontade com Satanás e, sobretudo, com as legiões demoníacas do que com o escândalo.

Se o princípio mimético se confunde com o Maligno, é preciso que haja em Satanás uma dimensão ordenadora e pacificadora, assim como uma dimensão conflituosa e anárquica.

Nisso consiste o aspecto mais perturbador de Satanás para os cristãos modernos, os mais suscetíveis à insinuação de que, naquilo que diz respeito a Satanás, os evangélicos talvez fossem um pouco "retrógrados", mais mergulhados na superstição do que o homem moderno poderia tolerar, esse homem mais sábio do que seus antecessores, dizia Bultmann, por causa do automóvel e da eletricidade!

Dizê-lo a respeito de Satanás é doravante ainda mais escandaloso em si mesmo, em suma, e é maravilhosamente representativo da pretensiosa incompreensão moderna, que projeta sua própria burrice de forma inversa em textos que ela é incapaz de interpretar.

Não somos nós que somos "avançados" demais para a doutrina evangélica sobre Satanás; é ela que nos deixa muito para trás, e nós a interpretamos à falsa luz das significações mágicas cuja abolição ela anuncia, mas ainda recorrendo ao seu próprio linguajar.

O título de *príncipe deste mundo* não é uma metáfora lírica; ele designa a transformação do princípio de desordem em princípio de ordem e a transcendência falsa, mas eficaz, que dela resulta no plano mundano. O mundo não pode viver apenas de desordem. Se Satanás fosse puramente destruidor, não seria o príncipe deste mundo, porque muito rapidamente não haveria mais mundo nenhum.

Para que haja mundo, é preciso que a desordem, quando está por toda parte, possa se transformar em seu contrário sem recorrer a nada além de si própria. A tese mimética situa essa transformação no cúmulo da desordem, na unanimidade subitamente recriada contra uma vítima qualquer. O mimetismo de rivalidade dá lugar ao mimetismo religioso e positivo do ritual e do interdito.

Jesus reconhece que *Satanás expulsa Satanás* e essa fórmula lapidar resume os ciclos de ordem e de desordem miméticas. A ordem existe porque a desordem se expulsa a si própria. Como princípio de desordem, o Satanás mimético se deixa suplantar – sempre por algum tempo – por uma ordem que parece estrangeira a suas turbulências, quando na verdade estas são pressuposto daquela, a qual forçosamente permanece sua tributária na medida em que está sempre fundada sobre a unanimidade mentirosa, mas jamais desmentida, que se estabelece contra uma vítima na verdade inocente.

O mecanismo de inversão é o assassinato coletivo, e é a interpretação mentirosa desse assassinato que se perpetua de geração em geração. Que os Evangelhos também o digam, e da maneira mais espetacular, eis o que me parece bastante impressionante, mas que não impressiona ninguém além dos que já estão convencidos, porque essa revelação extraordinária é inseparável de todas as outras, e não pode ser compreendida sem ela, sem a intelecção daquilo que pode significar a autoexpulsão de Satanás. A formidável rede de sentidos que esses textos constituem se nos impõe por inteiro de uma só vez ou continua a ser ela toda letra morta.

No capítulo VIII de João, Cristo associa duas ideias a respeito de Satanás. A primeira é que ele é *homicida desde o princípio*, e a segunda que ele é *mentiroso e pai da mentira*. Isso corresponde exatamente a tudo aquilo que falei aos senhores. Satanás tranca os homens na mentira por meio do assassinato coletivo que determina seus modos de pensamento, e isso dura tanto tempo que a verdade desse assassinato não aparece.

Os ouvintes não escutam esse discurso, e sua surdez mesma, assim como a nossa, posterior, faz parte da revelação. Chamar todo esse mundo de *filho de Satanás* não é antissemitismo, ou, atualmente, anticristianismo, e sim o contrário: é dizer que a incapacidade dos judeus de escutar essas palavras, e a nossa, que se segue a ela, continua determinada pelo próprio mecanismo que Cristo nos ensina, e cuja verdade se verifica primeiro na incompreensão de que ele foi objeto, e em seguida na Paixão, que logo depois o reproduz. Os homens ficam condenados a repetir sua própria história caso se recusem a compreendê-la. E aqueles que julgam severamente toda a história fariam melhor em não julgar, porque, ao fazê-lo, repetem-na, exatamente como seus antecessores.

Aquilo que é verdade sobre os fariseus nunca deixou de ser verdade desde então, e nossas culturas, ainda que a ação de Cristo sobre elas esteja longe de ser nula, permanecem, mais do que nunca, "filhas de Satanás".

Para entender bem a coerência dos textos evangélicos a respeito da falsa transcendência de que o mundo consiste, é preciso relacionar todos os textos. Os três Evangelhos sinóticos associam os ouvintes de Jesus a todos os assassinos de profetas que surgiram *desde a fundação do mundo*. Os fariseus são declarados filhos dignos de seus pais, que mataram todos os profetas desde *Abel, o Justo*, a primeira de todas as vítimas da Bíblia, até *Zacarias, filho de Berequias*, a última de todas as vítimas do Antigo Testamento.

Essa linhagem é outra vez a do assassinato fundador, que se perpetua não apenas nas religiões que comemoram piedosamente esse assassinato e que o reproduzem em seus ritos, mas também naquelas que o condenam e que não se solidarizam com os assassinos. A perpetuação da estrutura mentirosa ainda se transmite, paradoxalmente, no gesto de denegação que consiste em erguer monumentos às vítimas e a renegar os ancestrais, afirmando: *Se tivéssemos vivido no tempo dos Profetas, não teríamos nos juntado a eles para derramar o sangue dos Profetas.*

Para interpretar corretamente a estrutura do antissemitismo cristão, basta reformular as palavras de Cristo trocando os cristãos pelos judeus e trocando os profetas do Antigo Testamento por Jesus: *Se tivéssemos vivido no tempo de Jesus, não teríamos nos juntado aos fariseus para derramar o sangue de Jesus Cristo.*

Podemos igualmente aplicar a fórmula à hipocrisia contemporânea, sempre a mesma, que consiste num recíproco tapar de ouvidos aos lamentos sobre a violência universal. Outra vez, trata-se de justificar-se lançando sobre outros uma responsabilidade que nunca é verdadeiramente assumida.

Nos Evangelhos sinóticos, e também no de João, as declarações de Jesus sobre a violência fundadora são muitas vezes seguidas de ameaças de apedrejamento. De todas as instituições pós-rituais judaicas, o apedrejamento é a mais próxima da violência coletiva espontânea. Trata-se de uma forma específica de assassinato coletivo muito difundida no Oriente Médio. Em outro contexto, a pregação de Cristo dispara outra tentativa de condenação coletiva à morte também muito difundida, aquela que consiste em encurralar a vítima no alto de um penhasco, de onde ela mesma se precipita.

A crucifixão é uma forma romana do mesmo tipo de assassinato. Seu caráter coletivo está no fato de a comunidade inteira assistir ao suplício e ninguém fazer nada para ajudar a vítima a descer da cruz.

A ideia de que a crucifixão se confunde com o mecanismo vitimário coletivo, isto é, com o modo de ação satânico por excelência, encontra-se na palavra de Cristo sobre a hora de Satanás, que chega no exato instante em que a Paixão começa.

Sob o aspecto antropológico, a Paixão é apenas outro exemplo do tipo de acontecimento sobre o qual a religião violenta é desde sempre fundada. Cristo tem de morrer para que se feche contra ele o sistema da representação perseguidora perturbado por todas as suas palavras, não só aquelas enunciando explicitamente a verdade violenta da sociedade, mas, antes disso, a pregação do Reino de Deus, a oferta de um universo sem rivalidade mimética nem perseguições, que os homens sempre dizem desejar, mas sem pagar seu preço, isto é, a renúncia a todas as represálias miméticas.

Em vez de descrever a crucifixão sob a forma mentirosa do mito, os relatos da Paixão descrevem-na do modo como ela realmente é. Em vez de jogar a favor da ocultação e da mistificação, como de hábito, o mecanismo vitimário tem de funcionar à plena luz do dia, e por isso não funciona absolutamente. Ele joga contra si mesmo, a favor da verdade que os perseguidores se esforçam para reprimir.

Os relatos da Paixão nos fazem ver uma vítima inocente oprimida *sem motivo* pela unanimidade mimética de todas as instituições judiciais, políticas e religiosas e pelos próprios discípulos, mais ou menos amalgamados e dissolvidos numa turba delirante de perseguidores de quem o melhor que se pode dizer é que *não sabem o que fazem*.

Como nenhuma das testemunhas escapa da unanimidade da perseguição, essa verdade da Paixão não é deste mundo. Ela não vem dos homens. Ainda que seja empiricamente verdadeira, ela só existe à luz da Páscoa e de Pentecostes, que esclarece ao menos alguns perseguidores a respeito da injustiça de sua ação. É Pedro, por exemplo, quem primeiro nega Cristo, e que só mais tarde enxerga o horror de seu gesto, reconhecendo sua própria participação nos sofrimentos de Cristo. Experiência idêntica tem Paulo no caminho de Damasco, quando ouve o Cristo perguntar-lhe: “Saulo, Saulo, por que me persegues?”.

A sabedoria cristã é uma sabedoria de perseguidores muitas vezes pouco arrependidos. Se nós nos ocultamos da graça da cruz para voltar a perseguir, essa graça que é verdade não deixará de estar presente entre nós. Ela desvitaliza o mecanismo vitimário e o torna cada vez mais estéril no que diz respeito às ordens idólatras que nos esforçamos para reconstituir. Isso pode ser verificado na ruína do pensamento mágico e nos processos de feitiçaria no início dos tempos modernos; e, em nossa época, na impotência das perseguições, mesmo as mais gigantescas, para consolidar de modo duradouro as ordens totalitárias.

Essa ideia das ordens violentas perturbadas pelo Evangelho e condenadas a acabar se encontra no tema de Satanás enganado pela cruz e pela afirmação paulina a respeito dos príncipes deste mundo que não teriam crucificado Jesus se tivessem compreendido o princípio de eficácia que oculta esse acontecimento no plano do próprio mundo:

> [...] é realmente de sabedoria que falamos entre os perfeitos, sabedoria que não é deste mundo nem dos príncipes deste mundo, votados à destruição. Ensinamos a sabedoria de Deus, misteriosa e oculta, que Deus, antes dos séculos, destinou para a nossa glória. Nenhum dos príncipes deste mundo a conheceu, pois, se a tivessem conhecido, não teriam crucificado o Senhor da Glória. (1Coríntios 2,6-8)

O plural "os príncipes deste mundo" refere a mesma coisa que o singular. Os reis, as autoridades políticas que crucificaram o Cristo são os instrumentos do príncipe deste mundo. Se tivessem conhecido a sabedoria de Deus, teriam entendido que, em vez de abafar a revelação cristã ao crucificar o Cristo, estavam inscrevendo-a nos relatos da Paixão e publicando-a aos quatro cantos do mundo. Não apenas o mecanismo habitual não funciona mais, como ainda se transforma em arma contra si próprio.

Ao lado dos príncipes deste mundo, encontramos também outras expressões, cuja diversidade é reveladora: os poderes dos céus, os anjos, as dominações, ou simplesmente os poderes. Junto com Satanás, todas elas referem, no fundo, a transcendência social conforme Durkheim.

Trata-se da transcendência das religiões da violência e do sagrado: ela contamina de modo bastante forte o cristianismo histórico, mas também, por conseguinte, as ordens modernas, nascidas do *Aufklärung* e do humanismo, e, por fim, mais fortes do que nunca, ainda que frequentemente sob formas renovadas, os totalitarismos atuais. Trata-se, portanto, do mundo que vemos desabar à nossa volta desde há muito tempo, mas cuja desagregação se acelera em nossa época, de modo a alegrar os cristãos tanto ou mais do que a inquietá-los.

Não é vã a polêmica de Paulo contra esses poderes. Recordo-lhes que Paulo recomenda a submissão aos poderes em tudo aquilo que não contradiga os deveres cristãos. Não apenas seu texto não pode ser recuperado politicamente, como ainda afirma a vaidade de toda violência política, que faz os homens recaírem nos ciclos da violência e do sagrado em vez de afastá-los deles. Contra os poderes, não há recurso além da cruz, mas nenhum outro é necessário.

Nos *Atos dos Apóstolos*, Estêvão se deixa apedrejar porque repete aos mesmos ouvintes as palavras de Jesus sobre a exata participação deles nos assassinatos coletivos, naturalmente acrescentando à lista destes a Paixão.

A morte dos *mártires*, isto é, das testemunhas, contribui para a obra da revelação na medida em que dá testemunho não apenas de uma vítima, mas de todas, inclusive daquelas que foram perseguidas em nome de um cristianismo pervertido. Ela contribui para desagregar os mecanismos mitológicos.

É falso dizer que a cruz não age sobre o mundo, sob o pretexto de que sempre há violência e perseguição. A ação do cristianismo é formidavelmente real, mas necessariamente ambígua, porque se inscreve no mundo do pecado, o qual nunca se considera vencido. Vivemos num mundo em que as perseguições ingênuas, quase inocentes no sentido da religião primitiva, estão talvez em vias de extinção, mas a luta contra os vestígios do passado torna-se muitas vezes uma perseguição mais sofisticada, mais certa de que nunca foi justamente uma perseguição.
É preciso compreender isso como uma imitação falsificadora de Cristo, o

Anticristo, a rivalidade mimética que só usa a sabedoria da revelação para esvaziá-la da caridade, para fazer dela uma coisa puramente humana e até uma arma contra Deus, acusando Ele mesmo de perseguição. Opomos a Deus o conhecimento da perseguição como uma virtude que viria de nós mesmos, e não d'Ele.

Esse assunto poderia nos levar muito longe e minha palestra já se estendeu bastante. Espero que os senhores não tenham sofrido com meu alemão, e agradeço por sua paciência.

Texto francês original de uma conferência dada em alemão na cidade de Stuttgart, em 28 de setembro de 1986.

capítulo 20
a morte de Jesus. René Girard e a teologia

Raymund Schwager

Na história do pensamento ocidental, as ciências da natureza foram as primeiras a desfazer-se da tutela da teologia. As ciências humanas (sociologia, psicologia, etnologia, ciências das religiões, da história, da economia), sobretudo a partir do século XX, seguiram, por sua vez, caminho próprio. Em grande parte, esta pesquisa antropológica, no espírito do *Aufklärung*, afastou-se da fé cristã transmitida pela tradição, quando não se ergueu expressamente contra ela. Nessas condições, o pensamento de René Girard surpreende: por um lado, ele tem a intenção de ir além na crítica moderna do sagrado e das autoridades; por outro, ele utiliza essa mesma crítica para que a tradição judaico-cristã encontre uma nova consideração. Enquanto as correntes determinantes da etnologia e da ciência das religiões viram apenas vagamente as analogias (Frazer, Durkheim, James, Mauss, Evans-Pritchard, Malinowski, Eliade, etc.) entre as representações religiosas cristãs e não cristãs; enquanto a apologética católica e a teologia dialética protestante marcaram de maneira imprecisa o que opõe a verdade cristã ao erro de muitas religiões da humanidade, Girard propõe um modelo que explica tais analogias, assim como evidencia sua diferença determinante. Ele pretende, dessa forma, esclarecer de maneira original o que há de verdadeiro na pesquisa antropológica.

> Sob a fé de analogias cada vez mais numerosas e precisas, a pesquisa etnológica se esforça há muitos séculos para

> demonstrar que o cristianismo é apenas uma religião como as outras... Através de um desvio espantoso, textos datando de 25 séculos, antes cegamente venerados, são hoje rejeitados com desprezo e revelar-se-ão os únicos capazes de acabar com tudo que existe de bom e verdadeiro na pesquisa anticristã moderna, a saber, a vontade ainda impotente de arruinar para sempre o sagrado da violência.[1]

O fato de Girard ver-se de total acordo com as Escrituras bíblicas e os grandes dogmas da Igreja não impede que sua obra tenha recebido dos teólogos uma recepção mais ou menos reservada ou mesmo de ter sido às vezes explicitamente rejeitada. Ele foi taxado de gnosticismo,[2] muitos propuseram um refúgio, sobretudo à sua concepção de sacrifício.[3] Eu gostaria, nestas páginas, de apresentar as ideias essenciais de Girard sobre a morte de Cristo e confrontá-las às objeções que lhes fizeram.

Segundo Girard, a coabitação pacífica não se explica por si mesma para homens. Nisso, ele segue perfeitamente a linha de Hobbes, cujo pensamento foi marcado pelas experiências amargas das guerras de religião e habitado pelas questões da paz religiosa e civil. Girard não sustenta de forma alguma que o homem seja um lobo para o homem; no entanto, o problema da violência é central para ele. O desejo, que extrapola as necessidades particulares (fome, sede, sono, sexualidade, segurança, etc.), é inteiramente, segundo ele, determinado pela imitação, *mímesis*, de um desejo arquetípico estrangeiro ao sujeito. O resultado disso é que, involuntária e incessantemente, dois ou vários desejos passam a ter o mesmo objeto. Se este é limitado,

[1] R. Girard, *Des Choses Cachées Depuis la Fondation du Monde*. Pesquisas com J.-M. Oughourlian e Guy Lefort (= *CC*). Paris, Grasset, 1978, p. 200.

[2] P. Valadier, "Bouc Emissaire et Révélation Chrétienne selon René Girard". *Etudes*, ago.-set. 1982, p. 251-60.

[3] B. Laurent, "Comment N'Etre pas Chrétien? Questions aux Thèses de R. Girard sur le Sacrifice", *Lumière et Vie*, 1980, p. 43-55. H. U. von Balthasar, *Theodramatik*, 3. Ed. *Die Handlung*. Einsiedeln, 1980, p. 276-91. A Schenker, *Versöhnung und Sühne* (Bibe 15). Fribourg (Suíça), 1981, 6, 90-94, 107, 113 ss. N. Hoffmann, *Kreuz und Triniät. Zur Theologie der Sühne*. Einsiedeln, 1982, p. 39-44. M. Platow, "Schuldübertragung oder Schuldübernhame", *Zeitschrift f. Katholische Theologie*, 104, 1982, p. 411-22.

nascem as rivalidades que pensam contrabalançar-se em agressões recíprocas. Girard estima que a razão humana por si mesma é fraca demais para reprimir o desejo despertado e alimentado pela mímesis. Os homens obtêm antes a pacificação – de maneira primitiva – pela transferência de agressão recíproca a uma vítima ocasional e, em segundo lugar, por intermédio das grandes instituições culturais que proíbem a mímesis (tabu, hierarquia social, etc.), canalizando ritualmente a violência destrutiva (sacrifício) ou reprimindo-a através de uma violência legal (Estado, sistema jurídico). A pergunta decisiva de Girard é, então, esta: a pacificação é obtida apenas pelo sacrifício e pela repressão (da mímesis e da violência destrutiva) ou aparece nisso, de algum modo, uma possibilidade de paz verdadeira? Essa interrogação o leva aos textos bíblicos e lhe dá também o respaldo heurístico para interpretá-los.

O deus do amor pelos inimigos e o novo povo de deus

Girard vê na mensagem de Jesus sobre o Reino de Deus uma chave para a explicação de todas as Escrituras bíblicas. Ele atribui uma importância particular às declarações de Jesus no Sermão da Montanha, que igualmente relacionam seu Pai e o novo comportamento que ele pede aos homens. "Ouvistes o que foi dito: Amarás o teu próximo, e odiarás o teu inimigo. Eu, porém, vos digo: Amai a vossos inimigos, bendizei os que vos maldizem, fazei bem aos que vos odeiam, e orai pelos que vos maltratam e vos perseguem; para que sejais filhos do vosso Pai que está nos céus; porque faz que o seu sol se levante sobre maus e bons, e a chuva desça sobre justos e injustos" (Mt 5,43-45).

Girard faz incessantes referências às palavras[4] nas quais Jesus funda suas exigências sobre o comportamento desse Deus que mostra sua bondade, tanto para com

[4] *CC*, p. 206, 230; cf. p. 221 ss., 239. R. Girard, *La Route Antique des Hommes Pervers* (= *RA*). Paris, Grasser, 1985, p. 228.

os maus quanto para com os bons. Os homens devem amar seus inimigos, porque o próprio Deus ignora a vingança[5] e faz o bem aos seus inimigos, os pecadores.

Do mesmo modo, outras exigências do Sermão da Montanha (a não violência, o perdão, etc.) contradizem as ações instintivas do ser humano. Jesus também as funda nas palavras de conclusão sobre a perfeição do Pai celeste: "Sede vós perfeitos, como é perfeito o vosso Pai que está nos céus" (Mt 5,48).

Na proclamação da aproximação do reino de Deus, não se trata apenas de uma ética nova, mas antes de uma nova mensagem de Deus. Jesus a mostra não apenas através do Sermão da Montanha, mas antes de tudo através de sua atitude para com os pecadores e através de sua maneira de fundamentar no Pai celeste sua conduta escandalosa. O Deus que proclama perdoa a seus inimigos antes que eles sejam convertidos.[6] Essa nova experiência de Deus deve tornar possível uma nova comunidade que não seja mais fundada na violência. Jesus mostra que o mal começa já na esfera do desejo (Mt 5,27 ss.), ele se comporta contra o princípio mimético "olho por olho, dente por dente" (Mt 5,38) e convida seus ouvintes à não violência (Mt 5,39-42). Esses três pontos correspondem exatamente, como contramedidas, à análise do mal que Girard propõe: desejo, mímesis, violência. Deve-se resistir ao mal em seus três planos e deve-se vencer interiormente por uma reconciliação autêntica. À pergunta decisiva de Girard: "Existe uma paz autêntica sem repressão, sem vítimas ou sacrifícios?", eis a resposta de Jesus: "Portanto, se

[5] "Em Mt 11,50 par, ele (Jesus) deixa de lado a vingança escatológica contra os pagãos, ainda que esta seja anunciada nos três textos escriturais em que estas palavras se religam (Is 35,50; 29,18 ss.; 61,1). A supressão da vingança está relacionada ao escândalo da mensagem, contra a qual Jesus logo se põe em guarda (Mt 11,6 par)." J. Jeremias, *Théologie du Nouveau Testament*, t. I (traduzido do alemão por J. Alzin e A. Liefooghe). Paris, Editions du Cerf, 1973, p. 258.

[6] Cf. H. Merklein, *Die Gottesherrschaft als Handlungsprinzip, Untersuchung zur Ethik*. Würzburg, 1978, p. 204: "Deus não leva o pecador à conversão através do castigo, nem espera sinais de conversão no pecador para perdoá-lo. Qualquer que seja a atitude do homem diante de Deus, desejoso ou não de se converter, Deus toma a iniciativa prévia do perdão, sem condição. Isso vai mesmo além da concepção teologicamente mais profunda dos profetas do A.T., segundo a qual Deus perdoa ameaçando o homem com sua conversão", cf. J. Jeremias, *Les Paraboles de Jésus*. A. Linnemann, *Gleichnisse Jesu*. Göttingen, 1964 (3), p. 78.

trouxeres a tua oferta ao altar, e aí te lembrares de que teu irmão tem alguma coisa contra ti, deixa ali diante do altar a tua oferta, e vai reconciliar-te primeiro com teu irmão e, depois, vem e apresenta a tua oferta" (Mt 5,23-24 ss.).

Na mensagem de Jesus sobre o Reino de Deus, Girard encontra um Deus que se destaca claramente de todas as divindades de violência, assim como uma comunidade da reconciliação, que é a grande alternativa a todas as sociedades estruturadas direta ou indiretamente pelo mecanismo da violência e das vítimas emissárias. Este é o ponto de apoio para a interpretação de todos os outros textos do Novo Testamento.

Julgamento e apocalipse

A preferência dada à mensagem do Reino não poderia conduzir a estreitezas da visão? Jesus também não anunciou um Deus do julgamento e da punição? A posição de Girard serve para desbloquear a ligação entre o Reino de Deus e o apocalipse. Ele atenta ao fato de que os evangelhos sinópticos, nos discursos apocalípticos, falam tão somente da violência entre os homens e conclui disso que não é exatamente em Deus que a diferença entre a proclamação do Reino de Deus e a do julgamento tem seu fundamento. O Pai de Jesus Cristo não tem dois rostos contraditórios; os homens, por sua livre decisão de rejeitar a oferta do Reino de Deus, são a causa da própria perda.

Se os Evangelhos, e particularmente o de Mateus, dividem-se claramente em duas partes, a primeira consagrada à predicação do Reino e a segunda aos anúncios apocalípticos e à paixão, é porque de fato há entre essas duas partes este *evento negativo, mas formidável de consequências,* que representa o aniquilamento imediato da predicação evangélica sob a indiferença, o desdém daqueles que ali estão imediatamente expostos. Eles não reagem, que fique claro, de maneira diferente do restante da humanidade. É esse evento que determina as duas vertentes do texto, certamente bastante opostas em seu conteúdo e em sua tonalidade, mas de forma alguma incompatíveis e sempre logicamente articuladas uma à outra.[7]

Essa visão coincide com o julgamento dos exegetas, que seguem o método histórico-crítico.

Desse modo, diz A. Polag, por exemplo, em uma enquete sobre a cristologia, daquilo que chamamos a fonte das *logia*:

> A trama sobre a qual se registram os elementos do texto não é nem um modelo para pensar uma situação, nem a descrição de uma personalidade, mas um processo, o desenrolar de uma história, o envio de um mensageiro e uma decisão dos destinatários provocada pelo mesmo mensageiro. Esse evento é considerado um bloco que compreende um deslocamento. Nas *logia*, pode-se, efetivamente, distinguir dois níveis de enunciado, voltando-se para a situação do locutor. Por um lado, a proclamação pública da mensagem de saudação situa-se em um acolhimento e em uma espera; por outro lado, deve-se pressupor que os destinatários, em sua maioria, recusaram a mensagem e que o locutor se encontra, desse modo, em uma situação de rejeição. Pode-se, então, designar esses dois níveis pelas palavras "proclamação pública" e "recusa".[8]

Polag situa a mensagem do Reino de Deus e do perdão divino na proclamação pública e nas palavras de julgamento, assim como situa os textos apocalípticos

[7] *CC*, p. 227.

[8] Polag, *Die Christologie der Logienquelle*, Wissenschaftliche Monographien zum Alten und Neuen Testament. Neurkirchen-Vluyn, 1977, p. 118.

na recusa.[9] Após o trabalho (então inédito) de Polag, F. Mussner emitiu a hipótese segundo a qual, por detrás da construção redacional de dois níveis de textos, existem dois períodos diferentes no desenrolar temporal da atividade de Jesus e que haveria uma "primavera galileia" e uma "crise galileia".[10] Entretanto, não é fácil fundar essa hipótese, a qual a interpretação de Girard de forma alguma supõe.

Pode-se igualmente admitir que Jesus teria pressentido a recusa (quase) desde o princípio e que ele teria reagido pelas palavras de julgamento. Historicamente, não haveria, por assim dizer, uma diferença entre os dois níveis, mas haveria, sim, sob o ponto de vista do conteúdo, o primeiro exprimindo a oferta de Deus e o segundo as consequências da recusa.

A problemática da recusa é expressamente abordada nos evangelhos e relacionada à violência mortal. Mateus e Lucas referem-se a uma palavra de Jesus em suas numerosas e vãs tentativas durante a vida pública, em que ele também designa Jerusalém como inimiga de Deus. "Jerusalém, Jerusalém, que matas os profetas, e apedrejas os que te são enviados! Quantas vezes quis eu ajuntar os teus filhos, como a galinha ajunta a sua prole debaixo das asas, e tu não quiseste! Eis que a vossa casa vos será deixada deserta" (Mt 23,37 ss.; Lc 13,34 ss.).

Uma outra vontade se opõe à vontade de Jesus de reunir os habitantes de Jerusalém (e de Israel como um todo) em nome de seu Pai celeste pelo amor a seus inimigos, a não violência e o perdão. Essa contravontade, diz Jesus, é o que fará da cidade um deserto. Ele vê nela uma vontade mortal, uma vez que fala a Jerusalém, cidade supostamente santa, como a uma cidade que mata e lapida os enviados de Deus.

Essa vontade hostil à mensagem de Jesus é descrita, não apenas nessa passagem, mas em quase todo o Novo Testamento, como a vontade de matar. Nos evangelhos

[9] Ibidem, p. 118-26.
[10] F. Mussner, "Gab es Eine 'Galiläische Krise'?", *Orienrierung an Jesus*. Festschrift für J. Schimid. Fribourg-en-Brisgau, 1973, p. 238-52.

sinópticos, são os Fariseus que trazem a resistência e Jesus os censura, chamando--lhes hipócritas e filhos de assassinos dos profetas que compensam a medida de seus pais (Mt 23,13-32). Cai sobre eles o sangue derramado desde a criação do mundo (Mt 23,33-36).[11] Segundo o Evangelho de João, Jesus encontra nos Judeus o espírito hostil do mundo, mesmo entre aqueles que creem nele (Jo 8,30-47). Apesar de pensarem ser descendentes de Abraão e pensarem ter Deus como pai, Jesus combate essa ilusão e lhes atribui uma outra filiação: "Vós tendes por pai o diabo, e quereis satisfazer os desejos de vosso pai. Ele foi homicida desde o princípio, e não se firmou na verdade, porque não há verdade nele. Quando ele profere mentira, fala do que lhe é próprio, porque é mentiroso, e pai da mentira" (Jo 8,44; cf. Jo 3,15).

Os sinópticos e João não falam a mesma língua. Estes se reencontram no fundo, destacando as forças hostis à mensagem de Jesus como mentira (hipocrisia, pai da mentira) e como violência mortal (filhos de assassinos de profetas, homicida desde o princípio). Há o mesmo julgamento em Paulo. Ele antes convence todos os homens, judeus e pagãos, do pecado (Rm 3,9) e descreve concretamente em seguida o pecado com a ajuda de citações do Antigo Testamento, utilizando imagens de mentira e violência mortífera para falar das consequências de ignorar Deus (Rm 3,10-18).

Essas consequências também têm um significado metodológico. Diz-se frequentemente que há nas escrituras do Novo Testamento diferentes teologias que não se deve tentar harmonizar. É certamente justo dizer, com o apoio dessa asserção, que as diversas escritas têm uma linguagem diferente e que cada uma dá seu próprio esclarecimento sobre o evento da salvação em Cristo. Entretanto, justamente na importante questão sobre como compreender de maneira mais estreita as forças

[11] "É justamente no grande dia que se manifesta o que dominou a história humana desde Caim e Abel; é justamente agora que os homens que asseguraram a coesão das sociedades malfeitas são plenamente confrontados à violência subjacente. Eles (a geração que foi confrontada a Jesus) não têm mais saída. Agora, é responsabilidade deles. Agora, eles devem se desunir, ou a violência assumirá neles uma forma que jamais assumiu. O que estava apenas latente poderá surgir em seus rostos. Nesse sentido, todo o sangue derramado desde o começo da história humana cairá sobre eles." (N. Lohfink, *Kirschentraüme. Reden Gegen den Trend.* Freiburg-im-Brisgau, 1932, p. 124 ss.)

hostis a Cristo, um perfeito acordo manifesta-se na base, a despeito das diferenças de linguagem. Portanto, em um método correto, é determinante valorizar o acordo entre esses textos, apesar das diferenças de linguagem.

Por suas análises literárias, etnológicas e no domínio das ciências da religião, Girard tenta mostrar que as sociedades humanas são estruturadas por um mecanismo de violência que tenta ser dissimulado. As escrituras do Novo Testamento estão de acordo com essa opinião, na medida em que se consoam para caracterizar o potencial mentiroso e violento deste mundo.[12] Há uma clara convergência neste importante ponto e essa convergência engloba também a mímesis. De acordo com o julgamento bíblico, a mentira não é de modo algum autônoma com relação ao mentiroso; ela é absolutamente determinada pela imitação. O Antigo Testamento descreve de muitas formas como Israel não se furta de destacar-se do Senhor. Mas Israel não foi levada ao pecado por um movimento próprio: isso acontecia, constantemente, em seguimento das divindades pagãs dos povos vizinhos, na maior parte do tempo, militar e economicamente superiores e, por conseguinte, considerados como modelo. Assim, Israel imitava seus cultos.[13] A narrativa do pecado primordial no paraíso, que leva imediatamente ao assassinato do irmão, desvenda a raiz mais profunda do pecado, o desejo de imitar o próprio Deus (vós sereis como Deus). Deus diz o que deve ser feito e assim distingue o bem do mal; o desejo mimético visa precisamente à vontade de conhecer o bem e o mal (Gn 3,1-6).

Essa problemática da mímesis encontra-se também no Novo Testamento. Na parábola dos vinhateiros homicidas, os assassinos armam um motim contra o "filho bem amado", porque queriam ter o que lhe pertencia. Eles quiseram apoderar-se

[12] Cf. também N. Lohfink, *Altes Testament. Die Entlarvung der Gewalt.* In: N. Lohfink e R. Pesch, *Weltgestaltung und Gewaltslosigkeit.* Düsseldorf, 1978, p. 45-61. N. Lohfink, "Il Dio Violento dell'Antico Testamento ala Ricerca d'una Società Non-violenta". *La Civilità Cattolica*, 135 (1984), II, p. 30-48.
[13] Cf. R. Schwager, *Brauchen Wir Einen Sündenbock. Gewalt und Erlösung in den Biblischen Schrifen.* Munique, 1978, p. 85-91.

da herança para ser como o mestre. "O que cometem os vinhateiros é o pecado primordial da mímesis, do desejo de igualdade com Deus, a hostilidade para com Deus que leva à violência" (Gn 3-4).[14] Problemática análoga no texto do Evangelho segundo João, que precede imediatamente a narração da última Ceia. Essa passagem apresenta uma importância particular sob dois aspectos: por um lado, o evangelista reflete a respeito do conjunto da vida pública de Jesus; por outro, ele relembra que os julgamentos severos do Novo Testamento, sobre o qual falamos acima, devem ser entendidos com mais precisão. O evangelista antes constata: "Ainda que ele (Jesus) tenha feito tantos sinais diante deles (os judeus), não criam nele" (Jo 12,37). Em seguida, ele diz a causa da incredulidade dos judeus e remete a duas passagens do Antigo Testamento, abordando a questão da resistência de Israel. Ele explica como entender mais a fundo o julgamento sobre a incredulidade geral: "Apesar de tudo, até muitos dos principais creram nele; mas não o confessavam por causa dos fariseus, para não serem expulsos da sinagoga, porque amavam mais a glória dos homens do que a glória de Deus" (Jo 12,42 ss.).

Apesar da declaração de incredulidade dos judeus, o evangelista reconhece que a mensagem de Jesus era capaz de tocar seus corações profundamente. Apenas essa fé íntima era sem consequências. O comportamento dos crentes não foi marcado pela convicção de seus corações, mas por uma lei absolutamente diferente. Eles se fiaram àqueles que eram publicamente considerados, os fariseus, e os imitaram. Além da aspiração às honras (mímesis), a reação pública à mensagem de Jesus tinha sua própria lei, que contradizia claramente a convicção íntima de muitos e levou à morte de Jesus. O Evangelho de João não estima que o coração humano seja totalmente pervertido, mas, analogamente à teoria girardiana da mímesis, ele atribui ao comportamento exterior uma lei própria que tenderia por si só à violência homicida.[15] Na medida em que Jesus desmascarava estas potências exteriores e

[14] R. Pesch, *Das Abendmahl und Jesu Todesverständnis*. Fribourg-en-Brisgau, 1978, p. 106.

[15] Além da imitação marcada pela insegurança e pelo desejo, as escrituras do Novo Testamento conhecem uma outra imitação – ou "prosseguimento" – livre e inspirada pelo Espírito, cf. *CC*, p. 230. A esse propósito, N. Lohfink escreve: "A nova sociedade de Deus não se expandia na atmosfera da glória de Jesus sob o efeito de uma

em que os homens não aplicavam em suas vidas a nova mensagem de amor e de reconciliação, a consequência da ação de Jesus era não a paz, mas antes a violência externa.[16] Ele foi o primeiro atingido.

A morte contra todos os sacrifícios

Girard vê a morte de Jesus à luz da mensagem do Reino.

O fracasso do Reino, na perspectiva evangélica, não é o fracasso da empresa à qual Jesus se consagra, mas o abandono inevitável do caminho mais fácil e reto, que seria a aceitação por parte de todos dos princípios de conduta anunciados por ele; é o recurso do caminho torto, que se furta do consentimento de todos os homens, mas que passa pela crucificação e pelo apocalipse.[17]

Se o Deus proclamado por Jesus é verdadeiramente o Deus do amor aos inimigos e da não violência, não é possível que ele tenha querido a morte de seu Filho.
A causa dessa morte encontra-se além.

planificação ou de um programa de ação. Jesus também não era um modelo a ser imitado. De outra forma, nos encontraríamos próximos da mímesis descrita por Girard como ponto de partida da inclinação da humanidade à violência. O meio pelo qual a nova sociedade se expandia era, antes, o 'prosseguimento' (de Cristo); identificação desprovida de vontade com esta pessoa; a própria sociedade nova aberta ao seu 'Pai do Céu' cujo sol se levantava sobre 'os maus e sobre os bons' (Mt 5,45), com quem podíamos nos identificar, sem temer estar onde quer que fosse, objeto da vontade de quem quer que fosse". *Kirschentraüme* (ver nota 11), p. 122 ss. Em *Nachfolge* (Munique, 1937), D. Bonhoeffer já trouxe à luz a diferença teológica entre uma imitação que leva à agressão e um "prosseguimento" libertador. Cf. também R. Schwager, *Suivre Jésus. Sur Quoi Repose la Foi?.* Paris, Le Centurion, 1976. Idem, "Mimesis und Freiheit", *Zitsch. f. Kath. Theologie*, 1985 (107), p. 365-76.

[16] "Nós temos, a partir de agora, todos os fios desta lógica que transforma o anúncio do Reino em anúncio apocalíptico: se os homens recusam a paz que Jesus lhes oferece, a paz que não vem da violência e que, desse modo, *supera o entendimento humano*, a eficácia da revelação evangélica vai se manifestar antes pela violência, por uma crise sacrificial e cultural de um radicalismo espantoso, já que não haverá mais vítima sacralizada para interromper seus efeitos." Cf. Lohfink, op. cit. (ver nota 11), p. 123-26.

[17] *CC*, p. 227.

"Se este cumprimento (do Reino) sobre a terra passa necessariamente pela morte de Jesus, não é porque o Pai assim o decidiu, por estranhas razões sacrificiais, não é nem ao Filho, nem ao Pai que se deve perguntar a causa desse evento, mas a todos os homens, à humanidade."[18]

Só pode haver coerência entre a mensagem do Reino, os discursos apocalípticos de Jesus e a necessidade de sua morte,[19] se a responsabilidade da Cruz couber não a Deus, mas à humanidade violenta.

Quando Jesus diz: "que a vossa vontade seja feita, e não a minha", trata-se de morrer, mas não se trata de obedecer a uma exigência incompreensível de sacrifício, trata-se de morrer porque continuar a viver significaria submeter-se à violência.[20]

Podemos objetar que Deus, em sua onisciência, previu a má vontade dos homens e, no entanto, criou a humanidade e lhe enviou seu Filho. Então, ele de fato quis a morte de seu Filho. Mas essa argumentação enquadra-se em nível transcendente. Pode-se concordar com isso, mas continua sendo verdade que, segundo esta maneira (absoluta) de ver os eventos, o Pai não quis diretamente, mas sim indiretamente a morte de seu Filho pela mediação do mau comportamento dos homens. Sendo um Deus que respeita a liberdade dos homens, até em suas resistências perversas, ele leva seu Filho à obediência, a preferir sofrer a morte violenta a derrubar seus inimigos por sua força sobrenatural (cf. Mt 26,52) e punir suas más ações com uma violência ainda maior. Nessa vontade de antes sofrer a violência que usá-la para vingar-se do mal aparece a diferença fundamental entre o Deus de Jesus Cristo e todos os deuses da violência.[21]

[18] *CC*, p. 236.
[19] Cf. *CC*, p. 234.
[20] *CC*, p. 237. "Na realidade, ele (Jesus) não deseja o fracasso, mas também não se esconde dele, uma vez por se tratar do único modo que lhe permite permanecer fiel ao Logos do Deus das vítimas. Não é o gosto do fracasso que o motiva secretamente, mas a lógica do Deus das vítimas que infalivelmente o conduz à morte" (*RA*, p. 232).
[21] Cf. *RA*, p. 214 ss.

Nós já vimos que a reação pública à ação de Jesus tinha sua lei própria, que se diferenciava claramente da convicção íntima de muitos. Os evangelhos, através de um jogo completo de ditos e reditos, mostra como essa lei se desdobrou e qual foi sua "mecânica"[22] nas narrações da Paixão.

Depois que Jesus anunciou o julgamento aos homens que não acolheram sua mensagem, uma singular reviravolta aconteceu. Ele, que falava como futuro juiz, foi ele mesmo levado a tribunal. O que significa esta surpreendente inversão de papéis? Para as escrituras do Novo Testamento, nem os tribunais religiosos do Grande Conselho, nem o tribunal político do governador romano são instâncias neutras a estabelecer o caso de Jesus de acordo com uma legalidade objetiva, mas usam um para contestar o outro. Segundo Mateus, Pilatos sabia que Jesus só lhe tinha sido entregue "por vontade" (Mt 27,18) e João relembra diversas vezes que o governador romano reagiu negativamente à afirmação da culpa carregada pelos sumos sacerdotes e anciões (Jo 18,38; 19,4-6-12; cf. Lc 23,4). Mas também não poderia de forma alguma considerá-lo justo, uma vez que ele foi levado pelo povo à covardia, cedendo à pressão popular em detrimento de um julgamento melhor. Por seu lado, a *vox populi* é qualquer coisa de diferente da *vox Dei*, uma vez que, com uma paixão obstinada e sem razão, ela prefere um assassino confesso (Barrabás) a um inocente contra quem não existem provas. Pilatos desmascara o Grande Conselho. Ele se deixa levar pelo povo e o povo se trai por sua escolha iníqua. Pelo encadeamento dessas três instâncias, os evangelhos mostram que não houve julgamento justo no processo de Jesus e que a instituição religiosa e política era apenas um autômato movido por um mecanismo velado, com sua própria lei. De que espécie era, então, essa mecânica coletiva?

Historicamente, apenas dois grupos participaram da condenação e da morte de Jesus. Um, maior, de judeus; o outro, menor, de pagãos. No entanto, os evangelhos

[22] A maneira de se comportar em público é uma lei própria que pode perfeitamente furtar-se à convicção íntima dos interessados, o que não apenas autoriza, mas torna necessário, de algum modo, falar de mecânica. Não podemos explicar de outra forma satisfatória a coação exercida por um comportamento coletivo perverso.

têm tendência a generalizar. Segundo Mateus, "todos os grandes sacerdotes e anciões do povo" (Mt 27,1) tomaram a decisão de entregar Jesus a Pilatos; e Marcos nota que foi "todo o sinédrio" (Mt 15,1; cf. Lc 22,1). Segundo Mateus e Marcos, diante do governador romano, eles exigiram "todos juntos" (sumos sacerdotes, anciões e o povo) o engrandecimento de Barrabás (Mt 27,22; cf. Lc 23,18) e "todo o povo" declarou tomar o sangue do condenado sobre si e sobre seus filhos (Mt 27,26). João generaliza da mesma forma, dizendo que "os judeus" são os adversários de Jesus (cf. Jo 18,31,38; 19,7,12,14).

Através dessas generalizações, os evangelhos dão um sentido indiscutível ao que aconteceu com Jesus. A intenção deles é demonstrar que, sob as aparências do julgamento, houve um processo radicalmente diferente. O povo *inteiro* voltou--se contra *um único* justo, em um movimento cego, capaz de mover também os pagãos. Essa interpretação é confirmada pelos Atos dos Apóstolos: a primeira comunidade afirma, de maneira clara e generalizada, contemplando retrospectivamente o destino de Jesus, que houve uma conjuração de todos os pecadores contra um único inocente.

Porque verdadeiramente contra o teu santo Filho Jesus, que tu ungiste, se ajuntaram, não só Herodes, mas Pôncio Pilatos, com os gentios e os povos de Israel (At 4,27).

Herodes é aqui o representante de *todos* os povos de Israel, mesmo aqueles que já não existiam mais nos tempos de Jesus, e Pilatos é o representante de *todas* as nações pagãs. Nada justifica historicamente essa generalização que, entretanto, corresponde profundamente às palavras do Novo Testamento, segundo as quais um espírito de mentira e de violência está no coração de todos os homens.
A universalidade da violência desemboca, em última análise, na conjuração de todos contra um. Mesmo os discípulos de Jesus, por algum tempo, seguiram esse exemplo. Finalmente, eles puderam descobrir o mecanismo perverso, porque, depois da Páscoa, uma verdadeira conversão lhes foi dada, uma vez que o Espírito de Pentecostes os introduziu plenamente na verdade de Jesus.

Segundo as análises antropológicas de Girard, na violência em todos os seus sistemas culturais está sempre "em última análise o verdadeiro *sujeito* de toda estrutura ritual, institucional, etc.".[23] Essa maneira de ver concorda com a do Novo Testamento. Eles também desmascaram a mentira das instituições políticas e religiosas e as apresentam como movidas por um mecanismo perverso, que não é outro senão o mecanismo coletivo da violência. Girard entende esse mecanismo de violência como o mecanismo do bode expiatório. O Novo Testamento também fala de uma conjuração de todos contra um. Mas, como o próprio Girard constata, ele ultrapassa as análises antropológicas: atrás das numerosas vítimas que não escolheram sê-lo na história do mundo, ele descobre, com efeito, uma vítima única, que não foi de forma alguma escolhida ao acaso, mas que "necessariamente" atraiu para si todo o pecado e a violência dos homens, porque, não participando de forma alguma nestes maus poderes, ele representava para eles a provocação suprema.[24] As narrações da Paixão atestam expressamente que Jesus foi vítima da humanidade pecaminosa. Não tendo aceitado receber a mensagem de amor aos inimigos, em uma reação cega, ela se uniu contra o enviado do Pai.

Se, no fim das contas, em todas as vítimas humanas se atinge a vítima única, é porque, na violência homicida, deve esconder-se qualquer coisa ainda mais profunda. Na realidade, as escrituras bíblicas revelam por trás das inimizades dos homens uma rivalidade com Deus. É essa rivalidade que impediu os homens de ouvir de todo coração a mensagem de Jesus e acabou fazendo com que Jesus fosse atingido pelo ódio do mundo. A violência entre os homens visa, então, como mostra a parábola dos vinhateiros homicidas, "ao filho bem-amado". Através dele, é a Deus que se quer atingir.[25] Mesmo Nietzsche o pressentiu, com sua mistura de cegueira e clarividência. "O louco se precipita em meio a eles e lhes perfura os

[23] *CC*, p. 233.
[24] *CC*, p. 231. Cf. N. Lohfink, op. cit. (ver nota 11).
[25] Cf. R. Schwager, *Sündenbock* (ver nota 13), p. 196-205.

olhares. Onde está Deus?, grita ele, eu vou lhes dizer! *Nós o matamos* – vocês e eu! Nós todos somos os assassinos de Deus."[26]

Segundo Girard, não há espaço para interpretar os diversos mitos que falam do assassinato de uma divindade,[27] senão como uma camuflagem das violências humanas. Mesmo que não estejamos inteiramente de acordo com o pensamento de Girard, seria, no entanto, permitido ver nesse pensamento a expressão de um pressentimento mais profundo, o qual só se torna plenamente inteligível depois da morte de Cristo.

A identificação de Jesus Cristo com as vítimas

Condenou-se Girard por interpretar a Paixão de Cristo de maneira redutora e de ver ali apenas um desvendamento dos maus poderes. Mas ele nunca excluiu o fato de ela ter outras dimensões[28] e sublinha incisivamente a incapacidade da razão humana de vencer o mal, porque, deixada à própria sorte, ela sempre esteve ligada, de uma maneira ou de outra, ao mundo da violência. Vencer o mal e defender as vítimas sempre foi, no fim das contas, a obra de Cristo e do Espírito Santo.[29] Apenas eles conduzem à verdade absoluta.

As vítimas de violência não são defendidas, porque o poder sobrenatural golpeia seus perseguidores, transformando-os, desse modo, também em vítimas da

[26] F. Nietzsche, *Le Gai Savoir:* III, 125 (trad. Pierre Klossowski). *Oeuvres Philosophiques Completes.* NRF, p. 137. Cf. R. Girard, "Le Meurtre Fondateur dans la Pensée de Nietzsche". *Violence et Vérité, autour de René Girard,* Colóquio de Cerisy (sob a direção de P. Dumouchel). Paris, Grasset, 1985, p. 597-613.

[27] Cf. A. Jensen, *Die Getötete Gottheit, Weltbild einer frühen Kultur* (Urbun Büchrei 90). Stuttgart, 1966.

[28] "Há uma dimensão antropológica do texto evangélico. Eu nunca disse que ela constitui a totalidade da revelação cristã, mas penso que, sem ela, o cristianismo não pode verdadeiramente ser ele mesmo; ele permaneceria incoerente nos domínios em que não precisa sê-lo" (*CC*, p. 239).

[29] *CC*, p. 468; p. 225-46. R. Girard, *Le Bouc Emissaire* (*BE*). Paris, Grasset, 1982, p. 277-95.

potência divina. Antes disso, foi o Cristo, palavra rejeitada de Deus, que substituiu todas as vítimas humanas.

Quando os evangelhos afirmam que Cristo toma dali para frente o lugar de todas as vítimas, nós só enxergamos um sentimentalismo e uma piedade grandiloquente, enquanto, num campo epistemológico, isso é literalmente verdadeiro.[30]

Girard sublinha *a priori* que os conceitos como *persecutio* ou *mártir* receberam da figura de Cristo o sentido específico que a nossa cultura lhes atribui.[31] Em seguida, ele estabelece uma relação com o grande texto do julgamento do Evangelho de Mateus, em que Cristo se identifica tanto com as crianças que, a seus olhos, só conta o comportamento que se tem para com elas.[32] Essa identificação é de uma importância decisiva, pois introduz a essa dimensão o evento da Cruz que a tradição cristã consagrou pelo termo de sacrifício.

Desde o início de seu ministério público, Jesus estabelece uma ligação entre sua própria conduta e o fato de o Reino de Deus vir aos pobres, às crianças, aos enfermos, aos oprimidos (cf. Lc 4,16-21; Mt 12,28).[33] Ele passa tanto tempo com os homens que começa a carregar suas penas, seus problemas, sua servidão. "E, chegada a tarde, trouxeram-lhe muitos endemoniados, e ele com a sua palavra expulsou deles os espíritos, e curou todos os que estavam enfermos; para que se cumprisse o que fora dito pelo profeta Isaías: Ele tomou sobre si as nossas enfermidades, e levou as nossas doenças" (Mt 8,16 ss.).

Por Jesus ter se posto totalmente do lado dos pobres e dos enfermos, uma singular troca ocorreu. Ele carregava suas penas e eles experimentavam a força

[30] *BE*, p. 282; cf. *RA*, p. 230.
[31] *BE*, p. 281 ss.; cf. *CC*, p. 153-56.
[32] *BE*, p. 282 ss.
[33] Cf. J. Jeremias, *Théologie du Nouveau Testament*, t. I, op. cit. (ver nota 5), p. 133-40. E. Schweiger, *Jesus Christus*. Hamburgo, 1968, p. 26-30. G. Bornkamm, *Jesus von Nazareth* (Urbum Bücherei 19). Stuttgart, 1956, p. 82-87. D. Flusser, *Jésus*. Paris, Seuil, 1968, p. 102.

de sua salvação. Essa identificação, que já se manifesta no grande discurso do último julgamento em Mateus, encontra-se também no início da conversão de Paulo. Enquanto o grande zelador da Lei ia a cavalo em direção a Damasco para perseguir os discípulos de Cristo, a voz do céu lhe revelou que ele não perseguiria somente os homens vivos, mas aquele que tinha sido crucificado e ressuscitado (At 9,1-5). Essa experiência marcaria toda a teologia de Paulo, tanto sua doutrina do corpo místico, assim como a da redenção. Dessa forma, ele escreve, por exemplo, na Segunda Epístola aos Coríntios: "Pois o amor de Cristo nos constrange, ao julgarmos que, se um morreu por todos, logo todos morrerão" (2Co 5,14). A lógica corrente resultaria mais na conclusão de que, se um morre por todos, então a multidão não deveria mais morrer. Mas Paulo não raciocina desse modo. Da morte de um único por todos, ele conclui que todos morrem com esse único. A lógica do apóstolo só tem sentido se o Cristo único se identificou com todos os outros apenas em sua morte e que seu destino se torna o destino deles.

A identificação nos permite também compreender melhor a generalização dos Atos dos Apóstolos, segundo a qual "as nações pagãs e o povo de Israel" foram conjurados contra o santo Servo Jesus (At 4,27). Essa declaração só pode ser taxada de desmedida se não estivermos atentos aos eventos exteriores. Entretanto, ela se torna perfeitamente inteligível se pressupuséssemos que Jesus se identificou no sofrimento com todas as vítimas da violência. Assim, tudo que falta a um ser humano torna-se algo que falta a Cristo, participação e complô contra ele.

Essas breves notações têm o objetivo de mostrar que se pode encontrar, em todas as camadas do Novo Testamento, a doutrina da identificação de Cristo com os pobres, os enfermos, os perseguidos. Podemos então retomar, sob essa luz, a reflexão sobre as narrações da Paixão. Jesus deveria morrer, porque permaneceu fiel a sua mensagem. Entretanto, o assalto de seus inimigos não o pegou desprevenido. As palavras da Ceia mostram claramente que ele não foi uma vítima resignada. Ele previu o movimento e aceitou livremente a morte que se anunciava.[34] Já identificado aos pobres, enfermos e às crianças em sua mensagem do Reino e em suas palavras de julgamento, a morte por vir não tocou apenas a ele, mas, com ele, todos aqueles com quem ele sabia ser um. Tratava-se da vinda do Reino de Deus. As palavras da Ceia mostram que ele viu seu destino em sua relação com a necessidade de salvação de todos os homens. Poder-se-ia compreender a doação de seu corpo e de seu sangue à multidão (cf. Lc 22,19), neste sentido de que *como vítima, ele se identificou com todas as outras vítimas* e tomou seu partido diante de seu Pai.[35]

Crucificado, Jesus pede por seus algozes: "Pai, perdoa-lhes: eles não sabem o que fazem" (Lc 23,24). As escrituras do Novo Testamento revelam com frequência que os inimigos não sabiam o que faziam (At 13,17; 13,27; Jo 16,3; Rm 10,2; 1Cor 2,8). Essa ignorância mostra que os violentos são as primeiras vítimas de suas ações. Foi por isso que o crucificado pediu por eles, fazendo assim a prova de seu amor aos inimigos.

A oração que Lucas coloca na boca do crucificado deve estar relacionada com a oração no Monte das Oliveiras, que relaciona os três sinóticos. Essa oração antes do sofrimento mostra em que disposição Jesus aceitou e suportou sua sorte,

[34] N. Platow criticou o pensamento girardiano a respeito da transferência do mal para Cristo em nome da teologia de Lutero. Não teriam sido os pecadores que o encarregaram de seus pecados, mas ele mesmo, por conta própria, que os teria assumido, voluntariamente, como representante dos pecadores diante de Deus (ver nota 3, op. cit., p. 411-22). Mas não há alternativa. A testemunha da Bíblia atesta ambos. Os homens, por sua parte, sem saber, transferiram a Jesus a mentira e a violência, enquanto ele tomou para si, voluntariamente, a violência que lhe tinham feito. Se ele se tivesse defendido, o mal não poderia tê-lo atingido interiormente. Entretanto, identificando-se com todas as vítimas, ele se entregou totalmente ao assalto de seus perseguidores.

[35] Sobre a questão histórico-crítica das palavras da Ceia, cf. Pesch (ver nota 14); H. Schürmann, *Gottes Reich. Jesus Geschick.* Fribourg-en-Brisgau, 1983. Sobre o contexto linguístico e existencial destas palavras, relativamente à atividade de Jesus, cf. X. Léon-Dufour, *Face à la Mort: Jésus et Paul* (Parole de Dieu 18). Paris, Seuil, 1979, p. 110 ss.: "O contexto evangélico é, sem dúvida, cultural, mas o texto fala de outra forma sobre a autodoação de Jesus. Essa autodoação não é a de uma 'vítima sacrificial', mas de um homem que 'derrama seu sangue', ou seja, que dá sua vida pela continuidade que lhe é confiada e, a partir disso, funda a nova aliança de Deus com seu povo. Aqui ainda, é o um por todos. Outra forma não cultural de falar do alcance universal da morte de Jesus", cf. p. 92 ss.

revelando também a dimensão interior do evento da Paixão. A cena do Monte das Oliveiras está ausente em João, que por sua vez atribui a Jesus uma grande oração (Jo 17,1-26), dita habitualmente "oração sacerdotal". Ali, Jesus não implora só por seu Pai, mas intercede por todos aqueles que creram nele. Nessa oração de intercessão, manifesta-se a sua função propriamente sacerdotal.

A Epístola aos Hebreus descreve expressamente sua morte como sacrifício novo e o designa como novo grande sacerdote. Entretanto, precisamente esse texto central sobre o sumo sacerdote à maneira de Melquisedeque (Hb 5,1-10) evidencia a ardente suplicação de Cristo: "O qual, nos dias da sua carne, oferecendo, com grande clamor e lágrimas, orações e súplicas ao que o podia livrar da morte, foi ouvido por sua piedade, e, embora sendo o Filho que era, aprendeu a obediência, por aquilo que padeceu. E, sendo ele consumado, veio a ser a causa da eterna salvação para todos os que lhe obedecem" (Hb 5,7-9).

O Pai atendeu a essa oração de Cristo, oração de vítima em suprema aflição, ressuscitando seu Filho. Em sua saudação pascal, o Ressuscitado comunicou o atendimento de sua oração e o perdão do Pai a todos os seus perseguidores, aos mesmos discípulos que, nos momentos decisivos, deixaram-se levar por seus adversários. Assim, seu sangue foi efetivamente derramado "por uma multidão em remissão dos pecados" (Mt 26,28).

Todos os homens são pecadores (Rm 3,9) e, como pecadores, são tanto *autores* quanto *vítimas* de suas más ações, porque, definitivamente, não sabem o que fazem. É por isso que sempre pertencem, ao mesmo tempo, a dois campos. Autores de seus pecados, eles se encontram na grande aliança dos inimigos de Jesus. Como vítimas de seus pecados, dos seus e de outrem, enquadram-se entre aqueles com quem Jesus se identificou totalmente em seu sofrimento e por quem ele intercedeu diante de seu Pai. O grande muro de separação não se eleva mais entre os homens ou entre os povos, mas atravessa cada um deles. Face à Cruz de Cristo, cada um deve admitir o mal que causou e pode, ao mesmo tempo, construí-lo solidamente a partir do fato de Jesus ter intercedido pelos pecados próprios e pelos de outrem.

O inferno e a cruz

A interpretação girardiana da morte de Cristo reside inteiramente na hipótese central segundo a qual o Pai celeste anunciado por Jesus não tem absolutamente nenhuma relação com a violência vingativa. O próprio Girard refuta a objeção que poderíamos fazer a partir dos textos apocalípticos e utiliza tais textos justamente para fazer-nos compreender porque, também em seu ponto de vista, a morte de Jesus era "necessária". Entretanto, uma dificuldade subsiste: se o Deus de Jesus Cristo renuncia à violência física, não seria porque ele dispõe de uma arma muito mais poderosa contra seus inimigos – o inferno? Um Deus vingativo que, como vemos no Antigo Testamento, só inflige aos homens a morte física, não amaria mais os homens, em fim de contas, do que o Deus de Jesus Cristo, que os ameaça com o inferno perene? Segundo Girard, o pensamento moderno desviou-se do cristianismo em particular por não poder mais aceitar um Deus violento, que exigia a morte de seu Filho. Mas essa questão não estaria em segundo plano, após a questão do inferno? Eis, por exemplo, a opinião do conhecido filósofo inglês Bertrand Russell.

"Existe, em minha opinião, um defeito muito sério na moral de Cristo: ele acreditava no inferno. Eu não penso que ele, enquanto um ser profundamente humano, possa ter admitido a possibilidade de um castigo eterno. Ora, Cristo, assim como descrito nos Evangelhos, cria certamente no castigo eterno; nós o descobrimos em diversas passagens as testemunhas de uma fúria vingativa dirigida àqueles que não aceitavam seu ensinamento. Eu devo dizer que considero toda essa doutrina, segundo a qual o fogo do inferno é a punição do pecado, uma doutrina de crueldade."[36] Certamente, Russell encontra muitos pontos positivos na doutrina do Novo Testamento, como o amor aos inimigos e a não violência.[37] Mas esses pontos são atenuados a seus olhos pela crueldade

[36] B. Russell, *Pourquoi Je Ne Suis pas Chrétien, et Autres Textes.* Paris, 1960, p. 38-40.
[37] Ibidem, p. 27-29.

da crença no inferno. No Deus anunciado por Jesus, segundo os evangelhos, ele não consegue ver um Deus amigo dos homens, mas um Deus que substituiu a pena de morte por uma crueldade ainda pior. Girard não trata diretamente do desafio imposto pelo problema do inferno.[38] Mas a pergunta persiste: sua interpretação dos textos apocalípticos não seria igualmente aplicável aos textos sobre o inferno?

Os homens que recusam a mensagem do Deus não violento, que perdoa, são tomados pelo mecanismo de seu próprio comportamento e, assim, pela violência destrutiva. É a esses homens que os textos sobre o inferno fazem referência quando dizem que eles correm o risco de endurecer-se em um isolamento definitivo. Girard imputa ao mundo da violência um "encerramento metafísico"[39]e entende as palavras apocalípticas como palavras de liberdade radical: "A palavra apocalíptica decisiva é nada mais que a responsabilidade absoluta dos homens na história: se vocês querem que sua residência seja deixada a vocês, assim será feito".[40] Os textos sobre o inferno falam sobre essa mesma responsabilidade absoluta e desvendam o ato pelo qual a liberdade diz não às consequências ilimitadas e chega ao "encerramento metafísico". Certamente, Deus ofereceu o perdão a todos os homens; mas, se justamente o perdão é recusado *como perdão*, o homem se fecha em seu próprio mundo. Deus não fez do homem uma eterna criança cujas "más" ações seriam apenas as "tolices" da infância, para as quais a bondade materna fecha os olhos. A doutrina do inferno mostra que o Deus de Jesus Cristo trata os homens como verdadeiros parceiros e respeita suas livres decisões com todas as consequências que possam ter. Entretanto, Deus não seria também um inimigo dos homens? Ele deveria ter previsto os reveses da liberdade humana e, no entanto, criou o homem deste modo. Não teria Deus dado ao homem um presente que se voltaria quase inevitavelmente contra si mesmo, como uma armadilha? Com efeito, esse problema tem para nós qualquer coisa de insondável.

[38] Cf. *BE*, p. 283.
[39] *CC*, p. 222.
[40] *CC*, p. 219.

Ele toca no ponto segundo o qual nós nunca poderíamos ser transparentes a nossos próprios olhos; e por isso não há aqui qualquer resposta que pudesse acalmar a interrogação humana definitivamente. Enquanto isso, podemos rejeitar firmemente as objeções à doutrina do Novo Testamento sobre o inferno e a liberdade, que só existem em textos isolados e não levam em consideração o drama da salvação como um todo.

Se, segundo a convicção cristã, Deus tolera todas as consequências da livre ação humana, ele não abandona, no entanto, seu destino funesto. Não é um Deus frio, intocável, inacessível. Pelo contrário, ele vai até o ponto central da resistência e do isolamento dos homens, cuja liberdade respeita absolutamente. A Cruz é o resultado de uma lógica dupla,[41] a lógica do amor divino sem limite e a lógica da liberdade sem limite do homem, que o amor divino não pode "violar".[42] O severo julgamento de Jesus sobre seus adversários e suas amargas acusações contra eles mostram, ao menos, a que abismos conduz essa lógica dupla.

Em consonância com os textos sobre o inferno, Jesus definiu o espírito da mentira e da violência como um espírito diabólico (Jo 8,44) e Satanás como o príncipe desse mundo (Lc 10,18; 11,18; 13,16; Jo 12,31; 14,30; 16,11). Seus adversários, em um momento decisivo, julgavam-no de outra maneira e criam ver um espírito diabólico construindo-se nele. Eles o reprovavam por estar a serviço das forças do mal e por perseguir os demônios "pelo príncipe dos demônios" (Mc 3,22). Segundo o Evangelho de João, essa acusação era para ser tomada no sentido mais radical, uma vez que, desde o seu ministério público, os judeus queriam sua morte por blasfêmia. Ele, que era apenas um homem, se fazia de Deus,

[41] *CC*, p. 235.

[42] "Esta oração (Pai Nosso) não teria sentido se a vontade divina, sem deixar de ser divina no sentido do Deus das vítimas, sem deixar de ser ela mesma, pudesse quebrar o obstáculo que a opõe à vontade dos homens." (*RA*, p. 231). Girard está de acordo com a doutrina da Redenção de Santo Anselmo, na medida em que, atrás da doutrina da satisfação do Bispo de Canterbury, há uma problemática da liberdade radical, cf. R. Schwager, "Logik der Freiheit und des Natur-Wollens. Zur Erlösungslehre Anselms von Canterbury". *Zeit. f. Kath. Theol.*, 105 (1983), p. 125-55.

e isso, de acordo com a convicção da Bíblia, corresponde precisamente à essência do satanismo (Jo 10,33). Para os sinópticos, a acusação de blasfêmia também é central. De acordo com eles, Jesus foi condenado pelo Grande Conselho pela mesma razão (Mt 26,65 ss.; Mc 14,64; Lc 22,70 ss.). Em João, no processo de Pilatos, a mesma acusação aparece: "Nós temos uma lei e, segundo a nossa lei, deve morrer, porque se fez Filho de Deus" (Jo 19,7).

Eis-nos diante de uma constatação sem equívoco, de importância decisiva para a interpretação do que Jesus disse sobre o julgamento e sobre o inferno. Jesus convenceu seus adversários: 1. do espírito diabólico; 2. da mentira; 3. da violência. Essas forças, entretanto, voltaram-se contra ele. Pelos três motivos, ele foi: 1. acusado de ter um espírito satânico; 2. falsamente julgado; 3. assassinado com violência. Fizeram-no carregar em toda a sua radicalidade todo o mal que ele havia acusado. Desse modo, seus inimigos traíram-se. Tendo o Pai celeste ratificado a reivindicação de Jesus pela ressurreição, mostrou-se que as acusações dos adversários contra ele eram projeções e deviam ser entendidas como uma testemunha involuntária de seus próprios corações.

As análises antropológicas de Girard mostram como os bodes expiatórios escolhidos ao acaso foram sacralizados. Assim, Jesus foi portador dos pecados (cf. 1Pe 2,22-25), mas não foi um bode expiatório escolhido ao acaso, porque, pela proclamação de sua mentira, ele "necessariamente" atraiu para si a reação dos poderes das trevas. E ele também não poderia ser sacralizado, porque a unanimidade contra ele não foi feita para durar. O mundo onde ele realizava obras já estava tão fortemente trabalhado pela revelação (do Antigo Testamento) que o centro do conflito mimético não estava mais nos homens, mas tornava-se manifestadamente uma rivalidade entre Deus e o homem. Em Gênesis, já se falava da mímesis enquanto uma tentação satânica de ser como Deus. Nesse universo mental, uma sacralização ordinária não era mais possível. Entretanto, os abismos definitivos, escondidos atrás da sacralização, poderiam aparecer claramente. Com essa atitude, Jesus levou seus adversários a encarregá-lo de tudo aquilo que eles mesmos não queriam ou não poderiam admitir. Por tê-lo acusado de Satanás, eles de fato revelam que o poder do Satanismo era o resultado da projeção coletiva que anteriormente conduziu à sacralização.[43]

As acusações e a condenação não atingiram Jesus apenas exteriormente. Mateus e Marcos falam de *seu grito de abandonado por Deus* (Mt 27,46; Mc 15,34). O mundo satânico do afastamento de Deus, do qual acusam Jesus de participar exteriormente, também o atingia interiormente. Sua identificação com as vítimas do mal foi tão longe que ele divide com elas a experiência do afastamento de Deus. Uma vez que estava disposto a deixar-se condenar antes de abandonar os outros a uma autocondenação definitiva, ele se deixou levar pelo "encerramento metafísico", que é o universo da inflexível vontade humana e a estrutura fundamental do inferno. Desse lugar, onde normalmente não há mais acesso a Deus e onde a vontade criada, empedernida em seu autoisolamento, não pode mais pedir pela verdade, ele implorou a Deus e intercedeu por seus adversários. O pedido deste que os homens rejeitaram, que até mesmo levou a um afastamento entre Deus e seus adversários, foi finalmente atendido. É por esse motivo que o Filho pode dar a todos aqueles que se condenaram por si só o poder de se tornarem filhos de Deus.[44] A partir desse momento, ele vive naqueles com quem se identificou (cf. Rm 8,95; Gl 2,19 ss.) e seu Espírito grita: Aba, Pai (Rm 8,15) em nós que não sabemos o que havemos de pedir como convém (Rm 8,26).

Na teologia da Cruz, Lutero consagrou grandes desenvolvimentos ao fato de que Cristo cumpriu por nós a pena da experiência do inferno.[45] K. Barth[46] e H. U. von

[43] Por uma problemática análoga em Pais da Igreja, cf. R. Schwager, "Der Sieg Christi über den Teufel", ibidem, 103 (1981), p. 157-77.
[44] Cf. *RA*, p. 233.
[45] Cf. R. Schwager, "Der Fröhliche Wechsel und Streit. Zur Erlösungs-und Rechtfettigungslehre Martin Luthers", ibidem, 106 (1984), p. 27-66.
[46] Cf. R. Schwager, "Der Richter wird Gerichtet. Zur Versöhnungslehre von Karl Barth", ibidem, 107 (1985), p. 101-41.

Balthasar[47] seguiram-no nesse ponto de vista. Uma teoria da Redenção segundo as perspectivas de Girard pode estar de acordo com essa visão, na medida em que ela também destaca que Cristo não foi apenas condenado de forma manifesta como Satanás, mas também teve de suportar o que os homens lhe transferiram e que ele, por sua parte, livremente aceitou. Essas duas orientações diferem apenas pelas motivações da experiência. De acordo com os autores que acabamos de mencionar, o próprio Pai celeste, em sua cólera contra os pecadores,[48] jogou seu Filho no inferno para puni-lo em lugar dos culpados. Segundo Girard, Deus continua sendo, ao contrário, o Deus do amor aos inimigos, que perdoa, assim como Jesus proclamou em sua mensagem do Reino. Deus não é, desse modo, o Pai que joga seu Filho no inferno, mas quer que Jesus siga os homens insensíveis e perdidos até sua mais extrema aflição. Em uma solidariedade sem limites a todas as vítimas, ele tem de partilhar com elas esse abandono em que, por princípio, se encontram seus adversários, porque estes ainda não podem perceber por si próprios e, por conseguinte, em sua cegueira, colocam o peso em Jesus. Aceitando livremente a sua condenação, ele também toma para si o querer insensível de seus adversários. Antes que os homens vejam quais são as últimas consequências de sua ação (o inferno), Jesus se deixa levar para assim proteger os pecadores de sua própria autocondenação.

Entendida desse modo, a doutrina do inferno não deveria ser, contrariamente ao que pensava B. Russel, um sinal de crueldade humana ou divina. Por um lado, ao contrário, exprime-se nela um absoluto respeito pela liberdade humana, que mesmo o Deus todo-poderoso nunca "viola". Por outro lado, por sua Cruz e "infiltrando" mais uma vez esta autocondenação pela qual os homens querem se preparar para o inferno, Cristo manifesta um amor tão grande que não se pode conceber amor maior (cf. Santo Anselmo).

[47] Cf. H. U. von Balthasar, *Theodramatik*, op. cit.
[48] Sobre a questão da cólera de Deus, cf. R. Schwager, "Pour une Théologie de la Colère de Dieu", *Violence et Vérité*, op. cit., p. 59-68.

A morte de cristo como sacrifício

Podemos qualificar como sacrifício o ato pelo qual Cristo se identificou com seus inimigos e interpôs-se por eles diante de seu Pai? Em *Des Choses Cachées Depuis la Fondation du Monde*, Girard opõe-se a essa questão, porque estima que, se empregássemos a mesma palavra para o ato único de Cristo e para os múltiplos sacrifícios em que o mal é impelido sobre outrem, estaríamos apagando a diferença entre ambos.[49] Ele também gostaria que evitássemos dizer "sacrificar-se" quando falamos de Cristo, por causa da representação sadomasoquista espontaneamente ligada a essa expressão. Para compreender esta incerteza, basta ler *O Ídolo Monoteísta* de Manuel de Diéguez.[50] Essa obra descreve o sacrifício como o vigor dos Estados e das religiões. Ele o entende antes como um sacrifício humano e atroz. Utilizando as teorias pós-tridentinas do sacrifício da missa, o autor tenta demonstrar de maneira exaustiva que a destruição também é central no conceito cristão de sacrifício. Ele vê bem que, desde o Antigo Testamento, uma espiritualização intervém, porque os sacrifícios humanos são absolutamente rejeitados e porque mesmo os sacrifícios de animais são, em parte, criticados pelos profetas. Mas essa evolução não teria colocado em questão a própria ideia de sacrifício, mas a teria apenas interiorizado e resultado na representação do autossacrifício. O Novo Testamento não teria elucidado a questão. Ao contrário, com Jesus, pela ideia de autossacrifício, voltamo-nos ao sacrifício humano. Sua morte na Cruz, enquanto autossacrifício é tão somente uma forma sublime de suicídio, e a doutrina cristã do sacrifício da missa reteve precisamente, ao menos no plano simbólico, essa ideia,

[49] *CC*, p. 251-68. Girard se resguarda terminantemente de condenar o cristianismo sacrificial em sua totalidade: "Para nós, não há relevância em atribuir ao cristianismo sacrificial uma condenação sem nuances às quais a obrigação de desprender a incompatibilidade radical entre a leitura sacrificial e a leitura não sacrificial nos conduz. Se nós nos acreditávamos justificados por condenar o cristianismo sacrificial, repetiríamos contra ele o mesmo tipo de atitude ao qual ele próprio sucumbiu. Nós nos prevaleceríamos do texto evangélico e da perspectiva não sacrificial que ele instaura, para recomeçar o horror histórico do antissemitismo contra toda a cristandade. Nós faríamos funcionar, mais uma vez, a máquina sacrificial e vitimária, apoiando-nos no texto que, se de fato fosse compreendido, descartaria tal máquina" (*CC*, p. 268).

[50] M. de Diéguez, *L'Idole Monothéiste*. Paris, PUF, 1981.

levando a humanidade ao sadomasoquismo durável. M. de Diéguez sustenta com veemência que a ideia do autossacrifício é central no cristianismo. Entretanto, isso visa apenas a atacar ainda mais radicalmente a fé cristã e recusá-la em bloco. Ele confirma de maneira convincente o julgamento de Girard.

Nos dias de hoje, o anticristianismo [...] apega-se desesperadamente à mais sacrificial das teologias para não perder o que o alimenta, para crer-se sempre habilitado a dizer: o cristianismo é apenas uma religião de violência entre outras, quiçá a pior de todas.[51]

Os cristãos que rejeitam o pensamento de Girard devido a sua crítica ao conceito de sacrifício deveriam mostrar-se prudentes e perguntar-se se, desse modo, não estariam se unindo ao fronte dos adversários do cristianismo. Uma crítica superficial poderia, nesse caso, produzir o contrário daquilo a que se propõe. O cristianismo deve distinguir-se das outras religiões em um ponto tão central quanto o conceito de sacrifício, se não quiser ser apenas, como M. de Diéguez afirma, uma das religiões da humanidade entre tantas outras. Girard se esforçou para evidenciar essa diferença e nós pensamos ter mostrado que sua opinião pode satisfazer às exigências dos textos bíblicos (e da grande tradição). O Novo Testamento não teme designar realidades diferentes, ou mesmo contrárias, por palavras idênticas. No contexto da Paixão, por exemplo, encontramos a palavra "entregar" (*paradidonai*) tanto para a ação cumprida por Judas e os chefes dos judeus (Mt 26,15 ss., 21-25; 27,2; Jo 18,30-35) quanto para Jesus (Gl 2,20; Ef 5,2) e o Pai celeste (Rm 8,32). A palavra "armadura" (*panóplia*) é usada para o combate atroz (Lc 11,22), assim como para as "armas espirituais" no afrontamento contra os poderes do mal (Ef 6,10-20).

No julgamento de Girard, "com efeito, é o conjunto da linguagem humana que deve vir do assassinato coletivo, com outras instituições culturais".[52] A linguagem

[51] *RA*, p. 233.
[52] *BE*, p. 270. Cf. *CC*, p. 108-13.

das escrituras do Novo Testamento torna-se perfeitamente compreensível àqueles que compartilham da opinião de Girard. Se o conjunto da linguagem humana vem do assassinato coletivo, não há outra linguagem senão a do sacrifício. Renunciar a ela seria consentir com a afasia. É por isso que a única maneira pela qual o Novo Testamento pode tentar exprimir a nova verdade é jogando judiciosamente com a linguagem do sacrifício, contrariamente às intenções primitivas de sacrifício.
O próprio Girard declara em um lugar capital:

> "Jesus aceitou debater sua própria ação em termos de expulsão e violência, pois esses são os únicos termos que seus interlocutores são capazes de entender.
> É para sugerir a eles, com essa linguagem, a dimensão desse evento."[53]

Para lutar contra um sistema de linguagem que tem sua fonte na violência, Jesus usa seus recursos.[54] É por essa razão que o mundo dos sacrifícios, que não cessa de considerar os homens como vítimas, só pode ser vencido pela linguagem do sacrifício. De outra forma, cairíamos em uma afasia absolutamente inofensiva ao sistema sacrificial.

Convencer os sistemas sacrificiais com os recursos da linguagem do sacrifício não é algo simples. Recaídas e desprezos são muito fáceis. É por isso que Paulo diz que "a letra mata e o Espírito vivifica" (2Cor 3,6). Ele fala de experiência, tendo ele mesmo perseguido os homens em nome da Palavra sagrada. Mas ele também não conhece palavra melhor. A mensagem bíblica só pode mostrar um caminho

[53] *BE*, p. 266.

[54] Cf. *BE*, p. 262: "No uso evangélico, a essência da parábola é o isolamento voluntário de Jesus na representação perseguidora, em benefício daqueles que nada mais ouviam, estando eles mesmos isolados. Jesus utiliza os recursos do sistema de tal maneira que previne os homens do que os aguarda na única linguagem que poderiam entender. Desse modo, ele revela, ao mesmo tempo, o fim próximo do dito sistema e as incoerências, as contradições internas do discurso dos homens".

e este é, na liberdade do Espírito, usar sem interrupção a palavra contra a própria tendência a matar, de forma que ela sirva à vida.

Traduzido do alemão por M. Guervel.

Artigo retirado da revista Recherches de Science Religieuse, *t. 73/4, outubro-dezembro 1985, p. 481-502.*

Agradecemos vivamente à revista Recherches de Science Religieuse *por nos ter dado a autorização para graciosamente reproduzir este artigo.*

capítulo 21
correspondência
Raymund Schwager/René Girard

Carta a René Girard

Zurique, 16 de setembro de 1975

Caro Senhor,

É com alegria que recordo nosso encontro em Avignon.[1] Gostaria de agradecer por ter-me recebido tão bem. Um livro[2] fica mais presente na alma quando temos uma lembrança pessoal.

Muitas vezes tornei a pensar naquilo que o senhor me disse em Avignon, e o fruto dessa reflexão é uma questão que gostaria de apresentar-lhe. Essa questão diz respeito à *lei*, e a seu papel no jogo da violência. Listarei alguns pontos que me chamaram a atenção.

[1] Após as primeiras trocas de cartas, o Padre Schwager foi a Avignon em julho de 1975 a fim de encontrar Girard, à época em que este era professor no Institut Bryn Mawr-Avignon.
[2] Trata-se de *A Violência e o Sagrado.*

No Antigo Testamento, o papel mais importante não é desempenhado pelos sacrifícios, mas pela lei. São Paulo quase não fala de sacrifícios, mas toda a sua teologia é dominada pelo confronto com a lei. E essa lei tem, segundo ele – entre outras –, uma função muito precisa: *ela suscita o desejo*. "Eu não teria conhecido a concupiscência se a Lei não tivesse dito: *Não cobiçarás*" (Rm 7,7).

A mesma ideia já aparece no Gênesis. Antes da história de Caim e Abel, com o funcionamento da violência, há o relato do paraíso, em que se mostra que a *proibição* de comer [a fruta] suscita o desejo de Eva.

Se entendi bem seu pensamento, para o senhor a lei ocupa um lugar posterior à transferência da violência coletiva para uma única vítima. O senhor escreve nas "Meditações contra os Fariseus":[3] "Em torno da vítima sacralizada, e em seu nome, [há] elaboração de interditos e de rituais que servem, tanto uns quanto outros, a impedir o retorno da crise" (p. 5).

E agora uma questão: deve-se situar a lei exclusivamente após a crise? Será que ela já não tem um papel na liberação da violência sem limites?

Existem rivalidades entre os animais, mas esses conflitos praticamente nunca levam a uma violência coletiva. O animal mais forte se impõe, e os outros se retiram. [Porém, isso se dá] de modo diferente entre os homens. Aqueles que se sentem inferiores não se retiram, mas continuam a luta até que haja a liberação de uma violência generalizada. De onde [vem] essa diferença? – As tragédias mostram os conflitos começando por injúrias verbais. Um não quer simplesmente tomar o objeto que o outro também cobiça. Ele também lhe diz "*não*" como regra geral. Ele lhe nega suas qualidades, e nem mesmo o reconhece como pessoa. E esse "não" libera a violência sem limites.

[3] René Girard, "Les Malédictions contre les Pharisiens et la Révélation Evangelique". *Bulletin du Centre Protestant d'Etudes*. Genebra, 1975, p. 5-29.

Daí que eu pergunte se não devemos distinguir entre *o conteúdo* dos interditos elaborados em torno da vítima e a essência ou a natureza da lei como "não" geral ao desejo e até à pessoa do outro. A lei como "não" fundamental que antecede a transferência coletiva. Ela suscitaria a violência.

Tenho ainda a questão [de saber] se uma distinção semelhante não é necessária para a descrição do estado de violência generalizada. O senhor denomina esse estado de "indiferenciação" (por exemplo, "pode-se falar de indiferenciação porque a própria rapidez das represálias, do *feedback* da violência, exclui toda 'diferença' que tenha estabilidade suficiente para ser percebida").[4] Certamente não há mais o conteúdo preciso de uma diferença que pudesse ser percebida. Mas pode-se ainda perceber muito bem a própria diferença. Na rapidez da violência, a diferença perde seu conteúdo, mas ela não desaparece, ela na verdade "se hipostasia". A diferença não é nada além da diferença.

Parece-me então que se pode falar de indiferenciação quando se olha *o conteúdo da diferença*. Mas ao mesmo tempo temos de constatar que *a diferença se alimenta de si mesma*. A diferença aparece na violência coletiva como nada mais do que a própria diferença. Ela se apresenta como diferença absoluta.

Parece-me que, a partir dessa constatação, seria possível explicar a divinização da vítima de modo mais convincente. Se a violência engendra, sob o impulso da "lei", a "diferença hipostasiada", a diferença absoluta; e se essa diferença é projetada – junto com a violência – na vítima, essa vítima [parecerá dotada de uma] diferença absoluta, como uma força hipostasiada, isto é, divina. Sem essa diferença hipostasiada, absoluta, projetada no bode expiatório, parece-me difícil explicar de modo suficiente o caráter propriamente divino da vítima.

Trata-se, portanto, da mesma ideia, sob dois aspectos: de um lado, distingui entre a lei concreta e a diferença concreta, e, de outro, entre *a* lei e *a* diferença hipostasiada.

[4] "Discussion avec René Girard". *Esprit*, nov. 1973.

Eu ficaria felicíssimo se o senhor encontrasse, nos próximos dias ou nas próximas semanas, algum tempo para responder minha dupla questão.

Enquanto isso, peço que aceite meus sentimentos de forte reconhecimento e de amizade.

Raymund Schwager

Cartas a Raymund Schwager

State University of New York at Buffalo
Faculty of Arts and Letters
2 de novembro de 1975

Caro Padre,

Agradeço por sua carta [de 16 de setembro] e peço desculpas pelo atraso na resposta. Havia perdido sua carta, não sei como, e, sendo ela bastante complexa, não quis respondê-la antes de encontrá-la na extrema desordem do meu escritório; isso finalmente está resolvido.

No interior de minha problemática atual, sou obrigado a tirar a lei da vítima, e não a vítima da lei, que já é abstrata e simbólica, enquanto o mecanismo da vítima é concreto e pode servir de transição, literalmente, entre a animalidade e a humanidade.

A questão toda se resume a saber se essa resposta é válida no plano considerado pelo senhor. Pessoalmente, creio que sim. Parece-me que há aqui uma diferença entre a perspectiva evangélica e certas formulações paulinas, ou, pelo menos, sob a interpretação que somos obrigados a dar-lhes. Paulo está numa situação de combate e recorda, no que diz respeito à lei, a atitude mais negativa de certos problemas [*sic*] pré-exílio. Nos Evangelhos, o amor transcende a lei e cumpre a lei porque faz tudo que a lei demanda, mas muito melhor. A lei é cega nisso, porque ela busca evitar a violência a partir daquilo que enxerga dela, prescrevendo regras que acabarão por fossilizar-se e por perder todo contato com a realidade. Creio, portanto, que a lei pode tornar-se causadora de pecado no interior de seu ciclo histórico, quando chega a hora de ser substituída, e substituída sobretudo pelo amor. Ela é obrigatoriamente negativa porque estabelece: não façais isso. Mas ela determina assim essencialmente porque a coisa interditada é realmente perigosa.

Aquilo que o senhor diz sobre o papel da lei e da linguagem na violência me parece, portanto, relativamente verdadeiro, dentro de um arcabouço cultural já estabelecido, mas não absolutamente verdadeiro.

Paulo, pelo menos em seu lado "antilegal" (ou sob a leitura "dura" que podemos fazer dele), me parece já anunciar um Freud ou um Nietzsche, ao enxergar na lei a responsável por uma luta que, na verdade, é sempre contra um duplo. É Wagner que irrita Nietzsche, não a lei. Mas a lei se torna uma espécie de bode expiatório definitivo, num certo estágio, o que talvez signifique que ela ainda protege um pouco. Parece-me que as pessoas que condenam a lei apenas a condenam para recair nela no mesmo instante, de forma invertida. Isso valeria para as inversões filosóficas de Freud e de Nietzsche, certamente, mas talvez também para alguns aspectos do cristianismo histórico e jurídico, o qual seria um duplo do judaísmo.

O que me parece essencial no Evangelho é a ideia de que podemos dispensar a lei se pudermos nos reconciliar com nosso irmão. É nisso que se põe a ênfase, não num desaparecimento como que mágico da lei.

Evidentemente, aí está o problema essencial. Ao incriminar a lei, sempre corremos o risco de dar a impressão de que podemos facilmente dispensá-la, quando, na realidade, sem ela os homens estariam ameaçados de cair na violência absoluta. Ao incriminar a lei, será que não corremos o risco de minimizar a revolução formidável que constituem os Evangelhos? E será que o anúncio da violência não significa simplesmente que os homens correm o risco de jogar fora a lei, de reivindicar a liberdade trazida pelos Evangelhos, mas sem assumir realmente o amor. É na ampliação desse fracasso que se introduz o tema apocalíptico, que certamente não é o desespero, mas significa que o homem privado da lei está ameaçado a todo momento de cair em algo bem pior do que os legalismos rejeitados. Se as coisas no fim das contas devem ficar bem, é graças a um mistério redentor do qual não apreendemos o menor indício, ao que me parece.

Como o senhor, enxergo uma projeção da diferença hipostasiada na vítima, mas não tenho certeza de que compreendia sua distinção entre lei concreta e diferença concreta, de um lado, e entre lei e diferença hipostasiadas de outro. Creio que temos sempre de lidar com uma mistura, que a lei é hesitante e falível, sempre ligada a uma transcendência da vítima sacralizada, e historicamente perecível, mas creio que não exista nela um Não absoluto. Nas sociedades primitivas, as proibições sexuais não valem fora da comunidade porque são puramente utilitárias. O objetivo é impedir a desordem dentro da comunidade.

Diria então que a essência do erro moderno é o ressentimento em relação à lei que culmina na inversão da lei em Freud, em Nietzsche, etc., isto é, uma supercrise sacrificial. Parece-me que a modernidade vai acabar, e a perspectiva evangélica reaparece com força temível quando reconhecermos, exatamente nesse ressentimento contra a última sobrevivência da lei, a última proteção paradoxal que ela oferece.

Não sei se isso que digo responde suas perguntas.

A partir do momento em que o ressentimento contra a lei cessar, veremos que o cristianismo histórico, assim como o judaísmo, não pode ser julgado por nós, porque constitui uma etapa – a mesma sob muitos aspectos – rumo à tomada de consciência verdadeiramente cristã, o fim de toda proteção sacrificial, incluindo a ideia de que todos os males dos homens vêm da lei.

O que digo aqui obviamente não refere um ressentimento individual contra a lei, mas uma situação cultural que torna esse ressentimento inevitável. Não sei se consigo fazer-me compreender, mas eis aí um assunto que me interessa muito e ao qual certamente tornarei em outra carta.

Para mim também foi um imenso prazer conhecê-lo em Avignon, após as palestras de *Orientirung*.[5] Espero que tenhamos a ocasião de conversar novamente no futuro próximo. Cordialmente,

René Girard

*

The Johns Hopkins Univeristy
Department of Romance Languages
Baltimore, Maryland
17 de abril de 1978

Caro amigo,

Tenho cá sua longa carta, que obviamente me interessa muitíssimo. Estou completamente de acordo com o senhor, e creio que a ligeira diferença entre as formulações de seu livro,[6] que também recebi – e receba minhas congratulações pela apresentação, soberba em sua sobriedade, que invejo –, e as do meu[7] não

[5] Foi quando enviou-lhe dois números da revista *Orientierung* (Zurique), em que publicara sua própria apresentação de *A Violência e o Sagrado*, e também a tradução alemã das reflexões de Girard sobre o cristianismo que haviam sido publicadas em *Esprit* que o Padre Schwager tomou contato com este pela primeira vez, em 1974 (cf. Raymund Schwaeger, "Gewalt und Opfer". *Orientirung*, vol. 38, n· 4, 1974, p. 41-44, e René Girard, "Das Evangelium Legt die Gewalt Bloss". Trad. Raymund Schwaeger. *Orientierung*, vol. 38, n· 5, 1975, p. 53-56).
[6] Raymund Schwager, *Braucher win einen Sündenbock? Gewalt und Erlösung in den Biblischen Schriften.* Munique, Kösel Verlag, 1978.
[7] Isto é, *Coisas Ocultas desde a Fundação do Mundo*. Girard reclamava, numa carta anterior a Schwager, datada de 22 de fevereiro de 1978, que a capa lhe parecia "um pouco ridícula – um quadro de Magritte que mostra um homem olhando uma maçã enorme": daí a inveja da apresentação sóbria do livro de Schwager.

corresponde a nenhuma diferença essencial.[8] Compreendo também que o senhor ficou desapontado por não encontrar em meu trabalho o desenvolvimento de alguns temas propriamente religiosos, mas creio que eles estão entre as suas competências, não entre as minhas. Considerando meus antecedentes, minhas raízes intelectuais no pensamento crítico moderno, minha pesquisa tem de permanecer no contexto dessa crítica, o que poderia torná-la acessível não a muita gente, sem dúvida, mas a certos espíritos da mesma família, completamente fechados há séculos, pode-se dizer, a tudo que chegue perto ou longe da tradição judaico-cristã propriamente dita. [...]

Creio que o essencial nesse livro é mostrar que o surgimento daquilo que chamo de sobretranscendência se impõe a partir da leitura dos textos e somente dessa leitura, que não se trata de jeito nenhum, de minha parte, de uma posição *a priori* e talvez arbitrária, de uma falsa superioridade, a partir da qual se sobrevoasse o real. [...]

O essencial, como creio por hora, é explicar e esmiuçar tudo aquilo que se dissimula na ideia de sacrifício, tudo aquilo que permitiu a evolução desse termo na direção que o senhor conhece. Talvez, na atual fase de meu trabalho, eu esteja sendo duro demais em relação ao próprio termo, mas também digo que o termo não tem nenhuma importância desde que se perceba o abismo entre a perspectiva evangélica e a perspectiva dos perseguidores, abismo que, paradoxalmente, não impede que haja, não apenas entre o Antigo e o Novo Testamento, mas também entre este e todas as religiões do planeta, uma continuidade, no que diz respeito ao homem, que é propriamente mediadora e que não implica nenhuma cumplicidade com as religiões da violência. Quanto a isso há também certas coisas, sem dúvida ainda insuficientes, mas que não serão, creio, para o senhor, nas últimas páginas do livro, aquelas a que o senhor ainda não havia chegado quando escreveu sua carta.

[8] A principal diferença entre as formulações de Schwager e as de *Coisas Ocultas* diz respeito à leitura não sacrificial da Paixão, que Girard defendia nessa época. Sobre essa questão, que preocupará Girard nessa carta e na seguinte, ver a última seção ("La Mort du Christ comme Sacrifice" [A Morte de Cristo como Sacrifício]) do artigo de Schwager sobre a morte de Jesus, reproduzido neste volume.

Além do julgamento de Salomão, se fosse o caso de refazer o livro, eu também colocaria a cena da história de José, quando esse herói testa seus irmãos, fingindo estar decidido a fazer do "outro irmão mais jovem", Benjamin, um bode expiatório, e Judá oferece a si próprio como vítima, num gesto que certamente se poderia qualificar de sacrificial se tirássemos todo o contexto, mas que não podemos definir pelo mesmo termo, apesar da violência feita ao próprio José pelos onze irmãos na primeira parte, violência que inegavelmente tem, histórica e antropologicamente, o mesmo caráter sacrificial da proposta de Salomão de cortar a criança em dois pedaços. Parece-me que o essencial está aí, e que é preciso assumir, creio, aquilo que há de grandioso e de bom na reivindicação antissacrificial do pensamento moderno, aquilo que está de acordo com o sentido da mais profunda inspiração bíblica.

Certamente não quero limitar a cruz a uma fonte de saber, mas se ela também é essa fonte de saber, e não o mesmo equívoco de todas as religiões sacrificiais com as quais é confundida, talvez não seja inútil mostrar a coisa independentemente, sem misturar a menor tomada de posição que não decorra dessa demonstração e que possa dar ao leitor a impressão do velho apriorismo religioso, em que não há nada preciso com que se inquietar, porque o que está em jogo é uma evidência íntima que, com certeza, é válida para aquele que tem a experiência dela, mas totalmente impermeável àqueles que a observam de fora.

Sei muito bem que não é preciso exagerar o efeito que essa demonstração pode ter, ainda que a história clássica a torne cada vez mais evidente. Mas não é preciso comprometer seu efeito possível com tão poucos indivíduos, quaisquer que sejam, misturando-lhe o que quer que possa enfraquecê-la, ainda que se trate de sentimentos e de atitudes não apenas legítimos, mas necessariamente convocados pela demonstração.

Se, durante a redação do livro, tive algumas ilusões sobre seus públicos possíveis – isso sem dúvida é necessário na hora, para assumir aquilo que há de esmagador nos trabalhos desse gênero, como o senhor sabe –, todas elas se esfacelaram desde então, e me dei conta de que os mal-entendidos e as recusas serão mais numerosos agora do que no caso de *A Violência e o Sagrado*. Já tem reações negativas gêmeas de cristãos e de ateus, ambos absolutamente escandalizados, exatamente com a mesma coisa. É por isso que aprecio muito as suas próprias observações e a compreensão que o senhor tem do esforço em seu conjunto. Estou muito ansioso para retomar o contato direto com o senhor no próximo ano, quando estiver na Europa. [...]

Creio que o senhor tinha razão quanto ao mal-entendido sobre a questão da linguagem apocalíptica e da linguagem sacrificial [da Epístola aos] Hebreus. Cabe ao senhor fazer a demonstração, e aguardo seus próximos trabalhos com impaciência.

Com os maiores cumprimentos,
René Girard

*

The School of Criticism and Theory
University of California
Irvine, California
1 de agosto de 1979

Caro amigo,

Sua carta me chegou muito tarde, na Califórnia, onde participo de um curso de verão. Congratulações pela inclusão de seu livro na Wissenschafltlichte Buchgemeinschaft. Seus comentários sobre os artigos em *Esprit* a respeito de *Coisas Ocultas* me levam a um universo que felizmente está muito distante de mim nesse momento. Aqui encontrei uma solidão e uma tranquilidade que muito aprecio. [...]

Penso muito naquilo que o senhor me disse em Paris sobre o papel de bode expiatório que Cristo aceita desempenhar se os homens ainda têm necessidade de bode expiatório; estou completamente de acordo. E ao mesmo tempo, quando retorno aos grandes textos do Antigo Testamento, como o julgamento de Salomão, ou quando vejo o tipo de críticas que me são dirigidas por todas essas pessoas que querem de qualquer jeito que o cristianismo seja a mesma coisa que as demais religiões no que diz respeito ao sacrifício, parece-me sempre necessário insistir na definição não sacrificial, que acaba de uma vez com esse tipo de crítica e que poderia colocar um ponto final em mal-entendidos seculares, sem prejuízo para a Igreja que, afinal, tem a autocrítica como vocação primeira. Busco formulações que poderiam reconciliar exigências múltiplas, mas isso que o senhor me disse em Paris certamente terá grande peso naquilo que posso fazer no futuro [...].[9]

Espero que em minha próxima obra haja mais simplicidade, e isso apesar de todo um esforço para mostrar que muitas questões apresentadas pela crítica atual têm legitimidade, mas que é possível respondê-las. É mais ou menos isso que tenho feito aqui com os alunos e tenho a impressão de que logo será possível falar das Escrituras sem passar por incuravelmente ultrapassado ou por louco. É verdade que essa reaparição das Escrituras no contexto da crítica atual corre o risco de ter efeitos bastante deploráveis no geral. [...]

Sinto-me em comunhão intelectual e espiritual com o senhor. Desejo-lhe um excelente trabalho e muito sucesso em seus esforços. Cordialmente,

René Girard

Correspondência estabelecida por Mark R. Anspach.

Nossos agradecimentos aos Arquivos Schwager da Faculdade de Teologia da Universidade de Innsbruck, por ter-nos fornecido as cartas aqui reproduzidas, e à Província Suíça da Ordem Jesuíta, por ter autorizado sua publicação.

[9] Girard acabará aderindo à interpretação sacrificial da morte de Cristo, proposta por Schwager. Ele explica isso no capítulo "Teoria Mimética e Teologia", de seu livro *Aquele por Quem o Escândalo Vem* (São Paulo, É Realizações, 2011).

capítulo 22
a religião e a violência simbólica
Paul Ricoeur

Assumir o risco de tratar da relação entre a religião e a violência é aceitar que se diga que existe violência na religião, que existe uma violência da religião.

Isto não quer dizer que eu me esquive da objeção à qual fui confrontado ainda recentemente, em uma discussão com Jean-Pierre Changeux, de que a religião produz violência. Eu digo que não me esquivo da objeção: não me escondo atrás de uma explicação lateral, segundo a qual a religião produziria violência por causa de um desvio pela política.

É por conta desta pressuposição, a de que a religião produz violência, que conheci René Girard. Eu me encontro com ele há muitas décadas, encontros eclipsados, com momentos de afastamento e de reencontros. Será esse o caso com um de seus últimos livros, *Le Bouc Emissaire*. Antes, veio a mim a fulgurância de 1972, com *A Violência e o Sagrado*. Em seguida, veio-me um período de hesitação, de dúvida: a explicação não iria por uma via demasiado psicológica? Os Evangelhos não seriam facilmente exoneráveis da acusação da violência? Depois, veio a decepção com as explicações alternativas e, sobretudo, de caráter muito sociológico, em particular as de Maurice Bloch em *La Violence du Religieux*,[1] autor sobre quem tentarei falar com o máximo de precisão.

Arrisquemo-nos, então, a uma interpretação pessoal da relação íntima entre a religião e a violência. Foi no âmago de minha própria convicção que, em um movimento de libertação e aprofundamento, supus poder identificar o ponto em que esse movimento de aprofundamento se bifurca em direção à violência exterior.

Eu me expliquei em *La Critique et la Conviction*[2] e em meu debate mais recente com Jean-Pierre Changeux (*Ce qui Fait que Nous Pensons*)[3] sobre a conivência entre a religião e a violência. Foi seguindo a linha aberta de *La Critique et la Conviction* que eu reencontrei René Girard em *Le Bouc Emissaire*.[4] Reencontrei em sua interpretação não apenas a fase complementar de minha própria interpretação, mas a sua pendência necessária. Mostrarei até que ponto preciso da tese de René Girard.

Gostaria de ir diretamente a minha proposta de interpretação e, em seguida, posicionar-me um momento ao lado de Maurice Bloch em *La Violence du Religieux*, interpretação de cunho sociológico, para, enfim, voltar a René Girard.

Em vias de uma reflexão sobre a tolerância considerada como iniciação progressiva, cheguei à interpretação sobre a qual falarei. Com efeito, em seu grau zero, a tolerância diz – e é a tolerância do intolerante: "Eu não suporto aquilo em que vocês creem, eu o desaprovo, mas não posso impedi-lo. Eu tolero no sentido de não poder impedir, eu gostaria de impedir, mas não tenho esse poder".

Em um segundo grau, mais positivo: "Eu guardo a convicção de que tenho a verdade, mas reconheço em vocês, por complacência, o direito de professar o que eu

[1] *La Violence du Religieux*. Paris, Odile Jacob, 1997.
[2] Paul Ricoeur, *La Critique et la Conviction*. Paris, Calmann-Lévy, 1995.
[3] Idem e Jean-Pierre Changeux, *Ce Qui Fait que Nous Pensons*. Paris, Odile Jacob, 1998.
[4] *Le Bouc Emissaire*. Paris, Grasset/Le Livre de Poche, 1982.

tenho como falso, e eu o faço em nome da justiça. A saber, vocês têm esse direito; vocês têm um direito igual ao meu de professar aquilo em que creem, ainda que eu o tenha como falso". Eu diria que o princípio da justiça, na força dessa enunciação, é: qualquer outra vida vale tanto quanto a minha. Digamos que eu reconheço o direito ao erro. Mas, nessa condição, estou dividido em mim mesmo: entre a verdade, que creio unilateralmente minha, e a justiça, que é o reconhecimento do outro, embora em um plano outro que o plano da verdade.

Eu dou um passo a mais no aprofundamento, com um grau mais avançado, e digo: meu adversário talvez tenha uma parte de verdade, mas eu não sei qual. Eu diria ser a versão perspectivista da tolerância: o outro vê um lado das coisas que eu não consigo ver. No entanto, nossas posições são insubstituíveis. Nesse grau, eu diria que existe uma crise da ideia de verdade e esta se divide: eu estou, assim, além do simples conflito verdade/justiça, mas em um conflito da verdade consigo mesma, se assim posso dizer.

Disso vem um grau maior e é aí que eu encontro a violência, sabendo que, no cerne de minha própria convicção, em minha própria confissão, reconheço que há um fundo que não consigo dominar. Eu identifico, no fundo de minha adesão, uma fonte de inspiração que, por sua urgência de pensamento, sua força de mobilização prática, sua generosidade emocional, excede a minha capacidade de recepção e compreensão.

Ora, eu acabo de pronunciar a palavra essencial sobre a qual gira toda a minha meditação: a palavra "capacidade". Com efeito, eu desenvolvi em *Soi-même comme un Autre* uma antropologia filosófica em torno do tema do homem *capaz*: capaz de falar, de agir, de narrar, de ser autor de seus atos e de deixar-se assumir pela responsabilidade moral de seus atos. Existe, então, um "eu posso" fundamental, correlativo, aliás, a um "eu não posso".

É essa capacidade finita do "eu posso" que me parece posta à prova em toda experiência religiosa, de qualquer confissão ou submissão que seja (eu citaria, aliás, até mesmo o budismo, então não me refiro a uma confissão correspondente a um deus pessoal).

Eu digo que é nessa capacidade finita que reside toda a trama. Já me aconteceu de escrever: *o homem capaz, destinatário da religião.*

Dizendo isso, eu não me vejo distante de Kant em *A Religião nos Limites da Simples Razão*, que apresenta, em geral, e mais especificamente no cristianismo, uma oferta de simbolismo fundamental. Para ele, é o símbolo de Cristo, destinado a gerar uma comunidade não política, cuja finalidade é o que ele chama de "regeneração" e que eu interpreto como a cura de nossa capacidade mutilada e paralisada pelo mal radical.

Trata-se de uma visão que tem em seu fundo o objetivo de estabelecer a paz (*A Religião nos Limites da Simples Razão* é um livro bastante polêmico).

Aqui, não há apenas um simples reconhecimento do fato religioso, em sua especificidade, mas também uma luta contra seus enganos: a confiscação do simbolismo por intérpretes autodesignados, a corrupção da obediência pelo espírito de servidão e minoria e a manipulação por uma forma de poder particularmente viciosa, o poder eclesiástico. É nessa dupla via de um ato liberador, mas agravado por seus próprios limites, que eu descobrirei o momento da violência.

Prolonguemo-nos um pouco em Kant, em sua visão da capacidade finita, sobre uma linha que eu chamaria de pós-kantiana, fichtiana e, sobretudo, schellingiana, sabendo-se que a minha capacidade finita é habitada por um infinito que eu chamarei de fundacional. Schelling fala de um *grund*, de um *fundo*, que é *abgrund*, que é *abismo*, logo *fundo sem fundo.*

É aqui que surge a ideia da desproporção sofrida e não simplesmente realizada, uma desproporção entre o que eu chamo de excesso do fundamental, do *grund/abgrund*, do *fundo sem fundo*, o excesso com relação a minha capacidade finita de acolhida, de recepção, de apropriação, de aculturação.

Se quisermos um equivalente metafórico dessa desproporção em que a violência resvala, uma desproporção que eu chamo de fundadora: o contraste entre uma fonte que transborda e um vaso que tenta conter, no duplo sentido de oferecer um receptáculo, mas de forçar seus limites. O vaso limita e delimita, por sua capacidade finita, o que dele transborda pelo excesso de sua superabundância.

Eu me concentrei muitas vezes nessa ideia de desproporção e superabundância, em particular em uma reflexão sobre a relação entre o amor e a justiça, sobre a superabundância do amor.

No fundo, eu adotei a proposta do apóstolo Paulo: "onde abunda a pesca, superabunda a graça", superabundância com relação à própria justiça, que tem um espírito de medida, de justa medida. Existe, então, uma confrontação entre a desmedida e a medida em mim. E eu não tinha percebido, durante muito tempo, as reservas de violência implicadas nesta prova da capacidade finita do "eu posso" do homem *capaz*.

Eu toco no ponto em que me uno a Maurice Bloch de um lado e a René Girard de outro, afastando-me do primeiro e aproximando-me do segundo. O momento da violência simbólica me parece, com efeito, consistir em tentar forçar a fonte a dobrar-se diante das medidas do vaso. Aqui, há uma operação que eu diria de autoproteção contra o que pode parecer, justamente, a ameaça de um transbordamento, a ameaça do excesso.

E, como crente, como membro de uma comunidade confessional, eu tentarei reforçar a resistência dos muros do espaço de acolhida para compensar esta espécie de ameaça que constitui o excesso com relação à capacidade finita.

É bem disso que se trata, de fechar as laterais por não se poder obturar a parte de cima. A meus olhos, uma linha está situada neste ponto de ameaça pela identidade pessoal e coletiva que só quer o vazio e que se sente desestabilizada pelo excesso, pela superabundância, pelo transbordamento.

Se voltarmos a minha ideia de um percurso iniciático, para a ideia de tolerância esta é uma prova, porque é difícil admitir, em minha convicção, em minha confissão, que alguma coisa tem um fundo duplo, um abismo de profundidade que desestabiliza a segurança de minha adesão simples, honesta e sincera àquilo em que creio. É em mim mesmo que experimento esta desproporção entre a minha capacidade finita de adesão e o reconhecimento de algo fundamental que me excede e me ameaça por seu excesso. Eu sofro com isso. A violência é, então, como uma tentativa de proteção contra o perigo de desenraizamento, cuja iminência de ameaça eu percebo surdamente.

Eu acredito que isso se viva de maneira assaz concreta quando vemos que um excesso de aceitação das diferenças pode conduzir ao sentimento de que todas as diferenças são indiferentes e que... isso se torna uma bagunça. Como se a tolerância, de algum modo, oscilasse por seu próprio excesso em direção à indiferença. Assim, eu me retiro para isolar-me em minha casa e, mais uma vez, reforçar as muralhas. Reforçar as muralhas quer dizer conter por força os que estão dentro, mas também expulsar aqueles que não posso conter. É nesse ponto, para explicar a transformação do excesso em ameaça e, assim, da conversão da ameaça em medida defensiva e ofensiva, que eu me uno, alternadamente, a Maurice Bloch em *La Violence du Religieux* e René Girard em *Le Bouc Emissaire.*

Maurice Bloch, que é professor na London School of Economics, grande especialista dos fenômenos sacrificiais, dos ritos (de sacrifício, de iniciação, de fertilidade, de casamento, de intercâmbio...), propôs uma explicação antropológica, mas, como veremos, é uma explicação de antropologia sociológica. O que ele pretende mostrar em seu livro é a "estrutura irredutível mínima comum a um grande número de rituais e a muitos outros fenômenos religiosos". Seu esquema é o seguinte: na relação dos homens com o tempo (o tempo da vida, que vai do nascimento até a morte, passando pela reprodução) e com a existência no tempo, estão ligadas as representações cotidianas e são essas representações que outras representações – precisamente as rituais – transformam. Veremos em que consiste tal transformação e que ela consiste em uma recusa à experiência cotidiana.

A transformação ritual resultaria em uma inversão completa da representação cotidiana. Uma outra vida, considerada proveniente do além, do invisível, tornar-se-ia acessível pela morte simbólica da encenação dos ritos de iniciação. Por tal entrada e tal recepção no mundo do além, o iniciado transcende todo processo vital, de reprodução e de morte, mas apenas por um tempo.

A fase crucial é, então, a do retorno ao mundo, depois do rito de iniciação. O problema – e é nele que consiste a trama proposta por Maurice Bloch – é que este retorno não deve ser uma simples repetição da fase inicial, um retorno ao ponto de partida. Para que o retorno seja diferente do ponto de partida, deve-se proceder ao que ele chama de "conquista do instante presente pelo transcendente", um retorno triunfal. É nesse trajeto do retorno triunfal que surge o tipo de violência chamada pelo autor de *violência em retorno.*

Essa violência se faz à custa de seres exteriores, de animais sacrificados, mas também de outras pessoas, de mulheres: "todo modelo de vitalidade a ser conquistado, dominado, destruído, consumido". Eu cito uma passagem que resume bem o livro em seu todo:

> Os ritos que dramatizam a viagem da pessoa ao além e seu retorno triunfal são o reflexo de uma experiência similar, sentida como intrínseca à pessoa. A primeira parte dos ritos põe em jogo a dicotomia subjetiva dos sujeitos, um lado vital e um lado transcendente: como no drama externo, o transcendente persegue o vital, ainda que a pessoa se torne, durante um momento, inteiramente transcendente. Essa vitória de um lado da pessoa sobre o outro é o primeiro elemento da violência nos ritos. Tal violência, no entanto, é apenas uma preliminar à violência posterior, que coloca em jogo a recuperação subjetiva triunfal da vitalidade pelo elemento transcendente da pessoa. A recuperação da vitalidade não compromete a

> superioridade da identidade transcendente, porque a vitalidade recuperada é controlada pelo transcendente.

Então, o livro argumenta que, no núcleo da estrutura do rito, na sequência que leva à violência em retorno, encontra-se uma explicação do simbolismo da violência presente em tantos fenômenos religiosos. Bloch acredita opor-se a Girard que, segundo ele, presume:

> Uma agressividade inata nos seres humanos seria exprimida e, em certa medida, purificada pelo rito. Ele segue dizendo: "Entretanto, eu não fundo meus argumentos em uma tendência inata à violência, mas penso que a violência é ela própria o resultado de uma tentativa de criar a transcendência na religião e na política".

Deixemos Girard de lado por enquanto e concentremo-nos na ideia de uma violência dupla, a da separação traumática do vital mortal e a da violência em retorno, destinada, em sua aplicação exterior, a distinguir a situação de retorno da situação inicial. À primeira vista, eu digo algo bastante parecido: o dilaceramento da finitude e réplica violenta à ameaça de transbordamento. Mas, para Maurice Bloch, é um processo de ilusão total, consistindo em uma recusa da condição vital e mortal do homem. "De presa, o iniciado é transformado em caçador, a vítima em matador, através de um jogo de representações essencialmente alienantes." É, então, a fantasia da não mortalidade que será a fonte dessa dupla violência.

Ora, com ou sem motivo, a minha problemática de capacidade e de excesso, logo de desproporção, é, a meus olhos, constitutiva do ser humano. Ela pertence, assim, a um tipo de antropologia diferente daquela de um etnólogo que encara tudo isso como uma vasta fantasmagoria. Não é por acaso que Bloch emprega sempre a palavra *representação*: a representação cotidiana da vida, da morte e da reprodução; em seguida, a representação ritual do transcendental, que é uma forma de negar a vida. Eu acredito que exista aí uma espécie de nietzschianismo fundamental. O autor não nega, a propósito, que tem um engajamento pessoal, mas raramente o declara, à exceção de quando utiliza a palavra *ilusão*. A construção do drama ritual de uma violência em retorno é uma tentativa de evitar o poder de tal contradição.

É uma aparente solução ao problema que a maior parte das sociedades humanas tenta resolver: como os seres humanos podem se tornar elementos constitutivos de estruturas institucionais permanentes?

No fundo, essa é uma antropologia fantasmagórica: na vida, tornamo-nos fantasmas agressivos. Devemos destruir alguma coisa do lado de fora, na exterioridade, para inscrever, pelo ritual, tal mundo fantasmático.

O ritual existe para levar além, ao transcendental. Então, o meu problema é: por que se deve sair da experiência da vida se não existe relação fundamental que não seja ilusória? Sim, meu problema é o da relação ao fundamental que não seria a representação ilusória, mas principalmente o segundo momento, que Maurice Bloch chama de *violência em retorno*. Por que se precisa dessa violência para, de algum modo, instituir o transcendental no mortal, por que se precisa de uma violência em retorno? Isso é simplesmente afirmado assim, sem explicações. Dessa maneira, diz Bloch, "o enigma central da criação de uma permanência aparente, a partir de um princípio variável, é fenomenologicamente decifrado, tal criação institucional parece ser necessária a todos os sistemas sociais que jazem na ilusão de um quadro institucional que transcende os indivíduos. É o caso de quase todas as sociedades do mundo".

O essencial é dito aqui. A ilusão de um quadro institucional transcendente, de que surge a violência de ruptura e de partida, a violência da exterioridade em retorno. Eu terminarei com um texto capital (p. 51):

> A verdadeira fonte de significado é a percepção prática de todos os processos naturais da vida, da morte e da reprodução, e não o sistema ritual. Os rituais podem tentar

> negar esta experiência da reprodução e das noções de duração nas quais nossa compreensão da vida é fundada, mas essa tentativa é fútil, porque os rituais não podem usar outra coisa além das experiências não rituais como ponto de partida. Por causa disso, os rituais não podem ser outra coisa senão uma transformação secundária de tal experiência. As imagens rituais são construídas na negação dessa compreensão. Os rituais podem tentar negar essa experiência da reprodução [...].

Eis o texto-chave: a verdadeira fonte de significado é a percepção prática de tais processos naturais e não o sistema ritualístico. Assim sendo, o ritual é uma recusa ao natural.

A meu ver, essa sociologia explica melhor a primeira violência, se assim se pode dizer, a negação do natural – com as reservas que fiz, porque, segundo eu mesmo, há aí uma experiência metafísica do fundamental –, mas o grande enigma continua sendo o da violência em retorno. Por que precisamos de algo exterior para destruir, e não simplesmente de uma conquista emocional de nós mesmos? Como outro vem para impedir essa conquista em retorno ao vital? Por que precisamos do estrangeiro, do adversário, do inimigo?

É aqui que a mímesis girardiana é proposta como passagem obrigatória. Mas, antes de mais nada, devo defender por um instante a tese que opõe, na negação do vital; a dialética da capacidade finita e do fundamento abissal. Não é mais uma tese de etnografia, de antropologia no sentido etnográfico, mas uma tese de antropologia filosófica em que arrisco, de alguma forma, o próprio sentido da existência. Então, peço a vocês para admitir por hipótese – como digo às vezes, "em imaginação e simpatia" – o esquema filosófico que propus, não a negação do vital e da representação ordinária pelo mito, mas a desproporção constitutiva de meu ser humano, entre minha capacidade finita de acolhimento e o excesso da fonte de pensamento(s), ação (ou ações) e sentimento(s).

Eu diria que minha interpretação se basta a si mesma durante certo tempo, mas encontra, como a problemática de Maurice Bloch, um ponto cego que a mímesis de Girard evidencia. Sim, eu digo que a minha intepretação, como a considero, torna justo o mito que, à sua maneira pré-crítica (pré-especulativa), pressente e compreende qualquer coisa dessa dialética fundadora.

Eu penso que, na experiência dos rituais de iniciação, algo da relação entre o vivo e o fundamental é vislumbrado com os recursos do imaginário; aquilo que Bergson chamava de função fabuladora, mas uma função com profundidade metafísica.

Em compensação, eu diria que a minha interpretação é insuficiente e falta a ela tanto quanto falta à interpretação de Maurice Bloch sob o ponto de vista da violência em retorno, da exteriorização contra o estrangeiro, o inimigo, enfim, numa dimensão que ele chama de "a política do mito".

É nesse ponto que a interpretação de René Girard pode não apenas completar, mas também reforçar e socorrer a interpretação da violência em contrapartida de Bloch, a que chamei prematuramente de *a conversão do sentimento de excesso em ameaça.* Por que o que é fundador em mim mesmo seria entendido como ameaça e não simplesmente como fundação, como última justificativa ao plano do pensamento da ação e do sentimento? Por que o excesso seria ameaçador? Eu mencionei algo como uma dramática da compensação: compensar o excesso da superabundância da fonte aos olhos da minha capacidade finita, da capacidade finita de extensão do vaso.

É tal momento de compensação que me parece hoje, após a leitura de *Le Bouc Emissaire*, requerer o complemento e, mais que o complemento, o reforço apresentado pela teoria girardiana da mímesis.

René Girard nos lembra, para começar, que é na estrutura do desejo que reside a chave do fenômeno de grande amplitude que constitui o sacrifício. Eu desejo o que você deseja, eu me identifico mimeticamente ao seu desejo e a única maneira de sair do ciclo mortífero engendrado pelo desejo e sua duplicação consiste em nos reconciliarmos contra terceiros que nos expulsarão. É, então, a expulsão de terceiros que restabelece a ameaça íntima da mímesis.

Como eu disse, depois de uma primeira fase de acolhimento sobre o essencial, resisti ao que me parecia, a torto e a direito – e mais a torto que a direito –, uma redução psicologizadora. Mas hoje eu entrevejo através do que me parece faltar a minha própria interpretação, a oportunidade de acolher novamente a concepção mimética. Dessa vez, em um nível diretamente comunitário, que levantaria uma suspeita de psicologização.

Explico-me: eu coloquei a discordância entre o requerimento infinito, a superabundância do fundamental e a capacidade finita de acolhimento no centro da minha interpretação. Mas essa capacidade de recepção é, antes de tudo, o que eu chamaria de comunidade de recepção, de leitura, de ensinamento, como vemos principalmente nas religiões do Livro. E mesmo com os rituais não escritos, há na tradição oral algo como uma escritura, como uma inscrição pela própria ritualização do ensino.

Assim, é enquanto comunidade ensinada que uma comunidade se apropria do dizer desse ensinamento, apropria-se e pretende reduzir à medida finita sua capacidade de compreensão (tido aqui como extensão) do poder docente. Nesse desvio, a desproporção entre a superabundância e a capacidade instruída por uma comunidade de recepção finita se insere no processo mimético.

Eu acabo de introduzir a expressão "apoderar-se". Apoderar-se de um ensinamento na medida finita da minha capacidade de compreensão. Eu diria, com efeito, que há uma possessividade na recepção de uma mensagem radicalmente transcendental por parte de uma comunidade ensinada, com a sua capacidade finita de extensão. Eu não posso senão afirmar duas coisas. Por um lado, o fundo transcendental que eu denomino falta de um fundamental melhor, o fundo sem fundo, é tratado como objeto indeciso de desejo e temor. Dessa forma, na linguagem bíblica do "temor de Deus": Deus, objeto de desejo e de temor.

Por quê? Porque o próprio fundamental, nessa tentativa de recepção possessiva (ou de possessão receptiva) foi tratado como um recurso. Assim sendo, todas as outras comunidades históricas que querem um mesmo transcendental em seu favor, embora nos termos de outra confissão, aparecem como rivais na luta pela apropriação do Ser, do Ser absoluto, tratado como um mesmo que possui, excluindo os outros.

Então, as outras comunidades são as rivais desse desejo-temor, da recepção possessiva (redutora da transcendência) que constitui o próprio ensinamento do fundamental. Disso vem a exclusão das outras comunidades consideradas como ímpias, hereges, impuras... Os exemplos abundam até a área do monoteísmo, e eu diria, talvez, preferencialmente nesta área, que seja a luta do Javismo contra Baal, o massacre dos sacerdotes de Baal no *Livro de Josué*, a competição entre a Sinagoga e a Igreja cristã dos primeiros séculos, as mortes rituais dos judeus na Europa cristã da Idade Média e as guerras de religião na cristandade do século XVI ao século XVIII... Não, não faltam exemplos.

É esta, então, a minha proposta de recepção da tese girardiana da *mímesis*, e eu diria não apenas no contexto de minha própria convicção, mas partindo das faltas de minha interpretação. Sabendo que o excesso do ser se torna posse, objeto do desejo da apropriação, as outras comunidades projetam o mesmo gesto de apropriação-expropriação pela rivalidade, mesmo no processo de recepção. Eu digo que me uno à teoria de Girard não apenas no contexto de minha própria interpretação, mas partindo de suas faltas. Com efeito, não o incluo; ao contrário, vejo nele um elo que falta, que eu apontei de passagem, mas sem me tardar nele enquanto dizia que o crente de uma comunidade histórica determinada percebia o excesso da fonte superabundante como ameaça, e que essa ameaça pedia uma estratégia compensadora de reforço dos muros de proteção, da colmatagem de brechas.

Ora, por que o que funda seria tido como ameaça e não como gratuidade e generosidade se, fundamentalmente, é isso? Não seria a projeção de nosso desejo de apropriação sobre a própria origem de nossa convocação a ser, que transforma em ameaça o que é fundamentalmente uma doação, engrandecimento da minha capacidade de recepção?

Assim, o Deus de Israel, companheiro de história de todo o povo, é tido como um deus invejoso e, por implicação, como instigador de mortes. O que dizer da cruz redesenhada em forma de gládio ao grito de "sob este sinal, tu vencerás"?

Para terminar, eu quero dizer que meu acordo com René Girard vai até o ponto em que ele interpreta a figura de Cristo como uma descoberta, uma denúncia, desmantelamento do sistema de exclusão do bode expiatório. É o sumo sacerdote Caifás (segundo o Evangelho de João) que professa a tese sacrificial: mais vale um homem morto pelo povo e que a nação não pereça inteiramente.

Nesse sentido, estou de acordo com René Girard quando ele diz que os evangelhos tratam das mesmas coisas que os rituais descritos pela antropologia do fenômeno religioso, mas levam por terra a relação da vítima com o sistema vitimário, que é agora cumprido, no sentido de "desvendado" e "arruinado".

"O essencial da revelação sob a descrição antropológica é a crise de toda representação perseguidora que ela provoca" (*Le Bouc Emissaire,* p. 171). Mas eu estou pronto a dizer que o símbolo de Cristo não é, necessariamente, o único possível.

Eu diria que é aquele que eu conheço, aquele de que eu fundamentalmente vivo, mas que tal inversão da vítima obrigada em vítima denunciadora do sistema talvez também aconteça em outros contextos.

Talvez haja algo assim no budismo, uma espécie de depreciação do fenômeno da vitimização, que existia na tradição da Índia sob a forma do karma, a espécie de coação à reencarnação. Haveria uma espécie de condenação em seu sistema pela própria execução do sistema.

E, no interior do mundo bíblico, deve-se necessariamente remontar à questão das narrações evangélicas de núcleo profético (no *Segundo Isaías*, com a profecia do justo sofredor que também aparece em Jó, a desconstrução do sistema da reparação, do sacrifício reparador).

Em conclusão, isso significa que a recepção do *fundamento sem fundo* como pura doação é para nós, a partir de agora, inseparável da crítica do processo vitimário. Na raiz, ela corrompe essa recepção e a transforma em captação, na rivalidade aberta com todas as outras comunidades que também se tornaram comunidades de recepção e comunidades de captação. Captação da fonte que diríamos a favor da conjunção entre a finitude de capacidade e rejeição de todas as outras expectativas, tentativas, tentações. É essa captação da fonte, esse transplantar da rejeição para a capacidade finita que a interpretação mimética nos ajuda a entender melhor.

Agradecemos ao Comité Paul Ricoeur por ter autorizado as Éditions de L'Herne a reproduzir aqui este texto da conferência dada por Paul Ricoeur no Colóquio de COV&R, em Saint-Denis, no ano de 1998, e cujos atos foram publicados em Violence et Education: De la Méconnaissance à l'Action Eclairée. *Atas do Colóquio de Saint-Denis. Obra coletiva apresentada por Marie-Louise Martinez e José Seknadjé-Askénazi (L'Harmattan, 2001).*

capítulo 23
a vítima inocente em Isaías 52-53: semelhança dos textos judaicos e cristãos

Sandor Goodhart

Gostaria de começar por uma anedota. No momento do Concílio Vaticano II, quando a Igreja proclamou que os judeus não deveriam mais ser considerados culpados pela morte de Jesus, René teve uma reação muito característica. Segundo René, em lugar de dizer que os judeus não são culpados, teria sido melhor dizer que nós, cristãos, somos *tão culpados quanto*. A nossa culpa não é menor que aquela sempre atribuída aos judeus.

Em seus últimos livros, Girard desenvolve este ponto de vista de maneira ainda mais decisiva. Eis, por exemplo, o que ele diz em suas entrevistas com Michel Treguer:[1]

> Os Evangelhos afirmam a culpa dos judeus como pagãos. E seus únicos predecessores nessa afirmação são os livros judaicos proféticos, que constantemente falam da violência sofrida pelos profetas. É justamente por isso que Jesus diz que vai morrer *como os profetas anteriores a ele*. Basta reler a narração da morte do "Servo

[1] *Quand Ces Choses Commenceront*... Paris, Aléa, 1994, p. 118-19.

> sofredor", no Segundo Isaías, ou nos sofrimentos de Jó, ou nos de Jeremias, ou na aventura de Jonas, ou na história de José para ver que os bodes expiatórios justificados já aparecem no Antigo Testamento. Uma vez que se aceita o cristianismo, *a única maneira de descartar a Revelação e de não ver que ela questiona todas as culturas, todos os seres humanos sem exceção, é atacando os judeus.* É isso que os cristãos não deixaram de fazer desde que se separaram dos judeus. Eles devem, então, reconhecer seus erros, que são muito grandes.
> O antissemitismo cristão não é um exemplo entre outros de religião-centrismo ou de etnocentrismo: é uma falha com relação à Revelação.

Jesus fala do interior da tradição profética judaica. Ele condena a violência sacrificial onde quer que ela apareça, assim como os profetas e o judaísmo condenam a violência sacrificial onde quer que ela surja. Assim, em uma perspectiva girardiana, ser cristão é reconhecer como *sempre* fomos judeus.

O próprio René Girard é um pensador profético, cujo pensamento nos mostra ou nos leva a nossa violência (e seus mecanismos), a fim de que possamos escolher se queremos ou não tomar esta direção. Entretanto, Girard não nos fornece nem uma ética, nem uma teologia. Suas próprias crenças acerca do cristianismo são perfeitamente separáveis da teoria antropológica que ele encontra no Evangelho. Pode-se ser judeu, cristão, muçulmano, hindu ou budista e, ao mesmo tempo, ser girardiano. Pessoalmente, é na renovação da tradição judaica operada por Buber, Rosenzweig e seus herdeiros – e em particular na ideia de Emmanuel Lévinas acerca de uma responsabilidade infinita pelo outro – que eu distingo o caminho de recusa à violência e renúncia aos comportamentos sacrificiais que nos conduziram ao impasse em que nos encontramos. Mas foi Girard quem nos ensinou que a rejeição da violência é nossa tarefa, foi ele quem articulou as dimensões da crise sacrificial à qual todas as lógicas proféticas são uma resposta.

Resta que, para mim, o que Girard descobre no Evangelho é justamente a filigrana judaica presente no cristianismo. A crítica do sacrificial vitimário sustenta a luta contra a idolatria que percorre todas as Escrituras hebraicas. Isso me leva a questionar a singularidade do cristianismo do ponto de vista da teoria girardiana. É o que proponho fazer aqui, através de uma releitura da narração da morte do Servo sofredor.

René Girard afirma a singularidade do cristianismo apoiando-se na teoria da vítima inocente. Mas, se lermos Isaías 52-53 atentamente, encontraremos o essencial do que Girard diz sobre a vítima inocente no texto hebraico que data de seis séculos antes dos Evangelhos cristãos. Devemos reexaminar a asserção de Girard quando afirma que o Evangelho é único a esse respeito.

Há uma importante literatura sobre essa passagem do Segundo Isaías: o quarto e último Cantos do Servo do Senhor. Uma das questões que mais preocupam os intérpretes é conhecer a identidade do personagem central. Habitualmente, os comentaristas judeus veem nisso uma metáfora de Israel; os comentaristas cristãos, uma prefiguração de Cristo. Mais que reabrir esse velho debate aqui, eu gostaria de comparar o conteúdo da passagem – qualquer que seja a identidade do servo – com o conteúdo que René Girard atribui à revelação cristã do mecanismo sacrificial.

A correspondência entre os deuses é extraordinária. Desde o princípio, o servo é apresentado como um *outsider*:

> Como pasmaram muitos à vista dele,
> (pois o seu parecer estava tão desfigurado
> que não era de um homem,
> e a sua figura não era a dos filhos dos homens),
> assim ele espantará muitas nações (Is 52,14-15).[2]

[2] As citações do livro de Isaías foram retiradas de *La Bible de Jérusalem*. Paris, Desclée de Brouwer, 1975.

E ainda, no início de uma longa sequência central, eis como é descrito:

> não tinha formosura nem beleza;
> e quando olhávamos para ele, nenhuma beleza víamos
> para que o desejássemos;
> era desprezado, e rejeitado dos homens,
> homem de dores, e experimentado nos sofrimentos,
> e como um de quem os homens escondiam o rosto (53,2-3).

O servo era desprezado e abandonado pelos outros, e o narrador inclui-se a si mesmo entre estes últimos: "E não fizemos dele caso algum" (53,3). Seu rosto e seu corpo foram desfigurados a ponto de amedrontar e essa condição era atribuída a suas doenças.

Mas o narrador não se satisfazia com tal visão das coisas; ele se esforça para ir além. Quaisquer que sejam as causas físicas da deformidade do servo, quaisquer que sejam as ações cometidas contra ele pelos outros, nós não somos estrangeiros a esses sofrimentos. A dor que ele deve suportar é, ao menos em parte, o produto de nosso próprio comportamento em relação a ele, mesmo que comumente recusemos essa responsabilidade. Ele não foi simplesmente ferido por alguém por causa do que lhe fizemos: ele foi ferido por nós. É justamente o que fizemos a ele que o feriu. Nós o incriminamos por nosso comportamento criminoso e foi isso que constituiu seu ferimento.

> Verdadeiramente, ele tomou sobre si as nossas enfermidades e carregou as nossas dores.
> E nós o reputávamos por aflito,
> ferido de Deus e oprimido.
> Mas ele foi ferido por causa das nossas transgressões,
> e esmagado por causa das nossas iniquidades.
> O castigo que nos traz a paz estava sobre ele (53,4-5).

Além disso, nós nos dizemos que o seu sacrifício ou sua expulsão da comunidade pôs fim às nossas próprias aflições:

> E pelas suas pisaduras fomos sarados (53,5).

Cada um de nós se encontrou preso em seu individualismo radical, seguindo seu próprio caminho. E o Senhor, que tudo prevê, fez novamente com que os nossos erros recaíssem sobre o servo:

> Todos nós andávamos como ovelhas,
> cada um desviava pelo seu caminho,
> mas o Senhor fez cair sobre ele a iniquidade de todos nós (53,6).
> O servo lamentou? Ele protestou contra os maus-tratos que lhe reservamos?
> Ele foi oprimido e afligido, mas não abriu a boca;
> como um cordeiro que é levado ao matadouro,
> e como a ovelha que é muda perante os seus tosquiadores,
> assim ele não abriu a boca.
> Pela opressão e pelo juízo foi arrebatado.
> Entre os seus, quem se inquietou com a vida dele? (53,7-8).

Nós o matamos por aquilo que decidimos que ele nos havia feito. Em vez de culparmos a nós mesmos, como deveríamos ter feito, culpamos a ele. Nós o chamamos ímpio e o enterramos com aqueles que considerávamos nossos inimigos – mesmo que ele não tenha feito mal algum nem sequer tenha denunciado nosso comportamento contra ele.

> Porquanto foi cortado da terra dos viventes,
> pela transgressão do meu povo ele foi atingido.
> E puseram a sua sepultura com os ímpios,
> e com o rico na sua morte

> ainda que nunca tenha cometido injustiça
> nem engano tenha havido em sua boca (53,8-9).

E que desculpas formulamos para nossas ações? Reconhecemos nossa responsabilidade por aquilo que fizemos? "Nós o consideramos punido, ferido por Deus." Nós nos dissemos que "Todavia, ao Senhor agradou moê-lo, fazendo-o enfermar; quando a sua alma se puser por expiação do pecado, verá a sua posteridade, prolongará os seus dias; e o bom prazer do Senhor prosperará na sua mão" (53,10).

Dito de outra forma, nós nos dissemos que o Senhor o fez, talvez, para colocá-lo em prova, como Deus fizera com Abraão, para ver se uma troca seria possível. Ele teria filhos – foi o que nos dissemos. Seus dias seriam longos. Ele poderia ver as transgressões dos outros.

Quanto a Isaías, este suportou nossas violências sem reagir. Mesmo morrendo por aquilo que nós lhe tínhamos feito, ele intercedeu por nós junto ao Senhor:

> porquanto derramou a sua alma na morte,
> e foi contado com os transgressores;
> mas ele levou sobre si o pecado de muitos,
> e intercedeu pelos transgressores (53,12).

Por todas essas razões, conclui o narrador, eu o honrarei:

> Por isso lhe darei a parte de muitos,
> e com os poderosos repartirá ele o despojo; (53,12).

Ele nos revelou desta maneira: "os braços do Senhor!". E ainda que o relato dessa ação seja difícil de acreditar – "Quem deu crédito a nossa pregação?" (53,1) –, nós somos obrigados a crer que algo de extraordinário se passou e começamos a ver as coisas que não tinham sido percebidas anteriormente:

Assim muitas nações ficarão estupefatas,
e os reis fecharão as suas bocas por causa dele;
porque aquilo que não lhes foi anunciado verão,
e aquilo que não ouviram entenderão (52,15).

Que elemento da teoria girardiana sobre o sacrifício falta a essa descrição? A expulsão sacrificial, a eliminação violenta da vítima que não cometeu violência, que foi eliminada por aquilo que seus perseguidores fizeram, e cuja eliminação curou estes últimos: tudo está lá.

Com efeito, encontramos, mesmo nesse texto, os elementos que não fazem parte da teoria de Girard. Nós aprendemos que todo o processo parece ter sido previsto pelo Senhor, que assim o quis; que o servo aceitou interceder por nós junto a Deus (e talvez seja essa a razão porque o senhor assim o quis); que o servo teve a possibilidade de sofrer os nossos erros; que nós parecemos ovelhas errantes; que nós enterramos o servo entre aqueles que considerávamos nossos inimigos; que ele aceitou passar por tamanha prova a fim de cumprir a vontade do Senhor, e assim por diante.

Ora, esses elementos são justamente os que Girard também não levou em conta em sua leitura do texto cristão. Longe de limitar a correspondência entre os dois textos, a presença desses elementos serve para reforçá-la. Se há em Isaías 52-53 elementos que permanecem "míticos" (no sentido que Girard dá ao termo), são propriamente esses elementos que permanecem míticos no Evangelho. E talvez existam maneiras de interpretar que façam com que sejam menos míticos. Desse modo, é possível que as citações "O Senhor fez recair sobre ele os nossos erros" e "Todavia, ao Senhor agradou moê-lo" sejam menos a expressão do pensamento do narrador que exemplos de como "*nós* o considerávamos como punido, ferido por Deus e humilhado" – enquanto, na realidade, "ele foi moído por causa de *nossos* erros" (eu sublinho).

De todo modo, ainda que essa passagem do Segundo Isaías corresponda ou não ao Evangelho em todos os pontos, ela contém claramente tudo de que Girard precisa para descobrir o mecanismo do bode expiatório. Ao que parece, nada existe que Girard diga sobre a vítima inocente no cristianismo que já não tenha sido plenamente apresentado em Isaías 52-53. É por isso que eu sustento que devemos reexaminar a asserção de Girard segundo a qual o Evangelho é único nesse aspecto. Isto não exclui de maneira alguma que o cristianismo possa ser único por outras razões. Entretanto, a desconstrução do sacrificial não é nova. Ela já existe na Bíblia hebraica. É um tema judaico antigo.

Certamente, esse tema é menos central nos textos judaicos que a lei da anti--idolatria. O cristianismo retoma a crítica do sacrifício e lhe dá um lugar central, que talvez nem os judeus, nem os cristãos tenham reconhecido suficientemente até agora. E nós devemos a Girard por nos ter feito compreendê-la.

Traduzido do inglês por Mark R. Anspach.

Este texto retoma parcialmente a contribuição de Sandor Goodhart à obra coletiva de Violence Renounced. René Girard, Biblical Studies, and Peacemaking, *sob a direção de Williard M. Swarley, Telford. Pensilvânia, Cascadia Publishing House/ Pandora Press, 2000.*

capítulo 24
resposta a Sandor Goodhart sobre a vítima inocente

René Girard

A desmistificação ou desconstrução do mecanismo vitimário começa com a Bíblia hebraica. A história de José, por exemplo, reabilita várias vezes seguidas um bode expiatório erradamente acusado. Trata-se de uma luta interrompida contra a falsa perseguição. Esse processo de saneamento intelectual e espiritual está igualmente presente nos Salmos, no Livro de Jó, e, mais explicitamente do que em qualquer outro lugar, nos capítulos 52 e 53 de Isaías, que descrevem a morte de um profeta desconhecido, o Servo sofredor de Javé.

Sandor Goodhart percebe essa verdade. Em seu ensaio, ele analisa o assassinato coletivo do profeta, a fim de demonstrar a força reveladora do caráter mentiroso do processo vitimário. Se o texto fosse um mito, a morte do Servo seria justificada como o castigo de um verdadeiro culpado, como a justa expulsão de um indivíduo que prejudica a comunidade, assim como no caso de Édipo, aquele notório delinquente que, além de seus principais crimes, o parricídio e o incesto, ainda expõe todos os seus concidadãos à peste!

O Servo tem de ser acusado de crimes análogos, mas sua condenação à morte é apresentada como um linchamento completamente injusto de um homem inocente por uma multidão delirante. O texto contém uma clara alusão ao desregramento mimético que transforma as comunidades humanas em rebanhos buscando bodes expiatórios: "Todos nós, como ovelhas, andávamos errantes, seguindo cada um o seu próprio caminho" (Isaías 53,6).

Sandor vai direto às passagens mais reveladoras, destacando-se aquela que fala da baixa posição do profeta em sua comunidade. O Servo é uma espécie de pária: seu aspecto pouco imponente e sua disposição gentil fazem dele um bom candidato ao papel de vítima. É o tipo de indivíduo que produz uma atração irresistível nos perseguidores:

> Ele cresceu [...] como um renovo,
> como raiz que brota de uma terra seca;
> não tinha beleza nem esplendor que pudesse atrair o nosso olhar,
> nem formosura capaz de nos deleitar.
> Era desprezado e abandonado pelos homens,
> um homem sujeito à dor, familiarizado com a enfermidade,
> como uma pessoa de quem todos escondem o rosto;
> desprezado, não fazíamos caso nenhum dele (Is 53,2-3).

Se examinarmos um abrangente número de mitos, veremos que uma grande porcentagem de seus heróis/vítimas, exatamente como o Servo do Senhor, possui um ou muitos traços do tipo que tende a atrair aqueles que buscam um bode expiatório: traços físicos ou culturais que suscitam medo, cólera ou desprezo nas comunidades arcaicas, doenças desagradáveis, anormalidades, enfermidades repugnantes, costumes ou sotaques estrangeiros. Em *O Bode Expiatório*, classifiquei esses traços como sinais de seleção vitimária. Aquele que possui um ou vários desses estigmas não necessariamente será selecionado como bode expiatório, mas suas chances de sê-lo aumentarão.

Sandor sabe que os quatro relatos da Paixão igualmente revelam o processo vitimário. Ele sabe, portanto, que o Antigo Testamento e os Evangelhos têm em comum alguma coisa de essencial. Ele não está entre aqueles que acham que a expressão "judaico-cristão" não tem sentido e deveria ser abandonada.

Os Cânticos do Servo foram escritos provavelmente seis séculos antes dos Evangelhos, e Sandor pergunta se os Evangelhos são ou não são singulares em relação ao Antigo Testamento:

> Não há nada naquilo que diz Girard sobre a vítima inocente no cristianismo, ao que parece, que já não esteja plenamente presente em Isaías 52-53. É por isso que defendo ser preciso reexaminar a afirmação de Girard de que o Evangelho é único sob esse aspecto.

O reexame leva Sandor a concluir que a singularidade atribuída por mim e por outros cristãos a Cristo e às Escrituras cristãs não poderia ser real, a menos que se baseasse em alguma coisa que não fosse a revelação do mecanismo do bode expiatório.

Assim como Sandor, creio que Isaías 52-53 revela plenamente o mesmo mecanismo vitimário que os Evangelhos. A descrição é tão concreta e realista quanto a dos quatro relatos da Paixão. Há muitas diferenças, porém, entre Isaías 52-53 e a denúncia do mecanismo nos Evangelhos. Limitar-me-ei aqui a comentar aquela que considero essencial.

Nos Evangelhos, a revelação do mecanismo vitimário não é simplesmente repetida outra vez; pela primeira vez, a revelação reflete sobre si mesma, fala de si mesma e de sua própria importância para todos os seres humanos. Longe de silenciar a precedência histórica da revelação no Antigo Testamento, os Evangelhos várias vezes reconhecem-na e invocam a autoridade das Escrituras para explicar o sentido daquilo que acontece na Paixão.

Um aspecto essencial da dimensão autorreferencial da revelação vitimária se manifesta especialmente nas numerosas citações feitas ao Antigo Testamento, não apenas de Isaías 52-53, mas de muitos outros textos que têm valor revelador em relação ao processo do bode expiatório. O Evangelho de João (15,25) cita uma fórmula do Salmo 69,5 (cf. 35,19) que, à primeira vista, parece bastante banal e insignificante. Nesse Salmo, o narrador lamenta que, mesmo seus inimigos sendo mais numerosos que os cabelos de sua cabeça, eles sintam ódio "sem motivo".

A fórmula "sem motivo" é aplicada a Jesus precisamente porque define o traço mais característico do mecanismo vitimário. A hostilidade mimética irracional, "sem motivo", manifesta-se por toda parte em torno de Jesus; seu contágio atinge até os discípulos mais próximos. A tripla negação de Pedro não é outra coisa senão esse "ódio sem motivo" que o apóstolo absorve inconscientemente e imita assim que se encontra mergulhado numa multidão já hostil a Jesus. Essa negação é um testemunho muito eloquente do caráter mimético do mecanismo vitimário em geral e da Paixão em particular.

Considerada por muito tempo irrelevante e absurda, a ideia da profecia cristológica faz sentido no contexto da revelação do mecanismo vitimário. Não apenas os Evangelhos nos fornecem a revelação mais completa desse mecanismo jamais escrito, ainda mais completa e específica do que em Isaías 52-53, como as citações e os comentários em torno da crucifixão deixam essa revelação ainda mais explícita. Mesmo alguns títulos dados a Jesus fazem parte da revelação vitimária. Dizer que ele é o *cordeiro de Deus* equivale a dizer que ele é um bode expiatório em sentido moderno. A expressão evangélica exprime de maneira mais eficaz a inocência de vítima injustamente sacrificada.

Os Evangelhos não apenas revelam o mecanismo vitimário, como também refletem sobre essa mesma revelação e sobre seus efeitos sobre o mundo; por exemplo, a violência apocalíptica, que poderia ser liberada com o fim da proteção sacrificial de que as comunidades pré-cristãs ainda se beneficiam.

No Antigo Testamento, como observa o próprio Sandor, a revelação vitimária não ocupa um lugar central. Ela permanece à margem, e não destaca a sua própria importância. É por isso que a atenção dos comentadores nunca se concentra diretamente sobre ela. O tema central, ainda segundo Sandor, é a luta contra a idolatria.

De todo modo, se refletirmos sobre a adoração dos ídolos, nos defrontaremos novamente com o mecanismo vitimário que é sua verdadeira origem. A única maneira de dar bom termo à luta contra a idolatria é revelar sua origem nas perseguições invisíveis dissimuladas na mitologia. É sobre a gratidão das pessoas a seus bodes expiatórios, considerados benfeitores divinos, que repousa a religião arcaica.

Um idólatra é um indivíduo que devota um culto a sua própria vítima. Antes de tudo, ele a vê não como bode expiatório inocente, mas como malfeitor que merece ser assassinado; em seguida, a violência unânime transforma misteriosamente o suposto celerado em conciliador divino da comunidade.

Não me inclino a crer, portanto, que, ao colocar a ênfase na anti-idolatria, como faz Sandor, seja possível considerar a revelação do mecanismo vitimário algo de importância menor. A recusa da idolatria é impossível se não revelamos completamente a ilusão perseguidora que domina a mitologia e os ritos sacrificiais, baseada na mentira mimética a si própria.

*

Toda a história da religião, creio, pode ser resumida como uma relação entre a perseguição da vítima substituta e os perseguidores. Nas religiões arcaicas, o mecanismo vitimário é ele mesmo sacralizado porque permanece ininteligível sempre.
As religiões arcaicas e seus sistemas sacrificiais constituem uma economia vitimária que esvazia violentamente a violência interna e, por meio da incessante repetição dos ritos, pouco a pouco engendra as instituições culturais.

O Antigo Testamento deu um imenso passo adiante: pela primeira vez na história, as vítimas foram des-divinizadas e Deus foi des-vitimado. Ele trocou os milhares de ídolos bodes expiatórios por um único Deus monoteísta, Javé, que é totalmente alheio ao mecanismo vitimário humano. É por isso que, no Antigo Testamento, pela primeira vez, a perseguição de bodes expiatórios é apresentada de maneira verídica, exatamente como uma perseguição de bodes expiatórios. Em vez de ser primeiro satanizado, e depois divinizado – no sentido em que isso acontece com Édipo –, José é admiravelmente humanizado.

Essa separação entre o mecanismo vitimário e o divino é tão fundamental para o monoteísmo judaico que ele tende a ver no cristianismo nada mais do que um regresso a esse mau hábito mitológico, que consiste em divinizar os bodes expiatórios. Afinal, não é Jesus um bode expiatório divinizado?

De fato é, mas, se examinarmos com atenção a relação de Jesus com o mecanismo vitimário, veremos que, longe de ser como aquela que encontramos na mitologia, ela é inteiramente inversa. Em vez de ser divinizado por aqueles que fazem dele bode expiatório e que o perseguem sem compreender sua inocência, Jesus Cristo é Deus para aqueles que reconhecem nele uma vítima inocente que aceita desempenhar o papel de bode expiatório com o fim de revelar, definitivamente, como o mecanismo do bode expiatório opera na cultura humana, como todos os seres humanos participam, no fim das contas, da perseguição dos bodes expiatórios. *Jesus aceita conscientemente submeter-se ao destino da vítima substituta para efetuar a revelação plena do mecanismo vitimário como matriz de todos os falsos deuses.*

A separação absoluta entre Deus e os bodes expiatórios, tal como se encontra no Antigo Testamento, é uma etapa extremamente importante da revelação daquilo que Deus é realmente, mas isso não é o fim da história. A Bíblia nos ensina que o verdadeiro Deus não depende do mecanismo vitimário. Na verdade, Deus detesta esse mecanismo a tal ponto que não para de ficar do lado das vítimas contra os perseguidores. No Livro de Jó, a questão essencial é saber se Deus está do lado da multidão, com os perseguidores, ou do lado da vítima, com o bode expiatório inocente. A resposta final é que Deus está do lado da vítima, e não dos perseguidores.

Assim, já no Antigo Testamento há uma nova aproximação entre Deus e os bodes expiatórios perseguidos, mas sobre uma base inteiramente diferente da velha confusão mítica. Dessa vez, o objetivo é revelar e neutralizar a perseguição mimética.

Os Evangelhos e a teologia cristã levam essa aproximação tão longe quanto possível, até a identificação completa. Deus e o bode expiatório tornam-se novamente um só na morte de um Jesus que é tão plenamente divino quanto plenamente humano. Deus torna-se voluntariamente bode expiatório de seu próprio povo não com o fim de esvaziar a violência interna por meio do velho mal-entendido mítico, mas pela razão oposta, a fim de dissipar definitivamente todos os mal-entendidos desse tipo, e de elevar a humanidade acima da cultura das perseguições vitimárias.

Longe de rejeitar como necessariamente "míticas" e "sacrificiais" as tentativas de definir a misteriosa proximidade entre o Servo e Deus nos Cânticos do Servo, devemos tentar compreender o texto como parte do mesmo esforço que, meio milênio depois, produzirá ideias cristãs como a Encarnação e a Redenção pela cruz. Algumas das minhas primeiras formulações sobre o assunto me parecem ainda precipitadas e inadequadas. Continuo procurando, às apalpadelas, uma maneira mais satisfatória de compreender essas coisas. Espero que os investigadores mais jovens, como Sandor, atinjam esse objetivo que sempre me escapa.

Traduzido do inglês americano por Mark R. Anspach.

Extraído de Violence Renounced. René Girard, Biblical Studies, and Peacemaking, *sob a direção de Willard M. Swarley. Telford, Pennsylvania, Cascadia Publishing House/Pandora Press, 2000.*

capítulo 25
o amor materno e o julgamento de Salomão

Jacques T. Godbout

Quando saímos do paradigma utilitarista, o contrário da doação é a violência, o ódio, todas as "coisas ocultas" que a obra de René Girard quer revelar à consciência moderna.

Enquanto para os utilitaristas a coisa escondida – sempre a mesma – é o interesse (trata-se de compreender para ter compreendido tudo), em Girard, é a violência que é fundadora. Além disso, a relação fundadora é a relação a um objeto ou a uma pessoa objetivada. O que conta é o outro, mas esse outro deseja a mesma coisa que eu e eu quero arrancá-la dele pela violência. Não há amor possível nesse sistema de explicação, há apenas ódio e "desejo", cujas consequências são necessariamente pavorosas. Girard demonstra a lógica da igualdade que engendra a rivalidade, que faz nascer a violência. É por isso que, na maior parte das sociedades, nós fugimos da igualdade. Mas há outras saídas: a dominação, submetida ou aceita; a doação que, saindo da igualdade, cria um estado de dívida recíproca. Girard reconhece essa lógica da doação. Entretanto, ele situa a origem dela fora da sociedade. Desse modo, mesmo que certos fatos apresentados por Girard sigam em sentido contrário, ele se retira. Para ele, a única definição do homem é a de um ser que tem medo de si mesmo e de seus atos, e toda a sociedade, todas as sociedades são fundadas em tal medo.

Em sua obra de mais de seiscentas páginas sobre "as coisas ocultas desde a fundação do mundo",[1] Girard menciona uma única vez a existência de "seres caros" ameaçados por toda essa violência. "Quanto mais (a raiva) se exaspera, mais ela tende a se orientar em direção aos seres mais [...] caros" (p. 121). Haveria entre esses seres caros, então, de alguma forma, uma relação que não foi fundada na violência e que a violência ameaça. Haveria, em cada sociedade, seres caros a quem nós queremos evitar tal violência a qualquer preço. De onde, então, saem esses seres? É a única alusão existente nessa obra quanto a essa realidade em que, à propósito, não há desejo pelas consequências positivas, não há calor nem necessidade de amor. Essa realidade não tem lugar no sistema. Nesse sentido, Girard é moderno e podemos até mesmo nos perguntar se ele não é utilitarista. Ele negligencia todas as situações em que os elementos opostos à lógica da violência poderiam aparecer, em benefício de elementos secundários, confirmando uma hipótese cínica. Daremos um exemplo para mostrar a ilegitimidade dessa fuga das relações de doação fora das relações sociais.

Em sua discussão a respeito do julgamento de Salomão (p. 341-51), Girard constata que a verdadeira mãe prostituída desordena a lógica infernal do mimetismo pelo amor deste ser caro que é o seu filho. Entretanto, ele não reconhece que a condição da eficácia do julgamento do rei Salomão, o qual ele comenta longamente para ilustrar sua teoria, é justamente que ela não se aplica. Essa condição é a de que uma das duas pretendidas mães rejeite a lógica da violência e chegue mesmo a vislumbrar a perda de seu filho, de entregá-lo a sua rival para salvá-lo. É o exato contrário do desejo mimético girardiano. É a lógica do amor.[2] E a célebre "sabedoria do rei Salomão" reside precisamente nesta aposta que ele fez: que a lógica do amor fosse carregá-la e desordenar a lógica girardiana que ele propõe às duas mulheres. Finalmente, nessa história, duas a cada três pessoas adotam uma atitude não girardiana: são elas o rei e a prostituta "boa",

[1] René Girard, *Des Choses Cachées Depuis la Fondation du Monde*. Paris, 1978.

[2] O mesmo raciocínio aplica-se à história de José e seus irmãos, a qual Girard também comenta.

a verdadeira mãe. Mas Girard atém-se somente ao terceiro personagem, a falsa mãe, que é, além disso, a perdedora da história, aquela que tem um comportamento mimético conforme sua teoria, mas que perde justamente por adotar um comportamento de acordo com a teoria de Girard.

Ora, em que jaz esta outra lógica não girardiana sobre a qual se apoia a sabedoria do rei Salomão? Não é, de modo algum, em um heroísmo que seria excepcional na história da humanidade, mas simplesmente no amor maternal, que sempre existiu e que transcende continuamente a lógica da violência mimética. Girard parece então cegado por sua teoria na interpretação dessa passagem bíblica. Mostrando-nos tal passagem, ele não vê em que implica o julgamento de Salomão. Essa história poderia, ao contrário, servir de ilustração para a importância fundamental da lógica da doação. Girard não vê nela senão o aspecto que confirma sua teoria. Quanto ao resto, ele faz a prefiguração de Cristo, ou seja, de um evento único na história da humanidade, enquanto isso se trata simplesmente do amor materno: um fenômeno "banalmente" universal.

Extraído de O Espírito da Doação, *Jacques T. Godbout em colaboração com Alain Caillé. Paris, Edições La Découverte/Poche, 2007, p. 292-94.*

Agradecemos às Edições La Découverte por terem autorizado as Edições L'Herne a reproduzir este texto.

capítulo 26
resposta a Jacques Godbout sobre o julgamento de Salomão

René Girard

Jacques Godbout tem razão em insistir na importância do amor maternal. Mas se esse amor é "trivialmente" universal, o mesmo se pode dizer do desejo mimético. A diferença é que o desejo mimético e suas consequências passam despercebidos. É por isso que trato dele. Já o amor maternal é um tema bastante abordado.

Não é porque escrevemos um tratado de quatrocentas páginas sobre os furacões que temos de escrever um tratado igualmente longo sobre o tempo bom. Ao estudar o clima, somos obrigados a estudar suas perturbações. O papel de um livro não é ser um mero espelho da realidade, mas sim revelar-nos aqueles seus aspectos que tendemos a minimizar ou a não enxergar absolutamente.

Será que devemos nos alegrar porque a maior parte das mães encarna o amor maternal? Talvez esse tema convenha mais aos poetas. Sinto que falar disso diretamente está além da minha alçada. Na realidade, o capítulo de meu livro sobre o julgamento de Salomão é uma celebração do amor; mas, quanto menos se fala do amor maternal nesse texto, mais ele brilha por conta própria. A beleza extraordinária do texto bíblico está justamente em revelar o amor maternal sem nunca o mencionar. O texto não tem nada de sentimental. Os efeitos literários mais fortes são silenciosos.

É possível que eu não fale suficientemente do amor maternal, mas não é verdade que meu sistema explicativo não o considere relevante. Simplesmente, o amor de uma mãe por seu filho não corre o risco de terminar em violência mimética na medida em que a diferença, a distância entre os dois é grande demais para que eles se tornem duplos e rivais.

Para mim, o ponto de partida não é a violência, mas a *imitação*. A imitação está na base do aprendizado. Hoje se sabe que um recém-nascido imita as expressões faciais da mãe desde as primeiras horas de vida. Mas a mesma tendência a imitar, que é indispensável ao desenvolvimento normal, engendra o conflito, porque se estende ao desejo de objetos que não podem ser compartilhados.

Todavia, não direi que a imitação do desejo do outro *objetifica* esse outro. Direi antes que ela o *sacraliza*: o ser tomado como modelo vira um ídolo, o objeto desejado, um talismã tornado precioso pelo desejo do outro. O que importa é sempre o outro, mas não é só porque ele deseja o mesmo objeto que eu que tenho obsessão por ele – é porque tenho obsessão por ele que desejo o mesmo objeto que ele.

É apenas num segundo momento que essa inquietação com o outro culmina em violência. E é só num terceiro momento que a violência recíproca entre rivais dá lugar a uma violência unânime contra uma vítima substituta. É essa última forma de violência que, na minha opinião, funda as instituições humanas. Mas isso não quer dizer que a violência sirva de fundação às *relações* humanas, mas tão somente que as instituições têm de conter a violência que se caracteriza por ser um efeito secundário da imitação. E a primeira dessas instituições é, sem dúvida, o sacrifício.

Não esqueçamos que o sacrifício de crianças era uma instituição que realmente existia entre os povos vizinhos dos hebreus no tempo do rei Salomão. Os profetas pregavam incessantemente contra essas práticas. O que pretendo em *Coisas Ocultas desde a Fundação do Mundo* é mostrar como as religiões bíblicas se livraram do sacrifício humano, e elas falam de como isso aconteceu.

A história de Abraão e de Isaac marca um ponto de virada nessa evolução. Inicialmente, Abraão de fato leva o pequeno Isaac a sua mãe. Diante do imperativo sacrificial, o amor maternal não tem qualquer peso. No último instante, um animal toma o lugar do menino, encerra-se o sacrifício humano. O que há de novo é a recusa em sacrificar a criança.

Para apreciar devidamente a história do julgamento de Salomão, é preciso não perder de vista esse contexto histórico. A primazia do amor maternal, que hoje nos parece tão natural, nem sempre estava garantida. Antigamente, o amor maternal não sobrepujava claramente as exigências do sacrifício.

Assim, para resolver a disputa entre as duas prostitutas que pretendem cada qual ser a mãe do bebê, Salomão sugere uma solução sacrificial: propõe literalmente *dividir*, cortar o menino em dois para reconciliar as duas rivais.

Somente uma das duas pode ser a verdadeira mãe, mas não podemos saber qual à primeira vista. A astúcia de Salomão revela quem é a verdadeira mãe, aquela que renuncia a seu próprio desejo para salvar a criança: a mãe má é aquela que se deixa levar pela rivalidade mimética a ponto de sacrificar o bebê. A Bíblia efetivamente compreende que o desejo mimético existe.

A mãe boa é absolutamente essencial, mas é a mãe má que triunfa com maior frequência neste mundo. Se há tanta admiração por Salomão, é porque os homens facilmente tomam a mãe má pela boa, e a boa pela má, o que é muito grave...

Se temos vontade demais de ver a boa mãe por toda parte, arriscamo-nos a não nos assemelhar em nada a Salomão, mas a assemelharmo-nos antes a seu oposto, àquele que enxerga a boa vontade por toda parte, mesmo onde ela não está. É a Salomão que eu, de algum modo, gostaria de me assemelhar, encontrando o meio de desmascarar por toda parte as mães más – ou os pais maus – que se escondem!

O Cristo é o amor. A boa mãe é aquela que a Idade Média chama de *figura Christi*. A Idade Média respeitava demais os valores sociais para acreditar que uma prostituta pudesse desempenhar esse papel. Julgava-se que a *figura Christi* era Salomão. Mas a boa prostituta é perfeita como figura do Cristo, porque age segundo o amor e não segundo a rivalidade mimética, mesmo que isso a faça sofrer. Ela passa do sacrifício do outro ao sacrifício de si. Ela abandona seus direitos para que a criança viva. Ela ilustra o próprio sacrifício do amor maternal.

capítulo 27
"os analistas permaneciam perplexos"

Gil Bailie

Na terça-feira, enquanto a pressão da comunidade internacional se tornava cada vez mais acirrada na Indonésia, a fim de dar fim ao aumento da violência no Timor-Leste, os analistas permaneciam perplexos diante de duas questões fundamentais: quem está orquestrando o massacre e por quê?

Assim começa um artigo do *New York Times*, do dia 8 de setembro de 1999, escrito por Seth Mydans. A violência explodiu após um referendo sobre a independência, revelando que quase 80% dos eleitores da antiga colônia portuguesa do Timor-Leste escolheram separar-se da Indonésia. Mydans vê bem que a violência está enraizada em uma desintegração social mais ampla e observa que "o governo central é fraco e fragmentado, apesar de os políticos disputarem a sucessão presidencial e de o exército, outrora poderoso, estar hesitante, enraivecido e dividido" e que, "em todo o país, são as disputas e os feudos que ditam a política local". Enquanto isso, no fim das contas, o jornalista do *Times* deve reconhecer que nenhuma das explicações para a violência está apta "a explicar totalmente o que tem acontecido...". "Se os antropólogos culturais soubessem escrever", disse um dia o repórter Jon Katz, "muitos jornalistas teriam de procurar outro emprego".

Evidentemente, certos antropólogos sabem escrever e o fazem constantemente nos estreitos limites impostos pelo meio universitário. Os que se afastam desse caminho levantam uma suspeita diretamente proporcional a sua apostasia em consideração ao meio. Durante a maior parte de sua carreira, René Girard foi vítima de uma orientação intelectual que se recusou a adotar. Em *Des Choses Cachées Depuis la Fondation du Monde*, ele afirmava:

O que é assustador hoje em dia é o niilismo cognitivo de que se originam todos os pensamentos atuais. É o pânico da recusa de olhar a única direção de onde o sentido ainda poderia vir (p. 284).

Ali, Girard certamente falava da tradição bíblica que a maior parte dos contemporâneos considera intelectualmente ultrapassada, mas na qual ele tinha encontrado a chave das descobertas antropológicas que tornaram e continuam tornando seu trabalho tão indispensável para a análise da crise cultural do nosso mundo. Como rompemos, em grande parte, nossas ligações com a primeira séria tentativa de pensamento antropológico na história, temos tendência a nos deixar rebaixar a maneiras de pensar que, convencionalmente, têm pouca ressonância no dilema cultural profundo a que somos confrontados.

Eventos do século XX e reportagens de hoje escapam à nossa compreensão, porque os que transmitem as informações – jornalistas, comentadores – e uma maioria de leitores apoiam-se em ferramentas intelectuais e pressuposições epistemológicas do Iluminismo do século XVIII, ou em disposições modernistas que foram os avatares do século XIX. A história que nos contamos é, não raro, não apenas terrivelmente inadequada, mas também perniciosa, graças a essa mesma insuficiência. Nós nos dizemos que estamos construindo um paraíso para os operários, enquanto, na realidade, construímos *gulags*. Nós nos dizemos que estamos nos libertando, enquanto, na realidade, estamos nos subjugando. Nós nos dizemos que estamos avançando a passos largos rumo ao futuro, enquanto, na realidade, ressuscitamos o cadáver de qualquer movimento religioso já há muito descreditado, ou de alguma ideologia ou política malsucedida. Nós nos dizemos que estamos superando o

Evangelho, enquanto, na realidade, nós o estamos traindo. Nós nos dizemos que estamos espalhando a democracia, enquanto, até o que sabemos, as imensas e exaltadas maiorias favorizam a eleição de tiranos antidemocratas.

Habitualmente, consideramos os eventos históricos sob o ângulo da política, da economia, da sociologia ou da psicologia. Quando não está completamente ausente de nossa análise, a atenção que atribuímos à religião e a seus substratos antropológicos tende a ser neutralizada, seja pelos preconceitos herdados do Iluminismo, seja pelo relativismo dogmático da pós-modernidade. Na ausência de uma análise mais penetrante, por falta de opção, mudamos a direção de nossa pressuposição habitual, sabendo que o motor dos eventos contemporâneos é fundamentalmente de cunho político, econômico, sociológico ou psicológico. Cada uma dessas explicações traz um pouco de elucidação; entretanto, quanto mais um evento é sério e historicamente típico, menos é provável que uma análise exclusivamente norteada pelas ferramentas do Iluminismo tenha algum significado.

Eu uso o termo "historicamente típico" em vez de "historicamente importante" para indicar os eventos que nos mostram o que se tem passado na superfície dos eventos "importantes". Tais eventos "historicamente típicos" não mudarão o curso da história, mas podem elucidar as mutilações históricas que se produzem atualmente em nossa cultura e fora dela. Alguns desses eventos podem ser lidos como parábolas da crise que deveremos encarar ao longo dos próximos anos.

Como o valor prático do trabalho de Girard reside no poder de interpretação, esta homenagem ao meu mestre e amigo assumirá a forma de uma leitura de dois artigos jornalísticos que confirmam a tolice de Jon Katz a respeito da necessidade de inteligência antropológica. Eu espero que estas observações, necessariamente incompletas, sirvam para ilustrar a fecundidade das premissas antropológicas girardianas.

O primeiro é um artigo publicado no *New York Times*, em 2 de janeiro de 2001, abordando uma onda de mortes cometidas na Indonésia rural por multidões enraivecidas de caçadores de bruxas. O artigo escrito por Calvin Sims, começa da seguinte maneira:

> Nesta verdejante região agrícola do oeste de Java, onde a bruxaria e a superstição têm raízes profundas, poucas pessoas ficaram surpresas ao ver, em setembro passado, uma multidão enraivecida decapitar uma mulher de setenta anos, acusada de lançar feitiços para deixar pessoas doentes. Segundo as testemunhas, antes de lhe cortar a cabeça, a multidão arrancou-lhe os olhos e cortou-lhe alguns membros, que foram lançados na rua.

O artigo conta que mais de cem pessoas foram mortas em diferentes vilarejos. O jornalista nota que a decapitação das bruxas não é muito rara na Indonésia rural e pouco é necessário para convencer multidões agitadas da culpa de um acusado. A última pessoa a ter entrado em contato com alguém que adoece ou morre corre o risco de ser suspeita de bruxaria, assim como os xamãs quando falham ao curar os enfermos. Como nota o repórter do *Times*, os massacres de bruxas "servem, há muito tempo, como um mecanismo que permite aos vilarejos rurais suprimir os comportamentos antissociais". A tal ponto que os caçadores de bruxas são considerados heróis na maior parte desses locais, uma proteção contra as forças do mal.

Quem quer que conheça um pouco do trabalho de René Girard não terá dificuldade em reconhecer o mecanismo do bode expiatório que opera aqui. Com efeito, nos dias de hoje, o conhecimento desse mecanismo é quase universal no seio das culturas ocidentais e mesmo na maior parte daquelas que tiveram um estreito contato com estas. São, na verdade, tais contatos com as culturas sofrendo há muito a influência judaico-cristã que revelam os mecanismos do bode expiatório nessas sociedades não ocidentais e que põem em questão as superstições que as acompanham. Entretanto, existe uma formidável resistência a tal revelação, que nem de longe está limitada àqueles não educados.

O Senhor Sims entrevistou um antropólogo da Universidade da Indonésia à propósito destes episódios de massacre de bruxas. O antropólogo reconheceu a existência de uma longa história de semelhantes massacres na região, indo "ao menos até a colonização holandesa das ilhas" que, em seguida, se tornariam a Indonésia. A precisão é tranquilizadora para os universitários ocidentais, para quem o colonialismo ocidental é a origem de quase todos os males que oprimem o mundo de hoje. A razão pela qual temos testemunhas de massacres de bruxas a partir da época da colonização é, evidentemente, o fato de que os europeus – quaisquer que sejam suas faltas, à propósito – viram-nas como abominações morais. Eles as viram e fizeram a crônica, descrevendo-as de maneira a tornar perfeitamente óbvio que as multidões estavam impulsionadas por superstições absurdas. Nós possuímos documentos que testemunham massacres de bruxas, documentos produzidos por pessoas que as reconheceram por aquilo que eram. Nenhum leitor de Girard levaria a sério a ideia subentendida nas observações do antropólogo indonésio, a saber: a relativa ausência de tais documentos antes da colonização holandesa sugere que os massacres de bruxas surgiram apenas em razão da influência problemática dos colonizadores europeus.

Entretanto, o mesmo artigo mostra uma realidade cultural mais interessante e sutil, que um leitor de Girard, mais uma vez, sem dúvida reconheceria. O Senhor Sims entrevistou um dos homens que fizeram parte do massacre de três pessoas acusadas de bruxaria. O homem lhe contou que a única maneira de livrar-se das bruxas era matá-las, mas que "ele e seus colegas foram obrigados a preparar-se psicologicamente" para realizar o assassinato.

"Matar uma bruxa é um trabalho difícil, deve-se repetir incessantemente que elas são más e que você está protegendo pessoas inocentes de suas maldições e sortilégios", diz ele.

Dessa vez, podemos suspeitar de uma influência europeia. O leitor de Girard se dará conta de que, até que uma bruxa entre em contato com o pensamento judaico-cristão e sua filial secular, matar bruxas não tem nada de particularmente difícil. Com efeito, as circunstâncias sociais que o rodeiam são tantas que o ato de matar bruxas é não raro extremamente fácil, os caçadores de bruxas tendo "olhos que veem e ouvidos que não ouvem" o rosto e a voz de suas vítimas. Moralmente, "elas não sabem o que fazem". O que é interessante aqui, no plano antropológico, é que se tornou mais difícil matar as bruxas: é, a partir de agora, um "trabalho difícil". A questão é entender o porquê. A resposta se encontra, de maneira implícita, na observação que o caçador de bruxas faz à propósito da necessidade de *preparar-se psicologicamente* para tal trabalho difícil. É uma maneira indubitavelmente ocidental de falar e de pensar, um sinal da influência moral ocidental quase tão evidente quanto a racionalização mítica que os respectivos caçadores utilizam para justificar sua violência: ajudar as pessoas inocentes ou, dito de outra forma, proteger as vítimas. A ética da vítima inocente alcança um sucesso tão triunfal nas culturas mergulhadas na influência cristã hoje em dia que os atos de perseguição não podem ser justificados por essa ética, e mesmo os perseguidores de bruxas indonésios a utilizam como recurso atualmente.

Um outro artigo tirado das páginas do *New York Times* pode nos ajudar a ressaltar o valor do trabalho de Girard a quem quer que tente decifrar o dilema contemporâneo. É um artigo de 1993, de Tim Golden, a respeito da imolação das cabras em Tehuacan, no México. A cada colheita, esse rito é célebre perto do vilarejo de San Gabriel Chilac, um vilarejo de mercado nas montanhas de Oaxaca. Colocam-se as cabras da região no adro de uma velha *hacienda*, onde são abatidas de maneira ritualística. Esse "antigo ritual de sangue e de morte" conservou uma clara dimensão religiosa que comporta orações e danças cerimoniais, assim como encantações solenes em nahuatl, a língua dos astecas.

Um leitor de Girard encontrará detalhes inteiramente conformes à longa tradição do sacrifício animal, comum a quase todas as sociedades humanas. Um leitor mais atento vai considerar o fato de que, nesse ritual em particular, aparentemente, todas as cabras são abatidas, um detalhe que requer explicação. Quando o que Girard chama de sistema sacrificial funciona corretamente, este é extremamente ecônomo, e nisso reside precisamente o seu valor. O sacrifício sanguinário era um mecanismo de redução da violência no mundo antigo; podemos considerar as palavras de Caifás no Novo Testamento: "Mais vale um único homem morto que a nação inteira". Esse caráter ecônomo do sacrifício deve nos impedir de condenar nossos ancestrais que, em geral, não dispunham de outro meio para eliminar a violência senão canalizando-a a uma vítima.

A chave da eficácia ritual do sacrifício sanguinário é seu efeito catártico. A catarse que se encontra no paroxismo de tais rituais permite à comunidade purificar suas animosidades internas. Já que uma catarse social dotada de uma intensidade religiosa é o objetivo do sacrifício, seu poder catártico de um sistema sacrificial diminui, ele perde sua eficácia ritual. Quando isso se produz, há para a sociedade duas formas de sobrecarregar a capacidade catártica de seu ritual sacrificial. Ela pode sacrificar as vítimas mais prestigiosas, que é sacrificar um número sempre maior de vítimas. A cada vez que encontramos sinais de tal escalada ritual, há a suspeita de que o sistema sacrificial em que jaz a sociedade está em crise. O fato de sacrificar todas as cabras do vilarejo de Oaxaca sugere fortemente que o rito está lutando contra a perda de seu potencial catártico. Essa suspeita é confirmada por um dos detalhes de que fala o jornalista do *Times*: "Alguns dos dançarinos começaram a esquecer seus passos e ninguém parecia lembrar por que um entre eles ergue ao céu um cálice flamejante".

Os passos de dança que acompanham os rituais sacrificiais não são aprendidos em aulas de dança. Originalmente, eles são mais o produto de uma contaminação social reforçada pelo ritmo. Do mesmo modo que uma multidão produz o chefe que, retrospectivamente, parece ser a condição *sine qua non*, o poder mimético extraordinário dos movimentos rítmicos assume uma vida própria, unificando toda a comunidade em um único movimento físico. A própria ideia de "passo de dança" indica uma perda de potência ritual, exatamente como a ideia de que "ninguém lembra por que um entre eles ergue ao céu um cálice flamejante". Se a dança ritual nasce de uma contaminação mimética e não de instruções coreográficas, o mesmo acontece com diversos gestos rituais. O fato importante não é que as pessoas tenham esquecido por que se ergue um cálice flamejante ao céu, mas antes que, por uma razão ou outra, eles começaram a se questionar a respeito. Interrogar-se sobre os tipos de rituais sacrificiais é interessar-se por eles de maneira antropológica e não piedosa, colocando em perigo, assim, a sua eficácia. Para os antigos, nada poderia ser mais perigoso. A emergência dessas questões, assim como a confusão em torno dos passos de dança e o fato de que um grande número de animais seja abatido sugere que tais rituais, e as tradições culturais anexas, estão em crise. A questão é entender por quê.

O repórter do *Times* é um dos jornalistas de quem Jon Katz falava. Enquanto ele possui todos os dados de que precisa, não apenas para interpretar os fatos de maneira antropológica, mas também para compreender sua pertinência aos olhos de um dilema cultural de alcance mais amplo, ele pensa sempre a partir do interior das categorias políticas, econômicas, sociológicas e psicológicas convencionais. Entretanto, não podemos exigir dele mais do que ele nos dá, porque ele fornece todos os dados pertinentes, mesmo se falhou ao fazer as ligações necessárias. Ele nos diz, por exemplo:

> Já faz seis ou sete anos que os *matanceros* (os abatedores) não podem mais cortar as gargantas de mil cabras por dia e deixá-las cambaleantes e sangrentas no pátio, até que morram. Isso devido aos protestos dos militantes dos direitos dos animais na Cidade do México... A carnificina agora se faz com armas de fogo, com grandes pistolas negras para gado, que deixam buracos bem visíveis na cabeça das cabras...

Uma das chaves da economia do sistema sacrificial é a intensificação ritual. Matar um rei, ou mesmo um prisioneiro de guerra, comporta um potencial catártico considerável. Se, por razões éticas ou econômicas, quisermos substituir com sucesso uma pessoa por um animal, deve-se cumprir o esforço no plano ritual, a fim de compensar a perda do potencial catártico correspondente. A intensidade afetiva do rito deve ser sobrecarregada. Derramar uma grande quantidade de sangue não pode ser o meio mais sofisticado para intensificar um ritual, mas é uma técnica facilmente reconhecível. Mesmo que se testemunhe uma crise sacrificial mais importante, abater, degolar "mil cabras por dia" e deixá-las "cambaleantes e sangrentas no pátio, até que morram" certamente comporta mais potencial catártico que "matar com pistolas para gados que deixam buracos bem visíveis nas cabeças das cabras". Não é necessário ter um diploma em antropologia para perceber que a introdução de pistolas para gado é acompanhada de uma diminuição significativa do poder ritual. Mas o que tornou esta concessão necessária?

São os militantes dos direitos dos animais na Cidade do México. Ora, qual é a ética no coração do movimento pelos direitos dos animais? Dito de outra forma, em que contexto cultural emergiu o problema dos direitos dos animais? A resposta é perfeitamente óbvia. A questão dos direitos dos animais é o prolongamento do problema moral das vítimas, traço surpreendente das culturas sob a influência cristã. Pode ser que os militantes dos direitos dos animais, na Cidade do México ou em qualquer outro lugar, sejam secularistas ou neopagãos. Todavia, a ética que subentende seu ativismo extrai suas fontes da empatia com as vítimas suscitada pela revelação da Vítima Inocente que se encontra no coração do Novo Testamento. Como Girard notou, o cristianismo cristianizou o Ocidente e o Ocidente está ocidentalizando o mundo. A reivindicação dos direitos do homem e as diversas extensões dessa ética em outros domínios da vida cultural podem ser atribuídas à influência cristã. Na verdade, a narração do sacrifício das cabras faz referência a essa ligação que é, ao mesmo tempo, reveladora e, de alguma forma, córnica, de modo que o jornalista do *Times* não parece em nada consciente do que lhe deveria ser absolutamente óbvio. O Senhor Golden escreve:

> Existem poucas fontes históricas sobre os massacres e uma controvérsia em torno da ideia difundida, segundo a qual eles suplantaram os rituais de sacrifício humano celebrados antes que os espanhóis tivessem trazido as cabras e as associações de guardiães de animais ao Novo Mundo. Entretanto, ver os massacres como uma maneira

> de obter a carne da cabra seria desconhecer a intensidade e o simbolismo do que aconteceu.

Apesar de seus esforços, o jornalista não consegue se livrar suficientemente do materialismo moderno. Com efeito, a explicação utilitária não é satisfatória. Abater todas as cabras do rebanho em uma sociedade que, até pouco tempo atrás, não tinha refrigeração, não se justifica em termos utilitários. Mas o preconceito materialista permanece, porque o jornalista, enquanto reconhece que a transformação do sacrifício humano em sacrifício animal coincidiu com a chegada dos europeus, dá a entender que esta transição se deu graças às cabras que os espanhóis trouxeram da Europa. É verdadeiramente razoável pensar que os astecas e outras tribos do Novo Mundo conservaram os rituais de sacrifício humano por não disporem de pequenos animais para substituí-lo? Seu desejo de passar do sacrifício humano ao sacrifício animal era contrariado por sua incapacidade de encontrar animais reais? De maneira mais pertinente, os espanhóis não trouxeram algo que fosse capaz de melhor perceber a transição do sacrifício humano ao sacrifício animal? Sabia-se que, à época em que os europeus chegaram, os indígenas tinham o hábito de massacrar, com verdadeira paixão, as vítimas sobre seus altares e os inimigos nos campos de batalha. Muitos procuraram aliar-se aos novos e poderosos europeus. Não apenas os europeus, apesar de todas as suas falhas morais, escolhiam, em geral, não se aliar àqueles que praticavam o sacrifício humano, mas também eles trouxeram missionários que pregavam contra tais práticas, tendo, por vezes, de pagar com suas próprias vidas.

No fim das contas, o que essa história nos ensina? Encontramos aqui as provas do efeito cultural persistente do cristianismo no mundo. A mesma força cultural e espiritual que assumiu um papel decisivo na desaparição do sacrifício humano está provocando hoje a morte dos rituais de sacrifício animal que outrora o substituiu. Tudo isso parece ser uma boa nova, mas apenas sob a condição de que os que contavam com esses recursos rituais tenham a medida para substituí-los por recursos religiosos duráveis de outro gênero. Privar a sociedade dos recursos sacrificiais rudimentares dos quais ela depende sem lhe propor alternativas é afundá-la em uma crise que a levará quase inevitavelmente à violência.

G. K. Chesterton observa que "nossa época viu nascer uma das ideias mais singulares, aquela segundo a qual enquanto as coisas realmente não vão bem, precisamos de um homem prático". Segundo Chesterton, o contrário é verdadeiro: não é um homem prático de que precisamos, mas de um teórico:

> Se o seu avião mostra uma leve falha, um amador poderá consertá-lo. Mas se ele está gravemente doente, será provavelmente necessário trazer de um escritório ou laboratório algum velho professor de ar distraído, de cabelos brancos e despenteados, para analisar o problema. Quanto mais complicada for a desordem, maior será a distração do teórico de que precisamos e mais brancos seus cabelos hão de ser.

A René Girard não falta espírito prático: ele é justamente o teórico de que precisamos. Ele também é o realista ciente de que o amadorismo político habitual não servirá de muita coisa diante da crise iminente de nossa época. Girard entende não apenas que a crise pós-moderna é essencialmente religiosa, mas também que suas raízes estão ancoradas no mais profundo de nossa vida social e psicológica. Se Girard é o professor de cabelos brancos de quem, segundo Chesterton, o mundo precisa, ele também é o pensador que nos deu as ferramentas necessárias à compreensão do nosso dilema histórico. Além disso, ele dá o exemplo do tipo de coragem intelectual requerido para encarar nossas responsabilidades culturais. Nós lhe somos devedores pelo que ele cumpriu. Apesar da audácia do que afirma em *Des Choses Cachées,* ele resume humildemente, quiçá ironicamente, como lhe é de hábito:

> Eu digo, no entanto, que, se conseguimos analisar e desmontar os mecanismos culturais hoje, é devido à

> influência indireta e despercebida, mas formidavelmente constrangedora, que a Escritura judaico-cristã exerce em nós... A revelação da vítima expiatória como fundadora de toda religião e toda cultura não é algo cuja descoberta possa ser reivindicada pelo nosso universo em seu conjunto ou por algum indivíduo particularmente "favorecido". *Tudo já está revelado* (p. 161-62).

Paulo VI dizia que o homem moderno ouve mais aqueles que testemunham do que aqueles que ensinam. E, se ele ouve os que ensinam, é porque estes também são testemunhas. Como seus muitos alunos afirmam com bastante gosto, René Girard é um professor extraordinário e seu grande talento se acresceu largamente ao fato de que, apenas explicando suas próprias teorias e reconhecendo honestamente suas fontes e antecedentes, ele foi necessariamente testemunha do significado universal do pensamento bíblico e da singularidade da revelação do Novo Testamento.

Traduzido do inglês por Julia Cagé e Trevor Merrill.

parte IV
a face obscura do Iluminismo

capítulo 28
Sade ou o discurso do algoz

Pascal Bruckner

Há algumas décadas, a crítica literária é escrita sob o prisma da desconfiança. Em cada texto, deve-se buscar o não-dito, o impensado, os estereótipos inconscientes, tornar audível o fio contínuo de palavras que o autor redigiu em sua ignorância e que, graciosamente, lhe é revelado. A leitura assemelha-se a uma enquete policial em que o livro é tido como um suspeito a quem se deve dar à luz contra sua própria vontade. Nesta religião da confissão, a crítica assume sucessivamente o papel do grande inquisidor, do comissário de polícia, do confessor, do analista: muitos são os agentes que estão acima da obra e lhe oferecem a inteligência que lhe falta, levando-a à consciência de si mesma. Nos termos desse investigador, o autor, criticado e submetido à questão, é tido por morto. Deve-se agradecer a René Girard por nos ter ensinado, mais uma vez, que os grandes escritores, em geral, dizem o que pensam e pensam o que dizem, não têm necessidade alguma de nossas muletas para serem compreendidos.

É o caso com Marquês de Sade, cujas obras nos são apresentadas desde sua redescoberta no início do século XX, em versões tão edificantes quanto suavizadas. Dessa forma, o autor mais amedrontador, mais inquietante e também o mais disparatado da literatura mundial foi sucessivamente apresentado como um elogiador da libertinagem, pura máquina de linguagem, um profeta do amor emancipado, jogador de máscaras desenvoltas; o que mais eu sei? Perto de trinta anos de castelos, de cárceres, de torres sobre a monarquia, a república, o consulado, o império fizeram dele o mártir da liberdade e, portanto, o herói de todos os insurgidos da contracultura. Todos esses Sades bem-pensantes, o de Apollinaire, de Breton, de Eluard, de Barthes, de Blanchot, de Gilbert Lely, e assim por diante, têm por função tornar esse autor apresentável, de acordo com o tema pelo qual não se deveria julgá-lo "no tribunal do Referente"!

O desejo como dívida

Que nos permitam, no entanto, tomar Sade como ele merece, ou seja, ao pé da letra, longe de seus bajuladores beatos que lhe dão visões maquiadas ou tentam adaptá-lo aos costumes de sua época, alistando-o a sua cruzada política, literária, libidinal. Sade inflige uma contradição mordaz a todos os libertadores da sexualidade, mostrando que esta, tomada ao pé da letra, conduz à negação de outrem e ao crime: gozar é matar aquele de quem gozamos. Ele semeia o desastre com o ícone dos Modernos – o sexo –, e reúne dois termos que havíamos distinguido – Eros e Thanatos. Em outros termos, só podemos amar Sade se o trairmos e o ódio que os bem-pensantes lhe devotam é, sem dúvida, a melhor homenagem que lhe podem fazer. O próprio Sade aspirava à autodestruição e, com certo orgulho, havia escrito nas instruções a serem seguidas após seu enterro: "Glandes serão semeadas em minha cova quando esta estiver recoberta, a fim de que, em seguida, o terreno da dita cova seja novamente enfeitado e a mata cortada seja forrada, como já esteve; os traços de minha tumba desaparecerão da superfície da terra, assim como me deleitaria que minha memória desaparecesse da memória dos homens".

Em Sade, o desejo que desperta um ser, homem ou mulher, é uma dívida que se assume de outrem e que deve ser paga até o sacrifício supremo. Na beleza, na juventude, no frescor da graça, deve-se ler estes "sinais vitimários preferenciais"

(René Girard) que nos designam como candidatos ao desvio, à violação, à tortura. Enquanto em Fourier o encanto exalado por uma pessoa faz dela nossa devedora potencial e nos leva a esperar a obtenção de seus favores, sob a condição de que, seduzindo-a com talento, saibamos defender nossa causa com eloquência, em Sade, ser desejável é ser culpado por haver provocado em outrem uma desestabilização de sentidos que demanda satisfação. Quando Fourier prega esta disponibilidade de todos para cada um, Sade avalia a disposição dos mais belos objetos aos seus futuros algozes. Desejar é exigir algo em troca.

Nisso, o marquês divino não é, de forma alguma, o precursor da sexualidade moderna, esta que, como justamente observa Jean-François Revel, supõe a reciprocidade, a igualdade no prazer. Ele celebra tão somente a astúcia, a humilhação, a penetração brutal ou mortal. A volúpia não é o coroamento de uma espera comum, mas o fruto de um ataque repentino, a derrota de alguns em detrimento de outros. O gozo não pode ser mútuo, sendo até mesmo um motivo de manifestação da morte nesse universo. O desejo é o direito concedido pela natureza de tiranizar o outro, sem que este outro obtenha qualquer prazer:

> O que desejamos quando gozamos? Que tudo ao nosso redor tome conta apenas de nós, que pense somente em nós, que cuide apenas de nós. Se os objetos que nos servem também tiverem algum gozo, estarão, sem dúvida, imediatamente mais ocupados consigo mesmos que conosco; consequentemente, nosso gozo é perturbado. Não há homem que, ao ter uma ereção, não queira ser déspota: parece que ele passa a ter menos prazer se os outros têm tanto prazer quanto ele [...]. A ideia de ver um outro gozar como ele leva-o a uma sorte de igualdade impeditiva dos atrativos indizíveis que o despotismo lhe proporciona.
> É falso, a propósito, que haja prazer em dar prazer a outros; isso seria servi-los e o homem que tem uma ereção está longe do desejo de ser útil aos outros. Ao contrário,

> fazendo o mal, ele experimenta todos os encantos prova um indivíduo nervoso quando faz uso de sua força; ele domina, logo, é tirano.[1]

Elogiador de uma liberdade soberana a que não se recusa qualquer desvio, qualquer capricho, Sade fala em nome de uma elite superior, cujo único problema é ver o gênero humano entregando-se à servidão: "O povo será mantido em escravidão, [...] uma submissão que o deixará impossibilitado de alcançar a dominação, a invasão ou a degradação das propriedades dos ricos [...]. Seu proprietário terá, para si e para sua família, o direito de vida e de morte, e seus prazeres ou recriminações nunca serão ouvidos", diz, por exemplo, Saint-Fond, em seu projeto de regulamentação para o Estado francês.[2] Como para certos personagens de Dostoiévski, a única via de acesso à liberdade total é o despotismo absoluto, o império de alguns mestres que regem as almas e os corpos de seus súditos e purificam o globo terrestre desta podridão que é a humanidade. Para eles, as leis divinas e humanas são nulas e inacessíveis, louvando às avessas os vícios desprezados nesta terra, o roubo, a calúnia, a prostituição, o incesto e, sobretudo, o crime sob todas as formas. É um mandamento da natureza, essa madrasta que dispende forças gigantescas e devora suas próprias criações em cataclismos, inundações, terremotos, erupções vulcânicas.

Esses fenômenos fascinaram Sade a título duplo: o vulcão é a metáfora do despejo, o vazamento que queima e destrói tudo em sua passagem, mas esta mesma lava, quando fria e solidificada em estado de pedra, encarna o estado de apatia, esta afortunada paixão pela indiferença em que se encontra o libertino, capaz de gozar, na mais total insensibilidade, da imolação de suas vítimas. Matar não é eliminar uma vida insubstituível, mas prestar-se a esta lei das metamorfoses que pretende que as formas desapareçam para renascerem de outra maneira, é considerar o homem um acidente, um parasita indiscreto cuja extinção não deveria ter mais peso

[1] Marquês de Sade, *La Philosophie dans le Boudoir.* Paris, Gallimard, Folio, 1976, p. 259-60.
[2] Idem, *Histoire de Juliette*, segunda parte. Paris, Gallimard, La Pléiade, 1995, p. 463.

no curso do universo que uma formiga ou uma mosca. A natureza prospera, desse modo, em vastas hecatombes; para ela, a extinção dos seres é simples transmutação e sinal do império dos fortes sobre os fracos.

Um catecismo da profanação

Trata-se, então, de realizar a exterminação sistemática da raça humana por homicídios generalizados. A obra de Sade é de um prisioneiro solitário, totalmente tomado pela loucura do cárcere, para quem a prisão é uma espécie de caverna platônica às avessas. Ninguém melhor teorizou na literatura clássica o que se poderia chamar um imaginário do genocídio. Engana-se lendo, por exemplo, o manifesto "francês, mais um esforço para tornar-se republicano" como um tipo de panfleto político provocador: é a obra de um incendiário sistemático que pretende minar todas as leis sociais e instaurar a ordem da imoralidade, ou seja, a insurreição perpétua, a guerra (lembremo-nos de que Hannah Arendt definia o totalitarismo como a religião do movimento, de nada deixar em repouso, nem regras, nem hierarquias, nem costumes, submeter todas as coisas, inclusive os homens, ao turbilhão permanente da mudança). Muito já se disse, a obra de Sade é um Decálogo às avessas, em que os mandamentos são enunciados sem negação e de maneira imperativa: tu matarás, tu roubarás, tu mentirás, etc. Matar dissertando: em seus melhores romances, Sade oferece toda uma galeria de heróis, bispos, cânones, príncipes, grandes senhores, assistentes do Estado, aventureiros, mulheres livres, canibais cuja única volúpia consiste em torturar, desmembrar, cortar suas presas, enquanto explica o bom fundamento desses atos. Esses criminosos não se contentam em organizar terríveis trabalhos satânicos no segredo de suas fortalezas ou no horror de seu retiro; eles veem com grandeza, concebem o extermínio das multidões em vastas quantidades. Saint-Fond, por exemplo, tem como projeto matar dois terços da França de fome, por requisição, ou de incendiar uma cidade inteira pelo prazer de ver seus habitantes serem queimados vivos. Cada um deve participar fisicamente dos suplícios dos outros, sob o risco de, recusando-se a fazê-lo, ser também eliminado.

Revanche do referente: ler Sade depois do horror do século XX é forçosamente cometer o pecado do anacronismo, religá-lo a eventos posteriores, entronizá-lo no papel do visionário, do precursor. É claro, não há nele, e por razões óbvias, estes homicídios à distância, permitidos pela tecnologia, bombardeamentos, fogo nuclear, morte industrial de que os modernos são apreciadores. Seus predadores, em sua maioria, são solitários ou pequenos diretórios desonestos, raramente chefes de Estado ou de partidos, exceto o Papa em *Juliette*. Eles agem nus para provar na carne a deliciosa comoção dos delitos que cometem, jogam-se aos montes nos corpos de suas vítimas, enquanto os grandes matadores contemporâneos, soldados, *guerilleros*, *mujahidin*, agem uniformizados, armados. Inversão de valores: a sexualidade, sinônimo de prazer e fecundidade, é posta ao serviço do vazio e da dor.

O paradoxo de Sade – tanto pior para os conformistas da liberação erótica – é confirmar, pelo absurdo, um velho preceito cristão: o sexo é perigoso, leva à ruína, à raiva. O despejo, "a prova do orgasmo" (Chantal Thomas), abundante, tumultuoso e torrencial, sempre vem para sancionar uma destruição, uma carnificina. Sade pôs toda a assustadora imagética dos suplícios medievais a serviço de uma razão impiedosa que não se preocupa em reconciliar, mas, ao contrário, em multiplicar as valas, encher as fossas comuns (há mesmo crucificações paródicas em que se pregam as vítimas em uma cruz para imitar "o imbecil saltimbanco da Judeia"). Sua dramaturgia segue, em geral, uma sábia gradação até o desenlace, a simultaneidade do gozo de uns e da morte de outros por estrangulamento, decapitação, perfuração. O essencial é chegar à síntese perfeita, a adição dos mais assustadores crimes: Saint-Fond envenena seu pai idoso através de Juliette. Ele organiza uma orgia à cabeceira do moribundo, estrangula-o, sodomiza sua própria filha antes de entregá-la a Noirceuil: "Eu cometia crimes, praticava o incesto, abatia, prostituía, sodomizava". Temos aqui a receita do crime total que segue com muita exatidão o princípio da condensação, um átomo de abominação que constitui, para Sade, a obra de arte absoluta.

Esse evangelho da morte culmina em páginas dificilmente legíveis, até mesmo para os "espíritos fortes". Consideremos os últimos capítulos de *120 Dias de Sodoma* (inacabado): os quatro celerados principais, rodeados de suas historiadoras, enclausurados no castelo de Silling, em plena Floresta Negra, no inverno, depois de terem deflorado, sodomizado, açoitado a pequena comunidade de seus servos durante o mês de novembro, passam os meses seguintes – até o derretimento das neves, em março – arrancando seus olhos, suas orelhas, seus braços, suas pernas, empalando-os, esquartejando-os até o extermínio. (Os sobreviventes que serão levados à França são ornados de uma fita verde, prática que evoca os Khmers vermelhos, que vestiam com lenços de cores diversas aqueles que queriam executar. Da mesma maneira, a última página de *120 Dias de Sodoma* preconiza um suplício que foi usado pelos fascistas italianos: introduzir um roedor na intimidade de uma mulher e, em seguida, costurá-la.) Deve-se levar Sade a sério, ou seja, reconhecer que ele é insustentável em algumas páginas e que suscita a náusea, a repulsa absoluta. Não se lê Sade em júbilo, mas no sufoco, na repugnância: a coprofagia generalizada, as mulheres grávidas e desventradas, as crianças sodomizadas e decapitadas, as jovens moças suspensas e violadas, a juventude atada a uma roda cheia de pregos e revirada sem fim como porcos em espetos, os amantes pregados um ao outro em opressão, o ogro canibal Minski, "monstro vomitado pela natureza para cooperar com a destruição que ela exige", violador de menininhos, os quais devora em seguida, comendo a carne humana às mesas vivas, compostas de mulheres nuas de quatro, o que não pode copular sem matar os objetos que cobiça: tudo isto revira o estômago.

Esses serviços são inventariados de maneira sistemática, com o luxo do detalhe, a mania da classificação, uma aplicação de quase burocrata. Quem poderia estar à altura de tal texto, que nos faz sentir próximos das brasas do inferno? O próprio Sade não era sádico, se crermos na excelente biografia de Maurice Lever, mesmo que praticasse em pequena escala as perversões às quais deu nome. Ele inventariou, descreveu, enumerou com método todas as abominações de que a espécie humana é capaz, tratando o ser humano como um material negligenciável, cujo desaparecimento em grande escala é sinônimo de deleite.

Essas obras não nos fascinariam tanto se não tivessem existido, desde então, o nazismo, o estalinismo, o polpotismo, Ruanda, o islamismo. Impossível não ver nesse aristocrata alucinado o profeta do horror totalitário. Quando Roland Barthes qualifica, por exemplo, de "sintagma barroco" esta sequência particularmente atroz de *Juliette*, em que Noirceuil e seus cúmplices, em um dia gélido de inverno, fazem a pequena Fontange pular nua, bombardeando-a e açoitando-a com seus chicotes em uma bacia gelada, ele não manifesta apenas uma estética duvidosa, mas torna insípida uma expressão incompreensível da atrocidade do quadro, transforma frasco de mescal em taça de chá. Se Sade não é, de certa maneira, monstruoso, para que serviria lê-lo?

Podemos compreender aqueles que se aborrecem com uma visão obscura, excessivamente romântica dessa obra. Devemos, no entanto, reduzi-la aos desvarios de um desbocado talentoso, aliviar seu peso para produzir uma versão tão sábia quanto insípida? Existe uma categoria de leitores cuja função parece ser unicamente a de neutralizar Sade; inteligentes demais para se deixarem levar, eruditos demais para serem enganados, eles só frequentam o diabo para rebaixá-lo ao nível de um adorável travesso. Não queimamos mais os livros, mas sabemos como torná-los inofensivos.

A única turbulência literária que o divino marquês suscita é a dos sectários, divididos em confrarias que se invectivam, se insultam e transferem a violência do texto para suas interpretações. (Esta alergia ao referente, que é a verdadeira tolice dos modernos, é igualmente visível em nossa percepção dos extremistas: nós nunca os tomamos ao pé da letra, de tanto que queremos nos convencer do quanto são irônicos e de que proferem suas ameaças apenas de brincadeira.) Ora, Sade nos terá oferecido algumas obras desmedidas, intoleráveis, cujo poder de perturbação permanece intacto mesmo dois séculos depois, em que seu gênio frio não se deixou frear por qualquer conformidade ou bom gosto, e que não podemos ler sem sermos atingidos.

O enigma da dissertação

Todavia, o enigma de Sade são as intermináveis homilias e sermões cujos atos os algozes acompanham, como se os desentranhamentos, esfolamentos e empalações fossem tão somente pretextos para as infindáveis teorias sobre a falsidade da religião, as mentiras da virtude e as grandezas do assassinato. Estes assassinos são pedagogos incansáveis; tudo se aprende, inclusive o crime. Sade é moderno no que pretende nos convencer, quando alterna discursos e posturas e pretende fundar sobre os estados excessivos da vida toda uma doutrina de extinção. Se ele fosse apenas feudal, contentar-se-ia em invocar seu bel-prazer, a autoridade de sua classe. Ele se consagra energicamente a fundar seus teoremas na razão, em um tipo de raciocínio louco que transborda em cada narração e o leva a uma desordem retórica. O libertino sádico, este torcionário filósofo, nunca está convencido ou certo de ter convencido os outros. Ele se utiliza da linguagem de prestígio do grande século e a coloca a serviço da imoralidade mais pavorosa, ou, então, restabelece a arbitrariedade do Antigo Regime com argumentos emprestados da Revolução. Ele eleva o poder de uma ideia ao grau de desprazer que esta causa no homem comum. Ele não goza, mas demonstra seu gozo no desencadeamento das paixões. O instante do espasmo é breve, é a ascensão que conta; o aquecimento, os muitos ingredientes próprios da crise, a explosão do excesso mortífero. Ele não se furta de querer nos certificar de que o mal é a única atitude correta neste mundo, que supliciar o outro é o único comportamento coerente. “Nenhum prazer mais vivo que o de fazer prosélitos, nós gozamos dos princípios que inculcamos”, diz Juliette. Disso vem o caráter irregular da maior parte dos romances interrompidos em plena ação por intermináveis perorações.

A repetição das mesmas filípicas deixa a suspeita de que o autor não está convicto de sua verdade: a de que o altruísmo espreita sob a máscara da intransigência. Desde que um grande senhor se deixe vencer, por exemplo, pela compaixão, ou que tenha um movimento de piedade, é imediatamente morto por seus acólitos. A carreira do mal não é menos difícil que a do bem, a inumanidade é uma ascese, sempre espreitada pela fraqueza, as emoções filantrópicas. Os maus são demasiado conscientes de si próprios para serem totalmente maus: eles pensam demais na própria infâmia para aderirem a ela. Em outros termos, para retomar uma distinção girardiana, Sade é um perseguidor sábio e não ingênuo, como eram os caçadores das bruxas medievais, um perseguidor do pós-Iluminismo, que trabalha para recusar toda a boa vontade progressista desse período histórico. Nele, a argumentação é o remorso do libertino: que ele seja obrigado a se exprimir para justificar seus atos já é em si uma prova de fragilidade. O crime deve ser militante e volúvel, pois nada é mais árduo que ser uma calamidade universal. Sade teria inventado toda uma pedagogia da crueldade que "não é outra coisa senão a energia do homem que a civilização ainda em nada corrompeu". O sexo era sentencioso, assim como continuará a ser em nosso século: ele deve provar, refutar, pôr os meios da civilização a serviço da barbárie. É sintomático que essa barbárie, tendo perdido sua inocência, deva se justificar por longos períodos. Que esse deslocamento constantemente produza efeitos cômicos – ri-se muito ao ler Sade –, fantoches bizarros e algumas maravilhas estilísticas, que há nele um irrealismo dos desempenhos físicos, isso é incontestável. Mas é preciso ser hemiplégico para ver apenas o extravagante e permanecer cego às ignomínias descritas no texto. Uma obra é forte quando diz alguma coisa e a contraria, quando parece conter em si mesma sua própria refutação.

Nossa época acumula um discurso vitimário generalizado com uma fascinação sem par pelos grandes torcionários, como testemunha o sucesso de *As Benevolentes*, de Jonathan Littell. Essas duas manifestações não são incompatíveis, mas frequentemente complementares. Em uma entrevista inédita com Jean-Claude Guillebaud, René Girard distinguia a inocência do nazismo que apavorou o mundo com o discurso do algoz – nós somos loiros rudes e temos o direito de escravizar toda a Terra –, a devassidão comunista dissimulando sua violência sob a defesa dos deserdados. A partir desse momento, atacar a pátria do socialismo ou o partido era tomá-los por exploradores, os inimigos do povo. Trata-se de uma luminosa distinção que merece ter suas nuances exprimidas: até o fim, o regime nazista teria tido duas linguagens: a da Alemanha humilhada pelo trato de Versalhes, a conspiração judaico-maçônica, e a do arianismo triunfante. Hitler teria confessado a Hermann Rauschinig, antes da guerra: "Não pode haver dois povos eleitos. Nós somos o povo de Deus. Essas palavras decidem tudo". E num discurso do dia 30 de janeiro de 1945, ele dirá ainda: "O Deus Todo-Poderoso criou esta nação. Defendemos sua obra ao defendermos sua existência". Foi a vulgaridade de Hitler que constituiu seu melhor passaporte para aceder ao poder. Ninguém o levava a sério, ninguém acreditou que, "a partir de começos tão modestos, tão desprezíveis" (H. Rauschinig), este incitador político de baixo calão se tornaria chanceler e aplicaria o programa esboçado em *Mein Kampf* [Minha Luta]. Hitler nada dissimulou em suas intenções: como em "A Carta Roubada" de Edgar Poe, foi sua grosseira franqueza que lhe serviu de biombo. Mas nenhum tirano, terrorista ou assassino aceitaria sustentar a linguagem de crueldade de Sade hoje em dia, e por um motivo: Sade demonstra a arbitrariedade da violência no próprio momento em que a prega, uma vez que a teoriza. É o que Georges Bataille nos ensinou e o que Girard nos confirma em toda sua obra: o algoz não fala, ele fala a linguagem do Estado, da História, da Religião. Para desencadear-se, a violência deve ser velada pela máscara da virtude, dos grandes princípios. Ela não pode simplesmente dizer "eu mato, porque este é meu júbilo". Os grandes assassinos massacram em nome da justiça, dos oprimidos, da moral de Deus. São poucos os que, como Hitler, falam da pura linguagem da força: "tenho todos os direitos, porque detenho a verdade". A maioria fala de uma ofensa antiga que exige reparação ou de um ideal tão maravilhoso que autoriza provisoriamente as hecatombes. Eles começam por exibir suas feridas e convocam seus mortos para melhor justificar o retorno do assassinato em massa. Antes de afiar suas facas, de preparar suas bombas, eles se dizem vítimas para obter a absolvição do mundo. Diante desses algozes-arcanjos, Sade parece uma criança, porque seu crime é inteiramente ficcional: seus delírios sanguinários, ocupados com a recusa da moral oficial, parecem marcados pela moralidade. Huysmans tinha razão quando dizia que o sadismo é um bastardo do catolicismo. Mesmo o seu ateísmo furioso parece uma homenagem indireta à Igreja: as inúmeras blasfêmias de seus personagens, as pequenas represálias que "esquentam a cabeça", as profanações da hóstia e do crucifixo são uma maneira de ressuscitar Deus, insultando-o. Ele teria criado uma espécie de universo parasita do Bem, um mundo às avessas, que não existe como lado negativo daquele pregado pelas autoridades oficiais de seu tempo. Em seus excessos, esta refutação desmedida do cristianismo finda por dar razão àquilo que recusa. Apenas ele, em sua mística aristocrata da abjeção, nos oferece uma palavra preservada, que torna a embriaguez do algoz e o enigma do mal mais palpáveis e próximos de nós.

capítulo 29
violência e Iluminismo

Reginald McGinnis

Nós sem dúvida já notamos que os livros de René Girard dão pouco espaço ao Século das Luzes. Se algumas páginas de *Mensonge Romantique et Verité Romanesque* [Mentira Romântica e Verdade Romanesca] consagram-se à vaidade sob o Antigo Regime, isto acontece menos para elucidá-la que para trazer à tona uma nova forma de vaidade pintada por Stendhal, no século XIX. Do mesmo modo, em *La Violence et le Sacré* [A Violência e o Sagrado], em que a questão principal são os desmitificares modernos, as Luzes brilham raramente em sua ausência. Uma única alusão ao Édipo de Voltaire é apenas um exemplo, entre tantos, da incompreensão moderna desse mito. Mais tarde, nos livros cujos títulos foram tirados dos Evangelhos *Des Choses Cachées Depuis la Fondation du Monde* [As Coisas Ocultas desde a Fundação do Mundo] e *Je Vois Satan Tomber comme l'Eclair* [Eu Vejo Satanás Cair como um Raio], Girard opõe sua própria teoria da religião, ao transformá-la no fundamento da cultura, às teorias racionalistas do Iluminismo, que minimizavam essa importância. A partir desta marginalização do pensamento iluminista nos livros de Girard, seria fácil concluir a incompatibilidade das duas teses. Olhando mais de perto, veremos que, além das diferenças aparentes, existem afinidades profundas entre elas.

Lembrar-se do Século das Luzes como o século da Razão não impede que este tenha sido também um tempo de violência. Os anos da publicação da *Enciclopédia* de Diderot e d'Alembert, em particular, devem ser retidos como um período em que a efervescência intelectual é reforçada por uma intensa luta. Lembremo-nos das circunstâncias extremamente difíceis em que essas obras nasceram, o que d'Alembert escreve na advertência do terceiro volume em 1753: "Nós havemos de convir que a Enciclopédia foi a razão de um grande escândalo e infelicidade para aquele por quem chegou, mas não para nós". Do aprisionamento de Diderot, em Vincennes, ao caso do abade de Prades, a *Enciclopédia* foi um escândalo no sentido corrente do termo, mas também no sentido de Girard, que vê no escândalo uma definição do processo mimético. Segundo o autor de uma das cartas publicadas em *Mercure Danois*, os enciclopedistas tinham dois tipos de inimigos em particular: "Uns eram contra uma empresa que parecia ser imortal [...], outros que deveriam ter sido empregados ou que tinham até mesmo sido recusados [...]".[1] Poderíamos pensar que tais inimigos, cujo ódio recobre uma admiração profunda, eram os únicos responsáveis pelo escândalo evocado por d'Alembert. Mas o que pensar do escândalo, ainda maior, que teve origem no artigo *Genebra*, em 1757? Esse artigo, assinado por d'Alembert, suscitou não apenas o protesto dos pastores de Genebra e do partido devoto na França, mas também foi a ocasião de muitas divergências dentro do grupo enciclopedista. É essa, sem dúvida, a causa inicial de Rousseau, que responde à d'Alembert com uma carta sobre os espetáculos. Por seu lado, Voltaire abandona a *Enciclopédia,* pedindo de volta os artigos que enviou às livrarias. Em seguida, o próprio d'Alembert renuncia às funções de editor.

Após a revogação de seu privilégio por uma interrupção do Conselho do Estado do Rei, em 1759, de algum modo, a *Enciclopédia* deixou de existir. Entretanto, a supressão do objeto de discórdia não foi o suficiente para dar fim às hostilidades. A polêmica é relançada no ano seguinte, quando Charles Palissot de Montenoy, um dos críticos mais obstinados de Diderot, faz a apresentação de sua comédia dos *Filósofos* na Comédie Française. A peça, que foi julgada por ter ultrapassado os limites da honestidade ao nomear pessoas, não teve um grande sucesso. Quaisquer que sejam os

[1] Citado em François Moureau, *Le Roman Vrai de l'Encyclopédie*. Paris, Gallimard, 1990, p. 152.

excessos atribuídos a Palissot, foi cometendo excessos semelhantes que Voltaire levou ao palco, dois meses mais tarde, em *L'Ecossaise*, não o próprio Palissot, mas seu sócio, Elie-Catherine Fréron. Indignados por terem sido expostos às gargalhadas do público em um momento em que a sorte não lhes sorria, os filósofos só conseguiam pensar em vingança. Eles foram à estreia da peça, segundo a expressão de Daniel Delafarge, "como íamos à praça de Grève assistir a uma execução capital".[2]

L'Ecossaise e *Les Philosophes* são as obras mais célebres de um debate que deu origem a outros escritos não menos violentos. À medida que a violência se espalha no mundo das letras, as diferenças entre os partidários dos campos opostos apagam-se cada vez mais. É dessa forma que Delafarge observa, a propósito de uma paródia anônima contra Palissot, *Les Originaux ou les fourbes Punis*, que o autor aplicava exatamente aos antifilósofos o que tinha acabado de ser dito contra seus adversários. Opondo-se uns aos outros, os duplos miméticos não veem a violência comum que os reúne. Apenas os observadores exteriores, como o autor de um panfleto anônimo, *Le Philosophe, Ami de Tout le Monde* [O Filósofo, Amigo de Todo Mundo], pareciam compreender os efeitos da violência recíproca: "Os autores divididos dão-se a combates que, de tão perigosos, envergonham a literatura e a desbotam. Eles obstinam-se com furor a uma destruição mútua".

Quanto mais o debate em torno da comédia dos *Filósofos* assemelha-se a uma crise, mais os filósofos dão a essa crise uma interpretação sacrificial. Nos escritos polêmicos contra Palissot, a interpretação sacrificial se apresenta sob dois aspectos: por um lado, os autores desses escritos comparam a comédia dos *Filósofos* a uma cerimônia expiatória; por outro, eles tentam resolver a crise criando uma unanimidade contra Palissot.

Os escritos de que falamos aqui não são a grande literatura. Seus supostos autores são associados mais ou menos obscuros dos enciclopedistas. Em um

[2] *La Vie et l'Oeuvre de Palissot.* Paris, Hachette, 1912, p. 192.

período rico em obras de arte, esses escritos medíocres têm, contudo, sua importância. Encontra-se neles uma revelação parcial dos mecanismos sacrificiais no seio da violência cega.

Sublinhar a violência do Iluminismo contraria quase tudo que habitualmente se diz sobre essa época. Insistindo na Razão, vemos no Iluminismo o que os filósofos nos fizeram ver, prestando menos atenção à desordem que os rodeia. Da mesma forma, Girard retém do Iluminismo o seu racionalismo, sem aparentemente perceber o interesse suficientemente considerável que ele preserva com relação a suas próprias teses.

Em *La Violence et le Sacré,* Girard afirma que "a desagregação dos mitos e dos rituais, ou seja, o pensamento religioso em seu conjunto, não é provocado pelo aparecimento da verdade nua e crua, mas por uma nova crise sacrificial".[3] Considerando o período da *Enciclopédia* como um período de crise, que sabemos estar associado a uma crise do pensamento religioso, podemos nos perguntar o que a religião deve a esta crítica, que lhe é contemporânea.

Apesar das aparências de leveza, o debate em torno da comédia dos *Filósofos* é um caso muito sério. Com algumas exceções, a violência que motiva os autores é por demais mal dissimulada para que seus escritos sejam realmente cômicos. As injúrias contidas em *A Visão de Palissot,* uma brochura do abade Morellet, foram excessivas o bastante para levar o autor à Bastilha.

Os filósofos e seus adversários querem transformar a crise em comédia: eis o que se fala sobre sua época. Se o racionalismo do Iluminismo não entende nada sobre o sacrifício, que considera supersticioso, a comédia, inversamente, revela-se muito rica em intuições a respeito do assunto. O discurso enciclopedista, transformando a filosofia em farsa, dissimula a ligação profunda existente entre as duas.

[3] *La Violence et le Sacré.* Paris, Grasset, 1972, p. 178.

O artigo "Bufão" da *Enciclopédia* faz essa palavra derivar de uma festa instituída no Ático pelo Rei Erechtée, em memória a um sacrificador chamado Buphon. Sendo a cerimônia associada a ele absolutamente burlesca, segundo o autor do artigo, "desde então, chamam-se *bufão* e *bufonaria* todos os outros disfarces e farsas considerados ridículos". Esse artigo, que é de certa forma engraçado, não pede para ser levado a sério. Julgar o sacrifício ridículo é um exemplo entre mil do que Girard chama de expulsão racionalista da religião. A partir da equivalência entre cerimônias e bufonarias estabelecida nesse artigo, podemos concluir – e é a isso que o autor parece nos convidar – que o sacrifício reduz-se a uma farsa. É vendo os filósofos lerem a equivalência nesse sentido que Girard se desvia do século XVIII. Mas também podemos considerá-lo perfeitamente no sentido oposto, indo da farsa ao sacrifício. Em *Neveu de Rameau* [O Sobrinho de Rameau], por exemplo, não é ao filosofo, EU, mas ao bufão, ELE, que Diderot confia o discurso sobre os sacrifícios: "É uma covardia bem comum, diz ele, imolar um homem bom para divertir os outros".[4] As condutas sacrificiais que o sobrinho descreve aqui são as dos associados, entre os quais Palissot e outros antifilósofos. Mas ele também conhece os jogos sacrificiais que observou por ter sido ele mesmo vítima deles. Muitas passagens desse diálogo evocam o tratamento "exclusivo" que lhe foi reservado na casa do financeiro Bertin, antes que fosse definitivamente excluído.

A obra *Le Neveu de Rameau* é fruto do debate dos *Filósofos,* ao qual ele faz constantemente alusão. A revelação dos mecanismos sacrificiais, que começa por textos menores desse debate, termina nas obras de arte. Em uma época conhecida por sua crítica da religião, as melhores intuições a esse respeito encontram-se nas obras literárias.

No diálogo entre ELE e EU, o bufão ocupa o lugar da vítima. É ele, conforme já sabemos na introdução, que "revela a verdade". O sobrinho não é, no entanto, a primeira vítima sacrificial a assumir tal função no universo romanesco de Diderot.

[4] Diderot, Œuvres, edição comentada e anotada por André Billy. Paris, Gallimard, 1951, p. 436-37.

Essa função já havia sido atribuída a Suzanne Simonin. É durante o debate dos *Filósofos* que Diderot escreve *La Religieuse* [A Religiosa]. O primeiro esboço de *Le Neveu de Rameau* data de um ou dois anos mais tarde.

Nada mais dissemelhante na aparência que esses dois romances: um tendo uma narrativa em primeira pessoa e o outro, um diálogo filosófico. A despeito de suas diferenças, eles se assemelham, no entanto, no espaço que dão à crítica dos ritos. Quando o sobrinho diz que "é uma covardia bem comum imolar um homem bom para divertir os outros", ele faz alusão ao que, na época, começava-se a chamar de *mistificações*.

Segundo o *Dicionário Histórico da Língua Francesa* de Alain Rey, a introdução dessa palavra "fez-se nas sociedades caricatas do século XVIII, em que eram praticadas as iniciações burlescas à custa de pessoas crédulas. O seu sentido é 'enganar alguém abusando de sua credulidade para divertir-se'".[5] Mesmo sem ser o inventor da palavra, Diderot é sem dúvida aquele que faz seu uso mais genial. Ao partir das iniciações burlescas que eram praticadas nos círculos mundanos, ele logo fez da mistificação um princípio estético.[6] Chamamos "mistificações" os artifícios empregados em *La Religieuse*, que a propósito, sabemos ter nascido de uma "brincadeira" parecida com as evocadas por ELE em o *Neveu de Rameau*. Foi para divertir-se com a credulidade do marquês de Croismare que Diderot e seus amigos inventaram a história de Suzanne Simonin.

Ainda que o Iluminismo ocupe apenas um lugar marginal nos livros de Girard, a ligação entre a literatura e os ritos iniciáticos, sugerida à época pela evolução da palavra *mistificação*, toca a questões essenciais de sua obra. Girard delineia o

[5] Paris, *Dictionnaires le Robert*. 3. ed. 2000.
[6] A relação entre mistificação e criação literária na obra de Diderot foi objeto de inúmeras críticas. Ver, por exemplo, *Quatre Contes* [Quatro Contos], edição crítica com notas e léxico por Jacques Proust. Genebra, Droz, 1964, p. VII em LXXIX; Laurence L. Bongie, *Diderot's Femme Savante*, Studies on Voltaire and the Eighteenth Century, CLXVI, Oxford, 1977.

mesmo caminho no sentido inverso, indo do romance em *Mensonge Romantique et Verité Romanesque* ao ritual em *La Violence et le Sacré*. Assim como uma iniciação burlesca é o ponto de partida de *La Religieuse*, Girard afirma em *La Violence et le Sacré* que "toda obra de arte verdadeiramente poderosa e cujo poder comove tem um efeito ao menos levemente iniciático".[7]

Em uma entrevista dada à revista *Diacritics*, em 1978, Girard observa, sobre o que era visto nele como uma ruptura entre a literatura e a etnologia, que esta resultava da continuidade de seu interesse, não apenas pelo tratamento literário dos fenômenos miméticos, mas pelos fenômenos pura e simplesmente. Interessam-lhe apenas os autores que chegam ao mecanismo da unanimidade vitimária.[8]

Os romances de Diderot fornecem inúmeros exemplos de como o mimetismo conduz à unanimidade vitimária. É, em parte, por causa da rivalidade de suas irmãs que Suzanne Simonin é mandada ao convento, onde é confrontada, em seguida, à rivalidade das religiosas, cujas perseguições tinham, não raro, um caráter unânime: "Proibiam as outras religiosas de aproximar-se de mim, e eu logo me encontrei sozinha".[9] Em *La Religieuse*, a unanimidade vitimária é a consequência de um processo mimético através do qual o modelo representado por Suzanne Simonin se transforma em obstáculo. As coisas não se passam de maneira diferente em *O Sobrinho de Rameau*, em que o mimetismo leva toda a sociedade a uma "pantomina" de que o personagem não é dispensado, mas que não deixa de resultar em exclusões. Considerando-se esse ângulo, a relação entre *La Religieuse* e *o Neveu Rameau* pode ser resumida por uma frase em *La Violence et le Sacré*, quando Girard escreve: "Ao lado da expulsão 'séria', sempre deve existir uma expulsão fundada, ao menos em parte, no ridículo".[10]

[7] Op. cit., p. 351.
[8] *Diacritics*, 8, 1, primavera 1978, p. 31-54; retomado em "To Double Business Bound". *Essays on Litterature, Mimeses and Anthropology*. Baltimore, Johns Hopkins University Press, 1978, p. 199-229.
[9] Œuvres, p. 269.
[10] Op. cit., p. 351.

Abordar o Iluminismo sob outra perspectiva que não a da Razão, permite mostrar sua pertinência para as teses girardianas. Mas se chegamos às Luzes por caminhos desviados, não foi para evitar as questões tradicionalmente associadas a elas. Quando Roberto Calasso escreve em *La Ruine de Kasch* [A Ruína de Kasch] que a visão de Girard está ligada ao século XVIII, ele pensa particularmente na questão da origem, no que concerne a sua hipótese antropológica e à ideia de progresso, traduzida em sua obra por uma revelação progressiva dos sacrifícios. O particular erro dos *Aufklärer*, segundo Calasso, foi ter pensado que, cobrindo o vazio de uma origem falha, "seria possível para eles descer ao presente sem enganos: eles então descobrem a origem como um engano, escolhendo, por esse gesto, o engano sobre o qual *eles* queriam recair".[11] A filosofia das Luzes resume-se aqui pela pesquisa das origens, assimiladas ao engano por Calasso. Por mais justa que seja, tal crítica só exprime uma verdade parcial. Se muitos escritos filosóficos, como o *Discurso Preliminar* da *Enciclopédia*, têm uma confiança quase ilimitada na pesquisa das origens, esta própria é colocada em questão por outros escritos da mesma época. O que é, em maior parte, dissimulado pela filosofia é às vezes revelado nas obras literárias. Invertendo as associações de Calasso, podemos ver na inversão da mistificação uma crítica da pesquisa das origens da qual ela também é consequente.

No que diz respeito a Girard, se revelássemos que ele foi vítima de sua própria teoria, ele mesmo teria considerado a possibilidade. Sem entrar em uma consideração da teoria girardiana sobre as origens, a perspectiva adotada agora nos autoriza a interrogar-nos sobre as origens de tal teoria. Ainda que Girard se desvie do século XVIII, ele não parece estar descartado de seus paradoxos. Na época de *A Violência e o Sagrado*, Pierre Manent não falou apenas de uma mistificação, mas de um "ardil" pelo qual Girard teria dissimulado a origem da religião de sua

[11] *La Ruine de Krasch*, traduzido do italiano por Jean-Paul Manganaro, com a colaboração de Jean-Baptiste Michel. Paris, Gallimard, 1987, p. 27.

hipótese sobre uma reivindicação científica.[12] Eu não estou convencido, por minha parte, de que se precise qualificar de dissimulação o que é, no fundo, sem dúvida, um não-reconhecimento. Mas, se é verdade que Girard avançou sua hipótese em bases científicas, tudo se passa, em seguida, como se a crítica de Manent tivesse tido fundamento.

No começo da carreira de Girard, o desejo mimético é revelado pelo romance, o que conduz à hipótese do mecanismo vitimário em *A Violência e o Sagrado*, para desembocar em uma leitura dos Evangelhos em *As Coisas Ocultas desde a Fundação do Mundo* e *O Bode Expiatório*. A partir de *Eu Vejo Satanás Cair como um Raio*, em 1999, o problema apologético de Girard é abertamente declarado. Enfim, a partir de certas páginas de *Aquele por Quem o Escândalo Vem*, poderíamos concluir que os Evangelhos têm origem não apenas na hipótese antropológica, mas na teoria mimética de que tal hipótese depende.

O essencial aqui não é sublinhar o que parecem ser contradições na evolução do pensamento de Girard, mas ver que tais contradições nos lembram ainda aquelas do século XVIII. A revelação da verdade evangélica começa pelo romance: eis uma verdade não apenas na carreira de Girard, mas também na obra de Diderot. Pouco tempo depois de ter escrito uma primeira versão de *La Religieuse*, Diderot publica *Elogio de Richardson*, em que os romances do autor são comparados ao Evangelho. As ideias exprimidas por Diderot nesse artigo aplicam-se não apenas à obra do célebre autor inglês, mas também ao romance que ele mesmo acabara de escrever.

A definição da virtude como "sacrifício de si mesmo" em *Elogio de Richardson* é exemplificada em *La Religieuse* por Suzanne Simonin, cuja vida assemelha-se, como se sabe, à de Jesus Cristo. Segundo a interpretação que Girard lhe dá, o sentido da morte de Jesus Cristo é revelar a violência sacrificial. Contestando uma

[12] "René Girard, la Violence et le Sacré". *Contrepoint*, n. 14, jun. 1974, p. 151-70.

ordem que não deixaria aparecer qualquer coisa dos sacrifícios sobre os quais é fundada, se não fosse contestada, Suzanne preenche exatamente esta função em *La Religieuse*. A injustiça a que ela é exposta não diz respeito apenas a ela, mas a "uma quantidade infinita de dissabores que lhe precederam em uma clausura, e que deveriam acontecer-lhe".[13]

Ao ler o romance em questão sob uma perspectiva girardiana, percebe-se que as instituições mais fortes de Girard relativas ao Evangelho são antecipadas por Diderot. Como Girard, Diderot vê que a revelação da violência sacrificial perturba a ordem social. Tida como uma fonte de divisões domésticas por suas irmãs, Suzanne não tarda a adquirir, no convento de Longchamp, a reputação de uma facciosa. Do mesmo modo, se Diderot compara a obra de Richardson a "um evangelho trazido à Terra para separar a esposa do esposo, o pai do filho, a filha da mãe, o irmão da irmã [...]",[14] ele sem dúvida percebeu, antes de Girard, que a revelação evangélica não é só uma promessa de felicidade, mas também uma causa de divergências.

A profundidade da reflexão de Diderot sobre as questões da religião pode surpreender ainda mais se estivermos habituados e ver nele um pensamento não religioso. Deve-se reconhecer, no entanto, que, ao menos para certas questões, a distinção entre "religioso" e "não religioso" não é de qualquer ajuda. Qualificar de não religioso tudo que é contrário à religião nos leva a considerar que uma crítica da religião, em particular, só possa ser feita em termos religiosos. É apesar da não religiosidade de um e da religiosidade do outro que Diderot se une a Girard em uma interpretação antissacrificial do Evangelho.[15] A crítica do cristianismo histórico, cujo caráter perseguidor é ligado, segundo Girard, à definição sacrificial

[13] Œuvres, p. 308.
[14] Ibidem, p. 1066.
[15] Sobre o assunto, ver *Des Choses Cachées Depuis la Fondation du Monde*. Paris, Grasset, 1978, p. 203-85. A respeito da evolução de Girard no que concerne o emprego da palavra "sacrifício", ver *Celui par Qui le Scandale Arrive*. Paris, Desclée de Brouwer, p. 75-83, 115-16; *Les Origines de la Culture*. Paris, Desclée de Brouwer, p. 52, 126-30. O sacrifício de Suzanne em *La Religieuse* pretende ser um sacrifício para dar fim aos sacrifícios.

da Paixão e da redenção, corresponde à crítica dos conventos em *La Religieuse*, em que a heroína de Diderot é perseguida em nome de uma teologia sacrificial.

Se em *La Religieuse* a violência sacrificial é revelada pela Cruz, essa revelação não tem menos espaço na ausência da fé. O que aqui parece ser uma contradição entre a necessidade da Cruz e a ausência da fé pode ser explicado, ao que me parece, em termos girardianos. Ainda que, segundo Girard, a revelação dos mecanismos sacrificiais dependa de uma conversão, o sentido que ele lhe dá – a saber, conhecimento de si mesmo como perseguidor – não parece excluir os descrentes. Com relação a Diderot, o conhecimento que ele mesmo tinha como perseguidor não é mais certo que sua descrença. Na primeira versão do prefácio de *La Religieuse*, Grimm, o autor, reconhece ter sido, com Diderot, a alma de um "horrível complô" contra o marquês de Croismare. Mesmo que Diderot tenha posteriormente apagado a confissão de Grimm, conservou, no entanto, outras passagens do prefácio original, mostrando a perseguição de que o marquês de Croismare foi vítima.

Que a revelação venha do Iluminismo ou dos Evangelhos, ao que parece, os sacrifícios são fadados à incompreensão. Segundo Girard, a religião de Jesus Cristo desmistificou o mundo sem que os cristãos tivessem maior lucidez que os outros povos sobre o sentido dessa desmistificação. Do mesmo modo, os discípulos de Diderot foram os primeiros a mostrar a incompreensão da mensagem antissacrificial de *La Religieuse*. Aclamando sua publicação em 1796, alguns deles acusaram o editor de não ter apagado o prefácio, que estimavam tirar do romance seu caráter de verdade. Segundo a opinião de Jean Devaines, partilhada por Jacques-André Naigeon, era irracional declarar ao público "que o que se tinha tomado por verdade era apenas uma ficção".[16] Paradoxalmente, esses homens das Luzes não queriam que a mistificação originada por *La Religieuse* fosse desvendada. Eles não viam que a imolação burlesca exposta no prefácio era o pretexto do desvendamento dos sacrifícios no relato de Suzanne.

[16] Ver Diderot, Œuvres Complètes, ed. Assézat. Paris, Garnier, 1875, tomo V, p. 3-10.

capítulo 30
utopia e mimetismo: Marivaux

Pierre Saint-Amand

Poder-se-ia confinar o antropólogo René Girard na análise das sociedades arcaicas e em suas práticas. No entanto, ele mostra frequentemente como determinada "mentira" nos impede de compreender que tais práticas atravessam os séculos e podem vir assombrar nossa modernidade. É notadamente o caso da violência, cuja onipresença recente nos força a fazer antigas comparações. Nestes últimos anos, Girard apegou-se admiravelmente ao estabelecimento da eficácia de suas teorias para explicar as violências contemporâneas. Ele retomou as diversas dúvidas emitidas a propósito da imitação, norma de seu sistema antropológico, para indicar a aplicação deste às torrentes da cultura moderna.[1] É justamente esta extensão trazida à análise antropológica da reciprocidade que torna a obra de Girard a mais fértil a nossos olhos.

Tentando quebrar uma impressão de arcaísmo e mostrar a pertinência da hipótese girardiana em outros séculos, mais próximos de nossa modernidade, eu me dediquei então a uma análise girardiana do funcionamento da vingança nos textos políticos do Iluminismo.[2] Para René Girard, a filosofia do Iluminismo po-

[1] Ver, particularmente, *Celui par Qui le Scandale Arrive*. Paris, Desclée de Brouwer, 2001, p. 15-43.
[2] Ver *Les Lois de l'Hostilité. La Politique à l'Age des Lumières*. Paris, Seuil, 1992.

deria representar o momento do desconhecimento filosófico por excelência, uma teorização radical de idealização cultural: a generalização do otimismo, a conceptualização do sistema de trocas pacíficas, o contrato social. A ilusão de boa reciprocidade domina o Século das Luzes. Este rejeita e deixa para trás as guerras e as hostilidades, em nome do bem-estar universal.

O procedimento girardiano nos leva a inverter a crença das Filosofias nesta sociabilidade natural, exclusivamente sustentada por um agradável e vantajoso acordo com outrem. Quando os filósofos das Luzes teorizam a imitação, eles estão cobrindo sua outra face; eles veem apenas o sentimento que incita à perda de identidade e à concordância. A nossa tarefa é desvendar o duplo aspecto da imitação para ver como a troca pode levar à discórdia.

Eu gostaria de tomar Marivaux[3] como exemplo de um autor que muito interessou a Girard no início de sua carreira, a fim de ilustrar a maneira como a literatura testemunha a violência e a desordem. Esse é um dos pontos aos quais ele nunca se curvou. Assim como os mitos, a literatura forneceu uma vasta documentação científica à demonstração girardiana. Com efeito, o que seria da teoria mimética sem os exemplos de Proust, Dostoiévski, Shakespeare? O teatro é um dos gêneros literários através dos quais Girard tentou mostrar a ressonância dos ritos, a recorrência de figuras encontradas nos mitos. Nós partiremos de uma peça de Marivaux considerada pertencente ao gênero da utopia: *A Ilha dos Escravos*. Encontram-se nela, em absoluta simplicidade, todas as ferramentas da análise girardiana. E, com uma audácia emprestada da antropologia, trataremos a utopia como um documento etnográfico.

Os personagens que ficaram encalhados nesta ilha povoada de escravos da Grécia, revoltados contra seus mestres, devem fazer a prova de inversão de sua condição social. Os mestres vão trocar de papel e vestimenta com seus antigos servos.

[3] Ver o seu "Marivaudage and Hypocrisy". *The American Magazine of the French Legion of Honor*, 34, n. 3, 1963, p. 163-74.

Pode-se propor uma análise mimética dessa nova situação dos personagens. É da vaidade dos mestres como modelos, objetos de desejo dos servos, que Marivaux trata com destreza. Isso se torna compreensível desde o momento de sua entrada em cena, uma vez que os escravos fazem o retrato de seus antigos patrões.

A primeira a falar é Cleantis, seguida de Eufrosine. Não é apenas a injustiça do tratamento de sua dona que ela reprova. Todo seu ressentimento é carregado no narcisismo da "Senhora". René Girard havia esboçado em *As Coisas Ocultas desde a Fundação do Mundo* um retrato convincente e controverso da mulher narcísica. Sua análise, que desconstruía a interpretação freudiana, continua a ser muito fecunda para nós.[4] De fato, Cleantis alfineta a autossuficiência da Senhora. A galantaria é um assunto precioso para Marivaux. Ele sempre tratou da autossedução feminina. Como Girard, Marivaux vê no narcisismo da sedutora um ardil do desejo, uma absorção de si que põe o outro em armadilha.

Em *A Ilha dos Escravos*, é Eufrosine quem representa esta suficiência destrutiva. De prontidão, Cleantis ergue o retrato diante de Trivelin, o árbitro da disputa, este retrato mutável da Senhora, as diversas cores do amor por si mesmo: "É vaidade muda, contente ou zangada; é a galantaria tagarela, ciumenta ou curiosa; é a Senhora, sempre vã ou sedutora com um de cada vez, ou os dois ao mesmo tempo" (Cena III, p. 170).[5] A Senhora torna-se o alvo importuno de Cleantis: eis, em primeiro lugar, a *escravidão* da doméstica.

Trivelin interrogará Eufrosine a respeito de todas as "macaquices do amor-próprio" de que fala Cleantis, "estas loucuras que fazem com que só amemos a nós mesmos" (p. 175). As dolências da serva visam às qualidades de Eufrosine como modelo absoluto: modelo feminino e, em seguida, modelo aristocrático. Desse modo, ela

[4] René Girard, *Des Choses Cachées Depuis la Fondation du Monde. Recherches avec Jean-Michel Oughourlian et Guy Lefort.* Paris, Grasset, 1978, p. 510-29.
[5] Todas as referências são feitas na edição preparada por Jean Goldzink: Marivaux, *Le Prince Travesti, L'Île des Esclaves, Le Triomphe de l'Amour.* Paris, GF-Flammarion, 1989.

mostra como a Senhora entra em cena: "com aquela ênfase, aquele ar impositivo, ainda que distraído, impensado, pois é a bela educação que cria esse tipo de orgulho" (Cena IV, p. 174).

Quando Arlequim é chamado a fazer o retrato de Ifícrates, ele vai seguir a mesma veia de Cleantis. Ele esboça um grande senhor depravado nos traços de seu dono; ele revela nele todos os aspectos do libertino esbanjador: "Leviano pelas macaquices, porque as mulheres assim gostam dele; ele tudo dispersa [...], tem vergonha de ser sábio, sente-se glorioso por ser louco; um bocadinho zombador das boas gentes; um bocadinho falador; todo cheio de mulheres que não conhece..." (Cena V, p. 181).

O riso nesta comédia de Marivaux atém-se a dois objetos: antes, ao retrato desalinhado dos modelos, quando Marivaux mostra que os donos são eles mesmos atores, caricaturais. Seus domésticos não param de falar de sua *macaquice*. Atrás de sua soberba, esconde-se um jogo extremo de construção de gestos, a execução extrema dos papéis aprendidos.

A esse propósito, uma das cenas mais interessantes é a aquela em que os domésticos encenam os mestres entre si. A imitação dos modelos é, então, requerida com exatidão, com todos os seus detalhes. Cleantis e Arlequim engajam-se em uma comédia erótica, cujo propósito é recordar os antigos gestos de seus patrões:

> Cleantis: Mas nós tratamos o amor à grande maneira, já que nos tornamos patrões, vamos polidamente, como entre as grandes pessoas.
> Arlequim: Claro que sim, nós pegaremos o melhor trem.
> Cleantis: Eu sou por uma coisa, que digamos que nos tragam assentos para tomarmos ar sentados e para ouvirmos os discursos galantes que Vossa Senhoria me fará... Vamos, procedamos nobremente, não poupe elogios ou reverências.
> Arlequim: E a Vossa Senhoria não me poupe as caras e bocas (Cena VI, p. 184-85).

Veremos mais tarde que essa comédia fracassa: não dominando os servos a imitação de seus mestres, é para o casal dos mestres que o desejo se reorienta. Eles são incapazes de sedução. Seu jogo erótico não funciona. Eles designam, então, os patrões como objetos de seu desejo recíproco e voltam, assim, a um modelo desonrado, que a persistência do desejo não pode afastar por muito tempo. Essa reviravolta da situação é proposta como uma verdadeira prova. O desejo se mistura a todo ressentimento anterior. Todo o ódio advindo da rivalidade reaparece. E Marivaux põe face a face, novamente, os dois primeiros personagens da disputa: Cleantis e Eurofrasina. Ao propor Arlequim à sua antiga dona, é ainda o modelo da vaidade que é visado por Cleantis: "Você não encontrará nele qualquer conteúdo ridículo ou frivolidade, ele não é um cabeça-oca, um gozador barato, um traidorzinho, um belo inconstante, um amável indiscreto; ele não é nada disso: essas graças lhe faltam; na verdade, é apenas um homem simples em suas maneiras, não é do tipo que finge ser o que não é..." (Cena VII, p. 190).

Quando Arlequim dá continuidade à meditação de Cleantis para se aproximar de Eufrosine, o encontro é malsucedido. Ele não pode sustentar a comédia nobiliária anteriormente encenada. O modelo permanece inacessível e Arlequim não encontra as palavras certas quando tem de falar à Senhora: "É que eu a amo e não sei como lhe dizer isso" (p. 192). O escravo logo cai da esfera metafísica e vai ao domínio físico. Ele chega até mesmo a perder a palavra diante dela, evitando assim qualquer contato ultrajante. E, na cena seguinte, Marivaux evita uma real confrontação entre Arlequim e Ifícrates. Depois de algumas recriminações recíprocas, Arlequim propõe reinvestir em seu papel original. A dupla Arlequim-Ifícrates revela-se menos provocadora que a dupla de mulheres. Os dois entram rapidamente em autocrítica.

A utopia marivaudiana trata da crise das diferenças antropologicamente. A ilha republicana é o estado que sobreviveu à desordem e aos conflitos de condição social. Anteriormente, seus habitantes haviam estabelecido ali um ritual eficaz para manter a nova ordem da comunidade, eliminando seus inimigos, sendo o costume, de fato, "matar todos os mestres que encontrassem" (p. 156). Era essa identificação dos inimigos e, a seus olhos, a repetição desse ato que garantia a ordem na ilha. Mas essa prática, essas mortes rituais cometidas em favor dos naufrágios, é ela própria julgada como arcaica. Ela pertence a um primeiro momento da ilha, ligado à vingança. Trata-se também de uma primeira fundação legislativa estabelecida na lembrança, "o ressentimento dos ultrajes" (p. 164).

Sabe-se que a ilha submete aqueles que desembarcam em suas margens a uma experiência terapêutica, que consiste em fazer com que os participantes mergulhem novamente na crise que os afeta, a atiçá-la até um ponto paroxístico pela intermutabilidade dos papéis, a não diferenciação dos sujeitos, a exasperação da identificação recíproca. Mas essa experiência, uma verdadeira guerra de papéis, só pode ser bem-sucedida na ausência da violência. A crise deve ser vivida como uma "correção". Deve resultar em uma cura das partes implicadas. O motor da terapia é a piedade, a compaixão: com efeito, a identificação com o outro pelo viés da sensibilidade. A experiência fornece outro modelo de subjetivação. A mímesis dos papéis é convidada a corrigir uma patologia das relações e a devolver a "sanidade" aos personagens (Cena II, p. 165). Assim é o *pharmakon* introduzido por Marivaux. O dramaturgo propõe duas soluções à violência. Ele escolheu dois casais e conduziu sua confrontação a um verdadeiro conflito de *duplos*. Nesse sentido, agiu como mestre, ao tocar em uma das causas essenciais à comédia.

Eis como o legislador proclama o ensinamento da ilha. Dirigindo-se aos mestres, Trivelin declara:

> Agradeçam ao destino que os trouxe aqui; ele os coloca de volta em nossas mãos duras, injustas e soberbas; ei-los em mau estado, nós cuidamos de curá-los; vocês são menos nossos escravos que nossos doentes, e nós só levaremos três anos para torná-los sãos, ou seja, humanos razoáveis e generosos por toda a vida (Cena II, p. 165).

No fim da peça, os personagens têm êxito na prova. Levados ao auge da crise, impulsionados à imitação dos gestos perseguidores de seus senhores, os escravos renunciam ambos à vingança e escapam do ressentimento. Nós vemos, inclusive, que se eles tivessem caído na armadilha do contra-ataque e da réplica hostil, teriam corrido o risco de ser punidos. Trivelin, lembrando a legislação da ilha, proclama: "Nós teríamos punido a vingança de vocês como punimos a dureza deles" (p. 202). A troca entre Ifícrates e Arlequim é o primeiro elemento a livrar os personagens do jugo da vingança. A compaixão de Arlequim e sua proposta de amizade a Ifícrates passam por uma recusa de "assemelhar-se" ao seu antigo mestre. Ifícrates, por sua vez, convida Arlequim a perdoá-lo pelo recurso de um ato simétrico de memória e esquecimento: "Vá, minha querida criança, esqueça que foi meu escravo e eu me lembrarei sempre de que não merecia ser seu mestre" (Cena IX, p. 197). Refinamento de Marivaux.

A cena de reconciliação entre Cleantis e Eufrosine finda a edificação marivaudiana. Mas esses dois personagens chegam à reconciliação com mais dificuldade. Os dois homens convidam as suas mulheres, por sua vez, a "arrepender-se". De maus indivíduos que eram empedernidos na engrenagem mimética, devem tornar-se exemplos para os outros. Cleantis, mais forte que Arlequim, anuncia os diversos ingredientes do bem: "Deve-se ter um bom coração, a virtude e a razão". É com essa extensão, pensa Cleantis, que os indivíduos serão medidos de agora em diante, e não serão mais distinguidos na escala "do ouro, da prata e das dignidades" (p. 199). Mas Arlequim volta ao palco e propõe outra moral a Cleantis.

O escravo de Ifícrates insiste, por sua vez, no esquecimento, em evitar a vingança e no abandono do ressentimento. Eis a máxima final de Arlequim, exprimida claramente: *"Façamos o bem sem dizer injúrias"*. Ele leva seus companheiros a abandonar o "rancor" (p. 200). Os escravos são chamados a fazer o sacrifício de seu ódio pelos antigos perseguidores. É a esse preço que a nova paz é concluída e aí começa o trabalho do esquecimento; uma espécie de caridade ganha os personagens. Eles devem submeter-se à experiência do "perdão" (p. 198). A autocrítica está no coração do dispositivo terapêutico da ilha, cada um dos personagens reconhece seus erros quando se volta para si mesmo.

As lágrimas que os personagens derramam no final da peça podem ser percebidas como um desfecho sentimental, a última expressão do efeito da piedade sobre eles.

Mas nós também podemos dar a esse desfecho, se sondarmos o que René Girard diz em seu ensaio sobre o cômico,[6] toda a dimensão catártica que Marivaux lhe teria desejado. As lágrimas marcam o termo da purificação cumprida, o triunfo da prova, a expulsão da antiga hostilidade entre os personagens, da violência de suas relações de dominação e escravidão. As lágrimas confirmam plenamente o objetivo terapêutico de Marivaux. O dramaturgo transformou firmemente o contágio violento em contágio de enternecimento. Os personagens são tomados pela mímesis do bem. O próprio juiz, Trivelin, é tocado pela ação do sentimento: "Vocês me encantam", diz ele a seus visitantes (p. 202).

A Ilha dos Escravos prova que Marivaux sabe interessar-se pelo destino das vítimas e pela violência direcionada a elas. O gênero da utopia escolhido aqui, tendo como pano de fundo um cenário simbólico de Atenas, indica que ele combina, ao mesmo tempo, a análise política e o que eu demonstrei ser uma perspectiva antropológica, quando considera uma solução aos problemas abordados. Mas a dimensão da generosidade, o perdão, a conversão procurada pelos personagens decididamente desembocam em outro registro. E este é estranhamente religioso.

As críticas de Marivaux poderiam ver nessa escolha a fraqueza política da peça, que se afasta da estrita esfera social e do conflito de condições sociais. Mas René Girard veria nessa conclusão, com sua inversão do curso da vingança, a verdadeira lucidez do escritor (eu penso nas conversões romanescas evocadas em *Mentira Romântica*).[7] Certamente, trata-se de uma comédia modesta. Mas Marivaux não se furta de um olhar bastante superior quando considera a salvação da comunidade. Ele obriga seus personagens a uma verdadeira transformação. A descida ao abismo mimético tem uma saída feliz: a comédia servil e perseguidora do eu é abandonada pela liberdade, pela verdade. O texto também diz "a vida" (p. 165).

[6] "Um Equilíbrio Perigoso". In: *La Voix Méconnue du Réel*. Trad. Bee Formentelli. Paris, Grasset, 2002, p. 266-68.
[7] René Girard, *Mensonge Romantique et Vérité Romanesque*. Paris, Grasset, 1961 (ver capítulo XII, p. 330-36).

parte V
escrever sobre a violência, escrever sobre o desejo

capítulo 31
a reciprocidade no desejo e a violência

René Girard

Reproduzimos abaixo a transcrição de uma comunicação feita a uma plateia de psicanalistas, e do debate que se seguiu.

Minha contribuição situa-se exclusivamente no domínio dos grandes textos de nossa literatura, particularmente os mais antigos, os textos trágicos, os grandes textos da Bíblia e aquilo que poderíamos chamar de texto etnológico, o texto da enciclopédia cultural que os etnólogos reuniram há um século e que é um material inteiramente único de reflexão teórica sobre a violência.

Porém, não possuo experiência clínica, e falo como crítico literário que se transformou em crítico etnológico, um pouco teórico da cultura. Muitas vezes, contra a minha própria vontade, meu ponto de partida foi a insatisfação que me causavam, no ensino da literatura, as teorias psicológicas e psicanalíticas do desejo (inclusive a de Freud). Ao ler os grandes romances (comecei pelos romances, mas não tenho mais a crítica literária por profissão, já que meus estudos foram orientados exclusivamente para a História), tinha a impressão de que os teóricos existentes do desejo, Freud em particular, não falavam tanto daquilo que é dominante nessas obras. Aquilo que as domina é o desencantamento que há na própria posse, o desinteresse pelo objeto desde o momento em que ele é possuído. Sempre ficamos diante de triângulos que fazem pensar no triunfo do complexo de Édipo, mas que o pai na verdade quase nunca desempenha algum papel real. Claro que os psicanalistas facilmente respondem ao fato de que o pai não está presente. A ausência do pai pode mostrar que o escritor é vítima de seu próprio complexo, e que se encontra incapacitado de falar dele de maneira pertinente. Apesar de tudo, há grandes fenômenos estruturais que vão do texto de mitos do planeta inteiro à tragédia grega, chegando ao romance moderno, em que me parece que aqueles cuja denominação em inglês é *"the peers"* [os pares], os iguais e, em particular no plano da família, os irmãos e sobretudo os gêmeos, isto é, os mesmos, aqueles que tanto mais se assemelham quanto mais se diferenciam, desempenham um papel essencial nas formas de rivalidade que sempre exasperam o desejo.

Talvez eu tenha um espírito teórico; procurei teorizar a coisa, ver se ela não podia ser sistematizada a partir de diversos escritores e não a partir de um só, sem pensar em elaborar uma teoria psicanalítica, psicológica. Pareceu-me que, para chegar a essa sistematização, era preciso assumir um ponto de vista totalmente diferente daquele pertencente à maioria das teorias modernas sobre o desejo. O ponto de vista moderno sobre o desejo é que o homem sempre tem um objeto de desejo particular. Em Freud, o exemplo fundamental é a mãe. Acabei concluindo que o homem, pelo contrário, é aquele que fundamentalmente não sabe o que desejar. Ele tem apetites, claro, instintos talvez, se eles ainda persistem após ele ser esmagado pelo desejo. Mas o desejo existe verdadeiramente a partir do momento em que a imitação do outro está presente. O desejo do desejo do outro, falou-se muito disso na filosofia, em referência particularmente a Hegel. Muita gente acha que estou dizendo a mesma coisa que ele. Acho que o desejo romanesco, o desejo da tragédia, é simplesmente o desejo do outro, e nunca, de início, o desejo do desejo do outro. É a imitação do desejo do outro. O Don Juan de Molière, por exemplo: em uma cena, Don Juan fala de um casal de jovens amantes que se entendiam tão bem, que pareciam se amar tanto, que "sua sensibilidade foi ofendida". E ele acrescenta: "E meu amor começou pelo ciúme". O que isso pode querer dizer, se não que o espetáculo do desejo recíproco criou imediatamente nele uma inveja, um ciúme, isto é, uma imitação do desejo.

O mesmo sucede em *Anfitrião*, de Molière. Alcmena e Anfitrião são recém-casados. Durante sua lua de mel, o deus se apaixona pelos jovens. Os dois estão tão apaixonados um pelo outro que o deus que os observa nem consegue mais sentir-se um deus. Sua divindade é de certo modo roubada por esse amor perfeito que ele observa. Os dois amantes são os verdadeiros deuses, e por isso Júpiter precisa roubar aquela mulher de seu esposo. Seu amor também começa pelo ciúme. Citei uma peça bem conhecida que é pouco mítica, *Don Juan*, mas *Anfitrião* é muito mais mítica! Júpiter se coloca junto daquela que ama ao mandar o marido para a guerra. Sendo deus, ele pode tudo, e assim aparece para a mulher com os traços de seu marido. Ele não é irmão gêmeo desse marido, mas de algum modo é o equivalente disso. Como deus, ele pode se tornar exatamente a mesma pessoa que o marido.

Por que encontramos em tantos mitos histórias desse tipo? Existem, por exemplo, mitos hindus em que é o filho que se assemelha tanto ao pai que consegue ir para a cama da mãe sem ser reconhecido. Isso tem uma aparência muito freudiana, mas, na verdade, está bem mais próximo de *Anfitrião*. Claro que Freud está muito próximo daquilo de que falamos aqui. Para mim, o interesse desse desejo que denomino mimético é que ele começa muito simples, muito fácil, mas quando tentamos desenvolvê-lo ele se complica. Você observa um desejo e começa a desejar, apenas deseja, e imediatamente começa a rivalidade. Se você tem muitos filhos, você dá a eles alguns brinquedos, todos iguais. As crianças não conseguirão dividir os brinquedos sem brigar. O primeiro escolhe e seu gesto será imitado pelos demais. Pode-se até dizer que existe uma racionalidade nessa imitação. Como os objetos são todos iguais, aqueles que não têm razão de preferir um objeto a outro passam a ter uma razão na mesma hora em que constatam a escolha alheia. O outro viu talvez alguma coisa que eles mesmos não viram. Essa racionalidade está sempre presente, mas muitas vezes evitamos segui-la, para evitar as rivalidades. Quando estamos no restaurante com os amigos, não escolhemos a melhor porção sobre a qual seu garfo está se colocando, porque sabemos que o resultado seria uma rivalidade.

Dizer que imitamos o desejo do outro é dizer que escolhemos o mesmo objeto que o outro. Assim, se vivemos no mesmo mundo que o outro, o desejo imitado imediatamente implica certo tipo de conflito. O imitador transforma seu modelo em rival. E muitas vezes não se dá conta disso. O mais curioso é que existe algo um pouco inconsciente, não em sentido freudiano, claro, mas num sentido que ainda precisa ser definido, em certo tipo de imitação relacionada ao desejo. O interesse da coisa consiste em que esse processo que estou descrevendo imediatamente se torna recíproco. Podemos perfeitamente imaginar que essa primeira mão que se coloca sobre a garrafa se dirigiu a ela de maneira mecânica e sem lhe dar qualquer importância. [*René Girard coloca a mão sobre a garrafa diante de si.*] Mas, se meu próximo imediatamente imita meu gesto, reflito que deve haver nessa garrafa alguma coisa muito mais preciosa do que eu imaginava. Em outras palavras, meu imitador logo se torna meu modelo, e vice-versa. Entramos num jogo de reciprocidade que os teóricos da informação chamam de processo de *feedback* ou, em francês, *"rétroaction"* [retroação]. Em outras palavras, quanto mais o objeto me parece desejável, quanto mais meu rival me impede de obtê-lo, mais, reciprocamente, vamos julgá-lo desejável. Isso significa que o ponto de vista mimético suprime o ponto de partida subjetivo. Para mim, ele é desde o início intersubjetivo. Ele até parece subjetivo no começo, mas, assim que se chega a essa reciprocidade, fica claro que ele não é. Eis aí algo que me parece importantíssimo. Não estou dizendo que as coisas sempre aconteçam desse jeito, porque a civilização consiste justamente em evitar essas coisas. Porque são tão simples que todos nós as compreendemos, mesmo que não sejamos capazes de formulá-las. Não sei com que idade a criança percebe essa forma de rivalidade, sem dúvida aos sete anos, idade que antigamente era chamada de "idade da razão". Mas acho que em nossa cultura essa forma de rivalidade é muito mais forte do que parece. Assim que a reciprocidade se instala, ela só faz ficar mais forte. Nunca se vê nada de um lado que não apareça do outro. De fato, se tento tomar posse do objeto, você igualmente tenta tomá-lo, e nós vamos nos dar conta da realidade, vamos entrar juntos na mesma intriga. Vamos inventar o mesmo tipo de estratégia, sem dúvida. Quer dizer, vamos sempre voltar à reciprocidade quando tentarmos destruí-la. Mas vamos sempre tentar pensar nosso conflito em termos de diferença e não de identidade. Quanto mais brigarmos por causa dessa garrafa, mais tentarei descobrir no outro coisas que justificarão essa rivalidade por razões de um desacordo profundo, quando na verdade estamos em rivalidade porque estamos em acordo demais. O "em acordo demais", creio que é isso que o mito apreende de modo admirável. A ideia do deus, a ideia de Anfitrião e de Júpiter, que se "assemelham" tanto que não é possível distingui-los, é esse "em acordo demais", daí a ideia dos gêmeos. Há duas peças gêmeas em Plauto, que serviram de modelo a todas as comédias ocidentais. Creio que o assunto de que falo é o assunto fundamental de toda comédia. Há *Os Menecmos*, uma história de gêmeos, e há *Anfitrião*, a história do deus que se torna absolutamente semelhante a seu rival. No fundo, trata-se da mesma história. São duas interpretações diferentes da mesma reciprocidade do desejo. Os próprios mitos não querem partir dessa rivalidade, e procuram descrevê-la em termos de diferença. Os gêmeos são aqueles que se assemelham absolutamente, mas são vistos pela cultura como algo excepcional, aberrante. Sua própria identidade é uma espécie de superdiferença. Da mesma maneira, Anfitrião se diz diante de um deus, isto é, ele pensa a reciprocidade com o deus não sob a forma de reciprocidade, mas sob a forma de uma ausência de reciprocidade que é total, que é a diferença absoluta, radical e invencível entre homem e deus. Molière é enorme. Se alguém for ler as críticas, verá que censuram Molière por ter modernizado *Anfitrião* e por ter mostrado um deus que tem *ciúmes* de Anfitrião. Eles dizem que "Molière transformou tudo aquilo em teatro moderno, do século XVII". Para mim, o mais genial no *Anfitrião* de Molière é isso. Para que o deus deseje, ele o coloca ciumento desde o começo: "Meu amor começou pelo ciúme". Sua sensibilidade foi ofendida, sua divindade, perdida. A divindade é trocada nesse tipo de jogo.

Aqui de certo modo levo adiante o desenvolvimento do desejo mimético. O que me interessa não é inicialmente o desejo mimético, mas as possibilidades de desenvolvimento que ele contém.

Quanto mais brigarmos por causa dessa garrafa, mais tenderemos a ficar obcecados. No começo, a garrafa assumirá uma importância prodigiosa, e diremos: é o objeto que produz o desejo. Existem teorias objetivas do desejo, e existem teorias subjetivas. Mas depois desse momento, em que o objeto nos parece importantíssimo, virá o momento em que ficaremos obcecados um pelo outro, e o objeto, então, tenderá a desaparecer. Aliás, esse também é um procedimento bastante conhecido da comédia e da tragédia. É o filme de Chaplin em que o herói defende a moça com sua espada. Alguém ataca e ao fim de cinco minutos os dois antagonistas estão tão envolvidos em seu combate recíproco que o defensor vira atacante e o atacante vira defensor. Não se sabe mais onde a moça foi parar. Entre os animais também as coisas acontecem um pouco desse jeito. As rivalidades animais podem se transformar em rivalidades de prestígio. Não ousamos utilizar a palavra honra, mas poderíamos. Rivalidade de prestígio, de honra, o que é que isso quer dizer? A rivalidade se torna mais importante do que o objeto. Creio que os grandes trágicos enxergam fundamentalmente isso. Os grandes trágicos não intelectualizam os conflitos trágicos como fazem os críticos, mas remetem ao fato de que o conflito perde toda substância. Na antiga educação francesa, a crítica sempre tentava valorizar a ideia fazendo dela um debate: Corneille, Racine, o amor contra o dever, a nobreza contra a paixão. No século XVIII, no momento em que a influência francesa é forte na Inglaterra, Shakespeare é censurado por *Otelo*, uma luta medonha no fundo sem objeto, já que o traidor conta mentiras a Otelo, e não há realmente uma substância. A tragédia acontece por causa de um lenço. Creio que Shakespeare sempre mostra a vaidade da violência: o fato de que, quanto mais violência existe, menos o objeto é real. Existe um pequeno poema em prosa de Baudelaire, em que duas crianças brigam por um pedaço de pão e chegam a rolar pelo chão; brigam tanto que o objeto desaparece e a única coisa a sobrar é a disputa. Creio que os grandes escritores são assombrados pela vaidade da violência. E também, não por seu caráter fatal, mas por seu caráter de arrebatamento, de contágio mimético. Nos grandes mitos, nas grandes tragédias, esse caráter de contágio sempre está presente: é o tema do dilúvio, o tema da peste. A peste mítica é uma contaminação patológica, mas uma contaminação em que não é possível dizer quais são os elementos relacionados à verdadeira peste, qual o fenômeno verdadeiramente patológico. É a epidemia da violência; a violência de que falo é recíproca e, se ela tende a ser imitada, é bem claro que essa imitação não se limita aos dois parceiros de que falei no começo. Quanto mais os parceiros disputam *visivelmente* o mesmo objeto, mais manifesta será a tendência de seus próximos a serem contaminados por esse fenômeno, e de adotarem, cada um, o mesmo objeto que o outro. Ainda não abordei a questão da violência porque para mim não é ela que vem primeiro. O que vem primeiro é o mimetismo. Existe toda uma tradição ocidental que fala do mimetismo, a mímesis grega é a palavra para imitação. Isso começa com Platão de modo grosseiro. Platão faz da "mímesis" o essencial da relação dos homens com toda a realidade. Mas Platão diz que ela não é uma conduta de apropriação, uma conduta de desejo. E Aristóteles o segue. E eu acho que toda a tradição ocidental faz a mesma coisa. Tudo que eu faço é dizer que a imitação e o desejo em muitos casos não podem ser distinguidos um do outro.

No plano literário, isso imediatamente tem resultados muito interessantes, porque o modelo não é obrigatoriamente uma outra pessoa. Pode ser um livro. Se considerarmos a grande literatura, o grande ponto de partida da literatura ocidental e moderna no universo cristão, em Dante, em Cervantes, em Shakespeare, por toda parte esse tema vai aparecer, desenvolvido de maneira extraordinária. Por exemplo, no *Inferno* de Dante, temos Paolo e Francesca, os dois célebres amantes. Eles estão no inferno, eles seduzem o mundo moderno porque vemos neles um símbolo do amor e da liberdade. Eles se amam até no inferno. Que espontaneidade! Aliás, eles serviram de *modelos* a todos os amantes famosos da história ocidental: Chopin e George Sand partem para Veneza comparando-se a Paolo e Francesca, e assim por diante. Se você olhar o texto de perto, constatará que, longe de ser espontâneos, esses jovens se apaixonam porque estão lendo um romance de cavalaria, que todos deveríamos conhecer, o *Lancelote* de Chrétien de Troyes. Lancelote apaixona-se pela rainha Guinevere, a esposa de seu rei, mal aconselhado por um traidor de nome Galeoto. Dante põe na boca de Francesca uma frase mágica: "No momento em que esse famoso amante beijou a rainha, Paolo voltou-se para mim e nós nos beijamos, e nesse dia nós não lemos mais nada".

Isso não é uma celebração do amor romântico. Isso já é uma sátira do amor romântico, assim como *Madame Bovary*, como *Dom Quixote*. Temos um verso extraordinário: "Nosso traidor foi o livro mesmo", dizem Paolo e Francesca, "e aquele que o escreveu, seu autor". Em outras palavras, nosso professor de desejo, nosso modelo foi esse livro, da mesma maneira que a rainha e Lancelot tiveram por modelo esse traidor que tentou manipulá-los.

O que acontece nessa forma de desejo, e aquilo que cria sua violência, é uma gênese do próprio desejo. Há de início um apetite, um instinto de posse, não importando se o objeto é sexo, alimento ou território. Em seguida há essa rivalidade que nos impede de tomar o objeto e que inicialmente aumenta o valor do objeto, depois o valor do modelo, do rival, e que dá ao desejo uma profundidade, uma intensidade que ele de outro modo não teria.

A posse destrói o desejo porque a valorização extraordinária do objeto vem do fato de que somos impedidos de possuir esse objeto ao mesmo tempo em que ele é designado como desejável. Essa valorização é um fenômeno importante; a partir do momento em que ela desaba, a partir do momento em que você triunfa sobre o seu rival, o objeto evidentemente não é mais aquilo que era. Daí o famoso "então era só isso" da posse sexual decepcionante em Stendhal. A decepção vem do fato de que a posse do objeto não preenche aquele horizonte infinito que era oferecido pelo obstáculo constituído pelo modelo. Por isso, o desencanto da posse é aquilo que a obra nos apresenta de maneira inteiramente admirável. O desejo é propriamente metafísico. Ele atinge uma intensidade que o leva a ultrapassar o nível físico; é, portanto, sempre desiludido pela posse física. Por isso, o indivíduo tem sempre "necessidade" de obstáculos no desejo. Creio que aquilo que denominamos masoquismo está muito mal nomeado. Se falamos em masoquismo, damos a impressão de utilizar um termo técnico, que joga uma cortina opaca. A partir do momento em que você possui o objeto que deseja, ele decepciona, e seu modelo perde o prestígio, porque, como ele não foi capaz de impedir a posse do objeto, ele é menos forte do que você, ele não é mais o modelo. O que você vai fazer? Há uma espécie de lógica desse desejo. Duas coisas são possíveis: ou você vai compreender a verdade e renunciar ao desejo, mas os homens não são razoáveis a esse ponto, ou você vai procurar um modelo melhor, isto é, um modelo mais forte, que seja um obstáculo intransponível, um desejo que nunca vai desiludir, porque jamais será satisfeito.

Para mim, o masoquismo começa assim, você tem necessidade desse obstáculo. Existem autores extraordinários, como Dostoiévski, que revelam plenamente essa exigência do obstáculo. Aquilo que me levou por esse caminho foi o encontro de duas histórias para mim maravilhosas e assustadoras, de Cervantes e de Dostoiévski, escritas de maneira muito diferente, que não foram influenciadas uma pela outra e que, no fundo, têm o mesmo conteúdo. Uma se chama "O Curioso Impertinente"; trata-se de uma pequena novela intercalada em *Dom Quixote*, não se sabe o que ela está fazendo ali, mas acho que há razões para estar ali, e a outra é *O Eterno Marido*, de Dostoiévski.

O marido eterno é um personagem que perdeu a esposa. A esposa tinha dois amantes. Ele fica girando em torno desses dois amantes após a morte dela. Freud interpreta isso como homossexualidade latente; a homossexualidade é muito possível em casos desse tipo. Se considerarmos Proust, isso funciona como em Dostoiévski. Mas em Dostoiévski não há a sombra de uma homossexualidade. O que o rival representa? O rival representa o Don Juan todo-poderoso que o marido traído gostaria de ser. Por isso, o valor de mulher nenhuma deixará de aumentar em função do desejo do amante vitorioso. Isto é, o sujeito se sente constrangido a sempre recomeçar com esse amante a batalha que já perdeu. É preciso reconstituir todas as circunstâncias dessa batalha, porque a única batalha que o suposto masoquista tem interesse em vencer é aquela que ele perdeu. Somos todos desse jeito.

Esse espírito de revanche é uma forma de vingança buscada pelo vencido, é por isso que há muita violência nesse fenômeno. Ao mesmo tempo, claro, essa batalha perdida vai ser perdida de novo pelo masoquista, porque será a mesma batalha, o que é obviamente constatado por Freud. Mas, dizer que esse homem tem gosto pela infelicidade, gosto pelo sofrimento, é, na minha opinião, falso. Pelo contrário, ele tem um desejo tão grande de sucesso, de vingança, que sempre se enterra na derrota, que sempre está de algum modo oferecendo a mulher amada ao rival como uma espécie de objeto sacrificial. Ele quer tirá-la dele, ele quer que esse rival a deseje para poder tirá-la dele. Assim, ele prepara novamente as condições de uma derrota exatamente semelhante à anterior. Para mim, é isso a repetição em sentido freudiano. Não há necessidade de um princípio de prazer ou de morte, porque esse desejo se dirige para a violência, para o obstáculo e para a morte de modo inteiramente natural, uma vez que procura esse tipo de sucesso. Existe, aliás, outro autor moderno que viu isso de maneira admirável e declarou que Shakespeare consistia disso: esse autor é Joyce. Se considerarmos os textos de Joyce, vemos que ele se interessa particularmente por esse tipo de triângulo. Ele escreveu uma peça com quatro personagens em que cada qual tenta fazer que o rival do outro lado ame a sua mulher. Na correspondência de Joyce, vemos que suas relações com as mulheres e com os rivais eram exatamente desse tipo. O autor é de tal modo mimético porque escrever é imitar a própria existência, imitar pela escrita, que a definição mimética da literatura mantém válida. O escritor, portanto, é tão mimético que ele vive a alienação do individualismo. O que é o individualismo? É ser si mesmo. Ser si mesmo é ser si mesmo por meio do objeto desejado que é consumido, que é absorvido, que é possuído. Mas, se desde o começo ser si mesmo é procurar o objeto do desejo do outro, é evidente que o individualismo é alienado desde o princípio, em sua própria raiz. Como o individualismo é alienado desde o começo, creio que o tipo de autor de que falo vive essa alienação de maneira inteiramente radical.

As implicações aqui são muito perigosas para a cultura. De fato, esse encontro de nossas duas mãos sobre o objeto é essencialmente violento. A violência não é nada além dessa imitação recíproca no nível do desejo que se produz no momento em que cada um de nós quer tomar o objeto e impede o outro de tomá-lo. Assim, vou empurrar meu rival, ele vai me empurrar com um pouco mais de força, e aí a escalada vai se precipitar. Se o desejo mimético é normal, tanto no animal quanto no homem, é preciso que haja freios automáticos. Do contrário, a cultura humana seria impossível. Sabemos que, nos animais, após um período de rivalidade mimética, um deles abandona a luta. A partir desse momento, criam-se sistemas de dominação que têm certa permanência para os indivíduos considerados, mas que não são culturas, como equivocadamente pensam os etologistas. Não são sistemas transmissíveis, não são sistemas de hierarquia que existem independentemente dos sujeitos neles implicados. Não são sistemas simbólicos, como dizem os pensadores contemporâneos. O sistema não pode se perpetuar de geração em geração. É preciso que ele seja refeito por uma rivalidade mimética real. Sabemos que essa maneira de ceder na rivalidade mimética, peculiar às espécies animais, e que cria as relações entre eles, não existe entre os homens; a rivalidade pode ir até a morte. O homem é essencialmente o animal assassino. Qual é o freio? Creio, e isso é essencial, que o freio é ele mesmo mimético. A rivalidade mimética homogeneíza as pessoas; ela as torna todas semelhantes em suas condutas. De certa maneira, ela faz de todos Anfitriões e Júpiteres, todos gêmeos na violência. Ela tem uma certa maneira de homogeneizar que é semelhante a um liquidificador, sacudindo a máquina, atomizando a comunidade. É um fenômeno que talvez vejamos reproduzir-se entre nós, e os trágicos descrevem a crise trágica dessa maneira. Essa crise é uma sociedade em que todo o mundo se transforma em gêmeo na violência. Não há nada além de pequenos grãos de violência que se entrechocam no vazio. Mas, a partir do momento em que não temos nada além de antagonistas, em que os objetos desaparecem, o mimetismo vai voltar-se para os próprios antagonistas. Em outras palavras, haverá uma tendência a que muitos escolham o mesmo antagonista ao mudar de antagonista. Sabemos que a violência tende a mudar de objeto, mas mudar para outro quase sem perceber. É por isso que o indivíduo muito encolerizado nos assusta mesmo quando não somos o objeto de sua cólera: sabemos que em sua proximidade há um perigo, em estar ali, perto dele, porque ele corre o risco de enganar-se quanto a seu objeto sem perceber. É bastante evidente que nas multidões esses fenômenos ficam muito mais fortes. Portanto, se isso de que falo é uma escalada, primeiro do desejo, depois da violência, é uma escalada que deve talvez chegar a fenômenos que se pode chamar vulgarmente de fenômenos de "bode expiatório", isto é, formas de polarização em torno de uma vítima coletiva que todos selecionam pela mesma razão, pela mesma ausência de razão. Numa multidão não é preciso falar de escolha consciente, de escolha deliberada. Cada um escolhe aquilo que os outros parecem escolher. Para mim, é esse o erro mais frequente a respeito da minha tese, dizem que enfatizo a "escolha" de um bode expiatório. A ideia de escolha tem de estar subordinada à do mimetismo que não sabe o que faz. Uma multidão que se dirige a um bode expiatório faz isso sem saber o que faz. Ela tem a impressão de ter um verdadeiro culpado. E geralmente ela também o acusa de parricídio ou de incesto, ou acusações semelhantes. Creio que por trás do mito de Édipo há um fenômeno de bode expiatório despercebido. A cidade inteira tem a peste, e é a cidade inteira que procura um culpado pela peste. O que significa ter um culpado pela peste? Sabemos que só o pensamento mágico pode supor que exista esse culpado. A procura de um culpado pela peste nos recorda das epidemias dos séculos XIII e XIV, em que os homens efetivamente acreditavam encontrar nos judeus, nos leprosos, nos coitados, que eram os estrangeiros desconhecidos na comunidade, os culpados pela peste. Por trás do mito de Édipo, há um fenômeno desse tipo. Mas o que é interessante nesse fenômeno é que, quando ele funciona, torna-se invisível enquanto tal na ordem que restabelece. Ele põe fim à violência, ele pacifica a comunidade talvez de modo fugidio, mas uma comunidade que se encontra ainda que de modo fugidio privada de um adversário, tendo se livrado de seu bode expiatório, está no fundo privada de um objeto de litígio, visto que sua excitação é puramente mimética. Essa comunidade pode, num instante, passar da excitação mais terrível à paz mais profunda. Mas, como essa vítima apareceu como um agente isolado na questão, ela decidirá que essa vítima é responsável simultaneamente por aquilo que a perturbava e pelo retorno à paz.

É o ídolo primitivo, o deus antigo que é sempre duplo, sempre sagrado, sempre simultaneamente bendito e maldito, sempre causador de desordem e responsável pela ordem, e às vezes criador da ordem após ter transgredido a ordem ou as regras que vai criar. Para mim, por trás desse tipo de religião primitiva existem, têm de existir, podem existir logicamente fenômenos dessa ordem. Assim, se encontramos estrutura por trás de diversos mitos, que são aqueles que chamamos de "mitos fundadores", isto é, mitos que se dizem fundadores de tal ou qual regra de uma sociedade, de um sistema social, o mecanismo do bode expiatório – essa é evidentemente a parte mais controversa do que digo – tem de desempenhar um papel inteiramente essencial na cultura humana.

Creio que esse papel essencial pode ser visto nos ritos ditos sacrificiais. Os ritos sacrificiais nas comunidades primitivas se apresentam muito frequentemente como uma desordenação voluntária da comunidade por si mesma. A comunidade renuncia a sua ordem, acontece uma espécie de luta que pode ser simulada e que às vezes efetivamente não é nada além de uma simulação, mas que também às vezes pode assumir aspectos muito reais, e é no paroxismo dessa violência entre os membros da comunidade que intervém o sacrifício que encerra toda a questão. Para mim, o sacrifício é a substituição da vítima original por uma vítima substituta que é ora ofertada aos deuses, ora confundida novamente com o próprio deus. Aquilo que acontece nesses fenômenos é a repetição, a renovação do fenômeno inicial, desempenhando um papel catártico, um papel *ab-reativo* na medida em que o fenômeno da desordem chegou, em que o apetite pela violência é reaberto, e de uma certa maneira é satisfeito de modo vicário por outra vítima. Tentei explicar a partir do fenômeno do bode expiatório não apenas os sacrifícios, mas todo tipo de fenômenos culturais. Se tomarmos, por exemplo, os reis sagrados, os reis primitivos, damo-nos conta de que eles são, antes de tudo, vítimas. Vemos que são pessoas que dominam a sociedade porque são futuros sacrificados, às vezes considerados ídolos e, por outro lado, malditos. E, quando um rito tende para a monarquia, o sacrifício nele tende a desaparecer cada vez mais. Mas a evolução inversa é igualmente possível. O sacrifício é cada vez mais dominante, e os aspectos reais e triunfantes da vítima desaparecem cada vez mais. Se observarmos as instituições primitivas, veremos que há sempre um simbolismo de violência misturado ao simbolismo de paz e de ordem cultural. Creio que a violência nas sociedades humanas desempenhou, por intermédio de bodes expiatórios espontâneos, e depois dos ritos que os substituem, não apenas um papel moderador, mas um papel de guia da evolução cultural. Nossa sociedade é muito diferente porque somos essencialmente povos bíblicos, influenciados pela Bíblia. Tenho a impressão de que a Bíblia está sempre contra a corrente; ela não é a única, porque a tragédia grega também está, mas os grandes textos bíblicos estão sempre contra a corrente, são textos que reabilitam as vítimas, que as defendem, que falam em seu nome. Nas sociedades primitivas, a ideia de que o indivíduo pudesse ter razão contra a coletividade inteira é impensável. E é por isso que essas são as sociedades que parecem perfeitas a partir de fora, ou a partir de dentro. A cada vez que aparece alguém que parece imperfeito no plano físico ou no plano moral, ele é retirado e eliminado. E a cada vez que alguém é eliminado, aparece como imperfeito, como injusto, etc. Creio que é isso que chamamos de retribuição imediata nas religiões primitivas. Parece-me que o mal nas sociedades só pode aparecer a partir do momento em que o sistema do bode expiatório não funciona mais. Assim, ver o mal na sociedade é de certo modo um progresso imenso. Vivemos em sociedades que buscam livrar-se do sistema do bode expiatório e dos sistemas de violência curadora, etc. E é por isso que os textos trágicos continuam vivos para nós, e sobretudo os textos bíblicos, mas encontramos nesse empreendimento dificuldades extraordinárias.

O fato mais notável em nossa sociedade, e não notamos que é aquilo que a distingue, é falarmos desse tipo de fenômeno. Temos a impressão de que falar de bodes expiatórios, isto é, de vítimas condenadas injustamente pela coletividade, é a coisa mais natural do mundo. Achamos natural pensar que, se Deus existe, ele há de estar do lado das vítimas e não do lado da sociedade perseguidora. Nada menos natural. Não existe, acho, nenhuma outra, além da sociedade influenciada pela Bíblia, em que a problemática da vítima inocente diante da comunidade tenha sido desenvolvida. Essa sociedade está privada dos meios habituais das sociedades primitivas para livrar-se da violência e da imperfeição, em outras palavras, dos meios mais cruéis existentes, que consistem nesse tipo de eliminação espontânea nunca percebida como injusta.

Discussão

François Gantheret: Obrigado a René Girard por essa exposição tão densa e tão rica. Instigarei a discussão a partir de certos pontos, que não poderiam ser evitados na medida em que sua linha de pensamento retoma e interroga explicitamente outra, que é um dos principais fundamentos da psicologia clínica: naturalmente, a psicanálise. Uma coisa que me perturbou em primeiro lugar: o senhor parte imediatamente de uma consideração que me parece inteiramente equivocada quanto ao pensamento psicanalítico e particularmente freudiano. O senhor demarca de maneira muito convincente a questão do desencantamento que há na posse, ou, ao contrário, do encantamento que há na não posse, ou melhor, na des-posse, uma questão que, segundo seu parecer, a psicanálise não explica, uma vez que ela, por sua vez, designa um objeto ordenado para a satisfação pulsional. Isso é um contrassenso a respeito do pensamento de Freud, e um contrassenso que o leva a dizer o contrário daquilo que afirma, e sobre um ponto inteiramente essencial! O senhor menciona a mãe: mas a mãe no pensamento freudiano – e posso citar passagens numerosas e precisas –, mencionada apenas como esse horizonte do objeto perdido, em relação à qual toda a busca sexual se desenrolará. Tanto é que, em 1912, Freud poderá sublinhar explicitamente que, por mais estranho que isso pareça, faria parte *da própria natureza* da pulsão sexual ser incapaz de uma satisfação total. Veja que isso é o exato oposto do ponto de partida e de delimitação adotado pelo senhor em relação à psicanálise!

A partir daí, seu pensamento poderia retomar o pensamento de Freud, exceto por um detalhe. De fato, para o senhor há, no início, um objeto... O senhor não fala de desejo, mas de apetite: a garrafa de água. Isso não está na ordem do desejo, na ordem da tragédia, está na da necessidade. E o encontro das mãos sobre a garrafa faz surgir uma interrogação dupla e recíproca: "O que há nesse objeto, que parece fazer dele um objeto do apetite do outro?". E essa reciprocidade vai fazer o desejo arder, isso equivale, para o senhor, à mímesis. É assim que entramos na ordem da rivalidade dos desejos. Há nessa concepção algo muito próximo da conceptualização analítica, exceto por um detalhe. O objeto, para Freud, é imediatamente objeto de necessidade, de autoconservação. Sua perda leva à sua busca no autoerotismo, antes que haja um retorno ao exterior, precipitando a busca na sexualidade e interditando que ele venha a ser recuperado. Assim, vemos claramente em Freud esse corte entre o apetite e o tempo do desejo, mas aquilo que o senhor propõe como seu motor é a rivalidade. É ela que faz o desejo nascer, como mimético. Mas por que a rivalidade? Se há rivalidade, não será que, por trás do objeto, já se esboça aquilo que ele poderia perfeitamente ser para o outro, aquela coisa obscura que ele bem poderia ser, e que corresponde àquilo que eu, obscuramente, procuro? Em suma, a concepção do senhor não acaba por basear-se logicamente no tempo freudiano, ignorado pelo senhor, da perda do objeto?

R. Girard: Vou tentar responder ao senhor. Claro, admito que Freud não diz que o desejo pode ser satisfeito, e que ele discute longamente a insatisfação. O que me parece faltar na psicanálise e em Freud é uma análise apurada das modalidades do despertar, do extinguir, do redespertar e da reextinção do desejo. Penso no Proust de *A Prisioneira* ou em Shakespeare. Ele estabelece de modo muito atento o contraponto entre desejo e ciúme, entre satisfação e insatisfação. A grande linhagem do pensamento psicanalítico explica mal as peripécias incríveis e, aliás, tanto cômicas quanto trágicas desse processo: retire o obstáculo, e o desejo some; traga de volta o obstáculo, e ele retorna.

Os economistas têm interesse no que digo exatamente porque têm, pela primeira vez, a impressão de que, ao mostrar as formas das rivalidades miméticas, pode-se falar da natureza daquilo que eles denominam necessidade, ou daquilo que explica as escolhas de consumo ou o jogo das ações na bolsa. O fato de que as duas mãos se encontram sobre a garrafa torna absolutamente compreensível o desejo de cada uma dessas mãos de afastar a outra. Mas, se me volto para a leitura de Freud do complexo de Édipo, vejo o seguinte: o filho tem um desejo pela mãe, o filho se identifica com o pai. No sétimo capítulo de *Psicologia Coletiva e Análise do Eu*, há uma leitura que faz tudo começar da identificação com o pai. Há o encontro da identificação com o pai e do desejo pela mãe, mas não há contaminação dos dois. O pai aparece imediatamente como um terceiro incômodo. Em *O Eu e o Isso*, em que ele retoma a mesma análise, ele coloca a identificação com o pai um pouco em segundo plano, não mais em primeiro, talvez até diga que ela vem depois. Tenho a impressão de que Freud está extremamente perto de uma leitura mimética do complexo de Édipo. Contudo, parece-me que a família é antes de tudo protetora das rivalidades miméticas. É possível ser rival do pai por causa da mãe. Quando isso acontece, é realmente muito grave. Em nosso mundo o pai é um educador e ele ensina o filho a não entrar em rivalidades miméticas; todas as instituições em geral, é isso que a psicanálise nem sempre vê, enquanto funcionam, tendem a proteger do desejo mimético, é o interdito que separa os rivais. Tenho a impressão de que, em nossa sociedade, quanto mais os tabus são suprimidos, mais as coisas pioram. Dizemos: não deve haver mais tabus.

Tenho sempre a impressão de que o tabu é um bode expiatório que na verdade mascara o rival, o duplo. Não nego, com Freud, que, quando uma cultura se debilita, o tabu não se torna um ponto de fixação para as rivalidades. Mas em Freud há uma visão da cultura e das instituições que não é suficiente, porque ele pertence ao começo de uma decadência do paternalismo cujo resultado, hoje, testemunhamos. Creio que ele exagera o papel da família, ele vitima a família, dando-lhe uma importância que, hoje vemos, é talvez excessiva, mas que, aliás, ele nem sempre faz, porque muitas vezes ele troca a expressão "mãe" por *"das pflegende Weib"*, a mulher que dá os seios, aquela que está presente no começo, e troca as instituições familiares pelas próximas, no sentido mais imediato. Aceito a ideia de que Freud está extremamente próximo dessas análises, mas ele não está de acordo com um certo grupo de grandes autores que me interessa e com os quais estou de acordo, porque enxergo a lógica do sistema do desejo que eles desenvolvem, e a lógica de Freud em alguns momentos me parece falha.

Philippe Jeammet: Como o senhor situa o desejo da criança em relação a esse mimetismo? Porque, nas histórias desses autores, não há muitas crianças.

R. Girard: O senhor tem toda a razão, mas ainda assim há crianças, há lembranças da infância, Proust. Eu diria que a natureza mimética do desejo na criança é extremamente visível.

Ph. Jeammet: Eu quis me referir ao desejo do adulto de ter uma criança, não dos desejos das crianças.

R. Girard: Prefiro não me pronunciar sobre esse assunto! Creio que o desejo de ter uma criança se situa no interior de uma sociedade funcional, e esse desejo tende a desaparecer no mundo trágico. Talvez o nosso mundo seja, sob certo ponto de vista, um mundo trágico. O desejo de ter uma criança é um desejo de continuidade, de reviver na posteridade, de transmitir alguma coisa no seio de uma tradição que afirma sua vida por esse gesto. O desejo de ter uma criança tem uma natureza simultaneamente individual e coletiva. Mas talvez o senhor estivesse pensando em outra coisa... *(Risos na plateia.)*

Ph. Jeammet: Teremos a oportunidade de voltar ao assunto depois...

Pergunta: Tenho muita dificuldade de entender aquilo que o senhor falou sobre como o bode expiatório tende a desaparecer em nossas sociedades ocidentais. Também não compreendo muito bem essa noção do mal que viria substituir o bode expiatório. O senhor diz que a paz chega quando matamos a vítima, o bode expiatório. O que me parece, quando vejo as guerras que ainda existem, é que a paz é recuperada por algum momento, mas depois volta o desejo de encontrar uma vítima, um bode expiatório, e assim por diante...

R. Girard: O senhor está totalmente certo quanto aos dois pontos. Falei rápido demais. Os sistemas do bode expiatório e as sociedades não são permanentes; uma das grandes ideias que os etnólogos não explicam e que me parece explicável é o fato de que o sacrifício se desgasta. Na Bíblia, esse é um dos grandes temas proféticos, e é também um tema trágico, tudo está sempre recomeçando, e os textos que insistem no fim bíblico dos sacrifícios dizem justamente que não há fim. Quanto ao primeiro ponto mencionado pelo senhor, estou de acordo. O bode expiatório não desaparece. Mesmo em nosso mundo o bode expiatório tende a ficar mais bem escondido, a deslocar-se. Por exemplo, ele tem um papel muito intenso na vida dos negócios, na vida política, em nossas vidas profissionais. Mas digo ainda assim que isso é uma melhora em relação a um universo em que as pessoas se matam umas às outras. Hoje, isso é algo que se denuncia. Por exemplo, é possível datar o emprego do termo "bode expiatório" nas memórias de Saint-Simon. Há um momento em que Saint-Simon diz: faço de uma fulana bode expiatório disso e daquilo, isto é, eu a trato de maneira injusta. No universo medieval, o universo da caça às bruxas, elas são mortas por causa da peste. Apesar disso, há pequenos progressos, que são interrompidos por fenômenos como o totalitarismo. Para mim, o totalitarismo é uma sociedade que se quer perfeita e que procura resolver os problemas não de maneira pragmática, mas procurando culpados. Atualmente, vivemos num universo ameaçado pelo totalitarismo. Estou longe de negar esses fenômenos de retrocesso, mas acho que justamente eles não bastam para negar o progresso. Inventamos a História no século XVII ou no XVIII, quando constatamos que o mundo ocidental e, na esteira dele, o planeta inteiro, vivia uma história diferente, e estava se unificando. Durante muito tempo houve um otimismo histórico extraordinário. Agora existe a tendência inversa, a tendência de dizer: a História não tem sentido, somos tão ruins ou piores do que nunca fomos. Tenho a impressão de que a verdade não está nem no otimismo, nem no pessimismo. Estamos numa situação terrivelmente perigosa, porque quanto mais aprendemos, mais fácil fica fazermos novos sistemas de bode expiatório, mas, apesar de tudo, essas coisas agora para nós fazem sentido. Não estamos perdidos num universo insano.

Pergunta: Em *A Violência e o Sagrado*, o senhor fala de *vítima* substituta, e, depois, em *O Bode Expiatório*, o senhor fala de *bode* expiatório. Existe diferença, ou não?

R. Girard: Normalmente não há. O bode expiatório, como sabemos, é um ritual (Cap. XVI do *Levítico*). No dia das expiações, o sumo sacerdote toma dois bodes. Um será sacrificado normalmente, o outro será mandado para o deserto, depois de o sumo sacerdote lançar sobre ele os pecados de Israel. No mundo moderno, quando pensamos no fenômeno do bode expiatório, interpretamos esse rito e dizemos: por trás desse rito deve haver um fenômeno de vitimação, uma vítima que no fundo é inocente. Assim, acho que o sentido moderno de bode expiatório é na verdade uma leitura muito profunda, a verdadeira leitura. As coisas essenciais do nosso universo estão na linguagem corrente, e não na linguagem esotérica. Quando falamos em bode expiatório (mesmo no sentido usado pelos jornais, que nem sempre é puro, porque está misturado às rivalidades), há uma interpretação do fenômeno. O termo não tem qualquer importância se em toda vez queremos dizer: eis um homem que é inocente ou não menos culpado do que todos aqueles que o designaram como culpado. Desse fenômeno a antropologia não fala, nem a crítica da tragédia, ou muito pouco. Usei o termo de vítima substituta dizendo-me a mim mesmo: as pessoas entenderão que não se trata do rito do bode expiatório. Mas errei. Eu deveria ter explicado mais em *A Violência e o Sagrado*. Com o livro *O Bode Expiatório*, a confusão aumentou mais ainda. Era preciso dizer: *vítima única, escolhida de modo inconsciente pela comunidade*. Quero dizer: vítima única que, numa sociedade extremamente agitada, marca uma mudança brusca para uma melhora na evolução dessa sociedade. Mas a sociedade, em vez de interpretar essa mudança como uma ação própria sua, interpreta-a como ação do próprio bode expiatório. Ele é responsável por aquilo que vem antes e por aquilo que vem depois. Nos ritos vemos claramente esse fenômeno, se aceitamos a ideia de que há uma vítima inocente, mas os perseguidores não sabem que essa vítima é inocente. Quando digo que Édipo é um bode expiatório, escuto: de jeito nenhum, Édipo realmente cometeu o parricídio e o incesto na tragédia. Mas justamente o mito é o mito porque os gregos imaginam que sua vítima é culpada e fabricam um sistema de representações em torno de um mecanismo que não é visível exatamente porque é ele que estrutura a visão. A partir do momento em que você enxerga o fenômeno, ele não estrutura mais nada, e você diz: bode expiatório. Você não acredita mais no parricídio e no incesto. Para mim, Jó é um Édipo que saiu pela culatra.

Pergunta: O senhor não faz referência à filosofia existencialista e a nada da literatura atual. Existe alguma relação entre esse desaparecimento progressivo do bode expiatório e a noção de absurdo?

R. Girard: Se tomarmos peças como *As Criadas* ou *Alta Vigilância*, veremos que elas são extraordinárias no que diz respeito ao mimetismo e ao bode expiatório. *Alta Vigilância* é a história de dois jovens bandidos que vivem numa relação de idolatria com elementos de homossexualidade com um condenado à morte que representa a violência e o triunfo sobre a sociedade; é quase a recriação de um rei sagrado. Em *As Criadas* há todas as dissimulações, os patrões que são ao mesmo tempo ídolos e bodes expiatórios. Se olharmos a obra de Shakespeare, veremos que Shakespeare é incrivelmente moderno, ele fala coisas extraordinárias sobre a violência. Eu disse há pouco que o sistema judiciário é obrigado a recortar as coisas de modo grosseiro, porque tem de manter a ordem. O teatro faz a mesma coisa, ele consiste em isolar um ato de violência, em dizer: foi só esse. Mas se olharmos Shakespeare, ele recusa isso. Por exemplo, mostrando que Hamlet tem de vingar seu pai, assassinado por seu tio. Mas por que Shakespeare insiste tanto no fato de que esse Hamlet, o pai, que tem de ser vingado, é ele mesmo um assassino? Porque isso remonta à noite dos tempos. Se Hamlet não consegue se vingar, isso não acontece por causa de complexos de Édipo, mas porque, ao se vingar, ele imita todo o mundo, daí seus problemas de identidade: *to be or not to be*. Vingar-se é fazer como Cláudio, exatamente a mesma coisa que ele. Mas não se vingar é tornar-se bode expiatório em uma sociedade aristocrática em que você é obrigado a fazê-lo; isso o entedia imensamente, ele acha isso monótono demais. Para mim, é Shakespeare quem diz: já não aguento mais escrever tragédias de vingança, ele sempre mostra que o ato de violência isolado não existe. Vou dar uma citação maravilhosa de Macbeth, que tem um valor teórico formidável para a violência. Macbeth, por ambição, apressa-se a matar seu rei, e diz a si mesmo: vou cometer esse ato empurrado por minha mulher. Ele reflete e diz: como seria bom se fosse possível isolar esse ato; se tudo se acabasse quando eu terminasse, se o assassinato pudesse lançar uma rede que evitasse as consequências e capturasse o sucesso, se o golpe fosse tudo e acabasse com tudo aqui embaixo; se o ato mesmo fosse o *"be all"*, o ser tudo, e o *"end all"*, o findar final de tudo. Então ele diz: não hesitarei e arriscarei minha vida futura e minha existência. Mas, acrescenta ele, nesse caso há um julgamento que se volta contra nós, nós damos lições sanguinárias que se voltam contra seu professor. Instruções sanguinárias que, ensinadas aos outros, voltam para trazer a peste a seus inventores. Esse é o Shakespeare mais sublime. A crítica inglesa chamou isso de justiça poética porque, na opinião dela, é só nas obras literárias que o mal volta para aqueles que o cometem. Lembro muito bem do dia em que, há alguns anos, um crítico polonês chegou de seu país para nos dar sua interpretação dos dramas históricos de Shakespeare, e era visível o quanto ele os lia segundo sua experiência da política polonesa, como ele via perfeitamente essa vingança que a crítica inglesa, protegida demais contra a violência, não conseguia mais enxergar. Hoje, a crítica muda a toda velocidade porque a sociedade está em crise, compreende-se novamente que, se Macbeth mata o rei, ele nunca será nada além de um tirano e virá um sucessor que lhe fará a mesma coisa. Para Shakespeare, a tragédia não tem começo, ela está cravada no passado de todas as violências e não tem fim. Ele tenta o máximo que pode suprimir fim e começo.

Dominique Arnoux: O doutor Jeammet mostrou, ao falar da violência, que o objeto da violência era puramente funcional. Eu mesmo perguntava a respeito da escolha da criança como objeto de violência por um pai e formulava algumas hipóteses. Para voltar a Édipo, acontece-lhe do mesmo jeito uma história trágica por causa de seu nome, que significa: pés trespassados. Ele foi designado como vítima e colocado na montanha com os pés trespassados, ele vai entrar numa tragédia, como bode expiatório. O senhor poderia dizer algumas palavras sobre as qualidades do objeto do bode expiatório e sobre qual o momento em que essas qualidades efetivamente encontram a necessidade de uma vítima no grupo social?

R. Girard: No caso de Édipo, em que Édipo é apresentado como manco, o homem do caminhar impedido, minha tendência é voltar-me para fenômenos que todos nós conhecemos. Sabemos que num grupo social rude os deficientes são considerados misteriosos, perigosos. Existe a mesma tendência nas crianças, uma criança anormal, com um sotaque estrangeiro, ou um problema na fala, ou algum outro tipo de imperfeição, corre o risco de ser perseguida por seus semelhantes. Trata-se de um fenômeno que sem dúvida se situa num nível elementar, uma vez que o encontramos já entre os animais. Existe aquilo que chamo de sinais preferenciais da escolha vitimária. As vítimas são em última instância arbitrárias, mas a arbitrariedade não exclui que certas possibilidades de orientação estejam presentes. Aquilo que me impressiona, por exemplo, é que Édipo esteja cercado de mancos: Hefesto, e Filocteto, cuja perna gangrenada cheira mal. O herói mítico que cheira mal é muito comum. Jó tem mau hálito, sua esposa diz, isso faz parte dos sinais do bode expiatório. Os heróis corcundas, ou caolhos, ou cegos, ou que chegam com um olho coberto, são absolutamente incontáveis. Não é a diferença que inquieta, é a diferença fora do sistema que parece capaz de destruir o sistema – o primitivo tem medo do monstruoso, e o monstruoso é a mistura de traços que destrói unidades específicas, isto é, que destrói a diferença. Creio que o temor de uma sociedade é de não ser diferenciada, é o temor da mistura, da mistura maligna. Vemos o quanto o racismo está próximo do bode expiatório. A partir do momento em que os homens não têm mais a diferença sutil, cultural, para distinguir-se uns dos outros, o *status*, o esnobismo, etc., eles se distinguirão por coisas muito brutais, muito mínimas, como a cor da pele. Vemos seres desamparados que procuram diferenças definitivas, toda a diferença de fora do sistema. Os pobres e os desafortunados são bodes expiatórios, mas o rei também é. Tudo aquilo que é fora da média.

Pergunta: É desejável ficar sem o bode expiatório, se ele é um fenômeno de regulação da violência no plano social?

R. Girard: De fato, nas sociedades primitivas, e até certo ponto em nossas sociedades, as oposições de todo tipo, todos os sistemas duais no sentido do estruturalismo de Lévi-Strauss são sistemas de regulação que têm aspectos de bode expiatório. Ao mesmo tempo, a grandeza de nossa sociedade está em tentar livrar-se dessas coisas. De todo modo, estamos nesse caminho e não há possibilidade de voltar atrás. Todo esforço para inverter essa tendência é não apenas nocivo, moralmente repreensível, como ainda nos condenaria a formas extraordinárias de destruição. Por exemplo, o nazismo tentou fazer dos judeus bodes expiatórios. Isso foi dito, é possível encontrar isso formulado em textos. O fato de o maior livro de teoria nazista se chamar *O Mito do Século XX*, de Alfred Rosenberg, me parece muito impressionante. Tratava-se, de fato, de recriar um mito. Na medida em que acomodamos o fenômeno mesmo, a regulação não existe mais. Somente falamos de maneira eficaz a respeito de fenômenos mortos ou que estão morrendo. De todo modo, em nossa sociedade, se existem aspectos de bode expiatório, não podemos explicar isso. Há também nela uma resistência extraordinária ao fenômeno do bode expiatório. Se é difícil viver em nossa sociedade, é justamente porque ela não tem os mecanismos sociais que permitiam que as máquinas primitivas funcionassem sem engasgar. Um dos males da sociedade atual é desprezar o domínio de si mesmo, quando somos uma sociedade que não pode dispensar o domínio de si mesmo. Propor a liberação disso ou daquilo, como se vê numa certa literatura, com sentimentalismo e romantismo excessivos, pode ser fatal. É preciso reabilitar os valores do domínio de si mesmo. Claro que não temos consenso sobre a religião, a forma de humanismo, os valores... Nunca tivemos tanta necessidade do autodomínio quanto atualmente, mas nós o desprezamos.

Pergunta: Justamente nas terapias familiares não é a diferença que é questionada, mas a diferença de fora do sistema familiar. Aquilo que questiona o sistema familiar, o sistema mítico, é isso que é designado como o paciente. O senhor disse há pouco que a imitação é na sua opinião idêntica ao desejo. Eu me perguntava, de um ponto de vista metapsicológico, se não haveria algo anterior à imitação no que diz respeito ao arcaico.

R. Girard: Anterior ao mimetismo...? O paradoxo da imitação é que ela é absolutamente necessária a toda a sociedade. Se não houvesse imitação, não haveria transmissão de condutas culturais, as crianças aprendem o idioma, aprendem a portar-se na comunidade, seguem o exemplo de seus pais, de seus professores, de seus irmãos, etc. Sabemos, por exemplo, que certas formas de cultura são transmitidas até entre os macacos, como a limpeza de batatas-doces. É a imitação-aprendizagem. Em todas as sociedades primitivas, ela está ligada ao sacrifício. Nós, nós temos uma imitação-aprendizagem que não está ligada ao sacrifício, o que é algo inteiramente admirável. Mas as relações mestre-discípulo podem muito facilmente transformar-se em relações de rivalidade! Quanto melhor ficar o discípulo, mais inquietará o mestre. No lugar da palavra "pai", seria preciso usar educador, aquele que serve de modelo. Freud, por razões misteriosas, mas que talvez estivessem ligadas ao espírito da época, recusou-se a falar em termos de imitação, porque o tema da imitação em sua época era de uma banalidade desesperadora, era sempre entendido como o mimetismo da manada. Ninguém chegava a conceber o conflito no seio da imitação. Para mim, é esse o verdadeiro problema.

Ph. Jeammet: Ao fazer minha pergunta há pouco, eu realmente tinha algumas reservas, e agora quero explicitá-las. Falei que a violência transforma um objeto de desejo em objeto funcional, que até faz desaparecer o objeto enquanto tal, e que o levaria a um problema de mimetismo. Para nós, há nessa violência alguma coisa que tende a apagar a dimensão do desejo, a fazer com que ele desapareça do objeto. Pergunto-me: por que o senhor quer tanto fazer com que o conteúdo da psicanálise desapareça? O senhor fez uma observação muito esclarecedora, que não me parece apagar o conteúdo da psicanálise, mas ressaltar alguns aspectos que foram notados pelo próprio Freud, e mais ainda por seus continuadores, toda a dimensão do narcisismo. O seu ponto de vista me parece um ponto de vista essencialmente masculino – aliás, o senhor nos citou sobretudo homens, um ponto de vista do homem moderno, para o qual provavelmente essa problemática do mimetismo se torna algo fundamental. O senhor citou um de Chaplin em que os rivais brigam entre si e no final ninguém sabe onde está a mocinha, eles só se interessam por si mesmos. Mas a mocinha nem por isso deixou de existir, e ela foi o ponto de partida. Atualmente, tentam fazer-nos crer que a mocinha não existe mais, que isso virou exclusivamente um confronto, uma problemática do mesmo, e por isso a diferença seria excluída, particularmente as diferenças fundamentais que são as diferenças dos sexos e das gerações. Vê-se bem em nossa cultura os esforços para apagá-las, esforços que nos parecem muito defensivos. O senhor diz também: quanto maior for a violência, mais desaparecerá o objeto. Eu diria ainda: quanto menos objeto houver, maior será a violência mimética. Esse apagamento do objeto existe também para proteger aquilo que o objeto, em sua diferença, traz de insuperável. Quanto à não satisfação do desejo, aquilo que a teoria freudiana mostra claramente é que não apenas o primeiro objeto nunca é recuperável, mas que ele tem de permanecer felizmente não recuperável. A psicose, a loucura consiste em acreditar ter recuperado o objeto, isto é, em chegar a situações incestuosas ameaçadoras para a identidade. Essa não satisfação completa do desejo é provavelmente aquilo que guarda os limites e as fronteiras do sujeito, permitindo-lhe, por meio de uma atividade de deslocamento, interessar-se por objetos substitutivos que vão permitir um mínimo de satisfação pulsional, sem comprometer demais a identidade. É justamente nesse momento em que tais processos de deslocamento ficam cada vez mais difíceis, porque não há interdito, fronteira ou conflito bastante, que nos voltamos diretamente para os objetos. As relações mãe-filho permanecem muito pregnantes após a adolescência, elas levam a uma extinção do desejo, a uma espécie de posição de retirada, ou a arrebatamentos violentos, ou a passagens ao ato. Temos a obrigação de nos perguntar sobre a obsessão de nossos pacientes com figuras maternas devoradoras. Quanto ao incesto, sabemos que, se o incesto pai-filha cria problemas no gerenciamento do desejo, ele raramente ameaça a identidade, isto é, ele raramente leva à loucura. Creio que quase não há exemplo de incesto mãe-filho em que não haja loucura. Há nele alguma coisa que é preciso tentar explicar.

R. Girard: Vou tentar responder. Como o senhor sabe, sempre escrevemos para um determinado público. Escrevi *A Violência e o Sagrado* para um público universitário, não para psicólogos ou etnólogos, mas sobretudo para pessoas da área de Letras, que naquele momento estavam muito influenciadas por Lacan e que tendiam a dizer que aquilo era uma variação da psicanálise, ou, por outro lado, ficavam totalmente contra, alegando que aquilo não poderia ser interessante porque nega Freud. Fiquei um pouco abalado. Freud é para todos, é um autor tão imenso, o admirável é que sempre o vemos pensando em seus textos, ele se corrige, ele hesita, cria novas hipóteses. Algumas de suas hipóteses são contraditórias, mas essa contradição mesma é uma riqueza em Freud, porque as duas direções são igualmente interessantes. O desejo pela mãe – não quero debater a coisa porque não tenho a pretensão de ser clínico –, mas esse desejo é algo que eu nunca vejo nos textos dos autores que estudo. Se os senhores o veem nos pacientes certamente os senhores têm razão, é outra experiência. As formas de devoração, existem talvez certos tipos de obras de arte que as mostram, mas a minha experiência é um pouco diferente. Por outro lado, o caráter de bode expiatório da neurose de transferência me parece evidente, como, aliás, muitos psicanalistas já me confirmaram.

Eu gostaria de dizer algumas palavras sobre a escolha da criança como vítima. Isso me interessa muito. A etnologia tem muitas coisas a dizer sobre a escolha do animal, da criança, das vítimas sacrificiais. Nos textos bíblicos, a questão do infanticídio ritual é apresentada como aquilo que Javé não quer. Os grandes textos do Êxodo são textos em que o sacrifício dos primogênitos é transcendido, mas sabemos, por meio dos profetas, que ele se manteve nos países do Oriente Médio de maneira mais ou menos secreta. O próprio Jó acusa seus amigos de tratá-lo como um desses órfãos tirados à sorte para serem mortos. Por que o órfão? Porque o órfão é ainda mais criança, ainda mais privado de proteção do que todas as outras crianças. E por que tirado à sorte? Porque, tirando à sorte, ninguém o escolhe. O órfão tirado à sorte é a vítima sacrificial que tem menos chance de reavivar as rivalidades da comunidade. Conhecemos esses mecanismos todos. Quando damos um chute em nosso cachorro, na realidade queremos dá-lo em nosso cônjuge ou em nosso chefe, há como que uma substituição sacrificial sendo efetuada. A mulher geralmente não é vítima sacrificial, mesmo nas sociedades mais misóginas. Por quê? Porque ela pertence simultaneamente a duas famílias. Não é possível sacrificar uma mulher casada, isso é fazer da família dela a inimiga da sua família. Mas a virgem, a mulher não casada, é sacrificável. Tudo o que numa comunidade é fraco em relação à força do homem é de certo modo sacrificável. Aliás, considerando esse fenômeno quase estatisticamente, vemos que o homem viril, o guerreiro, sempre domina as comunidades. O que é preciso evitar é a violência entre os homens, e ela é sempre evitada tomando vítimas de reserva, contadas entre as categorias mais fracas, menos perigosas. Em uma sociedade na qual os homens são os mais fortes fisicamente, é antes de tudo a violência deles que é preciso evitar, são sempre eles que realizam o sacrifício, que escolhem as vítimas, e eles nunca escolhem outro guerreiro, ou quando muito escolhem um guerreiro de uma sociedade estrangeira. O fato de que nos interessamos tanto pelos deficientes em nossa sociedade, que suprimiu os interditos, que se encontra em crise sacrificial, mostra até que ponto temos consciência desses problemas, até que ponto eles estão presentes em nossa comunidade. Admito que meu ponto de vista sobre isso é importante, mas insuficiente.

F. Gantheret: O senhor opõe com razão aquilo que seria o desejo do desejo do outro, como em Hegel ou em Freud, àquilo que o senhor observa nos autores romanescos, isto é, a imitação do desejo do outro. Mas será que o ponto de partida do senhor simplesmente não está no mesmo lugar? Quer se trate, como em Freud, da busca por um determinismo psíquico, ou, como em Hegel, do aprofundamento de uma ontologia, será que isso não está no mesmo nível que aquilo que o senhor dá a entender a respeito daqueles autores? O senhor sem dúvida tem toda razão, mantendo-se nesse plano, quando diz: a mim, que não sou analista, é isso que eles mostram. Mas o problema é que o senhor faz disso um princípio! O senhor se atém à letra daquilo que nos é dado a ler ou a escutar e, no entanto, quer opor isso *como princípio* àquilo que é busca de determinismos ou aprofundamento de uma ontologia, tomando um caminho totalmente diferente. Se há contradição, no fundo, parece-me essencialmente uma contradição de níveis de discurso. E essa contradição, nós a conhecemos bem da análise: na cura, trata-se preferencialmente da imitação do desejo do outro, porque chegar à questão do desejo do desejo do outro é o momento da interpretação, é o verdadeiro reconhecimento da estrutura edipiana. Para retomar sob esse ângulo a questão da rivalidade, ou dizendo então: ó, meu pai, meu irmão, esqueçamos esse objeto, larguemos a mocinha, abandonemos esse objeto que nos separa e vivamos nossa paixão na rivalidade. Evitemos, em suma, ao custo da rivalidade que se mostrará, a questão inscrita no coração de Édipo: o desejo homossexual.

R. Girard: Para mim, o desaparecimento do objeto somente acontece nas formas absolutamente extremas, só a vemos acontecer nas formas mais próximas da loucura, como em *O Duplo*, de Dostoiévski. Se falei de situações em que o objeto desaparece, foi para mostrar as diferentes possibilidades da trajetória percorrida pelo desejo mimético. Por outro lado, há uma leitura mimética do desejo do desejo do outro, que faz disso algo muito próximo daquilo que Freud chama de narcisismo, particularmente no primeiro grande texto sobre *Einführung des Narcissismus* [Introdução ao Narcisismo]. Esse texto me interessa muito, ainda que eu não esteja de acordo com Freud, porque há nele diversas imagens literárias, como, por exemplo, a personagem da coquete. Lacan igualmente escreveu um artigo em que fala de *O Misantropo* e de Celimena. Quem é Celimena? É a coquete. Por que o misantropo está apaixonado por ela? Se fosse por acaso, a peça não teria interesse. A coquete Celimena se alimenta do desejo dos outros, está cercada de personagens que a desejam, ela chega a desejar-se a si própria, isto é, a não ter, como diria Freud, desejo objetal, porque de certa maneira a coquete é aquela que consegue imitar o desejo que sentem por ela. Prive-a desse desejo, e ela desaba. Uma coquete sem admirador não é mais uma coquete. Temos aí uma imagem de falso equilíbrio, uma coquete pode permanecer coquete a vida inteira na medida em que conduz seu jogo de maneira estratégica. Aliás, é isso que Celimena diz à moralista Arsinoê. É isso que diz Freud em *Introdução ao Narcisismo* quando fala que há mulheres naturalmente narcísicas e que geralmente são muito bonitas. É essa a impressão dada por Celimena na medida em que, sendo ela desejada pelo outro, deseja o desejo do outro, deseja um certo desejo de reconhecimento. Alceste também. Quando ele fala: quero que me tratem com distinção, diz: quero ser Celimena. Alceste e Celimena são rivais pela posse do salão, são os dois mais inteligentes. E Celimena é um Alceste que deu certo, enquanto Alceste é uma Celimena que deu errado. Há entre o misantropo e a coquete uma conexão extraordinária. Aliás, observemos uma do *salon*, e logo veremos que o desejo se move numa certa direção porque o desejo tende a polarizar-se. Creio que Molière quer mostrar isso. Shakespeare mostrou isso de maneira extraordinária na peça *Sonho de uma Noite de Verão*. No começo há duas meninas e dois rapazes, e o pai reclama que a filha não ama aquele que lhe foi destinado, ainda que o tivesse amado antes. Depois, em vez de haver uma só configuração do desejo, temos diversas, e diríamos que aqueles adolescentes são como as andorinhas. Quando uma voa para um lado, todas vão atrás. No começo, três estão apaixonados pela mesma pessoa porque a segunda menina está com tanta inveja daquela que é desejada pelos dois rapazes que ela também deseja aquela menina. E Shakespeare mostra essa forma de homossexualidade de maneira bastante explícita. Depois há uma troca súbita e todos desejam a mesma pessoa e isso leva à violência. Essa reestruturação se opera sem nenhuma razão válida, por causa de incidentes insignificantes, como nos sistemas de equilíbrio de que os físicos falam hoje, sistemas em que pequenas diferenças podem levar a resultados imensos. Shakespeare é o único autor que conseguiu mostrar diversas configurações na mesma peça. A todo momento os quatro têm as mesmas ilusões, aquele que é desejado num momento é também o mais desejável. Vemos que aqui Shakespeare faz uma teoria do desejo. Já Freud diz: existe um certo tipo de mulher, bonita, fria, sem desejo objetal, tirem dessa mulher seus admiradores, e vocês verão o que acontece! Creio que é preciso repensar o conceito de narcisismo.

Anne Clancier: O senhor retoma, na minha opinião, ideias de Freud, especialmente aquelas expressas em *Totem e Tabu*, a respeito do acordo dos irmãos contra o pai, isto é, da rivalidade com o pai, ou melhor, da negação da rivalidade fraterna.

O senhor também está de acordo com Denise Braunschweig e com Michel Fain, que, em sua obra *Eros e Anteros*, apontam o desejo dos irmãos de entender-se bem. Para isso, é preciso eliminar as mulheres do grupo. A partir do momento em que aparece o objeto do amor feminino, a rivalidade entre os irmãos se acende.

Tenho a impressão de que o senhor é hostil ao complexo de Édipo, e que o senhor privilegia o narcisismo. O senhor não se situa, de modo geral, no nível do narcisismo, e não no nível libidinal?

No que diz respeito aos escritores e à imitação, é interessante que o senhor tenha falado de Shakespeare, o autor em que podemos encontrar todas as facetas, todos os níveis. Qualquer um pode valer-se dele para ilustrar sua tese, e eu mesma poderia expor minhas ideias sobre *Ricardo III*, que não seriam iguais às suas. Mas isso não seria de boa-fé, porque há de tudo em Shakespeare.

No que diz respeito à imitação entre os romancistas, eu não me colocaria no nível do conteúdo, mas no nível da arte do romancista. Um escritor só pode tornar-se um grande romancista se sair da imitação. Todo escritor no começo imita outros escritores, como se fossem seus pais. A partir do momento em que ele rejeita essa imitação, em que introjeta essas identificações, ele se torna verdadeiramente ele mesmo e é então que sua obra se torna válida. É preciso, portanto, que ele saia da imitação.

No que diz respeito ao mito de Édipo, retomarei aquilo que disse Philippe Jeammet: se rejeitarmos esse mito, que é estruturante, corremos o risco de regredir aos mitos arcaicos. Passamos dos temas das tragédias de Sófocles às de Ésquilo. Nas curas clínicas, tomamos cuidado para controlar a regressão, mas não podemos censurá-lo por negligenciar a prática clínica, porque não é essa a sua especialidade. Quando o nível edipiano é atingido, podemos assumir sua violência, controlá-la e transcendê-la.

Nos seus livros, apreciei sua abordagem de certos mitos, especialmente nos momentos em que o senhor reencontra a sabedoria mítica na Bíblia, no mito de Caim e Abel, que é fundamental, porque toda sociedade se baseia na integração da violência. Abel, que era o agricultor, o pacífico, é morto, não vai deixar posteridade, e, contudo, é o sacrifício dele que agrada a Deus. É Caim, aquele que mata, que vai fundar a humanidade, sendo ela, portanto, baseada em um assassinato, mas isso a partir do momento em que a violência é controlada e em que o sentimento de culpa aparece.

Termino agradecendo ao senhor por aquilo que o senhor disse sobre Freud: que sua obra é genial e que ele a recomeçou várias vezes durante a vida. Desejo que o senhor tenha também muitos recomeços, porque, a cada momento de suas obras, o senhor trouxe novos olhares sobre o problema da violência.

R. Girard: Quanto a *Totem e Tabu*, se olharmos o pensamento da época, veremos que a ideia aparece um pouco por toda parte. Nos textos de Nietzsche há, por exemplo, aquele sobre a morte de Deus, na verdade sobre o assassinato coletivo de Deus. Meu tema é um pouco uma inversão disso. Em *Totem e Tabu*, tudo começa pelo assassinato, o assassinato de um pai, primordial, e a rivalidade se segue. Para mim, o assassinato vem pôr fim à rivalidade.

Quanto mais tomo consciência das implicações de meu trabalho, menos, na verdade, me aproximo de uma teoria da libido. Em vez de associar o mimético ao libidinal, faço o inverso. Assim, se fosse preciso que eu fizesse uma teoria da homossexualidade (falo de um caso hipotético), eu diria: há homossexualidade quando, diante da polarização em torno do rival, ele adquire um caráter sexual, mas essa polarização não tem obrigatoriamente um caráter sexual, mesmo que seja muitíssimo obsessiva, como em Dostoiévski. Tendo a associar a libido ao mimetismo mais do que o contrário. Não digo que estou certo, mas digo que isso funciona assim, em muitos textos. Quanto aos autores, eles são grandes quando saem da imitação, mas aí é a imitação que eles descrevem. O que me impressiona, por exemplo, em *Jean Santeuil* e no Proust da *Busca*, é exatamente isso. Em *Jean Santeuil*, a obra é imitada demais. Ela tem muitas frases feitas simbolistas da época, reproduzindo um idealismo banal do fim do século passado. Ele nos apresenta um rapaz perfeito que não é esnobe e se apaixona espontaneamente, etc.

Trata-se de uma obra inteira de imitação literária, ao passo que *Em Busca do Tempo Perdido* é prodigiosa, porque o narrador nela descreve a si próprio como alguém inteiramente dedicado à imitação. Por exemplo, ela mostra o narrador que não tem nenhuma apetência pessoal por Berma, a grande atriz, mas que é influenciado por uma criatura besta, o velho diplomata M. de Norpois. O verdadeiro romancista coloca em cena a experiência perdida, na época em que, sendo imitador, era incapaz de revelar sua própria experiência. Sempre tenho a impressão de que no fundo o romance é isso. Mas aí também eu falo de algumas obras, e não digo que tenho razão em relação a diversas outras.

Pergunta: O senhor poderia dizer alguma coisa sobre a função do bode expiatório na economia da culpa, particularmente na categoria do remorso?

René Girard: Procurar o bode expiatório é tentar desviar a própria culpa para qualquer outra pessoa. Se um psicanalista ou um psicólogo está presente para fazer essa canalização, tudo bem, mas essas duas coisas estão intimamente relacionadas. Quando interiorizamos a violência, isto é, quando não há um bode expiatório oficial, quando não sacrificamos mais as pessoas, exceto de maneira indireta, tudo isso que estou dizendo pode ser traduzido em termos de remorso. O que me interessa são os sistemas ainda ativos, legíveis na etnologia.

O neoprimitivismo atual e a ideia do homem natural são uma aspiração a um ser sem remorsos, sem culpas. Insistimos tanto nas formas de culpa que ela parece má, mas, se é assumida, aceita e abertamente dividida, essa solução é sem dúvida melhor do que a ideia de enxotar a culpa liberando o desejo, etc. Enfrentar o problema do bode expiatório é aceitar e assumir sua parcela de culpa. Mas como controlá-la para que não se torne patológica? Eis o problema. Se olharmos as grandes fórmulas morais ou religiosas do mundo ocidental, veremos que elas são de uma força extraordinária. Por exemplo: "Amai ao próximo como a ti mesmo" aparece no livro do Levítico na Bíblia, isto é, bem antes do cristianismo. Trata-se de uma fórmula de força prodigiosa porque não é uma fórmula culpabilizante. A grande tradição moral e religiosa do Ocidente não culpabiliza, são sempre as formas degradadas e corrompidas dessa tradição que fazem isso. Hoje, certas teorias excessivas, como a de Freud, tiveram consequências morais e sociais deploráveis na medida em que chegaram a dar a impressão de que bastava livrar-se da culpa para estar salvo individual e coletivamente.

F. Gantheret: Para encerrar, e sem pretensões de sintetizar, ou mesmo de concluir, eu gostaria de dizer que, desta rica troca de ideias e de experiências, guardarei comigo um eixo de reflexão, porque, ainda que ele tenha aparecido de modo diferente entre aqueles que se pronunciaram, para mim ele parece sempre o mesmo: a saber, que, no cerne dessa questão do ato da violência, há a dissipação necessária do objeto enquanto objeto. Isso aparece diretamente na fala de Phillipe Jeammet, a destruição necessária do objeto que interfere na esfera narcísica, ou, como em Dominique Arnoux, a necessidade de que uma criança seja martirizada, assassinada mesmo, para fazer cessar uma tensão insuportável. A criança a ser abatida é essa criança que chora, porque sou eu essa criança que chora, sou eu, num infortúnio que o choro não altera em nada. Ou que, como na fala de René Girard, apresentada certamente de outro modo, assistimos a um desaparecimento, uma dissipação do objeto na dialética da reciprocidade. O ato de violência, em suma, aparece sempre como um protesto vital, elástico, contra a *Hilflosigkeit*, e contra a incapacidade essencial do objeto de remediá-la verdadeiramente.

Texto extraído dos Cahier de l'IPC, *n. 2, novembro de 1985.*

capítulo 32
a amizade que se transforma em ódio
René Girard

O texto que segue foi tirado dos arquivos pessoais de René Girard e é publicado aqui pela primeira vez. Seu autor nunca o corrigiu, e o editor eliminou apenas os erros e as imprecisões mais grosseiras.

R. G.

Certos fatores intelectuais ainda prejudicam o desejo mimético no plano das ideias:

1 Ele chegou tarde na cena intelectual. Surgiu no exato momento em que todo mundo deixou de acreditar na possibilidade de uma sistematização eficaz do desejo.

2 Existe a tendência de confundi-lo com algumas de suas prefigurações ainda muito prestigiosas ou, ao contrário, com aquelas ultrapassadas demais para fazer-lhe sombra.

Pode-se confundi-lo, por exemplo, com o desejo de reconhecimento de Hegel. Como este, o desejo mimético também oferece seu ponto de partida e seu princípio a uma série de configurações que nascem umas das outras e que pretendem desempenhar um papel essencial na cultura humana.

Mas o desejo mimético começa de maneira mais simples: ele não pressupõe nenhum sujeito. Desejar mimeticamente é desejar um objeto porque alguma outra pessoa o escolheu.

O desejo mimético, portanto, apresenta-se sob aparências banais, fáceis, quase insignificantes, que ofendem nosso elitismo intelectual, nossa sede de esoterismo.

Para observar suas manifestações mais superficiais, basta assistir à televisão. O desejo mimético domina insolentemente a publicidade, os modos de vestir e outros, e até cada vez mais a vida intelectual, que consome cada vez mais, mas mais rápida e distraidamente, os sistemas e as celebridades, isto é, os modelos miméticos.

A comunicação tecnológica favorece, incentiva e amplifica de maneira gigantesca certas manifestações do desejo mimético. Ela nos obriga a vê-lo, mas não é ela que o engendra.

Creio que o desejo mimético desempenha um papel fundamental na cultura humana. Muitas pessoas julgam que dou importância demais a um fenômeno característico, sobretudo da nossa época, e que logo superaremos.

Alguns marxistas, como lamentou Lucien Goldmann, querem dar algum espaço ao desejo mimético dentro do quadro histórico e sociológico do capitalismo contemporâneo. Em *Homo Sovieticus*, Zinoviev nos mostra o triunfo universal de uma modalidade de desejo mimético muito próxima da nossa, mas ainda mais sufocante e opressora.

Alguns psicanalistas estariam igualmente dispostos a conferir ao desejo mimético um papel menor em sua visão de conjunto, a fazer dele uma doença a mais, que sequer arranharia sua concepção do complexo de Édipo, do narcisismo, etc.

Não acho que seja possível dar ao desejo mimético um lugar pequeno no seio do saber atual. A mímesis desejante é capaz de subverter todas as categorias em que sonham encerrá-la. Uma vez que suas possibilidades sejam desenvolvidas, ela derruba todo o sistema das ciências sociais, e propõe-se a si própria em seu lugar, como princípio organizador, cúmulo do automatismo heteronômico.

O que é necessário enxergar antes de tudo é que todo desejo de ser si mesmo passa pelo outro; é um desejo de ser o outro. O desejo mimético define um modo de alienação tão radical que é mais fácil ele absorver a alienação econômica de Marx, a alienação sexual de Freud ou a alienação metafísica de Heidegger, do que se deixar absorver por alguma teoria que privilegie determinado domínio particular da alienação.

Àqueles que olham o desejo mimético pelo lado mais estreito do binóculo, recomendo uma cura à base de teatro shakespeariano. Ali encontramos, não separadas uma da outra, mas indissoluvelmente unas, uma psicologia mimética e uma antropologia mimética, tão estreitamente imbricadas uma na outra que nem podemos nem devemos fazer delas disciplinas separadas.

O tipo de corrupção que julgamos exclusivo de nossa época, que se julga único, pretensiosamente, até nos motivos que teria para desprezar-se, já foi ilustrado por Shakespeare na figura simultaneamente insignificante e sinistra de Pândaro, o instigador dos desejos amorosos em *Troilo e Créssida*, o protótipo da publicidade moderna.

Esse alcoviteiro se esforça para tornar seus clientes desejáveis uns aos olhos dos outros, associando-os ao jogo dessa formidável rivalidade mimética que se chama a Guerra de Troia, jogo erótico por excelência; Helena, a primeira grande vedete do desejo mimético na cultura ocidental, modelo de todos os outros.

Mas Shakespeare também situa o desejo mimético num contexto que nos obriga a reconhecer nele algo diferente da inautenticidade antiga ou moderna, as formas vulgares da credulidade, da gregariedade, do servilismo ou do esnobismo. Esse contexto é o da *amizade*.

Em diversas comédias e tragédias, ele apresenta dois jovens que cresceram juntos: têm os mesmos gostos, as mesmas ideias, as mesmas maneiras de pensar, de agir, de falar. Sempre imitaram os mesmos modelos e, claro, tomam-se um ao outro por modelos. Se um dos dois prefere certo escritor a outro, certo compositor musical, certo jogo, certo esporte, certa paisagem, o amigo também os prefere, e, se não os prefere, está mentindo, está decepcionando. Vem a suspeita de que a amizade está esfriando.

Nenhuma escolha é mais importante do que a da esposa. Se um dos amigos está apaixonado, não se contenta com uma aprovação desatenta: para ele, o entusiasmo do amigo é necessário. Se não o obtém, sente-se traído, mas, se o obtém, é efetivamente traído. O amigo se transforma em inimigo. Ei-lo apaixonado pela beldade. A amizade chega ao fim, ainda que atinja a sua perfeição, porque esse é o cúmulo da imitação cega, sem a qual as amizades juvenis acabam.

Os dois rivais lutam para interditar um ao outro a posse do objeto desejado por ambos. Cada qual lança sobre o outro a responsabilidade pelo conflito, porque ambos percebem claramente que não agiram mal no que diz respeito à amizade. Há uma perfeita continuidade entre o comportamento que alimenta a amizade e o comportamento que a destrói: a imitação é a mesma.

Vemos isso em *Os Dois Cavalheiros de Verona*, em *Sonho de uma Noite de Verão*, e também em *Hamlet*. Em toda a obra de Shakespeare, sem aviso prévio, como numa trovoada, a rivalidade mortal toma o lugar da boa imitação reconfortante e calorosa da amizade.

Esse paradoxo elementar do conflito mimético, a transformação da imitação positiva em imitação de rivalidade, é a obsessão shakespeariana por excelência. Enquanto a imitação está associada a condutas, trejeitos, ideias ou até mesmo objetos cuja fruição comum não causa dificuldades, ela os dispõe favoravelmente uns aos outros, ela aquece seus corações. Quando ela se associa a objetos que não podemos ou que não queremos compartilhar, ela muda completamente.

Os rivais se esforçam para justificar sua oposição a partir de todo tipo de diferenças. A identidade de suas condutas os contradiz. A identidade de desejos leva à identidade de máscaras, de manobras, de reações às manobras do adversário. Para compreender e para resumir tudo em uma única palavra, é preciso mencionar a imitação que se desdobra e se comunica ao modelo, fazendo dele imitador de seu imitador, assim como faz do primeiro imitador o modelo de seu modelo.

Dos dois lados nega-se a imitação, mas essa é mais uma imitação. Quer remonte ou não à escolha inicial do objeto, a imitação dá a essa escolha a fixidez da ideia fixa. Os homens chegam a ela por não conseguir mais desejar senão pela intermediação de rivais suficientemente fortes para fechar-lhes o caminho, e pouco importa qual seja o objeto, desde que fique do outro lado do obstáculo.

O inverso também pode acontecer, como em *Coriolano*: dois inimigos ferozes se transformam em amigos, fascinados pelo obstáculo que constituem um para o outro, e que, exatamente por reforçar seu desejo, tende a tornar-se seu verdadeiro objeto. Existe uma torção shakespeariana do desejo, e particularmente uma torção homossexual, que se fundamenta nessa inversão.

Estender o mimetismo às dimensões do desejo e do ódio é a verdadeira maneira de explicar a tendência quase irresistível das relações humanas, não importando se boas ou más, para a reciprocidade, tendência a respeito do qual jamais nos interrogamos. Sequer a enxergamos, ou, quando a enxergamos, ela parece existir por si própria.

A tendência para a reciprocidade é tão forte que sempre acaba por frustrar as atitudes românticas, as ilusões solipsistas e as estratégias narcisistas mais astuciosas. Nas trocas dos comportamentos bons ou maus, na retribuição vingativa ou amorosa, conscientemente ou não, os homens sempre se tornam espelhos uns dos outros.

Somente o desejo mimético e sua tendência a agravar-se para melhor e para pior podem explicar a justiça superior que sempre acaba por manifestar-se em nossas relações com os outros, mesmo que poucas vezes a esperemos tempo suficiente.

A reciprocidade oferece não só a Shakespeare como também a todos os grandes dramaturgos efeitos impressionantes de veracidade.

Esses efeitos sempre ilustram um pouco o texto evangélico sobre o cisco e a trave, ou seu equivalente paulino:

Não julgueis, ó, homem, porque tu, que julgas, fazes a mesma coisa.[1]

A rigorosa verdade desses textos se funda numa reciprocidade mimética que o desejo de singularidade dissimula para nós, desejo que, paradoxalmente, confunde-se com o desejo mimético, o qual consiste, no fundo, em nada além de seguir aquele que consideramos modelo do único, do incomparável, aquele que sempre buscamos encarnar. Quanto menos estiver consciente de si mesma, mais eficaz é a imitação. Melhor imitamos quando cremos não imitar; o que não nos impede, pelo contrário, de observarmos sarcasticamente a imitação dos outros, alegrando-nos com a ideia de não sermos parecidos com eles.

Ao escolher a amizade como principal contexto mimético, Shakespeare nos impede de reduzir o mimetismo do desejo a algo secundário e facilmente evitável, de que os seres verdadeiramente nobres, sobretudo nós mesmos, escapariam com facilidade.

Ainda que Shakespeare nem sempre a trate como tragédia, essa metamorfose imprevista do laço de amizade em pomo da discórdia é trágica. É essa a verdadeira estrutura do conflito trágico.

Abandonado a si próprio, esse conflito íntimo e dilacerante só pode terminar em violência e morte. A partir do momento em que a rivalidade é liberada, ela torna recíproca a imitação, e funciona como uma máquina de contrariar os dois desejos.

[1] Referência a Romanos 2,1. (N. T.)

Ao fazer isso, ela os reforça cada vez mais. Quanto mais o número de desejos aumenta na máquina, mais a máquina produz desejo, e mais ela o exaspera.

Inicialmente fascinados pelo objeto comum de seu desejo, os antagonistas em seguida ficam fascinados um pelo outro, nas fases hiperagudas do conflito. Elas se sucedem numa ordem invariável, determinadas pela sofística de um desejo que, de fracasso em fracasso, consegue perpetuar-se passando a "soluções" cada vez mais desastrosas, aquelas que lhe permitem durar negando a evidência cada vez mais gritante de seu próprio absurdo.

Os impasses sucessivos do desejo revelam-se idênticos aos grandes sintomas psicopatológicos que se organizam de maneira inteligível no seio dessa dinâmica do desejo: o masoquismo, o sadismo, o narcisismo, a megalomania e seu contrário, a oscilação maníaco-depressiva.

Na obra de Shakespeare, o processo antagonístico ilustra os sintomas mencionados, mas, em vez de deter-se neles, como faz a literatura moderna, ele ultrapassa os limites da neurose e culmina na alucinação propriamente dita.

A descrição mais rica se encontra em *Sonho de uma Noite de Verão*. Quando um personagem acha que está levando a melhor, ele se compara a um deus, e, por outro lado, quando está na pior, compara-se a toda espécie de animal repugnante. Ao fim da noite de verão, uma verdadeira *Walpurgis Nacht* inglesa, o movimento pendular das represálias sucessivas se acelera, tornando-se um verdadeiro turbilhão, que desestabiliza as percepções. Quando o processo atinge o paroxismo, bestas e deuses se entrechocam, misturam-se e literalmente se casam, produzindo as divindades monstruosas e bestiais da mitologia. Temos assim o casamento burlesco, mas prodigiosamente significativo de Titânia, a rainha das fadas, com o tecelão Bottom, fantasiado com uma cabeça de burro.

Shakespeare faz dessa mitologia a culminação de duas crises miméticas quase paralelas no interior de dois grupos humanos: a primeira é a briga confusa dos namorados sempre inconstantes e sempre vidrados no mesmo objeto concomitantemente. A segunda é o frenesi mimético de um grupo de artistas que querem representar uma peça de teatro e que ficam tão empolgados com a ideia de mudar de personalidade que ficam alucinados por ela e, alucinados, partilham a visão dos amantes.

Shakespeare sublinha a seu modo a equivalência entre uma imitação teatral que supõe o desejo e um desejo que se baseia na imitação. A aceleração das rivalidades miméticas perturba as representações, e a lembrança fossilizada dessas crises se perpetua naquilo que chamamos de mitos. Os mitos são a rememoração das crises miméticas transfiguradas por terem sido vividas sob a forma de alucinação. O teatro é uma forma de atividade ritual que consiste em imitar o relato mítico, e essa atividade mimética pode tornar-se tão ardente e realista que recupera a intensidade da crise inicial e dela não se distingue mais.

Sonho de uma Noite de Verão se inscreve explicitamente no quadro das velhas festas primaveris do folclore inglês. Elas são vestígios de religião primitiva, e a peça interpreta todo esse material etnológico com maior profundidade, me parece, do que todas as ciências do homem.

A energia violenta armazenada pela máquina intersubjetiva de uma comunidade em estado de crise mimética não pode ficar sempre aumentando sem explodir. Se a máquina não explode, se os grupos não se destroem, se a ordem é restabelecida, é preciso que haja uma intervenção imprevista, um mecanismo qualquer que aja como um freio antes do apocalipse universal.

Esse algo, como assinala o tragediógrafo, é o assassinato coletivo de uma vítima em torno da qual, no paroxismo do frenesi mimético, polariza-se, de maneira fortuita, sem nenhuma razão além da mimética, o apetite universal de violência.

Em torno dessa vítima convergem todas as projeções monstruosas dos antagonistas. Ela é vista como a única responsável pela crise mimética, e por isso é assassinada. Mas, se seu assassinato pacifica o grupo, a vítima também será considerada responsável por essa pacificação.

Para a comunidade agradecida e assustada, a vítima torna-se então o modelo e o contramodelo de uma nova mímesis reconciliadora e construtiva. Parece lógico não imitar aquilo que a vítima fez para prejudicar a comunidade, e, por outro lado, parece haver a obrigação de imitá-la em tudo aquilo que ela fez para reconciliar e reordenar essa comunidade. Essas duas direções são respectivamente a dos interditos e a dos ritos; elas levam a todas as grandes instituições da cultura humana.

A vítima torna-se o deus primitivo, simultaneamente maléfico e benéfico, aquele cujos feitos tremendos são objeto dos relatos míticos, aquele por quem se faz o sacrifício, mas também aquele que sacrifica e que é sempre sacrificado novamente nas imolações rituais.

Esse assassinato só aparece diretamente em *Sonho de uma Noite de Verão*, uma peça divertida, escrita para um casamento aristocrático. Shakespeare faz alusões transparentes ao momento fundador dos mitos, em particular à morte de Orfeu, dilacerado pelas Bacantes.

Em muitas outras peças, tragédias e até comédias, esse assassinato aparece diretamente tanto dentro de um arcabouço histórico quanto de um arcabouço mitológico. Temos o assassinato de Heitor em *Troilo e Créssida*, e o assassinato de Júlio César na tragédia homônima. Este só funciona de maneira retardada, após muitos outros assassinatos, mas nem por isso é menos considerado a fundação do Império Romano.

Shakespeare vê que a função cultural e a função religiosa desse assassinato são idênticas. A mitologia é tratada como história, e a história é sempre misturada com a mitologia. A morte de César se inscreve num arcabouço ritual e nela são recuperados os traços estruturais das expulsões religiosas, traços que as tragédias e as comédias reproduzem com a precisão quase técnica de um etnólogo de inteligência tão superior que passa despercebido, ou que é percebido como puramente poético, inefável, além de toda a conceptualização. Esse assassinato coletivo ou essa expulsão são pedidos pelo público do teatro, que não compreende verdadeiramente seu papel, assim como os convidados do banquete de Herodes pedem a cabeça de João Batista. O público quer heróis para que eles sejam recompensados, mas quer ainda mais vilões, para que eles sejam punidos.

Shakespeare brinca ironicamente com o apetite de seu público pelas divisões maniqueístas. Ele mostra como os falsos moralismos e as falsas indignações virtuosas são forçosamente tributárias das vítimas escolhidas arbitrariamente.

O bode expiatório é indispensável para a divisão do universo teatral em bons heróis de um lado e traidores malvados de outro. O importante não é quem ou o que é o bode expiatório, e sim que haja bode expiatório, a fim de garantir a divisão que protege o público teatral de qualquer possibilidade de entender o que se passa.

As pessoas preferem ignorar de que consistem verdadeiramente seus conflitos. Todos os procedimentos para fugir à consciência trágica podem ser resumidos, no fim das contas, a escolhas de bodes expiatórios.

Shakespeare é muito homem de teatro para privar seu público de vítimas apaziguadoras e substanciais. A ausência de fineza moral e a crueldade que caracterizam a multidão, inclusive o público teatral, obrigam o dramaturgo a ir contra a própria vontade. Aquilo que torna os bodes expiatórios indispensáveis ao teatro confunde-se com aquilo que sempre os fez necessários nas sociedades humanas. O bode expiatório é o mecanismo que transforma em força de ordem um mimetismo do desejo que sempre tende a transformar-se em força de desordem.

Se Shakespeare privasse o público de seu alimento vitimário, seu apetite poderia voltar-se contra ele; ele é que faria o papel de Orfeu dilacerado pelas Bacantes. É isso que ele sugere ironicamente. Felizmente, os bodes expiatórios mais grosseiros são os mais eficazes, e Shakespeare às vezes exagera a caricatura para deixar claro para a parte mais sutil de seu público que ele não é bobo. É esse o caso de Shylock, o malvado usurário judeu de *O Mercador de Veneza*, ou de Joana d'Arc em *Henrique IV*, ou até mesmo o do terrível rei Ricardo III.

Creio que a tese mimética e vitimária não está subentendida apenas na obra de Shakespeare, mas em todas as obras dramáticas e romanescas. Servi-me de Shakespeare não apenas porque ele me parece o mais lúcido, o mais explícito e o mais completo de todos os autores quanto a essa tese, mas também porque seu tema da amizade que se transforma em ódio mostra esse desejo sob uma luz trágica que me parece a mais fiel.

O tragediógrafo enxerga o paradoxo na mímesis. Ele vê que a passagem de uma imitação à outra se efetua pelo intermédio de vítimas cuja eficácia reconciliadora repousa sobre a incapacidade que os algozes têm de perceber que são arbitrárias.

Chamo trágico ao homem que, em vez de encobrir, de embotar e de minimizar as contradições do desejo, vai até o fundo daquilo que elas exigem, e precipita seus heróis na vingança e na morte. A tragédia deve sua beleza ao rigor moral de um horror que abala a ordem dos bodes expiatórios.

Extraído do manuscrito original da conferência dada em alemão na cidade de Stuttgart, em 28 de setembro de 1986 (ver, neste mesmo volume, "Satanás e o Escândalo").

capítulo 33
"uma repetição com variações": Shakespeare e o desejo mimético: mesa-redonda

René Girard

Bernard Vincent: Mais do que apresentar René Girard (tarefa amplamente inútil), eu gostaria, para começar este debate sobre a repetição em Shakespeare, de falar sobre a repetição em René Girard. Tenho de falar disso, porque essa é uma das grandes críticas feitas a sua obra, a crítica de ele sempre dizer de novo a mesma coisa, mecanicamente, antes de descansar e de voltar a repetir-se, página após página, livro após livro, como se sua ferramenta teórica só permitisse um único discurso, eternamente o mesmo refrão, não importando se o assunto é Proust, os deuses, o Império Romano ou Shakespeare. Aqueles que lhe fazem essa crítica (e não duvido de sua boa-fé) confundem o aspecto temático do pensamento de Girard e a força geradora da ferramenta aparentemente simples que ele usa – a ferramenta aparentemente simples do mecanismo mimético, da triangularidade dinâmica do desejo que mostra a complexidade daquilo mesmo que está sendo estudado. Parece-me conveniente comparar o projeto de Girard a uma perfuração. A broca (ou a sonda, a pua) é sempre a mesma, mas os jazigos descobertos, os veios, os estratos e os filões são sempre novos, sempre outros. Ao fim de cada passo adiante, ou de cada escavação, o assunto nos parece esgotado, e o autor, condenado a repetir-se indefinidamente. Mas, quanto mais ele escava, quanto mais ele perfura, mais jorra a novidade, parecida com aquilo que veio antes e ao mesmo tempo inteiramente específica. A teoria mimética repousa sobre um princípio considerado simples, mas que paradoxalmente permite trazer à tona a complexidade das relações humanas, e sobretudo o paradoxo fundamental dessa complexidade, isto é, que o Outro é também essencialmente meu semelhante, que o homem, desde que nasce, defronta-se com duplos que para ele são simultaneamente gêmeos e estrangeiros, modelos e rivais, rivais em relação a ele, rivalizados por ele.

O *Shakespeare* de René Girard termina, em sua última página, numa impressionante *myse en abyme*, em que Próspero-Shakespeare-Girard juntos dizem adeus à teoria mimética, afirmando ser preciso pôr fim a "essa crônica sempiterna de paixão senil" e a essa "lengalenga" que entedia mortalmente a juventude: "Miranda, observa o autor, Miranda adormecida pelo desejo mimético!". A repetição girardiana, associada à repetição shakespeariana, está morta ou enterrada, ou já se prepara para renascer?

René Girard: Essa pergunta é muito difícil. O senhor formulou muito bem aquilo que eu mesmo diria sobre a repetição. O verdadeiro mistério reside precisamente na natureza do desejo mimético, naquilo que é operado por ele em autores tão diversos quanto Cervantes, Shakespeare e Dostoiévski. Existe uma unidade? Será que essa unidade pertence ao domínio das relações humanas ou da literatura? Minha resposta a essa pergunta é dupla. Trata-se simultaneamente de uma unidade das relações humanas e da literatura. É bem claro que o escritor, ao menos o tipo de escritor que me interessa, é um obcecado pelo desejo mimético. Existem desejos não miméticos? Para esse tipo de escritor, essa questão não existe, nem pode existir, ela está além de seu tema. Ela não está totalmente fora de Shakespeare, uma vez que, nas últimas peças, de fato há personagens que estão fora do desejo mimético: por exemplo, Cordélia no final de *O Rei Lear*. Em meu livro sobre Shakespeare, tento desenvolver o conceito de hipermimetismo, isto é, um conceito que não pertenceria ao domínio da patologia. Freud mesmo afirmava ter acabado com a descontinuidade entre patologia e normalidade. Creio que isso não é inteiramente exato, e que sua atitude quanto à literatura, em particular, mostra isso. Há em Freud um desejo de afastar a literatura. E, aliás, quando Freud recorre à literatura, recorre essencialmente a autores de "segundo escalão", qualquer que seja o sentido dessa perigosa expressão. Isso fica claro particularmente em seu artigo sobre Dostoiévski, quando, após mencionar o escritor, Freud o esquece totalmente e começa a falar de Stefan Zweig, que no fundo lhe convém muito mais. Creio que a teoria do desejo mimético elimina a patologia, mas ela não diz que a vida dos homens é semelhante a uma quintessência de desejos miméticos. Assim, a noção de hipermimetismo permite revelar aspectos fundamentais da vida que a experiência normal não enxerga e que esse tipo de experiência demarca, pelo exagero. De certo modo, o problema da expressão literária está ligado a esse exagero.

Ann Lecercle: O senhor diz no começo de seu livro sobre Shakespeare que nem os psicólogos nem os polemólogos conceberam nada que se aproximasse dessa concepção. O que imediatamente me ocorre, quando o leio, é a importância do modelo mimético, e depois a agressividade que ele engendra. Seu primeiro livro data de 1961. No começo da década de 1950, Lacan começou sua releitura de Freud, e publicou, entre outros, *O Estado do Espelho*, que para alguns é praticamente o único conceito que vale a pena guardar, e pouco depois *A Agressividade na Psicanálise*, que é uma exploração dos aspectos "agonísticos" ligados à imagem no espelho. Por outro lado, a fórmula "o desejo do homem é o desejo do outro" parece, em todo caso, aproximar-se daquilo que interessa ao senhor, e eu me perguntava se sua própria agressividade em relação à psicanálise não poderia ser explicada pelo fato de que sua teoria do desejo mimético e a releitura lacaniana de Freud devem ser interpretadas como irmãos inimigos, com a similaridade paradoxalmente engendrando a distância. Em seu livro, a cada duas ou três páginas há reflexões sobre a psicanálise que o senhor contesta de maneira muito firme. Sua atitude em relação à psicanálise seria semelhante à de Greenblatt, shakespeariano americano muito respeitável, que acaba de publicar um interessante ensaio intitulado *Renaissance Theory and Psychoanalysis of the Renaissance Text* [Teoria do Renascimento e Psicanálise do Texto Renascentista], visivelmente escrito contra a psicanálise americana? Um trecho ao final resume todo o artigo: "É possível que haja atualmente na França uma psicanálise mais adaptada a Shakespeare, que seria a psicanálise de tipo lacaniano, porque o sujeito não é visto como uma mistura complexa de sintomas e de um eu, mas visto em termos de alienação pela própria escritura do desejo". A questão seria então a seguinte: até que ponto o senhor distingue a psicanálise do modo como existe nos Estados Unidos e a psicanálise do modo como é combatida, por exemplo, por Lacan e sua respectiva psicanálise?

René Girard: As semelhanças de que a senhora fala sem dúvida estão no plano dos temas. Creio, porém, que são superficiais. Para mim, o desejo mimético não é notado, ainda que seja a coisa mais compartilhada, mais conhecida do mundo. Tomemos por exemplo o tipo de conflito que existe em *Os Dois Cavalheiros de Verona*: os dois adolescentes têm necessidade de aprovação recíproca e estão sempre tentando convencer-se mutuamente a desejar a mesma menina. Um deles consegue, o outro não. É bastante óbvio que a amizade está em perfeita continuidade com o tipo de discórdia que aparece. Já a psicanálise não parte do bom senso. De minha parte, prefiro o verdadeiro Freud, o Freud original. Aquilo que há nele de formidável é que ele sempre parte do realismo simples e vulgar, ao passo que Lacan logo de saída tem uma tese filosófica que o impede de reconhecer certas evidências do bom senso. E a evidência do bom senso é justamente que não é a imitação, não é a mímesis que é conflituosa: o conflito nasce quando o modelo designa um objeto que deseja e que o discípulo é capaz de desejar. É bem claro que nesse caso haverá desejo do mesmo objeto e, por conseguinte, rivalidade, e essa rivalidade vai criar um processo de reciprocidade. Quanto mais Valentino desejar Sílvia, mais Proteu vai desejá-la. Proteu, ao desejá-la mais, reforça o desejo de Valentino. Não é preciso nenhum estado do espelho para enxergar isso. Trata-se daquilo que, em antropologia, é chamado de "reciprocidade". Existe entre os homens uma reciprocidade boa: se eu estendo a mão, você me estende também. Mas, se me recuso a estender a mão, você se recusa a estendê-la também. O desejo mimético é uma coisa extraordinariamente simples – e complexo apenas nas consequências. Porque, depois desse ponto de partida, que é elementar demais para que nos detenhamos nele, é muito fácil demonstrar que os sintomas psicopatológicos são gerados. No fundo, estamos tão longe da psicanálise, e tão perto, que isso é que é dificílimo de entender. Admitamos ter um modelo e desejarmos num universo diferente do dele: é bastante óbvio que não haverá conflito. Dom Quixote nunca entra em conflito com Amadis de Gaula. Ele não tem ódio por ele. Por outro lado, aquele amigo, o estudante, o tipo intelectual que quer curar Dom Quixote, acha as histórias de cavalaria ridículas. E o que ele faz? Ele se disfarça de cavaleiro e vai combater Dom Quixote, a fim de lhe dar uma lição. Ele tem trinta anos, Dom Quixote tem sessenta, e Dom Quixote certamente vai perder. Infelizmente, uma pedrinha embaixo do casco do cavalo dá a vitória a Dom Quixote. A partir desse momento, o estudante Sansón Carrasco só tem um único desejo: vingar-se de Dom Quixote. Ele se torna cavaleiro para mostrar a Dom Quixote a estupidez do papel que este está desempenhando e acaba enredado nesse papel. Esse fenômeno é shakespeariano por excelência, visto que já o encontramos em *Os Dois Cavalheiros de Verona*. Contudo, desejar por meio do modelo, desejar o sucesso do outro, desejar sempre ao lado daquele que tem mais sucesso do que nós corresponde àquilo que os psicanalistas ou os psicopatologistas denominam "desejar meu fracasso". Nunca desejo meu fracasso, desejo o sucesso do outro. Mas se fico perto demais do outro bem-sucedido, condeno-me ao fracasso. Os psicanalistas dirão que desejo o fracasso. Isso na verdade é inexato, desejo o sucesso do outro, e isso Lacan não percebeu. Para Lacan, o desejo do desejo do outro é deformado. Quando Dom Quixote quer abrir a jaula dos leões para lutar com eles, o tratador dos leões chama-o de louco e sugere que ele declare vitória de uma vez, já que não há espectadores. Mas Dom Quixote não quer dar o braço a torcer, e é nisso que consiste sua loucura. A partir do desejo mimético é muito fácil mostrar como todas as psicopatologias são engendradas. Tomemos assim Pândaro, em *Troilo e Créssida*, personagem visivelmente apaixonado por sua "sobrinha" e que, mesmo assim, só faz sonhar em jogá-la nos braços de outro homem. A perversidade parece total. Mas, se olharmos de perto *Os Dois Cavalheiros de Verona*, veremos até que ponto os dois adolescentes têm necessidade da aprovação do amigo desde o momento em que ficam apaixonados. Em que momento começa a perversidade? Em que momento acaba a normalidade? É preciso fazer essas perguntas. Em outras palavras, o engendramento de todos os sintomas psicopatológicos é tão simples que a psicanálise emudece. Palavras como masoquismo e sadismo subsistem graças a definições opacas: temos a impressão de que sua opacidade é uma explicação. No desejo mimético é o contrário. Tudo é imediatamente engendrado, com uma clareza tão forte que não é vista. Mas o escritor a coloca em cena. Tomemos as comédias shakespearianas seguintes: Valentino e Proteu nos levam ao personagem de *Troilo* por uma série de intermediários. Na verdade, trata-se de algo inteiramente distinto. Um escritor percebeu isso: James Joyce. Ele definiu o "alcoviteiro e corno" como o personagem principal de Shakespeare. Se refletirmos sobre essa definição, *"bawd and cuckold"*, percebemos que está tudo nela. Para curar-se da psicanálise, basta ler com muita seriedade o capítulo de *Ulisses* dedicado à conferência de Stephen Dedalus sobre Shakespeare, em que, aliás, há alusões a Freud, apresentado como um certo "psicólogo vienense" que não tem as mesmas ideias que Joyce particularmente a respeito do incesto, visto que este propõe, nesse sentido, uma tese tomista que ninguém nunca levou a sério. Curiosamente, ela se parece muito com a de Lévi-Strauss.

François Laroque: O personagem Pândaro é absolutamente surpreendente do ponto de vista do desejo mimético e da relação triangular, mas não haveria, por outro lado, uma certa perversidade em fazer desse personagem, ele mesmo secundário, atípico numa peça atípica, secundária e problemática dentro da obra de Shakespeare, o coração da sua interpretação? Para mim, que sou leitor de Shakespeare e de Girard há bastante tempo, o outro paradoxo é que fiquei muito impressionado por sua leitura do teatro grego (de *As Bacantes*), em *A Violência e o Sagrado*, e esperava muito mais sobre a tragédia, em particular sobre *Hamlet*, sobre *O Rei Lear*, sobre as peças históricas, em que a noção de emulação parece bem importante. Mas, que surpresa, o senhor trata muito mais das comédias. Ninguém esperava vê-lo deter-se tanto em *Os Dois Cavalheiros de Verona*, uma das primeiras comédias, mal conhecida, pouco representada, pouco lida na França. Seria, de sua parte, algo deliberado, ou algo que, a partir de sua interpretação, venha a fazer com que essa peça apareça como peça-chave, coisa que o leitor jamais conseguiria ver sem o ensaio apresentado pelo senhor?

René Girard: Falo da rivalidade entre pai e tio em *Hamlet*; falo da rivalidade das filhas de Lear, mas menos do que falo a respeito das mesmas rivalidades nas primeiras comédias, porque Shakespeare coloca o mesmo princípio para funcionar na sequência, e meu livro insiste, sobretudo, nas primeiras formulações na obra de Shakespeare. Creio que as comédias são peças-chave, particularmente as primeiras, no sentido de que por elas é possível acompanhar o progresso de Shakespeare no aprendizado das configurações do desejo mimético. Trata-se de uma repetição com variações – ponto e contraponto de fugas –, mas há certos temas miméticos que aparecem. Por exemplo, aquilo que, com Jean-Pierre Dupuy, chamo de pseudonarcisismo. Freud criou a figura do narcisismo e Freud acha, ou ao menos dá-nos a impressão de achar, que há, particularmente nas mulheres, uma autossuficiência feminina que faz com que o tipo de mulher possuído por essa autossuficiência não tenha amor objetal em sentido freudiano. O amor objetal, em sentido freudiano, é o amor sério, o amor verdadeiramente sólido. É uma espécie de autoerotismo. Aliás, nesse ponto, Freud identifica coisas diversas, tão evidentes quanto necessárias, como o instinto de conservação, que é uma forma de egoísmo vital, e os jogos do narcisismo no sentido da comédia corneliana ou shakespeariana – o que levanta questões formidáveis, que os psicólogos nunca se fizeram. Mas, em Freud, como em todos os demais autores desse tipo, aparece um falso narcisismo, um narcisismo que é verdadeiramente "*self-love*" (é esse o termo elisabetano), mas que tem necessidade do desejo do outro para se manter. A partir do momento em que ele se encontra privado do desejo do outro, esse narcisismo se esvazia como um pneu que acaba de ser furado por um prego. Shakespeare dá exemplos cada vez mais impressionantes disso. A primeira vez em que o tema aparece de maneira absolutamente explícita é em *Como Gostais*, numa intriga secundária, a de Febe e Sílvio, e Febe joga duríssimo com Sílvio, que diante dela age com um servilismo cada vez maior. Ele imita o desejo que Febe tem por si mesma, mas Febe não poderia imitar esse desejo se ele não existisse também em Sílvio. Por conseguinte, há uma espécie de círculo vicioso. Há também o personagem de Rosalinda, que se ofende, que toma o partido do amante infeliz tiranizado por Febe e que lhe diz: "Você deveria ter mais vontade, responder, e não ficar todo servil diante dela, porque assim ela teria de ir atrás de você". Imediatamente, acontece em Febe alguma coisa que faz com que ela vá atrás não de Sílvio, mas de Rosalinda, que está disfarçada de homem e que, ao insultar Febe, dá-lhe uma demonstração da brutalidade que ela talvez quisesse ver em Sílvio. O sadismo não é nada além desse jogo mimético. Esses jogos estão igualmente presentes na França, ainda que num grau de profundidade menor do que em Shakespeare, na figura da coquete das peças de

Marivaux, que são mais "freudianas", porque a circularidade não é perfeita. Nelas, há aqueles seres soberanos que são o menino e a menina obrigados a demonstrar diplomacia ao se dirigirem um ao outro, porque o primeiro que confessar seu amor se coloca em posição de fraqueza em relação ao segundo. Se confesso meu amor, arrisco não ter a reciprocidade do outro, mas evidentemente o parceiro imitará o desejo que lhe ofereço e, se ele imita esse desejo, não poderá me dar reciprocidade. O desejo mimético é a fraqueza por excelência. Portanto, a reciprocidade no amor exige uma força que esses personagens não possuem.

Em Shakespeare, os personagens mais marivaudianos, e que fazem um jogo literalmente marivaudiano, são Beatriz e Benedito, e não é sem razão que Berlioz, sendo francês, lembrando-se de Marivaux, escreveu uma ópera chamada *Beatriz e Benedito*. Aliás, eles são bem mais simpáticos do que os outros personagens porque seu jogo mimético fica limitado a isso. Ambos sabem perfeitamente que estão apaixonados um pelo outro. Mas dois indivíduos não podem dizer que se amam exatamente no mesmo instante. A temporalidade é, pois, muito importante. O primeiro que confessa se coloca em situação de fraqueza. As coisas presentes em *Como Gostais* ou em *Muito Barulho para Nada*, dessa forma ainda moderada, estão, por outro lado, no centro de *Noite de Reis*, nas relações de Orsino e de Olívia. Orsino é duque, mas Olívia também é uma espécie de duquesa. Há aí um paralelismo extraordinário. Ela reina sobre uma espécie de império. Ela tem à sua volta toda uma corte, e, aliás, à medida que abandona seu narcisismo, que renuncia ao desejo, o caos, sob a forma de uma crise do *Degree*, toma conta de seu universo, porque ela se encontra na presença, mais uma vez, de uma mulher disfarçada de homem, enviada pelo outro, o apaixonado. Ela imediatamente se apaixona pela enviada, uma vez que, na realidade, Cesário é Viola, uma mulher, que não ama Olívia. Por isso, esse personagem, que parece tão forte, porque está no centro de todos os desejos, e que os capitaliza, é, na realidade, de uma fraqueza extraordinária, uma vez que, faltando-lhe o mais mínimo desejo, ele desaba. Em *Troilo e Créssida*, Shakespeare pela primeira vez joga esse jogo no nível erótico – é preciso interpretar as reviravoltas do amor – e no nível político. Aquiles é um pseudo-Narciso político extraordinário. Tenta-se imediatamente dar-lhe um rival; depois, tenta-se mostrar a ele que ele saiu de moda, andando na frente de sua tenda, sem lhe dar atenção. Diante da ideia de que ninguém mais o deseja, ele imediatamente se altera. Creio que Lear se comporta do mesmo jeito, mas com suas próprias filhas. Falo dele também, mas menos longamente do que de Aquiles.

André Lascombes: Eu gostaria de trazer o debate para outro ponto, e de fazer uma pergunta que não tem a ver com a estética ou com a mecânica estética das obras. Aquilo que me impressionou em seu trabalho e em sua explicação generalizada do universo shakespeariano, e que nunca é dito explicitamente, é a importância para mim (e isso é um problema da história das ideias) do ambiente, do contexto sociocultural, que poderia explicar – além da questão do gênio pessoal – que alguém como Shakespeare, ou como Cervantes, se veja numa situação favorável para fazer do desejo mimético um princípio gerador em suas obras. Na verdade, parece-me que, perto do meio de seu livro, o senhor diz ter recorrido a uma metáfora espacial para falar do universo em que esse mecanismo costuma desenvolver-se. O senhor chama isso de mediação interna ou externa. Parece-me que as sociedades europeias entre os séculos XIV e XV, naquele momento, passavam justamente de um grau, um *Degree*, correspondente a um universo estruturado que só permitia mediações externas e, portanto, uma relativa estabilidade dos desejos, a uma indiferenciação que em alguns momentos chega a extremos. A partir de 1350, verdadeiramente acontece uma revolução e com ela a emergência daquilo que se poderia chamar de *"me-too-ism"* [eu-também-ismo]. Circunstâncias históricas poderiam explicar então – para além de toda escolha estética pessoal – a posição privilegiada dada pelo estudo dos mundos que entram em colapso, dos universos em gestação ou em crise. Esse é, por definição, o universo da tragédia ou da comédia. A explicação talvez esteja nos fatores contextuais.

René Girard: Estou inteiramente de acordo com o senhor. A tradição sempre viu em Shakespeare um grande conservador, mas não, ao que me parece, no plano político. Shakespeare é um burguês que circula em meios aristocráticos. Ele descreve o universo dos aristocratas, particularmente numa comédia como

Sonho de uma Noite de Verão. A poção do amor é uma pequena flor, chamada de "*Love-in-idleness*" [amor-no-ócio].[1] É preciso ver aí uma sátira da ociosidade desses jovens aristocratas, com que Shakespeare convivia diariamente. Trata-se, portanto, de um burguês que vê um universo muito mais sofisticado, se consideramos o desejo mimético que reina nesse universo aristocrático. O século XVI inglês, a época elisabetana, é um período de indiferenciação muito maior do que aquilo que se vê na França em particular. Na França, o que se opõe ao tipo de universo shakespeariano são as guerras de religião, que são formas de terrível reestruturação e que também separam mentalidades extremamente diferentes, como as dos protestantes e as dos católicos, as quais ficam cada vez mais em contato na corte elisabetana, enquanto na França isso fica proibido a partir do massacre de Amboise.

André Lascombes: Sem dúvida há também uma diferença importante no grau de dinamismo das duas sociedades. A Inglaterra enfrentou um desafio importante. Ela perde a França, que era parte de seu reino, e se vê obrigada a reestruturar todo o seu pensamento político e todo o seu pensamento existencial. O senhor define Shakespeare como um inovador. Vejo-o antes como alguém que está necessariamente na fronteira entre dois mundos, como um marginal em termos culturais. Isso está claro em *Sonho de uma Noite de Verão*; ele conhece intimamente as estruturas do humor básico, até popular; ele habilmente coloca em paralelo e em contradição os três universos: o universo aristocrático, o burguês e o servil. Segundo o senhor, o *Degree* não vem do universo medieval: Shakespeare faria uma interpretação moderna dele. Mas me parece que há aí alguma coisa que já se encontra nos juristas do século XIV ou do século XV, a saber, a necessidade de que o *Degree* seja uma estrutura extremamente afirmada. As transações são sempre transações regradas. Não pode haver deslize e, portanto, o "*gradus*" instala-se rigorosamente.

[1] Em sua tradução de *Sonho de uma Noite de Verão*, Carlos Alberto Nunes utilizou "amor ardente". Ver Shakespeare, *Comédias*. Rio de Janeiro, Agir, 2008. p. 184. (N. T.)

René Girard: Eu não poderia negar que algumas formulações estão ligadas às estruturações medievais. Shakespeare, porém, é muito diferente da Idade Média. Aquilo que leva expressões como "a grande cadeia do ser", "*the great chain of being*", a deixar de funcionar é que, por definição, as estruturações medievais, concebidas de maneira medieval, são imprescritíveis. São estruturações do próprio ser, que não podem sumir, ao passo que em Shakespeare elas dão lugar à indiferenciação, como fica manifesto na expressão "*take but Degree away*" ["retire-se o *Degree*"][2] (com D maiúsculo) e todos os "*degrees*" [graus hierárquicos] desaparecem. Uma estrutura toma o lugar da hierarquia medieval, que desaparece numa indiferenciação inconcebível na Idade Média. A Idade Média estava tão convencida de sua própria ordem que não era capaz de imaginar seu colapso.

Este texto reproduz o essencial de uma mesa-redonda organizada na Universidade de Orléans, em 22 de março de 1991, ocorrida no colóquio do CERCA e do GRAAT, dedicados à "Repetição na Cultura Anglo-americana". René Girard foi convidado a falar por ocasião da publicação de seu livro Shakespeare, Les Feux de l'Envie [*Shakespeare: Teatro da Inveja*] *(Grasset, 1990), traduzido por Bernard Vincent.*

[2] *Degree* é uma noção de Shakespeare extensamente discutida em *Teatro da Inveja*. A referência é o discurso de Ulisses em *Troilo e Créssida*, Ato I, Cena 3. (N. T.)

1

2

3

4

1. Casamento de Joseph Girard e de Thérèse Fabre, pais de René Girard. De barba branca, atrás da mãe de R. Girard, está o avô materno, Gabriel Fabre, *ca.* 1919.

2. Viverols, onde a família de Girard passava férias; René é o segundo à esquerda. Anos 1930.

3. Paisagem do povoado de Viverols, Puy-de-Dôme.

4. René Girard ladeado por suas duas avós; atrás, sua mãe e o irmão Henri. Na segunda fila à esquerda, sua irmã Marthe, no chão, os primos. As três outras senhoras são empregadas domésticas que faziam parte da família.

5

5. René Girard no dia da sua Primeira Comunhão.

6. Don Quixote de la Mancha, Miguel de Cervantes, adaptação de Joseph Grouffin, ilustrado por Albert Uriet, Tours, Maison Alfred Mame et Fils, [s.d]. Capa do livro que René Girard gostava de olhar enquanto criança.

7. Turma da quinta série, escola Frédéric Mistral d'Avignon, René Girard está na segunda fila, o quarto a partir da direita. *Ca.* 1934

7

6

8. Todas as crianças da família Girard; da esquerda para a direita René, Marie (com vestido de xadrez), Marthe, seu irmão mais velho Henri, e o mais novo, Antoine.

9. René Girard em 1947, no Palácio dos Papas, no primeiro festival de Avinhão, uma simples "Semana de arte dramática". René Char, Christian Zervos e o convidado Jean Vilar, em torno da exposição de pintura e escultura contemporâneas por eles organizada no Palácio dos Papas. Jean Vilar apresenta três criações em três lugares diferentes. Ele ocupa o Pátio de Honra com seus comediantes para apresentar um clássico, *La Tragédie du roi Richard II*, de Shakespeare. São apresentadas duas peças contemporâneas no Verger e na praça do Palácio: *L'Histoire de Tobie et Sarah*, de Paul Claudel, e *La Terrasse de Midi*, de Maurice Clavel.

8

9

10

11

10. Colóquio René Girard em Cerisy-La-Salle, junho 1983.

11. Reencontro às margens do Lago do Como, 1999. © Herlinde Koelbl.

12. Diálogo com os teólogos da libertação, segundo à esquerda: James Alison. São Paulo, 1990.

13. R. Schwager, J.-P. Dupuy, R. Girard, J. Milbank, conferência de COV&R, Wiesbaden, 1994. © Herlinde Koelbl.

12

13

14

14. Reencontro de COV&R, René Girard rodeado por Esther Bandera (à esquerda), Martha Girard, sua esposa, e Andrew J. McKenna (em primeiro plano).

15. Robert Hamerton-Kelly e Gil Bailie.

16. O grupo de Innsbruck, Universidade de Teologia, a primeira instituição a lecionar teoria mimética. Da esquerda para a direita: R. Schwager, W. Palaver e sua esposa, J. Newiadomski.

17. Raymund Schwager e René Girard, na conferência de COV&R, Wiesbaden, 1994. © Herlinde Koelbl.

15

16

17

18

18. Com Cesareo Bandera, Viena, 1997. © Herlinde Koelbl.

19. Prêmio Nonino. À direita de René Girard, Amin Maalouf, à sua esquerda e de perfil, Emmanuel Leroy-Ladurie, 1998. DR.

20. Marie-Louise Martinez e Paul Ricoeur, colóquio de COV&R, Paris, 1998. © Dietmar Regensburger, Innsbruck.

21. René Girard e Gianni Vattimo, na conferência de COV&R, Anvers, 2001. © Dietmar Regensburger.

19

20

21

22

23

24

22. Conferência de COV&R, Atlanta, 1999. © Dietmar Regensburger.

23. Com Paul Dumouchel, na conferência de COV&R, Anvers, 2001. © Dietmar Regensburger.

24. J.-P. Dupuy e R. Girard, na conferência de COV&R, Innsbruck, 2003. © Dietmar Regensburger.

25. Charles Taylor em debate com René Girard, na conferência de COV&R, Anvers, 2001. © Dietmar Regensburger.

25

26

26. Maria Stella Barberi, e atrás Stefano Tomelleri e Paul Dumouchel, na conferência de COV&R, Innsbruck, 2003. © Dietmar Regensburger.

27. Lucien Scubla. © Richard Topol.

28. Michel Serres e René Girard. DR.

29. Com Mark Anspach e Laurence Tacou, Paris, 2007. DR.

27

28

29

30

30. Da esquerda para a direita: Trevour Merrill, William Hurlbut, R. Girard, Andrew Meltzoff, J.-P. Dupuy, M. Anspach, Robert Hamerton-Kelly, J.M. Oughourlian, Scott Garrels, Warren Brown; agachados: Melvin Konner, Vittorio Gallese, Paul Dumouchel. Oficina sobre teoria mimética e pesquisas empíricas sobre a imitação. Stanford, 2007.

31. Com Jean-Michel Oughourlian e Martha Girard, no dia de sua recepção na Academia francesa, 15 dezembro de 2005.

32. No escritório em Stanford. © Herlinde Koelbl.

31

32

capítulo 34
da questão das sexualidades à questão ética. uma outra compreensão do desejo mimético

Daniel Lance

Se, como René Girard afirma, as relações humanas são regidas pelo desejo mimético e se "o mimetismo conduz à sexualidade e não o contrário",[1] encontramo-nos diante de um problema de ordem lógica: como falar de sexualidade no singular – ou, ao menos, de categoria sexual bem determinada, a heterossexualidade, a homossexualidade, a bissexualidade, etc. –, uma vez que existem graus de rivalidade mimética, de mediação interna e externa; em toda lógica, a cada grau de mimetismo, não deveria corresponder uma forma de sexualidade particular? Esta será, em todo caso, a nossa questão inicial que será reformulada, quando tivermos desenvolvido essa interrogação e tivermos ultrapassado essa aporia em uma nova questão: o que poderia nos fazer determinar que uma sexualidade é "melhor" que a outra? Assim, concluiremos este artigo com uma outra forma de questionamento: o questionamento ético.

Para René Girard, em uma estrutura triangular de tipo heterossexual, dois rivais disputam um mesmo objeto, uma mesma mulher. Quanto mais um a deseja, mais o outro, por sua vez, a desejará. Desse modo, o objeto é secundário no tempo do

[1] René Girard, *Des Choses Cachées Depuis la Fondation du Monde*. Pesquisas com Jean-Michel Oughourlian e Guy Lefort. Paris, Grasset, 1978, p. 359.

desejo, porque um rival imita o desejo do outro e orienta-o, determina-o; o rival "verá" o que o outro o faz "ver". O desejo é, assim, sempre *mediado.*

René Girard tem razão quando afirma que os grandes escritores são os mestres do desejo, conhecendo todo o seu organismo ou, ao menos, sabendo descrevê-lo perfeitamente. Claudel espanta quando, em *Partage du Midi* [Partilha do Meio-dia], torna a transcrever, além de sua experiência pessoal transcendida, um diálogo entre dois dos personagens principais, Amalric e Mesa. Mesa ainda não "viu" Ysé, seu único e magnífico amor; Mesa ignorava Ysé antes que Amalric lhe indicasse seu próprio desejo por Ysé:

> *Mesa: Eu penso que é uma sedutora descarada.*
> *Amalric: Se você quiser. Você não entende nada. Meu caro, é uma mulher sublime.*
> *Mesa: É o que você não para de repetir desde que saímos de Marselha.*
> *Amalric: Mas é que é a verdade. É o que você não sabe! Eh eh! Por mais distraído que você seja, acho que eu coloquei a coisa em sua cabeça.*[2]

Essa "coisa colocada na cabeça de Mesa" é o desejo, o desejo mimético de amar Ysé. Mesa foi imergido em seu "resmungo", em sua solidão, em sua falta de desembaraço; mostra-se-lhe um desejo a ser copiado. Amalric lhe terá dado um objeto de desejo que anteriormente não existia para ele; é a fonte do desejo mimético, o que certos grandes escritores conseguem, em poucas palavras, apontar com extrema clareza.

Mas, à parte esse exemplo, que quisemos citar, pois, ao que parece, ninguém quer ler Claudel com o intuito de detectar o desejo mimético entre os personagens,

[2] Paul Claudel, *Partage du Midi*, primeira versão. Paris, NRF, Gallimard, La Pléiade (1967), 1980, Ato primeiro, p. 985.

devemos nos interrogar previamente quanto a uma questão inicial. Ao retirarmo--nos do ponto de vista do desejo mimético, segundo que razão obscura as sexualidades de tipo homossexual não funcionariam exatamente da mesma maneira que aquelas ditas heterossexuais? Assim, antes de refletir sobre essa questão: "Não existiriam tantas sexualidades quanto indivíduos?", precisamos entender a homossexualidade e a heterossexualidade na medida do desejo mimético. A questão é ainda mais forte, pregnante e essencial, a ponto de o próprio Girard propor uma leitura da homossexualidade que tentaremos, senão questionar, ao menos completar, seguindo até o fim a lógica da teoria girardiana.

Para René Girard, a homossexualidade representa tão somente uma espécie de grau máximo da rivalidade. Dois homens rivais estão tão encantados um pelo outro que esquecem a mulher como objeto de desejo. René Girard o expõe muito claramente em *Des Choses Cachées Depuis la Fondation du Monde* [As Coisas Ocultas desde a Fundação do Mundo]*;* a homossexualidade situa-se no paroxismo da rivalidade: [...] *é num contexto de rivalidade aguda que a homossexualidade aparece.*[3]

"Toda rivalidade sexual é, então, estruturalmente homossexual"[4] para René Girard, uma vez que o desejo de um homem por uma mulher será sempre mediado por outro homem, como o desejo de uma mulher por um homem será sempre mediado por outra mulher.

Certamente, são os dois casos mais frequentes, mas seriam eles os únicos possíveis? Voltemos aos grandes autores. Tennessee Williams, em *Suddenly Last Summer* [De Repente, no Último Verão], mostra como Sébastien, o ainda jovem poeta filho da Senhora Venable usa sua prima Catherine como objeto de desejo, como isca. Indo à praia com ela, Sébastien obriga Catherine a usar um traje de

[3] René Girard, op. cit., p. 359.
[4] Ibidem, p. 358.

banho branco, que vira quase transparente em contato com a água. Os jovens rapazes da praia ficam fascinados por essa mulher que Sébastien lhes oferece como objeto de desejo. Quando o efeito desejado é atingido, Sébastien retira o objeto, Catherine, e não mais a obriga a vestir esse traje "indecente". Ele oferece a si mesmo como objeto de desejo e, desse modo, consegue ter relações homossexuais com os jovens rapazes. Catherine sabe que papel o primo lhe impõe, ela afirma sem rodeios: "*I was procuring for him*"[5]. Servindo de isca, Catherine fornecia Sébastien aos jovens rapazes. Evidentemente, nosso exemplo não é inocente e delineia outra forma de homossexualidade, que não a apresentada por René Girard. Em uma estrutura triangular, homem – homem e objeto: mulher, o fato de ter atiçado o desejo dos jovens rapazes permite a Sébastien, ao retirar o objeto, aproveitar-se deles, desviando seu desejo para ele mesmo. Notemos, de passagem, que Catherine conhece perfeitamente a natureza mimética do desejo, que enuncia muito precisamente.

É, então, evidente que a homossexualidade descrita por René Girard existe, mas não estaria ela excluindo todas as outras formas? Os triângulos miméticos não têm qualquer razão lógica para não se comportarem da mesma maneira entre dois homens e uma mulher, dois homens e um outro homem, duas mulheres e um homem, duas mulheres e uma outra mulher. É, a propósito, por essa razão que Proust, autor homossexual, sabe perfeitamente mostrar a natureza mimética do desejo homossexual e transforma um Albert em Albertine. O mimetismo é sempre primário. Que importa, então, a natureza masculina ou feminina do objeto de desejo?

Desse modo, em Genet ou em Maupassant, por exemplo, o desejo comporta-se exatamente da mesma maneira. Com alguma pequena diferença, em Genet, o triângulo do desejo acontece entre três homens.

[5] *Suddenly Last Summer*, cena quatro, Tennessee Williams, *Baby Doll, Something Unspoken*. Harmondsworth, Penguin, 1987, p. 152.

Na peça de Genet, *Haute Surveillance* [Alta Vigilância], Lefranc, o escritor – substituto de Genet? –, rivaliza com Maurice para obter "a amizade" de seu herói comum, o magnífico criminoso Olhos-Verdes. Lefranc é acusado de entrar na pele de Olhos-Verdes, escrevendo cartas de amor para "sua mulher".

> Maurice: Nós sabemos que você quis roubar sua mulher. Assim como se levanta à noite para roubar seu tabaco, [...] Sua mulher! Ela é cobiçada há muito tempo.
> Lefranc: Você adoraria que eu dissesse sim, não é? Você ficaria feliz? Você teria prazer em me ver separado de Olhos-Verdes?[6]

Na peça, o objeto mulher é apenas um pretexto, o enlaçamento da relação situa--se entre os três prisioneiros. Quanto mais Lefranc usa suas qualidades de escrita, "de encarnação" de Olhos-Verdes, mais Maurice sente falta do tempo em que ele e Olhos-Verdes estavam sozinhos na cela, "entre homens". É ainda o mesmo tema da inveja que está no centro da relação triangular. Os dois rivais lutam pela obtenção do objeto Olhos-Verdes, objeto, aliás, impossível, porque é uma figura mitológica do assassino intocável em Genet. Lefranc vai matar Maurice, esperando assim estabelecer uma cumplicidade com Olhos-Verdes, mas Olhos-Verdes o abandona e chama o guarda, que havia visto tudo, porque os olhava pela ocular. Uma história de inveja, do fogo da inveja chegando até o assassinato.

Ora, o mesmo tipo de rivalidade é desenvolvido por Maupassant em *Pierre e Jean*, publicado em 1888. Dois irmãos brigam por uma mesma mulher, dois irmãos opostos, tanto física quanto moralmente, mas semelhantes em seus desejos por uma madame Rosémilly. Dois irmãos que serão rivais até o momento em que um descobre não ser o filho legítimo daquele que julgava ser seu pai desde sempre, mas de um certo senhor Maréchal. A diferença desfaz a rivalidade.

[6] Jean Genet, *Haute Surveillance*. Paris, Gallimard, (1949-1965-1985) 1988, p. 37. (Coleção "Folio").

A simetria inicial dos dois irmãos é admiravelmente descrita desde as primeiras linhas do texto. Senhor Roland, madame Roland, seus dois filhos e madame Rosémilly estão em uma partida de pesca. Senhor Roland se queixa da presença de mulheres, ele nada conseguiu pescar desde o meio-dia:

Seus dois filhos, Pierre e Jean, um a bombordo e outro a estibordo, segurando uma linha enrolada no dedo indicador, puseram-se a rir ao mesmo tempo.[7]

Os dois filhos, mesmo estando opostos um ao outro, um à direita e outro à esquerda, reagem exatamente da mesma maneira, ao mesmo tempo. A reciprocidade é perfeita até no detalhe da linha enrolada no dedo indicador.

Maupassant sabe muito bem que o objeto é secundário e que a imitação é primária:

> *Certamente, eles se amavam, mas espreitavam-se. [...] Desde que tinha se tornado homem, não se dizia mais (a Pierre): "Olhe para Jean e imite-o!", mas ele ouvia o tempo todo: "Jean fez isso ou aquilo", ele compreendia bem o sentido e a alusão ocultos nessas palavras.*[8]

E, se Pierre não entendia seu ciúme com relação a madame Rosémilly, ele se dá conta perfeitamente de que tal ciúme não se enraíza no objeto em si:

No entanto, eu não gosto dessa mulherzinha razoavelmente estúpida, bem-feita para desagradar do ponto de vista do bom gosto e da sabedoria. É um ciúme gratuito, a própria essência do ciúme, que existe porque existe! Há que se cuidar disso.[9]

[7] Guy de Maupassant, *Pierre e Jean*. Gallimard, 1982, p. 61. (Coleção "Folio").
[8] Ibidem, p. 63 e 64.
[9] Ibidem, 1984, p. 15.

A inveja gratuita, a inveja por nada... Como brigar pela honra pode tornar-se uma briga por nada: é justamente essa a essência do que René Girard chama de rivalidade mimética. Mas podemos ter inveja de um objeto homem ou de um objeto mulher; qualquer que seja o sexo dos rivais, a estratégia mimética é a mesma.

Desse modo, uma vez que o mimetismo é primário e que os desejos por objetos heterossexuais ou homossexuais funcionam de maneira completamente simétrica, podemos agora nos permitir formular precisamente a nossa questão: a cada grau de rivalidade mimética não corresponderia uma sexualidade particular?

Retomemos os graus de rivalidade expostos por René Girard. Ele propõe uma gradação de mimetismos e, assim, de violências que se organizam em torno de uma espécie de fronteira, a que chama mediação externa e mediação interna. Na mediação interna, que evocamos até agora, trata-se do triângulo em que dois rivais disputam um mesmo objeto – Pierre e Jean e o objeto madame Rosémilly, Lefranc e Maurice e o objeto sagrado Olhos-Verdes. Quanto mais um deseja o objeto, mais o outro vai desejá-lo, por sua vez, e, reciprocamente, sendo que, com toda lógica, as gradações da rivalidade para atingir um grau máximo em que o objeto desapareça, à medida que os rivais só se "veem" a si mesmos, não são mais que essa essência da rivalidade mimética: a pura inveja do outro ser, do rival. Em compensação, na mediação externa, toda violência é excluída, pois se trata de imitar um modelo exterior afastado demais para tornar-se rival. O cristão quer imitar Jesus e atingir uma forma de amor, o amor do próximo. O aluno imita o mestre, mas o mestre situa-se no exterior de toda rivalidade.

No universo da mediação externa, o aprendizado opõe-se, então, à homossexualidade que René Girard descreve – que, por sua vez, situa-se na crise. A imitação do outro, de involuntária e problemática, torna-se quista: o sujeito de fato procura identificar-se com seu "instrutor", seu "mestre".

Mas, na realidade, esse tipo de mediação externa existe tanto nas formas de homossexualidade quanto nas de heterossexualidade. Tomemos, por exemplo, o povo da Zâmbia.

Os homens do povo da Zâmbia, habitantes das montanhas da Nova Guiné, praticam determinada forma de homossexualidade até o casamento (que pode vir a acontecer na idade de 28 anos). Melhor que isso – ou pior, segundo sua "crença" sexual –, a homossexualidade é obrigatória para o jovem homem que quer tornar-se um verdadeiro macho: é por seu sexo que os adultos solteiros transmitem sua força aos futuros iniciados. Gilbert H. Herdt descreve a iniciação dos jovens homens do povo da Zâmbia. O sêmen masculino é considerado uma espécie de leite de sabedoria, de cultura, de conhecimento, de força. Pela felação, os jovens homens da Zâmbia poderão adquirir as qualidades dos mais velhos. Na relação triangular, sujeito-modelo-objeto, pode-se dizer que o mais velho representa o modelo que designa o objeto de desejo: o guerreiro. Não existe qualquer traço de rivalidade em tudo isso, mas, ao contrário, a aparição do aprendizado. Para Herdt, a felação ritual está entre os ritos mais importantes, mais significativos. A felação pertence, sem dúvida alguma, à ordem do aprendizado, da iniciação.[10]

É notável que inúmeras culturas apresentem as mesmas características, quando a guerra, a caça, as condições rudes de vida são cotidianas. Bernard Sergent, em seu livro *L'Homosexualité dans la Mythologie Grecque* [A Homossexualidade na Mitologia Grega],[11] estuda os ritos de iniciação masculina. Ele se interessa particularmente por dois povos: os taifalos, povo germânico da família dos godos, e os cretenses.[12] Os dois povos partilham um costume bastante próximo: a iniciação dos jovens homens. Aqui também essa iniciação tem como objetivo tornar o candidato viril, forte, enfim, fazer dele um verdadeiro guerreiro. Por exemplo, um adulto cretense escolhe seu jovem amante e vive de caça com ele durante dois meses.

[10] Gilbert H. Herdt, *Guardians of the Flutes. Idioms of Mascunility.* Nova York, Columbia University Press, 1987, p. 232.

[11] Bernard Sergent, *L'Homosexualité dans la Mythologie Grecque*. Paris, Payot, 1984, p. 15 ss.

[12] A demonstração de Bernard Sergent é construída a partir das seguintes fontes: Estrabão d'Amasia (século II depois de Cristo), cuja fonte, por sua vez, é Éforo (século IV antes de Cristo), para os cretenses; Ammien Marcelin, historiador do século IV, para os taifalos.

Pode-se imaginar, por essa premissa, a fascinação por figuras absolutas de virilidade de certos homossexuais efeminados. Nota-se, também, o número de homossexualidades que isso implica: entre uma homossexualidade que busca sua diferença (o homem feminino à procura de um homem masculino) e outra, que iria em direção do igual: entre esses dois polos, uma infinidade de possibilidades, uma infinidade de triângulos são possíveis.

Poderíamos multiplicar indefinidamente os exemplos desse tipo de aprendizagem, tanto no que tange às formas de homossexualidade quanto às formas de heterossexualidade. E, uma vez que existe uma espécie de *continuum*, de gradação nas rivalidades, da mediação externa à mediação interna, a cada nível de rivalidade, a cada triângulo do desejo corresponde uma sexualidade particular, única: não podemos falar de heterossexualidade no singular. Reencontramos, assim, esse teorema fundamental: existem tantas sexualidades, tantos triângulos de identificação (modificáveis e não definitivos) quanto existem indivíduos.[13]

René Girard nos oferece uma ferramenta extraordinária para pensar o ser humano e seu desejo. Essa ferramenta nos permite ultrapassar as separações e os *a priori*, os julgamentos das sexualidades. Ela nos oferece a possibilidade de pôr fim à imbecilidade dos machismos e seus pendentes, que são os homofóbicos. Em nosso tempo, em que a má compreensão de certas religiões, em que a violência de certos subúrbios levam à morte de homossexuais, em que certos

[13] Para ir mais longe nesse questionamento, lembremo-nos de que desenvolvemos tais teorias em um livro dedicado a René Girard: *Au-delà du Désir. Littératures, Sexualités et Ethique* [Além do Desejo: Literaturas, Sexualidades e Ética]. Paris, l'Harmattan, 2000. As reações ao livro são interessantes e mostram bem que a sexualidade e o desejo tocam o mais profundo do ser humano e que ainda são, se não um tabu, ao menos, assuntos extremamente delicados. Por exemplo, tivemos contra nós, ao mesmo tempo, certos heterossexuais achando que "homossexualizávamos" demais sua relação com a mulher... e certos homossexuais, que nos censuraram por termos posto em questão a própria ideia da comunidade homossexual. Persistimos e assinalamos mais uma vez, pois pensamos que toda forma de comunidade, de comunitarismo, implica a exclusão daquele ou daquela que não pertence a essa dita comunidade. No que nos concerne, contam apenas a relação – o que liga e não o que separa – e a dimensão ética, moral dessa relação.

países ainda os aprisionam e perseguem-nos em meio à indiferença geral, em que certos países gostariam de reduzir a mulher a um ser “inferior”, uma leitura profundamente humanista do desejo mimético nos ajuda a entender melhor essa “condição humana” que sempre quer excluir e perseguir os bodes expiatórios. Notemos que, a cada vez que a liberdade da mulher é colocada em questão, as homofobias não estão longe. Defender a condição feminina é defender o estatuto dos homossexuais, mas é também, e sobretudo, defender simplesmente tudo que faz o ser humano.

Assim, contam apenas a questão ética e a questão, apropriadamente dita, filosófica e kantiana: de que desejo somos capazes? De um desejo mimético violento, de inveja, de ódio e de exclusão? Ou de outro tipo de desejo: um desejo que romperia com a natureza violenta do mimetismo e que tentaria ultrapassar, compreender a organização do funcionamento humano?

capítulo 35
Montgomery Clift, Derrida e Levinas – subjetividade e sacrifício

Jean-Christophe Goddard

No último capítulo de *A Violência e o Sagrado*, René Girard avisa que os fenômenos mais essenciais de toda cultura humana continuarão a escapar ao pensamento moderno enquanto este não compreender o caráter *operatório* do bode expiatório e de seus sucedâneos sacrificiais, ou seja, seu caráter de *processo real*. A advertência é de muita importância, pois carrega em si a promessa de uma terrível lucidez.

É notável que tal advertência seja quase imediatamente seguida por uma evocação do canibalismo e do pesar de René Girard de que, assim como o incesto, o canibalismo ainda não tenha encontrado seu Freud e não tenha sido tratado, apesar dos esforços do cinema contemporâneo, como um mito-mor da modernidade. O julgamento talvez seja severo e não se tem certeza de que o mito canibal ou, para ser mais preciso, o mito do desmembramento omófago, não tenha estado no coração ou, ao menos, na origem da aparição do cinema mundial. É possível que seja até mesmo seu caráter central – ou seja, precisamente sua *eficácia* enquanto mito – o que mascara sua presença ou obriga sua minimização. Tomaremos como ponto de consideração a cruel cantiga de roda que abre *O Vampiro de Dusseldorf* e como, no meio da roda, como no meio do filme, abre-se o espaço vitimário: ser *devorado* é o destino da próxima vítima.

A respeito disso, a peça de Tennessee Williams, *De Repente, no Último Verão*, é exemplar: adaptada para o cinema por Joseph Mankiewicz em 1959, o tema edipiano incestuoso é deliberadamente reintegrado à perspectiva da violência dionisíaca omófaga. Certamente, Montgomery Clift, a quem John Huston confiará, em 1962, o papel de Freud, não é o Freud do canibalismo. Não é por menos que, em *De Repente, no Último Verão*, fazendo Elisabeth Taylor dar à luz uma verdade incrível, em que "ninguém acreditou", em que "ninguém pode acreditar", "ninguém, ninguém no mundo", o doutor Clift revela o que *A Violência e o Sagrado* designa como "a verdade do homem", que o mecanismo da vítima emissária impede que apareça, colocando-a fora do homem, na divindade. Na verdade, o desejo *homo*-sexual que Liz Taylor provoca na praia com seu traje de banho transparente, ou seja, o arrebatamento mimético indiferenciado daquilo que Nietzsche chamava, em *O Nascimento da Tragédia*, de uma "muito jovem" multidão dionisíaca, o "bando de crianças nuas" de Cabeza de Lobo, tem por efeito *mecânico*, como a dança de Salomé – a quem Girard consagra um notável texto[1] –, o desencadeamento da violência sacrificial unânime contra seu primo Sébastien. "Eles tinham arrancado, cortado seu corpo em pedaços com suas mãos, ou com facas, ou talvez com latas de conserva cortadas, que lhes serviam para fazer música", conta Liz Taylor, "eles tinham arrancado pedaços de seu corpo e enfiaram-nos em suas boquinhas ávidas e vorazes". É essa "história" incrível que Katherine Hepburn, a mãe de Sébastien, verdadeira Jocasta moderna, pede a Clift, em vão, para extirpar por lobotomia do cérebro de sua sobrinha. É notável que a última palavra da peça de Tennessee Williams volte ao personagem que Clift interpreta, convidando, pensativamente, "com o olhar perdido nas ondas", a perguntar-se se sua paciente "não teria dito a verdade...".

A Violência e o Sagrado de René Girard é, em sua integridade, uma resposta a esse convite. Ele atesta que Liz Taylor não havia mentido. Mas ele também compreende o que poderia significar, em 1959, a representação cinematográfica – ou universal – de tal história. Se os sucedâneos do bode expiatório são processos *reais*, a

[1] Ver o capítulo XI de *O Bode Expiatório* (Paris, Grasset, 1982).

representação universal do sacrifício de Sébastien efetivamente *opera* em uma sociedade universal implicada pelo fenômeno cinematográfico. Compreender o caráter *operatório* do bode expiatório é compreender que o espetáculo do seu sacrifício visível aos olhos de todos, ritualmente repetido nas sessões de cinema, permite-nos obter resultados – segundo a própria expressão de Girard – "altamente concretos" e, antes disso, concentrar todas as tensões inerentes a uma sociedade para "devolver seu vigor a uma ordem cultural deprimida e cansada", como é a sociedade do pós-guerra. O filme de Joseph Mankiewicz não é, desse modo, uma simples *representação* da verdade, mas a elaboração dessa verdade sob a forma ambígua de que ela necessariamente se reveste: a saber, a forma de uma ocultação daquilo que ela revela e repete – e repete tanto mais eficazmente quanto oculta. Isto acontece a ponto de nos fazer crer que o cinema é um simples lazer.

Toda essa história é, *na realidade*, a história destas figuras míticas e, enquanto míticas, *operatórias*, que são "Liz" e "Monty" nos Estados Unidos do fim dos anos 1950. Não é óbvio que a relação de Catherine (a sobrinha de Sébastien) e Sébastien seja exatamente a relação que Elisabeth Taylor e Tennessee Williams mantêm publicamente há cerca de dez anos no momento da redação da peça de Tennessee Williams? Um forte apego amoroso contrariado pela homossexualidade de Monty e, progressivamente, transfigurado em proteção maternal infalível? "Às vezes, achavam que éramos um casal em lua de mel, mas rapidamente percebiam que nós tínhamos... quartos separados", confidencia Catherine na peça. Em 1961, em *Misfits*, John Huston fará uma alusão à possessividade da mãe de Monty (na cena da cabine telefônica, no início do episódio do rodeio), mas é claro que, em 1959, em *De Repente, no Último Verão*, essa mãe possessiva – "ele era meu!", grita Violette Venable na peça – é simplesmente encarnada, com uma precisão que vale mais que uma simples alusão, pela figura glacial de Katherine Hepburn. Como Sunny, Violette, a mãe de Montgomery Clift, viaja sozinha pelo mundo com seu filho para desviá-lo de toda vida social. Tennessee Williams, que havia sido interpretado por Montgomery Clift, pela primeira vez, em 1945, e Mankiewicz poderiam ignorar que Monty, separado de sua gêmea, tinha vivido como casal, durante anos, com sua mãe? A figura incestuosa de Sunny não deveria inspirar a escritura, ou ao menos a direção de *De Repente, no Último Verão*?

Monty, verdadeiro Édipo moderno, publicamente e já minado pelo álcool, mais ou menos conscientemente, já havia aberto, através do filme de Mankiewicz, o inquérito que, graças ao interrogatório de Liz Taylor, o levaria a revelar sua própria monstruosidade: não o incesto, nem a homossexualidade, mas o fato de concentrar em si a violência unânime e satisfazê-la por seu próprio sacrifício. Monty é tanto menos o Freud do canibalismo do que é, *na realidade*, o próprio Sébastien, sempre filmado de longe ou de costas, sem rosto, como uma simples indicação do espaço em que recai a questão do sacrifício. Na peça, a mãe de Sébastien precisa que seu filho, "em busca de Deus" ou antes com "uma imagem clara e límpida de Deus", teria encontrado essa imagem no espetáculo de pássaros destroçando e devorando a carne das tartarugas marítimas nas Ilhas de Galápagos. Uma imagem que sua sobrinha interpreta como "imagem que ele tinha de si mesmo": uma autoimagem "como vítima de uma espécie de sacrifício!, um sacrifício oferecido a algo de terrível", a uma espécie de deus cruel. É justamente essa *imagem de si mesmo* que Sébastien *cumpre* na cena do desmembramento canibal; uma cena que a sobrinha descreve como uma agressão de "um bando de pardaizinhos negros e depenados". A figura ausente, apagada e excessivamente presente de Sébastien, que ator algum interpreta, é, na verdade, a de um ator americano mítico, encarnando e dando forma ao canibalismo como mito moderno. É essa figura que opera o processo real na obra em sua representação cinematográfica. É através de dela que a indiferenciação, cujo diferencial é precisamente realizar em si o neutro, o medíocre, o pobre em diferença, que o estabelecimento e o restabelecimento incessante da ordem social diferenciada tornam-se possíveis.

Arthur Miller fala da eficácia de tais figuras com uma precisão desconcertante. A cena do bivaque na planície selvagem de *Misfits*, cujo roteiro foi escrito por Miller, deve ser levada a sério. Falando de Marilyn Monroe (Roslyn), Eli Wallach (Guido) sustenta que ela possui mais e melhor que o conhecimento, uma "solicitude" [*care*] que a coloca em harmonia com todas as coisas, a ponto de "acontecer a ela tudo que acontece a todos". Diante de Marilyn, que protesta afirmando ser "apenas nervosa", Wallach retorque: "Se não houvesse gente nervosa na Terra, ainda estaríamos nos devorando". O sujeito *nervoso* (Marilyn, Monty...), aquele cuja presença ativa e autodestrutiva preserva a comunidade de violências internas, assegura a evacuação da Violência ao individualizar e, por assim dizer, ao condensar em si o rebaixamento generalizado das diferenças, que é o princípio da guerra e que a guerra intensifica, e que levou ao extremo o que conhecemos como Segunda Guerra Mundial.

De Repente, no Último Verão nos ensina que o bode expiatório é uma *imagem de si mesmo*, que é sob a forma da imagem de si mesmo, ou seja, de uma figura de *subjetividade* livremente reivindicada que o bode expiatório opera e produz seu efeito na sociedade mundial em crise desde os anos 30. Essa imagem de si mesmo ou a figura da subjetividade também é central na produção literária e intelectual do século XX. "Assim que um grande escritor aparece, a banalidade é abalada", escreve Girard no último capítulo de *A Violência e o Sagrado*. Ou seja, é abalado o processo pelo qual a cultura própria à sociedade diferenciada *minimiza* a violência do ato sacrificial que a fundamenta. Logo no início de *Morte a Crédito*, Céline não teria escrito que vai "contar as histórias" assim como aqueles que "foram para longe, muito longe no esquecimento da busca da alma [...] voltarão, propositalmente, para matá(-lo) nos quatro cantos do mundo"? Teria ele feito outra coisa? Nunca tentamos nos juntar ao grupo odioso dos seus assassinos potenciais, a menos que, *minimizando* a violência de sua posição, tenhamos escolhido, como Gide, não ver nisso senão um exagero cômico. Impossível, na verdade, distinguir em Céline o ato de escrever e a atração para si da Violência unânime. Separar o homem do escritor, o chulo do romancista, tornar-se-ia separar o benéfico do maléfico que, no entanto, agem em união no processo real do bode expiatório. Compreender o caráter operatório do bode expiatório é também entender essa inseparabilidade: no último capítulo de *A Violência e o Sagrado*, Girard felicita Derrida que, recusando-se a separar tais conceitos em sentidos opostos, exuma e revela o jogo da violência que habita o discurso filosófico.

Para compreender bem a relação entre a violência e a filosofia, deve-se, contudo, avaliar o artigo escrito por Derrida para Levinas em 1964, com o título *Violência e Metafísica*. Derrida sustenta no artigo que a violência, "ou, antes, a origem transcendental de uma violência irredutível", é a necessidade "da qual nenhum discurso poderia escapar em sua origem". Essa "violência transcendental" consiste na instauração de si mesmo como o outro do outro: em sua posição de duas origens separadas do mundo, uma dissimetria originária, pré-ética que, para Derrida, é a única a permitir, posteriormente, uma dissimetria inversa, a não violência ética que Levinas promove. Ora, essa violência é uma *violência mínima*. A doutrina de Derrida da violência é batailliana ou, pelo menos, está de acordo com uma certa leitura de Bataille. A violência mínima do discurso opõe-se, com efeito e antes de tudo, à "violência pior, do silêncio primitivo e pré-lógico de uma noite inimaginável que nem mesmo seria o contrário do dia, de uma violência absoluta que nem mesmo seria o contrário da não violência: o nada ou o não sentido puros", um não sentido ao qual, de acordo com Derrida, somos reconduzidos pela violência da hipérbole demoníaca do Cogito cartesiano em seu momento inaugural e próprio, quando a diferença do singular, do separado, só pode ser provada enquanto diferença solitária de uma abertura que excede loucamente a totalidade do sentido determinado. Essa violência pior é a do *dispêndio puro*, antieconômico do sacrifício, segundo Bataille. É o poder ameaçador dessa violência absoluta que Derrida, em fim de contas, opõe a Levinas, defendendo a violência relativa do discurso, que começa com um *pronunciamento* do Cogito e que retoma o dispêndio antieconômico em uma *economia* da diferença, uma vez que apenas esse pronunciamento e essa economia permitem a separação e a comunicação de um e de outro. A violência da filosofia é antes a expulsão dessa loucura – ou, se quisermos, a expulsão do sujeito nervoso que, por sua participação e solicitude universais, como Marilyn, excede toda comunicação possível na ordem do conhecimento.

A censura que Derrida refere a Levinas é por ele não ter entendido a necessidade de fundamentar a relação ética com o outro na violência transcendental e econômica da separação do mesmo e do outro, mediante a autoposição do mesmo.
A censura de Derrida é justa, mas não chega a revelar uma insuficiência da ética de Levinas. Tal censura revela mais sua intenção e seus significados fundamentais: escrever uma filosofia inteiramente do ponto de vista do que é originariamente expulso do discurso filosófico, a fim de torná-la possível. Escrever uma filosofia do ponto de vista dessa subjetividade originalmente expiatória, que ao mesmo tempo

toma para si e realiza em si mesma, por uma substituição de outrem – aquém de toda posição de si mesmo –, a *violência pura* de um transbordamento da essência, ou seja, do interesse em ser. Aqui, ainda, o bode expiatório é uma imagem de si mesmo ou mesmo um cumprimento subjetivo.

Os elementos principais do capítulo IV de *Autrement Qu'être*, que Levinas apresenta como germe do conjunto de sua obra, foram anteriormente expostos em uma conferência feita na Faculdade Universitária de Saint-Louis, no dia 30 de novembro de 1967, antes de ser publicada a *Revue Philosophique de Louvain*, em outubro de 1968. Tais elementos são, então, posteriores ao artigo de Derrida e respondem a ele de maneira inesperada. Nesse texto central, Levinas opõe a pseudotranscendência, a falsa alteridade do não-eu posta ativamente pelo Eu autoposicional de Fichte, à transcendência *absoluta* do não-eu submetida ao sofrimento por um Eu exposto sem reservas ao outro, e a perspectiva assim aberta de uma autêntica "fraternidade humana" – que nos estabelece na proximidade (retomando a explicação do texto) "de milhões e milhões de humanos de todas as confissões e todas as nações, vítimas do mesmo ódio do outro homem, do mesmo antissemitismo" que aquele de que "seis milhões de assassinados pelos nacionais-socialistas" foram vítimas, mas também na "responsabilidade da falta de vontade do perseguido", ou seja, a "responsabilidade da perseguição que ele mesmo sofre". Exposta de maneira concreta ao peso do ser, à enfermidade, ao sofrimento, à morte, "sob o peso do universo, responsável por tudo", a subjetividade de Levinas é exclusivamente "sujeição" e essa sujeição obriga-a a cada vez mais *contrair*-se em si mesma – e, assim, a ser *si mesmo*. Expressamente articulada à violência extrema da guerra mundial, a filosofia levinassiana do sujeito oferece, de maneira exemplar, os elementos teóricos que nos permitem compreender como o sacrifício, o desmembramento por uma nuvem de pardais vorazes, a exposição sem reservas da Violência possa ser, no início dos anos 1960, uma imagem *positiva* de si mesmo, e passar pelo fermento de uma nova fraternidade.

A substituição sacrificial pelo outro, mesmo na responsabilidade da perseguição sofrida, repele, rejeita o sujeito no "pleno do um", contraindo-o ao ponto de "impedi-lo de dividir-se, de separar-se de si mesmo para contemplar-se ou exprimir-se", a tal ponto que o Eu levinassiano é "absolutamente eu", "unidade excepcional", "eu único e eleito". Essa plenitude não acontece, contudo, sem uma *fissura*. Uma fissura que não remete à fissura do Eu partido de Kant, de que Deleuze fala no ano de 1968 em *Diferença e Repetição* e que estima a passividade do eu com relação a sua autoatividade – ou seja, a passividade ligada à autoafeição e à autodemonstração. Levinas acaba por "sufocar" o Eu, por rachá-lo e estourá-lo graças ao fato de compactá-lo sob o peso do mundo. Essa fissão nada tem a ver com a divisão dialética de Hegel – e o capítulo de *Autrement Qu'être*, ao qual fizemos referência, carrega distintamente a marca do anti-hegelianismo que lhe é contemporâneo e, notadamente, o anti-hegelianismo afixado por Derrida no artigo de 1967 sobre o *hegelianismo sem reservas*, publicado em maio, alguns meses antes da conferência de Levinas na Faculdade Universitária de Saint-Louis. A explosão, a abertura do pleno não chega, em caso algum, à separação que permitiria o retorno a si ou ao jogo da autodemonstração. O Si "não para de partir-se", escreve Levinas. A singularização extrema do retorno ao si e a universalização da explosão são perfeitamente *simultâneas*, conjuntas em uma mesma "estância", o Sujeito levinassiano sendo constantemente contido no "entre-dois" de sua individuação ou de seu apagamento. Ora, é notável que essa "estância" ou *estação* é precisamente a da vítima sacrificial, "imolada" por todos, a partir de quem Levinas constrói a identidade subjetiva. A resposta de Levinas à *Violência e Metafísica* é, então, precisamente descrever a substituição usando um vocabulário batailliano pelo qual Derrida designava, em maio de 1967, o ideal subjetivo que opunha à negatividade hegeliana: o "dispêndio transbordando os recursos", o "dispêndio sem contas", a "gratuidade" oposta à economia restrita da contabilidade. No primeiro capítulo de *Autrement Qu'être*, em 1970, Levinas condensa a ideia na expressão "sacrifício sem reservas", "sem retenção". Esse é, então, o risco de toda outra violência que não a violência inerente ao discurso filosófico que Levinas pretende tomar. E Derrida pode reprová-lo por imprudência. Esse risco, que o livro de René Girard elucida em 1972, pelo esclarecimento dado ao processo real da obra através da emergência do conjunto da cultura, elevada ao posto de cultura mundial pela guerra, dessa figura singular da subjetividade que é a substituição total na concentração sobre si da Violência unânime.

capítulo 36
de um "desejo metafísico" a outro: Levinas e Girard

Benoît Chantre

Quando os pensamentos independentes *coincidem*, um lado oculto da realidade aparece. Assim, o encontro entre dois livros publicados em 1961, *Mensonge Romantique et Verité Romanesque*, de René Girard e *Totalité et Infini* [Totalidade e Infinito], de Emmanuel Levinas, vindos de campos absolutamente diferentes, remete-nos imediatamente à etimologia da competição. *Competere*, do latim, significa "encontro no mesmo ponto" de dois caminhos contrários: é o que identificamos nesses dois autores que, *a priori*, não estavam destinados a cruzar-se, mas que inauguraram, cada qual com sua obra, um conceito homônimo.

Nós vamos nos interrogar sobre a natureza exata desse "ponto" de convergência, tanto mais paradoxal, considerando-se que o "desejo metafísico" quer dizer, para Girard, o exato contrário do que significa para Levinas. Eis dois pensamentos que buscam a descoberta da realidade do desejo e da relação com o Outro e que nomearão, da mesma maneira, *uma das duas vertentes* desse desejo: "recíproco" para o primeiro, "irreversível" para o segundo. Nós apostaremos aqui que essa coincidência revela uma ambivalência essencial: o desejo está sempre e ao mesmo tempo *dentro* e *fora* da competição.

Levinas: "desejo metafísico" e reconciliação

O movimento de ética em Levinas, assim como foi formulado de maneira inaugural em *Totalité et Infini*, é fundamentado em uma dialética paradoxal. Ele convida a sacrificar o ser à felicidade e sua felicidade ao Desejo, a sacrificar a essência ao gozo e o gozo à liturgia, essa liturgia que deve ser a relação com o Outro. Esse "sacrifício de si mesmo" faz-se, desse modo, em dois tempos. O gozo ateu do sujeito separa-o de uma essência incômoda, é uma sinuosidade do sujeito em sua ipseidade. A primeira distância resulta em uma segunda distância, que é a abertura ao Outro. Assim é o "desejo metafísico": uma *transcendência* que, como o próprio nome indica, tira-nos da totalidade que submete as manifestações do ser ao conceito, a existência à essência:

> O desejo metafísico do absolutamente outro que anima o intelectualismo (ou o empirismo radical que confia no ensinamento da exterioridade) mostra sua *energia* na visão do rosto ou na ideia do infinito. A ideia do infinito ultrapassa meus poderes [...]. Ela não vem de nosso fundo *a priori* e, através do infinito, é a experiência por excelência.[1]

Na relação ética com o Outro, o sujeito é subitamente interpelado fora das categorias do Mesmo. Seu ser autêntico lhe é dado, então, *do exterior*, e isso na relação – que, para Levinas, é o outro nome da religião, matriz da linguagem e do significado. Mas a experiência intermediária do gozo duplica-se com outra experiência contraditória e complementar: a do heroísmo. Para Levinas, aí está uma tentativa manifesta de acabar com o hegelianismo:

> [...] a distância que separa a felicidade e o desejo é a que separa a política e a religião. A política tende ao reconhecimento recíproco, ou à igualdade, assegurando a felicidade.

[1] Levinas, *Totalité et Infini*. Livre de Poche, p. 213. (Coleção "Biblio-Essais").

> E a política conclui e consagra a luta pelo reconhecimento. A religião é Desejo; não é, de forma alguma, luta pelo reconhecimento. Ela é o excedente possível em uma sociedade de iguais, o excedente da humildade gloriosa, da responsabilidade e do sacrifício, a própria condição da igualdade.[2]

A política é o outro nome da competição, mas uma competição contida, racionalizada por regras. A religião, por sua vez, supõe um serviço do Outro, um desejo absolutamente desinteressado. A "luta pelo reconhecimento" (e o duelo) constrói a política (e o direito): tal é o artifício da razão em Hegel, que se ri dos conflitos e convida o sujeito a arriscar sua vida biológica para espiritualizar-se. Esse sacrifício heroico, com base no Estado, é aqui ultrapassado pela transcendência ética. Existe nisso uma progressão descontínua que se assemelha à sucessão das três ordens de Pascal.[3] Vem daí, para Levinas, o recurso frequente ao termo "caridade" designando a relação com o Outro. Ao sacrifício heroico, a que podemos chamar "sacrifício para si" (análogo ao dobramento em si mesmo do gozo), sucede-se um "sacrifício de si mesmo" ou sacrifício pelo Outro. Aqui, o sagrado excede-se em santidade. Levinas leva a sério a "luta até a morte" que é o centro da dialética hegeliana: o heroísmo é uma das passagens do desejo egoísta, que se curva diante de seus interesses privados, ao desejo desinteressado, dado ao serviço de outrem. Mas Levinas nega que o desinteresse sirva apenas em benefício do direito, o que seria um retorno perverso à totalidade. O espaço jurídico deve, por sua vez, ser "trabalhado" pelo amor.

Assumir o caráter bélico de toda ontologia, repetindo com Heráclito que "a guerra é a mãe de todas as coisas", não deve, então, desembocar no Estado, mas no Outro. O advento do direito é transcendido por esse reconhecimento. Assim, somos levados a um ateísmo metódico e, em seguida, à relação com este Outro que faço de refém, do universo do sagrado, que se torna um com o universo da totalidade:

[2] Ibidem, p. 58.
[3] "A distância infinita entre os corpos e os espíritos figura a distância infinitamente mais infinita dos espíritos à caridade, pois a caridade é sobrenatural" (Lafuma, 308).

A ideia de infinito, a relação metafísica, é o nascimento de uma humanidade sem mitos. Mas a fé livre de mitos, a fé monoteísta, supõe ela mesma o ateísmo metafísico.[4]

Levinas encontra a questão da guerra na passagem do desejo *interessado* (ou seja, de acordo com as categorias do Ser) ao desejo *desinteressado* (livre de tais categorias). *O duelo já é uma relação com o Outro*, sob a condição de que esteja de acordo com as regras da honra. Levinas chega a sugerir que o heroísmo é uma procura pelo Outro, que vem para exceder o simples desejo de si. Assim, a guerra é, misteriosamente, uma das etapas da saída da totalidade. Assim como o gozo, ou "meu ser separado" deve aparecer para que eu possa me abrir à epifania do Outro, eu devo me apresentar ao duelo para que possa extrair de mim o que faz a essência da totalidade:

> A recusa da totalidade pela guerra não nega a relação, uma vez que, na guerra, os adversários procuram-se.[5]

O gozo e o heroísmo, dobrar-se em si mesmo e entrar no jogo da concorrência regrada pelo direito: eis os dois momentos da separação que precedem a "relação metafísica". Em *Totalité et Infini*, Levinas chega a escrever que a guerra "produz-se como a experiência pura do ser puro".[6] Mas a luta até a morte não é mais, como para Hegel, um simples sacrifício dos interesses particulares em benefício do interesse público. Ela é a primeira etapa de uma saída da totalidade estado-jurídica que será plenamente cumprida na "relação metafísica". Desse modo, Levinas confere ao amor o lugar eminente que lhe é devido. A guerra *não é mais* a essência do homem. Este sai da essência redutora na relação com o Outro, que já é o inimigo *vivo* que o afronta:

> Na guerra, os seres recusam-se a pertencer a uma totalidade, recusam a comunidade, recusam a lei. Afirmam-se

[4] Levinas, op. cit., p. 75.
[5] Ibidem, p. 246.
[6] Ibidem, p. 5.

> como em transcendência à totalidade, cada um identifica-se não por seu lugar no todo, mas por si mesmo.[7]

Tudo se passa como se fosse preciso passar por essa prova do real para deixar Hegel e sua divinização do Estado. O homem adquire a consciência de si mesmo na confrontação com a alteridade. Um "si" que não tem sentido na relação, *mesmo que a relação assuma uma forma de duelo.* Levinas conclui que toda ontologia é bélica, no sentido em que sacrifica o homem à cidade-estado, a sua parte no todo. Deve-se, então, sair da ontologia, cuja essência nos é revelada pela guerra. A relação ética, relação originária que engloba o próprio duelo, é o que torna possível a saída da totalidade: a relação sustenta a reciprocidade antes de aparecer publicamente em serviço do Outro.

Há, aqui, uma escatologia profunda: voltar-se ao Outro é destruir a totalidade *passando pelo duelo.* E, quando Levinas escreve que o movimento de saída da totalidade também deve ser pensado como uma passagem do sagrado ao santo, da reciprocidade à relação (ou seja, à religião), ele pensa na transformação do heroísmo em santidade. Os combatentes cometem o pior por não quererem ver sua semelhança crescente. Mas se reconhecessem a similitude, caso *se identificassem* uns com os outros, a tela do Mesmo desapareceria para deixar aparecer o Outro, a vulnerabilidade de seu rosto. Eu posso baixar a guarda diante da alteridade daquele que me afronta. Logo, o afrontamento não é fatal.

Ainda que a relação seja desprovida de qualquer reciprocidade, para aparecer, o desejo sem concorrência deve passar por essa prova de fogo. O "sacrifício por si mesmo" transformado em "sacrifício de si mesmo" é o único movimento possível para pensar e viver nossa relação com o infinito. Como vemos, Levinas inscreve-se ainda nos termos hegelianos, apesar de pretender ultrapassá-los. A guerra, tal como nos descreve Levinas, ainda é regulada pelos códigos de honra. Ela é a

[7] Ibidem, p. 245-46.

experiência necessária ao advento de um direito que não produziria outra coisa senão uma simples equivalência ou uma simples intercambialidade entre os homens. A fenomenologia do rosto não tem outro objetivo senão ampliar as categorias jurídicas, a fim de interditá-las de voltar à totalidade. Aqui, há um otimismo ético, uma fé irredutível na reconciliação dos homens. É a razão pela qual Levinas passa tão rapidamente pela reciprocidade, para demorar-se longamente nas possibilidades conceituais que a "relação metafísica" lhe oferece.

René Girard: "desejo metafísico" e apocalipse

Levinas não faz senão entrever a lógica da reciprocidade violenta, tal como Girard irá formulá-la no mesmo momento, definindo o Outro, ao contrário de Levinas, como o mediador do meu desejo, aquele que designa o que devo desejar. Uma maneira mais prosaica de esclarecer, através da antropologia, o que Hegel chamava de "o mau infinito". Um perigo crescente na relação com outrem perfila-se na primeira intuição de Girard. É interessante notar que Levinas não quer ver o papel do mediador:

> Outrem é o próprio lugar da verdade metafísica e indispensável à minha relação com Deus. Outrem não atua, de forma alguma, como o mediador. Outrem não é a encarnação de Deus, mas a manifestação da altura em que Deus se revela, em que é desencarnado, precisamente pelo rosto do outro.[8]

No próprio momento em que Girard descobre, à leitura de certos grandes textos literários, aquilo que chama de "modelo-obstáculo" – o Outro, que me proíbe de ter o objeto que, entretanto, designou como meu objeto de desejo –, e em que faz

[8] Ibidem, p. 77.

depender o desejo da competição, Levinas recusa-se a enxergar o Outro como um possível obstáculo a meu desejo:

> A própria ideia de infinito em mim, que implica em um conteúdo transbordando do recipiente, [...] longe de violar o espírito, condiciona a própria não violência, ou seja, instaura a ética. O Outro não é, para mim, um escândalo que a coloca em movimento dialético, mas o primeiro ensinamento.[9]

Para Levinas, o Outro é o outro nome de Deus. Para Girard, o Outro designa, ao contrário, o "escândalo" por excelência, ou um obstáculo intransponível: o ídolo que eu construí para mim mesmo, pela natureza mimética do meu desejo. Logo, quando Levinas dá-se a possibilidade – sob o termo "desejo metafísico" – de uma relação com Deus, Girard nos mostra, sob o mesmo termo, e com uma acuidade de olhar que podemos julgar superior, os riscos do que se convencionou chamar de teomorfismo, o "tornar-se deus" de todo homem confundido com seu modelo.[10] Assim, René Girard afirma que apenas a Revelação cristã revela a dimensão mimética das relações humanas. Meu desejo é sempre imitação do desejo de outrem: o meu mediador que, por desejar a mesma coisa que eu, me atrai em sua sombra e me fascina.

Se Cristo é definido com tanta insistência como o único Mediador, como Girard afirmará em 1978,[11] é porque a humanidade está no ponto de descobrir o mecanis-

[9] Ibidem, p. 223.

[10] Sobre esse aspecto, evoquemos as novíssimas análises que Girard propõe da "bipolaridade" hölderliniana em sua última obra, *Achever Clausewitz*, Carnets Nord, 2007. A reciprocidade mimética, entendida como o vaivém do sujeito tornando-se modelo e do modelo tornando-se sujeito, os dois "irmãos inimigos" acabando por esquecer o objeto de seu litígio e combatendo-se apenas por combater-se, encontra uma confirmação no fenômeno "bipolar", repetido à exaustão atualmente pela nosologia psiquiátrica. "Eu sou deus" quando meu modelo está próximo de mim, "eu nada mais sou" quando ele se afasta. Assim é a "ambição frustrada" de que Hölderlin fala frequentemente a sua amante Suzette Gontard. (Cf. sobre essa questão o *Cahier de L'Herne* a respeito de Hölderlin.)

[11] René Girard, *Des Choses Cachées Depuis la Fondation du Monde*. Entrevistas com Guy Lefort e Jean-Michel Oughourlian. Grasset, 1978.

mo concorrencial na origem de todas as instituições. O *imitativo Christi*, retomado em sua dimensão antropológica, tornar-se-á a única forma de evitar o pior, quando as instituições não puderem mais frear uma reciprocidade privada do exutório sacrificial e do freio que todos os rituais lhe opuserem.

A crítica que Levinas faz do hegelianismo não é, de forma alguma, incompatível com a descoberta de Girard. Mas descrever o paraíso reencontrado da relação é algo feito por Levinas à custa de uma descrição dos mecanismos da violência. É nesse espaço vago que Girard se apodera, na ignorância de Levinas, da descoberta do desejo mimético. Para o pensador, existe uma fatalidade da magnetização mimética que aproxima os indivíduos *cada vez mais* uns dos outros.[12] O "cada vez mais" chama-se "indiferenciação", que aconteceu na origem de todas as sociedades humanas, às quais apenas o sacrifício salvou da destruição. A "indiferenciação" manifesta-se hoje em nível planetário, em um momento de enfraquecimento essencial das instituições, em uma globalização que "remata" a humanidade, nos dois sentidos terríveis que devemos ter a coragem de dar a esse termo.[13]

Tais são as implicações da descoberta de René Girard, que, de certa forma, age mais rapidamente que a teoria de Levinas, escapando *imediatamente* à guisa hegeliana da reconciliação. Para ele, o "desejo metafísico" é, com efeito, um desejo de apropriar-se do *ser* do modelo, ao mesmo tempo venerado e odiado, que constitui um obstáculo ao meu próprio desejo:

> O desejo segundo o *Outro* é sempre o desejo de ser um *Outro*. Só existe um único desejo metafísico, mas os desejos particulares, que concretizam o desejo primordial,

[12] *La Violence et le Sacré* descreverá a tendência inerente a todos os primeiros grupos humanos, aos quais apenas o sacrifício permitiu evitar a autodestruição: canalizar a violência do grupo para um terceiro escolhido ao acaso é evitar que o grupo autodestrua-se, é fazer com que encontre as diferenças rituais e, em seguida, as culturais.
[13] René Girard, *Achever Clausewitz*, op. cit.

> são infinitos. Nada é imutável no que se pode observar discretamente no desejo dos heróis de romance. A intensidade do desejo é ela mesma variável. Ela depende do grau de "virtude metafísica" que o objeto possui. Essa virtude depende ela mesma da distância que separa o objeto do mediador. O objeto é para o mediador o que a relíquia é para o santo. O rosário de que o santo se serve, a roupa que usa são mais procurados que a medalha pura e simplesmente tocada ou abençoada. O valor de uma relíquia depende da "distância" que a separa do santo. Assim funciona o objeto dentro do desejo metafísico.[14]

Encontramos, assim, um movimento próximo do de Levinas, mas invertido. O gozo, que me separa do Outro, permite-me experimentar o objeto "físico" sem qualquer contaminação "metafísica". Mas se o mediador do meu desejo aparece em meu horizonte, se o Outro deixa de estar longe ("mediador externo") para tornar-se rival ("mediador interno"), o desejo deixa de ser gozo e torna-se "metafísico", na medida em que faz do Outro um ídolo, ao mesmo tempo venerado e odiado:

> No desejo, à medida que o papel do *metafísico* cresce, o papel do *físico* diminui. Quanto mais o mediador se aproxima, mais a paixão é intensa e mais o objeto esvazia-se de valor concreto.[15]

René Girard chega a dizer que "o desejo metafísico" é uma "doença ontológica": o exato contrário do que Levinas pretendia que tal desejo fosse à mesma época! O gozo é a separação do Outro e o "desejo metafísico" é a abertura a esse Outro, mas no sentido, agora, de um duelo que pode se tornar fatal, que se tornará cada

[14] René Girard, *Mensonge Romantique et Verité Romanesque*, op. cit., p. 101.
[15] Ibidem, p. 103.

vez mais fatal. O apocalíptico em Girard acelera a escatologia de Levinas, considerando, à primeira tentativa, o que Levinas chama de "saída da totalidade" como um *acabamento* do mundo em uma indiferenciação planetária: o que chamamos, atualmente, sem verdadeiramente entender seu perigo, de globalização. É perturbador ver que Girard delineia, desde o seu primeiro livro, uma "história do desejo" que seria "um progresso do metafísico à custa do físico":[16] um movimento inverso ao da fraternidade de Levinas, e bastante parecido, em alguns aspectos, com o que Bergson chamava de "frenesi do luxo".

No caminho que me leva a um objeto cobiçado, eu sempre encontro um outro que se opõe a tal apropriação, porque meu desejo despertou o seu desejo. A obstinação que eu terei para provar a anterioridade do meu próprio desejo não é outra coisa senão o *ressentimento*. A paixão concorrencial produzirá cada vez mais o sagrado, mas um sagrado pervertido, "desmonetizado" pela revelação da qual foi objeto. Assim, desde que dois indivíduos entram em concorrência, a guerra é inevitável: o comércio não pode conter a guerra. Não apenas o duelo é a estrutura oculta de todos os fenômenos sociais, mas ainda a guerra, uma vez que seu mecanismo é revelado, é passível de "ir a extremos". Tudo acontece como se o "desejo metafísico" de Girard transformasse o de Levinas em algo caduco desde sua origem; como se a teoria mimética, então em crescimento, denunciasse a ignorância de Levinas como um novo rebento do otimismo hegeliano, apressada demais ao pensar a reconciliação como algo óbvio.

Girard e Levinas: a caridade como justa distância

Uma conclusão tão precipitada nos faria, no entanto, perder a coincidência dos dois pensamentos através da homonímia de seu objeto central. Com efeito, parece

[16] Ibidem, p. 104.

mais estimulante pensar o desejo mimético como um *negativo* da fenomenologia desviada por Levinas. À primeira vista, Levinas posiciona-se na relação, enquanto Girard explora o inferno da reciprocidade mimética. Entretanto, ambos denunciam o universo do Mesmo como qualquer coisa da qual se deve sair a qualquer preço. Só se pode pensar a reconciliação quando se sabe transformar a reciprocidade, que é a sua forma pervertida. O objeto comum aos dois pensadores é, inevitavelmente, a passagem do sagrado ao santo: a vulnerabilidade do Outro enquanto Outro é compatível com a descoberta do papel central do bode expiatório, o único que revela a concorrência na base de todas as instituições que tentam regulá-la.

Nesse sentido, compreende-se melhor que Levinas passe pela guerra em um livro que fala sobre o amor. Entretanto, em seu espírito, trata-se de uma guerra essencial, que revela o princípio da reciprocidade. O terror que suscitam as teses mais brutais de René Girard vem do fato de se situarem em nível antropológico. A confrontação dos dois pensamentos pode, no entanto, permitir um esboço do movimento em que se unem. Haveria, assim, uma gradação em nossas relações com o outro, em que o mimetismo, o princípio de reciprocidade, *esgotar-se-ia pouco a pouco à medida que aparece*. O movimento é escatológico. Haveria o conflito (que estrutura secretamente a totalidade política, pois toda ordem se faz à custa de um terceiro), haveria duelo (afrontamento aberto) e haveria amor (a ultrapassagem do conflito pelo perdão). A primazia da vitória, da batalha e da relação.

Desse modo, a última aparece *em último lugar* em seu caráter originário. O movimento que obtemos não leva automaticamente à reconciliação, mas antes constitui um choque frontal entre a violência e o amor: uma vinda escatológica do Outro que, enquanto Outro, em sua própria aparição, "quebra a totalidade", para retomar a expressão de Levinas, literalmente impede-o de fechar-se em seu segredo. Do mesmo modo, Girard afirmará, de *Des Choses Cachées Depuis la Fondation du Monde* (1978) até *Je Vois Satan Tomber comme l'Eclair* (1999), que a descoberta da pedra angular constitutiva do emissário consentidor, o Justo anunciado pelos profetas, literalmente explode o que São Paulo chama de "os Poderes e os Principados": ele impede a ordem de refazer-se nas costas das vítimas inocentes. Pensar o Outro enquanto Outro, nos dois casos, é fazer aparecer a guerra como estrutura da totalidade social. Tal aparição coloca a humanidade diante de uma única possibilidade: ou renunciar a sua violência ou provocar o pior.

Tudo acontece como se a intuição de Girard, tendo agido mais rapidamente que Levinas, fosse a imagem da aceleração decisiva da Revelação com relação à tradição bíblica. Cristo é o "último dos profetas", na medida em que pretende cumprir o fim dos tempos. A Encarnação provoca uma aceleração da história, e somente essa aceleração atesta, segundo Girard, que de fato houve Revelação. Em seu comentário sobre as três ordens pascalianas, Péguy já havia entendido o movimento:

> [...] existe uma espécie de primeiro circuito fechado no interior do mundo dos corpos; existe uma espécie de segundo circuito fechado no interior do mundo dos espíritos, que automaticamente engloba o mundo dos corpos; existe uma espécie de terceiro circuito fechado no interior da caridade, que automaticamente engloba o mundo dos espíritos e, neste, automaticamente, o mundo dos corpos [...]. Obtemos, assim, três círculos interiores, descentrados de um movimento uniformemente acelerado, o indício da aceleração sendo o próprio infinito.[17]

O movimento de interpretação é de uma revelação progressiva, em que o englobante só aparece no fim: a ordem dos corpos, mais ou menos estabilizada pelo mito, é abalada pela consciência de que temos fundamentos de toda sociedade, ela própria superada pela primazia da relação. A caridade "age mais rapidamente" que os corpos e o espírito. Mas a caridade, que está em primeiro lugar, só aparece por último.

[17] Péguy, Œuvres. Gallimard, tomo II, 1988 p. 207. (Coleção "Bibliothèque de la Pléiade").

Uma abordagem comparada dos pensamentos de Girard e Levinas nos permitiria, assim, entrever, *entre os dois*, um desejo que não seria mais de competição, mas de emulação. O que a fenomenologia chama de intencionalidade cumpre-se em um movimento de saída da totalidade: é no seio da relação que se deixa o inferno da reciprocidade, que nos mantém nas categorias do Mesmo. Ora, eu só posso me converter, tornar-me *outro* no momento em que o ser (ou a coisa) a que aspiro se torna, por sua vez, "outro" também. A forma de reciprocidade positiva, por não transformar o desejo em algo autônomo, preserva-o de sua finalidade estritamente concorrencial: saímos a dois do inferno do Mesmo, em uma relação que "altera" seus dois polos, identifica-os um ao outro, transformando-os.

Do "ponto fixo endógeno", definido por Jean-Pierre Dupuy para pensar a autorregulação das sociedades liberais,[18] passamos, então, a um outro "ponto fixo", ao mesmo tempo interior e exterior à sociedade. Pascal tem uma metáfora magnífica para fazer sentir o salto da ordem dos corpos ao da caridade. Ele evoca a distância necessária para se ver um quadro, nem de muito longe, nem de muito perto:

Assim são os quadros vistos nem de muito longe, nem de muito perto. Há apenas um ponto indivisível que estará no verdadeiro lugar. Os outros estão muito perto, muito longe, muito altos ou muito baixos. A perspectiva inscreve-o na arte da pintura, mas na verdade e na moral, quem o inscreverá?[19]

O "ponto indivisível que estará no verdadeiro lugar" nada mais é que a caridade. A empatia excessiva é mimética, mas a indiferença excessiva também o é: os dois fazem com que os indivíduos sejam intercambiáveis. A *identificação com outrem*, ao contrário, deve ser enxergada como uma correção de nossa tendência mimética: ela supõe que ambos nos tornemos "outros" no *evento* que constitui a

[18] Jean-Pierre Dupuy, "L'Economie Politique ou le Refoulement de la Foule". *Libéralisme et Justice Sociale*. Hachette-Littératures, p. 309-29. (Coleção "Pluriel").
[19] Pascal, *Pensées*, Lafuma 21. (Cf., sobre esse ponto, Michel Serres, *Le Système de Leibniz et Ses Modèles Mathématiques*, 3ª parte, "Le Point Fixe", PUF, 1968. (Coleção "Epiméthée".)

relação. O mimetismo me aproxima ou me afasta demais daquele que me afronta. A identificação permite enxergar o outro à justa distância. O "ponto fixo" torna-se um com a caridade, em um pensamento que tem a pintura como metáfora. Trata-se de um ponto *justo* a partir do qual se pode contemplar as coisas (tornadas obras) e os seres (tornados "outros", enxergados em sua alteridade).
Se a guerra não é uma fatalidade, pode-se, então, pensar em uma autêntica relação com os seres e as coisas no coração da reciprocidade. Conflito, emulação e relação tornam-se as três etapas da saída da reciprocidade, os três graus de uma competição que termina por atingir seu objetivo.

Na metáfora pictural utilizada por Pascal, o "ponto fixo" estabelecido pela perspectiva designa o ponto a partir do qual os sujeitos de uma comunidade podem começar a viver juntos. Ele indica a distância a ser conservada com relação às coisas e aos seres visíveis, uma vez que somente a rivalidade mimética aproxima-nos demais das coisas e dos seres; ela "coisifica" os seres e "essencializa" as coisas. E a lógica da imitação sempre acaba se tornando sacrificial, uma vez que a religião é, segundo Girard, a má solução que os homens dão a sua violência.

Absolutamente outra é a "religião" trazida aos homens por Aquele que se define, em seu próprio retrato, como o único Modelo. Colocar as coisas e os seres à distância é fazê-los resplandecer ao reduzir os riscos de rivalidade. Proximidade e afastamento (das coisas e dos seres) são dois impasses simétricos. Somente a *presença* das coisas e dos seres é redentora, tanto em nível antropológico quanto em nível fenomenológico: importa-nos ver o mundo *juntos*. Uma coisa ou um ser só se fazem visíveis enquanto fenômenos quando os outros estão suficientemente distantes, mas também suficientemente presentes para que a coisa ou o ser possam *aparecer*. Nesse sentido, o gozo e a rivalidade são duas formas de proximidade excessiva à coisa ou ao ser visados. A caridade, por sua vez, supõe uma justa distância com relação ao ser ou à coisa. Tal distância confere à relação esse caráter desinteressado.

Reconhecer o desejo que se desdobra ao mesmo tempo *dentro* e *fora* da competição é enfatizar sua ambivalência, o que o faz ter como objeto seja uma coisa, seja um fenômeno (um quadro contemplado, um rosto querido). Nos dois casos, o sujeito não está só: ele sempre quer alcançar *ao mesmo tempo que um outro.* O que determina o valor de uma coisa ou de um ser desejado vem do interesse que essa coisa ou esse ser suscita em um ou muitos outros. O valor não depende do objeto, mas da relação; ele não é absoluto, mas relativo. O que cria o valor *mercantil* de uma coisa é a *com-petição* de que a tal coisa se tornou objeto; o que cria o valor *essencial* de um fenômeno é a relação que temos com o fenômeno, relação aprofundada na medida em que é partilhada.

Estamos, agora, no ponto central do paradoxo: se a relação é reciprocidade, ela reifica o ser visado, que se tornou a simples medida da troca: a competição faz dessa mulher (ou dessa coisa) um troféu. Se a relação é desprovida de reciprocidade, ela não mais depende de uma competição: ela é desejo do que o fenômeno é em si, independentemente do olhar concorrente, mas de acordo com ele. O sujeito-em--relação deixa-se constituir pelo fenômeno que compõe: ele se "altera", ao mesmo tempo em que "altera" aquilo que examina. A competição torna-se emulação, simples prazer do jogo, "conflito de interpretações" e não mais luta por apropriação. Sem contar a batalha que, podendo nos despojar de nós mesmos, nos *transforma em outros* no próprio momento em que aquele que nos afronta torna-se outro, por sua vez. A reciprocidade sofreu uma metamorfose que a transformou em relação: em lugar de querer tirar um objeto ou um ser de seu rival, o sujeito contempla o objeto ou o ser *com o outro.* Nós sempre contemplamos a dois. Ao escapar do universo do Mesmo, dessa semelhança que aproxima para destruir melhor, os antigos concorrentes "alterados" um pelo outro se reconhecem idênticos. É somente aí que o mundo pode ser olhado com o olhar novo – ou, para formular de maneira diferente, que *as coisas deixam de ser coisas para se tornarem um mundo comum.*

Se René Girard nos esclarece a reciprocidade inerente à competição, ele não nos dá pistas mais precisas para pensar a alteridade da coisa ou do ser "em si". Quando o desejo é afetado, ele reifica, falta a ele a fenomenalidade da coisa ou do ser que visa; do contrário, ele não depende mais da competição e só se interessa pela coisa ou pelo ser segundo aquilo que realmente é. Em sua relação, o que contribui para a harmonia social é a distância que ele mantém do ser ou da coisa que deseja. A pertinência antropológica da tese mimética não deve, então, impedir-nos de mostrar uma fenomenologia do Outro. Somente a epifania permite evitar o pior: *deve-se dar novamente ao apocalipse seu teor fenomenológico.* É aqui que, de certa maneira, Levinas alcança Girard novamente: tendo partido do mesmo termo que designa duas realidades contrárias, os dois pensadores chegam ao mesmo fim escatológico, o do "tempo que vem", em que os homens são os únicos atores.

Vem daí o interesse em destacar a contemporaneidade do conceito central (e homônimo) dos dois pensadores, como se um não pudesse existir sem o outro: a reconciliação deve ser pensada como o avesso luminoso da guerra, e a guerra como o negativo da paz. A paz não é adquirida, nem *diferençável*, mas o avesso imediato da concorrência desenfreada de que o nosso mundo é o teatro. A ambivalência do desejo, esclarecida pela aproximação desses dois grandes livros, determina dois tipos de transcendência: uma transcendência negativa, geradora de rivalidade e uma transcendência positiva, geradora de reconciliação. Devemos ser gratos a René Girard por ter rapidamente corrigido o idealismo de *Totalidade e Infinito*. Sendo o desejo definido como essencialmente mimético, ou seja, contagioso, sabemos hoje que ele pode levar ao pior ou conduzir ao melhor.

Conclusão

É por esse motivo que o que chamamos em teologia de "a oferta do Reino" pode ser pensado como o inverso da oferta econômica. Um outro ponto fixo, o único que pode estabilizar a humanidade no momento de derrapagens apavoradas que a ameaçam, deve corresponder à transcendência do mercado definida por Jean-Pierre Dupuy como um "ponto fixo endógeno" (o poder imanente do coletivo que literalmente "possui" os indivíduos e contém seu extravasamento): o "ponto indivisível" da caridade. Quanto mais o mercado for levado aos limites de sua contenção de rivalidades miméticas (ao ponto em que a multidão, em pânico, pode literalmente explodir), mais o retorno do "ponto fixo endógeno" ao "ponto fixo indivisível" da caridade aparecerá como a única salvação possível para a humanidade.

"Nos lugares onde o perigo cresce / Também cresce o que salva", escreveu Hölderlin: à transcendência de um mercado que tende cada vez mais a confundir-se com a guerra, deve corresponder a transcendência de um Deus feito homem, encarnado em seu Filho no coração das relações humanas. Dever-se-ia dizer: de um Deus *derretido* no coração dessas relações, a ponto de só revelar-se no momento em que elas aproximam-se de sua crise máxima. Hoje, nós estamos próximos desse estágio. Por isso, tornou-se comum dizer que a nossa época é apocalíptica. Falta-nos apenas a coragem para chegar às conclusões que se impõem: renunciar a nossa própria violência, a essa transcendência negativa de que o amor é a revelação.

capítulo 37
filantropologia: a razão do mais fraco

Andrew J. McKenna

Dentro da teoria mimética, tudo começa por um desprezo fundamental, um desconhecimento fundador. Nas origens da humanidade, houve antes a violência desencadeada, desenfreada, uma violência contra todos, tal como foi representada por Hobbes. Mas quando a violência recíproca transforma-se em violência de todos contra um, faz emergir uma vítima singular, capaz de atrair todos os olhares em um momento de atenção não instintual, de fascinação estupefata. No começo, então, era a vítima, cuja centralidade assombrosa fez nascer uma primeira forma social, a de uma comunidade humana reunida em torno de um objeto que será a fonte de uma calma inesperada, aparentemente miraculosa, como se originária de outro lugar.

O desejo nasceu desse momento fundador e, com ele, o sagrado. Segundo as precisões que Eric Gans[1] traz à hipótese originária, a tentativa de apropriação da vítima suscita, necessária e naturalmente, rivais e imitadores. A tentativa é abortada e, assim, transforma-se em gesto, em sinal que serve para designar essa vítima de que ninguém mais ousa apoderar-se. De agora em diante, todos representam, no sentido formal e real, uma ameaça, um perigo tangível: o de também se transformar em

[1] *The Origins of Language. A Formal Theory of Representation.* Berkeley, University of California Press, 1981.

vítima da violência unânime. Cada um, em torno da vítima, é também modelo e rival, obstáculo de sua posse; é essa dupla relação contraditória, paradoxal - relação entre duplos miméticos - que confere à vítima seu caráter sagrado. A dupla ligação - *double bind*, que diz "tomem/não tomem" - é a ligação de todo desejo e confere à vítima seu caráter insigne, de tabu, devido ao valor absoluto, uma vez que é inatingível e produz a atração mimética e unânime exercida pelo desejo. O sagrado e o desejo nasceram um do outro, em um único e mesmo momento de fascinação, de gesticulação unânime, pois esta é mimética, contagiosa, *comunicativa*.

Transe e transfiguração complexa - contraditória em seu todo, porque o desejo, posse diferenciada, imaginária, e o sagrado – diferença absoluta e infinita – adicionam-se um ao outro. Objeto que encarna a diferença tanto quanto a atrai e repugna, a vítima reúne os homens em torno de si, com a calma necessária à troca de sinais. Ela aparece como a gênese, a fonte, a causa primordial e transcendental de uma unanimidade significativa.

Poder-se-ia dizer, para falar como Derrida, que a nossa espécie nasceu da ou na "diferença", na medida em que esse neologismo fornece uma descrição precisa, circunstanciada, da dinâmica do desejo:

> *Primeiramente, diferença* remete ao movimento (ativo e passivo) que consiste em diferenciar, por prazo, delegação, prorrogação, reenvio, desvio, em reserva. Nesse sentido, a diferença não é precedida pela unidade originária e indivisa de uma possibilidade presente que eu colocaria em reserva, como um dispêndio que eu deixaria para mais tarde, por cálculo ou consciência econômica. O que difere a presença é aquilo a partir do que, contrariamente, a presença é anunciada ou desejada em seu representante, seu sinal, seu rastro.[2]

[2] *Positions*. Paris, Minuit, 1972, p. 17.

Segundo Girard, o desejo é o rastro de um outro desejo, também ele mimético, e logo tirado de um "reenvio infinito, sem fundo originário", para falar ainda como o autor de *Gramatologia.* E o sagrado é o rastro de um desejo cujo objeto afasta-se definitivamente da posse. Ele representa a violência que não se quer mais e só será conhecida através de uma violência ritualizada, purificadora, sacrificial, que renove a cena primitiva de que surgiu a ordem social, sem que se tenha compreendido sua lógica. A presença é, aqui, "anunciada ou desejada em seu representante (a vítima)" antes de ser real, originária; é a presença do sagrado para a comunidade humana, de que a vítima é o rastro, a imagem. A única presença real é a da própria comunidade, mediatizada pela vítima que a convoca, que a fixa. Derrida prossegue:

Em segundo lugar, o movimento da diferença, enquanto produz os diferentes, enquanto diferencia, é a raiz comum de todas as oposições de conceitos que acentuam nossa linguagem, tais como, para darmos apenas alguns exemplos: sensível/inteligível, intuição/significação, natural/cultura, etc.

Primeiramente, então, a diferença é a verdade de uma presença desconhecida; em segundo lugar, ela é produtora de sentido, de diferenças. Girard não diz menos quando faz da contemplação deslumbrada que cria a vítima, da espera que se organiza em torno dela, o berço de toda a diferença:

> Graças à vítima, tal como parece sair da comunidade e de quem a comunidade parece sair, pode existir, pela primeira vez, qualquer coisa como um dentro e um fora, um antes e um depois, uma comunidade e um sagrado.[3]

Eis o movimento ativo e passivo pelo qual o desejo e o sagrado conjugam-se um com o outro, pelo qual um centro sagrado e uma periferia limítrofe organizam-se reciprocamente, por cuja manutenção a diferença, matriz de todo significado, de

[3] *Des Choses Cachées Depuis la Fondation du Monde.* Paris, Grasset, 1978, p. 112: doravante *DCC.*

todo sentido segundo o pensamento estruturalista, parece instalar-se – o todo a partir de um desejo humano e de um sagrado que abriga e oculta a violência, que a *contém*, no sentido duplo da palavra. O *socius* pensa ter sua origem em um sagrado que ele mesmo produz através da vítima, um sagrado oriundo do *quiproquó* fundador que a vê responsável, ao mesmo tempo, pela violência que precede sua destruição e pela paz que se segue. Girard prossegue:

Nós já dissemos que a vítima se apresenta, ao mesmo tempo, como ruim e boa, pacífica e violenta, vida que faz morrer e morte que assegura a vida. Não há significado que não resulte nela e que não pareça, por sua vez, transcendido por ela. Ela parece constituir um significante universal.

Assim, na origem, não há a presença ontoteológica ou metafísica à qual não se saberia atribuir uma origem, mas a diferença, movimento ativo e passivo de que provém a ilusão de uma presença sagrada.

A desconstrução, enquanto crítica da origem, da presença originária, desdobra-se rigorosamente tanto para o autor de *Des Choses Cachées Depuis la Fondation du Monde* quanto para o autor de *A Gramatologia*, em que toda noção de fundamento, de arquirrastro, alimenta-se de transmutações escondidas, de grafemas reprimidos, uma vez que, para um como para o outro, origem e repetição, início e cópia, princípio e desvio, são apenas um.

E, enquanto crítica da diferença, da estrutura das oposições conceituais, como *Posições*, revela-se a produção diferencial, desconhecida, que a metafísica ocidental, de Platão a Heidegger, tem por função afirmar. Como prova *suplementar*, tem-se "La Pharmacie de Platon", em que Derrida consegue decifrar a origem violenta e propriamente sacrificial da filosofia.

Segundo *Fedro* de Platão, a escritura que se oferece como remédio (*pharmakon*) à memória falha, à palavra evanescente, deve ser recusada como um veneno (*pharmakon*) que prejudica a vida ativa do pensamento e a presença do espírito, como a responsabilidade de uma palavra originária e de fonte segura. Máscara, disfarce, farsante, *joker*, o logógrafo é "o homem da não presença e da não verdade",[4] e sua expulsão é ainda mais urgente quando a escritura divide com a verdade esse poder de repetir-se. Ela representa a não diferença da origem pela qual é *suprida*, "a verdade do *eidos* como do que é indecomponível, inalterável [...], o que sempre pode ser repetido como o *mesmo*" (*PP*, p. 140-41). O remédio/veneno assemelha-se à verdade como seu irmão gêmeo e é rejeitado como seu irmão inimigo, seu duplo maléfico. Vinda de fora, a escritura continua a equivocar o "dentro" em seu poder de repetir-se. "Ela opõe-se imediatamente a si mesma, passa em seu contrário e esse deus mensageiro é um deus da passagem absoluta entre os opostos" (*PP*, p. 105). Como diz Girard, ao falar dos irmãos míticos, "a realidade simbolizada é, aqui, paradoxalmente, a perda de todo simbolismo. A perda das diferenças é forçosamente traída pela linguagem diferenciada. Há aqui um fenômeno tão particular que não se pode pensá-lo pelas concepções habituais do simbolismo".[5]

Ao suscitar uma crise das diferenças que a expulsão deveria solucionar, a escritura sofre o destino dos irmãos gêmeos em sua mitologia e os ritos sacrificiais que se inspiram nela, segundo Girard: "O parentesco próximo não tem qualquer especificidade, em fim de contas, uma vez que simboliza a dissolução da diferença familiar; dito de outra forma, ela *dessimboliza*" (*VS*, p. 95). Eis o transtorno nefasto do remédio/veneno para Platão, que mistura o *fas* e o *nefas*. É através desta ambiguidade monstruosa que a escritura, "deus da não identidade" (*PP*, p. 105), cria o horror na ordem, como na diferença, da qual depende todo pensamento. Derrida assinala: "Bem antes de ser dividido em violência oculta e saber justo, o elemento do *pharmakon* é o espaço do combate entre a filosofia e seu outro. Elemento *em si mesmo*, se ainda se pode dizer, *indecidível*" (*PP*, p. 158). Melhor seria dizer *sagrado*, assim como Girard nos descreve:

[4] "La Pharmacie de Platon" (1968). In: *La Dissémination*. Paris, Seuil, 1972, p. 76, doravante *PP*.
[5] *La Violence et le Sacré*. Paris, Grasset, 1972, p. 99; doravante *VS*.

> A simetria e a identidade são representadas de uma maneira muito exata: a não diferença está presente enquanto não diferença, mas encarna-se em um fenômeno tão excepcional que constitui uma nova diferença. A não diferença *representada* termina por aparecer como a diferença por excelência, que define o monstruoso e que assume, no sagrado, um papel de protagonista (*VS*, p. 97).

A escritura fomenta uma crise de diferenças no plano formal, que se reproduz no plano real, político. Derrida mostra que o próprio Platão assimila este fator de desordens ao desejo e à democracia, o que favoriza os excessos desestruturadores:

> Este democrata errante como um desejo ou como um significante livre do *logos*, esse indivíduo que nem mesmo é regularmente perverso, que está pronto a tudo, que se presta a todos, que também se dá a todos os prazeres, a todas as atividades, mesmo, eventualmente, à política e à filosofia [...]. Entregue a todas as correntes, ele está ligado à massa, não tem essência, não tem verdade, patronímico ou constituição própria (*PP*, p. 166-67).

Excelente retrato do desejo, sujeito que encarna a diferença, cujos velhos hábitos violentos a leitura girardiana de Shakespeare revela, sobretudo em *Sonho de uma Noite de Verão* e *Júlio César*.[6] O desejo, a escritura: nos dois casos, é "o jogo do outro no ser" (*PP*, p. 189) – no ser humano, entende-se; melhor dizer, como Girard, "o assassino da diferença" (*VS*, p. 111) em seus transbordamentos miméticos.

[6] *Shakespeare: Les Feux de l'Envie*. Paris, Grasset, 1990, capítulos III-VIII e XXI-XXV.

Derrida tem razão em reconhecer na escritura o destino do *pharmakós*, da vítima sacrificial que tem o mesmo papel fundador para a cidade-estado dos homens quanto para a expulsão do *pharmakon* no pensamento de Platão:

> A cerimônia do *pharmakós* é realizada nos limites do dentro e do fora, os quais têm por função traçar e delinear ininterruptamente. *Intra muros/extra muros*. Origem da diferença e da partilha, o *pharmakós* representa o mal introduzido e projetado. Benfeitor enquanto cura – e, neste caso, venerado, rodeado de cuidados –, malfeitor enquanto encarna os poderes do mal – e, sob esse aspecto, temido, rodeado de precauções. Angustiante e apaziguador. Sagrado e maldito. A conjunção, a *coincidentia oppositorium* desfaz-se ininterruptamente pela passagem, a decisão, a crise. A expulsão do mal e da loucura restaura a *sophrosunè* (*PP*, p. 153).

Não é diferente para a vítima expiatória, a qual, segundo Girard:

> é a única a poder interromper o processo de desestruturação, (sendo) a origem de toda estrutura. [...] A violência fundadora de fato constitui a origem de tudo o que os homens têm de mais precioso e mais se esforçam para preservar. É o que afirmam, embora sob uma forma mais velada, transfigurada, todos os *mitos de origem* que levam ao assassinato de uma criatura mítica por outras criaturas míticas (*VS*, p. 135).

São esses os tipos de mito que costumam ser encontrados "na prática ritual [...] que se reproduzia *todos os anos* em Atenas" (*PP*, p. 153).

Notável convergência, em que parece, com todas as letras, se assim podemos dizer, que a filosofia é um discurso sacrificial que se ignora e que, de Platão a Rousseau

(*De la Grammmatologie*) e de Saussure a Husserl (*La Voix et le Phénomène*), se esconde. O "processo" (*PP*, p. 75, 120) que se faz à escritura, à mímesis pretensamente objetiva, à representação formal é aquela que Girard faz à mímesis subjetiva, ao mesmo tempo ativa e passiva e conflituosa a longo prazo: irresponsável, rivalizadora, parricida e/ou fratricida. "Repetição maquinal e sem alma" (*PP*, p. 126).

O próprio Girard não deixa de notar tal influência: "Se existe verdadeiramente 'alguma coisa' em Derrida, é porque existe outra coisa: há essa desconstrução que se refere justamente aos mecanismos do sagrado, mas que permanece aquém da vítima emissária".[7] Em "La Pharmacie de Platon", quando Derrida leva "a origem do *logos* ocidental" (p. 98) a uma violência originária e oculta, discerne-se, em cada etapa, a dinâmica da crise sacrificial que se repete em cada esforço da tradição para renovar, para voltar tão desesperadamente às origens na perseguição obstinada da mímesis, da cópia, das aparências falsas e enganadoras. E, a cada vez, "é essa verdade da violência, com a própria violência, que a expulsão acaba por rejeitar no 'além'" (*VS*, p. 192). O pensamento religioso é a heteronomia, diz Marcel Gauchet, pela qual a cultura concebe sua origem e sua lei (*nomos*) fora de si mesma no espaço e no tempo. Ela é enganadora, pois é a heteronomia do desejo, cuja lei, a origem, é o desejo segundo o outro ou, dito de outra forma, a diferença. É essa correspondência entre o filósofo e o antropólogo que levou Eric Gans a dizer que "na obra de Derrida, a filosofia entrega suas melhores intuições à antropologia".[8]

Seria, então, a mesma coisa com relação ao último Derrida, que trata de questões de maior atualidade política, como a democracia, a hospitalidade, o terrorismo, para não falar do que se chama, desde alguns anos, de "o retorno do religioso" (cerca de quinze anos depois de Girard demonstrar sua pertinência incontornável)? E do último Girard, que, desde *Des Choses Cachées*, proclama o privilégio hermenêutico da Escritura santa, em que situa a revelação definitiva e

[7] *DCC*, p. 72. Ver também as observações de Girard sobre "La Pharmacie de Platon ", nos capítulos XI de *VS*.
[8] *The End of Culture. Towards a Generative Anthropology.* Berkeley, University of California Press, 1985, p. 315n.

propriamente científica do mecanismo vitimário; e que, desde *Quand Ces Choses Commenceront...*,[9] sublinha as dimensões positivas e saudáveis da mímesis?

Para o filósofo, há uma observação que encontramos ao fim da entrevista denominada "O Século e o Perdão", a respeito da globalização, sob o neologismo de *mundilatinização* "para ter em conta o efeito do cristianismo romano que sobredetermina hoje toda a linguagem do direito, da política e mesmo a interpretação do dito 'retorno do religioso'".[10] Ele responde a uma pergunta de seu interlocutor sobre "a violência fundadora, para usar o termo de René Girard":

> Sem sequer exibir os espetáculos atrozes desse assunto, basta sublinhar uma lei de estrutura: o momento de fundação, o momento instituidor e anterior à lei ou à legitimidade que ele instaura. Ele é *fora da lei* e violento por essa via. [...] A violência fundadora não é apenas esquecida. A fundação é feita *com o intuito* de ocultá-la: ela tende, por essência, a organizar a amnésia, por vezes sob a celebração e a sublimação dos grandes inícios (*F & S*, p. 131).

Nada se infere da desconstrução das origens de Derrida enquanto ignorando nela uma crítica da violência, como a que o autor formulou acerca do *apartheid*, em 1985.[11] Se, entretanto, nos atemos a falar como René Girard, abraçando sua hipótese, é porque o filósofo que interroga a doação e o perdão traz aos aspectos positivos da teoria mimética apoios insuspeitos, apesar do "equívoco" em que o filósofo parece instalar-se em matéria de religião.[12]

[9] Paris, Arléa, 1994. Ver, sobretudo, o capítulo X, "Dieu, La Liberté".

[10] Jacques Derrida, *Foi et Savoir.* Paris, Le Seuil, 2000, p. 108; doravante *F & S.* A propósito, é o argumento de René Girard em *Je Vois Satan Tomber comme l'Eclair.* Paris, Grasset, 1999, capítulo XIII, e em *Celui par qui le Scandale Arrive.* Paris, Desclée de Brouwer, 2001, capítulo I.

[11] "Racism's Last Word", *Critical Inquiry*, 12.1, 1985.

[12] "Surtout pas les Journalistes!", *Cahier de L'Herne, Derrida.* Paris, L'Herne, 2004, p. 41-42. Nesse mesmo volume, Serge Margel ("Foi et Savoir": "A essência do religioso, o mal radical e a questão da modernidade", p. 261)

Uma nota em *Voyous*[13] nos adverte que o autor não deixou de falar do sacrifício e que suas referências são muito numerosas para serem inventariadas. Com efeito, ele parece governar toda responsabilidade, tal como é concebida em "Donner la Mort":

> Eu não posso responder ao chamado, ao pedido, à obrigação, nem mesmo ao amor de um outro sem sacrificar-lhe o outro outro, os outros outros. *Todo outro é todo outro.* Os simples conceitos de alteridade e de singularidade são constitutivos tanto do conceito de dever quanto do de responsabilidade. Eles devotam, *a priori*, os conceitos de responsabilidade, de decisão ou de dever ao paradoxo, ao escândalo e à aporia.[14]

Em falta de responder que o auxílio ou a esmola não elevam à essência do conceito e de primar o performativo nesse domínio. A mesma lógica sacrificial, que mostra ser a de toda economia ("Donner", p. 90), inspira o neologismo "hostipitalidade",[15] o qual traduz "a lei de estrutura", tão pragmática quanto conceitual, ditando que a inclusão comporta, compreende a expulsão e a recusa em seu campo de exclusão:

> Sem hospitalidade, no sentido clássico, sem soberania de si sobre o em si, mas como não existe hospitalidade sem finitude, a soberania só pode se exercer filtrando, escolhendo, logo excluindo e fazendo violência.[16]

sublinha "este olhar crítico, logo, esta autocrítica" da "religião judaico-cristã" que "permite pensar *a essência do religioso*", sem no entanto examinar, como faz Girard, os fundamentos antropológicos de tal constatação.

[13] Jacques Derrida, *Voyous. Deux Essais sur la Raison.* Paris, Galilée, 2003, p. 204-05, doravante *V.*

[14] *L'Ethique du Don, Jacques Derrida et la Pensée du Don.* Paris, Transition, 1992, p. 68; doravante "Donner".

[15] *De l'Hospitalité.* Paris, Calmann-Lévy, 1997, p. 45.

[16] Ibidem, p. 53.

Lógica binária, sem a qual não se pode pensar; lógica opositora, mas oposta a quê? Deve haver outra lógica para opor-se a esta, pela própria lógica, pela própria lei de estrutura que governa todo pensamento e que deve acolher, quando não evocar, uma outra lógica diferindo desse binarismo que tudo devota ao sacrifício. Vem daí a razão, ou melhor, "a honra da razão", para falar como o autor de *Voyous* (p. 169), quando se interroga sobre a soberania:

> Desde que eu falo a um outro, eu me submeto à lei da razão em dar, eu partilho um médium virtualmente universalizável, eu divido minha autoridade, mesmo na linguagem mais performativa, que sempre precisa de uma outra linguagem para permitir-se uma convenção. O paradoxo é sempre o mesmo: a soberania é incompatível com a universalidade, enquanto é sempre chamada por todo conceito de direito internacional, logo universal ou universalizável e, portanto, democrático. Não há soberania sem força, sem a força do mais forte, cuja razão – a razão do mais forte – é ter sempre razão (*V*, p. 144).

Mas, como se diz à maneira do cordeiro de La Fontaine, esta não é uma razão – e, sobretudo, não é uma razão para o filósofo, que quer salvar "a honra da razão".

Em outra parte, Derrida deixa a entender que essa soberania não existe sem falhas. Mais ao final de *Voyous*, ele entrevê algo que parece remediar esta cruel lei de estrutura:

> Ao falar de uma ontoteologia da soberania, eu me refiro, sob o nome de Deus, do Deus Um, à determinação de uma soberania todo-poderosa, logo invisível. Mas onde o nome de Deus faria pensar em outra coisa, por exemplo, em uma não soberania vulnerável, sofredora e divisível, mesmo mortal, capaz de contradizer-se ou de arrepender-se

> (pensamento que não é impossível e nem sem exemplos), haveria toda uma outra história e, talvez, a de um deus que se desconstrói até em sua ipseidade (p. 215-16).

Tem-se a impressão de que Derrida fala aqui de um deus trinitário, de um deus que se divide ao encarnar-se, em sofrimento, de um "*logos* vindo entre os seus" que não o receberam (Jo 1,11) e sobre quem James Alison (re)constrói uma teologia extraída da antropologia girardiana.[17] Com efeito, é uma outra história, bíblica e, talvez, "uma outra lógica", "mais velha que a Europa", que Derrida evoca contra o *apartheid*, mas de que o filósofo não saberia autorizar-se a falar e que, em todo caso, não chega a formular.

Entretanto, quando interroga o Sermão na Montanha (Mt 5), a economia sacrificial se desbloqueia, a aporia se esclarece – não no além, mas no aquém da economia da doação. O mandamento de "oferecer a outra face" aborta a rivalidade, a mímesis conflituosa, pois

> interrompe a paridade e a simetria, uma vez que, em vez de *devolver* o insulto (dente por dente, olho por olho), *oferece*-se a outra face. Trata-se de suspender a economia estrita, a troca, a devolução, o dar/devolver, o "emprestado pelo restituído" e esta forma de circulação odiosa que são as represálias, a vingança, o golpe pelo golpe, o devolver-cada-golpe. O que desta simetria econômica da troca, do dar/tomar e do devolver, quando se dirá, um pouco mais tarde, que o Deus pai que vê no segredo o devolverá a ti (*reddet tibi*)? A lógica que tem como preceito

[17] *The Joy of Being Wrong. Original Sin through Easter Eyes.* Nova York, Crossroad, 1998 (tradução francesa a ser publicada pelas Editoras Cerf); sobre esse ponto, ver também Girard, *Quand ces Choses*, p. 144-45, e Eric Gans, *Science and Faith. The Anthropology of Revelation*, Savage. Maryland, Rowman & Littlefield, 1990, capítulo 4.

> suspender a reciprocidade da vingança e de não resistir ao mal é, naturalmente, a lógica, o próprio *logos* que é a vida e a verdade, é Cristo que, com sua bondade esquecida de si mesma, como dirá Patočka, ensina o amor aos inimigos ("Donner", p. 96).

Após essa paráfrase do Evangelho e a do pensador tcheco, viramo-nos para Carl Schmitt – desvio infeliz, a meu ver, pois a teologia política deste último alimenta-se de uma ideologia sacrificial.[18] Mas aqui se inicia uma outra lógica, a da doação que desarma as aporias mortíferas da mímesis, cujo raciocínio pacífico para regular as relações inter-humanas por uma reciprocidade não-violenta, propícia às trocas fraternais, quiçá beneficentes,[19] foi recentemente mostrado por Mark Aspach.

Dar/receber/devolver é sua lei: o sermão radicaliza seu alcance, sua aplicação. Mais ainda, o sermão economiza a lei, pois dar uma camisa a quem exige um manto e prolongar em dois mil passos uma árdua caminhada de apenas mil passos é transformar o objeto da demanda, do desejo, da exigência, em dom gratuito, em uma graça que torna possível converter o apropriador ávido em imitador benevolente. No mínimo, segundo Girard: "As regras do reino de Deus não são de forma alguma utópicas: *se quiserem dar fim à rivalidade mimética, deixem tudo ao rival.* Cortem o mal da rivalidade pela raiz. Desse modo, para dar-lhe um fim brusco, o único meio é fazer o contrário do que a promessa redobrada pede: pagar duplamente uma demanda provocadora".[20]

Consumo louco, a economia da graça seria *rentável* a curto ou a longo prazo? A outra lógica é, de fato, outra? Em todo caso, é uma lógica do outro, do próximo de que fala a parábola do Bom Samaritano, que não deixa qualquer dúvida

[18] Ver Wolfgang Palaver, *Die Mysthischen Quellen des Politschen. Carol Schimitts Freud-Feind Theorie.* Stuttgart, Verlag W. Kohlhammer, 1998.
[19] Mark R. Anspach, À Charge de Revanche. Figures Elémentaires de la *Réciprocité.* Paris, Le Seuil, 2002.
[20] *Quand ces Choses*, p. 76.

no espírito de seu interlocutor – nesse sentido, "doutor da lei" – a respeito do caminho a ser seguido. Segundo Jesus, desde Abel até Zacarias, desde os profetas até Jó, a lei está do lado da vítima.[21] Essa parábola, esse *exemplo,* traz à tona todo o equívoco sobre a aplicação da lei (o verbo *poiein*, "fazer", domina toda a entrevista, basta contar suas ocorrências). Lei a que podemos chamar pós-estruturalista, no sentido de que não se fixa mais à oposição binária e rivalizadora regulada pelo desejo, que gostaria de converter-se em mímesis positiva, geradora de ligações pacíficas.

Eis uma terceira parte lógica ou a lógica pragmática da terceira parte excluída, da vítima cuja exclusão violenta e sacrificial faz nascer a "lei de estrutura", sempre binária e, segundo a crença de Michel Serres (*Atlas*, *Rameaux*), assiduamente enganosa. O Sermão, ao contrário, parece evocar uma outra coisa, uma doação que está em fusão com a liberdade, cuja lógica parece ser forjada pelo próprio Derrida:

> O que se deve pensar aqui é esta coisa inconcebível e desconhecida, uma liberdade que não mais seria a liberdade de um ser, uma liberdade sem autonomia, uma heteronomia sem servidão, enfim, qualquer coisa como uma decisão passiva. Dever-se-ia repensar os filosofemas da decisão e da dupla fundadora da atividade e da passividade, como do poder e do ato. É racional, legitimamente racional interrogar ou desconstruir, sem para tanto descreditar a fecunda distinção entre constativo e performativo (*V*, p. 210).

Toda dupla fundadora (sujeito/objeto, ativo/passivo, dentro/fora, bem/mal, etc.) deve ser desconstruída relativamente à vítima que se oferece à violência em

[21] Ver Girard, *La Route Antique des Hommes Pervers.* Paris, Grasset, 1985, capítulo XXI; *Les Origines de la Culture.* Paris, Desclée de Brouwer, 2004, capítulo III.

decisão passiva (é o sentido antropoteológico do *fiat voluntas tua* do *Pater*, heterônimo ativo *e* Paixão) para dela desmascarar a reciprocidade cega; deve-se repensar a partir do que desvenda definitivamente o mecanismo sacrificial, a origem rivalizadora e violenta. Eu quero falar a partir deste bom filho, que dizem ser o filho de Deus, que conhece apenas o amor paterno que mostra como modelo aos seus semelhantes, àqueles a quem chama "irmãos" (Jo 15,9).[22]

É principalmente nas últimas palavras da entrevista sobre o perdão que o filósofo parece alinhar-se à tradição profética em que Girard se inspira:

> Toda vez que o perdão é efetivamente exercido, parece supor um certo poder soberano. É, talvez, o poder soberano de uma alma nobre e forte, mas também um poder de Estado que dispõe de uma legitimidade incontestável, de poder necessário para organizar um processo. [...] Aquilo com que sonho e tento pensar como a "pureza" de um perdão digno de seu nome seria um perdão sem poder, *incondicional, mas sem soberania*. A tarefa mais difícil, ao mesmo tempo necessária e aparentemente impossível, seria, então, dissociar *incondicionalidade* e *soberania*. Faremos isso um dia? Não será para amanhã, como se diz. Mas, uma vez que a hipótese dessa tarefa inapresentável se anuncia, mesmo que seja como um devaneio para o pensamento, a loucura talvez não seja assim tão louca... (*F & S*, p. 133).

Os pontos de suspensão que dão fim à entrevista são os seus, como que para suscitar um máximo de pesquisa e reflexão sobre essa tarefa, essa hipótese. Impossível? Inapresentável? "Imensa dificuldade", diz ele. "Meu jugo é suave e o meu fardo é

[22] Ver *Les Origines de la Culture*, p. 140-41, em que liberdade e imitação coincidem e definem-se entre si.

leve" (Mt 11,30), diz aquele que ilumina a hipótese mimética. É o momento de se pensar, como Girard, no "exemplo", como diz o filósofo, de "uma não soberania vulnerável, sofredora e divisível, mesmo mortal [...], talvez a de um deus que se desconstrói em sua ipseidade". Um deus feito homem que, do alto de sua cruz, pede a seu pai para perdoar seus perseguidores, os quais, imitando-se reciprocamente na repetição maquinal, "não sabem o que fazem" (Lc 23,34),[23] e que anuncia ao mundo um último julgamento – "Porque tive fome e me destes..., tive sede...", etc. (Mt 25,31-40) – em que a razão do mais fraco terá toda a razão.

[23] Ver *Le Bouc Emissaire*. Paris, Grasset, 1982, p. 160-61.

capítulo 38
o sacrifício da donzela: Joana d'Arc e a noção moderna de autor

Ann W. Astell

Quando encontrei Martha e René Girard pela primeira vez, nossa conversa desenvolveu-se em torno de Joana d'Arc. Foi na primavera de 1999, em West Lafayette, em Indiana, onde René tinha vindo dar uma conferência para o programa de estudos judaicos da Purdue University. Eu tinha acabado de terminar a leitura de *As Coisas Ocultas desde a Fundação do Mundo* e interessava-me pela aplicação da teoria mimética à hagiografia, porque eu queria escrever um livro sobre as versões modernas da história de Joana d'Arc.

Sem me dar conta, eu estava reproduzindo o trajeto seguido pelo próprio René Girard. Medievista por formação, encontrou nos "textos de perseguição" da Idade Média, cujas descrições, retraçando o processo de Joana d'Arc em Rouen, 1431, são um exemplo típico, a prova histórica da existência de vítimas sacrificadas por crimes que não haviam cometido em períodos de intensas divisões no seio da comunidade. A operação do mecanismo do bode expiatório manifesta-se na "mentira mítica" da culpa da vítima. No caso de Joana d'Arc, o acúmulo das acusações proferidas contra ela não revela um monstro, culpado por apostasia, heresia, traição, sedição, blasfêmia, idolatria, cisão, bruxaria, crueldade, sedução, usurpação, travestismo e invocação de demônios. O estudo desse gênero de textos persecutórios ensinou muito a Girard sobre a arte da leitura antimítica. Seus escritos deveriam, por sua vez, ensinar-me na leitura que faria das narrativas modernas inspiradas na vida de Joana d'Arc.

O livro que eu finalmente escrevi[1] baseia-se, ao mesmo tempo, nas teorias de Harold Bloom e de René Girard para interpretar a grande variedade de representações literárias de Joana d'Arc como respostas ao que Roland Barthes, Michel Foucault e outros chamaram de a crise moderna da noção de autor. Os primeiros a fazer de Joana d'Arc uma heroína literária – Southey, em 1796, com seu *Joan of Arc* e Schiller, em 1801, em seu *Jungfrau von Orleans* – escreveram durante a Revolução Francesa e o período de Napoleão. Eu defendo que toda uma série de escritores modernos importantes usaram a figura de Joana d'Arc como uma metáfora do artista: agraciada pela inspiração divina, mas incompreendida e desprezada pelos filisteus contemporâneos, condenada pelas massas, mas finalmente canonizada (no sentido laico da integração ao cânone literário), graças à tomada de consciência tardia da qualidade de sua obra. A reviravolta em torno da figura de Joana d'Arc confirma a conclusão de Paul Bénichou que, em *Le Sacre de l'écrivain* afirma deverem os homens das letras assumir, com o início da modernidade, o papel espiritual que tinha sido, até então, atribuído ao clero. Aspirando ao estado de "autor" e não mais ao de "escrevente" (para retomar a distinção usada por Barthes), esses homens e, mais tarde, as mulheres, identificam-se com Joana d'Arc, a fim de apropriar-se de uma parte de sua imutável auréola, transformando, assim, as chamas de seu martírio e o halo de sua santidade em seu substituto laico: a coroa de louros do poeta.

Encontrando-se em posição honrada, embora precária, no seio de uma sociedade que acabava de destronar os monarcas e desvalorizar os padres, esses autores tinham boas razões para preocupar-se diante dos novos mercados da edição. Identificando-se com Joana d'Arc, poderiam imaginar sua própria morte e, assim, cumprir

[1] Ann W. Astell, *Joan of Arc and Sacrificial Authorship*. Notre Dame, Indiana, University of Notre Dame Press, 2003.

o que é a morte definitiva do autor, segundo Barthes. É também a morte que Girard e Bloom descrevem de maneira complementar como um meio de conversão e renascimento, uma passagem obscura em direção à originalidade própria do artista.

Para Girard, assim como para Bloom, a expressão da originalidade artística passa inevitavelmente pela mímesis: o jovem artista imita os modelos que mais admira. Quando o discípulo imita o *desejo* de seu modelo – ele aspira à grandeza literária à qual o mestre também aspira – e a obra de seu aluno começa a igualar-se à obra do mestre, a relação até então filial transforma-se em rivalidade entre irmãos gêmeos. Nesse quadro de conflitos, os escritores que contam a morte da Donzela não apenas morrem simbolicamente com ela, mas também perpetuam seu assassinato, na medida em que assumem o papel de substitutos figurativos de vítimas de suas rivalidades miméticas. A morte de Joana d'Arc torna-se, assim, um meio para o autor liberar-se de seus rivais paternos e fraternos, de seus *alter ego* e de purificar-se simbolicamente de sua influência.

Nesse contexto carregado da "angústia da influência",[2] os autores modernos servem-se da figura de Joana d'Arc para triunfar sobre seus rivais literários, descobrir sua própria originalidade e, finalmente, alcançar sua canonização enquanto artistas. Tendo feito isso, provam uma certa culpa, que transferem constantemente para a própria Donzela. Com efeito, sempre lhe atribuem uma falta ou um pecado, que simbolicamente surgem para justificar sua morte e, por consequência, a condenação e execução simbólica que a fazem sofrer em seus textos. Se eles a defendem diante das acusações que lhe são tradicionalmente feitas, em compensação, acusam-na de outras faltas, as quais inventam. Southey, por exemplo, representa-a com traços de um cavaleiro spenseriano, desesperado e suicida, porque ela se sente responsável pela morte de inocentes. Schiller, por sua vez, faz dela antes uma máquina mortífera em um campo de batalha, completamente dessensibilizada para, em seguida, subitamente, transformá-la em uma mulher cheia de compaixão,

[2] Ver Harold Bloom, *The Anxiety of Influence. A Theory of Poetry.* Nova York, Oxford University Press, 1973.

perfidamente apaixonada por seu inimigo e culpada por ter quebrado seu voto de castidade espiritual. Quanto a Bertold Brecht, ele a apresenta com traços de uma revolucionária imperfeita e pouco confiável que, apesar de sua aliança com os operários, não pode recorrer à força. George Bernard Shaw faz dela um personagem impetuoso e insolente, avançado demais em sua época para poder sobreviver. Virginia Woolf vê nela uma louca suicida. Para Michel Tournier, ela é indiretamente responsável pelos crimes atrozes cometidos após sua morte por seu companheiro de armas, Gilles de Rais. Em suma, Joana d'Arc continua a ser um bode expiatório que carrega o peso das rivalidades entre os autores.

As exceções a essa regra encontram-se nos autores católicos e judeus, de quem falarei ao final. Para eles, a Bíblia é o modelo literário por excelência, o que os libera um pouco da "angústia da influência" de Bloom que afeta os outros. Esses autores fazem de Joana d'Arc uma inocente que em nada mereceu uma morte cruel, morte que, no entanto, aceita livremente, colocando-se nas mãos de Deus e perdoando seus inimigos.

O poema épico de Southey, intitulado *Joan of Arc*, fala de uma guerreira que encarna uma ideologia contemporânea, antimonarquista e revolucionária. Southey, ainda jovem e ambicioso, aspirando à glória literária, e preocupado em despertar o entusiasmo pela causa jacobita e populista, publica seu poema em 1796. Encontra-se, na primeira edição, uma passagem longa e visionária, composta pelo colaborador e amigo fraterno de Southey, Samuel Taylor Coleridge. Também são encontradas alusões a Milton, e um episódio spenseriano em que Joana, como um Cavaleiro da Cruz Vermelha, em *A Rainha das Fadas*, entra na "Caverna do desespero". Ora, as sucessivas revisões do poema feitas por Southey refletem a evolução das relações que mantém com seus modelos poéticos, entre os quais figuram justamente Edmund Spenser, John Milton e seu irmão inimigo, Coleridge, objeto de uma ligação mimética cada vez mais conflituosa.

Se a *Joan of Arc* de Southey é pouco lida atualmente, também é, entretanto, a primeira grande obra escrita por um autor inglês, que faz de Joana uma heroína literária. O poema épico constitui igualmente o primeiro manifesto do movimento romântico inglês, chamado Lake Poets, anterior ao famoso prefácio que Wordsworth redige para a segunda edição de *Baladas Líricas* (1800). Encontra-se, nos poemas e cartas de Southey, assim como nos escritos de Coleridge, uma santa da Idade Média erguendo anacronicamente a lança do poeta romântico: o elogio de uma natureza panteísta do progresso e da democracia substitui a fé católica e as práticas de devoção que a Joana de Southey explicitamente rejeita. Na cena em que o poema se acaba, Joana coroa Carlos VII com suas próprias mãos, apoderando-se do ritual que pertence ao bispo. Sofredora e sacrificial, a Joana d'Arc de Southey prevê as batalhas sangrentas, sua própria execução e a decapitação dos tiranos, como se fossem eles o preço a pagar pelo surgimento de uma sociedade igualitária em que, supõe-se, os poetas serão reis.

A célebre peça de Schiller sobre Joana d'Arc, publicada em 1801, exprime suas ideias filosóficas sobre a função sintética que deve povoar a imaginação artística em uma sociedade moderna, cuja propensão à especialização a expõe à fratura e à desintegração. Como se sabe, os escritos estéticos de Schiller muito influenciaram Sigmund Freud na redação de *O Mal-estar na Civilização* (1929), que retoma a tese enunciada em *Totem e Tabu* desde 1913, sabendo-se que a civilização emerge do sacrifício que é o assassinato do pai da horda primitiva por seus filhos. Tendo em vista a genealogia dessa tese, que se estende de Schiller a Girard, passando por Freud, não surpreende que o exame detalhado que Girard faz do bode expiatório e da tragédia (etimologicamente, "o canto do bode") me tenha fornecido as ferramentas críticas de que eu precisava para interpretar *A Donzela de Orleans* (*Die Jungfrau von Orleans*) como um complexo jogo em torno do bode expiatório, assim como para entender melhor as dimensões antropológicas dos ensaios estéticos de Schiller.

A história de Johanna, tal qual aparece em *Jungfrau* de Schiller, destaca-se radicalmente dos fatos históricos, para afirmar-se como escrito literário e mesmo metaliterário: a arte sobre a arte. Metáfora do artista que emerge da natureza, qual Minerva, Johanna está destinada a sofrer de uma alienação terrível com relação a si mesma e aos outros, em razão de sua vocação sagrada. Esse destaque interiorizado leva-a a sacrificar-se e a conduz ao banimento enquanto bode expiatório. Culpada (mesmo que seja inocente do crime de que a acusam), ela é a vítima expiatória ideal para um reino dividido. Ela consegue integrar as paixões que animam seu espírito, seu coração e sua vontade apenas durante seu exílio. Uma vez que o povo toma consciência do crime coletivo que cometeu ao bani-la, ela pode, enfim, morrendo no campo de batalha, unificar e salvar a comunidade. Schiller, a quem a vocação poética valeu o exílio, sofre com Johanna essa morte imaginária e serve-se dela para afirmar-se contra seu mestre e rival, Johann Wolfgang von Goethe.

Por sua vez, Schiller será o modelo mimético do dramaturgo marxista Bertolt Brecht. Leitor atento e admirador de Schiller, Brecht apodera-se plenamente das estruturas sacrificiais usadas em *Jungfrau*. Ele soube reproduzi-las com uma intensidade perturbadora em 1929, com sua própria *Santa Joana dos Matadouros* (*Die heilige Johanna der Schlanchtöfe*), que se passa em um quadro contemporâneo dos matadouros de Chicago e sua Bolsa. A última cena da peça de Brecht, célebre paródia da conclusão de *Jungfrau*, utiliza a morte amarga de Johanna para realizar o sacrifício simbólico do "pai", Schiller, a fim de exorcizar a autoridade literária que exercia sobre Brecht.

Sensível às imagens dos mitos clássicos na peça de Schiller, Brecht transforma a Johanna-Minerva de Schiller em uma Johanna-Édipo. Cega diante da pobreza dos trabalhadores, a Johanna de Brecht inicia uma busca edipiana que a leva a descobrir não apenas as leis que governam o capitalismo enquanto sistema sacrificial (e no qual os trabalhadores são as vítimas de substituição dos grandes proprietários dos matadouros), mas também sua própria cumplicidade culpada. Johanna deve morrer ao final por não ter ouvido as vozes que exigiam uma resistência violenta. Seu sacrifício falho só pode ser aceito quando o público de Brecht traduz em ação a verdade que Johanna aprendeu tarde demais.

A adaptação mítica da história de Joana d'Arc por Brecht corrobora curiosamente a tese girardiana, segundo a qual o mito edipiano, em que um rei culpado por parricídio e incesto dá início a uma peste, esconde o fato de as sociedades primitivas ameaçadas sacrificarem vítimas inocentes, estrangeiros e deficientes físicos ou simplesmente seres diferentes. A Johanna-Édipo de Brecht assemelha-se a esses bodes expiatórios, carregando sozinha a culpa do sistema inteiro.

Pintando sua Johanna com traços de um Édipo culpado que merece a morte, Brecht rivaliza não apenas com Schiller, seu modelo paterno, mas também com George Bernard Shaw, seu rival fraterno, de quem havia lido *Major Barbara* (1905) e *Saint Joan* (1923). Adepto convicto do socialismo fabiano, Shaw havia inserido sua Joana d'Arc (figura da burguesia emergente, nacionalista e protestante) em um quadro historiográfico marxista.

Shaw negou a influência de Schiller e da comitiva de autores que já haviam escrito sobre a Donzela, pretendendo conhecer seu caráter por intuição direta. Quando Joana declara, na cena I, que Deus sempre lhe fala em imaginação, ela apresenta-se como um artista cujos poderes criativos influentes obviamente aludem aos de Shaw. Perseguida por ter obedecido às Vozes (ou seja, ao seu *eu* profundo), Joan oferecia a Shaw uma imagem sugestiva do artista moderno.

Shaw, assim como Brecht o fez em seguida, constatou uma relação surpreendente entre a história de Joana d'Arc e os problemas do século XX, sobretudo após os processos de guerra do primeiro conflito mundial. Ele articulou tal problemática nos termos que lembram os de Girard. Em momentos de tensão social, segundo Shaw, quando avista uma ameaça que coloca sua sobrevivência em perigo, um grupo pode tornar-se extremamente intolerante com relação a todo elemento heterogêneo nele inserido. O processo de Joana e sua execução nos fornecem, desse modo, um exemplo ilustrativo da maneira segundo a qual a sociedade moderna trata seus criminosos de guerra, os dissidentes, os excêntricos. Shaw, então, aproxima Joana, visionária e santa, de gênios como Sócrates, a frente de seu tempo, e que, por esse motivo, eram colocados à parte, perseguidos e executados por seus contemporâneos em períodos de crise social.

Shaw coloca o mecanismo vitimário estudado por Girard diante de nossos olhos. Shaw e Girard divergem, entretanto, na avaliação da culpa do grupo de perseguidores. Em reação a uma diabolização melodramática dos inimigos de Joana d'Arc, Shaw faz abstração das provas históricas que se referem aos procedimentos duvidosos e claramente ilegais no julgamento de Joana. Ele insiste para que não haja nenhum "malvado" diante do número de juízes e carcereiros. Shaw atribui características de gente ordinária àqueles que condenaram Joana d'Arc à morte, limitados, mas movidos por boas intenções. Desse modo, ele, adepto de uma filosofia da necessidade histórica, sugere que, se os representantes da vanguarda são vítimas da intolerância e da rejeição, isso é fruto de um mecanismo natural e inevitável. Joana d'Arc é, com efeito, culpada aos olhos de seus juízes que, ao menos em sua consciência, não estão errados em condená-la. E isso vai ainda mais longe: a Joana de Shaw condena-se a si mesma à morte em um ato deliberado, racional e suicida, exonerando assim seus perseguidores de toda a responsabilidade e tomando para si todo o peso da culpa.

Como os nazistas serviram-se de *Saint Joan* de Shaw para fins de propaganda e para unificar o *Volk* com relação a seu *Führer* (utilização documentada por Glenn R. Cuomo), perguntamo-nos se Shaw teria exonerado Adolf Eichman de seus crimes, como faz com os perseguidores de Joana. Vistas neste contexto, as chamas que consomem Joana d'Arc lembram os fornos crematórios. Se Girard, que escreve depois do Holocausto, reconhece com Shaw que as pessoas tendem a crer que suas vítimas são culpadas, ele recusa-se, no entanto, a julgar que seus assassinos são inocentes.

A tese de Shaw não teve, a propósito, unanimidade no círculo de Bloomsbury, frequentado por ele. Para Virginia Woolf, romancista cujo gênio conheceu períodos de depressão suicida em que ouvia vozes, as que Joana ouvia pareciam-se com as suas: sintomas de uma louca subjacente à criatividade e tentações suicidas. Vita Sackville-West – antiga amante de Woolf, amiga de sempre e irmã inimiga –, por sua parte, não estava convencida. Ela empreende um estudo atento dos documentos que restavam sobre o julgamento de Joana d'Arc, e disso conclui que Joana não era suicida e que também não era, como Shaw a havia descrito, uma "maria--rapaz" autoritária. Desse modo, rivalizando com Woolf em sua identificação para com Joana, Sackville-West compôs uma biografia da Donzela que era, ao mesmo tempo, uma autobiografia. Ela defendia, ao mesmo tempo, Joana contra Shaw e a si mesma contra Woolf, que a havia pintado com traços fictícios do protagonista de *Orlando*. Sackville-West, atraída há pouco pelo catolicismo, procurava pela intervenção de Joana d'Arc uma nova maneira de compreender-se e compreender a biografia enquanto forma artística.

Quando um biógrafo (ou biógrafa) se lança nas pesquisas sobre a vida de Joana d'Arc e compõe seu texto com a ingerência de um narrador, na primeira pessoa do singular (como faz Sackville-West) ou cria uma ficção em que endossa o papel do personagem encarregado de dizer a história de Joana (como faz Mark Twain em suas *Reminiscências Pessoais de Joana d'Arc*), Joana assume, então, a função de musa, idealizada e fugidia na transcendência de seu mistério e cuja inocência só pode ser traída pelo autor. Se, nas narrativas de Southey, Brecht e Shaw, Joana d'Arc representava o artista culpado, nas biografias autobiográficas de Sackville--West e de Twain, o artista põe-se, culpado e sujo, ao lado de uma santa com quem só pode identificar-se imperfeitamente.

Essa bifurcação, que faz valer a sublime inocência de Joana d'Arc em contraste com um pano de fundo obscuro de ceticismo e traição, segue uma curva retórica católica. É graças a sua cunhada, Gwen St. Aubyn, católica convertida, que Sackville-West interessa-se por Joana d'Arc. Twain, por sua vez, apropria-se com muita ambivalência do personagem medieval e católico de seu pajem, Sieur Louis de Conte, para narrar sua versão romanceada da história de Joana d'Arc. Espiritualmente separados da fé de Joana, esses autores, em sua representação literária, mostram-se no ato de traí-la. O narrador de Twain é um homem das letras com quem a Joana analfabeta deve contar. Ele se intromete indevidamente em sua visão do Santo Miguel; mente quanto ao conteúdo de uma mensagem escrita e termina por servir de escrevente dos juízes que condenam Joana em Rouen.
Em tomadas com uma luta mimética feroz contra o inventor Thomas Edison (como

atestam seus escritos e seus investimentos financeiros na máquina de compor, a "Paige Compositor"), Twain, em falência, vê em Joana uma vítima inocente, transformada em bode expiatório pelos defeitos dele: sua avidez e sua ambição. (As repercussões foram pesadas na vida privada de Twain. Susy, sua amada filha, que lhe serviu de modelo para a composição de Joana, morre subitamente em 1896, apenas alguns meses após a publicação de suas *Reminiscências Pessoais* e Twain sentiu-se responsável pela morte da filha.)

Para os autores católicos e judeus do século XX, que contaram sua história (Charles Péguy, Paul Claudel, Georges Bernanos, Franz Werfel, Leonard Cohen e Erik Ehn), Joana d'Arc é inocente. Em seus escritos, dão preferência às alusões bíblicas em lugar das alusões mitológicas pelas quais Southey, Schiller e Brecht optam. Eles apresentam Joana d'Arc como uma metáfora do artista em toda a humildade de sua abertura à Palavra de Deus, em seu sentido agudo da urgência de sua vocação e, também e, sobretudo, também em sua luminosa caridade para com Deus e outrem. Os poemas, peças, romances, ensaios e canções desses autores erguem-se contra o sacrifício injusto de uma inocente, mas, em larga medida, evitam o melodrama que opõe uma vítima aos malvados (que diabolizam outrem em um gesto também ele sacrificial). Eles preferem concentrar-se no verdadeiro drama da vocação divina de Joana, que a leva a assumir a responsabilidade dos outros em uma época sombria. Globalmente considerados, esses escritos católicos e judaicos reúnem qualidades distintivas que confirmam com força a tese de Girard, segundo a qual as Escrituras judaico-cristãs e a testemunha histórica dos santos mártires são anti-sacrificiais, desnudando o mecanismo vitimário, opondo-se a ele e, em última análise, oferecendo um meio de vencê-lo.

Se Shaw moderniza a figura de Joana d'Arc, fazendo dela a vítima de uma intolerância inevitável, Péguy via em tal figura o defensor das vítimas designadas, uma santa impermeável à sabedoria deste mundo que quer o sacrifício dos bodes expiatórios. Péguy, socialista e católico (ele anuncia sua conversão ao catolicismo em 1908), voltou-se pela primeira vez para Joana d'Arc em 1894-1895, ou seja, no início do Caso Dreyfus. Seguindo os passos de Joana d'Arc, Péguy lança-se em sua própria campanha para salvar a França; dessa vez, da ruína moral que a condenação de um inocente produzia. A defesa de Dreyfus levou Péguy a compreender melhor a espiritualidade de Joana d'Arc, a quem homenageou em inúmeras obras de poesia: uma espiritualidade judaico-cristã em seu messianismo, sua devoção apaixonada aos pobres, sua fome de justiça e sua vontade heroica de ser o instrumento da vontade de Deus na história. Péguy via o sofrimento de Joana no que o juiz de Dreyfus suportava. Se Péguy estava pronto a sacrificar-se por Dreyfus, recusava-se, no entanto, que Dreyfus fosse sacrificado "pela nação" (João 11,50).

Girard constantemente cita o caso Dreyfus como exemplo, pela excelência de sua operação do mecanismo vitimário, e fala igualmente da fineza de percepção de Péguy, cuja análise fervorosa em *Nossa Juventude* (1910) anuncia com uma acuidade surpreendente o modelo girardiano da violência mimética. Péguy lembra que veio em defesa do Capitão Dreyfus com seu amigo judeu, Bernard-Lazare, simplesmente porque o sabiam inocente, enquanto outros estavam prontos a abandoná-lo, estimando que a sociedade precisava de um bode expiatório após a derrota da França contra a Prússia. O ponto crucial era decidir se a inocência de Dreyfus era importante o suficiente para movimentar as multidões. Se abordássemos a questão a partir de um ângulo "político", a resposta seria não, mas Péguy e os outros defensores de Dreyfus decidiram segundo os critérios "místicos" de justiça. Manifestando corajosamente a preocupação caridosa de vir em auxílio de uma só vítima, eles foram transformados. Essa experiência fez reviver, por assim dizer, a Joana d'Arc dentro deles.

Girard, que escrevia com tanto vigor as "coisas ocultas", partilha desta "mística", desta acuidade intelectual, unida à preocupação caridosa para com as vítimas que guia Péguy em pensamento e em ação. Joana d'Arc não viveria nele também?

capítulo 39
de um bode expiatório a outro: Strindberg e Girard

Elena Balzamo

Na Suécia, em 1907, mais de meio século antes da publicação do ensaio de René Girard, era lançado um curto romance com o mesmo título: *O Bode Expiatório*[1] (*Syndabocken*). Seu autor era ninguém menos que August Strindberg, 57 anos à época. Uma simples coincidência? Sim e não. Deve-se olhar tal texto mais de perto, uma vez que o tema da vítima e da vitimização é constitutivo da obra de Strindberg: desde a figura de Cristo de Fallander em *O Quarto Vermelho* (1879) – o primeiro na série dos bodes expiatórios[2] –, passando por personagens de seu teatro histórico (*A Saga dos Folkungar*, 1899, *Gustavo-Adolfo*, 1900) e onírico (*Advento*, 1898, *A Estrada de Damasco*, 1898, *Páscoa*, 1901), assim como em suas obras em prosa, tais como *Lendas* (1898) ou *Un Livre Bleu* [Um Livro Azul] (1907-1912). Neste contexto, *O Bode Expiatório* aparece como um resultado de décadas de reflexões, de tentativas, de iluminações, de decepções.

O sentimento religioso em Strindberg teria origem no medo (do pai) e na necessidade de proteção, assim como no sentimento permanente de culpa.[3] Sua

[1] Traduzido do francês por E. Balzamo. Paris, Viviane Hamy, 1997.

[2] U. B. Lagerroth, ed., *Perspektiv på Röda Rummet*. Estocolmo, Rabén e Sjögren, 1971, p. 192.

[3] G. Brandell, *Strindberg Infernokris*. Estocolmo, Bonniers Förlag, 1950, p. 9-10.

autobiografia romanceada, *O Filho de uma Serva* (1886), demonstra-o claramente. Ao mesmo tempo, ele responde infalivelmente à pergunta "o que eu fiz?": "nada de repreensível!". Radicalmente incapaz de reconhecer seus males, inclusive para si mesmo, mas ao mesmo tempo suficientemente lúcido para constatar erros e injustiças, ele passa sua vida em uma busca perpétua por um responsável.[4] "Independentemente da forma como dava conta de seus livros, Strindberg nunca conseguia equilibrá-los: ele tinha sempre a impressão de que seus sofrimentos não eram merecidos, que era obrigado a pagar por mercadorias que nunca tinha recebido. Ele constantemente suspeitava ser o bode expiatório de alguém", resume um comentador de sua obra.[5] Bastante cedo, ele consegue negar a responsabilidade individual em proveito do pecado original, como um defeito hereditário, isso quando não culpa a sociedade, alvo preferido do Strindberg rousseaunista. Somos nós mesmos inocentes, não temos nada a reprovar em nós mesmos e, no entanto, sofremos: assim, estamos expiando a falha de outrem. Para estabelecer sua ideia de sofrimentos enquanto castigos não merecidos no plano individual, mas indispensáveis no plano geral, ele se dá ao exame da doutrina de *Nemesis Divina* de Linné, a quem conhece muito cedo, em meados dos anos 1870.[6] Tornando possível um deslocamento considerável de entoações, Strindberg consegue adaptar a Nêmesis de Linné às suas próprias necessidades: o castigo *justo* torna-se, para ele, um castigo *inevitável*.[7]

[4] Para mais detalhes sobre a evolução espiritual de Strindberg, cf. E. Balzamo, *August Strindberg: Visages et Destin*. Paris, Viviane Hamy, 1999, capítulo "Strindberg et le Monde Invisible", assim como Göran Stockenström, "Le Journal Occulte: Secrets de la Création". In: *Cahier de L'Herne Strindberg*. Paris, Éditions de L'Herne, 2001.

[5] B. D. Jacobs, *Strindberg and the Problem of Suffering*. Harvard University, Cambridge, Massachusetts, 1964 (tese datilografada), p. 252.

[6] G. Brandell, *Strindberg Infernokris*, op. cit., p. 41 ss.

[7] Como explica em "Nemesis Divina", pequeno ensaio redigido em 1887, que faz parte de *Vivisections*, "assim como toda personalidade fora do comum que, ao fim de combates rudes, consegue enfim ocupar uma posição de prestígio e, espantada, olha para trás visando lembrar-se dos obstáculos superados, Linné se diz também ele beneficiado pela proteção particular e eficaz de uma divindade. A partir disso, ele conclui que o mesmo deus que assegurava sua proteção tinha o cuidado de eliminar seus inimigos" (A. Strindberg, *Samlade Skrifier* [SS], volume I-LV. Estocolmo, Bonniers förlag, 1912-1919, volume XXII, p. 163; em seguida,

A ligação entre a culpa e o castigo é o primeiro dos dois elementos constitutivos da atitude de Strindberg diante da lei. O caráter afetivo de sua relação com Deus é o segundo elemento. Não espanta que "o homem mais subjetivo de todos os tempos" (segundo a visão de Gunnar Brandell, seu biógrafo sueco) considere o problema da fé essencialmente em termos de relações pessoais entre ele mesmo e seu Deus. "Eu me sinto engajado em um combate singular com o destino",[8] escreve ele a um amigo em 1883. Esse sentimento, que veremos inúmeras vezes sob sua plumagem de artista nos anos seguintes, vai ensejar, enfim, 25 anos mais tarde, a seguinte frase magistral: "Condenado à solidão, banido pelos homens, eu procuro um refúgio junto ao Senhor, *que se tornou, para mim, um amigo íntimo*" (*SS* IX: 197; eu o sublinho).

Ora, desde cedo, em sua juventude, incluindo-se seu período pietista marcado por leituras edificantes (nomeadamente Tomás de Kempis), Strindberg hesita diante de Cristo. Em sua primeira peça, *O Livre Pensador* (1870), dá a seguinte fala ao protagonista: "Eu só reconheço em Deus o Deus criador e guardião do universo e não penso que ele precise de assistentes. Mas vocês sem dúvidas não o julgam suficientemente poderoso, uma vez que, como pagãos, fizeram dois, e mesmo três ídolos! São almas fracas as que precisam de um bode expiatório sobre o qual podem aliviar-se de seus crimes e pecados, para em seguida alcançar a beatitude de braços cruzados" (*SS* I: 48). Recusando-se a ver em Cristo um redentor, o jovem Strindberg, de qualquer forma, aceita considerá-lo um grande sábio, à maneira de Sócrates e, em seguida, deixa de respeitá-lo totalmente. Durante o período nietzschiano (fim dos anos 1880), sua crítica é fundamentada na ideia de que o homem, medida de todas as coisas, deve procurar a justificativa de seus atos em si mesmo e não exteriormente, em uma moral imposta.[9] Lembramo-nos do prefácio de *Senhorita Júlia* (1887), no qual o autor ataca "a moral e a religião" que, para ele, nada mais são que "máscaras e bodes expiatórios de que o homem forte

as indicações no texto remetem a essa mesma edição).

[8] Carta de 27 de abril de 1883 a Pehr Staaff.

[9] Jacobs, *Strindberg and the Problem of Suffering*, op. cit., p. 263 s.

não mais precisa, uma vez que é capaz de carregar ele mesmo suas faltas ou de livrar-se delas através da reflexão" (*SS* XXIII: 108). Cristo é o deus dos fracos, que permite aos homens descarregar-se de sua má consciência, assim como Christine na peça. A isso, opõe-se o orgulho do forte, que poderia dizer, assim como o narrador em *Lendas*, dez anos mais tarde: "Prefiro pagar eu mesmo por minhas dívidas, pelos sofrimentos" (*SS* XXVIII: 316) e tornar o sacrifício de Cristo supérfluo "carregando eu mesmo a minha cruz, se possível, por um resto de orgulho do macho que repugna jogar covardemente suas culpas nos ombros de um inocente" (*SS* XXVIII: 338).

Strindberg compreende que a negação da Redenção é cheia de consequências: "Nós pusemos de lado o Jesus que endossava nossas falhas e, em lugar disso, tivemos o determinismo = irresponsabilidade. Qual das canalhices é a maior?",[10] pergunta ele a seu amigo escritor. Ola Hansson, com a aparente negligência do seu tom, não consegue disfarçar a preocupação que o consome. Os personagens de seu teatro naturalista querem assumir eles mesmos seus erros e dizem-se prontos a pagar por eles, mas falta-lhes uma verdadeira convicção. Em *À Beira-mar* (1890), o protagonista Axel Borg elabora uma ética pessoal fundamentada na responsabilidade moral diante de si mesmo e que, *grosso modo*, consiste em evitar os comportamentos "que poderiam provocar nele a necessidade de um bode expiatório" (*SS* XXIV: 55). Essa moral, unicamente operacional sob a condição de um isolamento completo do indivíduo, explode em seu primeiro contato com a sociedade.

No início da "crise de *Inferno*" (1895-1897), o retorno a Deus está relacionado à rejeição do "deus sofredor": "E eu odeio Cristo e a coroa de espinhos. Meu bom senhor, vos odeio, vós me ouvistes? Eu não quero este Deus piedoso, que aceita tomar surras" (*SS* LIV: 328), escreve ele em sua *Carta a Gauguin*, em fevereiro de 1895. Nessa época, Strindberg acredita ser perseguido por Cristo: "Há mais de um ano, ele me persegue, esse Salvador que eu não compreendo" (*SS* XXVIII: 338).

[10] Carta de 27 de abril de 1883 a Pehr Staaff.

Entretanto, progressivamente, sob a influência de suas leituras e do ambiente católico de Paris, onde vivia à época, começa a conceber uma Encarnação sem Redenção. Para resolver a contradição inerente a essa tese, volta-se para Swedenborg, sustentando que Cristo não foi morto "por nós", mas "em nosso lugar".[11] Strindberg faz esta alusão em *Inferno*: "Swedenborg diz expressamente que o sofrimento de Cristo na cruz não era sua obra de redentor, mas uma prova de que Deus infligia-se a si mesmo; menos uma prova de dor que uma prova de desonra" (*SS* XXVIII: 388). Ao fim da crise, um compromisso é atingido: "[...] a cruz é, para mim, o símbolo do sofrimento pacientemente suportado e não é o sinal de que Cristo sofreu em meu lugar, uma vez que eu, sem dúvidas, o teria feito sozinho. Eu até mesmo esbocei uma teoria: quando nós, os outros infiéis, não quisemos mais ouvir falar de Cristo, ele nos abandonou a nossa própria sorte, sua *satisfacio vicaria* deixou de existir e tivemos de nos virar sozinhos com nossa miséria e nosso sentimento de culpa" (*SS* XXVIII: 388).

Essa "teoria", que Strindberg chama de *satisfacio vicaria personalis*, prescreve que cada um pode expiar a má ação de qualquer outro, desde que os sofrimentos sejam livremente aceitos: "Se você contraiu uma dívida que não consegue quitar, sofre o suplício. Os juros aumentam, as circunstâncias obrigam-no a procurar outros fiadores, vê-se a falência chegar. Depois, um dia, você encontra um homem rico que paga suas dívidas em seu lugar. É a *satisfacio vicaria*",[12] explica ele alguns anos mais tarde em *Bandeiras Negras*. Encontraremos o mesmo exemplo em *Um Livro Azul*, em um diálogo entre o mestre e o aluno, cujo desfecho é o seguinte: "[...] este homem a quem você chama salvador, você não vê que alguém pode pagar por um outro e salvá-lo? [...] – Mas (objeta o aluno) não podemos anular uma má ação que cometemos. – Não (responde o mestre), no entanto, o Todo-Poderoso pode apagar a lembrança da memória do malfeitor e a dos demais".[13] Uma vez admitida, essa ideia torna-se o verdadeiro fio condutor dos escritos de Strindberg, a partir de *Advento*

[11] Jacobs, *Strindberg and the Problem of Suffering*, op. cit., p. 271 s.
[12] A. Strindberg, *Samlade Verk*. Estocolmo, Norstedtsförlag, 1981, vol. LVII, p. 152.
[13] Ibidem, vol. LXV, p. 44.

(1898). Nele, o porta-voz declara, notadamente, que "sofrer as merecidas penas é o que fazem os condenados, não há do que se ter orgulho, mas sofrer quando se é inocente é um privilégio e uma prova de que o valente extrai seus frutos de ouro".

"Os repetidos esforços de Strindberg para manter uma ligação entre o erro e o sofrimento eram apenas um meio de esquivar-se do problema do mal, uma vez que, a seus olhos, reconhecer a existência de sofrimentos não merecidos revelava o 'satanismo'",[14] como escreve um comentador americano – e este tem perfeitamente razão. "(A fé) por vezes parece-me um castigo, pois não se pode ter fé sem ter má consciência" (*SS* 30: 104), diz um personagem de *Crimes e Crimes* (1899). A noção de castigo continua a ser o pivô de seu pensamento. Tem-se mesmo a impressão de que, para ele, o crime e a sanção podem mudar de lugar: o castigo (sofrimento) é certo, o crime permanece hipotético.[15] Com efeito, a presença do sofrimento é suficiente para estabelecer a hipótese do crime. Desse modo, por exemplo, Strindberg estava convencido da culpa de Dreyfus, cujo caso havia seguido atentamente: "Dreyfus deve certamente ser culpado por sofrer tão terrivelmente",[16] nota ele em seu *Diário Oculto*. Essa certeza é reforçada com o tempo: "Sem dúvida alguma, lê-se em *Um Livro Azul*, existe uma justiça imanente que pune os pecados cometidos em pensamento; e quando as pessoas acusam-se umas às outras, fundamentando-se em suspeitas, aparências patibulares ou impressões, elas têm razão!".[17] Assim, a partir do momento em que o princípio do mal é reconhecido sob a forma do Espírito corretor, os personagens bodes expiatórios começam a proliferar-se: *Páscoa, O Sonho, Sonata de Espectros, Noiva Coroada*... Uma galeria de vítimas sacrificatórias, que culminará em Libotz de *O Bode Expiatório*.

Como quase todos os escritos de Strindberg, esse romance, redigido na primavera de 1906, é largamente autobiográfico, de tal forma que o que se vive aqui é

[14] Ibidem, p. 294.

[15] M. Lamn, *Strindberg och Makterna*. Estocolmo, Svenska kyrskans diakonistyrelses bokförlag, 1936, p. 151.

[16] A. Strindberg, *Ockulta Dagboken* (4 de junho de 1899). Estocolmo, Gidlund, 1977.

[17] Idem, *Samlade Verk*, op. cit., vol. LXV, p. 91.

separado da anedota.[18] À época, a mesma do Teatro íntimo e de *Um Livro Azul*, o escritor considera-se um homem finito, "que nada mais espera da vida". Entretanto, essa vida está em constante ebulição: o insucesso no plano privado (separação de Harriet Bosse, sua terceira mulher, e a grave crise que se segue) é acompanhado de realizações artísticas sem precedentes: romances (*Bandeiras Negras*, redigido em 1904, publicado em 1907, *Le Couronnement de l'Edifice*, 1907), novelas, poesias, peças de teatro e, em breve, *Um Livro Azul*, obra que entranha suas raízes no *Diário Oculto* que o escritor mantém desde 1896. Descontente com a recepção que a crítica lhe reserva, Strindberg estava persuadido de que seu pensamento fora mal compreendido, quiçá intencionalmente distorcido. Foi principalmente a obra *Bandeiras Negras* – panfleto que desestabilizava os meios literários e artísticos de seu país, por força de suas caricaturas ferozes e imediatamente reconhecíveis, ocasionando uma violenta polêmica – que, aos olhos do autor, lhe valeu o banimento da sociedade, reduzindo-o a um pária.

Strindberg define seu *Bode Expiatório* como "uma história balzaquiana", concepção que explicita e completa em uma carta a seu tradutor alemão, Emil Schering: "É uma edificante história de um homem que descobre seu destino (Karma) e que, por esse motivo, não sente inveja dos outros ao compará-los a sua própria sorte injusta. Assim, sofre pacientemente as iniquidades cometidas pelos outros".[19] Os eventos desenvolvem-se em uma pequena cidade de província "refugiada no fundo de um circo", universo hermeticamente fechado, que abriga uma comunidade à primeira vista harmoniosa e bem diferenciada: cada qual se dedica a suas ocupações, cumpre sua função socioprofissional, assume seu próprio papel. Ora, essa harmonia aparente é, na realidade, o sintoma de um profundo mal-estar, de "desarmonias", para usar o termo de Strindberg. Os habitantes enganam-se a respeito de seus vizinhos, da mesma forma que a respeito de si mesmos, na medida em que têm um compromisso

[18] Para mais detalhes, consultar posfácio da edição da tradução francesa – cf. nota 1.
[19] Carta de 7 de abril de 1907 a Emil Schering.

com os atores escondidos atrás de suas máscaras, ocultando seu verdadeiro ser ao substituí-lo por um "aglomerado de papéis", para retomar novamente os termos de Strindberg. A inadequação entre o que se é e o que se crê ser ou se deseja parecer ser gera, inevitavelmente, tensões que corrompem os ares da cidade, tornando-os irrespiráveis.

Chegando a esse lugar, um advogado de físico pouco comum[20] – "testa baixa, cabelos escuros, bigode arrebitado, pele amarelada dos meridianos"[21] – e de nome exótico, com ares de estrangeiro, Libotz vai de encontro à hostilidade difusa direcionada a todo intruso, hostilidade que progressivamente se transforma em um ódio implacável, pintado pelo desprezo que sua profissão de "trapaceiro" suscita. Enquanto jurista, torna-se o depositário de todos os segredos sórdidos, de todas as más ações cometidas pelos habitantes da cidade:

> Ia-se à casa dele para consultá-lo, em particular, para esquecer os problemas, para confiar a ele seus pesares, amarguras e ódio. [...] Seu gabinete não era bonito [...]. As infelicidades evocadas e aprisionadas naquele cômodo tinham acabado por tomar conta de seu corpo, o que fazia com que a atmosfera fosse sufocante e o vapor que os hálitos deixavam nos vidros se transformasse em uma película suja e opaca que obstruía a visão.[22]

Tudo o que ele faz, traz-lhe perdas, suas ações mais nobres são mal interpretadas e voltam-se contra ele. Ele é visto como canalha e aproveitador, ele, cuja abnegação

[20] Esse físico é ressaltado nas passagens retrospectivas relativas à sua infância: "Ainda criança, ele era o saco de pancada de seus colegas e professores [...]. Sua cabeleira longa, negra e encaracolada convidava aos puxões de cabelo, um professor de cabelos louros tomara-se de tamanha aversão pelo garoto que não podia passar-lhe diante sem encontrar um motivo para atormentá-lo. [...] Certa vez chegara mesmo a arrancar-lhe todo um chumaço de seus cabelos negros..." (Strindberg, *Le Bouc Emissaire*, p. 19).
[21] Ibidem, p. 14.
[22] Ibidem, p. 93-94.

e honestidade são exemplares. Ele nunca se ofende; apenas algumas vezes, rebatido pelos homens, vira-se para um outro interlocutor:

> Ele saiu da cidade para fazer seu passeio noturno e subiu a colina onde tinha o costume de conversar com seu Deus. Era um espetáculo curioso ver esse citadino com seu chapéu, no cume de uma montanha deserta. Ele tirou seu chapéu e murmurou palavras de revolta e queixa, mas também cheias de submissão. Depois, recolocou o chapéu [...] e desceu, enfim, da colina, depois [...] de ter-se inclinado diante do invisível.[23]

Entretanto, todos os seus sacrifícios levam a nada: sua reputação é denegrida, sua noiva o trai, o único indivíduo que prova ter certa benevolência a seu respeito volta-se contra ele, os reveses ocasionam-se. Nada pode impedir os mecanismos de ostracismo engrenados desde a sua instalação na cidade, por causa de seu físico "vitimário" e de sua situação de exposição: o ódio acumula-se, os pecados das pessoas literalmente colam-se a ele, obscurecendo seu olhar, deixando sua pele ainda mais amarelada, curvando sua espinha dorsal; aos olhos dos habitantes, ele se torna a personificação do mal. A violência – verbal, mas ainda mais frequentemente muda – resulta no êxodo, aparentemente voluntário, mas na realidade forçado: ao fim do romance, Libotz deixa a cidade como um bode expiatório, carregando os pecados da comunidade: "Ele pensa na festa da Expiação descrita no Antigo Testamento: caça-se no deserto um bode carregado de todos os pecados do povo, um bode prometido a Azazel, ou seja, ao Inimigo que recebia o que lhe era devido. Era um papel ingrato e pouco glorioso, mas Cristo também carregara esse fardo infamante, no qual havia, sem dúvida, um 'sentido que nos escapa'. O exilado sentia algo similar, cria-se carregado pelo ódio dos homens, por sua maldade e baixeza, como se lhe tivessem inoculado. Ele talvez fosse o animal portador do veneno que,

[23] Ibidem, p. 134.

em seu organismo, transformar-se-ia em soro salutar. [...] Chegando ao pé da montanha, seu monte Tabor, onde tinha lutado nas trevas da noite, começa a escalada. No fundo do vale, enclausurado entre muros de montanhas, a cidade lhe parece uma prisão, sendo ele mesmo um prisioneiro que reencontra a liberdade. [...] Libotz retoma seu caminho pela grande estrada, em direção a novos destinos que adivinhava, mas que não mais temia".[24]

Assim, a construção do romance obedece perfeitamente ao esquema girardiano, do qual contém os principais componentes: um personagem vestido de todos os sinais vitimários, uma "crise de indiferenciação" provocada pelo acúmulo de "pecados" que a comunidade não consegue evacuar e que a afunda, sob o risco de sufocá-la – até que a chegada, a permanência e, em seguida, a expulsão da vítima permitam-lhe livrar-se disso. Aqui, a violência física está ausente, mas a violência mental não poderia ser mais patente, em perfeito acordo com a ideia de Strindberg segundo a qual não há pior crime que a "morte psíquica". Entretanto, o principal interesse do livro não está no fato de ele oferecer a ilustração de uma teoria que só será formulada meio século mais tarde. O interesse está – é a justificativa do paralelo que tentamos estabelecer no presente artigo – em sua mudança total de perspectiva. O *Bode Expiatório* de Girard descreve o fenômeno da vitimização visto do exterior – é o olhar do antropólogo; o *Bode Expiatório* de Strindberg apresenta o mesmo fenômeno, visto do interior – é a visão do artista. Duas abordagens totalmente diferentes e maravilhosamente complementares; o mesmo mecanismo esmiuçado, ao mesmo tempo, em nível individual (pelo escritor) e coletivo (pelo teórico). O fato de o romance ser anterior à teoria girardiana confirma a justeza e a universalidade das instituições que sustentam os autores, embora os pontos de partida sejam antinômicos: o fundamento religioso em Strindberg e o empirismo científico em Girard. Um belo exemplo de encontro da fé e da ciência.

[24] Ibidem, p. 154-59.

parte VI

derivas do mundo contemporâneo

capítulo 40
o grande retorno do sacrifício

Jean-Claude Guillebaud

Um estranho vocabulário ocupa os assuntos em voga. Palavras e expressões que circulam atualmente assemelham-se a figuras simbólicas muito antigas. Fala-se de *linchagem* midiática e de *bode expiatório*. Em qualquer ocasião, acostumamo-nos ao rumor dessas "multidões psicológicas" que pedem pela designação de um *culpado* e, em seguida, sua *imolação* simbólica no culto das mídias. Um homem algemado na televisão: é ele! De agora em diante, nenhuma calamidade pode sobreviver – inundação, incêndio ou avalanche – sem que peçamos, unanimemente, pelo *castigo* de um ou alguns, castigo com que contamos para nos trazer a paz ou, ao menos, a paz "midiática".

Em outras circunstâncias, tomamos nosso partido nestas diabolizações instantâneas do adversário, do outro, do rival ou do imigrante, tidos como ameaças a serem eliminadas. Essas recriminações contemporâneas evocam bem a unanimidade de vingança de um grupo que obedece a um comportamento mimético característico das multidões, comportamento que toda obra de René Girard traz à baila. Mas hoje, a nossa necessidade de termos a quem culpar torna-se seguidamente mais insaciável. Para responder a isso, reinventamos, se necessário, a figura do indecente, do monstro, do "criminoso nato" a ser relegado à prisão, ou do poderoso a ser abatido, todas as figuras do século XIX de que o direito moderno se desfez. E eles voltaram! Ao mesmo tempo, um prurido de eliminação, de recondução às fronteiras (fora do grupo) e de descarte exprime-se cotidianamente. Ele revela um medo obscuro, uma ansiedade mal identificada. A própria política internacional, agora sob a influência midiática, obedece a esse tropismo da diabolização, que vem para soldar a coesão justiceira de uma comunidade internacional com dificuldade de ter certezas. Ela inventa para si, todos os anos ou quase, não apenas um único inimigo, mas um "novo Hitler". De Milosevic a Saddam Hussein ou Bin Laden, não faltam candidatos a esse papel.

Adivinhamos que existe um ponto em comum, uma coerência secreta, uma ligação entre todos esses reflexos ou comportamentos. Temos dificuldades em definir essa ligação, mas ela agita algo enterrado em nossa memória coletiva; um recalcamento, um ritual ancestral que nomeamos com repugnância: o sacrifício. Queremos falar dos procedimentos ou ritos sacrificiais que René Girard permanentemente mostrou em todas as culturas humanas. O sacrifício é a imolação real ou ritualizada de um "culpado" para dar fundamento ao acordo unânime e restaurar a estabilidade do grupo. Ele exprime a vontade da comunidade de rejeitar a figura do mal, encarnada por um único personagem.

Um caso de fundação

A etnologia, a antropologia e também o Antigo Testamento nos falam sem cessar de sacrifícios, de infanticídio ritual, de imolação de recém-nascidos, de assassinos fundadores. Eles o fazem de maneira explícita e evocam sacrifícios reais. Os profetas judeus não foram os primeiros a denunciar essas práticas, mais generalizadas do que imaginávamos. Os descobridores europeus do novo mundo relatam seu pavor de encontrar nos Astecas, no século XV, a sobrevivência de sacrifícios humanos praticados em larga escala e destinados a honrar as divindades. Quer fosse Huitzilopochtli, deus da noite e da guerra, Quetzalcóatl, deus civilizador, ou Tlaloc, deus da Chuva, o sacrifício seria, assim, a invariante enigmática de todas as culturas.

No que toca a nossa própria história, deve-se lembrar, mais uma vez, até que ponto esse debate dos sacrifícios teve um papel central durante os primeiros séculos da nossa era. Um papel que minimizamos abusivamente, mitificando o mundo antigo. É verdade que, nas diversas interpretações da Antiguidade greco-romana em que o pensamento ocidental se baseou – no século XII, no Renascimento, no Iluminismo ou mesmo no século XIX –, sofremos em silêncio a dimensão violenta e sacrificial da sociedade antiga. Ora, a violência, e sobretudo a exercida sem limites pelo poder, literalmente assombrava o universo mental dos greco-romanos. Todas as reflexões dos platonistas ou dos estoicos sobre a necessidade do "controle de si mesmo" devem ser entendidas à luz dessa incrível brutalidade antiga.

Uma coisa é certa: a primeira e talvez a mais grave *subversão* introduzida pelo monoteísmo judaico-cristão no Império Romano consistiu em uma condenação sem par dos sacrifícios. No início do século V, quando Roma é brevemente conquistada e devastada (em 410) pelos Visigodos de Alarico, os filósofos pagãos irão culpabilizar os cristãos. Abolindo os sacrifícios, eles teriam privado o Império da proteção dos deuses. Essas reprovações – e algumas outras – têm origem na decisão tomada por Agostinho de lançar-se na redação de *A Cidade de Deus*, obra monumental destinada a responder, em especial, às acusações de blasfêmia a respeito do ídolos.

Mas essa explicação puramente política que os cristãos designaram durante muito tempo como uma ameaça à autoridade imperial é insuficiente. Neste estádio, as interpretações de René Girard ajudam-nos a reavaliar a verdadeira natureza da *subversão* ameaçadora, não apenas à cultura romana, mas também, e muito além disso, a *todas as culturas e tradições sacrificiais*. Para Girard, a coesão das sociedades humanas jaz na lembrança confusa de uma morte fundadora, de um sacrifício original. Os mitos que perpetuam tal lembrança, os ritos que representam simbolicamente o seu desenrolar têm por função reativar, de algum modo, o efeito pacificador. Tal virtude pacificadora só pode produzir seus efeitos se a culpa da vítima é (falsamente) provada.

É por estarem unanimemente convencidos da culpa do bode expiatório que os membros de uma comunidade reconquistam a paz, ao preço dessa violência sacrificial que se torna, assim, fundadora. A unanimidade – e poderíamos até dizer a "boa consciência" – sem falhas dos linchadores é uma dimensão absolutamente necessária à eficácia do sacrifício. Assim, os mitos, os ritos e a religião, que têm origem nas culturas humanas ("cultura" sendo entendida aqui no sentido de "visão do mundo"), exprimem necessariamente o que poderíamos chamar, para simplificar, de *o ponto de vista dos perseguidores*. Esse ponto de vista vem de fora, reforçado por cada rito sacrificial, uma vez que esse rito, efetivamente, consegue conter a violência e trazer a paz durante algum tempo.

Ora, na análise girardiana, a ruptura decisiva da mensagem evangélica vem justamente do que tal mensagem conseguir estragar e desagregar na unanimidade dos perseguidores. Ela reabilita "escandalosamente" o ponto de vista das vítimas. O caráter extraordinário da Revelação evangélica está aí: "revelando" a inocência das vítimas, ele desqualifica o sacrifício e, por antecipação, arruína todos os seus efeitos. A Revelação introduz um grão de areia na mecânica sacrificial e, assim, inflecte virtualmente toda a história do mundo.

Mas ela é ainda mais exigente, uma vez que adjura o crente, por sua vez, a renunciar à entrada nos ciclos de violência. A recusa determinada pela vingança e sua substituição pelo sistema judiciário não têm outro sentido. Aí está a verdadeira especificidade cristã, que está a mil léguas de uma vaga humanista do "perdão" e que vai além da benevolência pregada por outras sabedorias e tradições filosóficas. A parábola bíblica, que fala de oferecer a face esquerda se nos batem na direita, não participa de uma "moral de escravidão" que termina em "ressentimento", como dirá Nietzsche. Ela exprime a vontade explícita e consciente de desfazer o mecanismo mimético da violência. A injunção extravagante baseia-se no que Dostoiévski chamava (em *O idiota*) de "o terrível poder da suavidade" para desfazer a armadilha sacrificial e a reciprocidade infinita da violência.

De seu ponto de vista, as autoridades romanas tinham absoluta razão em ver um certo perigo nessa revelação...

Os comprometimentos da "religião oficial"

Paradoxalmente, essa interpretação é também embaraçosa para o cristianismo histórico e para a própria Igreja, de acordo com seu funcionamento, majoritariamente, ao longo dos séculos. Por quê? Porque logo depois da conversão de Constantino, assim que ele se tornou "religião oficial", o cristianismo rompe, em maior ou menor escala, com essa dimensão subversiva da Revelação. Integrando-se ao poder temporal – e isso por mais de 1500 anos! – (quiçá mesmo categoricamente substituindo-se a ele, como após a queda da dinastia carolíngia), ele próprio se une ao universo sacrificial contra o qual se insurgira na época das origens.

Essa terrível ambivalência do catolicismo histórico – liberador *e* opressor, subversivo *e* repressivo, defensor das vítimas *e* inquisitorial, anarquista *e* teocrático – impregnará, a partir de então, toda a história ocidental. Ela desembocará de algum modo, e por muitos séculos, em uma coabitação não natural entre uma Igreja oficial, aliada ao poder temporal – mesmo para o pior – e uma herança evangélica que não deixará, apesar de tudo, de avançar através dos séculos, tendo subterraneamente um papel considerável na emergência do Iluminismo e no que chamamos hoje de modernidade.

Os exemplos caricaturais desse catolicismo sacrificial não faltam em nossa história: obstinado em sua defesa da ordem e do poder, um catolicismo autoritário que a tiara tripla usada pelo papa encarnou durante tanto tempo. Deve-se notar, ainda, que a tradição católica no Ocidente também justificou certas distâncias tomadas pela igreja a respeito do poder, certas intervenções moderadoras ou repreensões direcionadas aos poderosos.

O fato é que, apesar de tudo, o fermento bíblico, laicizado ou não, não deixará de agir e produzir seus efeitos. Ele constitui o que, às vezes, chamamos de progresso ou consciência universal. De século em século, irresistivelmente, o ponto de vista dos perseguidores perderá sua legitimidade. Ele será cada vez mais suspeitado e suspeitável. Em breve, ninguém poderá perseguir ingenuamente. Desse modo, as ilusões perseguidoras serão lentamente dissipadas e o ciclo sem fim da violência e do sagrado virtualmente partido. Virtualmente! Esse advérbio tem sua importância. A ruína progressiva do mecanismo sacrificial não leva, com efeito, ao fim das perseguições. Longe disso! Ela significa simplesmente que tais perseguições, salvo raras exceções, não podem ser exercidas sem disfarce. Elas perderam sua virgindade cruel pré-judaico-cristã e não podem mais inscrever-se em boa consciência e unanimidade vingadora. Elas são, de agora em diante, fadadas, se assim podemos dizer, a um *desvio simbólico do ponto de vista das vítimas*. Essa é, a propósito, uma boa definição da ideologia moderna. O proletário explorado, o povo alemão injustamente punido serão as "vítimas" valorizadas pelos dois grandes totalitarismos do século. Nenhum dos dois estava em posição de simplesmente declarar, como ainda era o caso no universo arcaico, que "persegue porque é o mais forte"...

Dir-se-ia que o "detalhe" é sem importância, uma vez que a perseguição permanece? Argumentar-se-ia que, para as vítimas, é indiferente que sejam oprimidas em nome de um ou outro "ponto de vista"? Isso seria entender mal o processo civilizador e o otimismo que ainda agem na modernidade. Nenhum progresso humano, que seja jurídico, ético ou moral, pode ser concebido sem que sejam anteriormente minados os fundamentos sacrificiais da perseguição. Nós estaríamos mesmo tentados a dizer que todo projeto de moral universal e toda ambição civilizadora só começam verdadeiramente a partir desse limite mínimo. Essa desqualificação do sacrifício é justamente "o" valor fundador por excelência. Todo o resto depende dele, ainda que nada seja adquirido.

Com efeito, esse rito sacrificial, a moral universal advinda do judaico-cristianismo, mas laicizada já há três séculos, foi tomada pela ilegitimidade. Pode-se mesmo dizer que a renúncia progressiva ao sacrifício e a muito lenta substituição do sistema judiciário à vingança privada poderiam bastar para caracterizar a emergência, não apenas do sistema judiciário moderno, mas também do que chamamos de *civilização*. Ora, é claro que a vingança e o sacrifício aparecem hoje em dia sob disfarces que não poderão iludir durante muito tempo.

Da justiça à "queixa" contemporânea

O terreno do direito, do procedimento, da justiça é o mais imediatamente significativo. Consideremos essa evolução que os próprios magistrados chamam de penalização progressiva das nossas sociedades. Esse fenômeno, por muito tempo despercebido, está em vias de tornar-se um lugar-comum do debate político. Ele é um efeito perverso do individualismo contemporâneo e, sobretudo, do politeísmo dos valores. Entendido desse modo, ele se define em poucas palavras: o prevalecimento da sanção penal como última moda de regulação social nas sociedades largamente desagregadas. À medida que as crenças ou representações coletivas, outrora interiorizadas, desfalecem, a punição é reforçada. Há aqui, incontestavelmente, um *mecanismo sacrificial*. O direito penal, pela força das coisas, substitui a ligação social ou política enfraquecida. Não se trata mais de integrar quem quer que seja a uma norma comum, mas de eliminar prioritariamente a ameaça encarnada por um eventual *culpado*.

Desse modo, o direito penal tende a tornar-se, com a lei do mercado, o último mecanismo regulador de uma sociedade desprovida de valores comuns realmente partilhados. Dito de outro modo, a taxa de preenchimento de prisões torna-se inversamente proporcional ao vigor das convicções comuns. Quanto mais essas convicções se enfraquecem, mais as prisões ficam cheias. Atrás de uma ordem moral, cujo pretendido "retorno" é denunciado com a insistência que conhecemos, dissimula-se uma evolução bem real: a instalação de uma ordem penal que é a sua imagem invertida e sucedânea. Singular paradoxo: a permissividade generalizada resulta mecanicamente em uma população penitenciária em aumento. À medida que a anomia e a entropia ganham a forma de totalitarismo judiciário, uma rigidez da vida social sob o efeito da obsessão processualista assume o papel de camisa de força social.

Mas o retorno do sacrifício no terreno jurídico assume também formas mais sutis e mais essenciais. Ele se inscreve na própria evolução da nossa filosofia do direito. Tudo se passa como se a nova função do fetichismo jurídico contemporâneo fosse limitar cada indivíduo dentro de uma carapaça de "direitos negativos", protegendo-o dos outros, mas, ao mesmo tempo, inclinando cada um ao *pathos* de suas crenças pessoais. A frágil paz jurídica da modernidade é uma resposta à relativização das crenças, das convicções, das certezas. Remetidas à esfera privada e toleradas sob essa única condição, elas veem seu estatuto simbólico degradar-se e sua função organizadora enfraquecer-se. Além disso, cada um se torna *ipso facto* o rival de cada um, até o terreno do que chamávamos a moral, há não muito tempo. Para arbitrar essa rivalidade indecifrável, restam tão somente as invocações da ameaça proferida ou do prejuízo sofrido, que justificarão, se for o caso, a imolação do rival, sua expulsão sacrificial.

Essa individualização do direito, que não valoriza especialmente a ideia de coesão social, mas a proteção dos indivíduos, resulta em uma proliferação de textos, uma colonização do espaço privado pela regra, especialmente a penal. Melhor ainda, a ideia de infração a ser sancionada (onde está a "infração" em um contexto relativista?) substitui a de um prejuízo a ser reparado e uma segurança a ser garantida. A fronteira tende naturalmente a misturar-se entre direito civil e direito penal. A queixa da vítima ocupa todo o lugar. A vítima pede por reparação e "vingança"...

Justiça reconstrutiva ou vingança privada?

A esse novo risco de proliferação jurídica, adiciona-se outra dificuldade: a que concerne os fundamentos da pena, que vêm para sancionar a infração ou o crime. Ainda ontem, a dita pena fundava-se em uma certa ideia de ordem coletiva, da moral ou da dignidade humana, violada pelo delinquente. Além de uma vítima designadamente identificada, a transgressão delituosa insultava a lei, a norma comum, ou seja, toda a comunidade. Foi antes em nome da comunidade que a pena foi pronunciada e aplicada.

Em todos os casos, a pena referia-se a um "todo": o da sociedade ou um outro, mais abstrato, da comunidade humana. Do século XVI ao século XVII, o procedimento penal previa que os condenados fizessem uma "confissão pública", de acordo com um ritual codificado. O condenado deveria pedir perdão "a Deus, ao Rei e à justiça", enquanto a vítima, por sua vez, não era mencionada. O crime era, antes de mais nada, "social". Não é mais o caso hoje em dia. O novo direito penal obedece agora a uma lógica mais individualista. O fundamento da pena tem sua fonte, principalmente, *no sofrimento concreto e identificável da vítima.*

Sejamos mais precisos. A pena encontra sua justificativa, na realidade, não apenas no sofrimento da vítima, mas na espera levada a uma *relação.* A relação com o outro é o que foi destruído pelo culpado. *A ligação partida a ser reconstruída fundará a pena, de agora em diante*, no lugar das antigas referências coletivas que se tornaram incertas (moral, religião, sagrado, etc.). E a severidade dessa pena deverá estar ordenada com o sofrimento da vítima e ser indexada a ela. Esse é o princípio da famosa "justiça reconstrutiva" e do que os criminólogos hoje chamam de "pena neutra".

A pena neutra espera ser uma pena livre de qualquer referência ao sagrado, de qualquer intenção moral e até mesmo "social". No total, justiça reconstrutiva e pena neutra correspondem perfeitamente a uma reabilitação prudente e codificada da vingança privada. Tal reabilitação havia sido iniciada, ao menos parcialmente, desde o início dos anos 1970 por certos juristas, como Raymond Verdier e Gérard Courtois, autores de uma monumental pesquisa transdisciplinar sobre o tema. Eles não escondiam o imenso perigo que, apesar de tudo, essa lógica explicitamente nietzschiana carregava.

Com efeito, se o problema das vítimas é um progresso moral indiscutível, nada é mais ameaçador para a Justiça, como valor e como instituição, que este irresistível esmigalhamento da ordem jurídica em uma infinidade de procedimentos que visam à "reparação" dos prejuízos privados, no quadro de um direito penal que também se proliferou. Mais grave ainda, este prevalecimento do ponto de vista vitimário restabelece de maneira confusa e com pretensão (também ela nietzschiana) a *inocência*, pretensão facilmente erradicável. O indivíduo moderno é habitado por uma procura enlouquecida pela inocência. Ele recusa esta ideia judaico-cristã, segundo a qual ele mesmo tem uma parte na ligação com o mal. O mal não está mais e não pode mais estar dentro dele, mas exteriormente, no outro. Desse modo, torna-se possível e tentador erradicar o outro, eliminando-o.

Tão perigosamente quanto o sonho de pureza dos fundamentalistas religiosos, essa inocência, que recusa a interioridade do mal, desemboca em uma obsessão purificadora. Não, não é por acaso que voltaram ao vocabulário corrente termos sobre linchagem e eliminação. A privatização da justiça leva a um retorno das lógicas vingadoras. A vida coletiva é levada à eterna procura, jamais satisfeita, de reparações pessoais por prejuízos, reais ou imaginários, que não aceitamos mais que sejam considerados como perdas ou proveitos, ou que os coloquemos na conta dos inconvenientes da vida comum. Tudo se passa como se não estivéssemos mais dispostos à menor "perda" para vivermos juntos. Esse é o verdadeiro risco do egoísmo contemporâneo.

Quanto à coesão social, ela sai tão fragilizada desta guerra de todos contra todos que se multiplicam as linchagens sacrificiais simbólicas de que as mídias são o instrumento. Elas assinalam uma estranha bulimia de culpados e de sacrifícios. Como a coesão é cada vez mais ameaçada, precisa-se sucessivamente de mais sacrifícios para restaurá-la. Devemos acrescer que a atitude sacrificial tende a ser substituída pela própria política? Que se trate de política exterior ou interior, a acentuação dirigida a uma punição necessária de um culpado – real ou imaginário – dispensa comodamente uma tarefa ingrata: a que consiste em prestar contas dos problemas, custe o que custar. A cruzada ostensiva contra esta ou aquela "encarnação do mal" desvia-se do pragmatismo prosaico que implica na gestão imperfeita, cotidiana e criticável da aglomeração humana.

Se a modernidade, de modo insensível, regressa assim a uma lógica sacrificial, seríamos imprudentes se confundíssemos essa deriva, pura e simplesmente, com o ressurgimento concomitante da violência em nossas sociedades. Esse ressurgimento é, no entanto, contestável. Ele também tem ligação direta com a atitude sacrificial. Não falamos apenas da delinquência ordinária, do crime, da disputa cotidiana, da agressividade generalizada, que parecem fazer com que os homens se ergam uns contra os outros. Tema firme do debate político, ponto de limite da permissividade democrática: é pouco dizer que o tema é atual. Consideramos também todos os fenômenos de incivilidade, ao mesmo tempo onipresentes e difíceis de categorizar. Do vandalismo ordinário à rudeza das relações humanas, somos constantemente tomados pela vertigem diante desse retorno da sociedade democrática a não sei que selvageria arcaica.

Hoje, tudo acontece como se, depois de termos domado a violência privada para o bem ou para mal, aspirássemos novamente a uma regressão perigosa, que nos conduziria a uma ingenuidade reencontrada da violência, uma "malvadeza" desprovida até mesmo da necessidade de ser disfarçada. Ninguém pode negar que, neste momento, ronda em nossas sociedades esse consentimento preguiçoso ou resignado à violência "injusta".

É, seguramente, um sintoma. Esse sintoma não exaure por si só a questão do retorno do sacrifício. Com efeito, ele não é simplesmente uma figura, entre outras, da violência social, cujo retorno em força seria apenas o acompanhamento de um processo mais geral. O sacrifício não se identifica com a simples violência. Ele é até mesmo o oposto de tal violência, uma vez que seu cumprimento visa precisamente a impedir a contaminação violenta no seio do grupo. O sacrifício, na realidade, não é uma "derrapagem" da modernidade. Ele é um ritual conjuratório, cuja reativação obedece a uma lógica específica. Como a linchagem de outrora, a exclusão penal, social ou econômica de hoje tem por função favorecer um retorno de uma coesão social mínima da qual sentimos que ela se desagrega.

É nisso que esse retorno do mecanismo sacrificial é um caso infinitamente mais sério que um simples aumento, mesmo exponencial, da violência associal e das incivilidades. O que está em jogo, dessa vez, é o próprio coração do sistema judiciário e, cada vez mais, da própria democracia.

Ora, essa reaparição sub-reptícia do rito sacrificial reconstitui mecanicamente unanimidades ou unanimismos que legitimam certas novas formas de perseguição. René Girard efetivamente mostrou que o sacrifício apenas tem sentido ou função sob uma condição expressa: que cada ator da linchagem esteja convencido da culpa do linchado. O unanimismo – esse pensamento único! – é um dos componentes do mecanismo sacrificial. Ele implica, para produzir efeitos, uma diabolização da vítima que devemos tornar responsável por sua própria perseguição. Dito de outra forma, apenas o sentimento de inocência dos perseguidores legitima a permanência da perseguição. Do mesmo modo, a responsabilização dos pobres por seu próprio erro será a melhor forma de confortar a tranquilidade dos mais ricos e a harmonia do sistema neoliberal.

Nesse sentido, trata-se de um verdadeiro cataclismo simbólico. É nessa perspectiva que devemos entender a inquietação expressa com vigor por René Girard:

> Para quem percebe a perigosa pertinência do princípio sacrificial na inteligência antropológica de nosso universo, dizer que a direção pela qual o mundo se precipita é preocupante, unanimemente, mimeticamente, é o mínimo. [...] É difícil para mim não representar a evolução atual como uma regressão, como um retorno preocupante ao que parecia definitivamente transcendido.[1]

[1] René Girard, *Quand Ces Choses Commenceront...* Entrevistas com Michel Tréguer. Paris, Arléa, 1994.

capítulo 41
mimetismos e genocídios

Paul Dumouchel

O problema

As descrições detalhadas das violências coletivas modernas, sobretudo as políticas, como os *pogroms*,[1] os motins raciais, a limpeza étnica, o holocausto ou os genocídios, dão, à primeira vista, uma imagem forte desses fenômenos, diferente da que nos oferece a teoria girardiana da crise mimética. Com efeito, quase todas as análises dessas violências estão de acordo ao reconhecerem a importância dos chefes do jogo, dos atores políticos decisivos, de especialistas e verdadeiros empreendedores da violência, sem os quais os massacres não teriam acontecido e os eventos teriam tido um rumo diferente. Longe de ser espontâneo, o efeito de uma contaminação que invade a sociedade em seu conjunto, a violência coletiva, de acordo com os melhores exemplos que possuímos, parece ser planificado, organizado, premeditado, para não dizer racional, o resultado de uma ação concreta e coordenada. Ora, como conciliar tais descrições com a concepção girardiana da crise, o papel que ela atribui ao mimetismo e a importância que ela dá aos fenômenos de contaminação? Se as grandes violências coletivas do século XX, mais do que derivadas das

[1] Do russo: "perseguições contra os judeus". (N. T.)

multidões em fúria, foram cometidas por grupos organizados, estruturados e disciplinados, não seria às razões e crenças que motivaram os membros desses grupos e às instituições de que são representantes que devemos nos voltar para explicar seus atos, em lugar de a um mecanismo obscuro de imitação que os levaria contra sua vontade? Assim como atenta Jacques Sémelin em uma obra recente:

> A obra girardiana deixa pouco à vontade aquele que quer estar perto dos fatos sociais e históricos. Sua teoria é construída em uma hipótese sedutora da mímesis, com base em toda relação humana, [...] a partir da qual ele pretende explicar tanto o conflito amoroso quanto a guerra. Mas se ele parece convincente quando faz a análise da psicologia dos heróis de Shakespeare ou Dostoiévski, permanece alusivo ou mudo quanto aos conflitos contemporâneos.[2]

É possível dar conta dessa diferença, cobrir esse desvio, ou é preciso, ao contrário, concluir disso que muitos fenômenos modernos de violência coletiva escapam à teoria girardiana?

Na verdade, esse desvio levanta dois tipos de problemas diferentes, que convém distinguir. Primeiramente, há o que podemos chamar de aplicabilidade. A teoria girardiana seria capaz de dar conta de episódios modernos de violência coletiva? Apesar do fracasso de inúmeros observadores em notar o mimetismo no seio da violência política moderna, seria possível descobri-la na obra e seria possível que ela nos trouxesse uma explicação mimética com relação às análises existentes? Entretanto, supondo que se responda positivamente à primeira pergunta, surge uma nova ordem de dificuldades. Trata-se, dessa vez, de uma questão interna à teoria mimética. Com efeito, em segundo lugar, as violências políticas modernas

[2] J. Sémelin, *Purifier et Détruire. Usages Politiques des Massacres et Génocides.* Paris, Seuil, 2005, p. 117.

são marcadas pelo fracasso do mecanismo vitimário. São crises sem resolução. O genocídio armênio, o holocausto ou o genocídio ruandês são atípicos no universo girardiano, na medida em que lhes falta o processo vitimário da resolução da crise. A violência para e, quando para, é por falta de combatentes, por falta de vítimas, ou seguida de uma intervenção externa. Não faltam bodes expiatórios, mas, justamente, há bodes expiatórios demais, nenhum se torna A Vítima em passe de sacralização que dá fim às violências recíprocas.

Se o fracasso do mecanismo vitimário é um fenômeno atípico no universo da mitologia, assim como nos descreve Girard, ele aparece, ao contrário, como característica das violências políticas que conhecemos bem. É por esse motivo que as duas questões são estreitamente ligadas, porque, mesmo que o mimetismo esteja bastante presente nas violências políticas, o fracasso da resolução vitimária não colocaria em causa uma das cláusulas centrais da teoria? A teoria mimética postula a existência de um mecanismo autorregulador da violência e, desse mecanismo, ela extrai uma última análise do conjunto da cultura humana. Ora, se esse mecanismo não intervém nas violências políticas modernas, não haveria aí um problema fundamental, uma dificuldade tão séria a ponto de nos fazer reconhecer que essas violências são fruto de uma dinâmica mimética?

Girard tem uma resposta geral a essa objeção. Ela consiste em dizer que a Revelação cristã tornou possível a *unanimidade menos um* que dá fim à crise. Ela nos impõe que nos reconciliemos sem vítimas. O enfraquecimento do mecanismo vitimário nas violências políticas modernas não deve, então, nos surpreender. Ele corresponde exatamente àquilo que devemos esperar. Infelizmente, mesmo supondo que essa resposta seja verdadeira, deve-se admitir que ela não responde a toda a questão. Ela não nos permite entender como os regimes miméticos se diferenciam uns dos outros e como conduzem, em um caso, a uma expulsão com êxito de uma única vítima capaz de reconciliar a comunidade e, em outro, a uma fuga ao horror que só parece ter fim por razões contingentes, exteriores à própria dinâmica violenta. É importante, então, explicar e compreender em termos internos à teoria a incapacidade das violências políticas modernas de se fecharem espontaneamente por uma reconciliação contra uma única vítima.

Intermédio metodológico

A resposta à questão do desvio entre a análise girardiana e as descrições sociológicas das violências coletivas é, em parte, metodológica. Toda observação é guiada por uma teoria. Se certos observadores não percebem os tipos de fenômenos sobre os quais Girard apoia sua demonstração, isto possivelmente se dá porque não os procuram, ou mesmo porque, quando os veem, não lhes prestam atenção. Assim, Charles Tilly em *The Politics of Collective Violence* menciona, embora apenas de passagem, como um fenômeno sem muito interesse, que na França do século XVIII muitos episódios de violência coletiva começaram por um ataque contra os párias ou contra as pessoas desonradas.[3] Ele não menciona mais nada em seguida, como se essa "bizarria" nada tivesse a ver com o objeto de estudo. O fracasso de muitos observadores em reconhecer os fenômenos miméticos reflete, talvez, menos a ausência desses fenômenos que os antolhos que carregam. Esses observadores são, com frequência, meticulosos e atentos, mas têm outros preconceitos teóricos. Os fenômenos que interessam a Girard lhes parecem mais anedóticos que significativos. Entretanto, essa observação metodológica continua a ser um cheque sem fundo enquanto não tivermos mostrado, com exemplos empíricos, o mimetismo que se constrói nas violências coletivas modernas. É o que me proponho a fazer, usando como apoio o essencial das análises comparativas dos genocídios de Manus Midlarsky em *The Killing Trap*.[4] Eu tentarei mostrar que a explicação dos genocídios, proposta por ele, é essencialmente uma teoria do bode expiatório.

[3] Charles Tilly, *The Politics of Collective Violence*. Cambridge University Press, 2003, p. 159.
[4] M. I. Midlarsky, *The Killing Trap, Genocide in the Twentieth Century*. Cambridge University Press, 2005.

Massacre e mimetismo

"Há um paradoxo", diz Jacques Sémelin, "a ser argumentado sobre o indivíduo em si, como se ele se tratasse de uma unidade molecular do social. Porque esse indivíduo só se torna verdadeiramente assassino em massa quando está religado a uma coletividade de que é apenas um elo". Mais ainda, ele adiciona: "os matadores estão *em grupo*. Que eles avancem mascarados ou descobertos, que estejam uniformizados ou como civis, eles se parecem. [...] uma coisa é certa: é o grupo que serve de operador coletivo ao assassinato em massa. É o grupo que transforma os indivíduos em matadores".[5] Sémelin não reconhece, no entanto, qualquer dimensão mimética nessa violência. Ele faz um apelo à ideologia, a fim de dar conta da transformação assassina dos grupos humanos. Certamente, os discursos incendiários têm um papel e as ideologias mortíferas são frequentemente fundamentais, seja na formação de multidões ameaçadoras, seja na constituição de milícias sanguinárias ou de grupos paramilitares. Entretanto, Sémelin nos traz também uma outra resposta. É o grupo, nos diz ele, que transforma o indivíduo em assassino. Enquanto as ideologias mudam, o grupo continua sendo, em todo caso, o operador universal dessa transmutação. É forçoso reconhecer que, no que quer que seja, a hipótese girardiana tem, ao menos, a vantagem de nos permitir entender por que e como essa metamorfose acontece. Ela dá conta da maneira com que o poder coletivo substitui a decisão individual e leva os agentes a cometer gestos que, em tempos normais, jamais cometeriam a título individual.

Como lembra Girard em sua análise do "milagre" do Apolônio de Tiana, em tempos normais, quando os homens não estão sob a influência da contaminação mimética que os polariza contra as vítimas designadas, ninguém quer ser o primeiro a atacar inocentes sem defesa.[6] O grupo, seja estruturado e disciplinado

[5] J. Sémelin, op. cit., p. 287-88. A importância dos grupos também é reconhecida por L. May em *Crimes Against Humanity. A Normative Account* (Nova York, Cambridge University Press, 2005), que faz disso mesmo uma das características de definição dos crimes contra a humanidade (p. 80-90).

[6] R. Girad, *Je Vois Satan Tomber comme l'Eclair.* Paris, Grasset, 1999, p. 83-87.

ou esteja em uma reunião informal, permite a cada um não fazer mais que o que fazem os outros. O mimetismo e a imitação são o que facilita a passagem ao ato, o que torna possível o indispensável e converte a gente ordinária em matadora. Em oposição, e como uma prova *a contrario* da hipótese, o comportamento de Cristo, no episódio da mulher adúltera, dissolve o grupo, remetendo a cada um sua responsabilidade pessoal: "aquele que nunca pecou, atire a primeira pedra". Não é um acaso que os matadores sempre se pareçam, não é um acidente que eles venham mais em bando que sozinhos. Sémelin apenas reconhece a importância dos grupos nas violências que analisa; ele se limita a observar que os matadores vêm juntos, que não agem isoladamente, mas a teoria mimética nos permite compreender por que isto acontece dessa forma.

O lugar central dos grupos nas violências genocidas nos conduz a abordar a questão do papel preponderante dos empreendedores políticos, dos grupos organizados e dos especialistas da violência. As violências coletivas são raramente espontâneas. Apesar das aparências superficiais, as exaltações violentas das multidões são, geralmente, fruto da manipulação e da ação concertada de indivíduos determinados. Elas não aparecem como resultado de uma imitação que invade progressivamente uma comunidade. Ao contrário, são organizadas. Elas acontecem porque há os condutores do jogo, empreendedores políticos arranjados por elas, que sabem explorar e que se esforçam para excitar a multidão. Sem eles, não há massacres, ou há muito menos. Não seria aos interesses que eles representam que deveríamos atentar para compreender a irrupção da violência, em vez de valorizar a imitação? Por que invocar um mecanismo de contaminação quando tratamos de grupos estruturados, tropas disciplinadas capazes de resistir à prática da violência e só responder às ordens precisas contra alvos determinados?

Entretanto, não se pode aplicar aos chefes e empreendedores políticos a ideia de que o indivíduo não constitui a "unidade molecular social"? Não poderíamos considerar que eles também são apenas "elos" da comunidade? Para dizer de outra forma, não é porque há incitadores, palavras de ordem, ativistas... responsáveis políticos que o mimetismo está ausente.[7] Pelo contrário, os condutores pedem seguidores; eles só podem ser condutores quando são seguidos. Como mostrou Jean-Pierre Dupuy, entre um pânico e uma multidão estruturada como o exército e a igreja, há diferenças importantes, mas um mesmo mecanismo de imitação dá conta de um e de outro.[8] A presença de atores políticos principais não anula o papel do mimetismo, mas confirma-o. Não existe imitação sem modelo. Na crise mimética, os modelos só parecem desaparecer quando cada um se transforma no modelo de todos. Mas, se temos a impressão de não existirem mais modelos, é porque todos são modelos. Não há mais um ponto de vista único para o qual todos os olhares convergem. Esse lar de todos os desejos reaparecerá na resolução da crise, quando a vítima reconciliadora tornar-se-á a mediadora exterior por excelência, a fonte de toda a autoridade.

Nas violências políticas, a situação é totalmente diferente. Elas são suscitadas pelas autoridades locais ou por empreendedores políticos que as contestam.
Ou seja, pelos condutores, os modelos, as pessoas que dão seu ódio e ressentimento à imitação. Que se trate do poder legítimo ou dos que o desafiam, a violência só passa do terrorismo ou do assassinato político ao massacre e ao genocídio se os condutores e a maioria dos societários estiverem de acordo com as vítimas designadas. As vítimas não são escolhidas ao acaso. Elas pertencem a um grupo, a uma minoria (ou várias), aos "outros" excluídos da comunidade, cujos dirigentes, tanto quanto a gente "ordinária", são apenas elos. Mas a violência genocida só segue em frente se há conhecimento das vítimas. Esse acordo é uma condição política das perseguições em massa. Primeiramente porque, quanto mais são importantes, mais pedem a colaboração de inúmeros participantes. Em segundo lugar, porque elas só são politicamente possíveis se os executores ou terceiros que lhes deixam fazer o que querem, que se aproveitem disso ou não, são assegurados de que não serão as

[7] J.-P. Sartre em *Critique de la Raison Dialectique* (Paris, Gallimard, 1960), no decorrer de sua análise dos grupos em fusão, a partir de exemplos de violências coletivas, demonstra claramente a identificação entre o grupo e seu chefe, fazendo dessa equivalência a pedra angular de sua teoria da liberdade política.
[8] J.-P. Dupuy, *La Panique*. Paris, Les Empêcheurs de Penser en Rond, 2003.

próximas vítimas. Eles só podem ter essa segurança se estão convencidos de que as vítimas são culpadas, que o castigo sobre elas é justificado em razão de seus crimes, ou por simples prudência.

A armadilha mortal

The Killing Trap é uma análise comparativa de três genocídios do século XX: o massacre dos Armênios de Anatólia, a exterminação dos judeus da Europa e o genocídio ruandês. Midlarsky compara esses três eventos, a fim de extrair deles seus pontos comuns. Em seguida, ao aproximá-los das operações de limpeza étnica na Bósnia e dos crimes do regime Pol Pot no Camboja, ele procura isolar as características essenciais dos genocídios com relação a outros tipos de violência coletiva. Ele tira daí uma teoria geral dos genocídios como forma particular de violência política.

Seu modelo explicativo comporta quatro elementos fundamentais: primeiramente, a continuidade mortífera, em segundo lugar, a validação, em terceiro lugar, a perda e, em quarto, a punição altruísta. Esses quatro elementos constituem as condições necessárias dos genocídios, no sentido em que um genocídio só pode acontecer se essas condições forem satisfeitas. Mas elas não são suficientes, sua simples presença não basta para iniciar um genocídio: precisa-se também de uma escolha política, o recurso a uma *realpolitik* imprudente. O autor de *The Killing Trap* não faz uma distinção explícita, como eu faço, entre as quatro primeiras condições e a quinta. Entretanto, sua maneira de ver as coisas sugere que existe uma diferença importante, pois as quatro primeiras condições constituem problemas ou remetem a situações que se impõem aos agentes do exterior, enquanto a quinta trata das ações do possuidor do poder de decisão política, a sua maneira de responder aos eventos. A abordagem de Midlarsky consiste em mostrar que, em todos os casos de genocídio, as cinco condições estão presentes, mas se uma ou outra está ausente, mesmo nas circunstâncias em que poderíamos pensar que se chegaria ao genocídio, as políticas genocidas foram evitadas. É o caso, por exemplo, da Bulgária que, aliada à Alemanha nazista durante a Segunda Guerra Mundial, conseguiu proteger sua população judia da deportação.

As duas primeiras condições estão estreitamente ligadas. A continuidade mortífera é o fato de que os genocídios não nascem em terrenos virgens de violência e perseguição. Eles acontecem em lugares e no seio de populações que já fizeram a experiência ou praticaram, em uma escala menor e de maneira menos intensa, comportamentos perseguidores do mesmo gênero. A continuidade não é uma simples continuação cronológica, mas o fato de que as violências passadas e presentes estão ligadas. Como ele nos diz:

> Os executantes devem saber que massacres de elementos da população vítima ocorreram em um passado recente e que eles se identificam com os objetivos políticos e com a mentalidade dos executantes anteriores. A identificação pode colocar um ponto entre o passado recente e o presente, tornando mais prováveis novas mortes em massa. A vulnerabilidade da vítima, uma condição necessária ao genocídio, foi claramente estabelecida.[9]

A continuidade mortífera remete a dois fenômenos distintos: a identificação entre os executantes passados e presentes e a vulnerabilidade das vítimas. A identificação, o fato de que os assassinos não sejam os primeiros, significa que eles não são simplesmente loucos ou insensatos. Outros já existiram, pensaram e agiram como eles. Eles podem referir-se a modelos. A vulnerabilidade das vítimas, sua incapacidade de defender-se cria vítimas sacrificáveis. Esses dois elementos, a

[9] *"What is required is that perpetrators be aware that there have occurred massacres of elements of the victim population in the recent past and that they identify with the political goals and mindset of earlier perpetrators. Identification can provide a bridge between the recent past and present, and make subsequent mass murder more likely to occur. Vulnerability of the victim, a necessary condition for genocide, has been clearly established"* (Midlarsky, op. cit., p. 43).

vulnerabilidade das vítimas e o bom fundamento das políticas homicidas, seu caráter aceitável, são novamente confirmados pelo que Midlarsky chama de "validação". Ele entende por isso a impunidade compreendida em sentido amplo. Isso quer dizer que os massacres passados tiveram pouca ou nenhuma consequência desagradável para aqueles que os cometeram. Os massacres passados também são validados e as intenções genocidas encorajadas pela indiferença ou pelo entusiasmo, algumas vezes, de amplos segmentos da população local e, enfim, pelo desinteresse da comunidade internacional. A validação dos massacres passados, compreendida desse modo, tem ao menos duas consequências na dinâmica dos genocídios. Ela confirma o caráter sacrificável das vítimas e redobra o efeito da identificação. Os perseguidores não têm apenas os modelos passados, mas também os apoios atuais. Eles são rodeados de terceiros que não os desaprovam. A validação significa que existem "outros" que aprovam suas ações homicidas ou, no mínimo, compreendem-nas e estão prontos a fechar os olhos a elas. Ela significa também que as vítimas são perfeitamente sacrificáveis, que ninguém tomará seu partido.

Midlarsky chama de perda (*loss*) o fato de os Estados Unidos, que adotaram uma política genocida, terem sofrido uma "perda", por exemplo, uma redução de seu território, de reversos militares ou fracassos políticos maiores. Qualquer que seja sua natureza, os genocídios sempre acontecem em resposta a uma perda real ou sentida como tal. Segundo ele, é significativo que o genocídio dos judeus europeus só comece verdadeiramente em 1941, no momento em que os alemães começam a tomar consciência de que vão perder a guerra. Também não é um acaso que o genocídio se acentue à medida que os reversos militares aumentam.[10] O Império Otomano, logo antes do início do genocídio, acaba de apagar fracassos militares importantes, ainda mais traumatizantes por o império ter perdido, no século precedente, o conjunto de seus territórios europeus. Sua entrada na guerra foi arriscada, a fim de tentar recobrar sua grandeza passada. Em 1915, a decisão de participar do conflito do lado dos poderes centrais parecia ser cada vez mais equivocada.

[10] Midlarsky, op. cit., p. 147.

Finalmente, também em Ruanda, o genocídio foi iniciado em uma situação de "perda". Só uma intervenção militar francesa salvara *in extremis*, no ano anterior, o regime do presidente Habyarimana. Uma parte do território estava agora sob controle dos rebeldes, e os Acordos de Arusha de 1993, pelos quais a paz tinha sido concluída, impuseram o fim do regime de partido único e uma devolução do poder em proveito dos rebeldes Tutsi e dos partidos moderados de Hutu. Nos três casos, os genocídios aconteceram em situações em que o Estado responsável acabara de sofrer perdas importantes e, segundo Midlarsky, eles constituíram uma forma de compensação ou de resposta a esses fracassos.[11]

Midlarsky considera a redução territorial uma forma paradigmática da perda, pois ela constantemente cria movimentos forçados da população, fluxos de refugiados. E, com efeito, a Europa do Leste, a Anatólia do início do século XX e Ruanda em 1994 abrigaram, por razões diversas, um número importante de refugiados. Segundo Midlarsky, estes têm um papel duplo na dinâmica dos genocídios. Primeiramente, eles formam uma população que, mais que qualquer outra, teve a experiência da perda, que foi diretamente tocada, desenraizada e deslocada. Os refugiados são pessoas que perderam suas casas, perderam tudo ou uma parte de seus pertences, seu país e, às vezes, membros de sua família. Eles são "a perda encarnada", a memória viva do fracasso. Eles fazem com que seja difícil esquecer, passar uma borracha no passado. Em segundo lugar - que está ligado ao primeiro -, é constantemente no seio dessas populações deslocadas que serão recrutados os principais executores dos genocídios.[12]

A quarta condição necessária, segundo Midlarsky, é o "castigo altruísta". Ele considera que o "castigo altruísta" está ligado à "perda": o castigo constitui, segundo ele, um meio de compensar a perda sofrida, uma resposta ao fracasso. O que é o "castigo altruísta"? Midlarsky o define da seguinte forma:

[11] Ibidem, p. 86-90.
[12] Ibidem, p. 164.

> "Uma punição infligida a qualquer um que se tenha recusado a cooperar. Ela custa àquele que a impõe e não lhe traz qualquer ganho material".[13]

O "castigo altruísta", segundo Midlarsky, permite-nos entender que tantas pessoas sustentem políticas genocidas que impõem aos Estados custos importantes sem lhes oferecer qualquer ganho material. A Alemanha desviava recursos importantes do fronte para continuar sua política de exterminação. Além disso, sabe-se que o genocídio se intensificava enquanto as derrotas militares alemãs aumentavam; logo, enquanto seus recursos poderiam ter sido usados de forma mais útil. Certos autores consideram que o crescimento econômico da Turquia foi retardado em um século pelo genocídio armênio e a expulsão subsequente dos gregos de Anatólia, que constituíam, ambos, a maioria das classes comerciantes e artesanais.[14] Quanto a Ruanda, podemos pensar que os recursos gastos para criar as milícias genocidas e comprar facas teriam sido mais proveitosos para combater os rebeldes, cuja ofensiva havia sido retomada. Para Midlarsky, é o "castigo altruísta", a propensão a punir os que abandonam, mesmo quando isso nos é custoso, que explica populações inteiras aderindo a políticas monstruosas que lhes proporcionam benefícios e são até mesmo nefastas. O "castigo altruísta", segundo Midlarsky, é o fato de populações que sofreram perdas aceitarem impor-se custos importantes para punir aqueles que elas creem ser responsáveis por tais perdas.

Esse é o mecanismo dos genocídios, segundo Midlarsky. Primeiramente, os modelos, os exemplos, uma forma de autorização que torna o comportamento mortífero aceitável; em segundo lugar, uma população sacrificável; em terceiro lugar, uma perda, um fracasso ou reverso, refugiados, uma população ferida que exige ser compensada pela perda que sofreu; enfim, em quarto lugar, o "castigo altruísta", a própria compensação, a infelicidade que se impõe àqueles que são tidos por

[13] *"A punishment inflicted on a defector from cooperation, which is costly to the punisher and without material gain"* (ibidem, p. 110).
[14] Ibidem, p. 70.

responsáveis pela perda. Enfim, Midlarsky descreve as vítimas dos genocídios como bodes expiatórios, nem mais, nem menos, e reconhece na imitação de exemplos passados, na pressão dos pares, no mimetismo, sem nomeá-lo, um papel fundamental nesse processo. Para que o genocídio possa ter espaço, é preciso que as vítimas sejam sacrificáveis, que sejam bons bodes expiatórios no sentido de Girard. Ou seja, é preciso que elas não tenham defesa ou defensores, que ninguém esteja pronto a ajudá-las. Enfim, o motivo, o motor do comportamento homicida nada mais é que o deslocamento da violência, a compensação, a vingança exercida contra terceiros sacrificáveis por um fracasso cometido por outrem.

Mimetismo e política

Entretanto, isso não é suficiente para Midlarsky. Para que um genocídio aconteça, é preciso que o Estado também adote os meios de ação de determinado tipo, uma *realpolitik*. A *realpolitik*, nos diz ele, é uma concepção política segundo a qual o sucesso é a medida de toda política e em que o sucesso é definido como o fato de se manter e se reforçar o Estado.[15] No entanto, o que faz a verdadeira diferença não é uma teoria particular de um certo tipo de ação. A *realpolitik* como tal, diz ele em seguida, conduz raramente ou nunca ao genocídio.[16] Apenas a "*realpolitik* imprudente" pode levar ao genocídio. Uma *realpolitik* imprudente é uma política da força bruta que reage de maneira desproporcional às provocações, aos obstáculos, aos reversos.[17] A *realpolitik* imprudente não é, então, uma concepção da política, mas remete a uma reação do Estado caracterizada pela violência e repressão desproporcionais. O recurso a uma *realpolitik* imprudente assim definida possui dois problemas. O primeiro é que a *realpolitik* imprudente concebida como um contínuo de ações, antes que como uma teoria política, não é capaz de agir como

[15] Ibidem, p. 92.
[16] Ibidem, p. 113.
[17] Ibidem, p. 83.

causa suscetível de explicar o genocídio, pois ela não se distingue mais dos gestos, das ações e das políticas mortíferas que constituem o genocídio. O segundo problema é que a *realpolitik* imprudente assim definida opõe-se à *realpolitik* concebida como teoria política.

Se a *realpolitik* consiste em pensar que o sucesso é medido de acordo com toda política, e a proteção do Estado é a medida de todo sucesso, então, ao que parece, a *realpolitik* não é imprudente *por definição*. É, a propósito, o que pensaram seus grandes representantes. Um Estado pode e, às vezes, deve tomar os riscos, mas estes têm de ser medidos. Os que aceitam riscos loucos, que adotam políticas evidentemente desastrosas com o único objetivo de punir aqueles que eles julgam responsáveis por seu fracasso passado, manifestadamente perderam de vista que o sucesso é a medida de toda política, e que o Estado é a medida do sucesso. A *realpolitik* imprudente só é *realpolitik* no nome. Ela não constitui uma política de um tipo particular, por exemplo, realista, mas simplesmente o fato de que os que perpetuam os genocídios adotam as políticas que adotam. Os dois problemas unem-se, a *realpolitik* nada explica, e não explica, sobretudo, que os que a praticam elegem uma política tão "imprudente" quanto eles o são.

A teoria mimética nos permite responder a essa pergunta. Os que escolhem uma *realpolitik* imprudente adotam essa política uma vez que as quatro condições são satisfeitas. Para ver de maneira mais clara, basta reformular as quatro condições de Midlarsky nos termos da teoria mimética. A primeira condição, a continuidade mortífera, é a existência de modelos violentos, de paradigmas que determinam o comportamento a ser adotado e designam as vítimas. A segunda condição, a validação, é a existência de uma população de vítimas sacrificáveis, ou seja, vítimas que não têm defesa ou defensores, que ninguém virá vingar em seguida. É o que significam a impunidade, a indiferença das populações locais e o desinteresse da comunidade internacional. A terceira condição, a perda, é o desastre que golpeia a comunidade, a crise, o mal que deve ser recompensado. Enfim, a quarta condição é o próprio mecanismo de transferência da violência, o processo pelo qual uma vítima sacrificável substitui um inimigo inacessível ou compensa por um mal contra o qual nada se pode fazer. Isso é tudo, não precisamos de mais nada: a *realpolitik* imprudente nada adiciona, nada explica. Ela não é outra coisa senão o próprio genocídio. O genocídio é uma política do bode expiatório ignorado, como todas as políticas do bode expiatório.

A demonstração de Midlarsky apresenta um duplo interesse fundamental, ao mesmo tempo epistemológico e antropológico. Ignorando toda a teoria de Girard[18] e seguindo de perto os dados históricos e sociológicos dos três genocídios, ele redescobre, sem saber, as características fundamentais do mecanismo vitimário. Falta-lhe, no entanto, a hipótese do mimetismo; as variáveis macrossociológicas que ele nota são as mesmas que a teoria mimética prediz. O trabalho de Midlarsky consiste, assim, em um sério teste da teoria girardiana, na medida em que a enquete de *The Killing Trap* não foi construída com o intuito de confirmar, nem com a intenção de invalidar, a hipótese da vítima emissária. Midlarsky não pode ser acusado nem de complacência excessiva, nem de animosidade particular. Ele simplesmente tentou compreender um fenômeno terrível.

O que a antropologia traz é, eu creio, ainda mais importante. A pesquisa de Midlarsky descobre a estrutura da violência sacrificial em um contexto político em que, para o que é essencial, toda a dimensão religiosa está ausente. Os genocídios do século XX foram massacres seculares, crimes políticos em que o papel das ideologias religiosas, quando existia, foi absolutamente reduzido diante das justificativas políticas. De minha parte, eu vejo uma prova suplementar da universalidade da hipótese girardiana. Encontrar no exterior de todo contexto religioso a estrutura fundamental do mecanismo sacrificial conforta a tese, segundo a qual o mecanismo vitimário tem origem no conjunto da cultura humana e é um elemento central da nossa vida coletiva. Isso testemunha o papel fundamental do mimetismo nas sociedades humanas e sugere que a polarização mimética contra as vítimas

[18] Ao menos, pelo que podemos julgar dela, sem fazer a pergunta diretamente. Ele nunca menciona a hipótese mimética e nenhuma das obras de Girard aparece em sua bibliografia.

constitui uma espécie de ponto fixo dos nossos sistemas sociais, um *extremum* ao qual eles espontaneamente evoluem quando são abandonados a si mesmos.

Violência sacrificial e crise

Se a análise precedente for exata, é possível compreender por que, no curso de um episódio genocida, não surge uma vítima única contra a qual o conjunto da comunidade se reúne. Os genocídios não devem ser pensados sob a forma da crise original e da morte fundadora, mas antes como sacrifícios humanos realizados fora do quadro ritual. Uma das características essenciais da crise sacrificial é a formação de duplos rivais, o fato de que, pouco a pouco, as diferenças entre os adversários se apagam para dar lugar a uma indiferença violenta, em que todos se tornam semelhantes. Isso significa que, no decorrer da crise, a diferença entre vítimas e algozes pouco a pouco desaparece. Cada adversário procura apoderar-se dessa diferença e proclama que as vítimas de seu partido são verdadeiras vítimas inocentes, enquanto seus adversários são monstros sanguinários que merecem a violência que lhes ocorre; entretanto, por esse mesmo processo, a identidade entre os violentos é estabelecida. Eles se tornam gêmeos da violência. Ora, a transformação de rivais duplos é indispensável à resolução da crise. É a condição necessária à substituição universal da violência que permite a todos os ódios saciarem-se contra uma mesma vítima.

Opostamente, as violências genocidas são marcadas pela assimetria entre as vítimas e os algozes. Essa assimetria não é temporária, destinada a desaparecer à medida que a violência evolui. Ao contrário, ela continua em seu lugar do início ao fim do genocídio e é por esse motivo que a transferência violenta contra uma só vítima permanece impossível. De um lado, grupos armados, milícias, tropas regulares ou multidões encorajadas pelas forças da ordem e autoridades locais; de outro lado, uma população sem defesa, mulheres, crianças, velhos e homens com ou sem armas, mas de qualquer forma exangues, incapazes de oferecer resistência.

Essa assimetria é verdadeira em todos os genocídios e define as vítimas não como rivais dos algozes, não como seus adversários, mas como presas, vítimas sacrificiais. Não como aqueles com quem se combate, mas como aqueles graças a quem satisfazemos uma violência frustrada, para liberar-se, se possível, de um mal cuja causa nos escapa. Os genocídios assemelham-se aos sacrifícios, porque são executados por oficiantes designados, mais comumente especialistas da violência, e porque eles são ratificados pelas autoridades, no lugar de quem recebem uma sanção moral. Os genocídios assemelham-se às crises rituais, encenações cujo objetivo é trazer a ordem à sociedade. Eles são organizados por autoridades reconhecidas e, mais comumente, sua execução é confiada a oficiantes especialistas.

Esses "sacrifícios", entretanto, desenvolvem-se fora do quadro ritual. Assim, explica-se que não tenham um fim. Um ritual não é somente um gesto particular, papéis diferentes, uma divisão do trabalho; ele define também um tempo e um espaço à parte. Ele rompe com a continuidade cotidiana. O ritual é introduzido por ações conhecidas, repetidas há muito tempo, que instauram um espaço e uma duração sagrada. Ele tem um início e um fim e é periodicamente retomado. Opostamente, o genocídio é uma continuidade com a vida cotidiana. Ele se inscreve na continuação das coisas. O genocídio não constitui um intermédio separado, cujo objetivo é procurar, em um plano diferente daquele em que se desenvolve a vida de todos os dias, a solução dos problemas que ela nos impõe. O genocídio é uma política, não um ritual sacrificial. E é por isso que ele não tem fim, qualquer fim natural, senão o seu cumprimento total.

capítulo 42
a primeidade: da origem ao Holocausto e além

Eric Gans

O semanticista S. I. Hayakawa, que um dia foi senador da Califórnia, pertencia a uma escola de pensamento que estimava que todos os nossos conflitos são puramente ligados a diferenças de definição. Diferentemente daqueles que, como Habermas, preconizam o *diálogo*, para a "semântica geral", bastava construir um bom dicionário, de uma vez por todas, e ater-se a ele. Antes de rir da ingenuidade dessa perspectiva, nós faríamos bem de nos lembrar que Platão e Sócrates não consideravam de outra forma: definir o Bem é, ao mesmo tempo, construí-lo; a prova "ontológica" não está distante disso. Mais modesta, a antropologia generativa procura articular a um número mínimo de pressupostos a configuração do evento hipotético a partir do qual a humanidade se criou.[1] É a partir dos conceitos, por meio dos quais, no início, diferenciou-se a violência, que se tem uma melhor esperança de diferenciar o ressentimento nos dias de hoje.

Esse conhecimento da origem dá-se apenas ao "fim da história". Mas, como Hegel deveria ter sabido, estamos *sempre* no fim da história, o eterno objetivo do

[1] Para uma exposição geral da antropologia gerativa, ver sobretudo as minhas obras *Science and Fatih, The Anthropology of Revelation* (Rowman & Littlefield, 1989), *Originary Thinking, Elements of Generative Anthropology* (Standford, 1993) e *Signs of Paradox, Irony, Resentment, and other Mimetic Structures* (Stanford, 1997).

pensamento humano sendo demonstrar que a humanidade só se realizou plenamente *agora*, mesmo que, para o pensamento pré-moderno, o conteúdo dessa realização seja de que mais teria valido permanecer em uma perfeição originária. Isso não nos impede, mas, ao contrário, conduz-nos a fazer dessa forma em um próximo momento da história. Na medida em que a antropologia generativa obedece a esse princípio, ela considera não apenas que suas verdades, assim como o vocabulário que as exprime, não poderiam ter sido descobertas em uma época anterior, mas, além disso, que essa descoberta traz a "solução" a conflitos insolúveis de outra maneira nos dias atuais – e que terão necessidade de uma nova "solução" amanhã.

Para os que não conhecem a antropologia generativa, trata-se de uma concepção do humano fundada na *hipótese originária*, afirmando que o humano propriamente dito não pôde emergir gradualmente, mas que a possessão da linguagem que nos distingue de nossos primos biológicos deve ter tido sua origem em um *evento* que, como todo evento, se passa em uma *cena*. O cenário mínimo desse evento hipotético deve incluir a passagem do gesto prático, pertencente ao mundo "horizontal", pré-linguístico, ao *signo*, que cria uma relação "vertical" com seu referente mundano. Suponhamos um círculo de proto-humanos em torno de um objeto desejável, por exemplo, uma carcaça de mamute que será a fonte de carne para o grupo (composto por mulheres e crianças que deverão ser alimentadas). Cada um quer apropriar-se desse objeto e a vontade de apropriação repercute através do grupo inteiro: não apenas cada um é movido por seu próprio apetite, mas a presença dos outros reforça mimeticamente tal apetite, transformando-o em *desejo*. Nos animais superiores, inclusive os grandes macacos, essa perigosa passagem do desejo é bloqueada: o grupo tem um líder, um "Alfa" que, em geral, apropria-se do primeiro pedaço, dando em seguida a vez aos outros, em uma ordem mais ou menos estritamente hierárquica. Mas, no cenário da hipótese originária, a força do desejo mimético é tanta que o Alfa não é forte o suficiente para contê-lo. Nenhum membro do grupo pode aproximar-se do objeto central sem correr o risco de incorrer na hostilidade de todos os outros, o que equivale a dizer que o grupo está se tornando uma *comunidade*. Essa comunitarização, que é também uma hominização, faz-se pelo *aborto* do gesto de apropriação "horizontal" que, de uma tentativa de apropriar-se do objeto, torna-se uma maneira de *designar* tal objeto como o que é justamente proibido, inapropriado a qualquer indivíduo, Alfa ou não. O "gesto abortado", impedido de prosseguir em direção ao objeto, volta-se a si mesmo para tornar-se *forma* reconhecível como meio de comunicação e de representação; em uma palavra, como signo de *linguagem.*

A questão que nos interessa aqui é a da necessidade de existir *um primeiro*, que seja ou não o antigo Alfa, que compreenderia antes dos outros que se deve renunciar ao objeto e que se deve mostrá-lo a eles por meio do signo que nasce. Esse signo "indexical", de renúncia, torna-se, então, o primeiro signo "simbólico", pois designa e, assim, *representa* ostensivamente o objeto que é o alvo do desejo de todos. Mostrando que eu renuncio a monopolizá-lo, eu estou apenas reforçando seu prestígio mimético; renunciar à possessão não é renunciar à atenção, nem ao desejo que me torna apegado ao objeto. O primeiro signo *sacraliza* seu objeto e, por essa razão, poderíamos chamá-lo de "nome de Deus". Sua emissão *difere* a apropriação do objeto, que acontecerá tão somente de forma coletiva. Longe de ser um caso particular da famosa *diferença* de Derrida, que é a base de todo o pensamento "desconstrutor", a hipótese originária é uma explicação antropológica desse fenômeno em seu conjunto.

Este preâmbulo tem por objetivo introduzir no discurso da hipótese originária um termo que não se encontra nem entre os que eu herdei de René Girard, nem entre os que eu mesmo criei. Trata-se do termo *firstness* ou *primeidade*, que pertence ao vocabulário do filósofo americano Charles Peirce e que foi aplicado à antropologia generativa pelo meu colaborador Adam Katz.[2] Eu não abordarei aqui a questão, levantada por esse empréstimo, do alcance antropológico dos termos *firstness*, *secondness* e *thirdness* e mais geralmente de toda a semiologia de Peirce.

[2] Ver o ensaio de Katz, "Remembering Amalek: 9/11 and Generative Thinking", *Anthropoetics* 10, 2 (Fall 2004/ Winter 2005).

Em minhas diversas formulações da cena originária, eu não tinha considerado especificar de qualquer maneira que *o primeiro* teria tido a ideia de abortar seu *gesto de apropriação* e de transformá-lo em *signo*. Entretanto, Katz mostrou que é necessário distinguir tal personagem na versão "mínima" da cena, pois postular que todos os participantes agiram "como um só homem" seria evidentemente menos parcimonioso que supor que apenas um entre eles tenha tido a iniciativa e que os outros tenham seguido o movimento. (Presume-se sempre que, antes que o primeiro gesto abortado não tenha "pegado" enquanto signo, inumeráveis situações comportando um ato semelhante tenham acabado em sangue.) Deve-se, então, adicionar o elemento da *primeidade* ao vocabulário da cena originária; descrevendo-a de maneira mais precisa, nós a tornamos, ao mesmo tempo, algo mais "minimalista".

Essa precisão preenche uma lacuna importante na elaboração teórica da hipótese. Sem a primeidade, a unanimidade da cena originária aparece sem um conflito não apenas real, mas possível. A esse título, *a análise originária*, que consiste em procurar em um evento fundador o germe de toda instituição humana, corre o risco de parecer trazer tudo a um tempo, por breve que seja, de harmonia edênica. Inversamente, com a primeidade, introduz-se em nosso modelo da cena um *tempo interno* da constituição/imposição do signo, tempo de conflito mimético potencial, que se encontra em cada evento posterior na luta para impor o novo "signo" diferenciador – sempre provisoriamente – da violência. Particularmente, e foi nesse contexto que Katz formulou sua modificação da cena, a introdução da primeidade abre a análise originária à *cena política*, que se define por um acordo geral sobre o fato de que *se deve agir* antes que se saiba que ação empreender. A escolha entre duas ou mais opções, como a escolha paradigmática que efetua o sujeito falante entre dois ou vários morfemas, deriva de uma escolha originária em que o signo teria sido *a única* opção bem definida, a outra sendo apenas a ausência de signo e de sentido, o retorno à crise que só o signo poderia resolver.

A primeidade originária leva à divisão "igual" do objeto de desejo que se encontra no centro. Em seu *Essai sur le Don* [Ensaio Sobre a Doação], Mauss descreve a maneira como a reciprocidade da cena originária se espalha no conjunto das vidas em uma sociedade tradicional. Se eu lhes dou alguma coisa, que seja uma joia, um banquete ou uma filha para o casamento, eu não espero uma contradoação imediata; pelo contrário, responder imediatamente seria uma falha grave. Nossas trocas na vida social são sempre maussianas: se você me convida para jantar esta noite, acharia estranho que eu o convidasse amanhã e ficaria seriamente ofendido se eu lhe oferecesse dinheiro. Em uma sociedade em que as doações constituem a totalidade do sistema de troca, pode-se dizer que, fora dos grandes momentos rituais em que a comunidade se reconstitui, a sociedade existe em uma cena originária "virtual" que caminha lentamente. Uma renúncia chama outra, cada um faz o ato de fé que um dia terá em sua conta. Não se trata, no entanto, como se corre o risco de inferir pelos termos *doação* e *contradoação*, de uma *transação* diferenciada, em que a segunda prestação anula a dívida criada pela primeira:

> Quando um Baruya (linhagem) dá uma mulher e recebe outra em troca, as duas partes não estão quites, suas dívidas recíprocas não são anuladas. Elas se equilibram e constituem a razão de ser de múltiplas trocas de bens e de serviços... Doando, transformamos o outro em obrigado; recebendo, tornamo-nos, por nossa vez, o obrigado daquele a quem doamos.[3]

Essa ausência de finalidade deve ser compreendida como uma consequência da persistência da cena fundadora; a troca prolonga-se ao infinito, porque o verdadeiro credor da "dívida" contraída a cada etapa do processo é mais o centro sagrado que o outro particular. Como o "primeiro" da cena originária, o autor da doação renuncia ao objeto em nome da comunidade; assim, seu parceiro deve à comunidade uma renúncia semelhante, e o que dá conta dessa dívida é uma *representação*

[3] Maurice Godelier, *Métamorphoses de la Parenté*. Fayard, 2004, p. 70.

do objeto recebido da mesma ordem que o signo, que permite à comunidade originária diferenciar a possessão do objeto sagrado.

Essa estrutura em desequilíbrio permanente não tem os meios para se defender contra a usurpação do centro pelo Big Man, que dá sem que possamos lhe dar de volta. A instabilidade implícita desse sistema de troca revela-se no fenômeno do *potlach*, cuja análise ocupa uma boa parte do pequeno tratado de Mauss. Assim que dispomos de um excedente, procuramos não o retorno ao equilíbrio, mas o triunfo pelo excesso: eu lhes dou tanto que a sua contradoação será indefinidamente diferenciada e se tornará impossível nas sociedades hierárquicas. Em outros termos, a igualdade originária não é estável, porque não há obstáculo inerente à cena que impeça a primeidade, que precede essa igualdade de prolongar-se indefinidamente. O centro sagrado não está à prova da usurpação: a oposição entre centro e periferia só é absoluta no desvio ontológico entre o signo e o mundo real a que se refere. Uma vez que a sociedade é construída em torno de um sistema de trocas que nunca quita a cena originária, ela não pode impedir essa cena de "evoluir". Inserindo-se no quadro da cena originária, o desenvolvimento econômico que cria o excesso conduz, assim, a uma hierarquia "ingênua", em que o poder econômico tem partido diretamente com o sagrado, em que o soberano que ocupa o centro redistribuidor do Estado pode se dar por um deus.

De Mauss a Adam Smith

A evolução posterior, que conduz ao sistema de mercado característico das sociedades modernas, é por demais complexa para ser desenvolvida aqui, mas devemos indicar uma etapa crucial: o *monoteísmo*, de que o povo hebraico é o inventor/descobridor. O deus único, que ocupa o centro com relação à toda periferia humana, que se nomeia por uma frase ("Eu sou [aquele] que é") em vez de nomear-se por um nome que possamos chamar, garante que o rei mais poderoso não possa vangloriar-se de encarnar o sagrado. Mas privar todos os homens da divindade carnal é dizer que essa divindade reside em sua "alma", que podemos definir sem teologia, como a faculdade de empregar os signos. O cristianismo não está, que fique claro, implícito no judaísmo, mas é um desenvolvimento natural dele. Uma vez que o monoteísmo coloca ao alcance de todos o ideal da troca recíproca, que é a instituição moral da cena originária, melhor seria dizer que carregamos todos em nós o modelo moral dessa cena, de maneira que mesmo o ressentimento mais extremo engendrado pela sociedade hierárquica não saberia apagá-lo. O poder da Cruz é a persistência da voz que anuncia a "boa nova", aparentemente perturbadora, para a hierarquia social, mas que carrega sua garantia, no fim das contas: a de que somos todos igualmente representantes da intuição moral primordial – que, como Girard me disse um dia, "somos todos filhos de Deus".

Ora, é a certeza de que cada um carrega em si a cena originária que torna possível o nascimento de um novo sistema de trocas, o qual acabará substituindo o descrito por Mauss: o sistema do mercado, que define a modernidade. A novidade é que a transação mercantil não é mais uma extensão da cena originária, mas seu modelo mínimo. Em lugar de doar e contradoar em uma cena virtual prolongada ao infinito, um doa e o outro contradoa *ao mesmo tempo*. Cada um deixa ao outro alguma coisa contra outra coisa que estima mais vantajosa. Mas uma dessas "coisas" é, no caso geral, um *meio de permuta* em princípio não consumível, que confere um *valor* ao outro. Lembremo-nos de que, no sistema da doação/contradoação, a dívida daquele que recebe só existe sob a forma de signo, de "reconhecimento" para com o sagrado. A moeda é a realização concreta desse signo de reconhecimento: ela tem um "sentido", mas, diferentemente do signo ordinário, não pode se reproduzir gratuitamente. A cena da transação dissolve-se no próprio instante, porque a moeda permite pagar a dívida àquele que recebe a "doação". Mauss havia mostrado que a permuta, que pensávamos ser, desde sempre, o modo mais primitivo de troca, nunca foi o modo normal, mesmo nas sociedades pré-monetárias. Trocar uma coisa contra outra é dar e receber duas vezes, criando dívidas que devem anular-se acidentalmente, o que explica que a troca é marginal em todas as sociedades conhecidas.

Na troca do tipo mercantil, deixamos um valor de disponibilidade universal contra um *produto* específico. A primeidade que reside no processo de produção revela-se no processo da troca. No mundo descrito por Adam Smith, cada um tem interesse em produzir aquilo que o faça ter mais benefícios. O consumidor que compra é obrigado a aceitar a primeidade produtora; o mercado não dá qualquer segurança de que ele o fará sem ressentimento. Basta ver o que se passa nos Estados Unidos, quando o preço do galão de gasolina aumenta em um dólar! O que dizer, então, de sociedades inteiras em que o mercado "mundial" é vivido como uma força inimiga?

O Holocausto incompreendido

Não saberíamos negar que há uma grave crise de confiança danificada há algumas décadas no seio da sociedade ocidental. Essa perda de fé é, sobretudo, evidente na Europa, onde se traduz por uma falta de ganho demográfico que, pela primeira vez na história, ocorrendo fora do tempo de calamidades da fome e da peste, está despovoando uma boa parte das etnias europeias a uma velocidade inquietante. Essa crise é causada pela falta de fé na versão moderna da primeidade.

Os que estão acostumados a ouvir falar de "epistema" não ficarão chocados se eu associar essa crise a um evento histórico que inaugura uma nova época moral e estética: o Holocausto. A enorme energia que os nazistas consagraram a essa operação, muitas vezes até mesmo à custa da eficácia militar, prova que não se trata de um genocídio "ordinário" como os que comumente acontecem nas guerras civis, quando uma das partes se encontra por um certo tempo em situação dominante, como em Ruanda, há alguns anos, ou em Darfur hoje. Tendo em vista a fraqueza absoluta dos judeus diante do poder alemão, o medo antissemita que motivava os nazistas parecia revelar um puro delírio. Entretanto – e é aí que ainda desconhecemos o alcance desse evento capital –, o Holocausto não se reduz a um massacre do "fraco" pelo "forte", mesmo que colemos no "fraco" a etiqueta do "bode expiatório". O que os nazistas quiseram liquidar nos judeus, com uma nuance que eu precisarei mais tarde, foi a sua primeidade enquanto investidores/descobridores do Deus único que preside os destinados da família religiosa "abraâmica". Tratava-se de uma tentativa consequente, única na história, de realizar o sonho antissemita de um mundo *judenfrei*. Quando o ressentimento conduz à destruição sistemática do objeto sem o qual ele perde todo o seu sentido, vamos além do possível, inevitavelmente; e, assim sendo, reconfiguramos o campo das possibilidades.

A nossa época pós-moderna entendeu mal o Holocausto, pois o interpretou como um esmagamento dos fracos pelos fortes, ou seja, em termos *vitimários*. Esse "horror" histórico não foi inteiramente funesto: a leitura vitimária do Holocausto e, mais geralmente, do racismo dos poderes do Eixo precipitou rapidamente a liberação das colônias europeias, depois a abolição da segregação racial nos Estados Unidos e, por fim, o *apartheid* sul-africano, sem falar dos diversos movimentos de "liberação" – das mulheres, dos homossexuais, dos deficientes, até mesmo dos animais, da ecologia... Na perspectiva dos povos, ou das "minorias", postos em inferioridade, o modelo vitimário apareceu como uma verdade humana eterna que os horrores da guerra tornaram visíveis demais para não serem reconhecidos pela consciência ocidental. No entanto, é uma verdade limitada, que não exaure a lição moral do evento e que acaba, inevitavelmente, por levá-la a um contrassenso, como mostra a recrudescência atual do antissemitismo, de inspiração sobretudo muçulmana, embora não exclusivamente. Os próprios islamistas sabem, ao menos, por que odeiam os judeus, e seguramente não é por serem "fracos". Se hoje em dia o antiamericanismo fundiu-se com o antigo antissemitismo em uma hostilidade generalizada em lugar de um eixo em grande parte imaginário, Estados Unidos-Israel – duas universidades americanas "respeitáveis" publicaram um artigo casando esse ponto de vista no *The London Review of Books* –, isso se explica, mais uma vez, pelo ressentimento da primeidade, ao mesmo tempo histórico-religiosa e político-econômica.

Desde o início da sociedade burguesa, sente-se uma ligação obscura entre a primeidade religiosa dos judeus e o sistema do mercado. Pode-se até mesmo dizer que é a evocação dessa ligação que define o antissemitismo em sua acepção moderna, a que provocou a invenção desse novo termo no século XIX para designar um fenômeno que data de muitos milênios. Os nazistas tinham mais raiva da primeidade dos judeus no contexto do mercado que no da religião. Marx e Hitler estavam unidos em sua hostilidade para com o sistema do mercado, que ambos interpretavam como um fenômeno judeu.

A identificação dos judeus como os mestres secretos do sistema de troca moderno está apenas emblematicamente ligada a sua atividade mediatriz nas trocas entre os Estados na época pré-moderna; a ligação causal vai antes em outra direção. Em um mercado em que cada um busca seu interesse, trocando "livremente" os valores, o sistema em seu conjunto, que atribui mais inteligência ao valor das mercadorias que a qualquer participante, é análogo ao Sujeito divino da cena originária. Os agentes econômicos que têm mais êxito que outros parecem conhecer *primeiro* as vontades do Sujeito do mercado; são os tardios que pagam pelos encargos do benefício que os eleitos criaram. O sucesso já secular dos *Protocolos dos Sábios de Sião* mostra o poder dessa analogia em toda a sua loucura lógica: os que foram *os primeiros* a adorar ao deus universal são necessariamente *os primeiros* no altar do Sujeito do mercado. Marx não disse outra coisa: os judeus, "povo eleito" do Deus abstrato e universal, são igualmente o povo eleito do deus abstrato e universal do mercado, o *Dinheiro*.

O retorno atual do antissemitismo, a despeito do efeito histórico do Holocausto, explica-se, então, pelo fato – sem dúvida inevitável - de que os judeus tenham sido tidos como simples vítimas, antes de serem entendidos como mártires da *primeidade*. Se a antropologia gerativista nos ajuda a repensar essa situação, é porque ela teve a oportunidade de tirar algumas conclusões sobre a história pós-moderna, das quais a mais importante é, sem dúvida, a impossibilidade deste "além" do mercado, livre do ressentimento que engendra, batizado de "socialismo". Agora, estamos certos de que nenhum *Aufhebung* econômico transcenderá as "contradições" do mercado. Mas, se devemos abandonar para sempre o sonho da "luta final", temos, no entanto, boas razões para crer que o mercado econômico livre levará, cedo ou tarde, ao mercado político livre em todos os lugares.

O romantismo pós-moderno

A "falsa consciência" do pensamento vitimário não jaz em uma simples recusa da primeidade, mas na aspiração à primeidade *radical* de um gesto de renúncia que passaria por cima de toda a história da sociedade hierárquica para reencontrar a reciprocidade originária. A iniciativa do meu gesto de renúncia deve abolir simbolicamente o meu estatuto privilegiado no mercado moderno e, a partir disso, anular o ressentimento dos desprivilegiados. Porque, sob o olhar da transformação do gesto egoísta de apropriação material em signo partilhado que prepara uma possessão coletiva, a primeidade moderna definida pelo mercado é uma perversão hipócrita. A primeidade do "capitalismo" vem de sua "ética protestante" também fazê-lo renunciar a uma satisfação imediata. Isso significa, entretanto, recuar para dar um melhor salto: o capital cujo consumo diferenciamos nutre-se dos benefícios de consumo que os outros não querem ou não podem diferenciar. Pelo contrário, o gesto de renúncia vitimária não espera qualquer benefício. Ele parece ser só generosidade, enquanto, na verdade, é um puro *potlach* moral.

O pensamento vitimário separa-se do pensamento originário por sua recusa utópica a aceitar a primeidade moderna, a da sociedade do mercado. Essa análise esclarece o sentido do termo "pós-moderno", que tendemos a situar em um quadro exclusivamente estético. Trata-se da aspiração a um *além da modernidade*, sendo esta definida pela adoção do mercado como modo de troca principal, no lugar do sistema da sociedade tradicional de Mauss. *Grosso modo*, é uma variante radical do *romantismo* que denuncia o sistema de troca burguês e suas consequências pretensamente funestas para a ordem "natural". Essa interpretação da atitude vitimária esclarece não apenas sua ligação com o ecologismo, mas uma ligação – a princípio menos óbvia, que se tornou quase aberta – com o antissemitismo.

Aquele que é a presa do pensamento vitimário sonha em emular a renúncia originária para purificar-se dessa "culpa branca" que é a contrapartida do ressentimento real ou presumido das "vítimas". A acepção que eu prefiro dar à expressão *white guilt* tem apenas uma relação auxiliar com a cor da pele; trata-se da culpa do *não marcado*, daquele que não é tanto um perseguidor quanto um não-minoritário, uma *não vítima*. Enquanto não tivermos renunciado ao privilégio da não vitimariedade, causaremos necessariamente o ressentimento dos Outros. O comportamento vitimário avança ao adotar esse ressentimento contra nós mesmos. Para mostrar até que ponto esse comportamento pode chegar, recentemente, o britânico Andrew Hawkins apresentou-se carregado de correntes diante de uma multidão africana em Banjul, a fim de suplicar de joelhos à vice-presidente do Gâmbia que lhe desse a absolvição pelos atos de um longínquo ancestral escravista.

A natureza mais simbólica que material de minha renúncia não demonstra sua hipocrisia, mas, ao contrário, sua *originariedade*. Como na origem, a reciprocidade é determinada, em primeiro lugar, pela troca simétrica de signos. A indispensável persistência do sistema mercantil é, assim, reduzida ao estado de epifenômeno. O retorno simbólico em sua origem confere a esse comportamento autodenunciador, então, uma superioridade moral com relação ao sistema atual, enquanto o fato de inserir-se no quadro da primeidade originária o protege contra a acusação de aspirar a tal superioridade. Porque aquele que converte primeiro seu gesto de apropriação em signo age antes dos outros sem ser "superior" a eles. Ele é simplesmente mais sensível ao perigo do conflito mimético que os outros, que seja ou não o antigo "Alfa" do grupo, como no cenário freudiano da morte do "pai".

É evidente que o gesto simbólico não restabelece a igualdade originária. O *potlach* moral do *culpado branco* dirige-se apenas aos seus iguais, e mesmo que inspirasse uma armada de imitadores, não traria qualquer modificação real ao sistema de trocas. Longe de suscitar nos "subalternos" a "contradoação" esperada da renúncia a seu ressentimento, esse gesto assimétrico corre o risco de encorajá-los a manifestá-lo ainda mais. A conduta vitimária pressupõe implicitamente que a assimetria durará sempre, que os gestos de renúncia não poderiam prejudicar seriamente o sistema que os sustenta. Todavia, por um processo totalmente girardiano, o efeito mimético desses gestos "simbólicos" repetidos acabou por suscitar um adversário determinado a derrubar a assimetria de uma vez por todas. Tornou-se evidente que, ao abandonar a primeidade assimétrica do mercado, não alcançaríamos a reciprocidade originária, mas uma assimetria muito mais produtiva e muito mais brutal.

A *primeidade* e o *ressentimento* são os motores simétricos da história, os momentos de desequilíbrio em torno de uma reciprocidade sempre diferenciada. Nós ainda temos raiva dos "primeiros", mas é só no fim da Segunda Guerra Mundial que passamos a ter o hábito de ouvir a voz do ressentimento, esta que ouvíamos, até então, filtrada por mediações "culturais". Agora que somos mais embalados pelo sonho de um "além" do mercado, corremos o risco de, mediatizados pela voz dolorosa e culpabilizante, esquecer que os "privilégios" da economia global são bem menos os traços de uma vitimização qualquer que os recursos de reciprocidades futuras. Apenas aceitando a necessidade da primeidade em nosso sistema de troca poderemos colocar-nos diante do ressentimento que ela provoca. Acima de tudo, devemos começar um combate sem quartel contra aqueles que, ainda mais radicais do que Hitler, desejam não apenas aniquilar "os primeiros", mas apagar da Terra o sistema que lhes permite sê-lo. Foi o desconhecimento do Holocausto que acabou por infantilizar a ideologia islâmica atual. Que o seu niilismo sirva, ao menos, para nos fazer entender a urgente necessidade de substituir esse desconhecimento e a culpa vitimária que ele cria por uma aceitação modesta, mas não culpada, da primeidade.

capítulo 43
uma abordagem girardiana do *homo œconomicus*

André Orléan

La Violence de la Monnaie [A Violência da Moeda][1] ocupa um lugar à parte entre os inúmeros trabalhos que a reflexão girardiana suscitou por conta da escolha de seu domínio de investigação, a economia monetária e financeira, muito afastada dos campos que René Girard privilegiou para a constituição de seu pensamento: a antropologia, a análise das religiões ou os estudos literários. Essa estranheza foi antes sentida pelos próprios economistas, quando eles se viram confrontados com uma abordagem elaborada fora das tradições de sua disciplina. Tal sentimento foi ainda mais avivado pelo fato de o projeto de *La Violence de la Monnaie* ir muito além de uma crítica local da teoria econômica, ambicionando nada menos que sua refundação radical de acordo com as bases dos conceitos girardianos. Isso não deixou de suscitar em alguns uma rejeição sob a medida da ambição afixada: "Mas o que as análises literárias ou antropológicas de René Girard têm a ver com os fatos financeiros ou monetários?". Trata-se, justamente, da questão fundamental aqui abordada.

Para respondê-la, comecemos por destacar um ponto essencial: não existe teoria econômica sem hipóteses sobre a natureza humana. Tais hipóteses chegam

[1] Michel Aglietta e André Orléan, *La Violence de la Monnaie*. Paris, PUF, 1982. (Coleção "Economie en liberté").

mesmo a ter um papel essencial, uma vez que dão as chaves para o comportamento do *homo œconomicus* e é a partir delas que os economistas podem pensar os mecanismos do mercado. Do mesmo modo, os economistas consagraram-lhe longos e importantes desenvolvimentos, por exemplo, para compreender a relação do *homo œconomicus* com os bens. É o que chamamos de "teoria do consumidor". Tal teoria apresenta-nos um indivíduo capaz de classificar de maneira completa e sem ambiguidade todas as cestas de bens que lhe são oferecidas. Diante de duas cestas, A e B, o indivíduo responderá seja "eu prefiro o A ao B", seja "eu prefiro o B ao A" ou ainda "eu sou indiferente ao A e ao B". Essa ordem de preferências exprime a maneira com que o indivíduo avalia a adequação das diferentes cestas de bens às necessidades que tem e a seus gostos pessoais. Tal avaliação resulta de um face a face com as mercadorias, durante o qual o consumidor estima, por introspecção, o efeito que os diferentes consumos possíveis lhe causam, fora da influência do grupo.

O leitor familiarizado com as análises girardianas não pode deixar de reconhecer nessa teoria do consumidor uma concepção bem particular do desejo humano, o que René Girard chama de "a mentira romântica", a saber, o desejo individual pensado como manifestação espontânea do ser que elege, entre uma massa indiferenciada, os objetos que o rodeiam e que julga dignos de serem amados. É justamente o mesmo desejo, vivido no modo da plenitude e da transparência, que encontramos na teoria do consumidor. Notemos, de maneira mais geral, que o indivíduo soberano "em sua própria pessoa, em suas ações e em sua propriedade" é um traço constitutivo do individualismo liberal, que vai muito além de um único consumidor.

Como sabemos, René Girard opõe a "verdade romanesca" à mentira romântica. Tal "verdade" pretende ser uma crítica radical da soberania individual em matéria de desejo. Ela ensina que o indivíduo não sabe o que deseja. Ele não é senhor de suas atrações. Suas preferências são flutuantes e indeterminadas. Pode-se dizer que o indivíduo girardiano sofre de uma falta de existência que o encoraja a procurar em outrem as referências que não consegue estabelecer para si mesmo através de um ato de pura soberania interior. Desse modo, ele recorre à imitação de um modelo. Do mesmo modo, a seguinte crítica que René Girard endereça à psicanálise freudiana seria perfeitamente aplicável à teoria econômica:

> Ao mostrar-nos no homem um ser que sabe perfeitamente o que quer, [...] os teóricos modernos talvez tenham deixado de ver uma propriedade em que a incerteza humana é flagrante. Uma vez que suas necessidades primordiais são satisfeitas, e muitas vezes até antes disso, o homem deseja intensamente, mas não sabe exatamente o que, pois é a existência que ele deseja, uma existência da qual se sente privado e de que um outro lhe parece provido. O sujeito espera desse outro que lhe diga o que deve desejar para conquistar a existência (*La Violence et le Sacré* [A Violência e o Sagrado], p. 204-05).

Um dos resultados importantes que René Girard obtém a partir dessa hipótese de uma natureza mimética do desejo é a distinção entre dois modelos, os quais nomeia como "mediação externa" e "mediação interna". A variável decisiva para dar conta dessa dualidade de regimes do desejo é a distância existente entre o sujeito e seu modelo. Quando essa distância é grande a ponto de proibir toda interação que não seja a obediência unilateral entre o sujeito e seu modelo, tem-se a "mediação externa". A ilustração exemplar de tal configuração nos é dada por Dom Quixote e Amadis de Gaula. Dom Quixote conforma-se em todos os aspectos com o encaminhamento tomado por Amadis de Gaula, que representa, a seus olhos, a perfeição na arte da cavalaria. O ponto crucial da mediação externa está no fato de que Dom Quixote não influencia Amadis de Gaula de volta. Encontramo-nos, assim, em uma situação similar à descrita na teoria do consumidor, uma vez que as preferências do sujeito se mostram exógenas e fixas. Assim o é, pois tais preferências procedem de um modelo que está fora do alcance do sujeito. O fato de que a abordagem tradicional encontre seu lugar naturalmente no quadro da teoria girardiana é um resultado fundamental, que deve ser assinalado. Veremos outros exemplos a partir desse. Adotar a perspectiva girardiana significa, antes de mais nada, uma *extensão* do olhar que conserva análises anteriores ao título de casos particulares. Por exemplo, no que concerne o consumo, é provável que, para uma parte significativa de nossos comportamentos, ajamos conforme o modelo da mediação externa, perseguindo modelos abstratos, virtuais, que tentamos copiar, sem, no entanto, interagir com eles. Enquanto isso, em outros casos, é a mediação interna que se impõe.

Na mediação interna, o sujeito e o modelo partilham um mesmo mundo e interagem. Isso modifica radicalmente a dinâmica das preferências, que deixam de ser fixas e exógenas. O caso mais emblemático dessa configuração é o dos duplos miméticos, em que cada um é um modelo para outro. Começa, então, uma dinâmica em que os desejos mútuos por um mesmo objeto vão crescendo em intensidade à medida que cada um encontra, no desejo redobrado do outro, uma razão suplementar para querer adquirir o objeto. Os fenômenos de moda oferecem-nos uma primeira ilustração. Se a vontade de compra de um certo produto depende positivamente da vontade de compra dos outros membros do grupo, pode-se fazer emergir uma dinâmica de compras cada vez mais frenética. Encontraremos a mesma estrutura de interações nos mercados financeiros com bolhas especulativas. Segue-se, a partir daí, uma modificação em profundidade de nossa análise das dinâmicas de grupo. Enquanto a mediação externa não questiona a imobilidade das preferências, mesmo que proponha uma nova leitura, a mediação interna transforma fundamentalmente nossa compreensão das dinâmicas de mercado pelo fato de os objetivos individuais não serem mais considerados exógenos nas interações econômicas. Precisemos esse ponto.

Primeiramente, por contraste, lembremo-nos do importante papel estabilizador que a exogeneidade das preferências assume na economia. Aliada à estabilidade das relações técnicas, ela constrói uma estrutura de ligações objetivas que proíbe qualquer desvio de preços. O preço encontra-se "contido" nesse conjunto de imposições fixas. Se, por exemplo, o preço de um bem A aumenta temporariamente, tal como em outros domínios, os consumidores comprarão mercadorias substituíveis que terão se tornado relativamente mais baratas. Segue-se a isso uma baixa da demanda do bem A, que levará o preço desse bem ao seu valor de equilíbrio. A condição para o funcionamento desse mecanismo autorregulador é, esquematizando grosseiramente, que as apreciações subjetivas sejam fixas e exógenas, de acordo com as ideias de soberania do indivíduo liberal. Essa fixidez tem origem nas forças de revocação, que trazem os preços ao equilíbrio. Se, *a contrario*, o aumento do preço do bem A afetasse as preferências dos agentes, por exemplo, intensificando seu gosto por A, tudo aconteceria de forma absolutamente diferente. Encontramo-nos, então, projetados em um universo conceitual muito diverso, em que o papel estabilizador da concorrência pelos preços é posto em causa.[2] Essa é, a nossos olhos, a implicação fundamental da introdução do mimetismo na economia financeira e monetária. Ela rompe com a hipótese sujeita à caução de uma soberania individual completa e, desse modo, abre caminho para as interações cumulativas ao curso das quais a evolução de preços e a mutação de estimações subjetivas alimentam-se reciprocamente. René Girard ilustra tais dinâmicas de maneira surpreendente em sua apresentação das crises sacrificiais. Observa-se aí uma propagação mimética da conflitualidade através de um canal de represálias cada vez mais vasto e violento. Esse é um processo que tem continuidade no exaspero. Do ponto de vista da teoria do consumidor, essa dinâmica aparece de forma enigmática. Com efeito, para essa teoria, quando a rivalidade acerca de um objeto cresce, seu preço aumenta e isso favoriza o preço atribuído a outros objetos. É um processo com *feedback* negativo. Ao contrário disso, para René Girard, "(o) valor do objeto cresce na proporção da resistência que sua aquisição encontra" (*Des Choses Cachées Depuis la Fondation du Monde*... p. 319). Observa-se, por consequência, uma reviravolta de causalidades inesperada. A rivalidade torna-se o indicador do valor subjetivo que os atores atribuem ao objeto: quanto mais um objeto é cobiçado, maior é a violência, mais o objeto parece digno de ser perseguido aos olhos dos atores econômicos. Como René Girard escreve: "Por um atalho ao mesmo tempo lógico e demente (o sujeito), deve rapidamente convencer-se de que

[2] Notemos, por memória, que, mesmo no caso clássico, a estabilidade nem sempre é obtida.

a própria violência é o sinal mais certo do ser que sempre o ilude" (*A Violência e o Sagrado*, p. 207). Segue-se a isso uma evolução contagiosa, que toca os atores sucessivamente: "A mímesis de apropriação é contagiosa e, quanto maior for o número de indivíduos concentrados em um mesmo objeto, mais os membros da comunidade ainda não atraídos pelo objeto tenderão a seguir seu exemplo" (*Des Choses Cachées...*, p. 35). René Girard o diz explicitamente para qualificar esse contágio como um "processo de *feedback* positivo" (ibidem, p. 320) que se opõe ao *feedback* negativo característico da concorrência entre os preços, de acordo com a concepção tradicional da teoria econômica a respeito.

Quando eu descobri essa análise ao fim da década de 1970, meu espírito foi inteiramente ocupado pelas dinâmicas especulativas, que são a questão central do meu trabalho de tese. Ora, nas dinâmicas especulativas, há algo de bastante semelhante ao que Girard descreve nas crises sacrificiais: quando o preço de um título cresce, ou, dito de outra forma, quando o número de intervenientes que procuram adquiri-lo aumenta, a demanda desse título também aumenta, em contradição com a lei da oferta e da procura. Como explicar tal fenômeno, em oposição flagrante à análise tradicional dos mercados? Certos analistas apelam para uma súbita irracionalidade dos investidores. Tal hipótese é pouco satisfatória e deixa inexplicáveis as razões que fazem com que, em um momento específico, os agentes oscilem na irracionalidade para, em seguida, voltar à racionalidade. O que se deve procurar é uma teoria que possa dar conta de uma pluralidade de regimes de preço com base nos comportamentos que não mudaram, todos igualmente racionais. Esse é, a meu ver, o grande desafio teórico que a compreensão dos episódios especulativos, à maneira da "Bolha da Internet", propicia. É precisamente esse tipo de explicação que eu penso ter encontrado em René Girard. O mimetismo é essa propriedade polimórfica, como já ilustrou a dualidade dos regimes do desejo (mediação externa e mediação interna). Nesses dois regimes, os atores permanecem identicamente miméticos, mas, segundo o fato de que a imitação funciona de acordo com o modelo exógeno ou com o próprio grupo, observam-se configurações dinâmicas radicalmente diferentes. Entretanto, para mobilizar esse resultado, precisa-se ainda demonstrar previamente que a imitação está bem presente nos mercados bolsistas e que, longe de ser um comportamento aberrante, é analisada como uma adaptação racional às imposições financeiras. Lembremo-nos de que, ao fim dos anos 1970, no momento em que escrevíamos *La Violence de la Monnaie*, esse ponto nada tinha de trivial. Os modelos financeiros da época eram buscados em vão, tendo em conta a dimensão mimética dos comportamentos bolsistas ou monetários. Esse ponto merece ser especialmente assinalado, porque, sob as plumas dos analistas e dos historiadores da especulação – o que acontecia há já muito tempo –, o mimetismo dos investidores é frequentemente invocado para dar conta dos entusiasmos bolsistas. Segue-se a isso um afastamento enigmático entre a descrição dos fatos especulativos propostos pelos analistas e historiadores e a modelização desses mesmos fatos pelos teóricos. A origem desse afastamento me parece estar em parte ligada ao apego dos teóricos à hipótese da soberania do indivíduo. Tal apego é visto como mestre das estimações financeiras, assim como é mestre de suas preferências. Introduzir o contágio mimético faria com que o *homo œconomicus* subitamente oscilasse para o lado do homem das multidões, oscilação vivida como um escândalo pelos propagandistas do indivíduo soberano.

Pode-se ver uma confirmação dessa interpretação no fato de que a introdução da imitação na teoria econômica neoclássica, que data apenas do início da década de 1990,[3] faz-se com base em uma análise que conserva a hipótese de soberania individual. Se, depois de observar o indivíduo A, o ator B for conduzido a imitar seu comportamento, isso acontece porque, segundo nos dizem os modelos, a ação do indivíduo A traz uma informação nova ao ator B, e não porque B modifica suas preferências. Dito de outra forma, o ator B conserva uma mesma representação de suas finalidades, mas deve simplesmente dar conta, no cálculo da ação mais apropriada, da nova informação que lhe é transmitida *via* ação do indivíduo A.

[3] As duas referências mais célebres são: A. Banerjee, "A Simple Model of Herd Behavior", *Quarterly Journal of Economics*, vol. 107, n. 3, ago. 1992, p. 797-818, e S. Bikhchandani, D. Hirshleifer e I. Welch, "A Theory of Fads, Fashion, Custom, and Cultural Changes as Informational Cascades", *Journal of Political Economy*, vol. 100, n. 5, 1992, p. 992-1026.

Assinalemos que essa interpretação não é de modo algum contrária à concepção girardiana do mimetismo. Quando dois duplos miméticos, I e J, lutam por um mesmo objeto, pode-se dizer que I vê na obstinação de J em possuir o objeto uma informação que o conduz a reavaliar positivamente a estima que se faz da qualidade do objeto cobiçado. Nós propomos o termo "mimetismo informacional" para descrever essa modalidade particular do mimetismo. Dizer, como René Girard, que é a preferência do indivíduo B pelo objeto que cresceu, ou dizer, como fazem os modelos, que a estima às preferências intocadas é uma qualidade própria ao objeto que se viu realçado, revela-se, em diversas configurações, duas formas de expressar a mesma realidade. Isso só é verdadeiro nesses contextos específicos para os quais a hipótese de um valor objetivo fixo do bem cobiçado é pertinente. Aplicado ao domínio financeiro, o mimetismo informacional nos diz que um ator que observa o aumento do preço do título X, interpreta tal aumento como o efeito de informações novas sobre o valor intrínseco do título, o que o conduz igualmente a modificar no aumento sua própria estimação pessoal.

Entretanto, pode-se conceber um outro mimetismo financeiro, partindo da constatação de que o interessante em primeiro plano aos intervenientes bolsistas não é tanto o valor intrínseco do título, mas a opinião do mercado com relação a esse mesmo valor. Para se ter benefícios, é importante antecipar a maneira com que essa opinião sofrerá variações, uma vez que ela determina o preço futuro. Em consequência disso, o investidor procurará imitar as reações do mercado da melhor maneira possível. Como, a propósito, o preço que se procura prever é ele mesmo o resultado da agregação de todas essas previsões, eu propus o termo "mimetismo autor-referencial" para qualificar essa lógica imitativa.[4] Esse mimetismo pode assumir formas distintas segundo a maneira com que os atores representam para si a opinião do mercado. Em um primeiro regime, análogo à mediação externa, emerge uma crença coletiva exógena, a convenção financeira que é percebida

[4] Ver em meu artigo: "Comprendre les Foules Spéculatives". In: Jacques Gravereau e Jacques Trauman (editores), *Crises Financières*. Paris, Economica, 2000, p. 105-28. Nele, eu distingo três mimetismos: informacional, autorreferencial e normativo.

pelo maior número de intervenientes, como uma representação pertinente da maneira com que se forma a estimação do mercado. Nesse caso, cada um conta com essa representação para tomar decisões financeiras. Na medida em que um grande número de atores financeiros se comporta conforme essa convenção, suas previsões são validadas e a legitimidade da crença perdura e estabiliza o mercado. Notemos que esse regime corresponde com exatidão à maneira como a finança neoclássica representa o funcionamento do mercado, mais ou menos da mesma forma que a representação coletiva, em cuja base os intervenientes formam suas antecipações, não é pensada segundo uma convenção contingente, passível de mudanças, mas como sendo a descrição objetiva e única do futuro. Em um segundo regime, análogo à mediação interna, os atores formam suas antecipações não com base em uma convenção exógena, mas diretamente a partir da observação das tendências dos preços passados. É o caso das bolhas especulativas, em que o aumento de curso observado alimenta o aumento das antecipações, como o das futuras compras. Esse processo de *feedback* positivo é característico das bolhas: quanto mais elevado é o preço, mais os lucros especulativos são importantes, maior é a atração que o mercado exerce, maior é o número de novos compradores, conduzindo a um novo aumento dos preços. Nessa descrição, reconhece-se a dinâmica cumulativa sobre as crises sacrificiais apresentada anteriormente, dinâmica típica da mediação interna, em que o valor do objeto cobiçado cresce com a rivalidade dos intervenientes. O que nos interessa na abordagem girardiana é a proposta de uma análise que pensa a emergência de um regime de bolhas não como a consequência de uma súbita "exuberância irracional" dos atores, mas pelo fato de que a imitação direta cresce em intensidade enquanto a convenção se torna menos credível. Passa-se, assim, de um regime de mediação externa a um regime de mediação interna, sem modificação qualitativa dos componentes individuais.

Essas poucas reflexões terão mostrado, espero, todo o interesse em "abandonar a mentira romântica" em proveito da "verdade romanesca" para a teoria econômica. Com isso, a teoria econômica ganha uma riqueza de interpretações, conservando a interpretação tradicional como um caso particular. Por essa crítica girardiana do *homo œconomicus* permanecer, apesar de sua importância, pouco conhecida nas ciências sociais, pareceu-nos importante consagrar a ela o essencial de nossa contribuição. Para tanto, isso não deve nos fazer esquecer que a contribuição da reflexão girardiana vai muito além dessa única crítica. É toda a compreensão das economias mercantis que ela transforma profundamente. Já se notou que, ao autorizar a possibilidade de dinâmicas cumulativas, essa abordagem rejeita a tese de uma autorregulação concorrencial dos mercados, tese que é a questão central da abordagem liberal e de sua concepção de "mão invisível". Como mostram as bolhas especulativas ou os episódios hiperinflacionistas, evoluções divergentes de preço são perfeitamente possíveis e conduzem a economia mercantil aos seus limites. Esse desacordo tem origem em uma concepção original da relação mercantil, que coloca em primeiro plano sua dimensão agonística de luta pela apropriação da riqueza. Certamente, esse não é um aspecto totalmente ignorado pela teoria neoclássica, mas é uma dimensão que tal teoria nunca apreende em sua radicalidade. Com efeito, as lutas mercantis são abordadas apenas enquanto já condensadas em uma lista de objetos apresentada como uma finalidade natural, indiscutível. É certo que a rivalidade pelos objetos é um elemento-chave da ordem econômica, mas só compreende o conflito mercantil em uma forma já domesticada, já apaziguada. *La Violence de la Monnaie* teve por ambição apreender o conflito mercantil em sua forma mais geral, como rivalidade pela apropriação da riqueza abstrata, antes mesmo que esta institua suas formas. Michel Aglietta e eu mesmo fomos, então, confrontados à seguinte dificuldade teórica: como, a partir de uma massa indiferenciada de atores em luta pela apropriação da riqueza, pode emergir uma ordem social estável? Não seria, antes de mais nada, o caos que produz a luta de todos contra nós? É nesse ponto central, que constitui o cerne de nossa reflexão, que o pensamento de René Girard nos foi essencial. Melhor ainda, seu pensamento foi um verdadeiro choque conceitual pela originalidade da solução que propõe: é a violência unânime que produz a ordem. Retomemos suas palavras em *La Violence et le Sacré*:

> Como a unidade da comunidade, completamente desfeita pela crise sacrificial, pode subitamente refazer-se? Nós estamos no paroxismo da crise; as circunstâncias

> parecem tão desfavoráveis a esse súbito desabamento quanto é possível. É impossível encontrar dois homens que se compreendam no que quer que seja [...]. Na comunidade toda inflamada, um caos indescritível parece reinar [...]. Neste instante em que tudo parece perdido, em que a falta de sentido triunfa na infinita diversidade de sentidos contraditórios, a solução está, ao contrário, mais próxima do que parece; toda a cidade-estado vai oscilar em um único impulso, na unanimidade violenta que vai libertá-la (p. 116-17).

Em economia, essa unanimidade que funda a ordem mercantil é a polarização mimética de todos os desejos dos atores em busca da riqueza por um mesmo objeto, polarização que obstrui a crise dando uma forma socialmente reconhecida à riqueza tão vivamente desejada. Reconhece-se facilmente a realidade desse objeto que emerge através do jogo de polarização mimética, sendo o desejável absoluto, como o que é unanimemente procurado por todos: trata-se da moeda. Sua eleição tem uma ressonância considerável: ela produz uma linguagem através da qual a comunidade despedaçada constitui-se enquanto totalidade social. Nesse sentido, ela é a instituição fundadora da ordem mercantil. A partir dela, emerge da diferença o que só existia de indiferenciação, e antes a diferença entre a moeda e as mercadorias profanas. Na fase da crise, cada objeto é, de maneira indistinta e ao mesmo tempo, mercadoria e riqueza ou, dito de outra forma, cada objeto é procurado ao mesmo tempo enquanto valor de uso e expressão possível de riqueza. A eleição monetária faz cessar essa indecisão e, desse modo, abre o campo às trocas de bens, ao diferenciar claramente os compradores e os vendedores. Por outro lado, ela estrutura as lutas mercantis, definindo as condições normais de acesso ao desejável absoluto. Para tanto, a eleição monetária pode ser questionada. O que a polarização mimética fez, ela também pode desfazer. A crise monetária sobrevém quando certos grupos descontentes com a gestão monetária se tornam propagandistas de novas formas de moeda. A implicação dessa crise é a constituição de uma nova confiança coletiva.

Reconhece-se aqui uma construção teórica que pensa a moeda na ordem do mercantil, de acordo com o modelo proposto por René Girard, para pensar o sagrado na ordem antropológica. Essa tese é a questão central de *La Violence de la Monnaie*. Nas duas situações, a instituição é fundadora. Ela não suprime as rivalidades, mas, através do jogo da devoção unânime em que se baseia, cria as condições de uma paz provisória. Lembremos que, se René Girard absteve-se de tomar partido na pertinência da construção teórica proposta,[5] o que é natural no que concerne às questões muito afastadas do campo de seu parecer habitual, ele nunca foi avaro em sua benevolência e encorajamentos, pelos quais lhe sou pessoalmente muito reconhecido.

[5] Um primeiro debate sobre as teses de *La Violence de la Monnaie* aconteceu no CREA, em 21 de junho de 1982, e um segundo, durante o Colóquio de Cerisy "Autour de René Girard", em 13 de junho de 1983. Cf. *Cahiers du CREA*, n. 1, out. 1982, p. 166-81, e Paul Dumouchel (editor), *Violence et Vérité*. Paris, Grasset, 1985, p. 182-87.

capítulo 44
a névoa e o fogo: etnologia dos subúrbios

Colette Pétonnet

Meu percurso acadêmico no Instituto de Etnologia de Paris não me levou a lugares longínquos e exóticos, mas a terrenos próximos e, no entanto, desconhecidos: o subúrbio de Paris em 1964. Não o subúrbio residencial do oeste, nem o manufatureiro do norte, mas o subúrbio pobre do sudeste, ainda rural em algumas partes, ignorado pela *intelligentsia* e que meus mestres me encorajaram a descobrir.

Eu escolhi estudar uma comunidade. Eram prédios de quatro andares construídos com a ajuda dos fundos públicos, em antigos campos de trigo, reservados aos "mal alojados" dos sótãos de Paris, que invadiam velhas casas nos bairros centrais. Os alojamentos, já normalizados, propunham um aluguel módico pago a prazo ao Tesouro Público, o que qualificava as pessoas com esse direito como "ocupantes sem documentos". Tais pessoas passavam por ali antes de irem aos conjuntos habitacionais, já com o estatuto de locatários.

Em um terreno desse tipo, nenhuma tribo me faria descobrir mitos (pelos quais, a propósito, eu não tinha muito apetite): os sábios trabalhos que dissertavam sobre suas inversões e ruínas nunca me revelavam seu sentido oculto. Em compensação, minha exigência etnográfica no estabelecimento dos fatos, herdada de Leroi-Gourhan, fazia-me, sem dúvida, saber que meu interesse estava, na realidade, nesses lugares de má reputação: o rumor oficial descrevia os habitantes como associais, marginais, assistidos crônicos, doentes, desempregados ou delinquentes, e me espantava que essa pequena gente, de quem mal se falava até então, tivesse bruscamente se tornado tão ruim.

Em sua maioria, eram franceses, de origem e assimilados, aos quais se adicionavam os argelinos da antiga imigração, uniões franco-cabilas, alguns judeus tunisianos e raros italianos. De pouca voz no passado, todos sentiam a perda de seu antigo bairro e reclamavam do subúrbio, que a vizinhança havia batizado de "Chicago". Homens e mulheres ocupavam postos pouco qualificados, frequentemente na área de manutenção, com rotatividade (de empregados motivados pela esperança de um salário melhor) seguida de curtos períodos de desemprego: algumas pensões de invalidez representavam pouco para o dinheiro das prefeituras. Eles não eram, no entanto, como crianças de coral, gostavam de gracejos e grandes festas, brigavam nas áreas comuns dos prédios, cometiam leviandades duvidosas, os adolescentes faziam travessuras nas caves, onde escondiam o que tinham roubado. Somente uma minoria era conhecida pelos serviços de polícia e justiça. Eu notava um grande respeito pelos costumes do outro, no que tange notadamente à culinária e aos ritos funerários. Eu me atinha aos fatos e gestos da vida cotidiana e, três anos mais tarde, reconstituí a atmosfera do subúrbio, os ritmos, o dinheiro, os jogos, a ajuda mútua entre os moradores e os conflitos, enfim, uma arte de viver neste registro das culturas populares. Os professores louvaram meu trabalho, mas eu continuava insatisfeita. Eu tinha aprendido muito, mas nada tinha elucidado: por que essas generalizações apressadas, esses vocábulos marginalizantes, esse apelido de Chicago para "ocupantes sem documentos" que se sentiam "numa prisão"? Essa população sem nome não era mencionada na literatura da sociologia, nenhuma descrição ou teoria correspondiam a ela. Nas escadas, nos vidros quebrados, reinava o odor indescritível dos universos cancerosos.

Maspéro publica minha obra com o título *Ces Gens-là* [Essa gente] – nome que os funcionários davam a esses locais coletivos – e eu continuei minha pesquisa.

Eu precisava alargar o campo, estabelecer comparações, abrir novas pistas por contraste. Os espanhóis e os portugueses me deram essa oportunidade.

Com efeito, em 1970, inúmeros imigrantes da Península Ibérica são rotulados, assim como outros imigrantes, por qualificativos como associais, marginais, inadaptados. Eles agruparam-se em terrenos baldios, em barracos que construíam com os materiais que conseguiam obter. As mídias denunciavam a *praga* das comunidades pobres e, entre sub-habitações e sub-homens, transpuseram o passo. Em vez de discorrer sobre a engenhosidade desses homens, os discursos ideológicos diziam tratar-se de uma patologia social. O Estado prometia *incorporar* as comunidades pobres e construir bairros de realojamento.

Eu frequentei três delas, cada uma com cerca de cinquenta famílias, até sua destruição, três anos mais tarde. Vendo a organização baseada no parentesco, na aliança, na solidariedade rústica e na ordem instaurada, adivinhei o que eles sofreriam. Esses antigos camponeses contavam sobre suas vidas, sua chegada, suas esperanças. Eles ostentavam uma bravura tenaz e enérgica para vencer, enquanto os outros se esforçavam para sobreviver. A homogeneidade do grupo era relativa, sempre pontuada por uma presença estrangeira e ritmada pelos representantes de diferentes aldeias que se repartiam por todo o espaço, para evitar o isolamento, mas sem deixar de preservar sua privacidade. O povoamento fazia-se por agregação, o grupo fundador era dotado de certa autoridade moral. As crianças, criadas de maneira tradicional e vigiadas por todos os adultos, não se permitiam qualquer capricho. Aos olhos de todos, a comunidade era representativa de uma passagem provisória, e uma casa liberada pela partida de algum habitante era alugada para um novo morador, como em um bairro qualquer – o que esses lugares eram, na verdade –, submetido, como em toda comunidade em harmonia, às leis da diversidade e da mobilidade necessárias.

Aos olhos da comunidade, a sociedade francesa era a sociedade de um esbanjamento cínico, de que os desfavorecidos apanhavam as migalhas. Eles resistiam às solicitações do ambiente e permitiam-se somente despesas de absoluta necessidade. Viviam com pouco – comida feita em casa e roupas feitas à mão – e acumulavam o excedente que, com a distância de então entre os países, representava mais dinheiro que o que eles tinham o hábito de manipular. Os homens trabalhavam em obras, aceitavam todo trabalho suplementar e as mulheres cumpriam as tarefas na vizinhança. Mas as despesas que continuavam supérfluas para esses antigos camponeses tornaram-se necessidade para os autóctones e assimilados, pois viver em harmonia com o modo de vida ambiente era, para eles, uma necessidade imperial. Porém, com o salário sensivelmente igual, o orçamento não é suficiente. Os homens esforçam-se para encontrar empregos não tão penosos, a fim de ter um pouco de liberdade (entregadores), de responsabilidade (taxistas), de consideração ou prestígio (empregos nos grandes hotéis), enquanto as mulheres entram em concorrência com os estrangeiros como faxineiras de escritórios e de trens. Nesse domínio, perder as ilusões leva ao desencorajamento e ao fracasso.

As atitudes diante do dinheiro são significativas. Uma portuguesa declara: "Eu comprei isso porque não era caro". Uma francesa diz: "Eu comprei isso porque a gente não pode se privar o tempo todo". A primeira evoca uma razão econômica e a segunda se justifica na relação com o desejo.

Os freios do desejo dependem da autoconfiança. Na casa de quem nada tem, e ainda sem qualificação ou *status* de valor, praticamente sem futuro, o rigor constante na retenção é quase impossível.

O exemplo seguinte indica a relação com o tempo: um dia, duas famílias recebem uma soma importante de dinheiro, por subsídios que não haviam sido pagos anteriormente. Os portugueses apressaram-se em levar ao banco o resultado dessa economia forçada, o que aumentaria seu capital. A francesa diz: "Esse dinheiro já deveria ter sido gasto, então, eu gastei tudo" (i.e., despesas sumptuárias).

Alguns agem de acordo com a problemática da posse, supondo, mais tarde, um projeto de investimento imobiliário, o que requer vigilância.

Outros, que só possuem bens de consumo, situam-se no "ser" que, para se manifestar, supõe o "aparecer". São aqueles que se sentem poderosos quando deixam uma boa gorjeta e que foram os primeiros entre todos a adquirir uma televisão, um gravador ou telefone e, em seguida, materiais de informática e *hi-fi*, dando, assim, um significado a suas capacidades intelectuais e seu pertencimento ao mundo moderno. Eles não têm outra dimensão senão a de incluir o passado no presente aprisionado pelos rastros de seu crédito, ao contrário dos portugueses que, pelo preço do presente, projetam-se no futuro.

Todos, entretanto, qualquer que seja o tipo de adaptação manifesta, são igual e paradoxalmente qualificados como inadaptados.

O realojamento forçado cria a desordem. Essas famílias estão dispersadas por toda a cidade, tanto em prédios novos quanto nos subúrbios citados, não importando os respectivos graus de urbanidade, de parentesco ou o local de trabalho, sem possibilidade de escolha ou troca. A triagem arbitrária e as crenças contraditórias quanto ao êxito das misturas étnicas compõem os coquetéis humanos em doses variadas, mas de composição similar: o realojamento reúne isolados, separados e todas as etnias confundidas, aqueles que desejam lugar nesses alojamentos e aqueles que não queriam morar neles, os que estão desesperados por terem esperado por um lar durante tanto tempo e aqueles que não estão prontos a entrar em suas normas. Assim nascem as rivalidades e a inveja.

No conjunto habitacional, todos os alojamentos são parecidos e os indivíduos estão na mesma categoria; o tempo em que lá vivem, a idade ou a destreza que apresentam não lhes conferem qualquer *status*, ninguém tem um papel específico e as relações de complementaridade ou de dependência não existem, todo realce é nivelado. A reconstituição dos equilíbrios será longa e difícil para esses agrupamentos artificiais e petrificados, de pessoas que ignoram seu futuro e de quem é arrancado o poder de decisão. Do exterior, o conjunto habitacional é sentido como um espaço penalizado e, desse modo, penalizante. Instaura-se uma culpa inconsciente. Nos escaninhos quebrados, escancarados, podemos ver um sinal do mal-estar cuja causa imputamos à própria habitação, ou seja, aos vizinhos.

Encontrar um lugar fora dali por meios próprios parece arriscado. Os aluguéis fora dos conjuntos habitacionais são mais elevados e os terrenos onde construir, que os imigrantes mais antigos tiveram o tempo de adquirir, aumentaram muito de preço.

A comunidade foi uma etapa mais ou menos longa. O conjunto habitacional é uma ratoeira. As faturas desconhecidas de novas taxas e de impostos locais sobrecarregaram o orçamento e chegou o momento de assumir a comparação com a vizinhança mais abastada. A geladeira e a televisão foram adquiridas com certa urgência, como tributos obrigatórios, e outros equipamentos serão adquiridos de acordo com a pressão do crescimento das crianças, que temem julgamentos depreciativos contra seus pais e, em compensação, mostram-se elas mesmas filhas pródigas.

No conjunto habitacional, ninguém está isento de um modo de vida consumista das riquezas que, no melhor dos casos, retarda o projeto de uns e, no pior dos casos, leva outros a ações judiciais e ao controle da justiça, um desembaraço periclitante antes mesmo de ser alcançado.

Uma surda rivalidade mimética instaura-se, consistindo em destacar-se do vizinho, identificando-se à sociedade de massa, enquanto os recursos levam-nos, unanimemente, a objetos similares. Esse perigoso equilíbrio deve compor, além disso, as flutuações familiares. É nesse contexto, depois da explosão dos laços anteriores, que cada um deve reconstruir suas relações, em vez de fechar-se em si mesmo.

As frustrações – afetivas, econômicas, sociais – engendram problemas do corpo ou perturbações psíquicas, uma fragilização do ser, uma inquietude latente, cuja opressão é liberada de maneira fugaz pelo álcool.

As ressonâncias no equilíbrio familiar precisam, desse modo, da intervenção de diversos organismos. Os profissionais da assistência social encarregam-se dos "casos sociais" e vão às casas das pessoas para ajudá-las a superar suas dificuldades. Tomando os adultos como responsáveis por sua situação, cuja ignorância seria a causa do desequilíbrio, esses especialistas (que devem prestar contas do sucesso de suas missões) esforçam-se para ensinar aos assistidos os valores que lhes faltam: aprender a criar bebês, educar as crianças, gerir seus recursos, alimentar-se de maneira saudável, etc. Desse modo, eles passam a situar-se em uma lógica diferente e pregam um modelo dominante nem sempre assimilável.

Inúmeros são os "casos" que não cedem ao jogo da obediência às injunções e aos conselhos, o que não os impede de aceitar um subsídio excepcional dos fundos municipais. Se a reeducação não dá resultados esperados, a culpa é atribuída aos interessados, uma vez que os profissionais de boa-fé e decepcionados estão convencidos da impotência e da incapacidade dos chefes de família assistidos, e esses profissionais tornam-se, assim, sem saber, denunciadores permanentes. Ninguém teria a ideia de valorizar a coragem de viver em condições difíceis ou indagaria sobre a identificação de um pai cuja reserva com relação à autoridade é apenas um sinal de sua inferioridade.

O conjunto habitacional exerce uma ação nociva. Mas a demonstração do papel patogênico que a sociedade exerce não nos mostra a razão disso. A abordagem da corrente antipsiquiátrica nos anos 1970 é sedutora. Ela mostra como o contexto familiar e o peso das duas gerações precedentes entram na constituição do estado esquizofrênico, em que a loucura é uma resposta adaptada de uma imposição dupla (Laing)[1] e demonstra como a sociedade fabrica a loucura com fins úteis a sua própria saúde (Szasz).[2] Mas essa abordagem, pertinente para cada paciente, por um lado nos afasta da dimensão coletiva e, por outro, esconde uma armadilha a ser evitada: seria muito cômodo acreditar que, sendo a sociedade patogênica, aqueles que mais sofrem por sua causa reagem contra ela com uma doença mental, ou – outra proposta

[1] R. D. Laing, *Le Moi Divisé*. Paris, 1970.
[2] Thomas Szasz, *Fabriquer la Folie*. Paris, Payot, 1976.

– antropológica, pela mágica (Bastide).[3] "Essa gente" não tem outra mágica senão a esperança de ganhar em corridas de cavalo, e encaram realidades duras demais para se afundarem na loucura. Não encontramos o *temor do aniquilamento*, mas a urgência por um pouco de dinheiro, não *falsas comunicações*, mas verdadeiros isolamentos, não *perdas de autonomia*, mas verdadeiras feridas identitárias.

A minha interpretação dos comportamentos reacionais, prisioneiros da dialética pressão/resistência/repressão, a própria justificativa de certas violências cometidas consigo mesmo e com os outros não apagam o obstáculo, não desfazem, no meu entender, o nó em que as coisas se produzem. A violência está em toda parte, escondida, por trás dos muros. Como interpretá-la sem se tornar mais um acusador?

Um dia, em uma estante de uma livraria, em meio a tantos outros, um título me chamou a atenção: *A Violência e o Sagrado*.[4] Eu compro o livro e leio-o de uma só tacada. Que iluminação! O quebra-cabeça resolve-se instantaneamente. Em torno do eixo do mecanismo da vítima expiatória, articulam-se as minhas observações que, em todos os níveis da vida cotidiana, vão no sentido da proletarização. Esse mecanismo estruturador no qual jaz a paz da comunidade consiste, em caso de desordem e, logo, de violência, em escolher vítimas, torná-las responsáveis pela crise, destruí-las ou expulsá-las. O esquema é universal, assim como os critérios de seleção vitimária que privilegiam os pobres e diminuídos. O sistema exige a unanimidade violenta da multidão que corresponde, hoje em dia, aos encorajamentos da opinião pública. Nossa população sem nome não passa de uma categoria sacrificável, cujo conjunto habitacional não é menos o reservatório que o lugar onde se faz notar. Evidentemente, a multidão não mais se permite a lapidação, apesar de não se precisar negar o poder mortífero das palavras; cuidamos, ao contrário, das vítimas potenciais, ajudamos tais vítimas até as levarmos à internação, caso resistam, exceto quando elas se resignam como pecadoras, a ser o que queríamos que fossem.

[3] Roger Bastide, *Anthropologie Appliquée*. Paris, Grasset, 1972.
[4] René Girard, *La Violence et le Sacré*. Paris, Grasset, 1972.

O prolongamento no mundo contemporâneo está de acordo com o mecanismo descrito por Girard. Os perseguidores creem de boa-fé na justeza de suas acusações e mostram-se tão persuasivos que, como os bruxos da Idade Média, acabam por aceitar sua culpa: no conjunto habitacional, alguns se voltam contra si mesmos em condutas autopunitivas. A verdade não é que os pobres são sacrificados ou excluídos, mas que são fortes, inteligentes e de espírito livre. Devemos, então, diminuí-los e deprimi-los para que nenhum deles consiga passar às classes superiores.

O bode expiatório é uma vítima inocente. Essa revelação ultrapassa o entendimento e estarrece quem dela se aproxima. Ninguém pode admitir a grandiosidade da mentira que o gênio de R. Girard traz à luz. É esse o motivo por que os psiquiatras não conseguiram ir a fundo em seu pensamento. M. Mannoni[5] coloca a ciência para trás como se... (a sociedade tivesse tal necessidade). Szasz e Cooper chegam a explicitar o papel do bode expiatório para imediatamente condená-lo, apresentando-se como censores.

Mesmo os interessados adivinharam o mecanismo e fazem parte dele. Uma mulher diz: "O que querem fazer de nós? Estamos a um nível acima dos mendigos?". (Os mendigos são forasteiros na sociedade, logo, não sacrificáveis.) Uma outra diz: "Precisam de estrangeiros para cometerem injúrias, ou os franceses se matariam entre si". Um cabila prossegue: "O que se passa entre nós, ninguém pode saber, estamos todos na névoa... Quando não houver argelinos, haverá negros, ou outros, para tomar seu lugar".

Eles já tinham essa consciência e provavelmente já falaram a respeito entre si, antes que eu estivesse lá para ouvi-los.

No território incoerente do conjunto habitacional, certas perseguições fazem sentido. Tais perseguições não são direcionadas a um grupo étnico ou estrangeiro em

[5] Maud Mannoni, *L'Education Impossible*. Paris, Seuil, 1973.

particular, mas ao indivíduo mais sujo ou mais feio, o mais gordo ou alcoólatra, segundo o estereótipo em vigor. A perseguição atenta para o mecanismo inconsciente, a fim de reordenar o caos. Tal mecanismo imperfeito muda facilmente de vítima e prolonga-se nas famílias diante de uma criança mal-amada e, caso não haja criança, restam os cães, em quem batem e os quais mordem.

Eu concluo o meu estudo com uma analogia do *pharmakoi*, que os atenienses sacrificavam ritualmente fora da cidade, porque esse nome significa veneno e antídoto, o mal e o remédio, o que me parece ser "essa gente" para a sociedade contemporânea. Mas eu sugiro, principalmente, levar em conta o princípio sacrificial, procurar desentocá-lo onde quer que esteja, pois, como diz R. Girard, o esquema, uma vez exposto, não deixa de ser esboçado em toda parte, e eu presumo que, quanto mais se dá a evolução, mais esse esquema assumirá formas cada vez mais ocultas.

A publicação do livro no Galilée,[6] depois de ter sido recusado em outras editoras, foi seguida por um silêncio total. Nenhuma objeção foi levantada. Eu não tive direito a qualquer comentário, qualquer crítica ou elogio, nem mesmo uma descrição da publicação. Um jornalista, solicitado por uma amiga, envia-me a seguinte mensagem: "Eu não direi uma palavra sobre esse livro, ele é simplesmente bom para ser deixado na estante, deve ser queimado". O rápido escoamento dos volumes me consolou e eu soube, em seguida, que o livro era roubado nas bibliotecas. O silêncio em torno de um pensamento proibido sugeria que o jornalista tinha razão: sim, era para ser queimado, para dissipar a névoa e, graças a ela, vermos de maneira mais clara, uma vez que ele ameaçava a instituição.

Eu também esperava que jovens pesquisadores retomassem a minha hipótese para colocá-la em prova em outros terrenos, confrontando-a com seus pontos

[6] Em 1979, com o título: *On Est Tous dans le Brouillard* [Estamos Todos na Névoa], em memória à frase do cabila.

de vista para se criar uma reflexão, mas nada aconteceu. A obra, no entanto, era lida nas universidades.

Ora, a revelação sem o acompanhamento da reflexão corre o risco de tornar o deslocamento mais uma vez desconhecido, a menos que, convencido de sua utilidade, o aceitemos cinicamente.

E trinta anos mais tarde? Uma nova editora me oferece a oportunidade de participar de uma entrevista na France-Culture. O indizível pode ser dito. Seria isso um sinal de desgaste? Nos subúrbios, o estigma da passagem não existe mais. Mas grandes conjuntos de habitação ainda são segregados, ali ainda são aquarteladas sucessivas vagas migratórias. O subúrbio está em crise, a confusão reina, a violência insinua-se e propaga-se por toda parte. Toda a sociedade está em crise. Nenhum sacrifício espreita os negros das ex-colônias, alvo rodeado de defensores. É preciso mais sutileza que nos tempos antigos para iludir a opinião pública. Por ora, contentamo-nos em expulsar ruidosamente alguns clandestinos ingênuos, os "sem papel", logo, sem defesa, enquanto a violência coletiva mira grandes objetos simbólicos. Os jovens expulsaram seu furor, desviando-o para centenas de carros em que atearam fogo, os Poderes Públicos, incriminando o aglomerado, explodem torres em uma grande nuvem de poeira orquestrada e mediatizada: objetos imolados para proteger os homens da destruição? Talvez, mas por quanto tempo? Os símbolos conseguirão fazer uma barreira suficientemente poderosa? O apagamento das diferenças prossegue por toda parte. A globalização traz consigo os germes da guerra.

cronologia

1923 – Filho de Joseph Girard e Thérèse Fabre, René Noël Girard nasce em 25 de dezembro, em Avignon. Ele é o segundo de cinco irmãos. Seu pai, conservador da biblioteca e do museu Calvet e, mais tarde, do Palais des Papes, é também autor do livro da história local, *Evocation du Vieil Avignon* (Minuit).

1943 – Seguindo os passos de seu pai, é recebido na École des Chartes e vai a Paris.

1947 – Apresenta a tese "A Vida Privada em Avignon na Segunda Metade do Século XV" e obtém um diploma de arquivista-paleógrafo. Coorganiza uma "Exposição de pinturas e esculturas contemporâneas" no Palais des Papes (de 27 de junho a 30 de setembro), da qual participam Braque, Chagall, Kandinsky, Klee, Léger, Matisse, Mondrian, Picasso, entre outros. Em setembro, Girard vai aos Estados Unidos para ensinar língua e literatura francesas na Universidade de Indiana (Bloomington), onde também prepara um doutorado em História Contemporânea.

1950 – Defende sua tese, "American Opinion of France, 1940-1943", e obtém título de PhD em história.

1951 – Casa-se com Martha McCullough, com quem terá três filhos.

1952 – Por falta de publicações, não consegue conservar seu posto em Bloomington e encontra uma vaga de professor na Universidade Duke (Durham, Carolina do Norte), onde permanece apenas um ano.

1953 – Compensa seu déficit de publicações escrevendo simultaneamente sete artigos nas principais revistas de estudos literários americanas (*Modern Language Notes, Yale French Studies, PMLA...*), entre os quais um sobre Perse, quatro sobre Malraux, um sobre Kafka e outro, tirado de sua tese da École des Chartes, sobre o casamento em Avignon no século XV. Torna-se *assistant professor* na faculdade de Bryn Mawr, na Pensilvânia, onde leciona durante quatro anos.

1957 – É nomeado professor associado na Universidade Johns Hopkins (Baltimore, Maryland), onde passa onze anos.

1961 – Publicação de *Mentira Romântica e Verdade Romanesca* (esse livro aparece em inglês com um título sensivelmente diferente: *Deceit, Desire and the Novel. Self and Other in Literary Structure*). Graças a essa primeira obra, é promovido a *full professor* e assume a direção da revista de Johns Hopkins, *Modern Language Notes* (rebatizada *MLN*).

1962 – Publica uma compilação de textos dos mais importantes intérpretes de Proust: *Proust. A Collection of Critical Essays* (Prentice-Hall).

1963 – Publicação de *Dostoïevski, du Double à l'Unité* (Plon).

1965 – Recebe o prêmio da Modern Language Association pelo melhor artigo publicado pela *PMLA* durante o ano letivo de 1964-1965: "Camus's *Stranger* Retried".

1966 – Coorganiza o colóquio internacional "The Languages of Criticism and the Sciences of Man" (de 18 a 21 de outubro) com Richard Macksey e Eugenio Donato em Johns Hopkins. O colóquio, que conta com a participação de pensadores franceses como Roland Barthes, Jacques Derrida, Lucien Goldmann, Jacques Lacan,

Tzvetan Todorov e Jean-Puerre Vernant, lança a tendência do estruturalismo e do pós-estruturalismo que dominará os departamentos de literatura nos Estados Unidos durante algumas décadas.

1968 – A influência da *French theory* parecendo-lhe então forte demais em Johns Hopkins, aceita um posto de *Distinguished Professor* na State University of New York, em Buffalo, onde permanece por oito anos.

1970 – Os atos do colóquio de 1966 são publicados por Johns Hopkins, sob a direção de R. Macksey e E. Donato, com um prefácio de Girard. Reeditado em seguida sob o título *The Structuralist Controversy*, o livro será reconhecido nos Estados Unidos como obra de referência.

1972 – Publica *A Violência e o Sagrado.*

1976 – De volta a Johns Hopkins para uma nova estada de cinco anos, retoma a direção da revista *MLN.* Publica *Critique dans un Souterrain* (L'Âge d'Homme).

1978 – Publicação da obra *As Coisas Ocultas desde a Fundação do Mundo. Pesquisas com Jean-Michel Oughourlian e Guy Lefort* e de uma compilação de seus artigos escritos ou traduzidos em inglês: *"To Double Business Bound". Essays on Literature, Mimesis, and Anthropology* (Johns Hopkins).

1981 – Nomeado professor na Stanford University, organiza o colóquio "Disorder and Order" (de 14 a 16 de setembro) com Jean-Pierre Dupuy, do qual participam Kenneth Arrow, Henri Atlan, Cornélius Castoriadis, Heinz von Foerster, Edgar Morin, J.-M. Oughourlian, Ilya Prigogine, Michel Serres, Francisco Varela, Paul Watzlawick, entre outros. O colóquio marca, assim como o de Cerisy-la-Salle (de 10 a 17 de junho), a "Auto-organização", da qual Girard também participa, o início de um diálogo entre a teoria mimética e as teorias da auto-organização nas ciências naturais e humanas.

1982 – Enquanto Girard publica *O Bode Expiatório*, o diálogo interdisciplinar iniciado nos colóquios de Cerisy e de Standford encontra um lugar institucional, com a criação de um novo laboratório da École Polytechnique, o CREA ou Centre de Recherche Épistémologie et Autonomie [Centro de Pesquisa Epistemologia e Autonomia] (hoje Centre de Recherche en Épistémologie Appliquée [Centro de Pesquisa em Epistemologia Aplicada]). Fundado por Jean-Pierre Dupuy e Paul Dumouchel, originalmente presidido por Jean-Marie Domenach, o CREA conta com André Orléan e Lucien Scubla entre seus primeiros membros.

1983 – P. Dumouchel e J.-P. Dupuy organizam o colóquio "Autour de René Girard" em Cerisy-la-Salle (de 11 a 18 de junho).

1985 – Girard publica *La Route Antique des Hommes Pervers* (a tradução inglesa se chamará *Job: The Victim of His People*).

1987 – Robert G. Hamerton-Kelly publica um livro de debates entre Girard, Walter Burkert e Jonathan Z. Smith: *Violents Origins* (Stanford).

1990 – Girard publica *Shakespeare – O Teatro da Inveja* (traduzido por Bernard Vincent) e obtém o prêmio Médicis-Essai; é o único livro que escreveu inteiramente em inglês, mas cujo texto original só aparecerá no ano seguinte (*A Theater of Envy: William Shakespeare*, Oxford). Colegas criam o COV&R (Colloquim on Violence & Religion [Colóquio sobre Violência & Religião]), associação internacional dedicada ao desenvolvimento do modelo mimético (violenceandreligion.com). que todos os anos organiza um colóquio, seja na Europa ou na América do Norte.

1994 – O COV&R inaugura uma revista anual, *Contagion, Journal of Violence, Mimesis and Culture*. Girard publica *Quando Começaram a Acontecer Essas Coisas*. Entrevistas com Michel Treguer (Arléa).

1998 – A França acolhe o colóquio anual do COV&R em Saint-Denis (de 27 a 31 de maio). Organizado por Marie-Louise Martinez, reúne mais de 350 participantes.

1999 – Girard publica *Eu Vejo Satanás Cair como um Raio.*

2001 – Publica *Aquele por Quem o Escândalo Vem*, que reúne três artigos e uma entrevista com Maria Stella Barberi.

2002 – Publica outra compilação de artigos, *A Voz Desconhecida do Real.* Mauro Ceruti e Gianluca Bocchi fundam o Centro di Ricerca sull'Antropologia e l'Epistemologia della Complesità (CERCO) na Universidade de Bergamo, onde lecionam Giuseppe Fornari e Stefano Tomelleri.

2003 – Girard publica *O Sacrifício* (Bibliothèque Nationale de France).

2004 – Publica *As Origens da Cultura.* Entrevistas com Pierpaolo Antonello e João Cezar de Castro Rocha, e *Oedipus Unbound, Selected Writings on Rivalry and Desire*, textos reunidos e apresentados por Mark R. Anspach (Stanford).

2005 – No primeiro turno, Girard é eleito à presidência da Academia Francesa e ocupa o lugar deixado por Robert Ambroise-Marie Carré. Seus padrinhos são Jacqueline de Romilly e Marc Fumaroli. É recebido na Cúpula no dia 15 de dezembro por Michel Serres. Em 17 de dezembro, a associação Recherches Mimétiques (www.arm.asso.fr) preside a assembleia geral constitutiva no Instituto em sua presença.

2007 – Grasset reedita *Mentira Romântica, A Violência e o Sagrado, As Coisas Ocultas* e *O Bode Expiatório* em um único volume, com um novo prefácio do autor, com o título *Da Violência à Divindade.* Girard publica *Achever Clausewitz.* Entrevistas com Benoît Chantre (Carnets Nord). Toma parte no lançamento de um programa de pesquisa internacional, dirigido por Scott Garrels e financiado pela Fundação Templeton, que confrontará a teoria mimética a resultados de pesquisas empíricas sobre a imitação. Demais participantes: Vittorio Gallese (Universidade de Parma), membro da equipe que descobriu os neurônios-espelho, e Andrew Meltzoff (codiretor, Instituto para o Aprendizado e Ciências do Cérebro, Universidade de Washington). que demonstrou a existência da imitação no recém-nascido.

colaboradores do Dossiê L'Herne: René Girard

Luigi Alferi. Professor de filosofia política na faculdade de sociologia da Universidade de Urbino (Itália), leciona antropologia cultural. É autor de *Storia e Mito. Una Critica a Eliade* (Pisa, 1978), *Nel Labirinto. Quattro Saggi su Nietzsche* (Milão, Giuffrè, 1984), *Apolo tra gli Schiavi. La Filosofia Sociale e Politica di Nietzsche (1869-1876)* (Milão, Angeli, 1984), *Il Pensiero dello Stato. Saggio su Hegel* (Pisa, ETS, 1985), *Abissi. Meditazioni su Nietzsche* (Milão, Giuffrè, 1992 – em colaboração com D. Corradini Broussard), *Figure e Simboli dell'Ordine violento. Percorsi fra Antropologia e Filosofia Politica* (Turim, Giappichelli, 2003 – em colaboração com C. M. Bellei e D. S. Scalzo).

Mark R. Anspach. Antropólogo, pesquisador no CREA (École Polytechnique) e bolsista da associação Recherches Mimétiques, é autor de *À Charge de Revanche. Figures Elémentaires de la Réciprocité* (Paris, Le Seuil, 2002; trad. ital. 2007). Reúne e apresenta textos de René Girard com o título *Oedipus Unbound. Selected Writings on Rivaltry and Desire* (Stanford University Press, 2004).

Ann W. Astell. Professora de inglês na Purdue University (Estados Unidos), dirige o programa de estudos sobre a Idade Média e o Renascimento. Em 2007, juntou-se ao departamento de teologia na Universidade Notre-Dame. Beneficiária da bolsa John Simon Guggenheim, é autora de inúmeros artigos e obras: *The Song of Songs* *in the Middle Ages* (1990), *Job, Boethius, and Epic Truth* (1994), *Chaucer and the Universe of Learning* (1996), *Political Allegory in Late Medieval England* (1999), *Joan of Arc and Sacrificial Authorship* (2003) e *Eating Beauty: The Eucharist and the Spiritual Arts of Middle Ages* (2006).

Gil Bailie. Autor e conferencista, é o fundador e presidente do Cornerstone Forum. É também membro fundador do Colloquium on Violence and Religion (COV&R). Publicou *La Violence Révellée* (Paris, Climats, 2004).

Elena Balzamo. Ensaísta, tradutora e crítica literária, é responsável pelas conferências da École Pratique des Hautes Etudes. Além de inúmeros artigos, traduções e obras dirigidas, em particular o *Cahier de L'Herne*, consagrado em Strindberg (Paris, Éditions de L'Herne, 2000), acaba de publicar, no domínio nórdico, *Olaus Magnus. Carta Marina* (Paris, Librairie José Corti, 2005). Também editou diversas compilações de contos populares, como *Histoires d'Oiseaux* (Paris, Éditions Flies France, 2006).

Pascal Bruckner. Foi professor nos Estados Unidos. É, notadamente, o autor de *Lunes de Fiel* (1981), de *Sanglot de l'Homme Blanc* (Paris, Seuil, 1983), de *La Tentation de l'Innocence* (Paris, Grasset, 1995), *Des Voleurs de Beauté* (Paris, Grasset, 1997) e de *L'Euphorie Perpétuelle* (Paris, Grasset, 2000).

Benoît Chantre. Doutor em Letras e presidente da associação Recherches Mimétiques, é diretor editorial das Editions Carnets Nord, onde acaba de publicar um livro de entrevistas com René Girard, *Achever Clausewitz* (2007).

J. M. Coetzee. É autor de dez romances, entre os quais *Homem Lento* (2005). É também crítico e tradutor. Em 2003, recebeu o prêmio Nobel de Literatura e foi duas vezes coroado com o Booker Prize: pela obra *O Cio da Terra: Vida e Tempo de Michael K* (1983) e por *Desonra* (1999).

Michel Deguy. É poeta e escritor. Publicou cerca de trinta livros de poesia e ensaios. Universitário, ensina em Paris VIII de 1969 a 1999. Foi presidente do

Collège International de Philosophie de 1989 a 1992. Publicou *Sans Retour* (Paris, Galilée, 2004), *Au Jugé* (Paris, Galilée, 2004), *Le Sens de la Visite* (Paris, Galilée, 2005), *Desolatio* (Paris, Galilée, 2007), *Réouverture Après Travaux* (Paris, Galilée), *L'Allégresse Pensive* (Paris, Belim, 2007), entre outros.

Paul Dumouchel. Professor de filosofia no Graduate Program of Core Ethics and Frontier Sciences na Universidade Ritsumeikan, Quioto, Japão. É o autor de *L'Enfer des Choses. René Girard et la Logique de l'Economie* (em colaboração com Jean--Pierre Dupuy, Paris, Seuil, 1979), de Émotions. Essais sur le Corps et le Social (Paris, Les Empêcheurs de penser en rond, 1999) e de *Tableau de Kyoto* (Québec, Presses de l'Université Laval, 2005). Dirigiu a publicação de *Violence et Vérité, autour de René Girard* (Paris, Grasset, 1985). Atualmente, prepara uma obra que aplica a teoria mimética à análise das violências políticas modernas.

Jean-Pierre Dupuy. Filósofo, professor na École Polytechnique e na Universidade de Stanford, Califórnia. Membro da Académie des Technologies. É o autor de *La Panique* (Paris, Les Empêcheurs de penser en rond, 1991; 2003), de *Le Sacrifice et l'Envie – Le Libéralisme aux Prises avec la Justice Sociale* (Paris, Calmann-Lévy, 1992; Hachette, 1997), *Introduction aux Sciences Sociales* (Ellipses, 1992), *Aux Origines des Sciences Cognitives* (Paris, La Découverte, 1994; 1999), *Éthique et Philosophie de l'Action* (Paris, Ellipses, 1999), *Les Limites de la Rationalité,* tomo 1: "Rationalité, Ethique et Cognition" (Paris, La Découverte, 1997), *The Mechanization of the Mind* (Princeton University Press, 2000), *Pour un Catastrophisme Eclairé* (Seuil, 2002), *Avions-nous Oublié le Mal? Penser la Politique après le 11 Septembre* (Paris, Bayard, 2002), *Petite Métaphysique des Tsunamis* (Paris, Seuil, 2005), *Retour de Tchernobyl. Journal d'un Homme en Colère* (Paris, Seuil, 2006).

Roberto Escobar. Professor de filosofia política na Universidade de Milão, crítico cinematográfico de "Il Sole 24 Ore". Publicou *Metamorfosi della Paura* (Il Mulino, 1997 e 2007), *Totò. Avventure di una Marionetta* (Il Mulino, 1998), *Gli Anni 90 al Cinema* (Cortina, 1999, com Luigi Paini), *Il Silenzio dei Persecutori, Ovvero Il*

Coraggio di Shahrazàd (Il Mulino, 2001), *Nietzsche Politico* (M&B, 2003), *La Libertà negli Occhi* (Il Mulino, 2006).

Eric Gans. Fez seus estudos nas Universidades de Columbia (Nova York) e de Johns Hopkins (Baltimore), onde obteve o título de doutor em línguas romanas em 1966, sob a orientação de René Girard. Desde 1969, leciona literatura, cinema e a "teoria" no departamento de estudos franceses e francófonos na Universidade da Califórnia, Los Angeles (Ucla). É autor de livros e artigos sobre Flaubert, Musset, Racine e outros escritores, assim como sobre religião, cultura e estética (*Essais d'Esthétique Paradoxale*, 1977). A partir de *The Origin of Language* (1981), concebeu a ideia de uma *antropologia gerativa*, que desenvolveu em seguida em uma série de obras, entre as quais *Originary Thinking* (1993), *Signs of Paradox* (1997) e *The Scenic Imagination: Originary Thinking from Hobbes to the Present Day*, a ser publicado no outono de 2007.

Jacques T. Godbout. Professor emérito no Instituto Nacional de Pesquisa Científica (Universidade de Québec). Publicou *La Participation contre la Démocratie* e *La Démocratie des Usagers*. Prolongando tais estudos, interessa-se pela doação e publica *L'Esprit du Don* e *Le Don, la Dette et l'Identité. Ce qui Circule entre Nous* (Paris, Seuil, 2007), em colaboração com Alain Caillé. Publicou também dois livros em italiano sobre o tema. Membro do conselho diretor da *Revista do MAUSS*, prossegue atualmente com pesquisas sobre a doação.

Jean-Christophe Goddard. Professor universitário, coordena o Master Erasmus Mundus "filosofias alemã e francesa no espaço europeu", na Universidade de Toulouse Le Mirail e preside a Internationale-Fichte-Gesellschaft. É autor de diversas obras sobre a filosofia de Fichte, entre as quais *Fichte. L'Émancipation Philosophique*, edição pelas Presses Universitaires de France. Publicou obra consagrada a Bergson e Deleuze pela editora Desclée: *Mystichisme et Folie. Essai sur la Simplicité* (2002).

Sandor Goodhart. Professor de inglês e estudos judaicos na Purdue University. É o antigo presidente do Colloquium on Violence & Religion. Publicou *Sacrificing*

Commentary: Reading the End of Literature (Johns Hopkins University Press, 1996) e *Reading Stephen Sondheim* (Garland, 2000).

Henri Grivois. Antigo interno dos Hospitais de Paris. Tem formação de cardiologista, neurologista e reanimador. Exerceu medicina na Argélia e no Irã e psiquiatria no Canadá. Ex-psicanalista. Criador do serviço de emergências psiquiátricas a partir de sua experiência no hospital Hôtel-Dieu, em Paris, de 1967 a 2000. Suas publicações sobre a organização da emergência psiquiátrica em Paris: *La Psychiatrie des Urgences* (Paris, Laffont, 1978) e *Abrégé des Urgences Psychiatriques* (Paris, Masson, 1986). Continua a pesquisa sobre os primeiros episódios ou psicoses nascentes. Publica *Naître à la Folie* (1991), *Tu ne Seras pas Schizophrène* (2001), *Parler avec les Fous* (Paris, Les Empêcheurs de penser en rond, 2007), *Le Fou et le Mouvement du Monde* (Paris, Grasset, 1995).

Jean-Claude Guillebaud. Durante muito tempo, foi repórter e correspondente de guerra para o jornal *Le Monde* e, em seguida, para *Le Nouvel Observateur.* Diretor literário do Seuil desde 1982, publicou cerca de vinte obras, entre as quais cinco ensaios sobre a desordem do mundo contemporâneo, *Le Principe d'Humanité* recebeu o prêmio europeu de ensaio em 2002. Últimos títulos publicados: *Le Goût de l'Avenir* (2003), *La Force de Conviction* (2005), prêmio das livrarias Siloë e prêmio Humanismo da Franc-Maçonnerie francesa, *Comment Je Suis Devenu Chrétien* (2007).

Daniel Lance. Doutor em Letras, doutor em Ciências da Informação e da Comunicação, especialidade em filosofia. Pesquisador convidado nos Estados Unidos, na Universidade de Stanford, na Califórnia, trabalha sobre as questões da comunicação com as do filósofo Francis Jacques. Autor de inúmeros artigos em inglês e em francês, e de muitos livros: *Au-delà du Désir, Littératures, Sexualités, Éthique, Jean Genet ou la Quête de l'Ange, Vous Avez Dit Elèves Difficiles, Éducation, Autorité, Dialogue* (L'Harmattan, Paris, 2000, 2004, 2007).

Reginald McGinnis. Professor de francês na Universidade do Arizona (Tucson, Estados Unidos). Publica um ensaio sobre Baudelaire na editora Belin em 1994: *La Prostitution*

Sacrée. Suas pesquisas atuais consagram-se às "origens da mistificação" no século XVIII e à ligação entre os conceitos de originalidade e de propriedade intelectual.

Andrew J. McKenna. Professor de francês na Loyola University Chicago. Autor de *Violence and Difference: Girard, Derrida, and Deconstruction*, também publica artigos sobre teoria literária, cinema e Baudelaire, Flaubert, Molière, Pascal, Shakespeare, entre outros. De 1996 a 2006, foi redator-chefe de *Contagion: Jounal of Violence, Mimesis and Culture*.

André Orléan. Diretor de pesquisas no CNRS e diretor de estudos da EHESS. Seus domínios de especialização são a moeda, a finança e a teoria das instituições. Escreveu notadamente *La Violence de la Monnaie* (em colaboração com Michel Aglietta, Paris, PUF, 1982) e *Le Pouvoir de la Finance* (Paris, Odile Jacob, 1999), e dirigiu as obras coletivas *La Monnaie Souveraine* (Paris, Odile Jacob, 1998) e *Analyse Economique des Institutions* (Paris, PUF, 2004).

Jean-Michel Oughourlian. Neuropsiquiatra e psicólogo, é professor universitário de psicopatologia clínica. Chefe do serviço de psiquiatria do hospital americano de Paris. Coautor de *As Coisas Ocultas desde a Fundação do Mundo* (Paris, Grasset, 1978) com René Girard, é também o autor de *Un Mime Nommé Désir* (Paris, Grasset, 1982) e de *Genèse du Désir* (Paris, Carnets Nord, 2007).

Pierre Pachet. Lecionou literatura e filosofia gregas e, em seguida, literaturas modernas nas Universidades de Clermont-Ferrand e de Paris VII – Denis-Diderot. Publicou ensaios literários como *Le Premier Venu, Essai sur la Politique Baudelairienne* (Paris, Denoël, 1976), *Nuits Etroitement Surveillées* (Paris, Gallimard, 1981) e livros mais autobiográficos: *Autobiographie de Mon Père* (Le livre de Poche), *Adieu* (Paris, Circé, 2001), *L'Amour dans le Temps* (Paris, Calmann-Lévy, 2005) e, recentemente, *Devant Ma Mère* (Paris, Gallimard, 2007).

Colette Pétonnet. Diretora de pesquisa honorária do CNRS, onde criou e codirigiu, com Jacques Gutwirth, o laboratório de antropologia urbana. Etnóloga, trabalhou no Marrocos, mas principalmente nos subúrbios parisienses. Publicou, entre outros: *On Est Tous dans le Brouillard,* nova edição revista e aumentada, Paris, CTHS, 2002, assim como os seguintes artigos: "La Pâleur Noire. Couleur et Culture aux USA", *L'Homme* 97-98, 1986, "L'Anonymat ou la Pellicule Protectrice", *Le Temps de la Réflexion* VIII, La Ville Inquiete (Paris, Gallimard, 1987).

Paul Ricoeur (1913-2005). Professor de história da filosofia na faculdade de Letras de Strasbourg e na Sorbonne, foi também o diretor da Universidade de Paris X Nanterre. Lecionou filosofia na Universidade de Chicago (Divinity School). É autor de inúmeras obras: *Philosophie de la Volonté* (Paris, Aubier, 1950), *De l'Interprétation, Essai sur Freud* (Paris, Seuil, 1965), *Le Conflit des Interprétations* (Paris, Seuil, 1969), *Temps et Récit* (Paris, Seuil, 1983), *Du Texte à l'Action* (Paris, Seuil, 1986), *Soi-même comme un Autre* (Paris, Seuil, 1990), *Lectures* 1, 2, 3 (Paris, Seuil, 1991-1995), *Le Juste* (Paris, Esprit, 1995), *Penser la Bible* (Paris, Seuil, 1998), *La Mémoire, l'Histoire, l'Oubli* (Paris, Seuil, 2000) e *Parcours de Ia Reconnaissance* (Paris, Seuil, 2004). Uma edição do *Cahier de L'Herne* lhe foi consagrada (2004).

Pierre Saint-Amand. Leciona literatura francesa do século XVIII na Brown University (Providence, Estados Unidos). É autor de inúmeras obras, entre as quais: *Diderot: le Labyrinthe de la Relation, Séduire ou la Passion des Lumières, Les Lois de l'Hostilité*. Também foi editado nos *Romanciers Libertins du XVIII Siècle*, volumes I e II, *Thérèse Philosophe* e *Confession d'une Jeune Fille.*

Raymund Schwager (1935-2004). Foi professor de teologia dogmática e ecumênica na faculdade católica de Innsbruck. Foi cofundador e primeiro presidente do Colloquium on Violence & Religion. Publicou *Brauchen wir einen Sündenbock? Gewalt und Erlösung in den Biblischen Schriften* (Munique, 1978), *Der Tounderbare Tausch: Zur Geschichte und Deutung der Erlõsungslehre* (Munique, Kösel, 1986), *Für Gerechtigkeit und Frieden: Der Glaube als Antwort auf die Anliegen der Gegenwart* (lnnsbruck, Viena, Tyrolia, 1986); *Jesus im Heilsdrama: Entwuif einer Biblischen Erlösungslebre* (lnnsbrucker theologische Studien, 29, lnnsbruck, Viena,

Tyrolia, 1990), *Dem Netz Des Jiigersentronnen: Das Jesusdrama Nacherzahlt von Raymund Schwager* (Munique, Kõsel, 1991).

Lucien Scubla. Pesquisador em antropologia no centro de pesquisa em epistemologia aplicada da École Polytechnique. Tendo trabalhado sobre os modelos formais da antropologia e sobre as teorias do sacrifício, tenta lançar uma ponte entre os trabalhos de Claude Lévi-Strauss e os de René Girard, dando assim um complemento morfogenético ao estruturalismo. Publica *Lire Lévi-Strauss. Le Déploiement d'une Intuition* (Paris, Odile Jacob, 1998).

Michel Serres. Professor na Stanford University, membro da Academia francesa, Michel Serres é o autor de inúmeros ensaios filosóficos e de história das ciências, entre os quais a série dos *Hermès* (Paris, Flammarion), *La Légende des Anges* (Paris, Flammarion), *Variations sur le Corps, Hominescence, l'Incandescent* e *Rameaux* (Paris, Le Pommier). Uma edição do *Cahier de L'Herne* lhe é consagrada (publicação em 2008).

Simon Simonse. Antropólogo, trabalha para o Pax Christi Horn of Africa como especialista em resolução de conflitos. Seu livro *King of Disaster. Dualism, Centralism and the Scapegoat King in Southeastern Sudan* (Leyde, Brill, 1992), produto de um trabalho de campo no sul do Sudão, aplica a teoria mimética à análise da realeza sagrada africana. Com Eisei Kurimoto, dirige a obra coletiva *Conflict, Age and Power in North East Africa. Age Systems in Transition* (Oxford, James Currey, 1998), que aborda as rivalidades simétricas entre as classes de idade na África do Leste. Leciona antropologia nos Países Baixos, na República Democrática do Congo, em Uganda, no Sudão, na Indonésia e no Japão, assim como na École Polytechnique, na França.

breve explicação

Arnaldo Momigliano inspira nossa tarefa, já que a alquimia dos antiquários jamais se realizou: nenhum catálogo esgota a pluralidade do mundo e muito menos a dificuldade de uma questão complexa como a teoria mimética.

O cartógrafo borgeano conheceu constrangimento semelhante, como Jorge Luis Borges revelou no poema "La Luna". Como se sabe, o cartógrafo não pretendia muito, seu projeto era modesto: "cifrar el universo / En un libro". Ao terminá-lo, levantou os olhos "con ímpetu infinito", provavelmente surpreso com o poder de palavras e compassos. No entanto, logo percebeu que redigir catálogos, como produzir livros, é uma tarefa infinita:

> Gracias iba a rendir a la fortuna
> Cuando al alzar los ojos vio un bruñido
> Disco en el aire y comprendió aturdido
> Que se había olvidado de la luna.

Nem antiquários, tampouco cartógrafos: portanto, estamos livres para apresentar ao público brasileiro uma cronologia que não se pretende exaustiva da vida e da obra de René Girard.

Com o mesmo propósito, compilamos uma bibliografia sintética do pensador francês, privilegiando os livros publicados. Por isso, não mencionamos a grande quantidade de ensaios e capítulos de livros que escreveu, assim como de entrevistas que concedeu. Para o leitor interessado numa relação completa de sua vasta produção, recomendamos o banco de dados organizado pela Universidade de Innsbruck: http://www.uibk.ac.at/rgkw/mimdok/suche/index.html.en.

De igual forma, selecionamos livros e ensaios dedicados, direta ou indiretamente, à obra de René Girard, incluindo os títulos que sairão na *Biblioteca René Girard.* Nosso objetivo é estimular o convívio reflexivo com a teoria mimética. Ao mesmo tempo, desejamos propor uma coleção cujo aparato crítico estimule novas pesquisas.

Em outras palavras, o projeto da *Biblioteca René Girard* é também um convite para que o leitor venha a escrever seus próprios livros acerca da teoria mimética.

cronologia[1]

René Girard nasce em Avignon (França) no dia 25 de dezembro de 1923; o segundo de cinco filhos. Seu pai trabalha como curador do Museu da Cidade e do famoso "Castelo dos Papas". Girard estuda no liceu local e recebe seu *baccalauréat* em 1940.

De 1943 a 1947 estuda na École des Chartes, em Paris, especializando-se em História Medieval e Paleografia. Defende a tese *La Vie Privée à Avignon dans la Seconde Moitié du XVme Siècle*.

Em 1947 René Girard deixa a França e começa um doutorado em História na Universidade de Indiana, Bloomington, ensinando Literatura Francesa na mesma universidade. Conclui o doutorado em 1950 com a tese *American Opinion on France, 1940-1943*.

No dia 18 de junho de 1951, Girard casa-se com Martha McCullough. O casal tem três filhos: Martin, Daniel e Mary.

Em 1954 começa a ensinar na Universidade de Duke e, até 1957, no Bryn Mawr College.

Em 1957 torna-se professor assistente de Francês na Universidade de Johns Hopkins, em Baltimore.

Em 1961 publica seu primeiro livro, *Mentira Romântica e Verdade Romanesca*, expondo os princípios da teoria do desejo mimético.

[1] Agradecemos a colaboração de Pierpaolo Antonello, do St John's College (Universidade de Cambridge).

Em 1962 torna-se professor associado na Universidade de Johns Hopkins.

Organiza em 1962 *Proust: A Collection of Critical Essays*, e, em 1963, publica *Dostoïevski, du Double à l'Unité*.

Em outubro de 1966, em colaboração com Richard Macksey e Eugenio Donato, organiza o colóquio internacional "The Languages of Criticism and the Sciences of Man". Neste colóquio participam Lucien Goldmann, Roland Barthes, Jacques Derrida, Jacques Lacan, entre outros. Este encontro é visto como a introdução do estruturalismo nos Estados Unidos. Nesse período, Girard desenvolve a noção do assassinato fundador.

Em 1968 tranfere-se para a Universidade do Estado de Nova York, em Buffalo, e ocupa a direção do Departamento de Inglês. Principia sua colaboração e amizade com Michel Serres. Começa a interessar-se mais seriamente pela obra de Shakespeare.

Em 1972 publica *A Violência e o Sagrado*, apresentando o mecanismo do bode expiatório. No ano seguinte, a revista *Esprit* dedica um número especial à obra de René Girard.

Em 1975 retorna à Universidade de Johns Hopkins.

Com a colaboração de Jean-Michel Oughourlian e Guy Lefort, dois psiquiatras franceses, publica em 1978 seu terceiro livro, *Coisas Ocultas desde a Fundação do Mundo*. Trata-se de um longo e sistemático diálogo sobre a teoria mimética compreendida em sua totalidade.

Em 1980, na Universidade de Stanford, recebe a "Cátedra Andrew B. Hammond" em Língua, Literatura e Civilização Francesa. Com a colaboração de Jean-Pierre Dupuy cria e dirige o "Program for Interdisciplinary Research", responsável pela realização de importantes colóquios internacionais.

Em 1982 publica *Le Bouc Emissaire* e, em 1985, *La Route Antique des Hommes Pervers*. Nestes livros, Girard principia a desenvolver uma abordagem hermenêutica para uma leitura dos textos bíblicos com base na teoria mimética.

Em junho de 1983, no Centre Culturel International de Cerisy-la-Salle, Jean-Pierre Dupuy e Paul Dumouchel organizam o colóquio "Violence et Vérité. Autour de René Girard". Os "Colóquios de Cerisy" representam uma referência fundamental na recente história intelectual francesa.

Em 1985 recebe, da Frije Universiteit de Amsterdã, o primeiro de muitos doutorados *honoris causa*. Nos anos seguintes, recebe a mesma distinção da Universidade de Innsbruck, Áustria (1988); da Universidade de Antuérpia, Bélgica (1995); da Universidade de Pádua, Itália (2001); da Universidade de Montreal, Canadá (2004); da University College London, Inglaterra (2006); da Universidade de St Andrews, Escócia (2008).

Em 1990 é criado o Colloquium on Violence and Religion (COV&R). Trata-se de uma associação internacional de pesquisadores dedicada ao desenvolvimento e à crítica da teoria mimética, especialmente no tocante às relações entre violência e religião nos primórdios da cultura. O Colloquium on Violence and Religion organiza colóquios anuais e publica a revista *Contagion*. Girard é o presidente honorário da instituição. Consulte-se a página: http://www.uibk.ac.at/theol/cover/.

Em 1990 visita o Brasil pela primeira vez: encontro com representantes da Teologia da Libertação, realizado em Piracicaba, São Paulo.

Em 1991 Girard publica, pela Oxford University Press, seu primeiro livro escrito em inglês: *Shakespeare: Teatro da Inveja.* O livro recebe o "Prix Médicis", na França.

Em 1995 aposenta-se na Universidade de Stanford.

Em 1999 publica *Je Vois Satan Tomber comme l'Éclair.* Desenvolve a leitura antropológica dos textos bíblicos com os próximos dois livros: *Celui par qui le Scandale Arrive* (2001) e *Le Sacrifice* (2003).

Em 2000 visita o Brasil pela segunda vez: lançamento de *Um Longo Argumento do Princípio ao Fim. Diálogos com João Cezar de Castro Rocha e Pierpaolo Antonello.*

Em 2004 recebe o "Prix Aujourd'hui" pelo livro *Les Origines de la Culture. Entretiens avec Pierpaolo Antonello et João Cezar de Castro Rocha* (Paris: Desclée de Brouwer, 2004).

Em 17 de março de 2005 René Girard é eleito para a Académie Française. O "Discurso de Recepção" foi feito por Michel Serres em 15 de dezembro. No mesmo ano, cria-se em Paris a Association pour les Recherches Mimétiques (ARM).

Em 2006 René Girard e Gianni Vattimo dialogam sobre cristianismo e modernidade: *Verità o Fede Debole? Dialogo su Cristianesimo e Relativismo* (Ancona-Massa: Transeuropa, 2006).

Em 2007 publica *Achever Clausewitz*, um diálogo com Benoît Chantre. Nesta ocasião, desenvolve uma abordagem apocalíptica da história.

Em outubro de 2007, em Paris, é criada a “Imitatio. Integrating the Human Sciences”, (*http://www.imitatio.org/*), com apoio da Thiel Foundation. Seu objetivo é ampliar e promover as consequências da teoria girardiana sobre o comportamento humano e a cultura. Além disso, pretende apoiar o estudo interdisciplinar da teoria mimética. O primeiro encontro da Imitatio realiza-se em Stanford, em abril de 2008.

Em 2008 René Girard recebe a mais importante distinção da Modern Language Association (MLA): “Lifetime Achievement Award”.

bibliografia de René Girard[1]

Mensonge Romantique et Vérité Romanesque. Paris: Grasset, 1961. [*Mentira Romântica e Verdade Romanesca*. Trad. Lilia Ledon da Silva. São Paulo: Editora É, 2009.]

Proust: A Collection of Critical Essays. Englewood Cliffs: Prentice Hall, 1962.

Dostoïevski, du Double à l'Unité. Paris: Plon, 1963. (Este livro será publicado na *Biblioteca René Girard*)

La Violence et le Sacré. Paris: Grasset, 1972.

Critique dans un Souterrain. Lausanne: L'Age d'Homme, 1976.

To Double Business Bound: Essays on Literature, Mimesis, and Anthropology. Baltimore: Johns Hopkins University Press, 1978. (Este livro será publicado na *Biblioteca René Girard*)

Des Choses Cachées Depuis la Fondation du Monde. Pesquisas com Jean-Michel Oughourlian e Guy Lefort. Paris: Grasset, 1978.

Le Bouc Émissaire. Paris: Grasset, 1982.

La Route Antique des Hommes Pervers. Paris: Grasset, 1985.

Violent Origins: Walter Burkert, René Girard, and Jonathan Z. Smith on Ritual Killing and

Cultural Formation. Org. Robert Hamerton-Kelly. Stanford: Stanford University Press, 1988. (Este livro será publicado na *Biblioteca René Girard*)

[1] Agradecemos a colaboração de Pierpaolo Antonello, do St John's College (Universidade de Cambridge).

A Theatre of Envy: William Shakespeare. Nova York: Oxford University Press, 1991. [*Shakespeare: Teatro da Inveja*. Trad. Pedro Sette-Câmara. São Paulo: Editora É, 2010.]

Quand ces Choses Commenceront... Entretiens avec Michel Treguer. Paris: Arléa, 1994. (Este livro será publicado na *Biblioteca René Girard*)

The Girard Reader. Org. James G. Williams. Nova York: Crossroad, 1996.

Je Vois Satan Tomber comme l'Éclair. Paris: Grasset, 1999.

Um Longo Argumento do Princípio ao Fim. Diálogos com João Cezar de Castro Rocha e Pierpaolo Antonello. Rio de Janeiro: Topbooks, 2000. Este livro, escrito em inglês, foi publicado, com algumas modificações, em italiano, espanhol, polonês, japonês, coreano, tcheco e francês. Na França, em 2004, recebeu o "Prix Aujourd'hui".

Celui par Qui le Scandale Arrive: Entretiens avec Maria Stella Barberi. Paris: Desclée de Brouwer, 2001. (Este livro será publicado na *Biblioteca René Girard*)

La Voix Méconnue du Réel: Une Théorie des Mythes Archaïques et Modernes. Paris: Grasset, 2002. (Este livro será publicado na *Biblioteca René Girard*)

Il Caso Nietzsche. La Ribellione Fallita dell'Anticristo. Com colaboração e edição de Giuseppe Fornari. Gênova: Marietti, 2002.

Le Sacrifice. Paris: Bibliothèque Nationale de France, 2003. (Este livro será publicado na *Biblioteca René Girard*)

Oedipus Unbound: Selected Writings on Rivalry and Desire. Org. Mark R. Anspach. Stanford: Stanford University Press, 2004.

Miti d'Origine. Massa: Transeuropa Edizioni, 2005. (Este livro será publicado na *Biblioteca René Girard*)

Verità o Fede Debole. Dialogo su Cristianesimo e Relativismo. Com Gianni Vattimo. Org. Pierpaolo Antonello. Massa: Transeuropa Edizioni, 2006.

Achever Clausewitz (Entretiens avec Benoît Chantre). Paris: Carnets Nord, 2007. (Este livro será publicado na *Biblioteca René Girard*)

Le Tragique et la Pitié: Discours de Réception de René Girard à l'Académie Française et Réponse de Michel Serres. Paris: Editions le Pommier, 2007. (Este livro será publicado na *Biblioteca René Girard*)

De la Violence à la Divinité. Paris: Grasset, 2007. Reunião dos principais livros de Girard publicados pela Editora Grasset, acompanhada de uma nova introdução para todos os títulos.

O volume inclui *Mensonge Romantique et Vérité Romanesque, La Violence et le Sacré, Des Choses Cachées Depuis la Fondation du Monde* e *Le Bouc Emissaire.*

Dieu, une Invention?. Com André Gounelle e Alain Houziaux. Paris: Editions de l'Atelier, 2007. (Este livro será publicado na *Biblioteca René Girard*)

René Girard, Pierpaolo Antonello and João Cezar de Castro Rocha. Evolution and Conversion. Dialogues on the Origins of Culture. Londres: The Continuum, 2008. (Este livro será publicado na *Biblioteca René Girard*)

Anorexie et Désir Mimétique. Paris: L'Herne, 2008. (Este livro será publicado na *Biblioteca René Girard*)

Mimesis and Theory: Essays on Literature and Criticism, 1953-2005. Org. Robert Doran. Stanford: Stanford University Press, 2008.

La Conversion de l'Art. Paris: Carnets Nord, 2008. Este livro é acompanhado por um DVD, *Le Sens de l'Histoire*, que reproduz um diálogo com Benoît Chantre. (Este livro será publicado na *Biblioteca René Girard*)

Gewalt und Religion: Gespräche mit Wolfgang Palaver. Berlim: Matthes & Seitz Verlag, 2010.

Géométries du Désir. Prefácio de Mark R. Anspach. Paris: Ed. de L'Herne, 2011.

bibliografia selecionada sobre René Girard[1]

BANDERA, Cesáreo. *Mimesis Conflictiva: Ficción Literaria y Violencia en Cervantes y Calderón*. (Biblioteca Románica Hispánica – Estudios y Ensayos 221). Prefácio de René Girard. Madri: Editorial Gredos, 1975.

SCHWAGER, Raymund. *Brauchen Wir einen Sündenbock? Gewalt und Erläsung in den Biblischen Schriften*. Munique: Kasel, 1978.

DUPUY, Jean-Pierre e DUMOUCHEL, Paul. *L'Enfer des Choses: René Girard et la Logique de l'Économie*. Posfácio de René Girard. Paris: Le Seuil, 1979.

CHIRPAZ, François. *Enjeux de la Violence: Essais sur René Girard*. Paris: Cerf, 1980.

GANS, Eric. *The Origin of Language: A Formal Theory of Representation*. Berkeley: University of California Press, 1981.

AGLIETTA, M. e ORLÉAN, A. *La Violence de la Monnaie*. Paris: PUF, 1982.

OUGHOURLIAN, Jean-Michel. *Un Mime Nomme Desir: Hysterie, Transe, Possession, Adorcisme*. Paris: Éditions Grasset et Fasquelle, 1982. (Este livro será publicado na *Biblioteca René Girard*)

[1] Agradecemos a colaboração de Pierpaolo Antonello, do St John's College (Universidade de Cambridge). Nesta bibliografia, adotamos a ordem cronológica em lugar da alfabética a fim de evidenciar a recepção crescente da obra girardiana nas últimas décadas.

DUPUY, Jean-Pierre e DEGUY, Michel (orgs.). *René Girard et le Problème du Mal.* Paris: Grasset, 1982.

DUPUY, Jean-Pierre. *Ordres et Désordres.* Paris: Le Seuil, 1982.

FAGES, Jean-Baptiste. *Comprendre René Girard.* Toulouse: Privat, 1982.

MCKENNA, Andrew J. (org.). *René Girard and Biblical Studies* (*Semeia* 33). Decatur, GA: Scholars Press, 1985.

CARRARA, Alberto. *Violenza, Sacro, Rivelazione Biblica: Il Pensiero di René Girard.* Milão: Vita e Pensiero, 1985.

DUMOUCHEL, Paul (org.). *Violence et Vérité – Actes du Colloque de Cerisy.* Paris: Grasset, 1985.

Tradução para o inglês: *Violence and Truth: On the Work of René Girard.* Stanford: Stanford University Press, 1988.

ORSINI, Christine. *La Pensée de René Girard.* Paris: Retz, 1986.

To Honor René Girard. Presented on the occasion of his sixtieth birthday by colleagues, students, friends. Stanford French and Italian Studies 34. Saratoga, CA: Anma Libri, 1986.

LERMEN, Hans-Jürgen. *Raymund Schwagers Versuch einer Neuinterpretation der Erläsungstheologie im Anschluss an René Girard.* Mainz: Unveräffentlichte Diplomarbeit, 1987.

LASCARIS, André. *Advocaat van de Zondebok: Het Werk van René Girard en het Evangelie van Jezus.* Hilversum: Gooi & Sticht, 1987.

BEEK, Wouter van (org.). *Mimese en Geweld: Beschouwingen over het Werk van René Girard.* Kampen: Kok Agora, 1988.

HAMERTON-KELLY, Robert G. (org.). *Violent Origins: Walter Burkert, Rene Girard, and Jonathan Z. Smith on Ritual Killing and Cultural Formation.* Stanford: Stanford University Press, 1988. (Este livro será publicado na *Biblioteca René Girard*)

GANS, Eric. *Science and Faith: The Anthropology of Revelation.* Savage, MD: Rowman & Littlefield, 1990.

ASSMANN, Hugo (org.). *René Girard com Teólogos da Libertação: Um Diálogo sobre Ídolos e Sacrifícios.* Petrópolis: Editora Vozes, 1991.

Tradução para o alemão: *Gätzenbilder und Opfer: René Girard im Gespräch mit der Befreiungstheologie.* (Beiträge zur mimetischen Theorie 2). Thaur, Münster: Druck u. Verlagshaus Thaur, LIT-Verlag, 1996.

Tradução para o espanhol: *Sobre Ídolos y Sacrifícios: René Girard con Teólogos de la Liberación.* (Colección Economía-Teología). San José, Costa Rica: Editorial Departamento Ecuménico de Investigaciones, 1991.

ALISON, James. *A Theology of the Holy Trinity in the Light of the Thought of René Girard.* Oxford: Blackfriars, 1991.

RÉGIS, J. P. (org.) *Table Ronde Autour de René Girard.* (Publications des Groupes de Recherches Anglo-américaines 8). Tours: Université François Rabelais de Tours, 1991.

WILLIAMS, James G. *The Bible, Violence, and the Sacred: Liberation from the Myth of Sanctionated Violence.* Prefácio de René Girard. San Francisco: Harper, 1991.

LUNDAGER JENSEN, Hans Jürgen. *René Girard.* (Profil-Serien 1). Frederiksberg: Forlaget Anis, 1991.

HAMERTON-KELLY, Robert G. *Sacred Violence: Paul's Hermeneutic of the Cross.* Minneapolis: Augsburg Fortress, 1992. (Este livro será publicado na *Biblioteca René Girard*)

MCKENNA, Andrew J. (org.). *Violence and Difference: Girard, Derrida, and Deconstruction.* Chicago: University of Illinois Press, 1992.

LIVINGSTON, Paisley. *Models of Desire: René Girard and the Psychology of Mimesis.* Baltimore: The Johns Hopkins University Press, 1992.

LASCARIS, André e WEIGAND, Hans (orgs.). *Nabootsing: In Discussie over René Girard.* Kampen: Kok Agora, 1992.

GOLSAN, Richard J. *René Girard and Myth: An Introduction.* Nova York e Londres: Garland, 1993 (Nova York: Routledge, 2002). (Este livro será publicado na *Biblioteca René Girard*)

GANS, Eric. *Originary Thinking: Elements of Generative Anthropology.* Stanford: Stanford University Press, 1993.

HAMERTON-KELLY, Robert G. *The Gospel and the Sacred: Poetics of Violence in Mark.* Prefácio de René Girard. Minneapolis: Fortress Press, 1994.

BINABURO, J. A. Bakeaz (org.). *Pensando en la Violencia: Desde Walter Benjamin, Hannah Arendt, René Girard y Paul Ricoeur.* Centro de Documentación y Estudios para la Paz. Madri: Libros de la Catarata, 1994.

MCCRACKEN, David. *The Scandal of the Gospels: Jesus, Story, and Offense.* Oxford: Oxford University Press, 1994.

WALLACE, Mark I. e SMITH, Theophus H. *Curing Violence: Essays on René Girard.* Sonoma, CA: Polebridge Press, 1994.

BANDERA, Cesáreo. *The Sacred Game: The Role of the Sacred in the Genesis of Modern Literary Fiction.* University Park: Pennsylvania State University Press, 1994. (Este livro será publicado na *Biblioteca René Girard*)

ALISON, James. *The Joy of Being Wrong: An Essay in the Theology of Original Sin in the Light of the Mimetic Theory of René Girard.* Santiago de Chile: Instituto Pedro de Córdoba, 1994. (Este livro será publicado na *Biblioteca René Girard*)

LAGARDE, François. *René Girard ou la Christianisation des Sciences Humaines.* Nova York: Peter Lang, 1994.

TEIXEIRA, Alfredo. *A Pedra Rejeitada: O Eterno Retorno da Violência e a Singularidade da Revelação Evangélica na Obra de René Girard.* Porto: Universidade Católica Portuguesa, 1995.

BAILIE, Gil. *Violence Unveiled: Humanity at the Crossroads.* Nova York: Crossroad, 1995.

TOMELLERI, Stefano. *René Girard. La Matrice Sociale della Violenza.* Milão: F. Angeli, 1996.

GOODHART, Sandor. *Sacrificing Commentary: Reading the End of Literature.* Baltimore: Johns Hopkins University Press, 1996.

PELCKMANS, Paul e VANHEESWIJCK, Guido. *René Girard, het Labyrint van het Verlangen: Zes Opstellen.* Kampen/Kapellen: Kok Agora/Pelcckmans, 1996.

GANS, Eric. *Signs of Paradox: Irony, Resentment, and Other Mimetic Structures.* Stanford: Stanford University Press, 1997.

SANTOS, Laura Ferreira dos. *Pensar o Desejo: Freud, Girard, Deleuze.* Braga: Universidade do Minho, 1997.

GROTE, Jim e MCGEENEY, John R. *Clever as Serpents: Business Ethics and Office Politics.* Minnesota: Liturgical Press, 1997. (Este livro será publicado na *Biblioteca René Girard*)

FEDERSCHMIDT, Karl H.; ATKINS, Ulrike; TEMME, Klaus (orgs.). *Violence and Sacrifice: Cultural Anthropological and Theological Aspects Taken from Five Continents.* Intercultural Pastoral Care and Counseling 4. Düsseldorf: SIPCC, 1998.

SWARTLEY, William M. (org.). *Violence Renounced: René Girard, Biblical Studies and Peacemaking.* Telford: Pandora Press, 2000.

FLEMING, Chris. *René Girard: Violence and Mimesis.* Cambridge: Polity, 2000.

ALISON, James. *Faith Beyond Resentment: Fragments Catholic and Gay.* Londres: Darton, Longman & Todd, 2001.

Tradução para o português: *Fé Além do Ressentimento: Fragmentos Católicos em Voz Gay.* São Paulo: Editora É, 2010.

ANSPACH, Mark Rogin. *A Charge de Revanche: Figures Élémentaires de la Réciprocité.* Paris: Editions du Seuil, 2002. (Este livro será publicado na *Biblioteca René Girard*)

GOLSAN, Richard J. *René Girard and Myth.* Nova York: Routledge, 2002. (Este livro será publicado na *Biblioteca René Girard*)

Dupuy, Jean-Pierre. *Pour un Catastrophisme Éclairé. Quand l'iImpossible est Certain.* Paris, Editions du Seuil, 2002. (Este livro será publicado na *Biblioteca René Girard*)
Johnsen, William A. *Violence and Modernism: Ibsen, Joyce, and Woolf.* Gainesville, FL: University Press of Florida, 2003. (Este livro será publicado na *Biblioteca René Girard*)
Kirwan, Michael. *Discovering Girard.* Londres: Darton, Longman & Todd, 2004. (Este livro será publicado na *Biblioteca René Girard*)
Bandera, Cesáreo. *Monda y Desnuda: La Humilde Historia de Don Quijote. Reflexiones sobre el Origen de la Novela Moderna.* Madri: Iberoamericana, 2005. (Este livro será publicado na *Biblioteca René Girard*)
Vinolo, Stéphane. *René Girard: Du Mimétisme à l'Hominisation, la Violence Différante.* Paris: L'Harmattan, 2005. (Este livro será publicado na *Biblioteca René Girard*)
Inchausti, Robert. *Subversive Orthodoxy: Outlaws, Revolutionaries, and Other Christians in Disguise.* Grand Rapids, MI: Brazos Press, 2005. (Este livro será publicado na *Biblioteca René Girard*)
Fornari, Giuseppe. *Da Dioniso a Cristo. Conoscenza e Sacrificio nel Mondo Greco e nella Civiltà Occidentale.* Gênova-Milão: Marietti, 2006.
Campo-Redondo, Gabriel Ernesto Andrade. *La Crítica Literaria de René Girard.* Mérida: Universidad del Zulia, 2007.
Hamerton-Kelly, Robert G. (org.). *Politics & Apocalypse.* East Lansing, MI: Michigan State University Press, 2007. (Este livro será publicado na *Biblioteca René Girard*)
Vinolo, Stéphane. *René Girard: Épistémologie du Sacré.* Paris: L'Harmattan, 2007. (Este livro será publicado na *Biblioteca René Girard*)
Oughourlian, Jean-Michel. *Genèse du Désir.* Paris: Carnets Nord, 2007. (Este livro será publicado na *Biblioteca René Girard*)
Alberg, Jeremiah. *A Reinterpretation of Rousseau: A Religious System.* Nova York: Palgrave Macmillan, 2007. (Este livro será publicado na *Biblioteca René Girard*)
Dupuy, Jean-Pierre. *Dans l'Oeil du Cyclone – Colloque de Cerisy.* Paris: Carnets Nord, 2008. (Este livro será publicado na *Biblioteca René Girard*)
Dupuy, Jean-Pierre. *La Marque du Sacré.* Paris: Carnets Nord, 2008. (Este livro será publicado na *Biblioteca René Girard*)

Anspach, Mark Rogin (org.). *René Girard*. Les Cahiers de L'Herne n. 89. Paris: L'Herne, 2008. (Este livro será publicado na *Biblioteca René Girard*)

Depoortere, Frederiek. *Christ in Postmodern Philosophy: Gianni Vattimo, Rene Girard, and Slavoj Zizek*. Londres: Continuum, 2008.

Palaver, Wolfgang. *René Girards Mimetische Theorie. Im Kontext Kulturtheoretischer und Gesellschaftspolitischer Fragen*. 3. Auflage. LIT, Münster, 2008.

Barberi, Maria Stella (org.). *Catastrofi Generative - Mito, Storia, Letteratura*. Massa: Transeuropa Edizioni, 2009. (Este livro será publicado na *Biblioteca René Girard*)

Antonello, Pierpaolo e Bujatti, Eleonora (orgs.). *La Violenza Allo Specchio. Passione e Sacrificio nel Cinema Contemporaneo*. Massa: Transeuropa Edizioni, 2009. (Este livro será publicado na *Biblioteca René Girard*)

Ranieri, John J. *Disturbing Revelation – Leo Strauss, Eric Voegelin, and the Bible*. Columbia, MO: University of Missouri Press, 2009. (Este livro será publicado na *Biblioteca René Girard*)

Goodhart, Sandor; Jorgensen, J.; Ryba, T.; Williams, J. G. (orgs.). *For René Girard. Essays in Friendship and in Truth*. East Lansing, MI: Michigan State University Press, 2009.

Anspach, Mark Rogin. *Oedipe Mimétique*. Paris: Éditions de L'Herne, 2010. (Este livro será publicado na *Biblioteca René Girard*)

Mendoza-Álvarez, Carlos. *El Dios Escondido de la Posmodernidad. Deseo, Memoria e Imaginación Escatológica. Ensayo de Teologia Fundamental Posmoderna*. Guadalajara: ITESO, 2010. (Este livro será publicado na *Biblioteca René Girard*)

Campo-Redondo, Gabriel Ernesto Andrade. *René Girard: Un Retrato Intelectual*. 2010. (Este livro será publicado na *Biblioteca René Girard*)

índice analítico

índice onomástico